Bernhard Kuhlmann

Der heilige Bonifatius, Apostel der Deutschen

Bernhard Kuhlmann

Der heilige Bonifatius, Apostel der Deutschen

ISBN/EAN: 9783743326736

Hergestellt in Europa, USA, Kanada, Australien, Japan

Cover: Foto ©Lupo / pixelio.de

Manufactured and distributed by brebook publishing software
(www.brebook.com)

Bernhard Kuhlmann

Der heilige Bonifatius, Apostel der Deutschen

Der heilige Bonifatius,

Apostel der Deutschen.

Von

Dr. theol. Bernhard Kuhlmann,

Gymnasialober- und Religionslehrer.

„Bonifatius steht hoch über der Menge
in der Reihe jener Auserlesenen, welche
ihr Leben einem Ideal zu weihen und
zu opfern verstanden haben."
Oelsner, Jahrbücher, S. 165.

Honorar für den Bonifatius-Verein.

Paderborn, 1895.

Druck und Verlag der Bonifacius-Druckerei.
(J. W. Schröder.)

Vorrede.

. . . .

Die älteste Lebensbeschreibung des hl. Bonifatius verfaßte Willibald, Priester der St. Viktorskirche bei Mainz, nicht Willibald von Eichstätt, wie man früher ziemlich allgemein glaubte und noch von Seiters (Bonifacius, S. 9) mit Nachdruck verteidigt wird, denn der Verfasser nennt sich in der Einleitung seines Werkes ausdrücklich Priester, schrieb sein Werk auf Befehl und mit Unterstützung der Bischöfe Lullus von Mainz und Megingoz von Würzburg, zweier Schüler des hl. Bonifatius, erkundigte sich bei Augen= und Ohrenzeugen nach den Lebensumständen des hl. Bonifatius und gedenkt des Willibald von Eichstätt mit lobenden Worten; dieser hingegen war schon von Bonifatius 741 zum Bischof geweiht, mit ihm verwandt, einer seiner getreuesten und eifrigsten Mitarbeiter und dem Lullus und Megingoz an Würde gleich. Willibald schrieb sein Werk zunächst auf Wachstafeln, welche damals ein gewöhnliches Schreib= material waren, legte es den Bischöfen Lullus und Megingoz zur Prüfung vor und schrieb es dann erst auf Pergament. Er gedenkt des Königs Pippin als eines Lebenden, nicht aber seines Sohnes Karl, und der Sachsenkriege, in welchen Fritzlar, die Stiftung des hl. Bonifatius, verwüstet (773), und Fulda, seine letzte Ruhestätte, sehr bedroht wurde (778); das Werk wurde daher bald nach dem Tode des hl. Bonifatius (755) begonnen, noch vor dem Tode Pippins (768) vollendet, und besitzt demnach eine sehr große Glaubwürdigkeit. In den staatlichen Bibliotheken zu Karlsruhe, München und Wien sind uns die ältesten Hand=

schriften erhalten, welche schon bald nach der Abfassung in den Klöstern Reichenau, Freisingen, Benediktbeuern u. a. geschrieben sind. [1] Willibald schildert in seiner Biographie hauptsächlich die erste Wirksamkeit des hl. Bonifatius und seinen Martyrertod, berührt aber nur kurz seine Thätigkeit auf den Konzilien, sodaß schon vermutet worden ist, sie sei nur unvollständig auf uns gekommen. Unbegründet ist wohl die Annahme Wattenbachs (Geschichtsquellen des Mittelalters, I, 105 fgd.), welchem Fischer (Bonifatius, S. 4) und Woelbing (Mittelalterliche Lebensbeschreibungen des hl. Bonifatius, S. 158) folgen: Lullus hätte den Abschnitt über die Konzilsthätigkeit in der Willibaldschen Biographie verkürzt; dazu lag für Lullus keine Veranlassung vor; die lückenhafte Erzählung der Thätigkeit auf den Konzilien erklärt sich daraus, daß sie für den erbaulichen Zweck Willibalds wenig Stoff bot, und daß die Konzilsbeschlüsse besonders zusammengestellt und auf den zahlreichen Synoden stets eingeschärft wurden. — Bald nach dem Tode des hl. Bonifatius schrieb auch ein Priester in Utrecht (presbyter Ultraiectensis) in geziertem Latein eine kurze, unbedeutende Biographie, wozu er bei Augen- und Ohrenzeugen Erkundigungen einzog. Auch im Münsterlande, wo Bonifatius frühzeitig hoch verehrt und in Freckenhorst schon 851 eine Kirche zu seiner Ehre erbaut wurde, schrieb ein Priester (Anonymus Monasteriensis) eine Biographie, aber von geringer Bedeutung. — Die schon genannte St. Viktorskirche stellte Erzbischof Willigis von Mainz († 1014) zur Erinnerung an das Leiden des hl. Boni-

---

[1] Willibalds Biographie ist öfters herausgegeben, so von Mabillon (Act. Ord. St. Benedicti, Saec. III, P. II), Pertz (Mon. Germ. hist. t. II) und Jaffé (Bibliotheca rerum Germanicarum, Tom. III, Mon. Mog. Berolini 1866); Jaffés Ausgabe, welche auch die Briefe des hl. Bonifatius und die wichtigsten Stücke der andern ältern Biographieen enthält, fand große Anerkennung und wurde für das vorliegende Werk bei der Citation benutzt. Ins Deutsche wurde Willibalds Biographie übersetzt von Schulte (Münster 1852), Bonnel (Berlin 1856), Simson (Berlin 1863), Arndt (Berlin 1863) und von Külb (Sämtliche Schriften des hl. Bonifacius, Regensburg 1859).

fatius prachtvoll wieder her, weihte sie in Gegenwart Kaiser Ottos III. ein, und baute daneben ein herrliches Kloster für Kanoniker, von denen einer — in unkritischer Weise — die legendenartigen Nachrichten sammelte, welche man damals noch über den hl. Bonifatius besaß und Willibald nicht beachtet hatte; sie beziehen sich meistens auf den Tod des hl. Bonifatius und werden daher Passio St. Bonifatii genannt.[1] — Othlo, ein Mönch aus dem Kloster St. Emmeran in Regensburg, der sich von 1062—1066 in Fulda aufhielt und zu den gelehrtesten Männern seiner Zeit gehörte, verfaßte auf Bitten der Fuldaer Mönche eine Lebensbeschreibung des hl. Bonifatius, wobei er die noch vorhandenen Briefe und Urkunden sorgfältig benützte und sich an Willibalds Schrift anlehnte. Zwei der ältern Biographieen sind uns verloren gegangen, nämlich ein Heldengedicht auf den hl. Bonifatius von dem Fuldaer Mönch Meginfrid (nach andern Ruthard, † 865) und eine Lobrede auf ihn von Bischof Ratbod von Utrecht, † 917. All diese Biographieen sind bei der vorherrschend religiösen Richtung jener Zeit hauptsächlich verfaßt, um der Mit- und Nachwelt die segensreiche Wirksamkeit des hl. Bonifatius zu erzählen, die gläubige Seele durch die Darstellung seines heiligen Lebens und Sterbens zu erbauen, und zu zeigen, wie Gottes Gnade in ihm wirksam war; sie enthalten daher zwar manche wichtige geschichtliche Nachrichten, lassen aber in Bezug auf genaue, vollständige Darstellung vieles zu wünschen übrig.[2]

---

[1] Die herrliche St. Viktorskirche lag auf einer Anhöhe östlich von Mainz und wurde samt dem Kloster von dem Markgrafen Albrecht von Brandenburg zerstört, der mit Moritz von Sachsen ein Verbündeter Frankreichs war und im französischen Dienste im Jahre 1552 einen Raubzug in das Mainzer Stift machte.

[2] Eine orientierende Übersicht über die ältern, einander mehrfach widersprechenden Biographieen giebt Woelbing, die mittelalterlichen Lebensbeschreibungen des hl. Bonifatius, Jena 1892. Die Litteratur über den hl. Bonifatius und eine kurze chronologische Aufzählung der Begebenheiten seines Lebens finden sich bei Böhmer-Will, Mainzer Regesten, I, Innsbruck 1877, I—XIII, 1—84.

Das heilige Leben und die segensreiche Wirksamkeit des hl. Bonifatius fanden in der katholischen Kirche stets große Anerkennung und wurden öfters beschrieben, so in unserm Jahrhunderte besonders von Seiters (Mainz 1845), Reinerding (Würzburg 1855), Zimmermann (Einsiedeln 1872), Pfahler (Regensburg 1879), Buß=Scherer (Graz 1880). Daß das vorliegende Werk neben diesen ein selbständiges ist, wird dem kundigen Leser nicht entgehen. Auch die Protestanten wandten dem hl. Bonifatius bis in die neueste Zeit große Aufmerksamkeit zu, beurteilten ihn aber sehr verschieden. Die Magdeburger Centurien, eine nach Jahrhunderten eingeteilte Kirchengeschichte „eifriger und frommer Männer Magdeburgs", Basel 1559—74, erheben gegen ihn die heftigsten Anklagen, und verurteilen sein Werk wie seinen Charakter vollständig; ihnen folgten lange Zeit die protestantischen Geschichtschreiber, so in neuerer Zeit noch Heber (Die vorkarolingischen christlichen Glaubenshelden, Göttingen 1867), Ebrard (Die iroschottische Missionskirche, Gütersloh 1873, und Bonifatius, ebenda 1882), Werner (Bonifacius, Leipzig 1875). Günstiger urteilen über Bonifatius Rettberg (Kirchengeschichte Deutschlands, Göttingen 1846) und Fischer (Bonifatius, Leipzig 1881), obgleich der protestantische Standpunkt auch sie stark beeinflußt; gleichwohl behauptet Fischer (S. 253) mit großer Naivität: „Die katholische Litteratur ist wegen ihres Standpunkts nur wenig zu verwenden gewesen". Die Ansichten dieser Männer wurden an den betreffenden Stellen mitgeteilt, weil es doch für Katholiken belehrend ist, zu sehen, wie Bonifatius von Andersdenkenden beurteilt wird. Da aber die ungünstigen Urteile über Bonifatius nicht auf geschichtlichen Thatsachen, sondern auf konfessionellen Vorurteilen beruhen, so wurde der katholische Standpunkt des hl. Bonifatius kurz dargelegt, ohne sich weiter in eine konfessionelle Polemik einzulassen, die mit der ruhigen Darstellung der Geschichte nicht vereinbar ist. Viel gerechter und objektiver als die genannten protestantischen Geistlichen urteilen über Bonifatius protestantische Laien, welche sich eingehend mit seinem Leben beschäftigten und im Rufe unparteiischer, besonnener Forscher stehen, so besonders Hahn (Jahrbücher des fränkischen Reiches, Berlin 1863) und Oelsner (Jahrbücher des fränkischen Reiches, Leipzig 1871), deren Urteile daher auch verwertet wurden.

Der Zweck vorliegender Lebensbeschreibung ist, das hehre Leben des hl. Bonifatius, seine segensreiche Wirksamkeit und seinen großen Einfluß auf die gesamte geistige Entwickelung unsers Volkes wahrheitsgetreu darzustellen. Bei streitigen Fragen, die im Leben des hl. Bonifatius auftauchen, wurde mit kurzer Begründung angegeben, was nach sorgfältiger Prüfung als das Richtige erschien, da bei dem Mangel einer kritisch-sichern Ausgabe seiner Werke der Versuch einer definitiven Lösung solcher Fragen von zweifelhaftem Erfolge, und deshalb vorsichtige Zurückhaltung mehr am Platze ist als apodiktische Behauptungen. Die Darstellung stützt sich auf die ältesten zuverlässigen Biographieen des hl. Bonifatius; dabei wurden auch besonders seine Briefe benutzt, welche uns sein umfassendes Wirken, seinen tadellosen Charakter und seine vielfachen Beziehungen zu geistlichen und weltlichen Personen erkennen lassen, und die großen Kämpfe, Mühen und Gefahren seines heiligen Amtes mit seinen eigenen Worten uns lebendig vergegenwärtigen. Die Konzilienbeschlüsse jener Zeit, das Bußbuch, die Kapitel, Statuten und Reden des hl. Bonifatius wurden ihrem Inhalte nach kurz mitgeteilt, um von den damaligen Zuständen und der reinigenden und heiligenden Wirksamkeit des hl. Bonifatius eine klare Vorstellung zu geben. Ebenso wurden auch die vorhergehenden Zeiten des Heidentums etwas ausführlich besprochen, und das Verzeichnis des heidnischen Aberglaubens mitgeteilt, da von der Wirksamkeit des hl. Bonifatius ohne Kenntnis der vorhergehenden heidnischen Zeit kein richtiges Verständnis gewonnen werden kann. Bei der Stiftung von Klöstern und Bistümern wurde zugleich kurz auf deren weitere Entwickelung und Gestaltung hingewiesen, und überhaupt die ganze Geschichte unseres Volkes in Betracht gezogen, um das Wirken des heiligen Bonifatius in seiner ganzen Bedeutung zum Verständnis zu

bringen; denn wie man die Schönheit und Zweckmäßigkeit einer
Pflanze nur dann erkennen kann, wenn man sie in ihrer ganzen
Entwickelung von der Wurzel bis zur Krone vor sich hat, so kann
man auch das Wirken des hl. Bonifatius nur dann recht
würdigen, wenn man die Zeiten vor ihm und nach ihm erwägt
und sein Wirken im Zusammenhange mit der ganzen Geschichte
unseres Volkes ins Auge faßt. Die Quellenanführungen wurden
auf das Notwendigste beschränkt, da sie für die Mehrzahl der
Leser kein Interesse haben, und die Darstellung für sich selber
einstehen soll. Punkte, die einzelne Leser mehr interessieren
könnten, wurden in Anmerkungen ausführlicher besprochen.
Überall war es mein redliches Bestreben, von der erhabenen
Gestalt unseres Apostels und seiner segensreichen, bis in die
Gegenwart sich erstreckenden Wirksamkeit ein anschauliches,
wahrheitsgetreues Bild zu entwerfen, denn Wahrheit ist das
erste Erfordernis für jede geschichtliche Darstellung; es soll,
wie Leo XIII. in einem herrlichen Schreiben vom 18. August
1883 an die Vorstände der vatikanischen Bibliotheken sagt,
„dem Geschichtschreiber als leitender Grundsatz immer vorschweben, daß es das oberste Gesetz der Geschichte ist, nichts
Falsches, sondern nur Wahres zu sagen, und von dem Verdachte
der Zuneigung wie der Abneigung sich frei zu halten".
Die Wirksamkeit des hl. Bonifatius ist für unsere nationale
Entwickelung höchst wichtig; er hat den Grund gelegt, auf
dem das ganze religiöse, politische, soziale und kulturhistorische
Leben unserer Nation sich entfaltete; seine Zeit bildet daher
für Deutschland den Abschluß der heidnischen und den Anfang
der christlichen Zeit. Gleichwohl tritt diese denkwürdige Zeit
in den Gedanken vieler vor der spätern Zeit zurück, wie ja
überhaupt die Gegenwart in ganz andern Ideeen lebt als jene
entfernte Zeit, und daher den letzten Jahrhunderten, in denen
Deutschland seine weltbeherrschende Stellung bereits verloren
hatte, ein größeres Interesse entgegenbringt als den ruhm-
reichsten Zeiten unserer großen Vergangenheit. Es dürfte aber
namentlich in der Gegenwart wohl angebracht sein, die Auf-

merkſamkeit auf den hl. Bonifatius zu lenken und ſein Leben und Wirken in ſeiner weltgeſchichtlichen Bedeutung darzuſtellen, da ſich jetzt wie ehedem zu den Zeiten des hl. Bonifatius die chriſtlichen und die heidniſchen Anſchauungen in einem Entſcheidungskampfe befinden. Zu den Zeiten des hl. Bonifatius mußte es ſich entſcheiden, ob Deutſchland chriſtlich werden oder noch auf lange Zeit heidniſch bleiben ſollte; ſo ringen auch gegenwärtig die chriſtlichen Ideen mit den heidniſchen um die Oberhand in der Welt. Freilich ſind die jetzigen Heiden, d. h. diejenigen, welche die göttlichen Lehren und Einrichtungen des Chriſtentums als Menſchenwerk verwerfen, anderer Art wie die zu den Zeiten des hl. Bonifatius; damals kannten die Heiden den wahren Gott gar nicht, erdachten ſich ſelber Götter und frönten in ihrem Dienſte ihren Leidenſchaften. Die jetzigen Heiden weiſen den Gedanken an einen allheiligen, gerechten, unendlich vollkommenen Gott, wie ihn uns das Chriſtentum lehrt, als thöricht von ſich, verweigern Gott den ſchuldigen Gehorſam und machen ſich ſelber zum Gotte, indem ſie mit ſouveräner Ungebundenheit ſich ſelbſt als den alleinigen Maßſtab ihres Denkens und Handelns hinſtellen, ohne eine feſte Lehrautorität nach ihrer eigenen trügeriſchen Vernunft die Wahrheit feſtſetzen und mit ſchrankenloſer Freiheit aus eigener Machtvollkommenheit die Geſetze des religiöſen und ſtaatlichen Lebens aufſtellen wollen; in ihrem Stolze halten ſie ſich an das Wort der Schlange im Paradieſe: „Ihr werdet ſein wie Götter“. (1 Moſ. 3, 5.) Das alte Heidentum hatte keine Kraft, unſer Volk zu ſittigen und zu veredeln; kein deutſcher Volksſtamm brachte es außerhalb der katholiſchen Kirche dauernd zu einem geordneten Staatsweſen. Auch die unchriſtlichen Grundſätze und Beſtrebungen der neuen Heiden wirken nicht aufbauend und erhaltend, ſondern zerſtören die Grundlagen eines geordneten Lebens und rufen Zerriſſenheit, Unzufriedenheit und Gewaltthätigkeit hervor. Die katholiſche Kirche aber, die Bonifatius in unſerm Vaterlande ausbreitete und befeſtigte, beförderte in hohem Maße die ſtaatliche Ordnung, wurde bei unſerm Volke die Trägerin eines regen, geiftigen Lebens, brachte ihm einen unerschöpflichen Reichtum fruchtbarer Ideeen für alle Gebiete menschlicher Thätigkeit, und öffnete ihm einen nie verſiegenden Quell der Sittigung, des Trostes, des zeitlichen und ewigen Glückes. An der Wirksamkeit des hl. Bonifatius ſehen wir daher recht deutlich die weltüberwindende, veredelnde und beglückende Kraft des Christentums; nur die christlichen Tugenden unſerer Vorfahren haben Deutschland einig, groß und mächtig gemacht; auf dem Christentume allein beruht daher das Wohl, die Macht und Größe unſeres Vaterlandes, und der Abfall von ihm ſchädigt das Wohl des einzelnen wie der Geſamtheit. Das iſt die Lehre, welche ſich aus einer tiefern Betrachtung der Wirkſamkeit des hl. Bonifatius ergiebt und mit Rückſicht auf die Verhältniſſe der Gegenwart um ſo wirkſamer und nützlicher iſt, je mehr ſie ſich jeder ſelber aus der Darſtellung ableitet. Auf dem ernſten Studium der Geſchichte ruht ein großer Segen; denn ſie iſt nach dem Ausſpruche der Alten eine Lehrerin des Lebens und eine Leuchte der Wahrheit. Wie eine Fackel dem Wanderer den Weg rückwärts und vorwärts beleuchtet, ſo läßt uns auch die Geſchichte nicht bloß die vergangenen Zeiten unſeres Volkes erkennen, ſondern zeigt uns auch den Weg zu einer glücklichen Zukunft, indem ſie das bleibende Wahre, Gute und Große von dem vorübergehenden Irrigen, Schlechten und Nichtigen unterſcheiden lehrt. Nur die veredelnde und ſittigende Kraft des Chriſtentums, die uns im Wirken des hl. Bonifatius ſo deutlich vor Augen tritt, vermag dem Menſchen den Geiſt der Nächſtenliebe, der Gerechtigkeit, des Gehorſams und der Selbſtverleugnung einzuhauchen, um ein geordnetes und glückliches Leben der Menſchheit zu ermöglichen. Deshalb muß ein klares Verſtändnis von der Wirkſamkeit des hl. Bonifatius bei allen, welche ſich für Deutſchlands Wohl und Ehre begeiſtern, einen nachhaltigen und nützlichen Einfluß auf Verſtand und Herz ausüben.

Möchte daher die vorliegende Lebensbeſchreibung des heiligen Bonifatius ſein Leben und Wirken anſchaulich und treu dar stellen und so zu seiner gerechten Würdigung beitragen! Möchte das erhabene Bild unseres großen Apostels, dessen Herz bis zum letzten Atemzuge so warm für unser Volk geschlagen hat, tröstend, stärkend und ermutigend auf die Jetztwelt wirken, und bei ihr jenen lebendigen christlichen Geist wecken und erhalten, welcher den hl. Bonifatius beseelte und, wie in der Vergangenheit, so auch in der Gegenwart und Zukunft, allein unseres teuern Vaterlandes Wohl, Macht und Größe begründen und sichern kann! Das gebe Gott!

Paderborn, im März 1895.

Kuhlmann.

Inhaltsverzeichnis.

Zweiter Teil.

Wirksamkeit des hl. Bonifatius als Apostolischen Legaten zur Befestigung der kirchlichen Ordnung.

„Man mag über die Ziele des Bonifatius urteilen wie man will, wer für vergangene Zeiten sich ein unbefangenes Verständnis bewahrt hat, wird dem Leben und Sterben dieses Mannes seine Bewunderung nicht versagen können."

„So endete das Leben des hl. Bonifatius, ein Lehrerleben im bedeutendsten Sinne des Wortes."

Oelsner, Jahrbücher des fränkischen Reiches, Leipzig 1871, S. 165, 171.

„Das größte und herrlichste Werk des hl. Bonifatius war die Grundlegung der deutschen Nation durch Herstellung einer deutschen Kirche, man kann sagen, die erste Schöpfung und Pflanzung der deutschen Nation, der er, indem er ihr den christlichen Geist einhauchte, erst Zusammenhang und ein tieferes Motiv geistiger Entwickelung verlieh, die er teils aus der Zerfahrenheit eines abgelebten und absterbenden Heidentums rettete, teils aus der Mattheit eines bloß äußerlichen Christentums aufrichtete."

„Alles, was später in politischer, kirchlicher und geistiger Beziehung in Deutschland erwachsen ist, steht auf dem Fundamente, welches Bonifatius gelegt hat, Bonifatius, dessen Grabstätte in Fulda uns heiligerer Boden sein müßte als die Gräber der Patriarchen den Israeliten waren, denn er ist der geistige Vater unseres Volkes."

Leo, Vorlesungen über deutsche Geschichte, Halle 1854, I, 487, 488.

„Bonifatius legte den Grund für den künftigen Unterschied einer deutschen und fränkischen Nation."

„Der Treue des Bonifatius verdankt die deutsche Nation ihr eigentümliches Bestehen."

Dittmar, Geschichte der Welt, Heidelberg 1866, III, 226, 227.

„Bonifatius hat uns und unsern Enkeln mehr gebracht, als uns irgend einer unserer großen Kaiser und Könige nachher zu bringen vermocht hat."

Mit Leos Worten Dittmar, Geschichte der Welt, Heidelberg 1866, III, 226.

„Was Bonifatius that, geschah in der lauterften Absicht; keine Makel haftet an ihm."

Hahn, Jahrbücher des fränkischen Reiches, Berlin 1863, S. 25.

Erster Teil.

Wirksamkeit des hl. Bonifatius als Glaubensbote zur Ausbreitung der katholischen Kirche.

—·•·—

Erstes Kapitel.

Das Vaterland des hl. Bonifatius; Bekehrung Englands zur katholischen Kirche.

Im Nordwesten Europas, zwischen dem Atlantischen Ocean und der Nordsee, liegt Großbritannien, Europas größte Insel, mit ihrem alten Namen Albion (Weißland oder Berginsel), südlich England, nördlich Schottland genannt. Schon vor Beginn der christlichen Zeitrechnung bewohnten das Land die Briten, welche wie die benachbarten Schotten und Irländer wahrscheinlich keltischen Ursprungs waren. Die Briten wurden von den weltbeherrschenden Römern unterworfen, die bei ihnen Militärstationen und Kolonieen gründeten und sie viele durch Steuern und andere Lasten drückten. Unter der römischen Verwaltung wurden die Briten bald mit den Schattenseiten der römischen Kultur, mit der Genußsucht, Weichlichkeit und Üppigkeit der Römer bekannt, doch wurde durch den großen Verkehr, welcher zwischen den Provinzen des römischen Reiches herrschte, auch das Christentum bei ihnen ausgebreitet. Wahrscheinlich kamen schon zu den Zeiten der Apostel christliche Soldaten und Kaufleute nach England und streuten dort zuerst den Samen des Evangeliums aus; auch die Frauen hoher römischer Beamten, so Pomponia, die Gemahlin des Statthalters Plautius, hatten an der Ausbreitung des Christentums großen Anteil; daß der heil. Apostel Paulus in England das Evangelium verkündet hat, wie patriotische Engländer annehmen, ist unbeweisbar. Sicher war aber das Christentum schon im zweiten Jahrhundert nach Christus nicht bloß in den der römischen Verwaltung unterstellten Gebieten Britanniens verbreitet, sondern auch in den freien Gebieten des Nordens, und zur Zeit der großen Christen-Verfolgungen floß auch in England das Blut der christlichen Märtyrer zum Bekenntnis des christlichen Glaubens. Im Anfange des 5. Jahrhunderts waren die Briten wohl größtenteils christlich und besaßen geordnete kirchliche Verhältnisse. Da trat der Irrlehrer Pelagius auf, welcher die Erbsünde und die Notwendigkeit der übernatürlichen Gnade leugnete und dadurch eine Spaltung in der britischen Kirche hervorrief. Um diese Zeit riefen auch die Römer ihre Heere aus Britannien zurück, um ihr weit ausgedehntes Reich an dem Rheine und der Donau gegen die anstürmenden germanischen Völker zu verteidigen. Diesen Umstand benutzend, fielen die heidnischen Schotten und Picten von Norden her in das Land der Briten ein; diese, unter sich uneins und von den Römern aufgegeben, waren zu schwach, um den Picten und Schotten zu widerstehen; ihr König Vortigern rief daher die Sachsen zu Hilfe, welche im nördlichen Deutschland auf dem linken Elbeufer wohnten und als kühne Seeräuber und wilde Krieger von allen deutschen Stämmen am meisten gefürchtet waren. Gräßliche Leidenschaften herrschten bei den Sachsen, so Raub, Mord, Unzucht und Trunksucht; ihren Göttern brachten sie Menschenopfer dar und waren so hart und grausam, daß sie nicht bloß die besiegten Feinde, sondern sogar ihre nächsten Verwandten, Eltern und Geschwister, in die elendeste Sklaverei verkauften. Die wilden, kriegerischen Sachsen folgten bereitwillig dem an sie ergangenen Rufe zum Kampfe; unter Führung der beiden Brüder Hengist und Horsa setzte im Jahre 449 eine Schar Sachsen auf ihren gebogenen, leichten Kaperschiffen nach England über; andere Züge von Sachsen und Angeln folgten; weil beide deutsche Stämme sich miteinander verschmolzen, bekamen sie den gemeinschaftlichen Namen Angelsachsen. Von den vereinten Briten und Angelsachsen wurden nun die Schotten bald zurückgeworfen, aber nach beendigtem Kampfe hatten die Angelsachsen keine Lust, in die Heimat zurückzukehren und ein Land zu verlassen, welches durch sein gleichmäßiges, mildes Klima und seine üppigen, grünenden Wiesen ihnen gar zu sehr gefiel. Sie wandten daher ihre Waffen gegen die Briten, von welchen sie zu Hilfe gerufen waren, besiegten sie in blutigen Kämpfen und machten sich zu Herren des Landes. Als fanatische Heiden rotteten sie das Christentum aus, wie auch das römische Wesen, welches sich noch erhalten hatte, behandelten die Briten hart und grausam, verteilten unter sich das Land und gründeten eine Reihe von Königreichen, deren Könige sich oft untereinander befehdeten. Weil die Briten den mit furchtbaren Streitäxten und langen Messern bewaffneten Angelsachsen nicht widerstehen konnten, so zogen sie sich teilweise unter mannhafter Verteidigung in den westlichen Teil der Insel zurück, welcher reich an hohen Gebirgen, wilden Thälern, tiefen Seeen und kahlen Heiden ist. Dort bewahrten sie ihre Selbständigkeit, ihre Sitten, ihre Sprache und auch ihre Religion. Ein anderer Teil der Briten wanderte nach dem westlichen Frankreich aus und ließ sich dort auf einer Halbinsel nieder, welche von da ab Bretagne genannt wird, und deren Bewohner sich jetzt noch durch Sprache und Sitten von den andern Franzosen unterscheiden. Die Briten, welche in den von den Angelsachsen eroberten Gebieten zurückblieben, verschmolzen sich mit den heidnischen Siegern zu einem Volke; weil sie aber sittlich zu verfallen und auch zu schwach und ohnmächtig waren, um diese zum Christentum zu bekehren, so verschwand der christliche Glaube bald ganz vor dem überwuchernden Unkraute des Heidentums, und ein ganz heidnisches Volk wuchs heran.

Aus diesem traurigen Zustande wurde England durch den Papst Gregor I. befreit, welchem die Geschichte mit Recht den ehrenden Beinamen des Großen giebt. Dieser Papst, einem vornehmen, reichen Geschlechte Roms entsprossen, erkannte frühzeitig sehr lebendig die Vergänglichkeit und Nichtigkeit des Irdischen, schloß sich dem damals emporblühenden Benediktiner-Orden an und gründete zu dessen Verbreitung mit seinem Vermögen viele Klöster in Italien, so auch eins in Rom auf dem cölischen Berge zu Ehren des hl. Andreas, welches jetzt St. Gregors-Kloster genannt wird. Damals war die katholische Kirche von äußern und innern Feinden sehr bedrängt, und Gregor wurde bald wegen seiner Frömmigkeit und Gelehrsamkeit der Ratgeber der Päpste in allen wichtigen Angelegenheiten. Als Gregor eines Tages über den römischen Markt ging, wo die Sklaven wie eine Ware zum Verkaufe ausgestellt waren, sah er Sklaven, welche durch ihre blauen Augen, weiße Gesichtsfarbe, lang herabwallendes Haar und kräftigen Körperbau seine Verwunderung erregten. Er fragte nach der Herkunft der

Sklaven und erfuhr, daß sie Angelsachsen, und ihr Volk noch
ganz heidnisch sei. Tiefbetrübt kaufte er sie und brachte sie in
sein Andreas-Kloster, um sie im christlichen Glauben zu unterrichten und später mit ihnen selber nach England zur Verkündigung des christlichen Glaubens zu ziehen. Als die Angelsachsen
hinlänglich im christlichen Glauben unterrichtet waren, gedachte
er, sein Vorhaben auszuführen, und reiste mit ihnen ab. Doch
der Papst, welcher in seiner schwierigen Lage Gregors Rat
nicht entbehren und den gotterleuchteten Mann den Wechselfällen
einer Mission im heidnischen Lande nicht aussetzen wollte, sandte
Boten hinter ihm her und rief ihn zurück, aber nie verlor Gregor die Angelsachsen aus dem Auge. Im Jahre 590 einstimmig
als der Würdigste und Tüchtigste zum Papste gewählt, faßte
er, vom Feuer der reinsten Liebe entbrannt, den Plan, die
Kirche nach Kräften in der ganzen Welt auszubreiten und in ihr
einen Baum zu gründen, an dessen Früchten sich alle Völker laben
sollten. Er dachte auch stets an die Erfüllung seines Herzens-
wunsches, England zu bekehren, konnte aber bei den vielen
äußern und innern Bedrängnissen erst 596 die Bekehrung der
Angelsachsen ins Werk setzen. In diesem Jahre sandte er
mutig und entschlossen den Abt Augustin, in welchem er als
großer Menschenkenner den geeigneten Mann zur Bekehrung
Englands erkannte, mit 40 Mönchen aus dem Andreaskloster
nach England. Dieses Kloster auf dem cölischen Berge in
Rom wurde daher die Wurzel des Christentums in England
und bewahrt noch heute auf einer Inschrift in der Kirche die
Namen der ersten Glaubensboten Englands. [1]) Der Abt
Augustin reiste mit seinen Mönchen durch Frankreich, dessen
König seine Tochter Bertha mit einem angelsächsischen Könige,
Namens Ethelbert, vermählt hatte. Bei der Heirat war aber
ausdrücklich bestimmt worden, daß Bertha ungestört nach ihrem
katholischen Glauben leben, einen eigenen katholischen Gottesdienst
haben dürfe, und daß alle Kinder im katholischen Glauben zu unterrichten seien. Am Hofe des Königs wollten sich die Mönche Empfehlungsschreiben an den angelsächsischen König geben lassen und
zugleich über ihr zukünftiges Wirkungsfeld sich erkundigen. Als
sie aber erfuhren, daß die Überfahrt über das Meer nach England gefährlich und die Bewohner des Landes so wild und
grausam, ja, Menschenfresser seien, wollten sie entmutigt um-

---

[1]) Die jetzige kirchenfeindliche Regierung Italiens hat auch dieses
Kloster gleich so vielen andern ehrwürdigen Stätten aufgehoben.

kehren und sandten den Abt Auguftin nach Rom, um vom
Papfte Gregor die Erlaubnis zur Rückkehr zu erbitten. Aber
Gregor ließ sich nicht so leicht von seinem Plane abbringen,
sondern gab dem Abt Auguftin einen ermutigenden Brief an
die Mönche mit, worin es unter anderm hieß: „Zieht nur
mutig vorwärts; Gott schützt euch; denkt an den Lohn im
Himmel". Mit neuem Mute erfüllt und einem Empfehlungs=
schreiben des fränkischen Königs an den angelsächsischen König
Ethelbert versehen, setzten die Mönche nun ihre Reise entschlossen
fort und landeten im Jahre 597 an der Südoft=Küste Englands
in der Gegend zwischen den an Kreideklippen malerisch gelegenen
Badeftädten Ramsgate und Sandwich, wo jetzt ein Kloster mit
Kirche zu Ehren des hl. Auguftin erbaut ist. Alsbald ließen
sie ihre Ankunft und den Zweck ihrer Reise dem König Ethel=
bert melden, welchen seine Gemahlin, die fromme Königin
Bertha, bereits mit den Lehren des Christentums bekannt ge=
macht, aber zur Annahme derselben noch nicht hatte bewegen
können. Ethelbert, im heidnischen Aberglauben verblendet,
fürchtete Bezauberung und beschloß, die Mönche nur unter
freiem Himmel zu empfangen. In feierlicher Prozession, ein
silbernes Kruzifix und ein gemaltes Bild des Heilands voran=
tragend, bald feierlich und rührend die Litaneien singend, welche
sie unter Leitung des für den Kirchengesang so sehr begeifterten
Papftes Gregor erlernt hatten, bald laut für die Bekehrung
Englands betend, nahten sie sich dem Könige, welcher von den
Großen seines Reiches umgeben war, und sagten ihm, sie seien
vom Papfte in Rom, dem Beherrscher der chriftlichen Welt, zu
dem Zwecke nach England gesandt, um ihn und sein Volk zu
lehren, wie sie hier auf Erden fromm und tugendhaft leben
müßten, damit sie einft nach dem Tode im Himmel ewig glück=
lich seien. Der König erwiderte, es scheine ihm das gut und
schön, sei aber neu und ungewiß; zur sofortigen Annahme des
Christentums entschloß er sich nicht, geftattete aber den chrift=
lichen Glaubensboten freie Verkündigung des Evangeliums, wies
ihnen in seiner Hauptstadt Dorovernum, dem heutigen Canter=
bury, eine Wohnung an, und überließ ihnen zur Abhaltung des
Gottesdienftes ein kleines, dem hl. Martin geweihtes, aus der
alten katholischen Zeit stammendes Kirchlein, in welchem die
Königin Bertha wohl Gottesdienft abhalten ließ und für die
Bekehrung ihres Gemahles und seines Volkes inftändig zu beten
pflegte. Die Mönche verharrten in ihrer Wohnung im Gebete, in
Faften und Nachtwachen, und verkündigten eifrig das Wort Gottes

allen denen, welche geneigten Herzens waren. Durch ihr strenges, abgetötetes Leben erregten sie die Bewunderung und das Zutrauen des Volkes und zogen den Segen Gottes auf ihr Werk herab. Im Juni desselben Jahres 597 trat endlich der König zur katholischen Kirche über, ein Ereignis von großer Tragweite für die Bekehrung Englands, da ein großer Teil des Volkes seinem Beispiele folgte. Der König achtete zwar die Gewissensfreiheit des Volkes und zwang niemand zur Annahme des Christentums; er hatte von den römischen Mönchen gelernt, daß der Zwang zur Annahme des Christentums unerlaubt und der heiligen Sache unwürdig sei, und daß nur die geistigen Waffen des Gebetes und der überzeugenden Darstellung des Evangeliums zu seiner Ausbreitung angewendet werden sollen. Durch die Annahme des Christentums wurde bei dem Könige die Liebe zu den Unterthanen seines Reiches veredelt und geheiligt, und wenn er auch die christlichen Unterthanen als seine Brüder in Christus besonders liebte, so schloß er doch die heidnischen Unterthanen von seiner Sorge und Liebe keineswegs aus. Die Bekehrung des Königs, sein christlicher Lebenswandel und die Tugenden seiner frommen Gemahlin waren für viele ein Antrieb, die Vorurteile gegen das Christentum abzustreifen und dasselbe gläubig anzunehmen. Auch das sittenreine Leben der Mönche, ihre begeisterte Hingabe an ihren Beruf und ihre uneigennützige Liebe zum angelsächsischen Volke gewannen ihnen aller Herzen und bewirkten, daß die Angelsachsen mit seltener Freudigkeit den Samen des Evangeliums aufnahmen und Christen wurden. Augustin berichtete über seine großen Erfolge an den Papst Gregor, welcher jubelnd diese Kunde vernahm und nicht unterließ, Augustin mit weisem Rate zu unterstützen. Er warnte ihn vor Stolz, ermahnte ihn zur Demut, durch welche er Gottes Segen auf sich herabziehe, und riet ihm, die heidnischen Tempel nicht zu zerstören, sondern in christliche umzuwandeln, weil die Angelsachsen an der gewohnten Stätte lieber den wahren Gott verehrten als an neuen. Da die Angelsachsen an manchen Götterfesten große Mahlzeiten zu halten pflegten, so gab Gregor den Rat, an hohen christlichen Festtagen Mahlzeiten zu veranstalten, bei dieser Gelegenheit die Angelsachsen an das Geheimnis des Festtags zu erinnern und sie so mit dem Christentum immer bekannter zu machen. Auch riet Gregor dem Abt Augustin, die im Lande aus alter Zeit noch bestehenden christlichen Gebräuche beizubehalten und nicht zu verdrängen. Der Papst ging bei diesen Ratschlägen von der wohlbegründeten

Ansicht aus, daß man ungebildeten, an alten Sitten und Gebräuchen haftenden Menschen nicht auf einmal alles nehmen, sondern sie stufenweise in das Christentum einführen muß. Auf diese
Weise machte die Bekehrung des Landes immer größere Fortschritte. Abt Augustin trat an die Spitze der katholischen Kirche in
England. König Ethelbert gab ihm und seinen Mönchen seinen
Palast in Canterbury, welcher zum Kloster eingerichtet wurde.
Daneben wurde eine Kirche zu Ehren des Erlösers erbaut,
welche die Mutterkirche von ganz England wurde. Augustin
reiste nach Arles in Frankreich, um dort die bischöfliche Weihe
zu empfangen, und wurde bald darauf vom Papste Gregor zum
ersten Erzbischof von Canterbury ernannt, mit der Befugnis,
die kirchlichen Verhältnisse Englands zu ordnen. Zugleich blieb
er Abt des Klosters. Papst Gregor beförderte beständig bis
zu seinem Tode (604) die Wirksamkeit Augustins zur Ausbreitung des Christentums in England nicht bloß durch Rat
und Belehrung, sondern auch durch Übersendung tüchtiger, gelehrter Männer. Die Bekehrung Englands zur katholischen Kirche
angebahnt und eine feste Grundlage gelegt zu haben, ist eins
von den vielen großen Verdiensten dieses Papstes, welcher mit
klarem Blicke die bedrängte Lage der Kirche in den verschiedenen Ländern des Erdkreises erkannte und mit großer Umsicht
die geeigneten Mittel wählte, um die Kirche in jener Zeit der
Zerstörung zu schützen und den Völkern des Erdkreises ihre
Segnungen zu vermitteln. Während das heidnische Rom, nach
der Weltherrschaft begierig, durch blutigen Kampf mit seinen
Legionen nur einen Teil der Insel eroberte und zeitweilig unter
seinem eisernen Scepter behauptete, sandte Gregor, auf die
Rettung unsterblicher Seelen bedacht, Boten des Heils nach
England und breitete dort das beseligende Reich des Gekreu-
zigten aus, welchem sich die ganze Insel bald unterwarf. Der
Abt Augustin, welcher sich als Gregors getreuer Mitarbeiter
zur Durchführung seines Werkes bewährt hatte, starb etwa ein
Jahr nach Gregor und errang sich durch seinen tugendhaften
Wandel und großen Seeleneifer einen Platz unter den Heiligen
der Kirche.

Nach Gregors und Augustins Tode setzten die Benediktiner-
Mönche mit Eifer und Klugheit das Werk der Bekehrung Eng-
lands fort. Ihre Bemühungen waren vom schönsten Erfolge gekrönt.
Die heidnischen Priester und Edlen, die in andern Ländern den
Glaubensboten aus Eigennutz oft große Schwierigkeiten bereiteten,
ließen sich bald von der Nichtigkeit des Heidentums überzeugen,

öffneten ihr Herz freudig den Wahrheiten des Christentums und empfingen bereitwillig die heilige Taufe. Das Volk folgte ihrem Beispiele, beugte sich demütig vor den Worten der Priester und nahm das Wort Gottes an. Von den angelsächsischen Königreichen wurde das eine nach dem andern zum christlichen Glauben bekehrt, ohne Zwang und Gewalt, bloß durch Belehrung und Beispiel. Berthas gleichgesinnte Tochter, Edilberga, welche an den König von Nordhumbrien vermählt war, gewann ihren Gemahl für den christlichen Glauben, was für die Bekehrung ihres ganzen Volkes von großem Nutzen war. Das Christentum wurde meistens zuerst in den Städten verbreitet, später begaben sich die Glaubensboten auch auf das Land und predigten dem zerstreut wohnenden Landvolke in seiner Sprache das Wort Gottes. Innerhalb 80 Jahren wurde der Götzendienst in ganz England abgeschafft und das Christentum im ganzen Lande verbreitet. Wo früher den Göttern geopfert war, entstanden jetzt Kirchen und Klöster. Freilich blieben auch Kämpfe bei der Ausbreitung des Christentums nicht aus. Ethelberts Sohn blieb noch lange Heide und heiratete später sogar seine Stiefmutter. Nur mit Mühe konnten ihn die christlichen Glaubensboten bewegen, diese unerlaubte Verbindung aufzugeben und sich den christlichen Geboten zu unterwerfen. An der Bekehrung Englands beteiligten sich auch die Mönche der britischen Kirche im westlichen England. Zwischen diesen und den aus Italien gekommenen Mönchen bestanden aber einzelne Verschiedenheiten, welche zu Mißhelligkeiten führten. Die britische Kirche feierte nämlich Ostern an dem Tage, wie er seit der ersten Zeit des Christentums in Rom berechnet war. Später folgte man im Abendlande, auch in Rom, auf Veranlassung des römischen Abts Dionysius der alexandrinischen Kirche, welche für die Berechnung des Osterfestes einen frühern Termin ansetzte. [1]) Die

---

[1]) Die alexandrinische Kirche ging von dem 14. Nisan (April), dem Tage der Kreuzigung, aus, die römische von dem 16. Nisan, dem Tage der Auferstehung, sodaß das Osterfest in den beiden Kirchen oft mehrere Wochen auseinanderliegen konnte, was für die Feier der kirchlichen Feste gewiß sehr mißlich war. Das Konzil von Nicäa (325) hatte zwar bestimmt, daß Ostern in allen Kirchen am ersten Sonntage nach dem Frühlingsvollmonde gefeiert werden sollte, aber die Berechnung war in der morgenländischen und abendländischen Kirche eine verschiedene. Im 6. Jahrhunderte brachte der römische Abt Dionysius eine genauere Berechnungsweise in Anwendung; die Päpste waren von Anfang an für eine gemeinsame Osterfeier an demselben Tage bestrebt, aber die Briten nahmen die genauere Berechnungsweise des 6. Jahrhunderts nicht an, sondern

britische Kirche schloß sich diesem Gebrauche nicht an, sobaß die Briten das Osterfest an einem ganz andern Tage feierten als die von Rom gekommenen Mönche. Die britischen Mönche trugen ferner die tonsura Jacobi, d. h. sie schoren das Vorderhaupt ganz kahl und ließen die Haare am Hinterkopfe lang wachsen; die römischen Geistlichen trugen die tonsura Petri, d. h. sie ließen rings um den kahlgeschorenen Kopf einen Streifen Haare stehen, welcher die Dornenkrone Christi versinnbilden und die Geistlichen zur geduldigen Ertragung von Spott und Verfolgung nach dem Vorbilde des dornengekrönten Heilandes antreiben sollte. [1] Auch bei der Taufe, der Bischofsweihe und der hl. Messe hatten die britischen Geistlichen einige abweichende Ceremonien, während sie sonst im Glauben mit den römischen Geistlichen vollständig übereinstimmten und auch den Papst in Rom als Oberhaupt der Kirche anerkannten. In ihrem krankhaften Nationalgefühl hielten die Briten ihre Gebräuche für ebenso alt und so berechtigt wie die römischen, und sahen in dem Festhalten jener unwesentlichen Punkte eine Ehrensache ihrer Nation. Hartnäckig widersetzten sie sich dem heiligen Augustin und den Päpsten, welche sie zur Annahme der römischen Gebräuche im Interesse der kirchlichen Einheit ermahnten. Dieser Zwiespalt war bei der Bekehrung eines ungebildeten, an äußern Dingen haftenden Volkes doppelt nachteilig und veranlaßte viele Streitigkeiten. Im Jahre 664 wurde eine Kirchenversammlung zu Streaneshalch abgehalten, auf welcher besonders der Bischof Wilfrid von Ripon und der Bretwalde Oswin (Oberkönig

---

beharrten bei der alten Gewohnheit. Woher die abweichenden Gebräuche der Briten stammen, ist nicht sicher nachzuweisen; vielleicht sind sie auf den Einfluß des hl. Irenäus zurückzuführen, welcher als Bischof von Lyon (202) des Martyrertodes starb. Er stammte aus Kleinasien und verbreitete mit großem Eifer das Christentum in Frankreich, von wo aus es dann auch nach Britannien und dem Rheine verbreitet wurde. Weil Irenäus die griechische Sprache redete, so diente vielleicht schon damals bei der Ausbreitung des Christentums unter den deutschen Stämmen die griechische Sprache zur Bildung deutscher Wörter für neue christliche Begriffe, z. B. Kirche (κυριακόν sc. οἰκίον), Engel (ἄγγελος), Pfingsten (πεντεχοστή) und andere.

[1] Die dritte Art der Tonsur ist die im Morgenlande übliche tonsura Pauli, bei welcher das ganze Haupt kahl geschoren wurde. Jetzt wird nur der mittlere Teil des Hinterkopfes geschoren. Die Tonsur war frühzeitig in der Kirche üblich und bedeutet die Verzichtleistung auf die Eitelkeiten der Welt, da das Haar bei den Heiden als Schmuck und Zierde des freien Mannes betrachtet und sehr gepflegt wurde.

über sämtliche angelsächsische Königreiche) für die allgemeine
Annahme der römischen Osterfeier auftraten, indem sie betonten,
daß dem Papste nach den bestimmten Worten der heiligen Schrift
das Oberhirtenamt über die ganze Kirche übergeben sei, und
man ihm daher gehorchen müsse. Dieser Beschluß wurde viel=
fach strenge durchgeführt, in einzelnen Klöstern wurde jedoch der
Widerstand gegen die römischen Gebräuche noch ein halbes Jahr=
hundert fortgesetzt, bis endlich der Zwiespalt ganz gehoben und
volle Einigkeit hergestellt wurde. Nun gelangte auch die Kirche
bei den Briten zu hoher Blüte. Bei jenen Streitigkeiten standen
auf seiten der Briten die Bewohner der Schwesterinsel Irland,
wo der hl. Patritius, um 431 vom Papste ausgesandt, wunder=
bar rasch und friedlich das Christentum ausgebreitet hatte, welches
dort die herrlichsten Blüten christlichen Lebens hervorbrachte.
Auch die Irländer gaben später ihren Widerstand auf und
schlossen sich ganz der römischen Kirche an; ebenso die im Norden
Britanniens wohnenden Picten und Skoten. Der Anschluß an
Rom gereichte diesen Stämmen zum großen Nutzen, da sie in
ihrer Entwickelung von den Päpsten gefördert und gegen unge=
rechte Bedrückung vielfach beschützt wurden. [1])

Das Saatkorn des christlichen Glaubens brachte in den
frischen Herzen des angelsächsischen Volkes die herrlichsten
Früchte. 30 Könige und Königinnen legten in einem Zeitraum
von 200 Jahren freiwillig ihre Kronen nieder, um sich im
Kloster einzig und allein einem frommen, zurückgezogenen Leben
zu widmen. 23 Könige und Königssöhne, 60 Königinnen und

---

[1]) Die Bewohner der britischen Inseln waren zu verschiedenen Zeiten
zur katholischen Kirche bekehrt, hatten aber alle denselben Glauben, erkannten
den Papst als Oberhaupt an und hatten nur im Kultus und der Dis=
ziplin einzelne Abweichungen. Die Briten, die zuerst, vielleicht von
Schülern des hl. Paulus, bekehrt wurden, verbreiteten das Christentum
teilweise bei ihren westlichen Nachbarn, den Iren; der eigentliche Apostel
Irlands ist aber der hl. Patritius, den Papst Coelestin dorthin sandte.
Die Iren, von regem Missionseifer beseelt, verbreiteten das Christentum
bei den Skoten, die Teile von Irland und Großbritannien bewohnten.
Die Iren und Skoten waren von großer Sittenstrenge; ihr abgeschlossenes
Leben auf den Inseln, das trübe Scetlima und die düstere Gebirgswelt
beförderten diese strenge Richtung. Zuletzt wurden von Rom aus die
Angelsachsen bekehrt, die in eine sehr enge Verbindung mit dem Papste
traten. Die Briten sahen in den Angelsachsen die Bedränger und Über=
winder ihres Volks und hielten aus Abneigung und Nationalstolz im
Vereine mit Picten und Skoten zäh an ihren sonderkirchlichen Gebräuchen
fest; diese Gegensätze wurden durch die volle Einigung in der katholischen
Kirche später ganz beseitigt.

Prinzessinnen aus demselben Zeitraum werden nach dem sächsischen Kalender als Heilige verehrt. Zahlreiche Klöster wurden gegründet, welche noch jetzt teils andern Zwecken dienen, teils in ihren Ruinen ein Schmuck des Landes sind. Die Klöster waren vielfach zugleich Dom- und Pfarrkirchen, von wo aus das Christentum sich immer weiter im Volke verbreitete. Männer und Söhne, Frauen und Töchter aus den edelsten Geschlechtern entsagten den glänzendsten Aussichten der Welt, führten im Kloster ein dem Irdischen abgestorbenes Leben, übten sich dort in aller Tugend und lagen dem Studium und der Arbeit ob; niemand von ihnen hatte Eigentum, alles war ihnen gemeinsam. Die Klöster befolgten meistens die Regeln des hl. Benediktus und hatten nicht selten über 100 Mitglieder. Auch gab es Doppelklöster, eins für Männer und eins für Frauen, nebeneinander gebaut, aber vollständig voneinander gesondert. In England führte nach dem Vorbilde der Mutter Gottes, welche nach der Himmelfahrt Jesu Christi eine hervorragende Stelle im Kreise der Apostel einnahm, die Äbtissin des Frauenklosters die Oberleitung beider Klöster, während in andern Ländern, z. B. in Irland, der Abt die Oberleitung führte. Die Kirche sah die Doppelklöster im ganzen nicht gerne und verbot sie teilweise, obgleich die angelsächsischen Klöster die Grundsätze strenger Sittlichkeit bewahrten. Die Klöster des Landes standen untereinander im Gebetsverbande, d. h. jeder einzelne opferte seine guten Werke für alle Mitglieder und alle Mitglieder wieder für den einzelnen auf; besonders wurden für die verstorbenen Mitglieder in allen Klöstern die Totenmessen gelesen. Die Klöster hielten auf gut geleitete Schulen und thaten daher viel für die christliche Erziehung des Volkes. Wie überall, so haben auch in England die Klöster einen großen Anteil an der Verbreitung von Kultur und Christentum. Mit den Klöstern wetteiferte ein musterhafter Weltklerus in der Verkündigung des göttlichen Wortes und der christlichen Erziehung der Jugend. Gelehrte und tüchtige Bischöfe leiteten die angelsächsische Kirche, welche bald einen solchen Ruf erhielt, daß die im Jahre 680 zu Konstantinopel versammelten Bischöfe das allgemeine Konzil nicht eher begannen, bis die Bischöfe Englands erschienen. Die große Masse des Volkes war von Herzen gläubig und besuchte eifrig die Kirchen, um das Wort Gottes anzuhören und die heiligen Sakramente zu empfangen. Früher im Heidentum wild und unbändig, beugte sich das Volk vor den belehrenden Worten der christlichen Priester, sodaß die entehrenden Leidenschaften im Volke bald ausgerottet wurden und neues, sittliches Leben erwachte. [1]

Mit der Ausbreitung des Christentums wurde dem Volke ein Quell größten Segens geöffnet. Die Sklaverei, welche einen großen Teil der Menschheit aufs tiefste entwürdigte und als ein schimpflicher Schandfleck auf ihr zur Zeit des Heidentums lastete, wurde gemildert und nach und nach aufgehoben. Das Christentum erklärte die Sklaverei nicht auf einmal für aufgehoben, denn dadurch hätte es eine Klasse von unselbständigen Menschen geschaffen und große Verwirrung hervorgerufen; es lehrte vielmehr, daß alle Menschen gleiche Geschöpfe und Kinder Gottes, Erlöste Jesu Christi, Erben des Himmels sind, und daß vor Gott kein Ansehen der Person gilt. Gemäß dieser Lehre bestrafte die Kirche grobe Mißhandlung der Sklaven mit Ausschluß aus der kirchlichen Gemeinschaft und flößte den Herren den Geist der Bruderliebe ein, sodaß sie in den Sklaven die Menschenwürde achteten, sie menschlich behandelten und ihnen nach und nach die Freiheit schenkten. Während die heidnischen Herren oft in ihren Testamenten bestimmten, wie viele Sklaven bei ihrem Tode getötet werden sollten, um vermeintlich im andern Leben ihre Bedienten zu haben, schenkten christliche Herren in ihren Testamenten den Sklaven die Freiheit und statteten sie mit den nötigen Existenzmitteln aus. [2] Vielfach führten die Herren auch schon zu Lebzeiten ihre Sklaven in die Kirche und erklärten sie am Altare des Herrn in Gegenwart der Priester und des Volkes für frei. Wie bei allen Völkern, so hat die Kirche auch bei dem angelsächsischen Volke die Ketten unwürdiger Sklaverei zerbrochen und die allgemeine Rechtsgleichheit hergestellt. Im Gegensatze zum Heidentum, welches Arme und Kranke der Verzweiflung preisgab und Gefühle barmherziger Nächstenliebe nicht kannte, wurden im ganzen Lande Hospitäler gegründet, in welchen um Christi willen Kranke gepflegt und Arme unterhalten wurden. Jedes Kloster übernahm die Pflege der Notleidenden, und ein Teil der Opfergaben der Gläubigen wurde stets für die Armen verwendet. Das Familienleben, das

---

[1] Die Ausbreitung des Christentums auf den britischen Inseln schildert gründlich und mit gewohnter Meisterschaft Montalembert, Die Mönche des Abendlandes. Bd. III und IV; dann auch: Kemble, The Saxons in England. Deutsch von Brandes.

[2] Der englische Geschichtsforscher Kemble, einer der gründlichsten Kenner der angelsächsischen Geschichte, teilt viele solcher Urkunden mit in seinem codex diplomaticus aevi Saxonici.

Fundament jeder staatlichen Ordnung, wurde durch das Christentum veredelt. Die Würde des bis dahin schmählich unterdrückten Weibes als Hausfrau und Mutter kam wieder zur Geltung, sodaß es all die stillen Tugenden üben konnte, deren Keime Gott in seine Seele gesenkt hatte. Die Mißhandlung und Tötung des Kindes, wie es im Heidentum Sitte war, wurde verboten, der hohe Wert des Kindes betont und seine Erziehung den Eltern zur strengen Pflicht gemacht. Auch der irdische Wohlstand des Landes hob sich. Weil das Christentum die Arbeit für Pflicht erklärt und heiligt, so ließen sich die Mönche in Einöden und Wildnissen nieder, trockneten die Sümpfe aus, lichteten die Wälder, bauten Straßen und Brücken, legten Wiesen, Saatfelder und Gärten an und richteten menschliche Wohnungen her. Das ganze Leben der Angelsachsen wurde durch die Bekehrung zum Christentume verbessert und veredelt und erhielt einen neuen Schwung, welcher sich auch auf dem Gebiete der Künste und Wissenschaften zeigte. Statt der ursprünglich einfachen Gotteshäuser wurden prachtvolle Kirchen erbaut und mit Kunstwerken der Malerei und Skulptur geziert. Das Studium der lateinischen uud griechischen Schriftsteller blühte, und auch in der vaterländischen Sprache brachte die Dichtkunst herrliche Blüten hervor, ein Beweis, daß die katholische Kirche der National = Litteratur keineswegs feindselig gegenüber steht. Die Päpste wandten nach wie vor ihre besondere Sorgfalt der angelsächsischen Kirche zu, und die Könige Englands standen stets in enger Verbindung mit den Päpsten. Als einmal der Stuhl von Canterbury erledigt war, bat der König den Papst, ihm einen geeigneten Mann zu senden. Dieser sandte ihm im Jahre 668 den Griechen Theodor, einen der gelehrtesten Männer jener Zeit, und gab ihm den Abt Hadrian mit. Diese beiden Männer gründeten in England viele Schulen, in welchen die verschiedensten Wissenschaften gelehrt und tüchtige, fromme Männer gebildet wurden. Einer der bedeutendsten Männer dieser Zeit ist der Mönch Beda, der durch sein umfassendes Wissen der Lehrmeister des Mittelalters wurde und eine ganze Reihe von Werken über die verschiedensten Gebiete, Naturwissenschaften, Zeitrechnung, Geschichte und Bibel schrieb. Sein Hauptwerk ist die Geschichte der englischen Kirche, eins der besten Geschichtswerke des Mittelalters. Wegen seiner reinen Seele, die sich in allen seinen Werken spiegelt, wird er „der Kristall Englands" und wegen seiner erbaulichen Predigten der Ehrwürdige (Beda venerabilis) genannt († 735). Durch das blühende, kirchliche Leben

erfuhr selbst das staatliche Leben eine günstige Einwirkung, so=
daß die englische Verfassung später das Vorbild aller europäi=
schen Verfassungen wurde. Die kirchliche Einigung der angel=
sächsischen Stämme bahnte auch ihre staatliche Einigung an,
denn dadurch, daß die Stämme im Schoße der Kirche geeinigt
waren, wurden auch die trennenden staatlichen Gegensätze unter
ihnen gemildert und ihre Einfügung in denselben Staatsverband
erleichtert, sodaß später nur ein König über sie herrschte und
Briten und Angelsachsen ein Reich bildeten. An der Christiani=
sierung Englands erkennen wir daher den veredelnden Einfluß,
welchen die Kirche auf das gesamte Denken und Handeln eines
Volkes ausübt, wenn es ihre Lehren gläubig annimmt. Vor
der Einführung des Christentums war die Insel die Stätte
grausamer, blutiger, verheerender Kriegszüge, die Stätte von
Roheit, Wildheit, Grausamkeit und Zuchtlosigkeit, die Stätte
unvernünftigen Götzendienstes. Da kamen im Auftrage des
Papstes die christlichen Glaubensboten, arme, demütige, selbstlose
Mönche, und verbreiteten durch ihre Predigt den christlichen
Glauben, welchen das Volk, dem Zuge der Gnade folgend,
freiwillig annahm. Durch das Licht des christlichen Glaubens
wurde das englische Volk aus heidnischer Barbarei auf eine
höhere Stufe der Bildung und Kultur gehoben, sodaß es sich
würdig den anderen Nationen anreihte. Seit seiner Bekehrung
hing das Volk treu und fest Jahrhunderte hindurch an der
katholischen Kirche, bis der wollüstige König Heinrich VIII. im 16.
Jahrhundert sich von der kath. Kirche trennte, weil ihm der
Papst die Scheidung von seiner rechtmäßigen Gemahlin und die
Heirat eines Hoffräuleins nicht erlauben konnte. Das Werk
der Lostrennung von der Mutterkirche und ihre Ausrottung
in England wurde dann durch seine, aus unrechtmäßiger Ver=
bindung stammende Tochter Elisabeth (1558—1603) mit Kerker,
Geldstrafen, Scheiterhaufen und Beilen fortgesetzt und vollendet.
Welch ein Gegensatz zwischen Bekehrung und Abfall!

Nachdem England durch die Benediktiner des Papstes
Gregor für den christlichen Glauben gewonnen war, wurde es
durch seinen Bekehrungseifer ein Ausgangspunkt des christlichen
Missionswesens im Norden. Zahlreiche Glaubensboten eilten
aus England nach Deutschland, Dänemark, Norwegen und den
nordischen Inseln, um den Völkern, die in der Nacht des Heiden=
tums schmachteten, das Licht des christlichen Glaubens zu bringen.
Ganz besonders ging aus England der große Apostel Deutschlands
hervor, mit seinem englischen Namen Winfried, mit seinem latini=

fierten Namen Bonifatius genannt, ein Name, der die ruhm- und segensreiche Thätigkeit seines Trägers richtig bezeichnet. Er war besonders von der göttlichen Vorsehung dazu bestimmt, das Licht des Evangeliums in das Dunkel der deutschen Wälder zu tragen, in welche der egoistische, eroberungssüchtige Römer bei der Tapferkeit ihrer freiheitsliebenden Bewohner glücklicherweise nicht dauernd eindringen konnte. Die Bekehrung Deutschlands zum christlichen Glauben war für die ganze Weltgeschichte von dem größten Einflusse, denn dadurch bekam das deutsche Volk eine große Lebenskraft, sodaß es alle anderen Völker der Erde durch die Kraft und Wirksamkeit seines Geistes übertraf und seine weltbeherrschende Stellung von allen Völkern am längsten behauptete. Die Bekehrungsgeschichte Englands zur katholischen Kirche ist aber für das Verständnis der Wirksamkeit des hl. Bonifatius von großer Wichtigkeit. Ähnliche Zustände und Ereignisse wie in England finden wir auch in Deutschland wieder. Das angelsächsische Volk übte nach seiner Bekehrung zum Christentum einen großen, geistigen Einfluß auf Deutschland aus, und im hl. Bonifatius spiegeln sich die Tugenden des eben erst christlich gewordenen Volkes wieder. Was das Herz des Menschen wahrhaft bewegt und beglückt, das verschließt er nicht stumm in sich, sondern teilt es voll Liebe dem Nächsten mit. Weil das angelsächsische Volk ganz vom Geiste des Christentums ergriffen wurde, so erwachte in ihm ein mächtiger Trieb, die Segnungen des Christentums auch andern Völkern, besonders den blutsverwandten Deutschen, mitzuteilen. Aus den zahlreichen bevölkerten Klöstern Englands gingen daher Scharen von Glaubensboten hervor, welche im Vereine mit Bonifatius die Segnungen des Christentums auch nach dem Stammlande, der alten germanischen Heimat, brachten. Mit der Religion verpflanzten sie nach Deutschland auch wissenschaftliche Bestrebungen, Kultur und Civilisation, und verbreiteten die Kenntnis der klassischen Litteratur. Aber auch Anhänger des britischen National-Kirchentums, kühne Mönche, welche an dem Siege ihrer Sache in der Heimat verzweifelten, kamen nach Deutschland, um dort mit dem Christentum ihre sonderkirchlichen Anschauungen zu verbreiten. So entstand für den hl. Bonifatius ein heftiger Kampf gegen Spaltungen verschiedener Art, aus welchem er aber siegreich hervorging und die kirchliche Einheit Deutschlands begründete.

Zweites Kapitel.

Jugendzeit des hl. Bonifatius; sein Eintritt in das Kloster.

In jener Zeit, wo die Morgensonne des Christentums in England aufging und so viele herrliche Blüten der Frömmigkeit hervorbrachte, wurde auch der hl. Bonifatius geboren. Die ältesten Lebensbeschreiber geben uns die Zeit und den Ort seiner Geburt nicht genau an, weil sie sich mehr mit dem apostolischen Wirken des heiligen Mannes beschäftigen und auf seine persön= lichen Lebensumstände weniger Gewicht legen. Aus einzelnen Stellen seiner Briefe und den ältesten Biographieen hat man jedoch geschlossen, daß er um das Jahr 675, also etwa 80 Jahre nach der Ankunft des hl. Augustin, des Apostels Englands, zu Crediodunum im Königreiche Wessex geboren wurde. [1] Jetzt heißt der Ort Kirton und liegt in der teils sehr gebirgigen, teils sehr fruchtbaren Grafschaft Devon im südwestlichen Eng= land. Die Eltern des heiligen Bonifatius, der in der heiligen Taufe den Namen Winfried empfing und auch vielfach so ge= nannt wurde, waren reich und angesehen; ihre Namen sind uns nicht überliefert. Von seinen Schwestern hieß eine Wunna, welche nach spätern Nachrichten an einen angelsächsischen König Richard verheiratet war. Die Mutter wandte der Pflege und Erziehung des kleinen Bonifatius die größte Sorgfalt zu. Der Vater liebte ihn vor allen andern Kindern und wollte ihn für eine glänzende Stellung in der Welt erziehen. Der hl. Boni= fatius war aber von Kindheit an eine sehr ernste und bedächtige Natur, und dachte mehr an das Ewige und Göttliche als an das vergängliche Irdische. Schon als Kind verrichtete er seine Gebete mit größter Sorgfalt; mit dem Gott schuldigen Dienste nahm er es überhaupt sehr gewissenhaft, und empfand frühzeitig ein heißes Verlangen, sich dem Ordensstande zu widmen. Als einst Ordensleute, welche zur Verkündigung des göttlichen Wortes und zur Ausspendung der heiligen Sakramente im Lande um= herreisten, im elterlichen Hause des hl. Bonifatius übernachteten, unterhielt sich der kleine Knabe mit ihnen über himmlische Dinge und ließ sich von ihnen in der Frömmigkeit unterweisen. Ihre würdige Erscheinung und frommen Gespräche machten auf ihn einen

---

[1] Als der Friesenapostel Willibrord den hl. Bonifatius im Jahre 722 zum Bischof der Friesen weihen wollte, erklärte dieser, daß er das vorgeschriebene Alter von 50 Jahren noch nicht ganz (plene) erreicht habe; danach würde er also um das Jahr 675 geboren sein.

folchen Eindruck, daß fein Verlangen, Ordensmann zu werden,
noch gesteigert wurde. Endlich entdeckte der Knabe seinen geheimen
Wunsch dem Vater. Dieser wollte sich von seinem Lieblinge
nicht trennen und suchte ihn teils durch Drohungen, teils durch
Versprechungen, teils durch Bitten von seinem Vorhaben abzu-
bringen. Unter anderm stellte er ihm vor, daß er später sein
Erbe und Nachfolger werden solle und auf dem elterlichen Gute
ein viel thätigeres Leben führen könne als im stillen Kloster.
Aber der kleine Bonifatius ließ sich durch den Widerspruch
seines Vaters nicht umstimmen; im Gegenteil, immer heißer
wurde sein Verlangen, immer fester sein Entschluß, in einen
Orden zu treten und Priester zu werden.

Die alles zum Besten der Menschen leitende Vorsehung
fügte es, daß der Vater endlich seinen Widerspruch aufgab.
Um diese Zeit erkrankte er nämlich schwer, und ernste Gedanken
des Todes traten an ihn heran; er genas zwar wieder, fühlte
aber beständig eine große Schwäche in sich. Dadurch wurde
der Vater zur Nachgiebigkeit gestimmt und entschloß sich, den
Willen seines Sohnes, in dem er nun den Willen Gottes sah,
zu erfüllen und ihn einem Kloster zu übergeben. Er versammelte
daher seine Verwandten, teilte ihnen seinen Entschluß bezüglich
des kleinen Bonifatius mit und befahl, ihn in das Kloster
Adescancastre zu bringen, welches an der Stelle der heutigen,
großen Fabrikstadt Exeter lag. Bonifatius war damals erst
etwa 6 Jahre alt; seine Verwandten lehrten ihn, wie er seinen
Wunsch dem Abt Wolfhart vortragen müsse, und Bonifatius
trug seinen Herzenswunsch in so kindlicher, rührender Weise vor,
daß der Abt ihm mit Zustimmung aller Brüder die Aufnahme
in das Kloster zusagte und unter den vorgeschriebenen Gebeten
und Ceremonien vollzog. Es war damals nichts Ungewöhnliches
und auch durch die Klosterregel des hl. Benediktus ausdrücklich
gestattet, daß Kinder noch im zarten Alter von ihren Eltern
einem Kloster wie ein Opfer übergeben wurden, damit sie für
den Dienst der Kirche erzogen würden, ähnlich wie es im Alten
Bunde mit dem Propheten Samuel geschehen war. In den
Klöstern blieben die Kinder vor den bösen Einflüssen und Gefahren der Welt, vor den Thorheiten und Sünden der Jugend
bewahrt, nahmen nur gute Eindrücke in sich auf und wurden
mit liebevoller Fürsorge unterrichtet und erzogen, sodaß sie
später sich dem Dienste Gottes widmen konnten. Weil das
Heil der Kinder im Kloster gesichert schien, und weil zur Zeit
des Heidentums die Eltern eine volle, unbedingte Gewalt über

das Kind hatten, so hielten sich die Eltern zu einem solchen
Schritte berechtigt; ihr Wille galt auch den Kindern als maß=
gebend, sei es als Pflicht, sei es als Rat. Jedoch durften
solche Kinder nicht vor einem bestimmten Alter, meistens nicht
vor dem 25. Jahre, die Ordensgelübde ablegen und konnten
auch wieder austreten, falls sie in dem Ordensleben nicht ihren
Beruf erkannten; denn in Sachen des Berufs hat der Wille
der Eltern keine unbedingt verpflichtende Kraft. In dem vor=
liegenden Falle beruhte die Übergabe an das Kloster allerdings
hauptsächlich auf dem Willen des Knaben selber, indem der
Vater seinem Drängen nachgab und ihn mit Zustimmung der
Familie in feierlicher Form dem Kloster übergab.

Die Erziehung des kleinen Bonifatius nahm in dem Kloster·
Exeter den günstigsten Verlauf. Er lernte mit großem Eifer,
aber ebenso eifrig lag er auch den Übungen der Frömmigkeit
ob, sodaß er gleichmäßig im Wissen wie in der Tugend voran=
schritt. In der Benutzung der Zeit war er sehr gewissenhaft;
jeden Augenblick benutzte er zum Studium oder zu religiösen
Übungen; das Gebet liebte er sehr und betete ungemein viel.
Er suchte das Wort des Psalmisten (Pf. 33, 2) zu erfüllen.
„Den Herrn will ich preisen zu jeder Zeit, sein Lob sei immer
in meinem Munde." So legte der hl. Bonifatius schon im
zarten Knabenalter den Grund zu jener Heiligkeit und Gelehr=
samkeit, welche ihn im spätern Alter zierten und zu so segens=
reichem Wirken befähigten. Auch an dem heiligen Bonifatius
sehen wir, daß die meisten Heiligen schon in früher Jugend
sich durch ungewöhnliche Frömmigkeit auszeichneten.

Nachdem Bonifatius in einigen Jahren die vorbereitenden
Studien und die ersten klösterlichen Übungen in Exeter beendet
hatte, begab er sich — ungefähr 14 Jahre alt — mit Zu=
stimmung seines Abtes in das Kloster Nhutscelle, welches in
der Grafschaft Southampton lag und dessen Schulen unter der
Leitung des gelehrten und frommen Abtes Wynbercht blühten.
Dort sollte der reichbegabte Geist des angehenden Mönches noch
weiter entwickelt, und sein großer Wissensdurst in höherm Maße
befriedigt werden. In der dortigen Klosterschule erlernte Boni=
fatius die höheren, weltlichen Wissenschaften, so Grammatik, Be=
redsamkeit und Dichtkunst; letztere liebte er sehr, und blieb auch
später mit mehreren Dichtern durch Freundschaft verbunden, so
mit dem Mönche Aldhelm, der herrliche Gedichte in angelsäch=
sischer Sprache verfaßte und zugleich meisterhaft sang; ebenso mit
dem König Aedilwald, welcher selbst auf dem Throne die Dichtkunst

pflegte; von diesem ist uns noch ein Brief an Aldhelm, seinen Lehrmeister in der Dichtkunst, erhalten nebst mehreren Gedichten, von denen eins eine Meerfahrt schildert und dem hl. Bonifatius gewidmet ist. [1]) Ganz besonders aber lag der hl. Bonifatius den göttlichen Wissenschaften ob. Mit großem Eifer las er die heiligen Schriften des Alten und Neuen Bundes und erforschte sie nach ihrem buchstäblichen, allegorischen, mystischen und moralischen Sinne. Er drang immer tiefer in ihren geheimnis= vollen Inhalt ein und lernte sie auf die verschiedenen Verhält= nisse des menschlichen Lebens geschickt anwenden. Nachdem er so in der Studienzeit den Inhalt der Bibel seinem Geiste ein= geprägt hatte, konnte er später in seinen Reden und Schriften viele passende Stellen der Bibel verwerten und durch ihre geschickte Benutzung seine Predigten und Belehrungen klarer und lebendiger machen. Mit dem Streben nach Wissenschaft ver= band Bonifatius das Streben nach Frömmigkeit, ohne welche die Wissenschaft tot und unfruchtbar ist. Er übte Demut und Gehorsam, Arbeitsamkeit und Stillschweigen, befleißigte sich mit Ausdauer jeglicher Tugend und erfüllte die klösterliche Regel mit solcher Gewissenhaftigkeit und Treue, daß er alle andern Mitglieder des Klosters erbaute und von ihnen mit den Ge= fühlen der Ehrfurcht und Bewunderung betrachtet wurde. Weil er sich durch Wissenschaft und Frömmigkeit so sehr auszeichnete, wurde er bald zum Lehrer der jüngern Mönche gemacht. Mit einer vortrefflichen Lehrgabe ausgerüstet, widmete sich Bonifatius eifrig dem Unterrichte und der Erziehung, suchte allen alles zu werden, behandelte jeden entsprechend seinem Charakter und ge= wann aller Herzen durch sein liebevolles Wesen. Sein Ruf verbreitete sich weithin, sodaß zahlreiche, lernbegierige Schüler in das Kloster zum Besuche seiner Vorträge eilten und die Ordens= leute anderer Klöster sich von seinen Schülern die Vorträge ab= schrieben. Wie sehr Bonifatius die Liebe seiner Schüler besaß, zeigte sich nach einer Reihe von Jahren dadurch, daß ihm viele nach Deutschland folgten und dort unter seiner Leitung im Missionswesen thätig waren. Diese Liebe seiner Schüler und der Ruf seiner Persönlichkeit machten den heil. Bonifatius aber nicht stolz, sondern waren für ihn nur ein neuer Antrieb, mit größerer Strenge die Pflichten seines Standes zu üben.

Weil jedes Kloster zur Vornahme der geistlichen Hand= lungen der Priester bedurfte, so wurde Bonifatius zum Priester

---

[1]) Brief und Gedichte mitgeteilt von Jaffé, Epist. 5 und 6.

2*

auserſehen. Dieſer drängte ſich in ſeiner Demut zwar nicht
zum Empfange der heiligen Weihe, entſchloß ſich aber zum
Empfange derſelben und bereitete ſich gewiſſenhaft durch Ge=
bet, Betrachtung und Werke der Frömmigkeit darauf vor.
Weil der göttliche Heiland mit 30 Jahren ſeine öffentliche
Thätigkeit begann, ſo wurde in England die Prieſterweihe im
30. Jahre empfangen. In dieſem Alter, alſo etwa um 705,
empfing ſie auch der hl. Bonifatius. Bei dem Empfange der
Prieſterweihe war es Sitte, dem neugeweihten Prieſter zum
Zeichen der Glückwünſche Geſchenke zu überreichen. Auch Boni=
fatius empfing bei dieſer Gelegenheit zahlreiche Geſchenke, ver=
teilte ſie aber an Freunde und Notdürftige. Der Empfang der
prieſterlichen Würde war für den heil. Bonifatius ein neuer
Sporn, immer ſorgfältiger nach perſönlicher Heiligkeit zu
ſtreben, ſich in aller Tugend zu vervollkommenen und durch ein
heiliges Leben den hohen Anforderungen ſeines erhabenen
Standes zu entſprechen. Es ſchwebte ihm das Wort des
Apoſtels Paulus (1 Kor. IX, 27) vor: „Ich züchtige meinen Leib
und bringe ihn zur Unterwürfigkeit, damit ich nicht, währen dich
anderen predige, ſelber verworfen werde“. Wein und berau=
ſchende Getränke genoß Bonifatius gar nicht und tötete ſich
durch Faſten und Enthaltſamkeit ab. Er beſorgte gewiſſenhaft
alle ihm im Kloſter aufgetragenen Dienſte, nahm an den klöſter=
lichen Übungen pünktlich und gewiſſenhaft Anteil und zeigte
ſich durch Wort und Wandel als das Muſter eines wahren
Ordensmannes. Obwohl er freundlich, milde und zuvorkommend
gegen alle war, ſo verband er doch auch, wenn es nötig war,
mit der Milde die erforderliche Strenge, war fern von allem
ſchmeichleriſchen Weſen gegen hochſtehende Perſonen und kannte
in ſeinen Ermahnungen und Belehrungen kein Anſehen der
Perſon. Schon damals machte ſich in ihm die Neigung geltend,
gerade den ärmſten und verlaſſenſten Menſchen ſeine Thätigkeit
zuzuwenden. Durch dieſe perſönlichen Tugenden und ſeine ſegens=
reiche Wirkſamkeit gewann Bonifatius immer mehr an Anſehen
und Achtung bei den Menſchen. Das zeigte ſich unter andern
auch bei folgendem Vorgange. Im Königreiche Weſſex herrſchte
damals Jna (688—725), ein gerechter und weiſer König, welcher
unter Beihilfe der Biſchöfe durch ein neues Geſetzbuch die chriſt=
liche Ordnung ſtrenge durchführte und chriſtliche Kunſt und
Wiſſenſchaft eifrig beförderte. Als einſt eine Empörung im
Volke entſtand, verſammelte der König Jna die angeſehenſten
Männer geiſtlichen und weltlichen Standes, um mit ihnen über

diese Angelegenheit zu beraten. Bevor man aber einen Entschluß faßte, wollte man sich mit dem Erzbischof von Canterbury über diese Sache verständigen und beschloß, zu diesem
Zwecke einen Gesandten an ihn zu senden. Bonifatius wurde
dem Könige als die geeignete Persönlichkeit zu dieser Mission
genannt und auch von der ganzen Versammlung dazu gewählt.
Dieser begab sich zu dem Erzbischof Berchtwald von Canterbury,
unterhandelte mit ihm über die fragliche Angelegenheit und
kehrte dann zum Könige und der Versammlung zurück, um die
Antwort des Erzbischofs zu überbringen. Die Versammlung
war allgemein sehr erfreut, daß Bonifatius die Sache so rasch
und glücklich erledigt hatte. Sein Ansehen stieg dadurch bei den
weltlichen Großen und den kirchlichen Würdenträgern so sehr,
daß er von da ab zu allen Synoden zugezogen wurde. Auch
mit dem Erzbischof blieb er von da ab in näherer Beziehung
und gedenkt desselben in seinen Briefen unter Ausdrücken hoher
Verehrung. Durch diesen Verkehr mit hohen weltlichen und
geistlichen Personen und durch die Teilnahme an den Synoden
sammelte sich Bonifatius viel Erfahrung, die ihm in seinem
spätern Leben sehr zu statten kam.

Drittes Kapitel.

Der hl. Bonifatius widmet sich dem Missionswesen in Friesland 716; erste Reise nach Rom 718—719.

Als gegen Ende des 7. und Anfang des 8. Jahrhunderts
das Saatkorn des christlichen Glaubens in England die herrlichsten Früchte hervorbrachte, ergriff die angelsächsische Geistlichkeit ein mächtiges Verlangen, das Christentum auch in der
alten germanischen Heimat auszubreiten. Die Angelsachsen waren
damals ungefähr schon ein Jahrhundert zum Christentum bekehrt
und genossen seine Segnungen im reichsten Maße, während die
blutsverwandten Stämme Deutschlands noch in der Finsternis
des Heidentums saßen. In England war der Zwiespalt zwischen
Angelsachsen und Briten zwar noch nicht ganz ausgeglichen,
aber die Gefahr einer Kirchenspaltung war durch den eifrigen,
kirchlichen Sinn der Angelsachsen abgewendet worden. Bei den
Briten im Westen der Insel blühte ebenfalls das kirchliche
Leben. Aus ihren zahlreichen, bevölkerten Klöstern setzten Mönche
nach dem Festlande über, teils aus dem angeborenen, briti-

schen Wandertriebe, teils in der Absicht, dort mit der katholischen
Lehre ihre national-kirchlichen Anschauungen zu verbreiten, welche
sie in der Heimat mit Zähigkeit ohne Hoffnung auf dauernden
Erfolg verteidigten. Durch diese britischen Mönche konnte in
Deutschland eine sehr gefährliche Spaltung entstehen, welche die
lebenskräftige Fortdauer der katholischen Kirche in Frage stellte,
falls nicht die strengkirchliche Partei die Oberhand erhielt.
Auch bei den Angelsachsen gab es zahlreiche Klöster, mit Männern
angefüllt, die gern für die Ehre Gottes und das Heil der
Menschen bis zur Dahingabe ihre Lebens thätig waren. Da
nun überdies die Angelsachsen von Natur einen großen Wandertrieb hatten und der Mensch sich gedrungen fühlt, das, was
sein eigenes Herz wahrhaft beglückt, auch dem Mitmenschen mitzuteilen, so ist es natürlich, daß die Angelsachsen scharenweise
nach Deutschland eilten, um dort ihre blutsverwandten Stämme
aus der Finsternis des Heidentums zu befreien, vor den Gefahren der Spaltung und des Irrglaubens zu bewahren und
die Segnungen des ewigen Heils ihnen zu vermitteln. Wohl
kamen manche von diesen Glaubensboten teils auf der Reise,
teils durch das Schwert verblendeter Heiden, teils durch Un-
glücksfälle um, aber immer neue traten an ihre Stelle und begannen das schwierige Werk mit neuem Mute. Das Beispiel
des hl. Augustin, des hl. Patritius und anderer christlicher
Glaubensboten schwebte ihnen ermutigend und anfeuernd vor
der Seele; nach ihrem Vorbilde im Dienste Gottes und der
Nächstenliebe zu sterben, galt ihnen als ein kostbarer Tod und
als der Weg zum Himmel. Nur wenige Namen von diesen
Glaubenshelden sind uns erhalten und in der Geschichte aufgezeichnet, aber sie stehen alle im Buche des ewigen Lebens.
　　Diese Sehnsucht, den heidnischen Deutschen das Licht des
Evangeliums zu bringen, ergriff auch den hl. Bonifatius, dessen
Herz voll opferwilliger Liebe zu Gott und dem Nächsten war.
Die Achtung und Liebe, welche ihm von seinen Mitmenschen
zu teil wurde, die hohen Ehrenstellen, welche ihm bei seiner
Wissenschaft und Frömmigkeit und bei seiner Abstammung von
angesehenen Eltern offen standen, vermochten sein Herz nicht
an England zu fesseln. Hohe Ehrenstellen und Ansehen vor
der Welt erstrebte der demütige Ordensmann überhaupt nicht;
er suchte nur die Ehre Gottes und das Heil der Seelen. In
England sah Bonifatius das Volk im gesicherten Besitze des
christlichen Glaubens und zahlreiche Priester und Klöster im
Dienste der Seelsorge thätig. In Deutschland fehlte es noch

an Arbeitern im Weinberge des Herrn, da war die Ernte groß, der Arbeiter aber verhältnismäßig wenige. Deshalb erfaßte auch Bonifatius eine heilige Sehnsucht, sein Vaterland zu verlassen und sich der Bekehrung der heidnischen Deutschen zu widmen. Er entdeckte den heißen Wunsch seines Herzens dem Abte des Klosters und bat ihn um seine Zustimmung. Dieser zögerte eine Zeitlang, da er eine solche Kraft dem Kloster seiner Heimat erhalten wollte, gab aber später seine Zustimmung. Die Brüder des Klosters sahen den allgemein beliebten und verehrten Bonifatius ungern scheiden, nahmen unter Thränen von ihm Abschied, versahen ihn mit dem Nötigen für die Reise und begleiteten ihn mit ihren frommen Gebeten und Wünschen. Bonifatius legte mit zwei Genossen den Weg vom Kloster bis nach Lundenwich, dem heutigen London, zu Fuß zurück. Bei dem großen Verkehr, der dort infolge des Handels herrschte, fand er bald ein Schiff, dessen Herr ihn nach Erlegung des Fahrgeldes aufnahm und, unterstützt von günstigem Winde, bald nach Dorstet brachte, dem heutigen Wyk by Duurstede in Holland. Wegen seiner günstigen Lage am Rhein, von dem sich hier ein Arm, der Leck, abtrennt, war Dorstet schon zu den Zeiten der Römer unter dem Namen Batavodurum ein befestigter Handelsplatz, wovon sich noch Wälle erhalten haben, und lag im Lande der Friesen.

Von den zahlreichen Mündungen des Rheines bis zur Emsmündung längs der Küste der Nordsee wohnten damals die Friesen,[1]) ein echt germanischer Volksstamm, stolz auf seine Freiheit. Der Wahlspruch der Friesen war: Lewer duad äs Slaw, lieber tot als Sklave; sie waren voll Anhänglichkeit an das Alte, allen Fremden mißtrauend, gestählt im Kampfe mit den heftigen Wogen und Stürmen des Meeres. Die Friesen waren ohne Bildung und Gesittung und wohnten längs der Meeresküste teils auf hohen Hügeln, teils auf Gerüsten, welche sie den Meeresfluten entsprechend hoch gebaut hatten. Ihre Nahrung bildeten meistens Fische, welche sie in Netzen, aus Seegras geflochten, oder zur Zeit der Ebbe auch mit den Händen fingen. Weil das Meerwasser salzig ist, bewahrten sie in Cisternen Regenwasser zum Tranke auf. Übrigens lebten sie vom Raube; beutegierig fuhren sie mit ihren kleinen Kähnen auf das Meer hinaus und raubten und plünderten, wo sie etwas

---

[1]) Das Wort Friesen wird teils von frei, teils von dem altdeutschen Worte freisan, wagen, hergeleitet.

fanden. Weil sie als Küstenbewohner auf das Meer angewiesen waren, so suchten sie das feindliche Element des Meeres durch Menschenopfer zu versöhnen und sich geneigt zu machen. Die Menschen wurden durch das Los zu Opfern bestimmt und zur Zeit der Meeresflut am Strande ausgesetzt, damit sie von den Wellen verschlungen wurden und ertranken. Bisweilen wurden die Opfer auch erhängt oder erdrosselt. Mit ihren Grenznachbaren, den Franken, führten die Friesen oft heftige Kriege, in welchen sie meistens besiegt und zur Zahlung eines Tributs gezwungen wurden. Die Friesen lebten in selbständigen Gemeinden, erschienen aber auch oft, besonders im Kriege, unter einem König geeint. Weil sie von den Franken unterdrückt wurden und diese christlich waren, so sahen sie im Christentum eine Gefahr für ihre Freiheit und setzten den fränkischen Glaubensboten großen Widerstand entgegen. Von fränkischen Glaubensboten waren bei ihnen wirksam der hl. Bischof Amandus von Mastricht, der hl. Eligius von Noyon, der hl. Bischof Wulfram von Sens, welcher besonders gegen die Menschenopfer eiferte. Weil die Friesen für die Ausbreitung des Christentums durch fränkische Missionare wenig Empfänglichkeit zeigten, so waren auch angelsächsische Missionare bei ihnen thätig, so der hl. Livinus, der Bischof Wilfrid von York, die Mönche Egbert und Wigbert. Wilfrid hatte einigen Erfolg und weihte zum Bischof der Friesen den Suidbert. Weil dieser aber keine seinen Mühen entsprechende Frucht sah, so verließ er Friesland, war in den Gegenden der Ruhr und Lippe für das Christentum thätig und gründete auf einer Rheininsel das berühmte Kloster Kaiserswerth, wo er um 715 starb.[1]) Der Hauptapostel der Friesen ist aber der hl. Willibrord, welcher 657 in England geboren wurde. Von seinem frommen Vater einem Kloster zur Erziehung übergeben, widmete er sich dem Ordensleben und bildete sich im Kloster zum Glaubensboten für Deutschland aus. Im Jahre 690 begab er sich nach dem Vorbilde der Apostel mit 11 Genossen nach Friesland und war dort an der Ausbreitung des Christentum bis zu seinem Tode 739 thätig, im ganzen mit Erfolg, jedoch wegen des Widerstandes der Friesen und ihrer Kriege mit mehrfacher Unterbrechung. Zweimal war er in Rom, wo er vom Papste zum Erzbischof der Friesen

---

[1]) Als dem Apostel des bergischen Landes wurde ihm im J. 1859 auf einem reizenden Berge an der Wupper bei Elberfeld ein Denkmal gesetzt. Kaiserswerth ist jetzt protestantisches Missions= und Diakonissenhaus.

mit dem Sitze in Utrecht geweiht wurde. Auch in Dänemark war er thätig; als er von dort nach Friesland zurückkehrte, landete er an der Küste von Helgoland, welches von den Heiden für so heilig gehalten wurde, daß nicht einmal ein Tier auf der Insel getötet werden durfte. Da Willebrord mit seinen Genossen ein Tier fing und schlachtete, um ihren Hunger zu stillen, so ließ ihn der König Radbot wutentbrannt zu sich kommen und wollte zur Sühnung des Vergehens ein Menschen- opfer darbringen. Aber Willibrord trat dem König mutig und entschlossen entgegen und hielt ihm seinen Aberglauben und seine Sünden so überzeugend vor, daß er ihn unversehrt mit seinen Genossen ziehen ließ. Auch dem Frankenreiche wandte er seine Thätigkeit zu und gründete als Stützpunkt für seine Missions- thätigkeit das Kloster Echternach, wo er auch seine letzte Ruhe- stätte fand. [1]

Als der hl. Bonifatius im Jahre 716 an der friesischen Küste landete, betrat er mit einem innigen Gebete zu Gott um seinen Segen die erwählte Stätte seiner Missionsthätigkeit. Da- mals lagen gerade die Friesen im Kampfe mit den Franken, bei welchen nach dem Tode des ältern Pippin Thronstreitigkeiten unter seinen Erben ausgebrochen waren. Die Friesen errangen einige Vorteile über die Franken, verjagten sie aus ihrem Lande und drangen plündernd bis nach Köln vor. Triumphierend zerstörten sie die christlichen Tempel, verjagten größtenteils die christlichen Glaubensboten und suchten den heidnischen Götzen- dienst wiederherzustellen. Da entrann aber Pippins Sohn, der kräftige Karl Martell, dem Kerker, in welchem ihn seine Stief- mutter gefangen hielt, stellte sich an die Spitze der fränkischen Truppen, verjagte die Friesen und züchtigte sie durch einen Kriegszug. In dieser unglücklichen Zeit, wo zwischen Friesen und Franken ein erbitterter Kampf entbrannte, das Christentum fast vernichtet war und das Heidentum neu aufblühte, kam Bonifatius nach Friesland. Die Bewohner des Landes zeigten unter diesen Umständen wenig Empfänglichkeit für den Samen des Christentums. Bonifatius blieb einige Zeit in Dorstet; später begab er sich nach Utrecht, welches auch Trecht genannt

---

[1] Echternach, im heutigen Großherzogtum Luxemburg gelegen, ist berühmt durch seine Springprozession am Pfingstdienstag, bei welcher abwechselnd 2 Schritte voran und ein Schritt zurück gemacht werden. Die Zahl der Springenden stieg in unserm Jahrhundert schon auf 15 000. Es ist eine Dankprozession für die Befreiung vom Veitstanze, welcher einmal verwüstend dort herrschte.

wurde und die älteste Stadt des Landes ist. Dort residierte König Radbot, welcher stets ein unversöhnlicher Feind des Christentums gewesen und gegen alle Ermahnungen der christlichen Glaubensboten verstockt geblieben war. Mutig und entschlossen trat der hl. Bonifatius vor ihn hin, hielt ihm die Unvernünftigkeit des heidnischen Aberglaubens vor und ermahnte ihn, dem Heidentum zu entsagen und Christ zu werden, aber vergebens; Radbots hartes Herz blieb verstockt, doch trat er nicht feindlich gegen Bonifatius auf. Sommer und Herbst des Jahres 716 brachte Bonifatius in Friesland zu, ohne bei dem König oder dem Volke einen den Mühen entsprechenden Erfolg zu haben. Ob Bonifatius in dieser Zeit den eigentlichen Apostel Frieslands, den hl. Willibrord, getroffen oder ob letzterer wegen des Krieges abwesend war, ist uns nicht überliefert worden. Im Spätherbst (716) entschloß sich Bonifatius zur Rückkehr nach England, hoffend, wo anders eine segensreichere Thätigkeit zu finden. Obgleich diese Reise nach Friesland von keinem Erfolg gekrönt war, so war sie doch nicht ohne Nutzen für den hl. Bonifatius. Er sah mit eigenen Augen Land und Volk der Friesen, ihre Sitten und Gebräuche, lernte durch persönliche Erfahrung ein verblendetes, heidnisches Volk kennen und sammelte sich Erfahrung für seine spätere Missionsthätigkeit. Zugleich unterrichtete er sich über die Zustände im fränkischen Reiche, welche für das Missionswesen von großer Wichtigkeit waren. Es mußte sich dort entscheiden, ob das Reich sich in innern Zerwürfnissen auflöste oder ob eine feste Regierung sich bildete, unter deren Schutze das Missionswesen sich sicher entfalten konnte.

Als Bonifatius in sein Kloster Nhutscelle zurückkehrte, nahmen ihn die Brüder mit Freude und Liebe auf. Bonifatius gab sich mit dem alten Eifer den Übungen des klösterlichen Lebens hin. Zu seinem größten Bedauern fand er den Abt Wynbercht so gealtert und so hinfällig, daß sein baldiger Tod zu befürchten stand. Er starb denn auch kurz nachher eines erbaulichen Todes im Kreise seiner Brüder; sein Verlust erfüllte die Ordensbrüder mit größter Betrübnis; der hl. Bonifatius tröstete sie mit geistvollen Worten und ermahnte sie, die Satzungen des Klosters stets mit Eifer zu befolgen und dem neuen Obern sich demütig zu unterwerfen. Alle baten jedoch übereinstimmend und dringend den hl. Bonifatius, ihr Abt zu werden und die Leitung des Klosters zu übernehmen. Vielleicht entsprach der hl. Bonifatius den Bitten seiner Ordensbrüder und übernahm vorläufig die Leitung des Klosters, sicher hat er diese Bürde aber für die Dauer abgelehnt. Er trug sich stets mit dem Gedanken, auf jede ehrenvolle Stellung in seinem Vaterlande zu verzichten und aller Anhänglichkeit an die Verwandtschaft zu entsagen, um in Deutschland bei den Heiden für die Ehre Gottes und das Heil der Seelen zu wirken. Die Millionen Heiden, welche in der Finsternis des Heidentums schmachteten, schwebten ihm lebendig vor der Seele; ihre Bekehrung war sein Herzenswunsch. Deshalb erfüllten ihn die flehentlichen Bitten seiner Ordensbrüder um Übernahme der Abtswürde mit Kummer. Zugleich dachte er mit Besorgnis an die Zukunft des Klosters, er fürchtete nämlich, bei dem Mangel eines tüchtigen Abtes könnte die klösterliche Zucht leiden und das Kloster in jenen unruhigen Zeiten der Auflösung entgegengehen. So wurde Bonifatius einige Zeit von der Durchführung seines Planes abgehalten, bis sein Bischof Daniel von Winchester die Schwierigkeit hob. Als Bonifatius ihm sein bekümmertes Herz ausgoß, ernannte dieser den Mönch Stephan, einen ausgezeichneten Mann, zum Abte und gestattete dem hl. Bonifatius, sich dem Missionswesen zu widmen.

Weil seine Bemühungen für das Christentum in Friesland keinen Erfolg gehabt hatten und dieses Land in der Person des hl. Willibrord einen tüchtigen Apostel hatte, so dachte Bonifatius daran, dieses Mal in das Innere Deutschlands vorzudringen. Zuvor aber wollte er eine Wallfahrt nach Rom machen, um an dem Grabe der Apostelfürsten Petrus und Paulus zu beten, sich und sein Werk unter den Schutz des Papstes zu stellen und von ihm, dem gemeinsamen Vater der Christenheit, sich Vollmacht, Segen und Rat zu erbitten. Bonifatius wußte aus der Geschichte seines Volkes, daß die ersten Glaubensboten Englands vom Papste gesandt waren und unter dessen Leitung mit großem Erfolge das Christentum ausgebreitet hatten. Auch die Glaubensboten anderer Länder, z. B. der hl. Patritius, der hl. Willibrord, der hl. Kilian, der hl. Kolumban, wallfahrteten nach Rom, holten sich vom Papste die kirchliche Sendung und erfreuten sich dann bei ihrer Wirksamkeit in besonderer Weise des göttlichen Segens. Ferner stand die angelsächsische Kirche in lebendiger Verbindung mit dem Papste, dem Centrum der kirchlichen Einheit. Der Papst leitete und regierte wie die ganze Kirche, so auch die Kirche Englands; er errichtete dort die bischöflichen Sitze, bestätigte die Wahl der Bischöfe und die Beschlüsse der Konzilien und hatte in allen Fragen das

entscheidende Wort. Wohl übten auch die Könige bei der engen
Verbindung von Staat und Kirche einen großen Einfluß in
der Kirche aus, aber stets beugten sie sich vor dem Papste als
dem obersten Hirten der Kirche und wallfahrteten nicht selten
nach Rom oder erbaten sich den Segen des Papstes durch Weih-
spenden. Da überdies die Angelsachsen von Natur einen großen
Wandertrieb hatten und gern wallfahrteten, so lag dem heiligen
Bonifatius der Gedanke nahe, eine Wallfahrt nach Rom zu
unternehmen, bevor er sich dem Missionswesen in Deutschland
widmete. Auch sein würdiger Bischof Daniel von Winchester
stimmte dem Plane einer Romfahrt zu und gab ihm zu dem
Zwecke zwei Schreiben mit, einen Geleitsbrief für die Reise
und einen Empfehlungsbrief an den Papst. Entsprechend den
damaligen Verhältnissen, wo man bei dem Mangel von Her-
bergen auf den guten Willen der Menschen und besonders auf die
Gastlichkeit der Klöster angewiesen war, hatte der Geleitsbrief [1]
folgenden Wortlaut: „An alle durch Frömmigkeit und Milde
ausgezeichneten Könige, an die gesamten Herzoge, an die sehr
ehrwürdigen und geliebten Bischöfe, Ordensleute, Äbte, Priester
und an alle Christen schreibt Daniel, Diener der Diener Gottes.
Wenn die Gläubigen auch alle Gebote Gottes mit der aufrichtigsten Frömmigkeit erfüllen müssen, so bezeugt doch die
heilige Schrift, wie wichtig die Ausübung der Gastfreundschaft
und wie angenehm Gott die Tugend der Menschenfreundlichkeit
gegen Reisende ist. Abraham wurde wegen seiner Gastfreundschaft das Glück zu teil, daß er Engel beherbergte und sich mit
ihnen unterhielt. Ebenso wurde Loth wegen seiner Gastfreundschaft aus den Flammen Sodomas gerettet. Grade so wird es
auch Euch zum Heile gereichen, wenn ihr dem Inhaber dieses
Geleitsbriefes, Wynfrit, einem Diener Gottes, Priester und
Ordensmann, die Liebe erweist, welche Gott wohlgefällt, und
die er befiehlt. Indem ihr Gottes Diener aufnehmt, nehmt
ihr denjenigen auf, dessen Majestät sie dienen, und welcher also
versprochen hat: „Wer euch aufnimmt, nimmt mich auf".
Wenn ihr im Vertrauen auf Gottes Versprechen dieses mit
frommem Herzen thut und die Gebote Gottes erfüllt, so werdet
ihr von ihm ewigen Lohn empfangen. Die Gnade des Aller-
höchsten möge euch unversehrt erhalten."
Nachdem die Verhältnisse des Klosters durch Ernennung
eines Abtes gut geordnet und Bonifatius mit diesen Schreiben

---

[1]) Jaffé, Epist. 11.

feines Bifchofs verfehen war, befchloß er fogleich abzureifen.
Im Herbft des Jahres 718 verabfchiedete er fich von feinen
Ordensbrübern und legte eilig zu Fuß den weiten Weg bis
nach Lundenwich, dem heutigen London, zurück, wo der Mittel=
punkt des Verkehrs mit dem Feftlande war. Hier beftieg er
ein Segelfchiff, welches von mächtigem günftigen Winde ge=
trieben, bald im nördlichen Frankreich an der Mündung des
Cuent (jetzt Cache) in der Pikardie, nicht weit von Boulogne,
landete. Bonifatius begab fich alsbald in das nahe Klofter
von Cuentawich, welches nicht weit von dem heutigen Etaples
lag. Dort pflegten fich die Rompilger zu fammeln, um die
Pilgerfahrt von dort ab gemeinfchaftlich zu machen. Als fich
eine hinlängliche Schar Pilger eingefunden hatte, brachen fie
auf und durchwanderten Frankreich von Norden nach Südoften,
unterwegs fleißig die Kirchen befuchend, um von Gott eine
glückliche Reife zu erflehen. War das Reifen damals fchon
überhaupt mit großen Schwierigkeiten verbunden, fo kamen für
den hl. Bonifatius und feine Genoffen noch befonders fchwierige
Umftände hinzu. Sie reiften im Spätherbfte, wo fchon die
winterliche Kälte fich fühlbar machte, und nachdem fie Frank=
reich faft ganz durchwandert hatten, kamen fie zu den Alpen,
dem höchften und größten Gebirge Europas, deffen höchfte
Gipfel mit ewigem Schnee bedeckt find. Wie eine lange, ge=
waltige Mauer trennen fie das füdöftliche Frankreich vom nord=
weftlichen Italien. Nur an einzelnen Stellen bieten Senkungen
in der Gebirgskette und Querthäler die Möglichkeit, auf be=
fchwerlichen Fußftegen, bald durch tiefe Thäler, bald an fchwin=
delnden Abgründen vorbei, bald über fteinige Höhen das Ge=
birge zu überfteigen. In alter Zeit war es ganz unmöglich,
mit Wagen über die Alpen zu fahren. Noch bis zum vorigen
Jahrhundert galt allgemein der Grundfatz: „Kein Rad geht
über die Alpen". Erft in unferm Jahrhundert hat menfchliche
Kraft im Kampfe mit der Natur die kunftvollen, bequemen
Alpenftraßen erbaut. Der ältefte, fchon von den Römern be=
nutzte Weg über die Alpen zwifchen Frankreich und Italien
führt über den großen St. Bernhard, einen mächtigen Gebirgs=
ftock von ungefähr 10 000 Fuß Höhe, welcher zwifchen den
Thälern der Rhone und der Aofta, einem Nebenfluß des Po,
liegt. Der einzige Fußpfad, der über das Gebirge führt und
die beiden Enden der fahrbaren Straßen in den Thälern mitein=
ander verbindet, hat eine Länge von 21 Stunden und wurde
nur von einer größern Anzahl Pilger überfchritten. Erft nach

der Zeit des hl. Bonifatius wurde von Karl dem Großen auf diesem vielbenutzten Alpenübergange wegen der vielen Unglücks= fälle ein Hospiz errichtet, das weltberühmte St. Bernhards= Hospiz, dessen Mönche in opferwilliger Nächstenliebe die Reisen= den gastlich aufnehmen. Nachdem Bonifatius und die andern Pilger auf diesem Wege die Alpen unter vielen Mühen und Beschwerden überschritten hatten, gelangten sie nach Italien, in welches damals die Langeobarden eingedrungen waren, einer der wildesten deutschen Volksstämme. Sie schoren sich den Hinterkopf ganz kahl, während vorn Haupthaar und Bart mit= einander vermischt herabhingen, daher wurden sie gewöhnlich Langeobarden, das ist Langbärte, genannt. Im Jahre 568 hatten sie ihren Aufenthalt an der Donau verlassen und waren raubend, plündernd und mordend in Italien eingedrungen, um sich dort bessere Wohnsitze zu suchen. In den von ihnen er= oberten Gebietsteilen des nördlichen und mittlern Italiens herrschten sie mit großer Willkür und Grausamkeit, plünderten Kirchen und Klöster, zerstörten Städte und Dörfer und ermor= deten viele Einwohner. Die Truppen des oströmischen Kaisers, welche Italien verteidigen sollten, verfuhren ebenfalls willkürlich und grausam mit den Bewohnern, sodaß eine vollständige Un= sicherheit des Lebens und des Eigentums in Italien eintrat. Bonifatius entging mit seinen Gefährten glücklich allen Ge= fahren und langte gegen Ende des Jahres 718 in Rom an; dort lenkte er sogleich freudigen Herzens seine Schritte zur Kirche des Apostelfürsten Petrus, um Gott für die glückliche Beendigung der Reise zu danken und den Segen des Himmels durch den würdigen Empfang der heiligen Sakramente auf sich herabzuziehen.

In jener Zeit saß auf dem Stuhle des hl. Petrus der Papst Gregor II. (715—731), welcher stets mit Eifer auf das Wohl der Kirche bedacht war und sie mit Kraft und Einsicht regierte. Einige Tage nach seiner Ankunft ging Bonifatius zum Papste Gregor, eröffnete ihm den Zweck seiner Wallfahrt nach Rom und sein heißes Verlangen, sich dem Missionswesen in Deutschland zu widmen, und stellte sich ihm zur freien Ver= fügung. Der Papst sah ihn mit freundlicher Miene an und fragte ihn, ob er kein Empfehlungsschreiben von seinem Bischofe habe. Weil es in jener Zeit manche schismatische und irr= gläubige Priester gab, welche unter den Gläubigen Verwirrung anrichteten, so wollte der Papst sich durch jene Frage Gewiß= heit verschaffen. Bonifatius zog aus der Tasche seines Gewandes die Schreiben [1]) des Bischofs Daniel und überreichte sie dem Papste, welcher sie in Empfang nahm und dann Bonifatius vorläufig entließ. Ohne Zweifel hatte Bischof Daniel in diesem besondern Schreiben an den Papst sich über die Person des Bonifatius näher ausgesprochen und ihn als den Mann hingestellt, welcher Wissenschaft und Frömmigkeit mit einer ausgezeichneten Lehrgabe vereinte und daher zum Glaubensboten bei den Deutschen besonders geeignet war. Überdies war Bonifatius als Angelsachse den Deutschen stammverwandt, mit Sprache und Sitten der Deutschen bekannt, und durfte so bei den deutschen Stämmen, welche mit den Franken in beständigen Kriegen lagen, eine viel bessere Aufnahme hoffen als die fränkischen Missionare. Daher erkannte der Papst alsbald in Bonifatius das geeignete Werkzeug zur Bekehrung der deutschen Stämme, die ihm als dem obersten Hirten der Kirche sehr am Herzen lagen; und weil mehrfach schismatische und irrgläubige Priester in Deutschland ihr Unwesen trieben, so beschloß er, um die Reinheit der Lehre besorgt, selber in besonderer Weise den Bonifatius für die Mission vorzubilden. Er ließ ihn daher mehrere Monate hindurch täglich zu sich kommen, überzeugte sich immer mehr von seinem echt kirchlichen Glauben, seinen persönlichen Tugenden, seiner reinen Absicht und besprach sich mit ihm eingehend über das Missionswesen in Deutschland. Den ganzen Winter 718—719 brachte Bonifatius in Rom zu; der Besuch der heil. Orte und der Umgang mit weisen, tugendhaften Männern bot ihm Gelegenheit genug, diese Zeit nützlich zuzubringen und sich für die Mission bei den heidnischen Deutschen vorzubereiten.

Unter dem Datum des 15. Mai im Jahre 719 stellte Papst Gregor dem hl. Bonifatius einen Missionsbrief aus, in welchem Deutschland als sein Missionsgebiet zwar nicht ausdrücklich bezeichnet wird, aber doch sicher vorher mündlich als

---

[1]) Dem Texte der Willibald'schen Biographie p. 445 und dem Zwecke seiner Romreise entspricht es, daß Bonifatius außer dem allgemeinen Geleitsbrief noch ein besonderes Schreiben an den Papst seitens des Bischofs Daniel besaß, was besonders Simson in seiner Übersetzung der Biographie bestreitet. Willibald unterscheidet carta und litterae. Die hervorragende Befähigung des hl. Bonifatius für das Missionswesen, sein glühendes Verlangen, ein Apostel der Heiden zu werden, der Empfang bei dem Papste seine vorläufige Entlassung und sein späterer Umgang mit dem Papste legen doch den Gedanken eines besondern Empfehlungsschreibens an den Papst seitens des Bischofs nahe.

solches festgesetzt war. [1]) Der Brief ist uns noch erhalten und hat folgenden Wortlaut:

„Gregor, Knecht der Knechte Gottes, an den gottesfürchtigen Priester Bonifatius.

Nachdem du uns deinen in der Liebe zu Christus gefaßten Vorsatz kund gethan hast und wir deinen lautern Glauben geprüft haben, so fühlen wir uns gedrungen, zur Ausbreitung des göttlichen Wortes, wofür die Sorge uns durch die Gnade Gottes obliegt, dich zum Gehilfen zu nehmen. Da du von Kindheit an die heiligen Wissenschaften erlernt hast, wie wir erfahren haben, und da du das vom Himmel erhaltene Talent im Hinblicke auf die göttliche Liebe fruchtbar verwerten willst, indem du die Gnade der himmlischen Erkenntnis auf die Ver= kündigung des Heils verwenden und die ungläubigen Heiden mit den Geheimnissen des Glaubens bekannt machen willst, so freuen wir uns über deinen Glauben und wollen den dir ver= liehenen Gnaden gern förderlich sein. In deinem frommen Eifer hast du vorsichtig dein Vorhaben dem Apostolischen Stuhl unterbreitet, damit du als Glied des Körpers vernünftiger= weise das Haupt fragst, dich demütig dem Haupte unterwirfst, unter seiner Leitung auf dem rechten Wege voranschreitest und mit ihm in fester Verbindung bleibst. Deshalb wollen wir im Namen der unteilbaren Dreieinigkeit, durch die unerschütterliche Autorität des hl. Apostelfürsten Petrus, dessen Lehramt wir verwalten, und dessen Stelle wir einnehmen, deinen hl. Dienst gesetzmäßig regeln und verordnen also: daß du im Worte der göttlichen Gnade mit dem heilbringenden Feuer, welches der Herr auf die Erde gebracht hat, und das in dir zu brennen scheint, unter dem Schutze Gottes zu allen in den Fesseln des Irrtums liegenden Völkern eilen kannst, dem Reiche Gottes durch die Verkündung des Namens Christi, unsers Herrn und Gottes, und durch die Lehre der Wahrheit dienst und den ganzen Inhalt des Alten und Neuen Testaments in voller Überein= stimmung durch den Geist der Tugend, der Liebe und der Mäßigkeit den unwissenden Heiden vermittelst. Bei denjenigen, welche mit Hilfe der zuvorkommenden Gnade Gottes gläubig werden, sollst du die Sakraments=Ordnung sorgfältig beobachten, welche wir dir nach dem Formular unsers heiligen Apostolischen Stuhles zu deiner Unterweisung mitgeteilt haben. Wenn dir bei deinem Unternehmen etwas fehlen sollte, so trage Sorge,

---

[1]) Jaffé, Epist. 12.

uns möglichst bald Mitteilung zu machen. Lebe wohl. Ge=
geben am 15. Mai 719."

Durch diese denkwürdige Urkunde hat Papst Gregor II.
den hl. Bonifatius mit der notwendigen, geistlichen Vollmacht
zur Bekehrung der Deutschen ausgerüstet. Wie ehedem die
römischen Kaiser, die Beherrscher des Erdkreises, von Rom aus
ihre Legionen aussandten, um in blutigen Kämpfen die deutschen
Stämme niederzuwerfen und zur Anerkennung der römischen
Oberhoheit zu zwingen, so sandte auch der Papst, der oberste
Hirt der ganzen Kirche, von Rom den hl. Bonifatius aus, um
die Deutschen durch die Verkündigung der Lehren des Heiles
dem süßen, beglückenden Joche Jesu Christi zu unterwerfen und
mit seiner die ganze Welt umfassenden Kirche zu vereinigen.
Nur mit Mühe konnten die römischen Kaiser einige Zeit die
anstürmenden, deutschen Völker niederwerfen und von den Grenzen
ihres großen Reiches fern halten. Zur Zeit, als Bonifatius
vom Papste nach Deutschland gesandt wurde, hatten deutsche
Stämme das alte Römerreich, die größte Macht, welche die
Welt je gesehen hatte, nach mehr als zwölfhundertjähriger Dauer
bereits zerstört, einen großen Teil seiner Länder erobert und
darin sich niedergelassen. Auch Rom, die Hauptstadt des alten
Römerreichs, wurde von den deutschen Stämmen wiederholt
erobert und wäre dem Erdboden gleich gemacht, wenn nicht die
Päpste es gerettet hätten. So bewahrte Papst Leo der Große
(440—461) durch seine Bitten und seine hohe, erhabene Er=
scheinung Rom zweimal vor dem Untergange, den ihm die alles
zerstörenden Hunnen unter Attila (452), dem Schlächter der
Menschheit, und die Vandalen unter dem wilden Geiserich (455)
sicherlich bereitet hätten. Gregor I. (590—604) beschützte Rom
mit den von ihm gesammelten Truppen und durch seinen mora=
lischen Einfluß vor den Langobarden, die erobernd in Italien
eingefallen waren. Ohne die Päpste hätte Rom das Schicksal
vieler anderer Städte des Altertums geteilt und wäre wohl für
immer zerstört worden, wie Babylon, Ninive, Theben, Karthago,
welche trotz ihrer ehemaligen Größe Ruinen bleiben und keine
Bedeutung wiedererlangen. Mit der Stadt Rom wäre aber zu=
gleich alle Kultur und Civilisation vernichtet, und Europa der
Barbarei für lange Zeit anheimgefallen. Doch die Päpste
retteten nicht bloß Rom, sondern waren auch darauf bedacht,
alle Völker für das Christentum und die Kultur zu gewinnen.
In dieser Zeit der Verwirrung und der Zerstörung, wo rohe,
ungebändigte Völker in Europa eindrangen und überall zerstörend

wirkten, verdoppelten die Päpste bei dem Anblicke des unermeß=
lichen Elends in der Welt ihre Bestrebungen, Glaubensboten
auszusenden und die Segnungen des Heils der gedrückten Mensch=
heit mitzuteilen. So wurde Rom durch die eifrigen Bemühungen
der Päpste für das Abendland der Ausgangspunkt des Christen=
tums und der Kultur. Ehemals Sitz der römischen Weltmacht,
wurde Rom später Sitz der römischen Päpste, welche stets auf
die Ausbreitung der Kirche bedacht waren und von Rom aus
ein neues geistiges Reich gründeten, das Reich des Friedens,
der Wahrheit und Heiligkeit, welches an Größe, Macht und
Dauer das alte Römerreich weit übertraf und . nicht durch
blutigen Kampf mit eisernem Schwerte, sondern mit dem Kreuze
durch Worte des Friedens gegründet wurde. Mit diesem Plane,
auf den Trümmern des alten Römerreichs zum Wohle der
Menschheit das geistige, alle Völker in sich vereinigende Reich
Jesu Christi in seiner ganzen Herrlichkeit aufzubauen, trug sich
besonders lebhaft Papst Gregor der Große, der voll inniger
Liebe zu Gott und voll Eifer für die Rettung der Seelen
eine vielseitige, fruchtbare Thätigkeit entfaltete. Seine Nach=
folger auf dem Päpstlichen Stuhle verfolgten den Plan weiter,
so auch Gregor II., welcher den hl. Bonifatius aussandte, um
in den dunkeln Wäldern Germaniens das Licht des Evangeliums
zu verbreiten und seine Bewohner für das Reich Jesu Christi
zu gewinnen.

Nachdem Bonifatius durch seine Missionsurkunde die kirch=
liche Sendung und auch den Segen vom Papste empfangen hatte,
beeilte er sich zur Abreise und sammelte sich Reliquien von
Heiligen, zu denen er eine besondere Andacht hatte, und deren
Schutze und Fürsprache er sich und sein Werk besonders empfahl.
An der Spitze einer Schar von Landsleuten, die sich ihm als
Gehilfen angeschlossen hatten, verließ er Rom und durchwanderte
das mittlere und nördliche Italien. In Pavia besuchte Boni=
fatius den Langobardenkönig Liutprand (712—744), welcher
mit Umsicht und Kraft in dieser wirren Zeit die Ordnung zu
schützen suchte. Bonifatius gab dem König zum Zeichen seiner
Verehrung Geschenke; dieser nahm Bonifatius freundlich auf
und ließ ihn einige Zeit an seinem Hofe verweilen, damit er
sich von den Mühen der Reise erhole und zu den größern,
bevorstehenden Anstrengungen stärke. Bei dem Abschiede empfing
Bonifatius von Liutprand zum Zeichen treuer Freundschaft Ge=
schenke, wie es bei den deutschen Stämmen Sitte war. Auch
hatte der König Beziehungen mit der herzoglichen Familie von

Bayern und gab ihm Empfehlungen dorthin. Eine bayerische Prinzessin, Theodolinde, hatte nämlich früher einen Langobarden=könig geheiratet und nach der Anweisung Gregors I. eifrig für die Bekehrung des Volkes gewirkt. Von Pavia aus setzte Bonifatius seine Reise in der Ebene des nördlichen Italiens fort, bis er zu den Alpen gelangte, welche mit ihren hohen Bergen Deutschland von Italien trennen. Er wanderte in dem Thale der Abba hinauf, überschritt den Splügen und ge=langte dann in das Thal des Hinter=Rheins. Es war das die uralte Verbindungsstraße zwischen Deutschland und Italien, welche in zahllosen Zickzackwegen bald durch tiefe Thäler zwischen hohen Berggipfeln, bald über mächtige, schroff ansteigende An=höhen, bald über ungeheure Felsen an schwindelnden Abgründen vorbeiführte und das ganze Mittelalter hindurch von den deutschen Kaisern auf ihren Römerzügen wie auch von allen Kaufleuten, Pilgern und Kreuzfahrern benutzt wurde. Erst im Anfange unsers Jahrhunderts sind die größten Schwierigkeiten dieser Straße nach manchen vergeblichen Versuchen beseitigt worden. Nach vielen mühevollen und gefährlichen Märschen gelangte Bonifatius endlich auf deutschen Boden, die lang ersehnte Stätte, welche ihm der Papst zu seiner Wirksamkeit überwiesen hatte. Bevor wir aber diese Wirksamkeit ins Auge fassen, müssen wir zunächst den Boden betrachten, auf welchen Bonifatius den Samen des Evangeliums ausstreuen sollte.

Viertes Kapitel.

Zustand Deutschlands bei der Ankunft des hl. Bonifatius.

Als der hl. Bonifatius im Jahre 719 unser deutsches Vaterland betrat, bot es in jeder Hinsicht ein ganz anderes Aussehen dar als jetzt. Der bei weitem größte Teil des Landes war Wald, welcher jahrhundertelang sich selbst überlassen ge=wesen war, ohne die ordnende Hand des Menschen an sich zu erfahren. In diesem Urwalde war die Eiche der verbreitetste Baum, welche nicht selten einen solchen Umfang erreichte, daß sie, zum Kahne ausgehöhlt, 30 Menschen trug. Das Überwiegen des Waldes bewirkte ein rauhes, feuchtes Klima. Die Ströme des Bodens waren sehr wasserreich und flossen in regellosem Laufe dahin; sie traten oft über ihre Ufer und bildeten große

3*

Sümpfe und Moräste; im Winter froren sie so fest zu, daß
einst auf der Donau zwei Heere gegeneinander kämpften. Kalte
Nebel stiegen aus den sumpfigen Thälern auf. Nur sehr wenige
Strecken des Landes waren angebaut und brachten Hafer, Gerste,
Roggen und Flachs hervor. Wildes Obst wuchs in Menge in
den Wäldern. In dem undurchdringlichen Dickicht der Wälder
hauste eine Menge wilder Tiere, welche mit der Ausbreitung
der Kultur und der Verbesserung der Schußwaffen verschwunden
sind. Der Auerochs, das größte und wildeste von allen Tieren
dieser Gattung, dem die starrende Mähne und die kurzen,
kräftigen Hörner ein wildes Aussehen geben, der majestätische
Riesenhirsch mit seinem riesigen, oft 4—5 Meter breitem Ge=
weihe, das Elen, ein Hirsch von der Größe eines Pferdes mit
breitem, schaufelartigem Geweih, das genügsame Renntier, der
ungeschlachte Höhlenbär, das marderartige, aber größere und
kräftigere Vielfraß, die scheußlich heulende Hyäne, der nimmer=
satte Wolf, der beutegierige Höhlenlöwe, der König der damaligen
Tierwelt, der blutdürstige Luchs, der gefährliche Eber, die
mächtige Wildkatze, diese und noch viele andere, ungefährliche
Tiere, wie Hasen, Füchse und Rehe, fanden in den großen,
dunkeln Wäldern Schutz und Nahrung, während hoch über Berg
und Thal der Adler seine Kreise zog.[1]
  Die Bewohner des Landes, die alten Deutschen oder
Germanen, waren im ganzen Barbaren, welche ein wildes, un=
stetes Leben führten. Das Christentum wurde zwar in den
ersten Jahrhunderten, als die Deutschen Grenznachbaren der
Römer waren, in den Gebieten des Rheins und der Donau
durch christliche Soldaten und Kaufleute ausgebreitet; im römischen
Heere befanden sich wohl oft fromme, christliche Soldaten, wie
der Hauptmann Kornelius, von dem die Apostelgeschichte (c. 10)
erzählt. Daher entstanden zuerst in römischen Militär= und
Handelsplätzen christliche Kirchen, so in Windisch, Basel, Straß=
burg, Speyer, Worms, Mainz, Koblenz, Trier, Köln im Westen,
und Augsburg, Passau, Salzburg, Lorch im Süden; nach der

---

[1] Ob das elefantenartige Mammut, das kolossale, plumpe Nashorn,
das riesige Flußpferd noch zugleich mit dem Menschen in Deutschland
lebten, ist zweifelhaft; die gefundenen Überreste lassen aber auf eine zahl=
reiche Existenz dieser Tiere schließen. Nach einem, um das Jahr 1000
geschriebenen Küchenzettel des Klosters St. Gallen wurde dort damals
noch das Fleisch vom Wisent (Bison Europaeus) und Auerochsen (Bos
urus) gegessen, was auf ihre damalige Existenz in den deutschen Wäldern
schließen läßt.

Legende gründeten in Trier und Köln Eucharius, Valerius und Maternus, Schüler des heiligen Apostels Petrus, in Mainz Crescenz, ein Schüler des hl. Paulus, die ersten Kirchen; im Anfange des 4. Jahrhunderts waren dort sicher Bischöfe. Diese Kirchen wurden aber alle im 5. Jahrhunderte vollständig vernichtet, als rohe, unkultivierte Völker in Europa raubend, mordend und zerstörend umherzogen. Die größten Verwüstungen richteten die wilden Hunnen auf ihren Zügen an unter dem König Attila, der Gottesgeißel, sodaß weite Strecken längs der Donau und des Rheines mit Totengebeinen besäet waren und die auf den Krieg folgenden Seuchen ganze Gegenden entvölkerten. Doch bald nach jenen schrecklichen Verwüstungen der Völker- wanderung kamen Glaubensboten aus verschiedenen Ländern nach Deutschland und waren bei einzelnen Stämmen für die Verbrei- tung des Christentums thätig, aber sie verdrängten das Heiden- tum nicht, welches noch mächtig fortlebte. Es war im heutigen Deutschland bis auf den hl. Bonifatius noch kein Stamm voll- ständig zum Christentum bekehrt; nur deutsche Stämme, welche in andern Ländern sich Wohnsitze gesucht hatten, waren zum Christentum bekehrt, so die Franken im heutigen, nach ihnen benannten Frankreich, die Langobarden in Italien, die Burgunder in Burgund. Um daher das Wirken des hl. Bonifatius zu verstehen und entsprechend zu würdigen, müssen wir einen Blick auf das Heidentum unserer Vorfahren und die bei ihnen be- stehenden Zustände werfen.

Die Germanen vergötterten die Kräfte der Natur und nahmen eine ziemliche Anzahl Götter und Göttinnen an, von welchen sie allerdings eine reinere und edlere Vorstellung hatten, als Griechen, Römer und morgenländische Völker. Ihr oberster Gott war Wodan, bei den nördlichen Germanen auch Odin genannt, welcher bald von seinem Throne durch ein Fenster der Himmelsburg die Menschen beobachtet, bald mit einem Eschenspeere in der Faust auf einem achtfüßigen Rosse rastlos durch die Lüfte jagt, von je zwei Wölfen und Raben begleitet, die ihm alles ins Ohr sagen, was sie sehen und hören. Dem Wodan wurden besonders Pferde geopfert, deren Köpfe an den Bäumen der heiligen Haine und an Dachgiebeln aufgehängt wurden; denn sie sollten das Haus vor Blitzschlag bewahren und fruchtbare Jahre bewirken. Aber auch Menschen wurden dem Wodan geopfert, besonders Sklaven und gefangene Feinde. Sein Sinnbild war die Sonne, daher wählten die Germanen ihre Begräbnis- und Opferstätten gern nach Sonnenaufgang hin, die Ankunft des erlösenden Gottes sehnsuchtsvoll erwartend. Von den Wochentagen war ihm der Mittwoch geweiht, daher er noch jetzt in manchen Gegenden Deutschlands Wodanstag (englisch Wednes day) genannt wird. Wodans Gemahlin war die Freya, auch Frigga genannt, eine wilde Jägerin, welche bald mit dem Melkeimer in der Hand im blauen Gewande und weißen Schleier bei den Herden erschien, bald mit ihrem Gemahl durch das Land jagte; ihr war von den Tieren die Katze, von den Bäumen die Linde, von den Wochentagen der Freitag geweiht. Wodans Sohn war der Kriegsgott Ziu oder Tyr, auch Ear und Eri genannt, welchem der Dienstag heilig war.[1]) Ein anderer Sohn Wodans war der Donnergott Donar oder Thor, welchem der Donnerstag geweiht war; er wohnte auf den Bergen, von wo er bei Gewittern auf seinem mit Böcken bespannten Wagen donnernd durch die Lüfte fuhr und seinen von Zwergen geschmiedeten Hammer auf die Erde schleuderte, welcher jedesmal in seine Hände zurückkehrte. Böcke und Ziegen, Füchse und Eichhörnchen, Störche, rote Hähne und Rotkelchen, Eichen, Eberesche und Hollunder waren ihm heilig. Er beschützte den Menschen gegen alle feindlichen Mächte der Natur und wurde daher hoch verehrt. Auch das Vieh wurde mit den Zweigen der ihm heiligen Eberesche gesegnet. Donar war überhaupt der gütige Beschützer des Menschen und seines Besitztums; daher brachte man nach beendeter Ernte vor den korngefüllten Häusern das Bild des ihm heiligen, roten Hahnes an, damit er das Haus vor Blitz und Feuer beschütze. Dieser Gebrauch liegt ohne Zweifel der jetzigen Sitte des Erntehahns zu Grunde. Ostara war die lichtbringende Göttin, welche den Winter besiegt und den Frühling zurückführt; ihre Feste feierte man im Frühlinge, indem man um die ersten Blumen des Frühlings, Veilchen und Anemonen, tanzte und ihr zu Ehren auf Bergen Feuer anzündete.[2]) Weil um diese Zeit die Christen das Auferstehungsfest Jesu Christi feierten, so bekam dieses nach der Verdrängung des Heidentums den Namen Osterfest, und wurden die Feuer zu Ehren des glorreich Auferstandenen angezündet. Die Göttin des Ackerbaues und der Frauen hieß

---

[1]) Im Altnordischen Thysbagr, im Althochdeutschen Ziestac, in Bayern Eritag genannt; auch Städtenamen, z. B. Duisburg, Dinslaken, Eresburg (latinisiert Marsberg), werden auf den Kriegsgott zurückgeführt.

[2]) In einzelnen Gegenden Westfalens zünden noch jetzt bei dem Beginne des Frühlings die Kinder Feuer an, „um den Winter zu verbrennen", und bilden singend Reigen um die ersten Frühlingsblumen.

Hulda. Die alles ernährende Mutter Erde wurde unter dem Namen Hertha verehrt und ihr zu Ehren festliche Umzüge veranstaltet. Der Gott der Zeit hieß Sater, dem der Samstag geweiht war, daher noch in manchen Gegenden „Saterdag" genannt. Die Götter wurden durch Gebete und Opfer von Blumen, Honig, Früchten, Backwerk und Tieren verehrt, welche auf Bergen, an Quellen und in Hainen unter mächtigen Bäumen dargebracht wurden. Opfertiere waren Pferde, Schafe, Ziegen und Rinder. Ja, selbst Menschen, besonders gefangene Feinde, gekaufte Sklaven und Verbrecher, wurden den Göttern geopfert, und noch haben sich Opfersteine mit der roh eingehauenen Blutrinne aus alter Zeit erhalten. Die heiligen Haine durften nur von den Priestern und Opfernden betreten werden und waren unverletzlich; kein Zweig durfte abgeschnitten, kein Baum gefällt werden. In den Hainen galten große Bäume besonders als Sitz der Götter und wurden hoch verehrt. Auch Tiere sollten unter dem Einflusse der Götter stehen, so besonders die Kühe, die daher in manchen Gegenden durch Darbringung von Opfern verehrt wurden. Das Blut der Opfertiere wurde an die Altäre und über das versammelte Volk gesprengt; das Fleisch wurde teils den Göttern geopfert, so besonders Herz und Lunge, teils bei dem Opferschmause verzehrt. Weil die alten Deutschen ein tiefes Naturgefühl hatten und in den Naturerscheinungen die Götter verborgen glaubten, so schlossen sich ihre Feste an das Leben der Natur an. Das Ei, aus dem sich ein lebendiges Küchlein entwickelt, war ihnen ein Sinnbild der wiedererwachenden Natur im Frühlinge; daher wurden an den Festen der Lichtgöttin Ostara Eier gelb bemalt und zu ihrer Ehre gegessen, während rotbemalte Eier ihrem Bruder, dem Donnergotte Thor, geweiht waren. Später in christlichen Zeiten wurden die Eier ein Sinnbild des auferstandenen Erlösers und am Osterfeste gegessen. Wegen ihres tiefen Naturgefühls verehrten die alten Germanen ihre Götter gerne in der freien Natur; doch hatten sie auch Götterbilder und Tempel, hin und wieder sehr großartige, wie nach einzelnen ältern Berichten und besonders auch nach den Berichten der christlichen Glaubensboten nicht zu bezweifeln ist. Ursprünglich war wohl jeder Hausvater Priester, wie er auch Richter über die Seinigen war, aber es gab auch eigentliche Priester, welche nach den bestehenden Satzungen Recht sprachen und auch im Kriege thätig waren. Neben den Priestern gab es noch Seherinnen, welche im weißen Gewande die Feinde schlachteten, das Blut in den Opferkessel thaten und daraus weissagten. Der Priesterstand erfreute sich hoher Verehrung und war bei allen wichtigen Handlungen thätig. Weil die Götter auf den Gang der Ereignisse in der Welt von Einfluß waren, so suchten die Deutschen den Willen der Götter durch Losen zu erfahren oder aus dem Fluge der Vögel, dem aufsteigenden Rauche, dem Wiehern und Niesen der Pferde, ja sogar aus dem Kote der Tiere zu deuten. Öfters schnitten sie auch kleine Stäbchen aus Buchenholz — daher noch der Name Buchstabe —, bezeichneten sie mit bestimmten Merkmalen und streuten sie, wie es sich gerade traf, auf ein weißes Gewand, von welchem der Hausvater oder der Priester betend und zum Himmel aufblickend drei Stäbchen auflas. Nach den Merkmalen der aufgelesenen Stäbchen wurde der Wille der Götter gedeutet und die Sache begonnen oder aufgegeben. Überhaupt waren die alten Deutschen sehr abergläubisch; sie glaubten an Hexen, an Personen, welche dem Monde befehlen und das Wetter machen könnten, an Zaubertränke zur Erzielung bestimmter Wirkungen, und schrieben einzelnen Kräutern, zu bestimmten Zeiten gepflückt, eine große Kraft gegen Krankheiten und böse Geister zu. Auch nahmen sie unbekannte, den niedern Gottheiten geweihte Stätten an, sogenannte Unstätten; wer sie betrat, erkrankte oder verunglückte oder starb plötzlich. Die Leichen der Helden wurden auf einem Scheiterhaufen, oft mit den Waffen und dem Streitroß, verbrannt, und die Asche in einer Urne in einem kegelförmigen Rasenhügel beigesetzt, auf dem Mahlzeiten und wüste Trinkgelage stattfanden. Die Frauen brachten sich nach dem Tode der Männer um oder ließen sich mit ihnen auf dem Scheiterhaufen verbrennen. Die Geister der ruhmvoll gefallenen Helden gingen in die Walhalla ein, einen großen, herrlichen, mit Speeren errichteten und mit Schilden geschmückten Saal mit 450 Thoren, wo sie sich täglich an Kämpfen ergötzten. Am Abend heilten alle empfangenen Wunden zu, und dann fanden große Gelage statt, wobei sich die Helden dem berauschenden Genusse des Bieres hingaben, welches sie aus Hörnern und den Schädeln erschlagener Feinde tranken. Keine Frau, kein Sklave, kein durch Alter oder Krankheit Gestorbener ging in Walhalla ein, sondern nur tapfere Kämpfer; die ruhmlos gefallenen Helden fielen der Totengöttin Hell anheim und kamen in die finstere, kalte Unterwelt. Wenn daher ein Germane in Gefahr kam, ohne Wunde zu sterben, so ließ er sich durch den Priester mit der heiligen Lanze eine Wunde beibringen, um sich den Eingang in Walhalla zu sichern. Walhalla dauert, bis einst die ganze

Welt im Feuer vergeht. Alsdann entsteht eine neue Welt, in welcher die Guten und Edlen, d. h. die Siegreichen, ewig glücklich fortleben, während die Bösen, d. h. die Überwundenen, an einen besondern Ort kommen, wo sie immer von giftigen Schlangen bespieen werden.

Die Gleichheit aller Menschen war den Germanen unbekannt, ja, ihre Ungleichheit war sogar durch ihre Religion festgestellt. Es gab bei ihnen Sklaven, welche zwar im ganzen milder behandelt wurden als bei andern Völkern, aber doch immerhin in einem Menschen unwürdigen, bejammernswerten Zustande sich befanden. Sie gehörten ihren Herrn mit Leib und Leben, konnten verkauft, mißhandelt und getötet werden, trugen zum Zeichen ihrer Knechtschaft kurzgeschorene Haare und blieben von Walhalla ausgeschlossen. Die Zahl der Sklaven war seit den Zeiten des römischen Geschichtschreibers Tacitus bedeutend gestiegen. Die Arbeit galt dem Germanen für Schande und blieb den Frauen und Sklaven überlassen. Der Mann liebte Jagd, Krieg und Gelage. Die Frauen wurden von den Germanen hoch geehrt und standen unter dem besondern Einflusse und Schutze der Götter, waren aber keineswegs an Würde dem Manne gleich; sie blieben immer unter der Botmäßigkeit des Vaters oder des nächsten, männlichen Verwandten; die Mädchen wurden viel häufiger ausgesetzt als Knaben; der Mord eines Weibes wurde nur halb so hoch bestraft wie der eines Mannes; kein Weib ging in Walhalla ein. Mann und Frau trugen gleiche Tracht; der Mann bekleidete sich mit den Fellen erlegter Tiere und trug zum Zeichen seiner Freiheit langes Haar; die Frau verfertigte sich ihre Kleider aus Wolle und Flachs, wobei sie sich knöcherner Nadeln und Fäden aus Tiersehnen bediente; ihr schönster Schmuck bildete das goldgelbe Haar und die weiße Hautfarbe. Frauen banden das Haar zusammen, während es die Mädchen lang herabwallen ließen. Die Kinder blieben bis zum 12. oder 14. Jahre ganz unbekleidet und härteten sich durch vieles Baden in den Flüssen ab. Die Erziehung bezweckte kriegerischen Geist und Verachtung des Todes als Eigenschaften des freien Mannes. Der herangewachsene Jüngling wurde in der Volksversammlung mit den Waffen bekleidet, welche er von da ab nicht ablegte und als das kostbarste Kleinod bewahrte. Bart und Haar ließ er wild wachsen; erst wenn er einen Feind erlegt hatte, band er die Locken des Haupthaares zusammen. Jünglinge liebten es, zwischen aufgepflanzten Schwertern und Spießen leicht bekleidet

in den kühnsten Windungen zu tanzen. Jünglinge und Jung=
frauen heirateten sich erst im reiferen Alter und hielten die Ehe
im allgemeinen für heilig und unverletzlich. Daher war das
sittliche Leben der Germanen im ganzen reiner als das anderer
Völker, gleichwohl kamen auch bei ihnen tiefe Verirrungen des
Fleisches vor. Die Geschlechtslust, welche seit dem Sündenfalle
im Menschen sich so mächtig regt und trotz aller strengen Vor=
schriften und stärkenden Gnadenmittel der Kirche so große Ver=
wüstungen anrichtet, blieb auch bei den Germanen nicht inner=
halb der gesetzlichen Schranken. Von den sittlichen Grundsätzen
des Christentums waren sie weit entfernt und regelten das
eheliche Leben mehr nach dem Begriffe einer strengen Ordnung
als nach dem Begriffe von Keuschheit und Reinheit. Die Ehe
war bei den Germanen nicht ein Bund zweier gleichberechtigter
Wesen, sondern der Mann kaufte von den Eltern oder dem
nächsten männlichen Verwandten die Frau ohne Rücksicht auf
ihre Willensentscheidung, konnte sie mißhandeln, verkaufen und
töten; wenn er alles verspielt hatte, spielte er um Frau und
Kinder und übergab sie aus vermeintlicher Treue herzlos in
die Sklaverei. Auch war die Monogamie (Ehe zwischen einem
Manne und einer Frau) nicht ausschließliches Gesetz; da es
den Edlen gestattet war, mehrere Frauen zu haben, so war
das Prinzip der Einheit aufgegeben. Überdies fand diese Sitte
der Edlen auch sicher in den untern Kreisen des Volkes Nach=
ahmung und bewirkte, daß der Besitz mehrerer Frauen nicht
als etwas Unerlaubtes und Schändliches erschien. Von einem
Ehebruche des Mannes konnte daher eigentlich keine Rede mehr
sein, da er jeden Augenblick sich seiner Frau entledigen und
eine andere nehmen konnte. Der Ehebruch wurde am Manne
auch nur bestraft, wenn er störend dadurch in die Familien=
verhältnisse anderer eingegriffen hatte. An der Frau wurde
Ehebruch mit Verstoßung und Tod bestraft. [1]) Allerdings kam
dieses Verbrechen bei den Frauen selten vor; sie bewahrten dem
Manne gewissenhaft die Treue und vermieden nach dessen Tode
die Wiederheirat; oft auch wurden sie mit dem Manne ver=

---

[1]) Der deutsche Heerführer Ariovist besaß nach Cäsar (Bel. gal. I. 53)
zwei Frauen. Tacitus (Germ. c. 18) sagt: Nam prope soli barbarorum
singulis uxoribus contenti sunt, exceptis admodum paucis, qui non
libidine, sed ob nobilitatem plurimis nuptiis ambiuntur. Bei den
deutschen Stämmen in Skandinavien war die Vielweiberei Sitte. Tacitus,
welcher die deutschen Verhältnisse auf Grund von Berichten anderer be=
schreibt und selber nie in Deutschland war, wollte durch lichtvolle
Schilderungen die Deutschen den lasterhaften Römern als Muster hin=

brannt. Viele Kinder zu haben, galt den Eheleuten als ehren=
voll. Der Vater hatte Recht über das Leben des Kindes; er
ließ es aussetzen, wenn es kränklich oder schwächlich war, oder
wenn böse Träume die Geburt begleiteten, oder wenn er es
nicht standesgemäß ernähren konnte; alle Sagen erzählen von
Aussetzung der Kinder, die also sehr oft vorkam; auch konnte der
Vater das Kind verkaufen. Bei ihrer Liebe zur Ungebunden=
heit wohnten die Germanen auf einzelnen Gehöften oder ge=
sondert in kleinen Dorfschaften und haßten das Leben in Städten.
In einer geeigneten Gegend, an einer klaren Quelle und in der
Nähe dunkler Wälder wurde das kunstlose Haus aus rohen
Baumstämmen, Flechtwerk und Lehm gebaut, mit Stroh oder
Rasen bedeckt und mit Wall und Hecke umgeben; in der Nähe
lag das spärliche Feld. Hundert Grundbesitzer bildeten eine
Hundertschaft, mehrere Hundertschaften einen Gau. Die Volks=
versammlung bestand aus den Grundbesitzern; sie entschied,
nachdem die Priester über den zustimmenden Willen der Götter
sich vergewissert hatten, über alle wichtigen Fragen, besonders
über Krieg oder Frieden, und wählte zur Besorgung geringerer
Angelegenheiten die Fürsten, zur Anführung im Kriege den
Herzog. Auch gab sie Gesetze und übte die Gerichtsbarkeit.
Der Angeklagte konnte seine Unschuld durch Zeugen und Ur=
kunden beweisen und, wenn das nicht möglich war, durch Gottes=
urteile. Diese beruhten auf der irrigen Ansicht, daß die Götter
den Unschuldigen stets unbedingt beschützten, und bestanden teils
in Zweikämpfen, in denen der Besiegte als schuldig erkannt
wurde, teils in Feuer=, Wasser= und Kreuzprobe. Bei der
Feuerprobe mußte der Angeklagte über glühendes Eisen gehen
oder es anfassen; blieb er unversehrt, so galt er als un=
schuldig. Bei der Wasserprobe wurde der Angeklagte ins
Wasser geworfen und durfte nicht schwimmen; sank er unter, so
galt er als schuldig; blieb er oben, als unschuldig. Bei der
Kreuzprobe mußte der Angeklagte lange mit weit ausgestreckten
Armen stehen; ließ er sie sinken, so wurde er für schuldig
erklärt. Krieg und Jagd sahen die Germanen als ihre Haupt=

---

stellen. Wenn er die Gaben, die der Bräutigam dem Vater der Braut
brachte, Ochsen, Pferd und Waffen, als reine Geschenke hinstellt und als
Sinnbilder des ehelichen Lebens deutet, so ist das ungenau und gesucht.
Aus der ganzen Darstellung (parentes probant munera) geht hervor,
daß es der Kaufpreis war. Leo (Vorlesungen über deutsche Geschichte
I. 406. Halle 1854) sagt: „Die ältere germanische Ehe erlaubte mehrere
Frauen, forderte sie gewissermaßen als Zeichen des Adels bei den Königen".

beschäftigung an und verfertigten sich die dazu nötigen Geräte
selber. Der Ackerbau war auf das Notwendigste beschränkt,
der Handel ein sehr geringer; die wenigen Erzeugnisse, wie
Schinken, Pelze, Häute der erlegten Tiere, wurden bei dem
Mangel an Geld gegen andere Sachen umgetauscht. Nur
wenige kunstlose Straßen durchzogen das Land.

Charakter und Sitten der Germanen zeigen edle Züge;
daneben tritt aber auch ihre rohe, ungebändigte Naturkraft
hervor.[1] Das Leben war in Bezug auf Wohnung, Kleidung
und Speise einfach, ohne verweichlichende Genüsse. Im Privatleben war der Deutsche treu; hatte er im Spiele die Freiheit
verloren, so folgte er dem Gewinnenden willig in die Knechtschaft; auch seinem Fürsten war er im Kriege treu bis in den
Tod, aber im politischen Leben hielt er keine Treue, brach un-
bedenklich die geschworenen Eide und übte nichtswürdigen Verrat.
Die Gastfreundschaft wurde von dem Germanen in hohem Maße
geübt. Er hielt es für schimpflich, einen Ankömmling ab-
zuweisen, und setzte ihm das Beste vor, was er hatte; waren
die Vorräte aufgezehrt, so ging er mit ihm zu dem Nachbarn
und war sicher, von ihm mit gleicher Freundschaft empfangen
und bewirtet zu werden. Wenn der Fremde sich verabschiedete,
so gab ihm der Germane zum Geschenke, was er begehrte,
forderte aber auch ebenso freimütig, was ihm selber gefiel.
Uebrigens war der Geist des germanischen Volkes ein ungemein
kriegerischer, wie es seinen religiösen Anschauungen entsprach.
Sei tapfer und falle ruhmvoll im Streite, damit du in den
Heldenkreis Walhallas eingehst, das war das Hauptgebot seiner
Religion. Daher hören wir überall von Kampf und Streit,
im Kriege auf dem offenen Wahlplatz wie im Frieden bei Spiel
und Gelage. Die ältesten Lieder der Germanen sind Schlacht-
gesänge; ihre ältesten Sagen erzählen nur von blutigen Helden-
kämpfen. Bloß im Kampfe und im Heldentode hat das Leben
für den Germanen Wert. Ackerbau, Handwerk und friedliche
Beschäftigungen wurden vom Manne verschmäht; sie galten
eines freien Mannes für unwürdig, als ein Zeichen von Feig-
heit, und blieben Sklaven und Frauen überlassen; im siegreichen
Kampfe Beute zu machen, schien ihm erlaubt und viel ehren-

[1] Mit stichhaltigen Gründen ist wohl nicht zu bestreiten, daß der
römische Geschichtschreiber Tacitus die deutschen Zustände gegenüber
der römischen Sittenlosigkeit idealisiert. Obiger Schilderung liegen die
Werke von Kaufmann und Arnold über die ältere, deutsche Geschichte
zu Grunde.

voller, als etwas durch mühevolle Arbeit im Schweiße des Angesichts auf rechtliche Weise zu erwerben. Daher lagen die Deutschen beständig im Kampfe entweder miteinander oder mit ihren Nachbaren. Die Fürsten, welche sich mit treuem Gefolge umgaben, ergriffen freudig jede Gelegenheit, um durch Kampf und Streit sich und ihrem Gefolge Ruhm und Beute zu gewinnen. Selbst die Weiber beseelte ein kriegerischer Geist; sie zogen mit ihren Männern in den Krieg, bewachten während der Schlacht das Gepäck, ermunterten ihre Männer durch Zuruf zum Kampfe, hieben gewaltsam auf sie ein, wenn sie zurückwichen, trieben sie in den Kampf zurück und verstanden ebensogut Wunden zu schlagen wie zu heilen. Auch im Privatleben bethätigte sich diese Lust des Germanen zu Kampf und Streit. Beleidigungen und Kränkungen wurden durch Zweikämpfe entschieden, in welchen der Besiegte, Verwundete oder Getötete als der schuldige Teil festgestellt werden sollte. Jeder Freie hatte das Recht der Fehde, d. h. das Recht, aus irgend einem Grunde einen andern zu bekriegen und sich mit Gewalt von ihm Recht zu verschaffen. War jemand getötet, so hatten alle nächsten Verwandten die Pflicht, den Tod zu rächen; das war die Blutrache; jeder Aufschub derselben war unstatthaft. Jedes Familienglied hatte die Pflicht, die Feindschaft der Familie zu übernehmen; Blut forderte Blut; es galt Leben um Leben, Auge um Auge, Zahn um Zahn; jede Beleidigung und Kränkung mußte durch Blut gesühnt werden; Versöhnung, Verzeihung, Feindesliebe war dem Germanen unbekannt. Vom Gesetze war allerdings ein sogenanntes Wergeld festgesetzt, d. h. eine Summe, welche für einen Mord gezahlt werden mußte, z. B. für die Ermordung eines Freien 200 Solidi (ungefähr 1500 Mark). War diese Summe gezahlt und unter die Angehörigen des Getöteten verteilt, so war der Mord gesetzlich gesühnt und durfte keine Blutrache genommen werden. Allein durch die Bezahlung des Wergeldes war die Sache wohl selten ganz beendet, und blutige Verfolgung und furchtbarer Haß trotzdem viel häufiger. Solche Sitten, wie Fehderecht, Zweikampf und Blutrache, sind mit einem geordneten, friedlichen Staatsleben, wie auch mit den christlichen Grundsätzen unvereinbar und führen naturgemäß zu den gröbsten Ausschreitungen und Unordnungen.

Der Jagd war der Deutsche leidenschaftlich ergeben, wozu ihm die großen Wälder und das zahlreiche Wild Gelegenheit genug gaben. Die Jagd auf große gefährliche Tiere, wie Auerochsen, Bären, Höhlenlöwen, Hirsche und Eber, reizte besonders auch die Kampfluft des Germanen und erschien ihm als die beste Übung für den Krieg. Zugleich gewann er dadurch Nahrung und Kleidung; das Fell des Bären diente ihm als Ruhepolster, um die Zeit des Friedens in träger Ruhe hinzubringen. Nach beendigten Jagden und Kämpfen ergab sich der Germane dem Spiele und dem Trunke. Bier war sein Lieblingsgetränk, aber auch Met, aus Honig und Wasser bereitet, verachtete er nicht. Die häufigen, zahlreichen Gelage, bei welchen aus mächtigen Hörnern getrunken wurde und der eine den andern durch rasches Trinken eines bedeutenden Quantums zu übertreffen suchte, dauerten oft ganze Tage und Nächte und waren vielfach mit blutigen Streitigkeiten verbunden. Trunksucht war überhaupt das Nationallaster der Deutschen und galt nicht für Schande; sie waren die ärgsten Zecher der Welt. Dem Spiele war der Germane so leidenschaftlich ergeben, daß er nicht bloß Hab und Gut, sondern seine eigene Freiheit aufs Spiel setzte und, falls er den letzten Wurf verlor, dem Gewinner sofort in die Knechtschaft folgte.

Das sind in wenigen Zügen die religiösen, sozialen und sittlichen Zustände unserer heidnischen Vorfahren, im ganzen gewiß höchst traurige Zustände. Von dem wahren Gotte, dem höchsten, vollkommensten, allgegenwärtigen, allwissenden, allheiligen, rein geistigen Wesen, hatten sie keine Idee. Statt dessen vergötterten sie die tief unter dem Menschen stehenden Naturkräfte und machten sich von diesen eingebildeten Göttern die sonderbarsten Vorstellungen, welche schon vor dem Lichte der Vernunft sich als unhaltbar erweisen mußten. Eine veredelnde Sittenlehre war den Germanen ganz und gar unbekannt; ja, die Verehrung der Götter mußte die schlimmsten Leidenschaften im Herzen hervorrufen und befördern. Die Freya, die Göttin der sinnlichen Liebe, welche von ihrem Gatten, dem obersten Gotte Wodan, treulos verlassen war und nun den ungetreuen Gatten in der ganzen Welt suchte, wurde in ihren zahlreich besuchten Tempeln durch Lieder verehrt, die diese Begebenheit und die sinnliche Liebe zum Gegenstande hatten. Mußte das nicht die Geschlechtsliebe, die heftigste und gefährlichste aller Leidenschaften, vielfach in einer sehr verderblichen Weise wecken und die schlimmsten Ausschreitungen hervorrufen? Die Verehrung des Kriegsgottes und die Ansichten über Walhalla fachten die furchtbare Leidenschaft des Krieges an und bewirkten eine entsetzliche Verwilderung und Erbitterung der

Gemüter. Das entehrende, Leib und Seele zerrüttende Laster
der Trunksucht wurde förmlich in den Dienst der Götter ge=
stellt, welche die Deutschen beim Trinken anriefen und dadurch
zu verehren glaubten. Wie verrohend mußten die Menschen=
opfer und die Trinkgelage über den Gräbern der Verstorbenen
auf das Gemüt wirken! Weit entfernt, daß die Religion zur
Zügelung der Leidenschaften anhielt, begünstigte sie dieselben,
sodaß sie sich frei zur größten Zügellosigkeit entwickeln konnten.
Die Ansichten unserer heidnischen Vorfahren vom Fortleben
nach dem Tode waren viel zu unsicher und zu phantastisch, als
daß sie einen sittigenden Einfluß auf das menschliche Herz hätten
ausüben können; sie konnten es weder im Unglücke trösten,
noch vom Bösen abhalten, noch zum Guten antreiben. Der
Gedanke an einen gütigen Gott und seine alles umfassende,
alles zum Besten der Geschöpfe leitende Vorsehung war unsern
heidnischen Vorfahren unbekannt; die Götter wie die gesamte
Welt unterlagen dem Schicksal; niemand konnte vertrauensvoll
in den Leiden und Kämpfen des Lebens zu einem höhern Wesen
emporsehen und in dem Gedanken daran Trost finden; Unsicher=
heit und Zweifel über den Zweck dieses Lebens und das Fort=
leben nach dem Tode mußten bei einigem Nachdenken in der
Brust erwachen und sie, besonders angesichts des Todes, mit
Furcht und Schrecken erfüllen. Überdies schmachtete ein großer
Teil des Volkes in unwürdiger Sklaverei, dem kein Strahl
der Hoffnung weder für dieses, noch für das andere Leben
leuchtete, und das Los der Gedrückten und Bedrängten wurde
durch nichts gemildert, denn barmherzige Nächstenliebe war
ganz unbekannt. Schwerkranke und Greise wurden unbarm=
herzig getötet. Das deutsche Volk mißbrauchte seine vortreff=
lichen Anlagen im Dienste niederer Leidenschaften, und bei dem
Fortbestehen der heidnischen Religion war auch jeder Fortschritt
zum Bessern, jede sittliche Veredelung, jede geistige Entwickelung
vollständig ausgeschlossen. Das Christentum, voll der Gnade
und Wahrheit, war notwendig, um Irrtum und Sünde zu ent=
fernen, um die Keime des Guten und Edlen, welche Gott dem
deutschen Volke so reichlich gegeben hatte, zu entwickeln und die
Kraft der Seele, die Festigkeit des Willens, die Tiefe des Ge=
mütes auf den rechten Weg zu leiten.

Schon vor dem hl. Bonifatius waren Glaubensboten thätig
gewesen, um unsern Vorfahren die Segnungen des Christen=
tums zu bringen. Den Bayern an der Isar und Donau hatte
der hl. Rupert, Bischof von Worms, das Evangelium verkündet;

er gilt als der erste Apostel Bayerns. In der Gegend von Regensburg war der hl. Emmeran, Bischof von Poitiers, thätig gewesen, welcher von dem Prinzen Lantbert grausamerweise unschuldig ermordet wurde. Zur Sühne wurde das Kloster St. Emmeran in Regensburg gegründet, dessen Abt lange Zeit Bischof und Haupt der bayerischen Kirche war.[1] Noch zur Zeit des hl. Bonifatius verbreitete der hl. Korbinian, ein fränkischer Priester, unter vielen Kämpfen gegen das Heidentum das Christen= tum in Bayern und gründete das Bistum Freising, wo er 732 starb. Weil aber das Christentum in Bayern nicht dauernd und einheitlich verkündet wurde und keine festen Bistümer und Klöster zur Verbreitung und Befestigung desselben gegründet wurden, so blieb die große Masse des Volkes heidnisch. Bei den Alamannen, welche in der heutigen Schweiz, Württemberg und Baden wohnten, predigten das Kreuz Christi meistens Irländer, so der hl. Fridolin, Gründer des Klosters von Säckingen, der hl. Columban, der hl. Gallus, Gründer des berühmten Klosters von St. Gallen, seine Schüler Magnus, Gründer von Füssen, und Theodor, Gründer von Kempten. Um die Bekehrung der Alamannen erwarb sich auch große Verdienste ein Zeitgenosse des hl. Bonifatius, der hl. Pirminius, welcher auf einer Rheininsel das berühmte Kloster Reichenau gründete. In der Gegend am Maine, welche damals zu dem, das mittlere Deutschland umfassenden Reiche der Thüringer gehörte, später von den Franken erobert und daher Franken (Franconia orientalis) genannt wurde, verbreitete das Christen= tum der hl. Kilian, welcher mit elf Genossen aus Irland ge= kommen war, um auch in der Zwölfzahl den Aposteln bei der Verkündigung des Evangeliums ähnlich zu sein. Er ließ sich mit seinen Genossen in Würzburg nieder, wo der thüringische Herzog Gotzbert residierte, den er bekehrte. Als er gegen dessen kirchlich unerlaubte Verbindung mit Geilane auftrat und ihn bewog, von dieser unrechtmäßigen Gemahlin sich zu trennen, ließ diese wutentbrannt in Abwesenheit des Herzogs die Mis= sionare töten (gegen 689) und ihre Leichen nebst den heiligen Gefäßen, Büchern und Gewändern in der Erde verscharren. Der Herzog wollte nach seiner Rückkehr Geilane bestrafen, doch diese verfiel in Wahnsinn. Durch die Ermordung des hl. Kilian, des ersten Apostels des thüringischen Landes, wurde die Grün=

---

[1] Nach Aufhebung der Klöster im Jahre 1803 wurde das Kloster Residenz der Fürsten von Thurn und Taxis.

dung eines bischöflichen Sitzes und die weitere Befestigung des Christentums dort verhindert.

So war der Same des Christentums im südlichen und mittlern Deutschland zwar ausgestreut worden, aber bei dem Mangel einer ausreichenden Zahl fester, bischöflicher Sitze und großer Klöster wie bei den beständigen, mit großer Erbitterung geführten Kriegen der deutschen Stämme untereinander konnte er nicht gedeihen und wurde vom Heidentume überwuchert. Auch waren die Glaubensboten unter sich nicht ganz einig und wirkten nicht nach einem einheitlichen Plane, so vortreffliche, gelehrte und fromme Männer sie auch übrigens waren. Die Glaubensboten der Bayern kamen nämlich aus Franken, die der Alamannen und Thüringer aus Irland; sie hatten alle denselben, katholischen Glauben, wichen aber in unwesentlichen, bei den rohen und noch am Äußern haftenden Deutschen jedoch schwer ins Gewicht fallenden Punkten voneinander ab. Die fränkischen Geistlichen trugen die römische Tonsur (tonsura beati Petri), die irischen die Tonsur des hl. Jakobus (tonsura beati Jacobi). Weil nämlich die Heiden als Zeichen und Schmuck des freien Mannes lang herabwallendes Haar trugen und auf dessen Pflege große Sorgfalt verwendeten, so kam schon früh bei den Mönchen die Sitte auf, sich die Haare ganz kurz zu scheren. Nach römischer Sitte blieb rings um den Kopf herum zum Andenken an den dornengekrönten Heiland ein Streifen von Haaren stehen; die Irländer aber schoren sich die vordere Hälfte des Kopfes ganz kahl und ließen auf der hintern Kopfhälfte die Haare lang wachsen. Auch feierten die Irländer Ostern an einem andern Tage als die übrigen Christen, und hatten bei der heiligen Taufe und der heiligen Messe einige abweichende Ceremonien. Überdies waren die Irländer keltischer Abstammung, übten eine strenge Ascese und konnten sich nur schwer in die Denk= und Anschauungsweise der Germanen hineindenken. Alle diese Umstände wirkten hemmend auf die Bekehrung der Deutschen ein. Doch das schlimmste war, daß es auch Männer gab, welche ohne kirchliche Sendung sich als Glaubensboten aufwarfen, willkürliche Behauptungen, Thorheiten und Irrtümer lehrten und ein den kirchlichen Vorschriften für den geistlichen Stand widersprechendes Leben führten. Einzelne deutsche Stämme, welche sich in andern Ländern Wohnsitze erobert hatten, waren zum Arianismus bekehrt, welcher die Gottheit Christi leugnete und in Christus nur das erste Geschöpf des Vaters sah. Anhänger dieser Irrlehre waren auch im eigentlichen Deutschland thätig, um dort für diese Irrlehre zu wirken. In Bayern gab es Männer, welche Grundwahrheiten des Christentums, nämlich die Auferstehung des Fleisches und die Ewigkeit der Höllen= strafen, leugneten. Auch die kirchenpolitischen Zustände jener Zeit waren in großer Unordnung und der Ausbreitung des Christentums keineswegs günstig. Der deutsche Stamm der Franken hatte sich unter König Chlodwig Galliens bemächtigt und ein neues Reich in diesem Lande gegründet, welches daher auch später den Namen Frankreich bekam. Die Franken waren zwar unter Chlodwig christlich geworden, hatten aber auch von den Ureinwohnern die Laster einer entarteten Civilisation an= genommen. Am Hofe herrschten Sittenlosigkeit, Mord, Verrat und Verschwörung. Zuletzt führten die Könige ein ganz un= thätiges Leben; statt ihrer regierten mächtige Fürsten, die so= genannten Hausmeier, sodaß sie selber nur den Namen König hatten. Das Volk war vielfach sittenlos. Auch die Priester blieben von den Lastern der Zeit nicht unberührt und hatten oft nicht den echt kirchlichen Geist. Das war um so schlimmer, als die welt= liche Macht einen großen Einfluß auf die Besetzung kirchlicher Stellen ausübte und hierbei mehr auf die Verdienste um den Staat als auf persönliche Würdigkeit sah. Die Bischöfe des fränkischen Reiches waren daher vielfach mehr Soldaten und Diener des Staates als Diener des Heiligtums, und führten oft ein ganz unkirchliches Leben; sie zogen bewaffnet in die Schlacht, lagen der Jagd ob, mißhandelten ihre Untergebenen mit Prügeln, nahmen an Schmausereien und Gelagen Anteil und berauschten sich dabei. Solche Geistliche gehörten nur der Kleidung nach zum geistlichen Stande; im Kriege und auf der Jagd Schwert und Spieß handzuhaben, beim Spiele die Würfel zu werfen und beim Gelage die Becher zu leeren, verstanden sie; Kelch, Meßbuch und Brevier waren ihnen ungewohnte Dinge. Be= sonders wird es dem kriegerischen Hausmeier Karl Martell, Vater Pippins und Großvater Karls des Großen, zum Vorwurf gemacht, daß er über die Kirchengüter mit großer Willkür ver= fügte und „seine Offiziere zu Bischöfen und Äbten ernannte". Diesen war natürlich das Einkommen die Hauptsache, während sie die Erfüllung der geistlichen Pflichten vernachlässigten und den Mangel der priesterlichen Tugenden durch äußern Schein zu ersetzen suchten. Sie glichen den Wölfen in Schafskleidern und führten durch gleisnerische Reden und heuchlerisches Wesen das Volk irre. Oft wurden auch Laien zur Belohnung für ihre Dienste Abteien und Bistümer übergeben, ohne daß sie jemals die heiligen Weihen empfingen; sie genossen bloß die Einkünfte und waren im Kriege ergebene Dienstmannen.[1] Nach glaubwürdigen Nachrichten[2] war die Zahl der irrgläubigen und unwürdigen Priester groß, sodaß sie unermeßlichen Schaden bei dem ungebildeten Volke anrichteten; auch am Hofe schadeten sie sehr durch ihren mächtigen Einfluß. Es bedurfte daher eines entschiedenen, sittenreinen Mannes, um diese Elemente unschädlich zu machen oder auf bessere Wege zu bringen; wenn sie die Oberherrschaft erlangten, so wäre es um die katholische Kirche und alle höhere Bildung in Deutschland geschehen gewesen.

Die Zustände unsers deutschen Vaterlands waren also zur Zeit der Ankunft des hl. Bonifatius sehr traurig und mißlich. Die Bekanntschaft mit den Lastern der kultivierten Römer, die Vermischung der deutschen Stämme untereinander, das üppig fortwuchernde Heidentum, welches durch das Christentum zwar erschüttert, aber nicht verdrängt war, hatten eine Sittenlosigkeit hervorgerufen, wie sie früher zu Tacitus' Zeiten nicht gewesen war. Deutschland glich einem großen, verwilderten Acker, auf welchem das Unkraut des Heidentums, des Irrglaubens und der Sittenlosigkeit überwucherte und den spärlich ausgestreuten Samen des Evangeliums ganz zu ersticken drohte. Es fehlte an Bistümern, deren Hirten gemeinschaftlich und ausdauernd an der Ausbreitung und Befestigung des Christentums wirkten, wie an Schulen und Klöstern, in welchen die heranwachsende Jugend christlich erzogen und zugleich geeignete Kräfte für den Priesterstand ausgebildet wurden. Dazu kamen die vielen Kriege der deutschen Stämme untereinander, wodurch die Gemüter ver-

---

[1] Hefele, Konziliengeschichte III, 492. Leo (Vorlesungen über deutsche Geschichte. Halle 54. I, 436) sagt: „Abteien waren schon hundertfach von Karl an ganz vornehme Laien, die er für ihre treuen Dienste belohnen wollte, und bei welchen er darauf rechnen konnte, daß sie ihre vermehrten Einkünfte hauptsächlich dazu benutzen würden, ihm, wo es erforderlich wäre, mit zahlreichem Kriegsgefolge zuzuziehen, gegeben worden, welche Laienäbte dann mit Weib und Kind und Gefolge in die Klöster einzogen, deren Güter für sich administrierten und den Mönchen nur einen kleinen Teil der Gebäude und nur einen kargen Teil von den Einnahmen ließen, sich dafür aber um Zucht und geistliche Ordnung des Klosters gar nicht kümmerten".

[2] Die Briefe des hl. Bonifatius, besonders Ep. 42, 52, 55, 56. Man hat Bonifatius und den Papst wohl der Übertreibung bei der Schilderung der deutschen Zustände angeklagt; Hahn, ein gründlicher Kenner jener Zeit, bestätigt die Schilderung als wahr. (Jahrbücher des fränkischen Reichs. 1863. S. 109 fgb.)

wildert und für das Evangelium des Friedens weniger empfänglich waren. Der mächtige Stamm der Franken, welcher auf dem linken Rheinufer im heutigen Frankreich ein neues Reich gegründet hatte, suchte die auf dem rechten Ufer wohnenden Stämme unter seiner Herrschaft zu vereinen; weil aber die Franken christlich waren und bei ihren Kriegen, teilweise wenigstens, auch die Ausbreitung der christlichen Religion bezweckten, so hatten die deutschen Stämme gegen die Religion ihrer Bezwinger eine leicht begreifliche Abneigung und sahen in den christlichen Missionaren Boten, welche sie unter das verhaßte fränkische Joch bringen wollten. Diese Gesinnung der Deutschen gegen die fränkischen Glaubensboten spricht sehr richtig in „Dreizehnlinden" (XIX, 24) ein heidnischer Edle mit den Worten aus:

„Vor dem starken Gott der Christen,
Vor der Milde seiner Lehren
Beugt' ich mich, wenn nicht verhaßte
Franken die Verkünder wären."

Doch die göttliche Vorsehung waltete liebevoll über unserer, von ihr so hochbegabten und zu einer hervorragenden Stellung in der Weltgeschichte berufenen Nation. Der Geist Gottes weckte in der englischen Nation den Eifer für die Bekehrung der stammverwandten Deutschen. Scharenweise eilten die englischen Glaubensboten zu unsern Vorfahren, um an dem Werke ihrer Bekehrung zu arbeiten. Der eifrigste und thatkräftigste von diesen Glaubensboten war der hl. Bonifatius. Er war in der Hand Gottes ein auserwähltes Werkzeug, um die katholische Kirche in unserem Vaterlande auszubreiten und zu befestigen und so ihm die Segnungen des Heils zu vermitteln.

Fünftes Kapitel.

Bonifatius wirkt bei den Thüringern, Friesen und Hessen.
719—722.

Als der hl. Bonifatius im Jahre 719 die Alpen überschritten und den deutschen Boden betreten hatte, trieb ihn seine Sehnsucht wohl zunächst zu den stammverwandten Sachsen. Ohne längeren Aufenthalt durchwanderte er das südliche Deutschland, zumal er für keinen bestimmten Stamm ausgesandt war und als einfacher Priester an den dortigen traurigen Zuständen nichts ändern konnte; vielleicht war er auch der süddeutschen Dialekte nicht mächtig genug. Wie eine emsige Biene rasch umherfliegt, ob sie duftende Blumen findet, aus denen sie süßen Honig saugen kann, so wanderte auch Bonifatius forschend durch Deutschland, um den Stamm zu entdecken, welchem er mit Erfolg das Wort Gottes verkündigen könnte. Von Süden nach Norden vordringend kam Bonifatius in das mittlere Deutschland zu den Thüringern, nach welchen noch jetzt die Gegend zwischen Werra und Saale benannt ist. Diese waren Nachkommen der alten Hermunduren und hatten schon mit dem Beginne des 5. Jahrhunderts ein großes, vom Harze bis zur Donau sich erstreckendes Reich gegründet. Im 6. Jahrhundert herrschte über die noch ganz heidnischen Thüringer der König Hermanfried, welcher eine ostgotische Prinzessin heiratete, Namens Amalberga, eine Nichte des berühmten Königs Theodorich. Diese hing, wie überhaupt der Stamm der Ostgoten, der Irrlehre des Arius an, welcher die Gottheit Christi leugnete, und verbreitete diese Irrlehre auch in Thüringen. Amalberga, ein herrschsüchtiges Weib, bestimmte ihren Gemahl, seine beiden Brüder zu ermorden und sich der Alleinherrschaft zu bemächtigen. Um das Jahr 530 wurde Hermanfried von den christlichen Franken und den heidnischen Sachsen besiegt und bald nachher ermordet. Die Sachsen rissen nun den nördlichen Teil Thüringens an sich, wo sie jede Spur des Christentums vernichteten; die Franken den südlichen, am Maine gelegenen Teil, welcher daher auch Ostfranken (Franconia orientalis) genannt wurde, während der Name Thüringen mehr und mehr auf das jetzige Thüringen beschränkt wurde. Zu den Kriegsgefangenen der Franken gehörte auch die Prinzessin Radegunde, welche der Frankenkönig wegen ihrer Schönheit zur Gemahlin nahm. Ihre edle Seele war für die hehren Ideen des Christentums sehr empfänglich, sodaß sie bald eine eifrige Christin wurde. Später gründete sie bei Poitiers ein Kloster, in welches sie eintrat, um ihr Leben den Werken christlicher Nächstenliebe, dem Gebete, frommen Übungen und den Studien zu widmen, bis sie 587 im Rufe der Heiligkeit starb. Die Franken suchten das Christentum im südlichen Thüringen zu verbreiten, aber ohne bedeutenden Erfolg, weil es an geeigneten Missionaren fehlte und das Land bei den häufigen Kriegen zwischen Franken und Sachsen arg mitgenommen wurde. Später setzten die Franken auch einen eigenen Herzog ein, Radulf, welcher nach Unabhängigkeit strebte und sich zum Könige von Thüringen machte. Sein Sohn Hethan nahm nach dem Tode seiner ersten Gemahlin eine durch ihre Schönheit berühmte christliche Jungfrau, Namens Bilhilde, Tochter des edlen Jber in der Gegend von Würzburg, zur Gemahlin, welche das Christentum im Lande verbreitete und nach dem Tode ihres Gemahls in ein Kloster zu Mainz ging, wo sie im Rufe der Heiligkeit starb. Gotzbert, Hethans Sohn aus erster Ehe, regierte unter fränkischer Oberhoheit das Land und residierte auf seiner Burg bei Würzburg, der jetzigen Marienburg, wohin sich die Herzöge wegen des Vordringens der Slaven zurückgezogen hatten. Gotzbert wurde durch den hl. Kilian, den ersten Apostel des thüringischen Landes, zum Christentum bekehrt und entließ aus Gehorsam gegen ihn seine unrechtmäßige Gemahlin Geilane. Diese aber dang heimlich aus Rache Männer, welche den hl. Kilian ermordeten. Gotzbert und sein Sohn Hethan II. suchten das Christentum, vielleicht mit unbesonnenem Eifer, in Thüringen zu verbreiten und waren den Franken gehorsam. Hethan II. schenkte im Jahre 704 urkundlich auf seinem Schlosse zu Würzburg dem hl. Willibrord Güter bei Arnstadt, um ihn zu bewegen, sich des Landes an= zunehmen und dort Klöster zu gründen; diesen heiligen Glaubens= boten hatte er auf seinen Kriegszügen mit Karl Martell kennen gelernt. Auf dem Marienberge bei Würzburg wurde das erste Kirchlein des Landes zu Ehren der heiligen Jungfrau erbaut. Das Volk aber und ein Teil der Edlen sahen im Christentum nur ein Mittel zur Befestigung der verhaßten fränkischen Herr= schaft und waren dem Christentum nicht ergeben. Auch waren die Geistlichen des Landes, welche aus dem fränkischen Reiche gekommen waren, teilweise nicht rechtgläubig, führten ein den christlichen Vorschriften widersprechendes Leben und besaßen nicht den nötigen Opfergeist, um ein heidnisches Volk zu bekehren. Da es überdies an Schulen und Klöstern fehlte, so konnte das Christentum in dem fränkischen Thüringen nicht recht Wurzeln fassen. So kam es, daß die heidnischen Edlen die benachbarten Sachsen aus dem Norden herbeiriefen. Diese erbitterten Feinde des Christentums vertrieben den christlichen Herzog samt seiner Familie, vernichteten das Christentum und unterwarfen sich das Land.

Das waren die traurigen politischen und religiösen Zu= stände der Thüringer, als der hl. Bonifatius im Sommer des Jahres 719 ihr Land betrat. Mit heiliger Begeisterung predigte er den Vornehmen und Edlen wie auch dem Volke eindringlich

das Christentum und bekehrte auch manche; die bereits Be=
kehrten stärkte er im christlichen Wandel und suchte auch die
Priester auf den rechten Weg zu bringen. Allein im ganzen
entsprach der Erfolg seinen Bemühungen nicht. Weil wegen
der Vertreibung des christlichen Herzogs und des bevorstehenden
Krieges zwischen Franken und Sachsen um den Besitz Thüringens
eine Besserung der Verhältnisse vorläufig nicht zu erwarten
war, und weil bei den nördlich wohnenden heidnischen Sachsen
noch weniger eine erfolgreiche Verkündigung des Evangeliums
gehofft werden konnte, so verließ Bonifatius, überdies durch
eine Erscheinung gemahnt, Thüringen und wandte sich dem
Rheine zu. Unterwegs erfuhr er den Tod des Friesenkönigs
Radbot, welcher das Christentum sein Leben lang so grausam
verfolgt und trotz aller Ermahnungen christlicher Glaubensboten
bis zum Ende verstockt geblieben war.[1] Nun war eine erfolg=
reiche Predigt des Evangeliums bei den Friesen zu hoffen, und
daher fuhr Bonifatius den Rhein hinunter bis nach Friesland,
wo der hl. Willibrord mit ungebeugtem Mute im Dienste der
Kirche thätig war. Willibrord hatte in Thüringen, welches
Bonifatius zu seiner Wirksamkeit sich ausersehen hatte, Schen=
kungen zu kirchlichen Zwecken bekommen und war ohne Zweifel
auch mit Edlen des Landes bekannt; er konnte also die Mis=
sionsthätigkeit des hl. Bonifatius später bei gelegener Zeit
wirksam unterstützen. Daher begab sich Bonifatius zu Willibrord,
um sich mit diesem erprobten Missionar über das Missionswesen
in Thüringen zu beraten. Da aber in Friesland die Ernte
groß, der Arbeiter nur wenige waren, so blieb der hl. Bonifatius
von 719—722 in Friesland und unterstützte den bereits be=
jahrten Willibrord. Heidnische Tempel wurden zerstört, christ=
liche Kirchen erbaut und ein großer Teil des Volkes zur katho=

---

[1] Radbot, so wird erzählt, war bereits auf dem Punkte, sich von
dem Bischof Wulfram von Sens taufen zu lassen; da wandte er sich
an den Bischof mit den Worten: „Sage mir, wo sind meine Vorfahren?"
Der Bischof antwortete ihm: „Sie sind nicht getauft und darum in der
Hölle". „So will ich lieber", erwiderte Radbot, „mit meinen Vorfahren
in der Hölle sein, als mit den Franken im Himmel." Nun blieb er
Heide bis an sein Ende. Diese Erzählung ist an und für sich unwahr=
scheinlich; jedenfalls wäre die Antwort des Bischofs unvorsichtig und
unrichtig gewesen; auch die Heiden außerhalb des Christentums können
durch Reue, Buße und Verlangen nach dem wahren Gott gerettet werden,
und ist der Gedanke, alle Heiden seien ausnahmslos verdammt, unchristlich.
Die Erzählung kennzeichnet übrigens den großen Haß der heidnischen
Stämme gegen die christlichen Franken.

lifchen Kirche bekehrt. Da damals Karl Martell Friesland unterworfen hatte und die Ruhe aufrecht hielt, so konnte das Christentum ungestört ausgebreitet und befestigt werden. Welcher Seeleneifer den hl. Bonifatius bei seiner apostolischen Thätigkeit erfüllte, erhellt auch aus einem dieser Zeit entstammenden Briefe[1]) an einen reichen Jüngling Nithard, welchen er wahrscheinlich im fränkischen Thüringen bekehrt oder kennen gelernt hatte. Er ermahnte ihn dringend, nicht nach dem vergänglichen Irdischen zu streben, sich eifrig der Tugend zu befleißigen, welche allein wahren Wert habe, und sich den Wissenschaften, besonders auch dem Studium der hl. Schrift, mit Eifer hinzugeben; das ge= zieme sich für einen Jüngling, bewahre ihn vor dem Schiff= bruch der Sünde und sichere ihm das ewige Leben. Der Brief endigt mit ähnlichen Ermahnungen in Versen, von denen der achte bis fünfzehnte mit den Anfangsbuchstaben den Namen Nit= hard bilden.

Die Beziehungen zur Heimat wurden bei den apostolischen Arbeiten in Friesland von Bonifatius nicht abgebrochen; so stand er in Briefwechsel mit einer Ordensfrau aus königlichem Geschlechte, Namens Bugga, von welcher uns noch ein Brief an ihn aus dieser Zeit erhalten ist.[2]) In diesem Briefe dankt sie Gott, daß durch den hl. Bonifatius so viele zum wahren Glauben bekehrt würden, und bittet ihn um sein Gebet für sich und einen teuern Verstorbenen, zumal sie die Kraft seines Ge= betes schon erfahren habe; ferner teilt sie ihm mit, daß sie die gewünschten Leidensgeschichten der Martyrer noch nicht habe bekommen können, und bittet ihn um die versprochene Sammlung heiliger Schriften. Zugleich übersandte sie dem hl. Bonifatius 50 Goldstücke (ungefähr 400 Mark) und ein Altartuch, wie sie meint, zwar geringe Gaben, aber in Liebe und Verehrung.

Da der hl. Willibrord, der eigentliche Apostel der Friesen, schon vom Alter gebeugt war, so wollte er auf Anraten seiner Freunde und Schüler bei dem Herannahen seines Todes den hl. Bonifatius zum Nachfolger erwählen, der fast drei Jahre unter Mühen und Entbehrungen aller Art treu und eifrig mit ihm gewirkt und seine Liebe und Achtung sich erworben hatte. Dieser lehnte jedoch in seiner Demut die bischöfliche Würde ab; auch hielt er sich für zu jung, da nach angelsächsischen Be= stimmungen der Bischof 50 Jahre alt sein sollte. Willibrord ließ diese Gründe nicht gelten; er erinnerte Bonifatius an den

---

[1]) Ep. 16. [2]) Ep. 16.

Zustand des Volkes, welches einen Hirten verlangte, und drang inständig in ihn, die bischöfliche Weihe zu empfangen. Bonifatius aber beharrte auf seiner Weigerung, und als Willibrord ungehalten wurde, erklärte er ihm, daß er vom Papste zur Bekehrung der heidnischen Stämme im Innern Deutschlands ausgesandt sei, daß er wegen der traurigen Zustände Thüringens aus eigener Entschließung nur für einige Zeit nach Friesland gekommen sei, daß aber seine ursprüngliche Bestimmung für die Stämme im Innern Deutschlands fortdauere und er ohne Zustimmung des Papstes ein solches Amt in Friesland nicht übernehmen dürfe. Er bat daher Willibrord, ihn ziehen zu lassen, damit er seiner ursprünglichen Bestimmung im Innern Deutschlands nachkommen könne. Nun stand Willibrord von seinem Wunsche ab, entließ Bonifatius in Freundschaft und Frieden und begleitete ihn mit seinen Segenswünschen auf seiner Reise nach Thüringen. [1]

Das frühere Wirkungsfeld des hl. Bonifatius war in der Zwischenzeit von den heidnischen, räuberischen Sachsen arg verwüstet worden. Das ganze Volk war verarmt und litt schwer unter einer Hungersnot. Die Christen des Landes waren von den Sachsen besonders verfolgt worden und konnten sich nur in festen Plätzen oder ganz im verborgenen aufhalten. Die wenigen Priester, welche bei dem Volke zurückgeblieben waren, lebten ganz im geheimen und ernährten sich kümmerlich durch die Arbeit ihrer Hände. Karl Martell, der tapfere Heerführer

---

[1] Da Bonifatius den viel ältern Willibrord wegen seiner apostolischen Tugenden und verdienstvollen Wirksamkeit sehr schätzte, so ist es begreiflich, daß er die Ablehnung seines Wunsches, ihn zum Nachfolger zu haben, zunächst aus Demut und Bescheidenheit mit der Größe der bischöflichen Würde und dem Mangel des erforderlichen Alters begründete, daß er aber, als Willibrord immer mehr in ihn drang, sich klar und bestimmt auf den Auftrag des Papstes berief. Beide Männer besprachen die Angelegenheit mit sachlichen Gründen und schieden in Frieden; Bonifatius sprach bis an das Ende seines Lebens von Willibrord mit großer Achtung (ep. 107). Heber (Vorkarolingische christliche Glaubenshelden. S. 202) und Ebrard (Iroschot. Missionsgesch. S. 396) benutzen dieses Verfahren des hl. Bonifatius zu dem schweren, ganz unbegründeten Vorwurfe, er habe den Willibrord durch eine „jesuitische Finte" getäuscht und über seine päpstliche Gesinnung als Werkzeug Roms ausspionieren wollen. Das ist bezeichnend für den Geist, mit welchem sie die Geschichte auffassen und darstellen! Übrigens lag zu einer solchen Spionage gar kein Grund vor; Willibrord wurde bei seiner zweiten Anwesenheit in Rom im Jahre 692 auf Betreiben des fränkischen Hausmeiers Pippin von Heristall zum Bischofe der Friesen von Papst Sergius geweiht und war so päpstlich gesinnt wie Bonifatius.

der Franken, gab der Sache eine andere Wendung; er besiegte
die Sachsen, trieb sie in ihre Grenzen zurück und fügte das
mittlere Deutschland dem fränkischen Staatsverbande ein. Unter
dem Schutze der fränkischen Waffen konnte das Christentum frei
gepredigt werden und sich ungestört ausbreiten.

Als der hl. Bonifatius im Jahre 722 von Friesland
her in das mittlere Deutschland kam, traf er zuerst auf die
Hessen, welche westlich von den Thüringern an der Fulda und
der obern Lahn wohnten. Die Hessen, Nachkommen der alten
Chatten, sind noch bis auf den heutigen Tag ein ganz ungemischter
Volksstamm mit dem alten, germanischen Typus, kräftigem
Körperbau, blonden Haaren und bläulichen Augen. Sie halten
am Alten und Überlieferten fest und besitzen eine gewisse Hart=
näckigkeit und Derbheit, sodaß sie ohne lange Besinnung blind=
lings sich großen Gefahren aussetzen. Der Ausdruck „blinder
Hesse" kennzeichnet diese Charakter-Eigentümlichkeit des hessischen
Stammes. Übrigens waren die Hessen von jeher sehr tapfer
und haben zur Bekämpfung der Römer in Deutschland viel
beigetragen. Bei den Kämpfen zwischen Sachsen und Franken
wurde ihr Land arg mitgenommen; nach Vertreibung der Sachsen
besetzte es Karl Martell und hielt Ruhe und Ordnung aufrecht.
Das Christentum war den Hessen zwar schon vor dem hl. Boni=
fatius von fränkischen Priestern gepredigt worden, hatte aber
bei der zähen Anhänglichkeit der Hessen an das überlieferte
Heidentum und bei den häufigen Kriegen wenig Anhänger ge=
funden. An der Edder und Werra war das Heidentum in
noch ungestörter Herrschaft. Nun trat der hl. Bonifatius mit
dem Feuereifer des Elias vor die Hessen hin und predigte
ihnen unermüdlich das Kreuz Christi. Mit berechnender Klug=
heit wandte er sich besonders an die Vornehmen und Edlen,
nach deren Beispiel sich der gemeine Mann ja zu richten pflegt.
Not und Elend, Folgen der vorhergehenden Kriege, hatten ernste
Gedanken im Volke hervorgerufen und die Gemüter für den
Samen des Christentums empfänglich gemacht. Bonifatius
nahm an den Leiden des Volkes innigen Anteil und suchte sie
durch die tröstlichen Wahrheiten des Christentums zu lindern.
Ein herrlicher Erfolg krönte seine Bemühungen. Die Abneigung
vor dem Christentum verschwand im Volke; die heidnischen
Götzenbilder wurden zerstört, christliche Kirchen gegründet und
Tausende durch das heilige Sakrament der Taufe in den Schoß
der Kirche aufgenommen. Während sich das Volk früher gegen
das Christentum gleichgiltig oder gar feindselig verhalten hatte,

ergriff es jetzt ein mächtiger Zug zum Christentume und bekehrte sich in Menge. Es war bei der Bekehrung des Volkes in hohem Grade der heilige Geist thätig, dessen Wirken dem Winde gleicht, welcher weht, wo er will, ohne daß man weiß, woher er kommt und wohin er weht. Schon um diese Zeit soll der hl. Bonifatius auf dem Staufenbühl bei Eschwege an der Werra ein Götzenbild von Stuffo, dem Gott des Trunkes, zerstört und an dessen Stelle eine Kapelle erbaut haben. Überhaupt erzählt die Legende von vielen Orten, wo Bonifatius Götzenbilder zerstört und christliche Heiligtümer errichtet haben soll. Sicher ist es an vielen Orten der Fall gewesen, wo sich im Munde des Volkes Überlieferungen erhalten haben, ohne daß wir es mit historischer Gewißheit nachweisen können.

Diese großen Erfolge wurden zwar in kurzer Zeit errungen, kosteten dem hl. Bonifatius aber auch viele Mühen und Arbeiten, von denen wir uns kaum eine entsprechende Vorstellung machen können. Dazu bereiteten sittenlose und irrgläubige Priester dem hl. Bonifatius große Schwierigkeiten, sodaß er oft niedergeschlagen und betrübt war. Seinem väterlichen Freunde, dem Bischof Daniel von Winchester, drückte er in einem Briefe die Gefühle seiner geängstigten Seele aus und bat um Trost und Rat. In dem Antwortschreiben [1] weist Bischof Daniel, ein milder und gelehrter Mann, zunächst auf den großen Lohn und die hohen Verdienste des apostolischen Amtes hin und zeigt dem Bonifatius, wie er die Hartnäckigkeit und Verblendung der Heiden besiegen könne; er rät ihm, ohne allen Spott und Ironie, mit großer Sanftmut und Geduld die Heiden zu belehren, daß ihre Götter, welche nach Art der Menschen in das Dasein getreten wären und den Menschen zu helfen sich unfähig erwiesen, gar keine Götter seien und die Welt weder erschaffen noch regieren könnten; um sie von der Nichtigkeit ihrer Götter zu überzeugen, diene auch die Frage, warum denn jetzt keine Götter mehr in das Dasein träten, und der Hinweis, daß die Götter ihre Verehrer weder zeitlich noch ewig beglücken könnten; ferner rät er, die erhabenen christlichen Lehren den heidnischen Ansichten gegenüberzustellen und den Heiden zu

---

[1] Ep. 15. Der Brief wird als eine Anweisung zur Ausübung des apostolischen Amtes angesehen und der katechetische genannt. Bischof Daniel interessierte sich sehr für das Missionswesen in Deutschland und riet als welterfahrener Mann, mehr bei der Predigt zu überzeugen als niederzuschmettern, ganz nach der Methode, wie die Angelsachsen bekehrt waren.

zeigen, wie sie sich schämen müßten, angesichts solcher Lehren
des Christentums an den unvernünftigen heidnischen Lehren festzuhalten; die Ohnmacht der heidnischen Götter soll Bonifatius
den Heiden besonders daran anschaulich machen, daß das Heidentum seit der Menschwerdung Jesu Christi und der Erlösung
durch ihn immer mehr verdrängt und die christliche Religion
die herrschende werde, ohne daß die heidnischen Götter ihre
Religion gegen die christliche verteidigten. Zum Schluß bittet
Daniel den hl. Bonifatius um sein Gebet, daß Gott ihm in
seiner Krankheit barmherzig sei, und wünscht ihm Gottes reichsten
Segen. Dieser Brief enthält gewiß weise Ratschläge, die dem
hl. Bonifatius zu dem schwierigen Werke der Bekehrung verblendeter Heiden sehr dienlich waren.

Zum Mittelpunkte seiner Wirksamkeit in Hessen erwählte
sich der hl. Bonifatius Amanaburg (Amanaburch, Ameneburg),
einen Ort auf einem hohen, weithin sichtbaren Berge an der
Ohm (damals Amana genannt), einem Zuflusse der Lahn, wo
jetzt — nicht weit von Marburg — die anmutige Stadt Amöneburg liegt.¹) Der Ort stand damals unter zwei Brüdern,
Dettic und Deorwulf, welche zwar das Christentum angenommen
hatten, aber auch noch Götzenbilder anbeteten. Der hl. Bonifatius bekehrte die beiden Brüder und eine Menge Volkes,
sammelte dort eine Schar von getreuen Dienern um sich und
vereinigte sie in einer klösterlichen Niederlassung, welche auf dem
Berge als die erste christliche Stiftung im Hessenlande weithin
sichtbar zum Himmel emporragte und für seine Bewohner eine
christliche Warte war. Von dort aus leitete Bonifatius das
Werk der Bekehrung Hessens und breitete das Christentum bis
zu den Grenzen der Sachsen aus.

---

¹) Andere verstehen unter Amanaburg Homburg in Hessen oder Bamberg oder Hamelburg an der fränkischen Saale (Seiters, Reinerding); allein
Amöneburg paßt am besten zur alten Schreibweise des Ortes und des
Flusses, wie auch zu den Berichten von Willibald und Othlo; noch jetzt
sprechen die Bewohner jener Gegend Ameneburg. Ferner weist die beständige Tradition nach Amöneburg; es wurde dort später auf dem Kirch-
hofe ein Altar errichtet, wo Bonifatius die erste Zelle erbaut hatte. Auch
eignete sich Amöneburg vorzüglich zur ersten christlichen Niederlassung;
es beherrscht durch seine hohe Lage die Gegend ringsumher und war
leicht zu befestigen, sodaß es für die ringsumher wohnenden Katholiken
ein geeigneter Mittelpunkt und bei Einfällen der heidnischen Sachsen eine
sichere Zufluchtsstätte war. Die andern angenommenen Orte liegen zu
fern, als daß sie für die Glaubensboten ein Sammelpunkt und für die
Christen zur Zeit der Verfolgung eine Zufluchtsstätte sein konnten.

Voll Freude sandte der hl. Bonifatius einen treuen und geeigneten Boten, Namens Bynnan, mit einem Briefe nach Rom, um dem Papste über die herrlichen Erfolge zu berichten, welche er während der verhältnismäßig kurzen apostolischen Thätigkeit in Hessen im Laufe des Jahres 722 errungen hatte. Zugleich richtete er an den Papst einige Fragen bezüglich des Missionswesens. Der Bote überbrachte den Brief dem Papste, dem Vater der Christenheit, und kehrte nach kurzem Aufenthalte in Rom nach Deutschland mit einem Briefe des Papstes zurück, in welchem dieser hocherfreut den hl. Bonifatius einlud, nach Rom zu kommen und sich ausführlich mit ihm zu besprechen.

Sechstes Kapitel.

Bonifatius reist nach Rom und wird zum Missionsbischof für Deutschland geweiht (722); seine Reise zu Karl Martell.

Ein mündlicher Gedankenaustausch mit dem Papste war ohne Zweifel das beste Mittel, um ihn über die Lage der katholischen Kirche im mittlern Deutschland aufzuklären und sichern Rat von ihm zu erhalten. Ein großer Teil der Hessen und Thüringer war zur katholischen Kirche bekehrt; es kam nun darauf an, eine ausreichende Zahl von Kirchen und Klöstern zu gründen, den Gottesdienst zu ordnen und kirchliches Leben herzustellen. Es war ferner eine große Anzahl von Priestern nötig, um in dem weit ausgedehnten Gebiete das Wort Gottes beständig zu verkünden, die heiligen Sakramente zu spenden und die Seelsorge zu verwalten. Es mußte daher vom Papste auch ein Bischof ernannt werden, welcher mit höherer Vollmacht ausgerüstet war, um die kirchlichen Verhältnisse des Landes zu ordnen. Solange es an einem Oberhirten fehlte, welcher in lebendiger Verbindung mit dem Mittelpunkte der Kirche jenes Missionsland verwaltete, konnte die Kirche nie lebenskräftig werden. Deshalb folgte Bonifatius gern dem Rufe des Papstes und reiste zur Beratung so wichtiger Dinge nach Rom, von einer Schar Schüler und Genossen begleitet. Er wählte den Weg durch Frankreich und Burgund, wohl in der Absicht, um die Verhältnisse im dortigen Reiche kennen zu lernen, überstieg die Alpenkette auf dem über den St. Bernhard führenden Wege,

durchwanderte dann das nördliche, von den Langobarden be=
setzte Italien und gelangte endlich nach vielen beschwerlichen
Märschen nach Rom. Ein heißes Dankgebet stieg bei dem
Anblicke der ewigen Stadt aus seiner Brust zu Gott empor;
seine ersten Schritte lenkte er in Rom zur Peterskirche, die an
der Stelle erbaut war, wo Neros Cirkus stand und die Martyrer
seiner Zeit, auch der hl. Petrus, hingerichtet waren. Dort
dankte er Gott dem Herrn für die glücklich beendete Reise.
Als er dann die ermüdeten Glieder etwas ausgeruht hatte, ließ
er seine Ankunft dem Papste Gregor melden, welcher darüber
hocherfreut war. Bonifatius bekam Wohnung in einem Pilger=
hause und wurde bald darauf in die Peterskirche beschieden,
um sich dort dem Papste vorzustellen. Nach kurzer, gegenseitiger
Begrüßung suchte sich der Papst vor allem über die unver=
änderte Rechtgläubigkeit des hl. Bonifatius zu vergewissern und
verlangte sein Glaubensbekenntnis. Wenn schon jeder Bischof
vor dem Empfange der Bischofsweihe das Glaubensbekenntnis
ablegen muß, so ist es begreiflich, daß der Papst als Wächter
des reinen Glaubens ganz besonders von Bonifatius das Be=
kenntnis seines Glaubens verlangte. Damals waren aus ver=
schiedenen Ländern und ohne höhern Auftrag Glaubensboten
nach Deutschland gekommen, welche, sei es aus Unwissenheit,
sei es aus Bosheit, dem Volke irrige Lehren verkündeten; ferner
hatte der Papst dem hl. Bonifatius eine hervorragende Stelle
in Deutschland zugedacht; er sollte dort als Bischof an der
Ausbreitung und Befestigung der katholischen Kirche thätig sein
und mächtige Volksstämme in die Kirche einführen. Daher war
es ganz berechtigt, daß der Papst von Bonifatius ein Glaubens=
bekenntnis forderte; das sogleich abzulegen, hatte für diesen
etwas Mißliches, weil er der Landessprache nicht mächtig genug
war und sich mit dem Papste in der lateinischen Sprache ver=
ständigte. Überdies legte Bonifatius großes Gewicht darauf,
in einer so wichtigen Sache sich sprachlich schön und inhaltlich
richtig auszudrücken. Er bat daher den Papst um die Er=
laubnis, sein Glaubensbekenntnis schriftlich einreichen zu dürfen;
dieser gestattete es ihm, setzte aber eine kurze Frist fest. Boni=
fatius verfaßte nun in schönem Latein ein Bekenntnis seines
Glaubens und ließ es dem Papste vorlegen. Auf dessen Ein=
ladung begab er sich am festgesetzten Tage in die Laterankirche,
welche vom ersten christlichen Kaiser, Konstantin dem Großen,
erbaut war und die eigentliche bischöfliche Kirche des Papstes
ist; in dem anliegenden Palaste, dem Lateran, residierten damals

die Päpfte. Bonifatius knieete demütig vor dem Papste nieder und bat ihn um seinen Segen. Dieser hob ihn freudig auf, gab ihm sein Glaubensbekenntnis wieder und ließ ihn neben sich sitzen. Nun ermahnte der Papst den Bonifatius, diesen Glauben allezeit rein zu bewahren und nach Kräften den deutschen Stämmen zu verkündigen; sodann besprach er sich mit ihm ausführlich über verschiedene Punkte des Glaubens, über die Art und Weise der Verkündigung desselben bei den heidnischen Völkern, über die Feier des Gottesdienstes und anderes mehr. Zugleich erkundigte sich der Papst eingehend nach dem Erfolge der christlichen Predigt und vernahm mit Freuden, daß so viele Heiden dem Aberglauben entsagt und sich dem Lichte des Christentums zugewandt hatten. Damit die Neubekehrten nicht eines Hirten entbehrten, so beschloß der Vater der Christenheit, den hl. Bonifatius zum Bischofe zu weihen. Dieser wagte nicht, dem Papste sich zu widersetzen, und fügte sich in demütiger Unterwerfung; es wurde der 30. November zum Tage der Bischofsweihe festgesetzt. Nach alter Vorschrift soll nämlich die Bischofsweihe an einem Sonn= oder einem Aposteltage statthaben. Der 30. November ist aber der Tag des hl. Apostels Andreas, sei es daß dieser Tag damals der nächste geeignete Tag war, sei es weil der hl. Andreas der Patron jenes Klosters ist, von wo aus der hl. Augustin zur Bekehrung Englands auszog, und daher von dem hl. Boni= fatius besonders verehrt wurde.

Nachdem die lange und ausführliche Besprechung mit dem Papste beendet war, verabschiedete sich Bonifatius vom Papste und bereitete sich auf den Empfang der heiligen Bischofsweihe mit dem größten Eifer vor. Am festgesetzten Tage des Jahres 722[1]) wurde Bonifatius vom Papste selber zum Missionsbischof für Deutschland unter jenen feierlichen Ceremonien geweiht, wie sie größtenteils Papst Gregor der Große, der auch dem kirchlichen Kultus die größte Sorgfalt zuwandte, für diese heilige Handlung festgesetzt hatte. Der Spender des heiligen Sakramentes und der zu Weihende lesen gemeinschaftlich die heilige Messe; der zu Weihende legt den Eid der Treue gegen Papst und Kirche in die Hände des Weihenden ab; sodann werden Glauben und Sitten des zu weihenden Bischofs geprüft, und nachdem ihm die

---

[1]) In älterer Zeit nahm man das Jahr 723 an, weil die Be= kehrung so vieler Hessen mehr als den Zeitraum des Jahres 722 zu verlangen schien; in neuerer Zeit nimmt man nach den päpstlichen Ur= kunden meistens das Jahr 722 an.

Pflichten des bischöflichen Amtes eindringlich vorgelegt sind, werden ihm unter Handauflegung und Gebet die bischöflichen Vollmachten erteilt; zuletzt werden ihm unter geeigneten Gebeten und Ermahnungen die bischöflichen Insignien, Stab, Mitra, Ring, Handschuhe, überreicht. Der Eid,[1] welchen der hl. Bonifatius bei dem Empfange der Bischofsweihe dem Papste schwor, weicht von der Form ab, nach welcher die unter der Herrschaft des oströmischen Kaisers stehenden Bischöfe Italiens schwuren; er hatte folgenden Wortlaut: „Im Namen Gottes des Vaters und unsers Erlösers Jesu Christi. Ich, Bonifatius, durch Gottes Gnade Bischof, gebe dir, heiliger Apostel Petrus, Fürst der Apostel, und deinem Stellvertreter, dem heiligen Vater Gregor, und allen seinen Nachfolgern, bei dem Vater, dem Sohne und dem heiligen Geiste, der unteilbaren Dreieinigkeit, und bei deinem heiligen Leichname das Versprechen, daß ich den gesamten heiligen, katholischen Glauben rein bewahren und mit Gottes Hilfe in der Einheit dieses Glaubens beharren werde, auf welchem unzweifelhaft das ganze Heil aller Christen beruht, daß ich auf keinerlei Rat hin Bestrebungen gegen die Einheit der gemeinsamen und allgemeinen Kirche zustimmen werde, sondern, wie gesagt, in makelloser Treue dir (Petrus), welchem von Gott dem Herrn die Gewalt zu binden und zu lösen gegeben ist, und deinem genannten Stellvertreter und allen seinen Nachfolgern zum Nutzen der Kirche in allen Dingen meine Mithilfe leisten werde, ja, daß ich, wenn ich von Vorstehern der Kirche erfahren sollte, daß sie gegen die alten Satzungen der heiligen Väter handeln, mit diesen keine Gemeinschaft oder Verbindung haben, ihr Handeln womöglich verhindern und andernfalls es sogleich gewissenhaft meinem apostolischen Herrn anzeigen werde. Sollte ich, was von mir ferne sei, gegen dieses abgelegte Versprechen in irgend einer Weise, sei es in meiner Gesinnung, sei es in äußerm Thun, zu handeln versuchen, so will ich im ewigen Gerichte schuldig befunden werden und die Strafe des Ananias und der Saphira erleiden, welche dich bezüglich des Eigentums zu betrügen und zu täuschen versucht haben.

Diese Urkunde über meinen Eid habe ich, Bonifatius, ein geringer Bischof, mit eigener Hand geschrieben, auf deinen

---

[1] Ep. 17. Jaffé teilt dort beide Eidesformen mit; die Bischöfe Italiens versprachen, in keine Bestrebungen gegen den oströmischen Kaiser sich einzulassen; das hatte für einen deutschen Missionar keinen Sinn und fehlt im Eide des hl. Bonifatius, den uns Othlo mitgeteilt hat.

(Petrus) heiligsten Leichnam niedergelegt und nach ihrem Wortlaute vor Gott als Zeugen und Richter beschworen; sie zu
halten, verspreche ich."

Wegen dieses Eides ist der hl. Bonifatius vielfach, besonders von Protestanten, getadelt worden, als ob er dadurch
seine Selbständigkeit preisgegeben und die deutsche Kirche an
den Papst ausgeliefert habe. Allein der hl. Bonifatius handelte
getreu nach dem katholischen Glauben, wie ihn Christus der
Herr uns gelehrt hat. Weil der Papst als Nachfolger des
hl. Petrus das Fundament ist, auf welchem die für alle feindliche Macht unbesiegbare Kirche aufgebaut ist, weil er nach der
Anordnung Jesu Christi die höchste Schlüsselgewalt hat und
als oberster Hirt die ganze Herde leiten, selbst auch die andern
Hirten im Glauben stärken soll,[1] so mußte Bonifatius sich dem
Papste unterordnen und im treuen Anschlusse an ihn wirken.
So wie man sich nach dem Willen Gottes auf staatlichem Ge-
biete den weltlichen Obern unterordnen muß, ebenso ist es auch
vernünftig und dem Willen Gottes entsprechend, sich auf reli-
giösem Gebiete dem Papste unterzuordnen. Übrigens war der
Eid des hl. Bonifatius seinem wesentlichen Inhalte nach nichts
Neues, weil der Papst zu allen Zeiten in der ganzen Kirche als
oberster Lehrer, Priester und Hirt anerkannt wurde, wie viele
Thatsachen der Kirchengeschichte, Aussprüche der Konzilien und
Zeugnisse der Kirchenväter unwiderleglich darthun. Die Forde-
rung eines solchen Eides war auch von seiten des Papstes kein
Werk anmaßender Herrschsucht, denn der Papst ist berufen,
allen Menschen die beseligende Teilnahme an den Lehren und
Gnadenmitteln der Kirche Jesu Christi zu ermöglichen, alle
Glieder der Kirche mit sich als dem belebenden Mittelpunkte
zu verbinden und so die Einheit in der Kirche zu erhalten;
die Einheit ist aber zum Bestande der Kirche durchaus nötig,
denn ein Reich, welches in sich selbst uneins ist, wird zu Grunde
gehen, und deshalb hat auch Christus so sehr um die Einheit
der Kirche gebetet. (Joh. XVII.) Als Oberhaupt der Kirche
handelte daher der Papst nur in der berechtigten Ausübung
seines Oberhirten-Amtes, wenn er Bonifatius bei der Erteilung der kirchlichen Sendung schwören ließ, nur stets in
lebendiger Verbindung mit ihm zu wirken; der Papst würde
sein Amt und die Einheit der Kirche aufgegeben haben, falls er
anders gehandelt hätte. Wenn es vernünftig und berechtigt ist,

---

[1] Matth. 16, 18. Joh. 21, 15. Luk. 22, 32.

daß der Landesfürst von Soldaten und Beamten sich den Eid
der Treue schwören läßt, so ist es ebenso vernünftig und be=
rechtigt, daß der Papst sich von seinen Glaubensboten den Eid
der Treue schwören läßt. Nach dem Grundsatze, jeder kann
lehren und glauben wie er will, ist die Bildung einer einigen,
gemeinsamen Kirche überhaupt unmöglich; eine vollständige Zer=
splitterung muß die Folge dieses Grundsatzes sein, wie die Er=
fahrungen im Protestantismus deutlich beweisen. Durch diese
Unterordnung, durch diesen engen Anschluß an die römische
Kirche hat der hl. Bonifatius auch keineswegs an Macht und
Einfluß verloren, sondern vielmehr gewonnen. Bonifatius, vom
Papste selber zum Bischof geweiht und nach Deutschland aus=
gesandt, war nun dem Volke und den andern Glaubensboten
gegenüber mit einer höhern Autorität ausgerüstet, und konnte
in Deutschland viel entschiedener und nachhaltiger wirken als
wenn er eigenmächtig bloß auf sich selber sich gestützt hätte.
Ohne eine höhere Sendung vom Papste hätte Bonifatius die
Deutschen, welche sich in viele Stämme zersplitterten und große
Sondergelüste hatten, niemals in derselben Kirche einigen können;
sein Werk wäre nie umfangreich und dauernd geworden, sondern
bald wieder spurlos zerfallen, wie es bei denjenigen Glaubens=
boten geschah, die sich nicht fest an den stärkenden Mittelpunkt
der Kirche angeschlossen hatten. Auf den Papst, den unerschütter=
lichen Felsen, von Bonifatius aufgebaut, gewann die katholische
Kirche in Deutschland für Jahrhunderte lang sichern und festen
Bestand. Es war daher für die Kirche Deutschlands ein
wichtiges, segensreiches Ereignis, daß Bonifatius vom Papste
ausgesandt wurde und ihm den Eid der Treue schwur. Nur
wer geordnete Freiheit mit schrankenloser Willkür, vernünftige
Unterordnung mit Geistesknechtung verwechselt, und für Spal=
tungen, Irrlehren und unbegründete, überspannte nationale Ge=
fühle freie Bewegung verlangt, nur der kann in dem Eide des
hl. Bonifatius etwas Tadelnswertes finden; vom Standpunkt
der kirchlichen Gemeinschaft aus war der Eid notwendig und
nützlich.

Der Papst wandte dem hl. Bonifatius sein besonderes
Wohlwollen zu und suchte sein Werk auf jede Weise zu fördern.
Er gab ihm eine Sammlung von päpstlichen Bestimmungen,
nach welchen er die Kirchenzucht in Deutschland regeln sollte,
versprach ihm in allen Lagen Beistand und Rat, und nahm
ihn in die besondere Gemeinschaft des Apostolischen Stuhles
auf. Damals bildete nämlich die römische Kirche mit vielen

Kirchen, die mit ihr in Gemeinschaft standen, noch eine eigene, besondere Bruderschaft, deren Mitglieder sich gegenseitig durch Gebete unterstützten und die Verdienste ihrer guten Werke einander zuwandten. Solche Verbindungen gingen aus dem Glaubensartikel von der Gemeinschaft der Heiligen hervor und beruhten auf der auch mehrfach in der Bibel ausgesprochenen Lehre, daß die Gerechten durch Gebete und gute Werke einander helfen können.[1] In diese besondere Gebetsbruderschaft nahm der Papst auch Bonifatius und die deutsche Kirche auf. Wohl wissend, daß auch der Schutz der Fürsten für den hl. Bonifatius viel wert sei, übergab der Papst ihm einen Brief an Karl Martell,[2] welcher als Hausmeier die Geschicke des Frankenreiches mit mächtiger Hand leitete. In diesem Briefe teilt der Papst dem Karl Martell mit, daß er Bonifatius, einen erprobten, von ihm zum Bischof geweihten, in den Satzungen des Apostolischen Stuhles wohl unterrichteten Mann dazu bestimmt habe, den Völkern Germaniens, besonders den auf rechtem Rheinufer wohnenden und noch in der Finsternis des Heidentums sitzenden Stämmen, das Evangelium zu verkünden; sodann empfiehlt er Bonifatius seinem Wohlwollen und bittet, ihm in allen Lagen beizustehen und ihn gegen alle Gegner zu verteidigen, bedenkend, daß das, was er diesem thue, so gut sei als ob er es Gott thäte. Außerdem gab der Papst dem hl. Bonifatius noch mehrere Briefe zur kräftigen Unterstützung seiner Thätigkeit mit. Ein Brief ist an die Geistlichen und das Volk Deutschlands gerichtet und enthält Bestimmungen über die Spendung der Taufe und der Priesterweihe, wie auch über die Verwaltung des Kirchenvermögens.[3] Die Taufe soll, außer in Todesgefahr, an den Tagen vor Ostern und Pfingsten, die Priesterweihe an den Quatertempertagen und am Karsamstage nur an Würdige erteilt werden; aus den Opfergaben der Gläubigen soll Bonifatius vier Teile machen, einen für sich, einen für die Geistlichen, einen für die Armen und einen für die kirchlichen Bauten.

Ein drittes Schreiben[4] des Papstes ist an die geistlichen und weltlichen Vorgesetzten, sowie an alle gottesfürchtigen Christen Deutschlands gerichtet. In diesem Schreiben sagt der Papst, es gäbe im östlichen Deutschland noch Menschen, welche gar nicht getauft wären und gleich den Tieren ihren Schöpfer nicht

---

[1] Mof. 18, 20. Job 42, 18. Röm. 15, 32. Jak. 5, 16. [2] Ep. 21. [3] Ep. 19. [4] Ep. 18.

erkannten; andere seien zwar zum Christentum übergetreten, verehrten aber noch Götzen; Bonifatius werde daher ausgesandt, um diese zu bessern und jene zu unterrichten; alle sollten ihn aus Liebe zu Jesus Christus wohlwollend und gastlich auf= nehmen, bedenkend dessen Wort: „Wer euch aufnimmt, nimmt mich auf". (Matth. X, 40.) Wer also Bonifatius aufnehme, werde ewigen Lohn, wer sich ihm widersetze, ewige Strafe empfangen.

Ein viertes Schreiben[1]) des Papstes ist an fünf Edle, Asulf, Godolav, Wilar, Gundhar, Alvold und alle Christ= gläubigen Thüringens gerichtet. Der Papst lobt sie wegen ihrer großen Standhaftigkeit im Glauben, daß sie den fana= tischen Heiden erklärt hätten, sie wollten lieber sterben, als sich gegen den Glauben verfehlen; sodann wünscht er ihnen, daß sie immer mehr in dem Glauben fortschreiten, den der Apostolische Stuhl verkündige. Um sie in diesem Glauben zu unterweisen und zu befestigen, sei Bonifatius ausersehen, dem sie daher im Herrn zur Erlangung der ewigen Seligkeit gehorchen möchten. Ueber die genannten fünf Edlen wissen wir nichts Näheres; wahrscheinlich hatten sie auch durch Schenkungen den Bau von Klöstern und Kirchen unterstützt. Ein fünftes Sendschreiben[2]) des Papstes ist an das gesamte thüringische Volk gerichtet. Jesus Christus, so führt der Papst aus, habe auf Erden das Werk der Erlösung vollbracht und sei dann in den Himmel aufgefahren, habe aber den Aposteln befohlen, seine Lehre in der ganzen Welt allen Völkern zu verkündigen, damit sie da= durch selig würden. Weil der Papst auch das Heil der Thü= ringer wolle, so sende er Bonifatius zu ihnen, welcher sie vom Irrtume bekehren und auf den Weg des Heiles führen solle. Ihn sollten sie daher wie ihren Vater aufnehmen, ihn ehren und ihm gehorchen, da er nicht des zeitlichen Gewinnes halber käme, sondern um ihre Seelen zu retten. Daher sollten sie auch die heilige Taufe empfangen, sich des Götzendienstes und aller bösen Werke enthalten, den Befehlen des Bonifatius ge= horchen, ihm eine Wohnung, Gott aber Kirchen bauen, damit sie darin zu Gott beten könnten, um die Verzeihung ihrer Sünden und das ewige Leben zu erlangen.

Das bedeutendste und längste, mehr als zwanzig Stellen der heiligen Schrift enthaltende Schreiben[3]) gab Papst Gregor dem hl. Bonifatius an die Altsachsen mit, so genannt, weil sie in der alten Heimat, dem nordwestlichen Deutschland, zu beiden Seiten der Weser, zurückgeblieben waren, während ein Teil des Stammes nach England auswanderte und Angelsachsen hieß. Das Schreiben lautet: „Papst Gregor an das gesamte Volk in der Provinz der Altsachsen. Teuerste! Gelehrten und Un= gelehrten bekenne ich mich verpflichtet, ihr sollt daher wissen, wie sehr ich für euch besorgt bin, sowohl für diejenigen, welche den Glauben angenommen haben, als auch für die, welche ihn noch annehmen werden, damit euere Herzen in Liebe unter= wiesen und erquickt werden in der reichen Fülle des geistigen Verständnisses, in der Erkenntnis des Geheimnisses Gottes, des Vaters, unsers Herrn Jesu Christi, in welchem nach den Worten des ausgezeichneten Apostels (Paul., Koloss. II, 3) alle Schätze der Weisheit und der Erkenntnis verborgen sind. Ich sage dieses, weil das Reich Gottes nahe ist, damit niemand euch fernerhin täuscht durch spitzfindige Reden, sodaß ihr in einem Metalle euer Heil suchet, indem ihr aus Gold, Silber, Erz, Stein oder einem andern Stoffe mit eigener Hand gemachte Götzenbilder anbetet.[1]) Diese Dinge sind seit alten Zeiten fälschlich von den Heiden Götzenbilder genannt worden, da in ihnen offenbar die Dämonen wohnen, denn alle Götzen der Heiden sind, wie die heilige Schrift sagt (Ps. 95, 5), Dämonen,

---

[1]) Wegen dieser Stelle über die Götzenbilder ist das Schreiben des Papstes mehrfach als unrichtig und verfehlt bezeichnet worden, indem man sich einseitig auf Tacitus, Germania c. 9 und 43 berief, wonach die alten Teutschen gar keine Götzenbilder hatten, sondern ihre Götter in der freien Natur verehrten, weil sie es der Götter für unwürdig hielten, sie in Tempeln einzuschließen. Indessen berichtet derselbe Tacitus auch von einem Tempel der Nerthus (c. 40) und von einem Tempel der Tanfana im Lande der Marsen an der Lippe (Tac. A. I. 50, 56). Auch das Umherfahren der Göttin Nerthus in einem Wagen und das Baden im See kann sich doch wohl nur auf ihr Bild beziehen. Die christlichen Glaubensboten, welche unter den Deutschen lebten und wirkten, und daher besser orientiert waren als der in Rom lebende und auf Berichte anderer angewiesene Tacitus, berichten übereinstimmend von Tempeln und Götzen= bildern der alten Deutschen. Daher wird denn auch in neuerer Zeit von den besonnensten Forschern, z. B. Grimm (Deutsche Myth. I, 86—99) angenommen, daß jener Bericht des Tacitus nicht strenge zu nehmen ist, und daß die alten Teutschen wirklich Götzenbilder hatten, wie auch die Geschichte der Irmensul deutlich beweist. Was Tanfana und Irmensul waren, ist zweifelhaft. Tanfana war nach Glesers ein in einem Haine aufgerichteter Baumstamm, nach Grimm (Gesch. der deutschen Sprache, S. 118 und 622) eine weibliche Gottheit, vielleicht des Herdes und des Feuers; das Wort templum paßt mehr zur Bezeichnung eines Gebäudes

der Herr aber, unſer Gott, hat die Himmel erſchaffen. [1]) Welche
aber von euch Chriſtum unſern Herrn angenommen haben, die
mögen in ihm wandeln, gegründet und auferbaut und befeſtigt
durch den Glauben, zunehmend in Dankſagung. Hütet euch,
daß keiner euch durch Weltweisheit und leeren Trug verführt,
denn die Söhne der Finſternis ſind liſtiger als die Söhne des
Lichtes. Meine Söhne! laſſet von der Verehrung der Götzenbilder ab; tretet hinzu und betet den Herrn an, unſern Gott,
welcher Himmel und Erde, das Meer und alles, was darin iſt,
erſchaffen hat, und euer Antlitz wird nicht erröten. Es iſt ja
nur ein Herr der Menſchen, der Vögel, der Vierfüßigen und
der Fiſche, welcher geprieſen ſei von Ewigkeit zu Ewigkeit.
Leget alſo den alten Menſchen ab und ziehet den neuen Chriſtum
an, ablegend Zorn, Erbitterung, Bosheit, Gottesläſterung; eine
ſchmutzige Rede laßt nicht aus euerm Munde kommen. Von
dem Götzendienſte ſaget euch los, denn es will bereits Abend
werden. Seid nicht müßig; vollbringet vielmehr das gute Werk,
damit Chriſtus in euch wohnt, und was immer ihr in Wort
oder Werk thuet, das thuet im Namen unſers Herrn Jeſu Chriſti,
durch ihn Dank ſagend Gott dem Vater, das Heidentum zurück-
weiſend, wiſſend, daß ihr einen Herrn im Himmel habt; zu
ihm richtet, dem Gebete obliegend, euere Herzen empor, denn
groß iſt der Herr, unſer Gott, und jedes Lobes würdig und
Ehrfurcht gebietender als alle andern Götter; er will, daß alle
Menſchen ſelig werden und zur Erkenntnis der Wahrheit gelangen. Dazu ermahne ich euch, Brüder, daß ihr den, welcher
ſich von euch zu Chriſtus bekehren will, auf keine Weiſe davon abhaltet und nicht zur Anbetung der Götzenbilder zwingt;
denn Chriſtus der Herr ſelbſt lebt mit Gott, dem allmächtigen

---

als eines Haines. Unter Irmenſul wird bald ein Baumſtamm als Sinnbild der alles tragenden Gottheit, bald eine Bildſäule zu Ehren Armins,
des vielbeſungenen Befreiers vom Römerjoche, bald eine Säule vom Gotte
aller Götter verſtanden. Beſtimmte Nachrichten über die Götzenbilder der
alten Sachſen fehlen uns.

[1]) Wie die heilige Schrift, ſo ſprechen auch die Kirchenväter, welche
den Götzendienſt mit eigenen Augen ſahen, ſich dahin aus, daß der Götzendienſt auf dem Einfluſſe des Teufels beruht, der den Geiſt des Menſchen
verfinſterte, und daß der Teufel ſich mitunter der Götzenbilder und der
Orakel zur Vollbringung ſcheinbar wunderbarer Thaten bediente, um die
Menſchen von der Erkenntnis und Verehrung des wahren Gottes abzuhalten und immer tiefer in Irrtum, Sünde und Laſter zu ſtürzen; auch
war die Verehrung der Götzenbilder vielfach mit Sünden verbunden, z. B.
mit Unkeuſchheit und Trunkſucht.

Vater, in Einigkeit des heiligen Geistes von Ewigkeit zu Ewigkeit. Amen.

Teuerste! Es ift ein treuer Diener und Mitarbeiter im
Herrn, welchen ich zu euch schicke, Bonifatius, mein Bruder
und Mitbischof; er soll sehen, wie es mit euch steht, soll euer
Herz trösten und euch in Christus, unserm Herrn, ermahnen,
damit ihr von dem Truge des Teufels befreit und der ewigen
Verdammnis entrissen werdet, damit ihr die Kindschaft Gottes
verdient und das ewige Leben habt."

Aus diesem, in väterlichem, eindringlichem Tone abgefaßten
Briefe des Papstes sehen wir, daß er von Anfang an die Bekehrung des großen Stammes der Sachsen in Aussicht genommen hatte; ebenso auch Bonifatius, der in ihnen seine
Stammesgenossen sah. Weil der Papst in seinem Briefe von
solchen spricht, welche bereits den christlichen Glauben angenommen hatten, so waren unstreitig schon Glaubensboten bei
den Sachsen thätig gewesen. Wer diese waren, wo und wie
sie gewirkt haben, darüber sind nur vereinzelte Nachrichten auf
uns gekommen; die meisten wurden von den verblendeten Sachsen
erschlagen, und ihr Andenken verschwand. Schon der berühmte
Bischof Martin von Tours, † 400, soll bei den Sachsen das
Evangelium verkündet haben. [1]) Um das Jahr 690 begaben
sich zwei angelsächsische Mönche, die beiden Brüder Ewald, nach
der Farbe ihrer Haare der Schwarze und der Weiße genannt,
zu den Sachsen, um ihnen das Licht des Evangeliums zu
bringen; als sie in einem Dorfe einkehrten, wurden sie an ihren
Gebeten und Gesängen als Christen erkannt, und von den Dorf-
bewohnern aus Furcht, sie könnten das Christentum verbreiten,
getötet; der eine wurde mit dem Schwerte rasch erschlagen, der
andere langsam in Stücke zerhauen; beider Leichname wurden

---

[1]) Der gelehrte Bischof Martin von Braga in Portugal († 580)
sagt in seinem Lobliede auf den hl. Martin:
　　Immanes variasque pio sub foedere Christi
　　Adsciscis gentes: Alamanus, Saxo, Toringus,
　　Panonius, Rugus, Slavus, Nara, Sarmata, Datus,
　　Ostrogotus, Francus, Burgundio, Dacus, Alanus,
　　Te duce nosse Deum gaudent.
„Große und verschiedene Völker vereinigst du im heiligen Bunde
Christi: Alamannen, Sachsen, Thüringer, Ungarn u. s. w. freuen
sich, unter deiner Führung Gott erkannt zu haben."
Aus diesem Gedichte hat man geschlossen, daß der hl. Martin, der
in Ungarn von heidnischen Eltern geboren wurde und später als Bischof
von Tours sich dem Missionswesen in Deutschland widmete, auch den
Sachsen das Evangelium verkündet habe. Wegen seiner hervorragenden

in den Rhein geworfen, aber an ihrem Lichtglanze erkannt und später von Pipin in Köln feierlich beigesetzt. Kurz vor dem hl. Bonifatius war Suitbert, ein Schüler des hl. Willibrord, an den Ufern der Lippe für das Evangelium thätig, aber sein Werk wurde durch die heidnischen Sachsen zerstört. Leider machten es mancherlei Umstände und besonders auch die Verstocktheit der heidnischen Sachsen dem hl. Bonifatius unmöglich, seinem Herzenswunsche zu folgen und seinen Stammverwandten das Wort Gottes zu verkündigen.

Wenn wir den Inhalt dieser Briefe betrachten, welche der Papst dem hl. Bonifatius mitgab, so beglaubigten sie die ihm übertragene kirchliche Sendung, gaben ihm eine bestimmte Richtschnur für seine Wirksamkeit und enthielten für ihn vielfache Empfehlungen. Sie entsprachen also dem Zwecke, wozu ihn der Papst aussandte. Bonifatius sollte nicht bloß die katholische Kirche in Deutschland ausbreiten, sondern auch die vom Glauben und der kirchlichen Ordnung abweichenden Elemente zur Einheit des Glaubens und zur Verbindung mit dem Römischen Stuhle zurückführen. Der Papst wandte sich auch an die weltlichen Großen und empfahl ihnen, das Werk des hl. Bonifatius zu fördern. Denn die Kirche soll ja zu den weltlichen Behörden nicht in ein feindliches, sondern in ein freundliches Verhältnis treten, aber zugleich auch selbständig und unabhängig sein. Staat und Kirche sollen als zwei selbständige, von Gott gewollte Körperschaften friedlich mit= und nebeneinander bestehen und sich gegenseitig unterstützen, um das zeitliche und ewige Wohl der Menschen zu begründen. Die uralte Verfassung, welche von Christus seiner Kirche gegeben ist und alle Jahrhunderte hindurch unverändert fortgedauert hat, tritt uns auch in diesen Briefen des Papstes deutlich entgegen; die Kirche erscheint als eine selbständige, vom Staate unabhängige, aber zur friedlichen

Thätigkeit für die Ausbreitung und Befestigung der Kirche wird der hl. Martin wie in Frankreich, so auch in Deutschland hoch verehrt; sein Gedächtnistag am 11. November ist einer der wichtigsten Termine im bürgerlichen Leben und wird vom Volke noch immer unter althergebrachten Gebräuchen festlich begangen. Wie weit sich die Missionsthätigkeit des hl. Martin in Deutschland erstreckte, ist unbestimmt. Jedoch läßt sich die obige Stelle auch auf die Fürbitte des hl. Martin und die Nachahmung seines Beispiels beziehen; aber auch selbst bei dieser Erklärung ergiebt sich aus dem Gedichte, daß das Christentum bereits im 6. Jahrhundert in einzelnen Gegenden Sachsens gepredigt war, da Martin von Braga um diese Zeit litterarisch thätig war. Die Verehrung des heiligen Martin wurde in Deutschland sehr gefördert durch die fränkischen Glaubensboten.

Wirkſamkeit mit ihm berufene, alle Völker umfaſſende Heils-
anſtalt Gottes, welche der Papſt als der ſichtbare Stellvertreter
Gottes leitet und regiert, und welchem auch die Biſchöfe Treue
und Gehorſam ſchulden. Einen beſtimmten Biſchofsſitz wies
der Papſt dem hl. Bonifatius nicht an, bezeichnete aber als
Gebiet ſeiner Wirkſamkeit die öſtlich vom Rheine liegenden
Länder.

Wie in der Biographie des hl. Bonifatius von Willibald
erzählt wird,[1] hat der Papſt bei Übertragung des biſchöflichen
Amtes den angelſächſiſchen Namen Winfrid in Bonifatius verwandelt, d. h. Wohlthäter, ein Name, welchen der Apoſtel der
Deutſchen mit Recht trägt, da er durch die Verkündigung des
Evangeliums wirklich ein Wohlthäter unſerer Nation geworden
iſt. Der Name Bonifatius kann aber auch gute Schickung,
glückliche Fügung bedeuten, und weiſt uns darauf hin, daß der
Träger dieſes Namens von Gott zum Heile und Segen unſerer
Nation geſchickt wurde. Der Name unſers großen Apoſtels
darf alſo für uns kein leerer Schall ſein, ſondern muß uns

[1] Mit hiſtoriſcher Gewißheit iſt dieſe Erzählung Willibalds (pag. 451)
und Othlos (pag. 488) nicht nachzuweiſen, denn der Name Bonifatius
kommt ſchon vorher in einzelnen Briefen (Ep. 12, 14, 15, 16) vor; auch war
es nicht Sitte, den Biſchöfen bei der Weihe einen neuen Namen zu geben.
Bei den Angelſachſen kam es aber mehrfach vor, zwei Namen zu führen,
ſo hieß Willibrord auch Klemens (Ep. 107), die Nonne Heaburg auch
Bugga (Ep. 14), Lioba auch Truthgeba. Zur Erklärung der beiden Namen
des heiligen Mannes ſagte man, Winfrid ſei ſein Familien-, Bonifatius ſein
Ordensname. Andere ſehen in Bonifatius eine entſprechende lateiniſche
Überſetzung des angelſächſiſchen Wortes Winfrid. Das angelſächſiſche wynn,
althochdeutſch wunna, bedeutet Wonne, Glück, frid Frieden, Winfrid würde
alſo die Begriffe von Glück und Frieden in ſich ſchließen und ungefähr
dem lateiniſchen Bonifatius oder Bonifacius entſprechen, ein Name ähnlich
wie Bonaventura und Eutyches. Nach Külb (I, 4) und Pfahler iſt
Winfrid gleich Friedlieb; nach Rettberg (I, 340): durch Kampf Frieden
ſchaffend; nach Fiſcher (S. 257): Gewinner des Guten. Was die Schreibweiſe von Bonifatius angeht, ob c oder t, ſo iſt Bonifacius die ſpätere,
im ganzen weniger gebräuchliche und auch wohl weniger richtige. Bonifacius ſoll von bonum facere herkommen und alſo Wohlthäter bedeuten.
Allein die Bildung von Namen aus Adjektiv und Verbum iſt nicht gebräuchlich. Dieſe Ableitung und die obige Erzählung über den Urſprung
des Namens gingen wohl aus dem tiefen Gefühl der Dankbarkeit hervor,
welche ſchon mit dem Namen die ſegensreiche Wirkſamkeit des heiligen
Mannes ausdrücken wollte. Die urſprünglichere, beſonders auch in den
Päpſtlichen Dekreten gewählte und überhaupt am meiſten verbreitete, wie
auch philologiſch richtigere Schreibweiſe iſt Bonifatius, welches aus bonum
fatum, gute Schickung, glückliche Fügung, entſtanden und ſehr zutreffend
iſt. Bonifatius kam wirklich zur rechten Zeit, um die Kirche Deutſchlands
zu einigen und ihr Fortbeſtehen zu ſichern, als die Mohamedaner im

lebendig an das erinnern, was dieser heilige Mann unserer Nation geworden ist, muß uns an all den Segen erinnern, den er unserer Nation gebracht hat, und die Gefühle der größten Dankbarkeit in uns hervorrufen.

Mit den verschiedenen Schreiben des Papstes versehen und von seinem Segen begleitet, verließ Bonifatius Rom, durchwanderte das mittlere und nördliche Italien, überstieg die Alpen und begab sich zu Karl Martell, dem Beherrscher des großen Frankenreiches, zu welchem auch das rechte Rheinufer, das zukünftige Wirkungsfeld des hl. Bonifatius, gehörte. Da die Furcht vor Karl Martell jedenfalls manche Gefahren und Schwierigkeiten von Bonifatius fern hielt, so mußte diesem zunächst daran liegen, sich den Schutz des mächtigen Fürsten zu sichern. Karl Martell war zwar für seine Person ein gläubiger Mann und schon aus christlicher Überzeugung der katholischen Kirche zugethan; zugleich erkannte er auch ihre hohe Wichtigkeit für das staatliche Leben und beförderte sie aus politischen Gründen. Doch die Geistlichen seiner Umgebung ent=

Westen und die griechischen Bilderstürmer im Osten sich erhoben und große Gefahren der Kirche bereiteten. Bonifatius wird auch noch hergeleitet von bonum fatus (for, fatus sum, fari), Gutes sprechen, ein Hinweis auf die erfolgreiche Verkündigung des göttlichen Wortes. Das englische Wort Winfrid besteht aus den beiden Wörtern Win und frid, welche beide vielfach zur Bildung von Namen gebraucht sind; so finden sich in jener Zeit: Altfrid (alter Beschützer), Otfrid (Beschützer des Besitzes), Herfrid (Beschützer des Heeres), Wallafrid (mächtiger Beschützer); danach bedeutet frid auch Beschützer; im Heliand heißt Fritloh ein Schutz gewährender Ort, Freistätte; frid ist die Wurzel von einfriedigen, beschützen; Friedhof bedeutet ursprünglich eingefriedigter Hof; Frieden heißt althochdeutsch und angelsächsisch fridu; Wintra, Wintrunc, Winbert oder Winbercht (durch Freundschaft glänzend); Freund althochdeutsch wini, angelsächsisch wine; Winfrid läßt sich daher mehrfach herleiten und deuten, und könnte auch Beschützer der Wonne, des Glückes und der Freundschaft bedeuten. Als Bonifatius im Jahre 722 zum Bischofe für Deutschland geweiht wurde, begann er erst seine Wirksamkeit, deren Erfolge sich noch nicht übersehen ließen; daher legte ihm der Papst auch schwerlich schon damals den Namen Bonifacius im Sinne von Wohlthäter bei, eher im Sinne: der zum Heile Gesandte. Den englischen Namen Winfrid gebrauchte der Papst nicht, sondern latinisierte ihn, weil die lateinische Sprache die Kirchensprache ist, und weil Bonifatius nicht als Angelsachse, sondern als Glaubensbote der katholischen Kirche zu den deutschen Stämmen ging. Während in den Briefen nach der Heimat beide Namen vorkommen, wurde in dem Verkehre mit Rom seit der Weihe und Aussendung ausschließlich der Name Bonifatius gebraucht und dann entsprechend der Wirksamkeit des Heiligen mit Wohlthäter übersetzt. So erklärt sich Willibalds Bericht, der Papst habe ihm den Namen bei der Weihe beigelegt; thatsächlich hat er ihn ja von da ab immer so genannt.

behrten vielfach des kirchlichen Geistes, führten ein den kirchlichen Vorschriften widersprechendes Leben, suchten die fränkische
Kirche vom Papste, dem getreuen Wächter kirchlicher Sittenreinheit, unabhängig zu machen, und erstrebten mehr eine Staatskirche, um dann unter dem Schutze der weltlichen Macht frei
und ungebunden, unbekümmert um die Vorschriften der Kirche,
leben und herrschen zu können. Diese Geistlichen waren natürlich
bei Hofe sehr angesehen, welcher aus Politik möglichst viel Einfluß auf die kirchlichen Verhältnisse zu gewinnen suchte. Für
die Idee des hl. Bonifatius, daß die Kirche die Völker sittigen
und heiligen soll, war am Hofe wenig Verständnis. Als daher
Bonifatius das Empfehlungsschreiben des Papstes dem Karl
Martell überreichte und ihn um seinen Schutz bat, da haben,
wie uns der hl. Ludgerus [1]) erzählt, jene Hofgeistlichen versucht,
Karl Martell gegen Bonifatius zu stimmen und seine Wirksamkeit zu verhindern. Karl Martell würdigte jedoch besser den
edlen Missionseifer des hl. Bonifatius und gewährte ihm den
sogenannten Königsschutz; er übergab ihm nämlich ein Schreiben
an die Bischöfe, Herzöge, Grafen, Statthalter, Beamte, Verwalter, Sendboten und Freunde des Inhalts, daß Bonifatius
unter seinem Schutze stehe, daß er in zweifelhaften Fällen sich
stets an ihn, als an die höchste Instanz, wenden könne, und daß
keiner ihm Schwierigkeiten bereiten dürfe. Dieses Schreiben,
in entschiedenem Tone abgefaßt, unterschrieb Karl mit eigener
Hand und siegelte es mit seinem Siegelringe.[2]) Nachdem Bonifatius sich so auch des Schutzes der weltlichen Macht vorsichtig
versichert hatte, reiste er nach seinem Wirkungsfelde ab und gelangte zunächst in das Gebiet der Hessen.

Siebentes Kapitel.

Wirksamkeit des hl. Bonifatius in Hessen und Thüringen (723—727); die Donarseiche bei Geismar; Gründung von Ohrdruf.

Schon bei seiner frühern Anwesenheit in Hessen hatte der
hl. Bonifatius einen Teil seiner Bewohner für das Christen-

---

[1]) Vita sti Gregorii cap. I, n. 9.   [2]) Ep. 24.

tum gewonnen, welchem sie aufrichtig und treu ergeben waren. Es fehlte aber auch nicht an solchen, welche nur äußerlich, ohne klare Erkenntnis, zum Christentum übergetreten waren und in dieser Zeit des Übergangs Heidnisches und Christliches mit= einander zu vermischen suchten. Die Hessen hafteten entsprechend ihrem Volkscharakter sehr am Alten, konnten dem Heidentum nicht sogleich ganz entsagen, und suchten manches aus dem Heiden= tum beizubehalten. Es gab daher Christen, welche noch im geheimen unter heiligen Bäumen und an Quellen heidnische Opfer darbrachten und Wahrsagerei, Zeichendeutung, Hexerei und Zauberei trieben. Diese mißlichen Zustände wurden durch Priester verschlimmert, welche teils aus Verkehrtheit, teils aus Unverstand dem hl. Bonifatius entgegenarbeiteten und den heid= nischen, nationalen Anschauungen des Volkes nachgaben. Solche Priester standen bei Hofe sehr in Ansehen, denn wenn Karl Martell auch der Kirche ergeben war und sie gerne beförderte, so trat er doch für kirchliche Zucht und Ordnung im ganzen nicht mit der nötigen Strenge ein und war für die Einflüsse jener Priester nur zu viel empfänglich. So entstanden für den hl. Bonifatius, welcher für die Reinheit des Evangeliums eiferte, vielfache peinliche Verlegenheiten und Schwierigkeiten, welche ihn oft beängstigten und niederdrückten. Denn ging er gegen jene Priester strenge vor, so konnte er leicht den Schutz des Hofes verlieren, der für seine Wirksamkeit in dem fränkischen Gebiete sehr wichtig war. Trat er mit jenen Priestern in Verkehr, so verletzte er die Pflichten eines eifrigen und treuen Bischofs und schadete seinem guten Rufe. In dieser schwierigen Lage wandte sich Bonifatius an einen treuen Freund in der Heimat, den klugen und milden Bischof Daniel von Winchester, und empfing von ihm Trost und Rat. Der Briefwechsel[1]) zwischen diesen beiden Männern ist ein schönes Zeugnis ihrer freundschaftlichen Gesinnung und apostolischen Tugenden.

---

[1]) Ep. 55 und 56. Die Zeit der Abfassung dieser Briefe ist streitig; da Bonifatius Erzbischof genannt wird, so sind sie wohl nach 732 ge= schrieben. kennzeichnen aber die traurigen Zustände, die Bonifatius vor= fand. Die im Briefe angedeuteten ascetischen Verirrungen sind gnostisch oder manichäisch. Als die Türken im 7. und 8. Jahrhunderte die christ= lichen Länder Asiens und Afrikas eroberten und alle Andersgläubigen verfolgten, retteten viele ihr Leben durch die Flucht; so kamen auch Gnostiker und Manichäer nach Teutschland und verbreiteten dort ihre Irrtümer, welche in dem Körperlichen und Materiellen den Sitz des Bösen sahen und daher den Genuß gewisser Speisen als sündhaft verwarfen.

Weil der Mensch, so schrieb Bonifatius seinem Freunde, zur Zeit der Trübsale gern bei Freunden Trost suche, so wolle auch er bei seinen äußern und innern Kämpfen bei ihm Trost suchen. Es seien in Deutschland Priester, welche das von ihm gepflanzte Saatkorn des wahren Glaubens nicht begössen, sondern ausrotteten, das Unkraut der Irrlehre säeten und durch ihre Lehre, wie durch ihr Leben dem Volke Ärgernis gäben. Diese Priester legten sich eine übertriebene Enthaltsamkeit auf, lebten nur von Honig und Milch, genössen kein Brot, und wollten Mörder und Ehebrecher zu dem Empfange der Priesterweihe zulassen. Durch den Abbruch jeglichen Verkehrs mit diesen Menschen, und durch das vollständige Fernbleiben vom Königlichen Hofe würde er den Hof gegen sich aufbringen, dessen wirksamen Schutz zur Unterdrückung des Heidentums verlieren und sich selber und der guten Sache schaden. Andererseits habe er aber auch dem Papste geschworen, den Umgang mit solchen Priestern zu meiden, falls er sie nicht auf bessere Wege bringen könne. Daher möge Daniel ihm doch raten und für ihn beten, damit Gott ihn tröste und vor der Sünde bewahre. Zugleich bat Bonifatius um das von seinem verstorbenen Lehrer, dem Abte Winbert, mit schönen Buchstaben geschriebene Buch, welches in einem Bande die Propheten enthalte, übersandte als Geschenk ein Meßgewand und ein Fell zum Zudecken der Füße, und tröstete den erblindeten, väterlichen Freund über den Verlust des Augenlichtes damit, daß ihm das Licht des Glaubens leuchte, und die Augen so leicht und vielfach zur Sünde mißbraucht würden. Daniel erwiderte darauf dem fernen Freunde, daß man alle Gefahren und Gelegenheiten zur Sünde in der Welt nicht meiden könne, sonst müßte man aus der Welt laufen; es sei daher nach dem Vorbilde der heiligen Martyrer in Geduld zu ertragen, was man nicht ändern könne, um sich dadurch den Himmel zu verdienen. Bezüglich der schlechten Priester möge er sich an die kirchlichen Bestimmungen halten, doch solle er im Verkehre mit schlechten Priestern am Hofe sich auf das Notwendigste beschränken und ihren Sünden nicht zustimmen. Auch in der Arche Noes seien reine und unreine Tiere gewesen; Christus sei auch mit Sündern umgegangen und lehre, daß das Unkraut unter dem Weizen bis zum jüngsten Tage sein werde. Eine vernünftige Rücksichtnahme auf bestehende Verhältnisse sei durchaus nicht unerlaubt, wie z. B. auch Paulus, als er ein Gelübde gemacht hatte, nach Sitte der Juden sich die Haare schor und den Timotheus aus Rücksicht auf die Judenchristen

bei feinem Übertritt in die Kirche dem jüdischen Ceremonial=
gefetz unterwarf; nur dürfe man im Eifer und in der Wirk=
famkeit nicht nachlaffen, gegen die Sünde nicht gleichgültig
werden, und zu beffern fuchen, fooiel es angehe. Zuletzt bedankt
fich Daniel für den gefpendeten Troft und mahnt bei den Leiden,
welche jeden Menfchen treffen, zu gegenfeitigem Gebete.

Diefem Rate Daniels folgend, handelte Bonifatius mit
großer Befonnenheit, um den Hof und die am Hofe angefehenen
Priefter fich nicht zu verfeinden; er ertrug die unkirchlichen
Zuftände, welche er nicht ändern konnte, ohne feine Grundfätze
zu verleugnen, und fuchte zu beffern, wo er konnte. Mit Eifer
und Entfchiedenheit arbeitete er aber an der Ausrottung des
Heidentums aus dem Volke der Heffen, predigte ihnen raftlos
das Evangelium, taufte die Bekehrten und ftärkte die Ge=
tauften durch das Sakrament der Firmung zum Bekenntnis
des Glaubens.

Damals ftand in der Nähe von Geismar[1]) eine dem
Donnergotte geweihte Eiche, die fogenannte Donars= oder

---

[1]) Der Baum wird robur oder arbor Jovis genannt, worunter eine
Eiche zu verftehen ift, da die Eiche in Deutfchland fehr verbreitet war
und hoch in Ehren ftand. Jn Eichenhainen verehrten die alten Deutfchen
mit Vorliebe ihre Götter; im Schatten mächtiger Eichen hielten fie ihre
Verfammlungen ab, und mit Eichenlaub bekränzten fie fich bei feftlichen
Gelegenheiten. Auch das ältefte Orakel der Griechen befand fich zu
Dodona in einem heiligen Eichenhaine, nach deffen Raufchen die Priefter
ihre Ausfprüche erteilten. Unter Geismar kann nicht Hofgeismar ver=
ftanden werden, welches weiter nördlich im fächfifchen Heffengau lag,
welcher damals von den Sachfen befetzt gehalten wurde. Es kann auch
nicht Geismar auf dem Eichsfelde darunter verftanden werden, weil auf
dem nahen Hülfensberge nicht der Donnergott Thor, fondern Stuffo
verehrt wurde, daher der Berg im Mittelalter urkundlich Stuffenberg
genannt wurde. Es ift aber wohl eine, nur aus Lokalpatriotismus ent=
fprungene, gefchichtlich nicht zu begründende Annahme, Stuffo, den Gott
des Trunkes, mit Thunar, dem Donnergotte, zu identifizieren, wie Zehrt
(Einführung des Chriftentums auf dem Eichsfelde, S. 54) thut. Auch
liegt der Hülfensberg nicht im Gebiete der Heffen, wo nach den alten
Berichten der Baum ftand. Wenn Zehrt fich damit zu helfen fucht, der
Baum habe an der Grenze geftanden, und der Hülfensberg liege an der
heffifchen Grenze, fo ift das nur in den Text hineingelegt. Willibald
(cap. VI.) fagt: ad obsessas antea Hessorum metas rediit, er kehrte
in das Gebiet der Heffen zurück, und erzählt dann die Begebenheit von
der Donarseiche. Das Gebiet der Heffen fchloß aber den Hülfensberg
nicht in fich, wie es auch Spruner=Menke, Hift. Handatlas Nr. 34,
angiebt, fondern diefer liegt auf dem Eichsfelde, welches zu Thüringen
gehörte, wie fich ja auch die Eichsfelder zum thüringifchen, nicht zum
heffifchen Stamme rechnen. Auf dem Hülfensberge befindet fich jetzt
eine Kapelle des hl. Bonifatius, welche nach Zehrt fpäter an Stelle des

Thunars-Eiche, ein Baum von riesigem Umfange und gewaltiger Höhe, unter welchem die heidnischen Hessen mit Vorliebe dem Donnergotte ihre Opfer darbrachten. Durch ihre prachtvolle Krone, ihre weit ausgebreiteten Äste, ihren mächtigen Stamm und ihr hohes Alter erschien die Eiche den Heiden ganz besonders ehrwürdig und war dem mächtigen, hochverehrten Donnergotte geweiht. Überhaupt war die Verehrung heiliger Bäume bei den germanischen Stämmen in Übung, z. B. auch bei den Lango-barden, welche sie auf ihren Pferden umritten. Ja, auch im

---

von Bonifatius zu Ehren des hl. Petrus errichteten Kirchleins entstanden sein soll; der geschichtliche Nachweis wird nicht erbracht; im allgemeinen hielt man bei dem Neubau der Kirchen an dem alten Patron fest, und wird man wohl schwerlich auf dem berühmten Wallfahrtsorte des Eichs-feldes statt des hl. Petrus den hl. Bonifatius zum Kirchenpatron erwählt haben. Weil aber das Eichsfeld zu Thüringen gehörte und Bonifatius auch in Thüringen wirkte, so ist die Annahme gestattet, daß Bonifatius auch auf dem Eichsfelde wirkte und dort heidnische Heiligtümer zerstörte, etwa auch auf dem Hülfensberge, nur geht es nicht an, die Begebenheit von der Donarseiche dorthin zu legen. Vielmehr ist unter Geismar das Dorf Geismar bei Fritzlar im Ebberthale zu verstehen, welches auch schon in alten Urkunden genannt wird. In dem untern, erweiterten und sehr fruchtbaren Thale der Ebber, dessen Seiten von prachtvollen, bewaldeten Bergen gebildet werden, saß dort jeher der Kern des hessischen Volkes. Dort lag nach Tacitus (Annalen I, 56) der Hauptort der alten Hessen, Mattium (Maden), dort lag der Gudensberg, wo Wuodan verehrt wurde, daher ursprünglich Wuodansberg genannt; dort ist daher auch wohl der Ort der Donarseiche zu suchen, zumal Wuodan und Donar gern nahe bei einander verehrt wurden. Die alte Schreibweise Gaesmere stimmt noch jetzt mit der Aussprache der dortigen Bewohner überein, während der Ort auf dem Eichsfelde Gaismar gesprochen wird; es ist bekannt, wie die Aussprache von Namen sich oft lange im Munde des Volkes unverändert erhalten hat. Im Ebberthale hat der heilige Bonifatius überhaupt lange und erfolgreich gewirkt und bedeutende Stiftungen gemacht, so das Kloster Fritzlar und Bistum Buraburg. Die Erinnerung an die Donarseiche ist im Volke des Ebberthales noch sehr lebendig, ohne daß übereinstimmend ihr Standort angegeben wird, bald der Johanneskirchenkopf, ein hoher Gebirgskopf auf dem linken Ebberufer, wo noch die Fundamente eines alten Gotteshauses zu sehen sind, und wo sich früher ein gleichnamiger Ort befunden haben soll, bald ein Punkt (Friedhof) in der Nähe von Geismar, bald die Stätte der dem hl. Petrus geweihten Stiftskirche von Fritzlar, welches damals zu der Feldmark von Geismar gehört haben soll, bald ein Ort in der Feld-mark Fritzlars, wo sich jetzt eine Kapelle zu Ehren des hl. Bonifatius erhebt. Die Fällung der Donarseiche auf dem Stuffenberge wird erst von unkritischen Geschichtschreibern des 17. Jahrhunderts erzählt. Gegen Ende des Mittelalters wurde auf dem Berge ein Kruzifix verehrt, wegen der vielen Gebetserhörungen Sunte Hulpe genannt, wonach der Berg von da ab Hülfensberg benannt wurde. (Waldmann, Über den thüringischen Gott Stuffo. Heiligenstadt 1857.)

Christentume, welches das Naturgefühl geläutert und veredelt hat, errichtet man noch gern Kapellen und Heiligtümer im Schatten dichter Wälder oder unter hohen Bäumen. An jenen Opfern unter der Donarseiche beteiligten sich aber nicht bloß die Heiden, sondern auch schwankende Christen. Dieses Fort= bestehen der heidnischen Götter=Verehrung durfte der hl. Boni= fatius nicht dulden, weil sie schon an und für sich sündhaft und unvernünftig ist, noch viel weniger aber durfte er dulden, daß die neubekehrten Christen sich noch irgendwie daran beteiligten. Ferner kamen diejenigen, welche nach beiden Seiten hin hinkten und Christliches und Heidnisches miteinander vermischten, nie aus diesem schwankenden Zustande heraus, solange die hoch= verehrte Donarseiche stand. Auch konnte das Fortbestehen des Heidentums für das Christentum bei einem Umschwunge der Dinge sehr gefährlich werden; denn siegten die heidnischen Sachsen einmal über die christlichen Franken, so konnte das Heidentum wieder leicht aufleben. Es war daher ein Akt der Klugheit und des hl. Eifers, wenn Bonifatius den Plan faßte, diesen Baum umzuhauen, und zwar nicht im geheimen, sondern offen vor den Augen der Heiden, um mit dem Baume auch das Heidentum auszurotten. Die eifrigen Christen bestärkten ihn in diesem Plane. Als eines Tages wieder viele Hessen, Heiden wie Christen, auf die Kunde von dem Vorhaben des hl. Bonifatius unter dem Baume versammelt waren, trat der hl. Bonifatius, von einer Zahl seiner Schüler begleitet, mutig und entschlossen unter sie und redete zu ihnen eindringlich mit apostolischer Begeisterung von der alleinigen Wahrheit des christ= lichen Glaubens und von der Thorheit des heidnischen Götzen= dienstes. Alsdann nahte er sich, Gott vertrauensvoll um seinen allmächtigen Schutz bittend, der Eiche, ergriff mit seinen Händen, sonst nur priesterlicher Verrichtungen gewohnt, eine Art und holte zu mächtigem Hiebe gegen den Baum aus. Die an= wesenden Heiden sahen mit Schrecken das Beginnen des kühnen Mannes und verwünschten in der Stille des Herzens den Zer= störer ihres so hochverehrten Heiligtums, aber sie wagten nicht, gewaltsam gegen ihn vorzugehen, sei es aus einer gewissen Scheu vor der erhabenen Erscheinung des gottbegeisterten Mannes, sei es aus Furcht vor der großen Schar der Christen, sei es weil sie dem Donnergotte selbst die Bestrafung des vermeintlichen Frevels überlassen wollten. Voll banger Erwartung sahen sie dem Ausgange der kühnen That entgegen. Nach einer andern Nachricht trug sich allerdings ein Teil der Heiden wirklich

mit dem Gedanken, Bonifatius während des Fällens der Eiche
zu überfallen und zu töten. ¹) Kaum hatte dieser aber einige
wuchtige Hiebe gegen den mächtigen Baum geführt, als ein
gewaltiger Sturmwind durch den Wald brauste, den breitästigen
Baum erfaßte, ihn entwurzelte und unter mächtigem Krachen
zu Boden warf; die kleinern Äste wurden bei dem Falle zer-
schmettert, der größere Stamm aber wurde in vier, fast gleiche
Teile gespalten. So kamen die Elemente der Natur dem
hl. Bonifatius bei dem Fällen der für unantastbar gehaltenen
Eiche zu Hilfe. Weil kein Blitzstrahl des gekränkten Donnergottes den hl. Bonifatius getroffen, ja, weil die Elemente der
Natur das Werk der Zerstörung des Baumes noch unterstützt
hatten, so ergriff Staunen und Verwunderung die umstehenden
Heiden; nun erkannten sie deutlich die Ohnmacht ihres Gottes,
legten ihren verkehrten Sinn ab, entsagten dem Heidentume
und ließen sich zahlreich taufen. Die Christen hatten mit
Freuden den Fall des Baumes gesehen, und weil das Kreuz
aus vier Teilen besteht, so sahen sie in den vier Teilen des
zersplitterten Baumes ein Anzeichen, daß er nunmehr dazu verwendet werden sollte, um den Segen des Kreuzes den Menschen
mitzuteilen. Bonifatius ließ daher aus dem Holze des Baumes
eine Kirche bauen und weihte sie dem hl. Petrus, um dadurch
auszudrücken, daß die Kirche im hessischen Lande auf dem Papste,
dem von Gott selbst gelegten, unvergänglichen Fundamente seiner
Kirche, ruhen und mit ihm in lebendiger Verbindung stehen
sollte. Zugleich sollte an die Stelle des alten, heidnischen
Heiligtums ein neues, christliches treten, wo die Hessen nunmehr
den wahren Gott verehren und von jeder Anhänglichkeit an
das Heidentum befreit werden sollten.²) Es entsprach das der
Instruktion, welche Papst Gregor der Große den nach England
gesandten Benediktinern gab, und welche die angelsächsischen
Glaubensboten auch in Deutschland befolgten.

¹) Othlo XXII.
²) Über die fernere Geschichte dieses Kirchleins haben wir keine
sichere Kunde. Weil es an der Stätte der Donarseiche stand, so läßt
sich wohl schwer annehmen, daß es an der Stelle stand, wo Bonifatius 732
die Peterskirche von Fritzlar gründete. Die ältesten Biographen des
hl. Bonifatius würden sicherlich diesen wichtigen, das Kloster Fritzlar
sehr ehrenden Umstand angegeben haben, wenn es sich so verhielte.
Uebrigens war dieses Kirchlein ein leichter Holzbau, welcher bald durch
die Ungunst der Witterung oder die Raubzüge der Sachsen zerstört wurde,
während ganz in der Nähe zwei bedeutende Kirchen von Bonifatius
erbaut wurden, nämlich die schon genannte Peterskirche zu Fritzlar und

Über das fernere Wirken des hl. Bonifatius sind uns aus jener Zeit nur wenige, sicher beglaubigte Nachrichten erhalten. Er bekehrte Tausende von Hessen zur katholischen Kirche, erbaute für die Neubekehrten Gotteshäuser und stellte nach Kräften Priester zur Ausübung der Seelsorge an. Natürlich waren die ersten Kirchen keine prachtvollen Kunstbauten, sondern meistens aus Holz leicht gebaut, welche bald durch die Ungunst der Zeiten zerfielen und erst später durch andere, schönere ersetzt wurden. Um die Hessen im Christentum zu befestigen und vor dem Rückfalle in das Heidentum zu schützen, pflegte Bonifatius diese Kirchen dort zu erbauen, wo er heidnische Götzenbilder zerstört hatte. Er-innerungen daran haben sich im Munde des Volkes erhalten und sind im Laufe der Zeiten weiter ausgeschmückt worden, sodaß es schwer hält, die wirklichen Thatsachen mit Sicherheit zu bestimmen. So soll der hl. Bonifatius die Bilder folgender Gottheiten noch zerstört haben, Stuffo, Reto, Biel, Astaroth, Lara, Jecha, Fortan. Über diese Gottheiten wissen wir nichts Sicheres, da die ältesten Glaubensboten mehr darauf bedacht waren, den wahren Glauben auszubreiten, als den falschen auf-zuzeichnen. Auf dem Kesterberge zwischen Marburg und Franken-berg in Hessen zerstörte Bonifatius das Heiligtum des Alt-vaters Wuodan und baute an der Stelle des heidnischen Tempels einen christlichen Tempel, an welchem man noch die Spuren des alten Baues erkennen will. Auch werden dort noch die Ein-drücke von dem Fuße des im heiligen Eifer auf die Erde stampfenden Bonifatius gezeigt. In Wanfried bei Eschwege an der Werra baute er eine Kirche zu Ehren des hl. Vitus und ein Häuschen, um sich dort länger aufzuhalten. Weiter nördlich, auf dem heutigen Eichsfelde, lag der Stuffenberg, auf welchem Stuffo, der Gott der Trinker, verehrt wurde. Auch hierhin kam er nach der Überlieferung, zerstörte das Götzenbild und baute eine kleine Kapelle. Später soll Karl der Große nach einer verlorenen Schlacht auf dem Berge ein Kruzifix niedergesetzt und um Hilfe gefleht haben; nach einem

die bischöfliche Kirche auf dem Burberge. Daher ist es erklärlich, daß man jenes Kirchlein zu Ehren des hl. Petrus nicht wieder aufbaute oder, da man in der Nähe der großen Peterskirche zu Fritzlar wohl keine kleinere Kirche zu Ehren desselben Heiligen erbaute, ein Heiligtum zu Ehren eines anderen Heiligen errichtete, sei es des hl. Johannes des Täufers, welcher von jeher hoch verehrt wurde, sei es zu Ehren des hl. Bonifatius, dessen Andenken man an der Stätte seiner segensreichen Wirksamkeit ehren wollte. So kam es, daß die sichere Erinnerung an die Stätte der Donareiche verwischt wurde.

siegreichen Treffen über die Sachsen soll er wieder dorthin gekommen sein und ausgerufen haben: „Hier hat uns Gott geholfen!"[1]) Daher soll der Berg den Namen Hülfensberg bekommen haben, eine Benennung, welche urkundlich erst im späten Mittelalter vorkommt und durch die Verehrung des dortigen hilfreichen Kruzifixes entstand. Die Kirche, welche zu Ehren des hl. Bonifatius von der dankbaren Nachwelt auf dem Berge erbaut wurde, ist eine besuchte Wallfahrtskirche des Eichsfeldes. Auch über die Thüringer, welche jenseits der Werra, östlich von den Hessen, wohnten, dehnte der hl. Bonifatius seine apostolische Wirksamkeit aus. Bei den Thüringern waren schon vor dem hl. Bonifatius christliche Priester thätig gewesen, welche aber auch Irrtümer lehrten und nicht entsprechend den christlichen Vorschriften lebten. Denn weil nur der wahre Glaube die Kraft zu einem sittenreinen Leben giebt, so ist es begreiflich, daß jene Priester, die den wahren Glauben nicht bewahrten, auch ein den kirchlichen Vorschriften widersprechendes Leben führten. Die Erfahrung aller Zeiten bestätigt es, wie bei den Priestern Abfall vom rechten Glauben und Sittenlosigkeit meistens miteinander verbunden sind. Jene sittenlosen, irrgläubigen Priester in Thüringen hatten weder Lust noch Kraft, das Christentum mit Nachdruck zu predigen, gegen das Heidentum entschieden aufzutreten und bei den zu Bekehrenden auf ein sittenreines, den Geboten des Christentums entsprechendes Leben zu bringen. Da überdies die letzten katholischen Herzoge vertrieben waren und die heidnischen Sachsen das Heidentum im Lande begünstigten, so verschwand christliches Leben in Thüringen immer mehr, und eine große Verwilderung der Sitten riß ein. Als nun der hl. Bonifatius kam, sich an die Angesehensten des Volkes wandte, mit großer Kraft ihnen das Wort Gottes in seiner Reinheit predigte und gegen alles Heidnische und Unheilige mit Feuereifer auftrat, da widersetzten sich ihm jene Priester und bildeten eine Partei, um die Wirksamkeit des hl. Bonifatius zu schädigen und das Volk gegen ihn aufzuregen. Besonders waren es vier Priester, Namens Trohtwine, Berthtern, Eanbercht und Hunrad, welche dem hl. Bonifatius vielfache Verfolgungen und Hindernisse bereiteten. Aber der unermüdliche

---

[1]) Dieselbe Geschichte wird noch von vielen andern Bergen erzählt, z. B. einem Berge bei Detmold, bei Saalfeld, dem Hilfensberg bei Roßdorf im Fuldaischen u. a. Die Anwesenheit Karls des Großen auf dem Hilfensberge wird erst von spätern, unkritischen Geschichtschreibern erzählt.

Eifer, mit welchem der hl. Bonifatius den christlichen Glauben predigte, seine große Begeisterung, sein sittenreines, opferwilliges, uneigennütziges Leben, welche aus seinem reinen Glauben hervorgingen, halfen ihm den Sieg erringen über die mächtige Partei seiner Gegner, deren sittenloses Leben gegen sein reines, tugendhaftes Leben gar sehr abstach. Das Volk trennte sich immer mehr von jenen sittenlosen, irrenden Priestern und wandte sich dem hl. Bonifatius zu, sobaß sie zuletzt das Land zu verlassen gezwungen waren.[1]) Diesen Sieg errang der hl. Bonifatius aber nicht aus eigener menschlicher Kraft, sondern mit Hilfe Gottes; denn er führte ein Leben des Gebetes und sandte Tag und Nacht seine Gebete um das Gelingen seines Werkes zum Himmel empor. Auch bat er alle seine Freunde und Bekannten in England, durch ihre Gebete sein Werk zu unterstützen. Alle Briefe, welche uns von dem hl. Bonifatius an befreundete Personen in der Heimat erhalten sind, enthalten die rührendsten und dringendsten Bitten, doch für ihn zu beten und ihm Stärke und Trost in seiner schwierigen Lage von Gott zu erflehen. Nie bat Bonifatius um Geld oder irdische Dinge, sondern immer nur mit den inständigsten Worten um das Almosen des Gebetes. Nachdem Bonifatius so mit Gottes Hilfe jene unwürdigen Priester verdrängt hatte, breitete er den wahren Glauben mit immer mehr Erfolg aus und gründete für die zahlreichen Neubekehrten Kirchen, meistens an den Stätten der heidnischen Götterverehrung, um diese desto sicherer auszurotten.

---

[1]) Die Missionsthätigkeit des hl. Bonifatius bestätigt uns eine Thatsache, die wir auch sonst im Missionswesen der Kirche beobachten. Wenn die katholischen Glaubensboten bei einem unverdorbenen, von den Kulturvölkern ganz unberührt gebliebenen Volke thätig waren, so vollzog sich dessen Bekehrung zum Christentum nicht selten rasch und leicht, z. B. die der Irländer; wenn aber verdorbene Elemente eines Kulturvolkes ein unkultiviertes Volk mit sittlicher Verderbnis bekannt gemacht hatten, oder wenn bei ihm zugleich andersgläubige Missionare thätig waren, so war dessen Bekehrung viel schwieriger, wie aus älterer Zeit die Bekehrung deutscher Stämme und aus neuerer Zeit die Bekehrung wilder Stämme in Amerika und Afrika beweisen. Darum drangen auch die Jesuiten, welche durch ihre hervorragende Thätigkeit im Missionswesen sich den Ruf erprobter Missionare erworben haben, mit aller Strenge darauf, daß von ihren Missionen in Südamerika alle Europäer ausgeschlossen wurden. Dadurch wurde es ihnen möglich, in ihren Reduktionen (Kirchspielen) mit großem Erfolge die wilden, umherschweifenden Indianer zu eifrigen Christen und gesitteten Menschen zu machen; diese blieben bei ihrer Abgeschlossenheit vor der sittlichen Verderbnis der Kulturvölker bewahrt; nach Aufhebung des Jesuitenordens verfielen die blühenden Gemeinden, und die Indianer sanken in den frühern Zustand der Rohheit zurück.

Als eine der ältesten Kirchen in Thüringen ist jedenfalls die auf dem alten Berge anzusehen, da wo jetzt Altenberga liegt, im Herzogtum Koburg-Gotha, nicht weit von Friedrichsroda; sie wurde Gott zu Ehren des hl. Johannes, des von jeher hochverehrten Vorläufers Jesu Christi, erbaut. Nach Joh. 1, 7 sollte er Zeugnis von Christus ablegen, damit durch ihn alle zum Glauben gelangten; daher wurde er in jener Zeit viel verehrt und angerufen, damit er am Throne Gottes den Heiden die Gnade der Bekehrung erflehte. Weil die Johanneskirche (gegen 724 erbaut) im Laufe der Zeiten zerfiel und der Platz wüste wurde, so vermachte ein armer Tagelöhner aus Altenberga im Anfange unsers Jahrhunderts 20 Gulden zu dem Zwecke, daß an jener Stelle ein Denkstein errichtet würde zur beständigen Erinnerung daran, daß dort Bonifatius die erste Kirche Thüringens erbaut habe. Die That dieses zwar armen, aber sehr edlen und für die Wohlthaten des Christentums höchst dankbaren Mannes fand vielfache Nachahmung. Es kam so viel Geld zusammen, daß auf einer Höhe bei Altenberga ein 30 Fuß hohes Denkmal aus Sandstein in Form eines Kirchenleuchters errichtet wurde, um fort und fort daran zu erinnern, daß Bonifatius dort in den dunkeln Wäldern Thüringens zuerst das Licht des Evangeliums verbreitet und eine Stätte der christlichen Gottesverehrung gegründet hat. Sicher hat Bonifatius noch viele andere Kirchen für die zahlreichen Neubekehrten gebaut, aber es fehlen uns darüber sichere Nachrichten. An manchen Orten hat die Erinnerung an die Wirksamkeit des hl. Bonifatius sich noch in Legenden und Benennungen erhalten, z. B. Bonifatiusbrunnen, Bonifatiussteine, ohne daß wir darüber geschichtliche Nachweise besitzen. Sicher ist es aber eine unhaltbare Sage, daß Bonifatius um diese Zeit (724) an der Spitze der Thüringer die räuberischen Ungarn besiegt und vertrieben habe, welche damals unser Vaterland mit ihren Raubzügen heimsuchten und nur gegen jährlichen hohen Tribut fortblieben.

Nachdem Bonifatius eine Zeitlang unter vielen Schwierigkeiten, Kämpfen und Gefahren, ohne alle irdischen Hilfsmittel, aber mit dem Segen Gottes an der Bekehrung der Thüringer gearbeitet hatte, berichtete er darüber getreu an den Papst. Dieser drückte ihm in einem Antwortschreiben[1]) seine Freude über den herrlichen Erfolg aus und ermutigte ihn, unbekümmert

---

[1]) Ep. 25.

um alle Drohungen und Schreckniſſe vertrauensvoll in dem
apoſtoliſchen Werke auszuharren. Auch ſchrieb der Papſt an
Karl Martell und bat ihn, das Werk des hl. Bonifatius doch
nach Kräften zu fördern und ihn in der Freiheit ſeiner Miſ=
ſionsthätigkeit zu ſchützen. Als nämlich der hl. Bonifatius
unter vielen Mühen und Sorgen die katholiſche Kirche in
Thüringen ausgebreitet hatte, beanſpruchte ein benachbarter
Biſchof — vermutlich der kriegeriſche Biſchof Gerold von Mainz
— das bekehrte Land als einen Teil ſeiner Diöceſe. Der Papſt
erklärte dieſe Anſprüche für ungerecht und bat auch Karl Martell,
den Anſprüchen jenes Biſchofs nicht nachzugeben und den
hl. Bonifatius als Biſchof jenes Gebietes in ſeinen Rechten zu
ſchützen. Neu ermutigt ſetzte Bonifatius das mühevolle Be=
kehrungswerk Thüringens fort und ließ es ſich beſonders an=
gelegen ſein, Kirchen zur Abhaltung des Gottesdienſtes zu
errichten und Häuſer zu bauen, in welchen die Prieſter wohnten
und das Volk unterrichteten. Um ſeine Bemühungen zu unter=
ſtützen, mahnte der Papſt in einem neuen Sendſchreiben die
Thüringer zum Gehorſam gegen ſeinen Bruder, den Biſchof
Bonifatius, der nur zu ihrem Seelenheile zu ihnen geſchickt ſei,
warnt ſie vor der Anbetung der Götzen und vor allen böſen
Werken, und befiehlt ihnen, Gott zu lieben und ihm Kirchen zu
bauen, damit er ihnen das ewige Leben gebe.[1)]

Als früheres Mitglied des Benediktinerordens beſtrebte
Bonifatius ſich auch, Klöſter zu gründen, welche das Chriſten=
tum immer mehr ausbreiteten und befeſtigten. Jedoch haben
wir aus dieſer Zeit nur nähere Nachrichten bezüglich der Grün=
dung des Kloſters Ohrdruf an der Ohre im heutigen Herzogtum
Koburg=Gotha. Als Bonifatius dort erfolgreich das Evangelium
verkündete und an den Bau einer Kirche dachte, erſchien ihm, wie
erzählt wird, in der Nacht der heilige Erzengel Michael, von
himmliſchem Glanze umſtrahlt, und ermahnte und ermutigte ihn
zum Kampfe gegen das Böſe. Am folgenden Morgen las er die
heilige Meſſe, und als er ſich ſpäter zu Tiſche ſetzte, ohne daß
Speiſevorräte vorhanden waren, überbrachte ein Vogel einen
Fiſch. Durch dieſe Begebenheiten bewogen, beſchloß Bonifatius,
an jener Stelle eine Kirche zu bauen. Neubekehrte Thüringer,
der Graf Hugo der Ältere von Kefernberg und andere, ſchenkten
ihm Stücke Landes; Bonifatius machte das noch wilde Land
urbar und erbaute dort um das Jahr 726 eine Kirche zu Ehren

[1)] Ep. 26.

des heiligen Erzengels Michael. Die Verehrung des heiligen Erzengels Michael, der gegen die bösen Geister stritt und sie aus dem Himmel stürzte, sagte den kampfliebenden Germanen sehr zu und kam immer mehr in Übung, besonders bei den Kriegern, deren Fahnen mit seinem Bildnis geschmückt wurden.[1) Zugleich mit der Kirche gründete er ein Kloster und besetzte es mit Mönchen aus England, welche Kultur und Christentum zugleich ausbreiteten. Wie überhaupt die ersten Glaubensboten, lebten sie in größter Armut und erwarben sich durch die Arbeit ihrer Hände, womit sie sich kleideten und nährten. Durch ihr arbeitsames, friedliches Leben ermutigten sie manchen Thüringer, statt des Krieges und der Jagd in ihrer Nähe ein seßhaftes Leben zu wählen, und so wurden Kloster und Kirche in der Mitte des Thüringer Waldes der Anfang der heutigen Stadt Ohrdruf, reich an Fabriken und Gewerken und noch jetzt im Besitze einer herrlichen Michaelskirche. Anfangs nahm Bonifatius die Leitung des Klosters selber in die Hand und trug sich mit dem Gedanken, Ohrdruf zum Mittelpunkt seiner Thätigkeit in Thüringen zu machen, doch verschwand dieser Gedanke, als Bonifatius später Stiftungen machte, vor welchen Ohrdruf weit zurücktrat.

Diese erfolgreiche Wirksamkeit entfaltete der hl. Bonifatius in beständiger, lebendiger Verbindung mit dem Papste, dem Centrum der Kirche. Selbst in manchen Punkten, welche er kraft seiner bischöflichen Autorität hätte selber entscheiden können, fragte er doch in Rom bei dem Papste an, damit er mit desto mehr Sicherheit und Autorität wirken, Spaltungen verhindern und vollständige Einheit herstellen konnte. So schickte er seinen Schüler, den Priester Denwal, auch Denewald genannt, mit einem Briefe nach Rom zum Papste Gregor II., um ihm eine Reihe von Fragen vorzulegen. Der Papst antwortete in einem Schreiben vom 22. November 726.[2] Unter anderm beschied der Papst, wie er sagt, nicht aus sich selbst, sondern an Gottes Statt, den hl. Bonifatius dahin, daß Ehen bis zum vierten Grade unter Verwandten nicht gestattet werden sollten. Die katholische Kirche hat nämlich die Ehen unter Verwandten stets

---

[1) Othlo I, 23, 24. Unter dem Banner des hl. Michael errangen die Deutschen manch glänzenden Sieg, sobaß sie bei den fremden Nationen gefürchtet waren; als die Verehrung des heiligen Erzengels nachließ und auch die deutsche Tapferkeit schwand, wurde „deutscher Michel" ein Spottname.

[2) Ep. 27.

verboten, damit die Heiratenden sich nicht auf einen engen Kreis
von Verwandten beschränken, sondern zur Befestigung einer
allgemeinen Menschenliebe neue Bande untereinander knüpfen.
Auch sind die Kinder aus Verwandten-Ehen meistens körperlich
und geistig schwach. Der Papst hatte umsomehr Grund, dieses
Verbot einzuschärfen, als bei den alten Germanen die Verwandten-Ehen sehr in Übung und Feindschaften und Blutrache
Sache der ganzen Familie waren. Ferner antwortete der Papst,
daß die heilige Firmung nicht wiederholt werden dürfte, daß
bei einer heiligen Messe nur ein Kelch gebraucht werden sollte, [1])
daß die Christen sich des den heidnischen Göttern geopferten
Fleisches vollständig enthalten sollten; es gab nämlich Christen,
welche über solches Fleisch ein Kreuz machten und es dann
aßen. Bezüglich der den Klöstern geopferten Kinder bestimmte
der Papst, es sei zu vermeiden, daß sie später herangewachsen
in die Welt zurückkehrten, und bezüglich der von irrgläubigen
und sittenlosen Priestern gespendeten Taufe sprach der Papst die
alte Lehre aus, daß jede Taufe, im Namen der allerheiligsten
Dreifaltigkeit richtig erteilt, giltig und daher · nicht zu wiederholen ist. Findlinge sollten getauft werden, falls niemand ihre
Taufe bezeugen könne. Ferner verordnete der Papst, daß die
Aussätzigen wohl das Sakrament des Altars empfangen sollten,
aber mit den Gesunden keine Gastmähler halten dürften. [2]) Bezüglich der unwürdigen Priester gab der Papst dem hl. Bonifatius den Rat, sie kraft seiner bischöflichen Autorität bringend

---

[1]) Damals wurde die heilige Kommunion in der heiligen Messe,
nicht aber zu einer andern Zeit, vielfach unter zwei Gestalten ausgeteilt.
Weil nun die Vornehmen mit den Armen und Geringen nicht aus einem
Kelche trinken wollten, so wurde oft Wein in mehreren Kelchen konsekriert.

[2]) Bei den deutschen Stämmen waren Gelage und Schmausereien
eine tief eingewurzelte Gewohnheit. Um diese wirksamer zu verdrängen,
riet Gregor der Große dem hl. Augustin, an den hohen Festtagen bei
den Angelsachsen in Zucht und Mäßigkeit Gastmähler zu veranstalten,
um so die Herzen des am Äußern haftenden Volkes für die geistigen
Wahrheiten des Christentums lebendiger und wirksamer zu gewinnen;
denn einem rohen Volke konnten, wie Gregor bei seiner großen Menschenkenntnis richtig urteilte, mit einem Schlage nicht alle äußern Gewohnheiten genommen werden, sondern mußten womöglich mit christlichem Geiste
durchdrungen werden und in erlaubter Weise fortbestehen. Diese Instruktion Gregors befolgten die angelsächsischen Glaubensboten auch bei
ihren Stammverwandten in Deutschland. In den ältesten Zeiten war
es auch Sitte, nach der heiligen Kommunion zur Erinnerung an das
Abendmahl Christi und zur Pflege der Bruderliebe einfache Gastmähler,
sogenannte Liebesmahle, zu veranstalten, welche mit Gebet und Gesang
begannen und mit dem Bruderkuß beendet wurden.

zu ermahnen und zur Besserung anzuhalten, jedoch nicht allen
gesellschaftlichen Umgang mit ihnen zu meiden; denn durch freundlichen Umgang würden sie oft leichter gewonnen als durch Rügen.
Für die Ausbreitung des Evangeliums in Deutschland, dessen
dunkle Wälder dem Papste ein Bild der geistigen Finsternis
seiner Bewohner waren, wünscht er am Schluß seines Schreibens
dem hl. Bonifatius Gottes reichsten Segen und die ewige Belohnung im Himmel. Durch diese erfolgreiche Wirksamkeit des
hl. Bonifatius in Deutschland wurde der römischen Kirche ersetzt,
was ihr durch den Abfall der griechischen Kirche bald nachher
verloren ging. Während durch die Herrschsucht der griechischen
Kaiser und Patriarchen das Band der Einheit zwischen der
griechischen und römischen Kirche immer mehr gelockert und
später vollständig zerrissen wurde, verknüpfte der hl. Bonifatius
durch ein festes Band die katholische Kirche in Deutschland mit
der römischen Kirche.

Achtes Kapitel.

Die Mitarbeiter des hl. Bonifatius; die Thätigkeit der Ordensfrauen.

Die Aufgabe, welche der hl. Bonifatius sich gestellt hatte,
das Christentum in Deutschland auszubreiten und zu befestigen,
war für einen einzigen Mann zu schwer, so eifrig und kräftig
er auch sein mochte; er bedurfte der Mitarbeiter, welche ihn
bei seinem Wirken unterstützten, dem Volke in dem weit ausgedehnten Gebiete beständig das Wort Gottes verkündeten und die
heiligen Sakramente spendeten. Wie groß damals der Priestermangel war, geht daraus hervor, daß weite Strecken nicht selten
auf einen einzigen Priester angewiesen waren; so war in ganz
Thüringen jenseits der Werra nur ein Priester thätig. Auch
war noch die Gründung von neuen Klöstern nötig, und in
diesen mußten Männer an der Spitze stehen, welche das Kloster
recht leiteten, junge Priester für ihren Beruf heranbildeten und
überhaupt die Aufgabe der Klöster, Kultur und Christentum
zu verbreiten, mit Eifer und Geschick erfüllten. Auch mußten
bischöfliche Sitze errichtet werden, um eine geordnete, andauernde
Seelsorge herzustellen. Das ist nun ein großes Verdienst des
hl. Bonifatius, daß er geeignete Jünglinge und Männer an

sich zog und für sein Wirken begeisterte. Durch seine Sanftmut und Milde, durch seine persönliche Liebenswürdigkeit, durch sein ganzes apostolisches Auftreten gewann er die Herzen mancher edlen Jünglinge, fesselte sie dauernd an sich, entzündete in ihnen großen Seeleneifer, festen Glauben und apostolischen Sinn und machte sie so zu seinen getreuesten Gehilfen. Ohne diese Mit= arbeiter hätte Bonifatius sein großes Werk nicht vollbringen können, und was er geschaffen, wäre nach seinem Tode wieder zerfallen. Diese ganz von seinem Geiste erfüllten Mitarbeiter wirkten in seinem Sinne und setzten nach dem Tode ihres Meisters sein Werk fort. Solche Mitarbeiter hat der hl. Boni= fatius teils in Deutschland, teils in England gewonnen. Bei den Kriegen zwischen den Franken und den andern deutschen Stämmen waren die englischen Glaubensboten am geeignetsten, da die Glaubensboten aus dem fränkischen Reiche den Deutschen als Sendboten der verhaßten fränkischen Macht erschienen, während die stammverwandten Angelsachsen leichter Gehör fanden. Leider sind uns von diesen Mitarbeitern des hl. Bonifatius im ganzen nur wenige genauer bekannt; bei weitem die meisten entfalteten ihre segensreiche Wirksamkeit unbekannt vor der Welt und nur dem Herrn des Himmels bekannt.

Zu den Mitarbeitern, welche der hl. Bonifatius in Deutsch= land gewann, gehört der hl. Gregor. Als Bonifatius einst (722) auf seiner Reise von Friesland nach Thüringen durch das Trierer Land kam, kehrte er in dem etwa 6 Stunden nördlich von Trier gelegenen Nonnenkloster Pfalzel ein. Dort war Adele aus dem Geschlechte der fränkischen Könige Äbtissin, eine durch Tugend und Gelehrsamkeit weithin berühmte Frau, welche nach dem Tode ihres Gemahls dieses Kloster gestiftet und sich dorthin zurückgezogen hatte, um den Rest des Lebens frommen Übungen zu widmen. Sie hatte einen Verwandten bei sich, den jungen Gregor, welchen sie sehr liebte und in der Furcht des Herrn erzog. Als dieser in Anwesenheit des hl. Bonifatius der klösterlichen Sitte gemäß während des Essens aus der Bibel vorlas, suchte er mit schöner Betonung zu lesen. Nachher richtete Bonifatius an den jungen Gregor die Frage: „Hast du auch den Sinn des Gelesenen verstanden?" Als Gregor es bejaht hatte, fuhr Bonifatius fort: „So sage mir doch das Gelesene mit deinen eigenen Worten und in der Sprache, mit welcher du zu deinen Eltern zu reden pflegst". Es ergab sich nun, daß Gregor den Sinn des Gelesenen nicht richtig verstanden hatte. Bonifatius nahm daher Veranlassung,

ben betreffenben Abschnitt aus der Bibel zu erklären, und zwar
so schön und anziehend, daß der junge Gregor wie bezaubert
an seinen Lippen hing und eine heiße Sehnsucht empfand, immer
bei dem hl. Bonifatius zu sein und seinen Unterricht zu ge=
nießen. Als er seiner Tante dieses offenbarte, wurde sie ganz
bestürzt und wollte ihn nicht gehen lassen, weil er von schwacher
Gesundheit war und Bonifatius ein Leben voll Mühen und Ge=
fahren führte. Doch Gregor ließ sich durch seine Tante nicht
von seinem Entschlusse abbringen und sagte entschlossen: „Wenn
du mir kein Pferd giebst, daß ich ihm folgen kann, so gehe
ich zu Fuß mit". Endlich gab die Äbtissin nach. Gregor
folgte dem hl. Bonifatius, wurde sein beständiger Begleiter,
von diesem zum Priester herangebildet und später Abt des
Klosters zu Utrecht am Rhein im heutigen Holland. Als solcher
vollendete er später die Bekehrung der Friesen und leitete die
Klosterschule zu Utrecht mit solchem Geschick, daß sie ein Quell
des Segens für das ganze nordwestliche Deutschland wurde und
eine große Anzahl heiliger Glaubensboten hervorbrachte.

Ein anderer Schüler des hl. Bonifatius ist der hl. Sturmi.
Als der hl. Bonifatius einst Bayern durchwanderte und dort
mit heiligem Eifer das Wort Gottes verkündete, wurden zwei
vornehme Eltern von der Person des hl. Bonifatius so ein=
genommen, daß sie ihm ihren Sohn Sturmi zuführten und ihn
baten, diesen ganz für den Dienst des Herrn zu erziehen.[1]
Der hl. Bonifatius willfahrtete bereitwillig der Bitte dieser
frommen Eltern und nahm den jungen Sturmi zu sich, welcher
ihn 3 Jahre auf seinen Missionsreisen begleitete; dann wurde
er dem Kloster zu Fritzlar in Hessen zur weitern Ausbildung
übergeben. Er machte dort glänzende Studien und zeichnete
sich durch seine Frömmigkeit vor allen andern aus, sodaß er

---

[1] Der Name wird bald Sturm, bald Sturmi, bald Sturmio, bald
Sturmius geschrieben. Zeit und Ort der obigen Begebenheit werden in
der Hauptquelle für das Leben des hl. Sturmi, der vita beati Sturmi
ab Eigile, nicht näher angegeben. Da Bonifatius 718 und 723 die
beiden ersten Romreisen machte und Sturmi 3 Jahre bei dem hl. Boni=
fatius blieb, bis er dem um 732 gegründeten Kloster Fritzlar übergeben
wurde, so kann jene Begebenheit nicht, wie einzelne angenommen haben,
sich auf einer Romreise ereignet haben. Der Bayernherzog Hucbert
(728—737) suchte die kirchlichen Verhältnisse Bayerns zu verbessern und
bedurfte dazu der Mitwirkung eines Bischofs. Bonifatius war wohl erst
im Anfange der Regierung Hucberts in Bayern thätig, als Korbinian,
Apostel Bayerns und Bischof von Freisingen, abwesend oder bereits ge=
storben war, und nahm um diese Zeit den jugendlichen Sturmi zum
Begleiter, sodaß er nach 3 Jahren dem damals gerade gegründeten

bei Lehrern und Schülern in sehr hohem Maße beliebt war. Vom hl. Bonifatius zum Priester geweiht, predigte er anfangs als Missionar mit Eifer und Erfolg den Hessen und gründete dann, den Ratschlägen des hl. Bonifatius folgend, im Jahre 744 das Kloster Fulda, welches für das ganze nördliche Deutschland von größter Wichtigkeit wurde.

Ähnlich wie Gregor und Sturmi hat der hl. Bonifatius durch seine persönlichen, apostolischen Tugenden wohl noch manchen deutschen Jüngling an sich gefesselt und zum treuen Mitarbeiter im Weinberge des Herrn herangebildet, ohne daß sein Name der Nachwelt überliefert wurde; aber auch aus England kam eine große Anzahl. Dort hatte Bonifatius durch sein musterhaftes Leben im Kloster sich die Verehrung und Liebe aller Ordensbrüder erworben und durch seine fruchtbare Thätig= keit in der Schule eine große Anzahl von Schülern erzogen, welche auch nach seiner Abreise von England ihm in Liebe an= hingen. Durch seine vornehme Abkunft und seine erfolgreiche Wirksamkeit im öffentlichen Leben besaß er einen Kreis von Verwandten und Bekannten, mit welchen er von Deutschland aus trotz der großen Entfernung in beständigem Briefwechsel stand. In den zahlreichen Klöstern Englands gab es viele, welche ein heißes Verlangen in sich fühlten, den alten Stammes= genossen auf dem Festlande das Licht des wahren Glaubens zu bringen, welches in England schon länger als ein Jahrhundert leuchtete. In seinen Briefen nach England schilderte Bonifatius oft die traurige Lage der in der Finsternis des Heidentums schmachtenden Deutschen, wie die Ernte so groß, der Schnitter aber so wenige seien, und wie große Verdienste sich die Glaubens= boten in Deutschland erwerben könnten. Die Kunde von den großen Erfolgen des hl. Bonifatius und seiner Sendung durch den Papst hatte sich auch in England verbreitet. Daher ist es

Kloster Fritzlar übergeben werden konnte. Der Geburtsort des hl. Sturmi lag im Isar=Thale, wo das Christentum frühzeitig ausgebreitet und vom hl. Korbinian in Freisingen ein Bistum gegründet war. Da wir vom hl. Sturmi eine Aufzeichnung der Gottesdienstordnung des Klosters zu Freisingen besitzen und er seit seiner Übergabe an den hl. Bonifatius wohl nicht dort war, so liegt die Annahme nahe, daß er schon vorher die dortige Klosterschule besucht hatte. In welchem Alter Sturmi dem hl. Bonifatius übergeben wurde, darüber erfahren wir nichts Sicheres; Eigils Lebensbeschreibung nennt ihn puer, eine Bezeichnung, welche bis zum 20. Jahre gebraucht werden kann. Sicherlich war er schon ein Jüngling. da er sonst den hl. Bonifatius auf seinen beschwerlichen Reisen nicht begleiten konnte. Sein Geburtsjahr liegt daher zwischen 715—720.

begreiflich, daß viele fromme und gelehrte Männer aus Eng=
land nach Deutschland eilten, um sich dem hl. Bonifatius an=
zuschließen und unter seiner Leitung am Bekehrungswerke der
Deutschen zu arbeiten. Diese Männer kamen teils einzeln, teils
zusammen in großen Scharen; ihre Namen sind uns meistens
unbekannt, denn sie waren nur darauf bedacht, die Ehre Gottes
zu fördern und Seelen zu retten; an ihre persönliche Ehre und
ihr Fortleben im Andenken der Nachwelt dachten sie nicht. Zu
den wenigen, deren Namen uns erhalten sind, gehört Denwal,
auch Denewald genannt, welcher von den beiden englischen
Nonnen Eangyth und deren Tochter Heaburg (Bugga) in ihrem
Briefe an Bonifatius[1] lobend erwähnt wird, schon früh nach
Deutschland kam und von Bonifatius bereits 726 mit einem
Briefe nach Rom geschickt wurde. Auch Verwandte schlossen
sich dem hl. Bonifatius an, so Willibald und Wunnibald, deren
Vater Richard hieß, und deren Mutter mit dem hl. Bonifatius
verwandt war. Willibald, schon als Kind bei einer schweren
Krankheit von den frommen Eltern Gott geopfert, trat später
in ein Kloster, machte eine Pilgerreise in das heilige Land,
lebte darauf 10 Jahre im Benediktinerkloster auf Monte Casino
und ging alsdann nach Deutschland, um sich dem hl. Bonifatius
anzuschließen. Wunnibald traf auf einer Pilgerreise den heil.
Bonifatius in Rom und kam später auf den Rat seines Bruders
nach Deutschland, wo er von Bonifatius zum Priester geweiht
wurde und sich an der Bekehrung der Deutschen eifrig beteiligte.
Sola, ein früherer Schüler des hl. Bonifatius, folgte dem ge=
liebten Lehrer nach Deutschland und empfing von ihm die
Priesterweihe. Später lebte er als Einsiedler in einer wilden,
unfruchtbaren Gegend an der Altmühl in Bayern, wo er für
die Ausbreitung des Christentums thätig war; von dem Rufe
seiner Frömmigkeit angezogen, wanderten viele zu ihm, um bei
ihm Trost und Hilfe zu finden; einzelne siedelten sich neben
seiner Klause an, und so entstand nach und nach die jetzige,
durch ihre Marmorbrüche bekannte Stadt Solnhofen, welche
noch durch ihren Namen an den heiligen Einsiedler erinnert.
Auch der hl. Sebaldus, welcher in der Gegend von Nürnberg
als Missionar für das Christentum thätig war, wird zu den
Schülern des hl. Bonifatius gezählt.[2] Ferner gehören zu den

---

[1] Ep. 14.
[2] Es lebte in Nürnberg später auch ein Einsiedler gleichen Namens,
ein Königssohn aus Dänemark; die Nachrichten über beide sind in der
Legende mehrfach miteinander vermengt.

Gehilfen des hl. Bonifatius noch Burkhard, Lullus, Witta, der Lehrer Karls des Großen, Wigbert, Meginhard und andere, deren Namen in jener Zeit oft genannt wurden, ohne daß nähere Nachrichten über sie auf uns gekommen sind. All diese Männer waren zugleich mit dem hl. Bonifatius thätig, um die Finsternis des Heidentums aus unserm deutschen Vaterlande zu verdrängen und unsere Vorfahren zu gesitteten, christlichen Menschen zu machen.

Um dieses erhabene Ziel vollständig zu erreichen, war noch eine sehr wichtige Angelegenheit zu ordnen, welche dem klaren Blicke des hl. Bonifatius nicht entging, nämlich die Erziehung des weiblichen Geschlechts. Im Heidentum wurde das Weib schändlich entwürdigt und stand tief unter dem Manne; es war ein Wesen niedern Ranges, sozusagen das erste Haustier. Von einer Erziehung des Mädchens, von einem veredelnden Einflusse des Weibes auf die Familie, von einem durch sittliche Grundsätze geheiligten Familienleben war keine Spur; das Weib war von jeder höhern, sittigenden Wirksamkeit ausgeschlossen und stand beständig unter der Vormundschaft des Vaters oder des Mannes, der bei ihm Recht über Leben und Tod hatte. Wenn das Weib bei den Germanen auch in mancher Hinsicht höher gestellt wurde als bei andern heidnischen Völkern, so wurde es doch auch wieder in anderer Hinsicht herabgewürdigt; ihm und dem Sklaven lag die Arbeit ob, und beide blieben auch nach dem Tode von Walhalla, dem Orte der Glückseligkeit, ausgeschlossen. Wie ganz anders war die Stellung, welche das Christentum dem Weibe anwies! Das Weib hat dieselbe Menschenwürde wie der Mann; die Seele des Weibes ist gerade so gut nach dem Ebenbilde Gottes erschaffen, durch Christi Blut erlöst und Erbe des Himmels wie die des Mannes. Es mußten daher auch Mädchen und Frauen, die doch die Hälfte der Menschheit bilden, im Christentum unterrichtet und erzogen werden, um ihr ewiges Ziel zu erreichen. Zu einem solchen Werke sind Männer nicht geeignet; sie können wohl das Wort Gottes verkünden und die heiligen Sakramente spenden, sind aber nicht imstande, dem Mädchen eine Erziehung zu geben, die seinem Gemüte und Charakter entspricht. Nur das Weib ist durch die Zartheit und Innigkeit seines vorwaltenden Gemütslebens befähigt, sich in die Denk= und Anschauungsweise des jungen Mädchens zu versetzen, das echt Weib= liche an ihm zu bilden und so erziehend und veredelnd auf dasselbe einzuwirken. Auch soll die Erzieherin ein lebendiges

Vorbild sein, zu dem das junge Mädchen in Liebe und Verehrung emporblickt, und nach welchem es sich bildet. Daher
eignen sich zur Erziehung der Mädchen am besten Ordensfrauen,
die nach den Regeln der Vollkommenheit leben und sich ganz
ihrem Berufe widmen. Überdies hat die Kirche die Erziehung
des weiblichen Geschlechts durch männliche Ordensleute auch
nie wegen der Gefahren gestattet, die der tägliche Verkehr von
Männern mit jungen Mädchen für beide mit sich bringt. Sodann mußte der hl. Bonifatius aus der Geschichte seines Vaterlandes und anderer deutschen Volksstämme, wie wichtig das
Weib für die Ausbreitung und Befestigung des Christentums
ist. Die Königin Bertha hatte an der Bekehrung ihres Gemahls und des englischen Volkes einen großen Anteil; ähnlich
war es bei Klothilde, der Gemahlin des Frankenkönigs Klodwig,
und bei Theodolinde, der Gemahlin des Langobardenkönigs
Agilulf. Eine Reihe großer deutscher Stämme sind durch den
Einfluß der Frauen zur katholischen Kirche bekehrt worden, ein
Beweis von der großen Kraft des christlichen Weibes. Weil
das Weib als Mutter und Hausfrau für die Erziehung der
Kinder und das ganze Familienleben von der größten Wichtigkeit ist, so mußte auch das Weib mit dem Geiste des Christentums erfüllt werden, um ein christliches Familienleben zu schaffen,
ohne welches das Christentum für die Dauer keinen Bestand
hatte. Bonifatius war daher von Anfang an darauf bedacht,
Ordensfrauen für die Erziehung der weiblichen Jugend zu bekommen. Er durfte hoffen, daß die Deutschen solche Ordensfrauen mit Vertrauen aufnehmen würden; denn wenn die heidnischen Deutschen auch sonst wohl das Weib tief unter den
Mann stellten, so dachten sie doch auch andererseits, daß besonders Frauen unter dem Einflusse der durch sie redenden
Götter ständen, und hatten vor ihnen eine besondere Hochachtung
und Ehrfurcht.

Das Heimatsland des hl. Bonifatius hatte eine Menge
blühender Frauenklöster. Als das Christentum in England
ausgebreitet wurde, nahm das weibliche Geschlecht begierig die
Lehren des Heils an und strebte mit größtem Eifer nach der
höchsten Vollkommenheit. Jungfrauen aus den vornehmsten
Familien begaben sich zahlreich in die Klöster, um nach strenger
Regel durch Fasten, Beten, Arbeit, Gehorsam und Entsagung
sich von aller Sünde zu reinigen und Gott mit ungeteiltem
Herzen zu dienen. Selbst Frauen traten noch in spätern Jahren
in Klöster ein, die sie oft selber gegründet hatten, und standen

ihnen als Äbtissinnen vor. Damals gab es auch in England viele Doppelklöster, d. h. neben einem Nonnenkloster war ein Männerkloster erbaut und jedes mit hohen Mauern umgeben. Kein Mitglied eines Klosters durfte das andere Kloster betreten. Die Mönche brachten in der Kirche des Frauenklosters die heilige Messe dar, mußten sie aber sofort nach Beendigung der heiligen Messe verlassen. Die Äbtissinnen, welche meistens aus königlichem Stamme waren, vertraten die Stelle der Mutter Gottes, welche zur Zeit ihres Lebens hier auf Erden „als Königin der Apostel" naturgemäß eine hervorragende Stellung einnahm, und führten die Oberherrschaft über beide Klöster; sie verkehrten mit der Außenwelt nur durch ein Gitter. Die berühmtesten Klöster dieser Art waren Bangor in North-Wales, Barking an der Themse in Ostsachsen, Whitby, welches von der Prinzessin Hilda geleitet und eine Pflanzschule von Missionaren wurde, Ely, dessen drei ersten Äbtissinnen Königinnen waren, und besonders Winburn in Wessex, welches von der hl. Cuthburga gegründet war. Diese war mit dem friedlichen, frommen König Aldfrid von Northumbrien vermählt gewesen, hatte aber mit dessen Zustimmung sich dem klösterlichen Leben gewidmet. Winburn erfreute sich eines solchen Rufes, daß die Zahl der Nonnen auf 500 stieg. Diese Klöster blühten, bis sie gegen Ende des 9. Jahrhunderts durch die Einfälle der räuberischen Dänen zerstört wurden, und sind ein herrliches Zeugnis, wie mächtig der Geist des Christentums die Herzen des angelsächsischen Volkes ergriff. Die Ordensfrauen dieser Klöster widmeten sich in ihrer strengen Zurückgezogenheit nicht bloß dem Gebete und der Betrachtung, sondern verfertigten auch mit großer Kunstfertigkeit die schönsten Handarbeiten, besonders für Kirchen, schrieben Bücher ab, welche sie mit prachtvollen Anfangsbuchstaben und schönen Bildern verzierten, und betrieben selbst gelehrte Studien. Sie lernten die lateinische Sprache, sodaß sie nicht nur die heilige Schrift, die Werke der Kirchenväter und die kirchlichen Gebete verstanden, sondern auch selber in dieser Sprache Werke in Poesie und Prosa verfaßten. Dabei widmeten sie sich auch der Erziehung der Jugend und der Pflege der Armen und Kranken. Durch ihr züchtiges Leben, welches schon in der einfachen Kleidung sich ausprägte, durch ihr bescheidenes Wesen, durch ihre innige Frömmigkeit und aufopfernde Nächstenliebe erregten sie allgemeine Bewunderung und beförderten gar sehr die Ausbreitung und Befestigung des Evangeliums in England. Das Volk nannte diese Ordensfrauen

Gottesbräute, und die Landesgesetze suchten sie unter Androhung schwerer Strafen zu schützen. Die Abtissinnen besaßen eine große Macht und nahmen gleich den Bischöfen und Aebten an den National=Versammlungen Anteil. Bei den germanischen Stämmen lebte das Weib im ganzen viel sittenreiner und stand in höherer Achtung als bei den andern heidnischen Völkern; das Christentum sicherte und erhöhte diese Würde des Weibes und eröffnete ihm ein weites Feld, um im Dienste des Christentums die herrlichsten, weiblichen Tugenden zu üben und zugleich mit den Männern an der Ausbreitung desselben thätig zu sein. Der heilige Kirchenlehrer Hieronymus, welcher als Seelenführer vornehmer, römischer Frauen die Wirksamkeit des weiblichen Geschlechts zu würdigen verstand, sagt daher in dieser Hinsicht mit Recht: „Ich mache keinen Unterschied zwischen heiligen Männern und heiligen Frauen der Kirche; wie für beide die Arbeit gleich ist, so soll auch beiden gleicher Lohn zuteil werden."

Mit den Frauenklöstern Englands standen der hl. Bonifatius und seine Genossen in Deutschland in regem Briefwechsel. Die meisten dieser Briefe sind uns zwar verloren gegangen; aber die wenigen uns erhaltenen genügen, um uns einen Blick in das Seelenleben der englischen Klosterfrauen zu ermöglichen. Diese Briefe sind alle keusch und rein, zart und innig gehalten und lassen erkennen, wie tief diese Herzen von der Religion durch= drungen waren, auf welche all ihr Sinnen und Trachten ge= richtet war; sie waren voll Liebe zu Gott und zum Mitmenschen und verfolgten die Ausbreitung des Reiches Gottes mit der lebendigsten Teilnahme. Am meisten und auch wohl am frühesten wechselte Bonifatius Briefe mit Eadburga, der reich gebildeten und selbst der lateinischen Dichtkunst kundigen Abtissin eines Klosters auf der Halbinsel Thanet, wo die Angelsachsen und später der hl. Augustin zuerst landeten. In seinen Briefen[1]) an diese Abtissin, welcher Bonifatius mit großer Hochachtung begegnet, und die er eine des Ordenslebens sehr kundige Lehrerin nennt, bittet er sie bald flehentlich um ihr Gebet, bald erzählt er ihr von seinen großen Mühen und Beschwerden in Deutsch= land, damit sie desto eifriger für ihn bete; bald dankt er ihr für empfangene Bücher, bald bittet er um Bücher, so um die Briefe des Apostels Petrus, die sie ihm mit goldenen Buchstaben abschreiben solle, damit die noch ungebildeten Deutschen das

---

1) Ep. 10, 32, 72, 73.

Wort Gottes mehr verehrten, wenn sie dasselbe in so herrlicher Schrift geschrieben sähen. Eine andere Ordensfrau, mit welcher Bonifatius in Briefwechsel stand, war die Äbtissin Bugga,[1] auch Heaburg genannt, eine Verwandte des angelsächsischen Königs Ethelbert von Kent und Äbtissin in einem Kloster dieses Königreiches. Ihre Mutter hieß Eangyth, welche nach bittern Erfahrungen in der Welt in spätern Jahren sich dem Kloster= leben gewidmet hatte. In einem Briefe beglückwünscht Bugga den hl. Bonifatius, welcher mit ihr wahrscheinlich entfernt ver= wandt war, zu den herrlichen Erfolgen, welche er in Deutschland errungen hatte, verspricht, die Leidensgeschichten der Martyrer später zu übersenden, bittet ihn um Übersendung der Auszüge aus der heiligen Schrift, schickt ihm 50 Goldgulden und ein Altartuch, wie sie meint, geringe Gaben, aber in größter Liebe, und bittet ihn dringend um sein Gebet. Bonifatius tröstet die Äbtissin über die Mühen und Beschwerden ihres heiligen Be= rufes, bittet um Nachsicht, daß er die versprochene Schrift — eine Sammlung von Sprüchen — wegen der vielen Reisen und Arbeiten noch nicht habe abfassen können, dankt für die empfangenen Gaben und bittet, doch ja beständig für ihn zu beten. Nur ein Brief ist uns erhalten von der Nonne Egburg, deren Bruder mit dem hl. Bonifatius befreundet war, bei dem sie nach des Bruders Tode Stütze und Trost suchte.[2] Dieser rege Briefwechsel zwischen den Glaubensboten in Deutschland und den englischen Frauenklöstern diente dazu, um in Ordens= frauen den Gedanken anzuregen, nach Deutschland zu reisen und dort an der Ausbreitung des Christentums zu arbeiten. Diesen Anregungen wurde bereitwillig Folge geleistet. Das Verlangen, welches viele angelsächsische Mönche beseelte, den stammverwandten Deutschen in der alten Heimat die Segnungen des Christentums zu bringen, dasselbe heiße Verlangen ergriff auch die Ordens= frauen Englands. Sie verließen zahlreich ihre Heimat, schifften über das Meer und begaben sich zu den heidnischen Deutschen, wo ihnen viele Mühen und Gefahren, vielleicht schimpfliche Mißhandlung und grausamer Tod bevorstanden. Aber aus

---

[1] Ep. 14, 16, 86, 88. Verschiedene Ordensfrauen haben oft den= selben Namen, und dieselbe Ordensfrau hat oft zwei Namen; daher ist die Bestimmung der Persönlichkeiten oft schwer. Über die Landsleute in England, mit denen Bonifatius in Briefwechsel stand, sind die erhaltenen Nachrichten zusammengestellt von Hahn: Bonifatius und Lullus. Ihre angelsächsischen Korrespondenten. Leipzig 1883.

[2] Ep. 13.

Liebe zu Christus und den durch sein teueres Blut erkauften Seelen unternahmen sie in freudiger Begeisterung solche weite, gefährliche Reisen, die schon Männer abschrecken konnten. Diese Frauen und Jungfrauen besaßen die dem weiblichen Geschlechte eigene Demut, Sanftmut, Bescheidenheit, Züchtigkeit und Sitten= reinheit; aber mit diesen weiblichen Tugenden verbanden sie männliche Entschiedenheit und Ausdauer, um sich einem solchen opfer= und gefahrvollen Leben hinzugeben. Wenn es schon für einen kräftigen, beherzten Mann ein schwieriges Unternehmen war, über das gefahrvolle Meer zu reisen und bei einem wilden, heidnischen Volke für das Evangelium Jesu Christi zu wirken, dann war dies für das zarte Frauengeschlecht sicher ein noch viel schwierigeres Unternehmen, welches unsere volle Anerkennung und Bewunderung verdient. Das weibliche Geschlecht wetteiferte mit den Männern in der mühevollen Bekehrung der heidnischen Deutschen. Gott hat dem Weibe im Paradiese eine unter= stützende Stellung angewiesen, indem er bei der Erschaffung des ersten Weibes sprach: „Lasset uns dem Manne eine Gehülfin machen". Bei den heidnischen Deutschen hat das Weib wenigstens teilweise eine solche Stellung eingenommen, während es bei den andern Völkern vollständig zur Sklavin des Mannes herab= gedrückt und entwürdigt wurde. Das Christentum hat aber dem Weibe die ihm von Gott angewiesene Stellung voll und ganz zurückgegeben. Daher finden wir auch, daß das Weib überall im Christentum von den Tagen der Apostel an bis zur Gegenwart eine zwar geräuschlose und friedliche, aber große und segensreiche Thätigkeit entfaltete. Ganz besonders hat das angelsächsische Frauengeschlecht mit seltener Hingabe und Be= geisterung eine unterstützende Thätigkeit bei der Ausbreitung des Evangeliums in Deutschland ausgeübt. Scharen von Jung= frauen verließen ihr Vaterland, um vereint mit den Glaubens= boten in Deutschland an der Bekehrung unserer heidnischen Vorfahren zu arbeiten. Wie früher die deutschen Frauen ihre Männer in die Schlacht begleiteten und die Gefahren und Mühen des Krieges mit ihnen teilten, so zogen diese frommen Jungfrauen mit den Missionaren in das heidnische Deutschland und nahmen an dem Kampfe gegen Heidentum und Sünde thätigen Anteil. Sie entsagten allen Banden der Familie und lebten in jungfräulicher Reinheit, losgelöst von aller irdischen Liebe, um einzig und allein ihrem heiligen Berufe zu leben und an Kindern und Armen Mutterstelle zu vertreten. So vereinigten sie mit der Lilie jungfräulicher Seelenreinheit eine wahrhaft

7*

apostolische Thätigkeit. Die Zahl dieser heldenmütigen Jung=
frauen ist eine große, wie es bei den vielen, von zahlreichen
Nonnen bewohnten Klöstern Englands und dem in ihnen
herrschenden Geiste nicht anders erwartet werden kann. Die
Namen der meisten Jungfrauen sind uns unbekannt geblieben;
sie waren nur darauf bedacht, während ihres vergänglichen
Lebens für die Ewigkeit Gutes zu thun, unbekümmert um das
Andenken bei der Nachwelt. Erst am Ende der Welt, am
Tage der Vergeltung wird der Schleier der Vergessenheit, welcher
sie bedeckt, hinweggezogen und ihr opferwilliges Leben offenbar
werden. Zu den wenigen, deren Namen uns erhalten sind,
gehören Chunihild, eine Tante des hl. Lullus, und deren Tochter
Berathgit, sehr gebildet in aller Wissenschaft und als Lehrerinnen
in Thüringen thätig, ferner Chunitrude, welche in Bayern an
der Erziehung des weiblichen Geschlechts thätig war, und Tecla,
welche in den Klöstern Kitzingen und Ochsenfurt am Maine
wirkte. Kitzingen war von der hl. Adelheid gegründet, welche
dem königlichen Geschlechte der Franken entsprossen war und
sich dem klösterlichen Berufe gewidmet hatte. Als später Tecla
zugleich mit Lioba aus dem Kloster Winburn nach Deutsch=
land kam, übernahm sie die Leitung des Klosters Kitzingen,
welches Jahrhunderte hindurch blühte und eine Stätte christ=
licher Erziehung für die Töchter des fränkischen Adels wurde.
Auch die hl. Hedwig, Königin von Polen, wurde in diesem,
am Maine so reizend gelegenen Kloster erzogen, und eine Tochter
der hl. Elisabeth von Thüringen war hier Äbtissin. Die beiden
berühmtesten unter diesen angelsächsischen Jungfrauen sind jedoch
Lioba und Walpurgis.

Die hl. Lioba wurde in der Grafschaft Wessex geboren;
ihre Eltern waren von edlem Geschlechte und zugleich sehr
gottesfürchtig; ihr Vater hieß Tinne, ihre Mutter Ebba. Als
die bereits in den Jahren vorgerückten Eltern ihren Herzens=
wunsch erfüllt sahen und mit einer Tochter beschenkt wurden,
weihten sie diese dem lieben Gott und brachten sie in das Kloster
Winburn, so schwer ihnen dieses Opfer auch wurde. Dort
wurde Lioba von der Äbtissin Tetta sehr fromm erzogen und
in allem Guten unterrichtet; frühzeitig trachtete sie mit allen
Kräften danach, alles Sündhafte von sich fernzuhalten und in
der Tugend zu erstarken, um einst eine würdige Braut des
göttlichen Heilandes zu werden. Lioba machte den Willen der
Eltern zu ihrem eigenen; sie weihte sich selber freiwillig Gott
zum Opfer und trat in den Orden ein, sobald sie das vor=

geschriebene Alter von 25 Jahren erreicht hatte. Die Auf=
nahme in den Orden wurde vom Bischofe selber unter feier=
lichen Ceremonien vollzogen. Er segnete zunächst in der Kirche
das einfache, schwarze Ordensgewand, welches von da ab den
einzigen Schmuck der Braut Gottes bilden sollte. Sie legte
dieses an einem abgeschlossenen Orte sogleich an, indes der
Bischof die heilige Messe begann. Nach dem Evangelium
forderte der Bischof die Zustimmung der Eltern und von der
aufzunehmenden Nonne das Versprechen treuen Gehorsams, gab
ihr dann Ermahnungen über ihren erhabenen Beruf, legte ihr
segnend die Hände auf und weihte sie Gott dem Herrn. Die
dabei gesprochenen Gebete sind ungemein rührend und ergreifend,
flehen die Fülle göttlicher Gnaden auf die Ordensfrau herab
und enthalten die dringende Ermahnung, ja alles Sündhafte zu
meiden, damit sie einst vor dem Richterstuhle Gottes bestehe und
mit dem göttlichen Bräutigam zum himmlischen Hochzeitsmahle
eingehe. Darauf reichte ihr der Bischof den Schleier mit den
Worten: „Nimm hin, o Jungfrau, diesen Schleier, den du
fleckenlos tragen mögest bis vor den Richterstuhl Jesu Christi,
vor welchem alle Kniee sich beugen im Himmel, auf der Erde
und unter der Erde". Sodann flehte der Bischof nochmals
Gott den Herrn an, der Jungfrau zu ihrem erhabenen, aber
auch gefahrvollen Berufe seinen Segen zu geben, damit sie den
Schlingen des bösen Geistes entgehe, die geschworene Treue
bewahre und mit dem Chore der weisen Jungfrauen in den
Himmel eingehe. Nun wurde die heilige Messe zu Ende ge=
lesen; nach deren Beendigung flehte der Bischof nochmals Gottes
Segen auf die gottgeweihte Jungfrau in mehreren Gebeten herab,
welche das Volk jedesmal durch lautes Amen bekräftigte. [1])
Lioba hat zeitlebens mit der größten Treue ihre Ordensgelübde
gehalten und ist allen Ermahnungen des Bischofs gewissenhaft
nachgekommen. Unermüdlich und beharrlich suchte sie das Ideal
einer vollkommenen Klosterfrau in ihrem Leben darzustellen,
sodaß sie bald eine Zierde des ganzen Klosters wurde. Dabei
suchte sie aber auch in weltlicher Wissenschaft sich auszubilden,
wie es in den Nonnenklöstern Sitte war. Der lateinischen
Sprache war sie vollständig mächtig, sodaß sie die Bibel, die
Werke der Kirchenväter und der römischen Klassiker mit Ver=

---

[1]) Die Ceremonien und Gebete werden vollständig mitgeteilt in:
Die Mönche des Abendlandes. Von v. Montalembert. Deutsch von
Brandis. V, 254 und teilweise in der schönen Biographie der hl. Lioba
von Zell. S. 20.

ständnis las, sich in ihren Briefen gewandt ausdrückte und
auch lateinische Gedichte verfaßte. Als sie in der Verborgenheit
ihres Klosters von dem Wirken des hl. Bonifatius hörte,
schrieb sie ihm einen Brief,[1]) welcher uns noch erhalten ist und
als ein Spiegel ihrer kindlich-frommen Seele hier mitgeteilt
werden 'mag.

„Den hochwürdigen, mit der bischöflichen Würde geschmückten, in Christo geliebten und mir durch Verwandtschaft
verbundenen Herrn Bonifatius begrüßt Leobgytha, die letzte der
Dienerinnen Christi, mit dem Wunsche des ewigen Heils.

Ich bitte dich, du wollest dich gütigst der frühern Freundschaft erinnern, welche du mit meinem Vater geschlossen hattest,
welcher Tinne hieß, hier in Wessex lebte und vor 8 Jahren
aus dieser Welt geschieden ist. Möchtest du doch für seine Seele
zu Gott beten! Auch empfehle ich dir meine Mutter Ebba, welche
mit dir verwandt ist, wie du besser weißt als ich; sie führt ein
Leben voll Beschwerden und ist ganz hinfällig. Ich bin das
einzige Kind meiner Eltern und möchte gern, daß du mir Bruders-
stelle vertrittst, so unwürdig ich dessen auch bin, da ich zu keinem
in meiner Verwandtschaft ein solches Zutrauen habe als zu dir.
Ich lasse dir zugleich ein kleines Geschenk überbringen, nicht
als ob es deines Blickes würdig wäre, sondern damit du dich
meiner in meiner Niedrigkeit erinnerst, und trotz der weiten
Entfernung für das ganze Leben das Band wahrer Freundschaft
zwischen uns geknüpft werde. Noch mehr aber bitte ich dich, lieber
Bruder, daß ich durch den Schild deiner Gebete gegen die
giftigen Geschosse des versteckten Feindes beschützt werde. Auch
bitte ich, du wollest das Mangelhafte in meinem Briefe gütigst
verbessern und so freundlich sein, mir einige Worte zu übersenden,
nach denen ich so sehr verlange.

Die unten beigefügten Verse habe ich nach den Regeln
der Dichtkunst zu machen gesucht, nicht voll kühnen Selbst-
vertrauens, sondern um mein geringes Talent zu üben, wobei
ich deiner Nachhilfe bedarf. Ich habe diese Kunst von meiner
Lehrerin Eadburg erlernt, welche beständig sich in das göttliche
Gesetz vertieft.

Lebe wohl und erfreue dich eines langen, glücklichen Lebens!
Bete für mich!

Der allmächtige Schöpfer und Richter des ganzen Weltalls,
In des Vaters Reiche in ewigem Lichte thronend,

---

[1]) Ep. 23.

Chriſtus, in immerwährender Herrlichkeit leuchtend und
herrſchend,
Möge dich immer geſund und unverſehret erhalten."[1]
Das Geſchenk, von welchem im Briefe die Rede iſt, war
wohl eine Handarbeit, durch welche ſie den im Briefe aus-
geſprochenen Gefühlen der Verehrung und Liebe für den
hl. Bonifatius Ausdruck geben wollte. Dieſer hatte bereits in
Deutſchland von Liobas Tugend und Frömmigkeit gehört; der
obige Brief beſtätigte ihm Liobas Ruf und beſtärkte ihn in
der Abſicht, ſie zur Erziehung der weiblichen Jugend nach
Deutſchland kommen zu laſſen. Er wandte ſich daher mit einer
ſolchen Bitte an die Äbtiſſin Tetta. Dieſe konnte ſich nur ſchwer
entſchließen, Lioba, den Liebling des ganzen Kloſters, zu den
wilden deutſchen Völkern zu ſenden, aber ſie ſah in der Bitte
des hl. Bonifatius den Ruf Gottes. Nach ſorgfältiger Vorbereitung für ihre heilige Miſſion trat Lioba, ihre Seele Gott
empfehlend, mutig und entſchloſſen die weite, gefährliche Reiſe
an und gelangte glücklich nach Deutſchland. Der hl. Bonifatius
ging ihr auf die Kunde von ihrer Ankunft eine weite Strecke
Weges entgegen, empfing ſie mit heiliger Freude und begrüßte
ſie als eine liebe Verwandte aus der fernen Heimat und als
eine eifrige Mitarbeiterin im Weinberge des Herrn. Das Jahr
ihrer Ankunft in Deutſchland läßt ſich nicht beſtimmt angeben,
wahrſcheinlich um das Jahr 730. Bonifatius beſtimmte Lioba
für das fränkiſche Gebiet am Main, wo das kirchliche Leben
noch ſehr daniederlag. Das Land ſelbſt war wild und un-
zugänglich, voll Wälder, Heiden und Moräſte; von den reben-
bepflanzten Hügeln, den üppigen Wieſen und fruchtbaren Feldern,
mit welchen es jetzt bedeckt iſt, war damals noch keine Spur.
Die hl. Lioba bekam zu ihrer Niederlaſſung an der Tauber,
einem Zufluſſe des Mains, einen Ort, welcher heute Tauber-
biſchofsheim heißt, ein badiſches Städtchen im ſchönen, fruchtbaren Taubergrunde. Damals befanden ſich dort nur wenige
Häuſer und ſtrohbedeckte Hütten, aber mit der Ausbreitung des
Chriſtentums wurde auch die Gegend kultiviert und bekam ein
ganz anderes Ausſehen. Als Leiterin des Kloſters entfaltete
Lioba eine ſehr ſegensreiche Thätigkeit. Der Mönch Rudolf
von Fulda, welcher im Auftrage des Abtes Rhabanus Maurus

---

[1] Arbiter omnipotens, solus qui cuncta creavit,
In regno Patris semper qui lumine fulget,
Qua iugiter flagrans sic regnat gloria Christi
Inlaesum servet semper te iure perenni.

das Leben der hl. Lioba nach Erinnerungen ihrer Schülerinnen beschrieb, sagt von ihr: „Sie richtete all ihr Streben auf das von ihr begonnene Werk, um vor Gott tadellos zu erscheinen und allen ihren Untergebenen durch jedes Wort und jede Handlung ein heilsames Vorbild zu sein. Sie lehrte nur, was sie selber zuvor that, und fern von aller Anmaßung war sie gegen alle ohne Unterschied leutselig und gütig. Sie glich an Schönheit einem Engel, ihre Rede war angenehm, ihr Geist klar, ihre Thatkraft groß, und obschon sie immer ein heiteres Angesicht hatte, wurde sie nie von zu großer Lustigkeit zum Lachen hingerissen. Ein böses Wort hörte man nie aus ihrem Munde, niemals ging die Sonne über ihrem Zorne unter.“

Lioba befliß sich besonders eines liebevollen Benehmens gegen ihre Mitschwestern und wurde deshalb auch Lioba, das ist die Liebe, oder auch Leobgytha, d. i. die Liebgute, genannt.[1] Sie hieß auch noch Truthgeba, wie ja überhaupt die Angelsachsen vielfach zwei Namen führten. Durch ihr wahrhaft tugendhaftes Leben machte Lioba auf ihre Mitmenschen einen tiefen Eindruck und zog viele Schülerinnen an sich, welche sie in der Frömmigkeit und Wissenschaft so vortrefflich unterrichtete, daß viele von ihnen später in andern Klöstern Äbtissinnen und Lehrerinnen wurden. Wegen ihrer hervorragenden Eigenschaften übertrug ihr Bonifatius die Leitung der gesamten Frauenklöster im mittlern Deutschland. Lioba reiste daher viel umher und sah in den einzelnen Klöstern nach, ob überall die Ordensregel strenge erfüllt und die Tagesordnung genau innegehalten wurde. Die Frauenklöster befolgten wie die Männerklöster die Regel des hl. Benediktus, welche die Zeit für Betrachtung und Gebet, für Arbeit, Studium und Erholung genau festsetzte und die verschiedenen Ämter wie auch die verschiedenen Arbeiten im Hause und im Garten, in der Schule und in der Kirche verteilte. Lioba suchte überall das Klosterleben zu heben und regte auch die Gründung vieler neuen Klöster an. In den Klöstern pflegte Lioba besonders den Geist der gegenseitigen Liebe und Verträglichkeit, um dadurch alle Veranlassung zu eifersüchtigen Streitigkeiten zu heben. Den Notleidenden und Bedrängten suchte sie nach Kräften zu helfen und verpflegte in einem Anbau des Klosters, dem Hospitale, mit hingebender Liebe arme Kranke und Altersschwache. Der Ruf von Liobas Frömmigkeit und Weisheit verbreitete sich daher immer mehr. Hochstehende Per-

---

[1] Die Teuere, die Liebe heißt im Althochdeutschen lioba, lieben liobôn.

fonen, Bifchöfe und Edle des Reiches, ja, felbft die Könige
Pippin und Karl der Große, fchäßten und ehrten die hl. Lioba
fehr. Hildegard, Karls Gemahlin, liebt Lioba fo fehr, daß
fie diefelbe immer bei fich haben wollte; fie ließ Lioba auch
an ihren Hof nach Aachen kommen, und als diefe fich nicht
entfchließen konnte, am Hofe zu bleiben, nahm fie unter Thränen
von ihr Abfchied. Lioba widmete fich bis zum Ende ihres
Lebens beharrlich der Leitung der ihr anvertrauten Klöfter,
gewiß einer fchwierigen und mühevollen Aufgabe! In die
Herzen der Mädchen eines wilden, zügellofen Volkes den Samen
des Chriftentums auszuftreuen und fie an chriftliche Zucht und
Sitte zu gewöhnen, die jungen Novizinnen in das Klofterleben
einzuführen, in echt klöfterlichem Geifte die Ordensfrauen zu
leiten, von denen jede ihren eigenen Charakter und eigene Ge=
mütsart in das Klofter mitbrachte, in all den zahlreichen, ihrer
Obhut anvertrauten Klöftern die rechte Zucht und Ordnung
aufrecht zu erhalten: das war ficherlich bei den damaligen Zeit=
verhältniffen mit vielen Mühen und Schwierigkeiten verbunden,
zumal die Klöfter in einem wilden, unfruchtbaren Lande an=
gelegt wurden, durch ihrer Hände Arbeit fich den Unterhalt
verdienen und oft Not und Hunger leiden mußten. Der heil.
Bonifatius ftand Lioba bei ihrer fchwierigen Aufgabe tröftend und
ratend zur Seite und ermunterte fie ftets, fern von der Heimat
in Deutfchland bei ihrem fchönen Berufe in der Hoffnung auf
den ewigen Lohn des Himmels auszuharren. Als Bonifatius
im Dienfte des Evangeliums den Martyrertod gefunden und
feinem Wunfche gemäß in der Klofterkirche zu Fulda beigefeßt
war, pilgerte Lioba öfter an fein Grab, um dort in lebendiger
Erinnerung an den fo ruhmvoll vollendeten und ihr fo teuern
Bifchof Troft und Kraft zu finden; ausnahmsweife wurde ihr
von den Mönchen der Befuch diefer Kirche geftattet, welche fonft
nach der damals ftreng gehaltenen Ordensregel kein Weib be=
treten durfte. Auch fuchte Lullus, der Nachfolger des hl. Boni=
fatius auf dem bifchöflichen Stuhle von Mainz, ihr die Stelle
desfelben zu vertreten. Wir befißen noch einen Brief von Lullus,
in welchem er Lioba tröftet und bittet, ihm doch kundzuthun,
wo es in den Klöftern am Notwendigften fehle.[1] Nach einer
langen, fegensreichen Wirkfamkeit ftarb Lioba (um 780) im
Klofter zu Schornsheim nicht weit von Mainz. Als fie ihr
Ende nahe fühlte, ließ fie den angelfächfifchen Priefter Corathberit

---

[1] Ep. 97.

zu sich bitten und empfing mit rührender Andacht die hl. Weg=
zehrung. Ihr Leichnam wurde mit großer Feierlichkeit unter
Teilnahme vieler Edlen und Vornehmen des Landes nach Fulda
gebracht und in der dortigen Klosterkirche neben dem hl. Boni=
fatius begraben, wie er es im Leben gewünscht hatte. Weil
Lioba schon im Leben durch ihr Gebet so viel vermocht hatte und
auch nach ihrem Tode auf ihrem Grabe wunderbare Gebets=
erhörungen vorkamen, so wurde sie bald vom Volke als Heilige
verehrt und angerufen und auch später von der Kirche in die
Zahl der zu verehrenden Heiligen aufgenommen. Besonders
wird sie von Eltern bei Krankheiten der Kinder angerufen.
Liobas Reliquien befanden sich zeitweilig auf dem Petersberge
bei Fulda, wurden aber später nach Fulda zurückgebracht. Ihr
Haupt befindet sich jetzt in der Schatzkammer des Domes zu
Fulda; Teile ihrer Reliquien sind an andere Kirchen verschenkt
worden. Das Kloster der hl. Lioba in Tauberbischofsheim ging
im Laufe der Zeit zu Grunde. Als die Franziskaner im
Jahre 1631 dort ein Kloster gründeten, erbaten sie sich vom
Abte zu Fulda Reliquien der hl. Lioba, setzten sie im Hochaltare
bei und weihten ihn dem Gedächtnis der Heiligen. Im Anfange
unsers Jahrhunderts bei der Aufhebung der Klöster wurde das
Kloster in ein Gymnasium verwandelt, welchem die Kirche zu
gottesdienstlichem Gebrauche dient, sodaß die wissenschaftliche
Ausbildung der dortigen Jugend noch immer unter dem Schutze
der hl. Lioba steht. Über dem Eingange des alten Klosters
steht noch jetzt das Bild der hl. Lioba, in der Tracht einer
Benediktinernonne, in der linken Hand einen Stab haltend, das
Zeichen ihrer Würde als Äbtissin, in der rechten ein Buch
haltend, auf welchem sich eine Glocke befindet, weil ihre Mutter
vor der Geburt in einem Traumgesichte eine läutende Glocke
zu tragen glaubte. Buch und Glocke sind ein vortreffliches
Sinnbild der großen Wirksamkeit Liobas, welche im Vereine
mit dem hl. Bonifatius die Lehre des Kreuzes in unserm Vater=
lande verkündete, mit Weisheit und Kraft ein christliches Ge=
schlecht erzog und durch die Stiftung vieler Klöster für Jahr=
hunderte Pflanzschulen wahrer Wissenschaft gründete.

Bekannter als die hl. Lioba ist in unserm Vaterlande die
hl. Walpurgis, Schwester der beiden Brüder Willibald und
Wunnibald. Ihr Vater übergab sie nach dem Tode der Mutter
dem Kloster Winburn, wo sie in Frömmigkeit und Wissenschaft
unterrichtet wurde. Später folgte sie dem Beispiele ihrer Brüder,
verließ ihr Vaterland und widmete sich der Bekehrung der

Deutschen. Anfangs war sie wahrscheinlich in Tauberbischofsheim mit der hl. Lioba thätig, die in demselben englischen
Kloster erzogen war; als später im bayerischen Mittelfranken,
wo jetzt die Stadt Heidenheim liegt, zwei Klöster gegründet
wurden, übernahm Wunnibald die Leitung des Männerklosters,
und seine Schwester Walpurgis die Leitung des Frauenklosters.
Als Äbtissin dieses Klosters entfaltete Walpurgis bei der Leitung
der Ordensfrauen wie auch bei der Erziehung der weiblichen
Jugend eine segensreiche Thätigkeit und war wegen ihrer Tugend
und Frömmigkeit weithin berühmt.

Die Berufung dieser Ordensfrauen gereichte unserm Vaterlande zum größten Segen. Die von diesen Ordensfrauen gegründeten und geleiteten Klöster blühten rasch empor. Die strenge
Sittenreinheit, welche diese Ordensfrauen im allgemeinen bewahrten, ihre Arbeitsamkeit, ihre Demut, ihr Eifer für die Ehre
Gottes, ihre Opferwilligkeit im Dienste des Nächsten, erregten
die Bewunderung und Anerkennung unserer heidnischen Vorfahren, welche schon so wie so eine hohe Achtung vor dem weiblichen Geschlechte hatten; sie senkten ehrfurchtsvoll ihre Schwerter
vor diesen demütigen Ordensfrauen, welche aus selbstloser Liebe
zu ihnen aus England herübergekommen waren, und vertrauten
ihnen gern ihre Töchter zur Erziehung an. Manche Zöglinge
gewannen das Klosterleben lieb und erkannten darin ihren Beruf,
sodaß sie für immer in das Kloster eintraten. Dieses konnte
bei der wachsenden Zahl der Ordensfrauen zu neuen Nieder-
lassungen schreiten, und es fanden sich immer fromme Personen,
welche hochherzig Grund und Boden dazu schenkten. So entstanden in Franken, Thüringen und Hessen viele Frauenklöster,
welche später durch die sogenannte Reformation, durch Kriege,
besonders den 30=jährigen Krieg, und im Anfange unsers Jahrhunderts durch die allgemeine Aufhebung der Klöster zu Grunde
gegangen sind. In diesen zahlreichen Klöstern wurden die
Mädchen fromm und gottesfürchtig erzogen; vor allen bösen
Einflüssen sorgfältig bewahrt, sahen und hörten sie nur Gutes
und konnten ungestört in allen Tugenden voranschreiten. Zugleich
wurden sie auch in den notwendigen, weltlichen Kenntnissen
unterrichtet, in den weiblichen Handarbeiten, dem Gartenbau und
den Arbeiten des Hauses. Die Mädchen lernten sogar für die
wichtigsten Krankheiten die heilenden Kräuter im Garten ziehen
und anwenden, was in den damaligen Zeiten bei dem Mangel
an Ärzten ungemein viel wert war. Die Töchter der höhern
Stände empfingen auch eine ihrem Stande entsprechende, gelehrte

Bildung und übertrafen hierin, besonders im Ritterstande, viel=
fach die Männer, welche das Schwert für des Mannes würdiger
erachteten als die Feder und des Lesens und Schreibens nicht
selten unkundig waren. Wie jetzt das Französische, so wurde
damals in den Frauenklöstern das Lateinische betrieben, welches
die Sprache der Kirche und der Gelehrten war. Die Mädchen
erlernten das Lateinische so, daß sie desselben mächtig waren
und auch die alten, heidnischen Schriftsteller lasen. Von ge=
lehrten Ordensfrauen wurden für die Festlichkeiten des Klosters
Schauspiele gedichtet und von den Mädchen aufgeführt, um
darin die Sittenreinheit, die Keuschheit, die Treue und andere
weibliche Tugenden zu verherrlichen und die Mädchen zur
Übung derselben zu ermuntern. Schon bald nach dem Tode
der hl. Walpurgis schrieb eine Ordensfrau in ihrem Kloster
das Leben der heiligen Brüder Willibald und Wunnibald in
lateinischer Sprache. So wurde in den Klöstern ein gottes=
fürchtiges, sittsames, arbeitsames Frauengeschlecht erzogen, welches
auch in den Familien wieder christliche Bildung und Sitte ver=
breitete und befestigte. Daß Deutschland im Mittelalter eine
so hohe Stufe der Kultur und Bildung erlangte und alle andern
Nationen überflügelte, daß besonders die deutschen Frauen in
der Blütezeit des Mittelalters so hoch verehrt und wegen ihrer
Anmut und Lieblichkeit, ihrer Reinheit und Sittsamkeit in Liedern
so hoch gepriesen wurden, ist ganz gewiß die Folge von der
frommen und tugendhaften Erziehung, welche das weibliche Ge=
schlecht in den Klöstern unter der Obhut sorgsamer Kloster=
frauen empfing.

Die Aufgabe dieser Klosterfrauen, welche zuerst dem Rufe
des hl. Bonifatius folgten und an der Erziehung der Mädchen
in Deutschland arbeiteten, war allerdings mit vielen Schwierig=
keiten verbunden. Wer könnte all den Undank, all die Ver=
drießlichkeiten und Unannehmlichkeiten ermessen, welche diese
demütigen Ordensfrauen täglich zu ertragen hatten, um die an
Zügellosigkeit und Ungebundenheit gewöhnten Kinder eines heid=
nischen Volkes an Zucht und Sittsamkeit zu gewöhnen und ihre
rohen Herzen für die erhabenen Lehren des Christentums empfäng=
lich zu machen! Sie lebten ganz ihrem Berufe; allen irdischen
Vergnügungen, Genüssen und Bequemlichkeiten entsagten sie; sie
übten beständige Armut und töteten sich in Wohnung und Klei=
dung ab; auch auf die Ehe und das Familienleben verzichteten
sie, um mit mütterlicher Liebe die ihnen anvertrauten Kinder zu
erziehen und besonders Waisen und verlassenen Kindern Mutter=

stelle zu vertreten. Nur das Gebet, welches sie beständig übten, und zu welchem der Schall der Glocke sie bei Tag und Nacht in der Kirche versammelte, und der Gedanke: es gilt Kinder für eine glückselige Ewigkeit zu erziehen, welche der Sohn Gottes mit seinem Blute erkauft hat, gaben ihnen Mut und Kraft zum beständigen, freudigen Wirken in solch mühevollem Berufe. Deutschland schuldet daher jenen Klosterfrauen in hohem Maße den Tribut der Dankbarkeit. Um so schändlicher ist es daher, wenn nicht selten protestantische Geschichtschreiber dem hl. Boni- fatius bei der Berufung der Ordensfrauen unreine Motive unterschieben.[1] Es gilt hier das Wort der hl. Schrift (Titus I, 15): „Den Reinen ist alles rein, und den Unreinen ist alles unrein"; und Göthe sagt treffend, jeder beurteilt einen andern nach sich selbst. Wer ohne Grund dem Wirken anderer unreine Motive unterschiebt, verrät dadurch ein unreines Herz und stellt damit sich selber ein schlechtes Zeugnis aus. Der hl. Bonifatius und die von ihm herbeigerufenen Ordensfrauen werden bei jedem billig Denkenden für ihr selbstloses Wirken nur Anerkennung finden und können ruhig dem Tage des Gerichtes entgegensehen, wo die geheimsten Falten des menschlichen Herzens, auch die ihrer Ankläger, offenbar werden.

Von der Mehrzahl der Klöster, welche zur Zeit des hl. Bonifatius und in den folgenden Jahrhunderten zu dem gleichen Zwecke gegründet wurden, von den Nonnen, welche darin thätig waren, sind im ganzen nur wenig Nachrichten aus dem Laufe der Jahrhunderte zu uns gekommen. So manche Seele, welche der Erziehung der Jugend oder der Pflege Kranker und Schwacher unter Kämpfen und Mühen ihre Kraft widmete, deckt der Schleier der Vergessenheit, bis sie einst am Tage der Vergeltung vor der ganzen Welt mit Ehre und Herrlichkeit gekrönt wird. Aber durch die Entsagung auf alle irdischen Banden, durch die Verleugnung aller sinnlichen Triebe, durch ihre ungeteilte, freudige Hingabe an ihren Beruf im Dienste Gottes und des Nächsten bis zum letzten Atemzuge ihres Lebens legen diese Seelen Zeugnis ab, daß Gottes Gnade in ihnen wirksam war, und daß die Kirche, welche ihnen solche Kraft mit- teilte, wahrhaft Gottes Werk ist. Die Geschichte bietet uns wenige Beispiele, wo das Leben für einen heiligen Zweck in so heldenmütigem Opfer dahingegeben wurde. Und dieser Geist der

---

[1] Z. B. die Magdeburger Centuriatoren cent. VIII, cap. 10; ebenso auch neuere.

Abtötung und Entsagung dauert durch alle Jahrhunderte hindurch in der Kirche fort. Die Kirche wurde im Laufe der Zeiten von vielen Stürmen heimgesucht; manches, was sie geschaffen hat, wurde wieder zerstört; ihrer irdischen Machtmittel wurde sie oft beraubt, aber der im Dienste Gottes und des Nächsten sich bethätigende Opfergeist dauert in ihr fort, und es giebt in der Kirche immer Jungfrauen, welche alle irdischen Vorzüge, Jugend, Stand, Schönheit, Gott zum Opfer bringen und ihr Leben seinem Dienste und dem Dienste des Mitmenschen weihen. Auch jetzt noch eilen wie zu den Zeiten des hl. Bonifatius Jungfrauen über das Meer in ferne Länder, um dort die störrischen und widerspenstigen Kinder heidnischer Völker christlich zu erziehen, Kranke und Altersschwache zu pflegen und die Segnungen des Christentums immer weiter zu verbreiten. Mögen die Klöster vom Gott entfremdeten Zeitgeiste noch so oft auf= gehoben und ihre Bewohner aus dem Vaterlande, dem sie nur Wohlthaten spendeten, vertrieben werden, mögen diese frommen Jungfrauen von der Welt noch so viel verleumdet, herabgesetzt und verspottet werden, mögen sie für ihre selbstlose Nächsten= liebe nur Undank und Verkennung ernten, stets werden aus allen Ständen, aus den Hütten der Armen wie aus den Palästen der Vornehmen, Jungfrauen hervorgehen, welche allein dem Gekreuzigten angehören wollen und aus dankbarer Liebe zu ihm den glänzenden Aussichten der Welt entsagen, um in der Ver= borgenheit unter beständiger Selbstentäußerung ihr Leben dem Dienste Gottes und des Nächsten zu widmen. Das ist zugleich auch ein beständiges Zeugnis für die Gottheit Jesu Christi. Mag die Gottheit Christi noch so oft in der Welt bestritten und er selber verspottet und verhöhnt werden, er beweist seine Gottheit täglich vor unsern Augen durch die unwiderstehliche Kraft, welche er über das menschliche Herz ausübt, sodaß es aller irdischen Liebe heldenmütig entsagt und sich unter Opfern und Mühen ihm ganz hingiebt. Indem aber die Kirche in den religiösen Genossenschaften die Kräfte dieser gottgeweihten Jung= frauen zur Ehre Gottes und zum Heile des Nächsten verwendet, weist sie ihnen im Reiche Gottes keine selbständige, sondern eine unterstützende Thätigkeit zu. Die Kirche ist weit davon entfernt, eine falsche Frauenemanzipation zu begünstigen und das Weib dem Manne ganz gleichzustellen, aber sie erniedrigt es auch nicht und schließt es nicht von jeder Wirksamkeit aus, sondern öffnet ihm eine Wirksamkeit, welche seinem frommen Gemüte, seinem zarten Mitgefühl, seinem still ausharrenden

Sinn, überhaupt seiner ganzen Naturanlage, ebenso entspricht wie den Absichten Gottes. Durch die Erziehung der weiblichen Jugend und die Pflege der Kranken nimmt das Weib an der Rettung des gefallenen Menschengeschlechts thätigen Anteil und hat auf diesem Gebiete des Wirkens ebensoviel Heldenmut bewiesen wie der Mann in blutiger Schlacht. Dieser stirbt den schnellen Tod der Ehre für das irdische Vaterland, das Weib aber im heiligen Berufe sich täglich aufopfernd den langsamen Tod der Pflicht. Bonifatius handelte daher ganz im Geiste der katholischen Kirche und schuf für Jahrhunderte ein Werk des größten Segens, indem er zur Erziehung der weiblichen Jugend und zur Linderung des menschlichen Elends die Ordensfrauen aus England nach Deutschland berief, sie in ihrem schönen Beruf durch ermutigende Briefe und Worte bestärkte und die Gründung zahlreicher Frauenklöster bewerkstelligte.

Neuntes Kapitel.

Der hl. Bonifatius wird Erzbischof; Gründung des Klosters Fritzlar (732); Wirksamkeit in Bayern (732—738).

Der Papst Gregor II., welcher den hl. Bonifatius zum Missionsbischof für Deutschland geweiht und sein Unternehmen durch Wort und That nach Kräften befördert hatte, starb im Jahre 731. Er war ein eifriger und umsichtiger Papst, welcher das Wohl der ganzen Kirche, der morgenländischen wie der abendländischen, stets im Auge hatte und in schwerer Zeit für die Ausbreitung und Verteidigung des wahren Glaubens unermüdlich thätig war. Zu den großen Verdiensten dieses Papstes gehört es auch, daß er in dem hl. Bonifatius das geeignete Werkzeug zur Bekehrung der Deutschen erkannte und nach Kräften dieses Werk beförderte. Nach seinem Tode wurde Gregor III. (731—741) auf den Päpstlichen Stuhl erhoben, welcher die Wirksamkeit seines Vorgängers mit gleichem Eifer fortsetzte. Der hl. Bonifatius versäumte nicht, ihm noch in demselben Jahre (731) brieflich seine Glückwünsche zur Besteigung des Päpstlichen Stuhles auszusprechen. Im folgenden Jahre sandte er wieder einen Boten mit einem Briefe nach Rom; er berichtete dem Papste ausführlich über seine Wirksamkeit in Deutschland, fragte ihn über einige Punkte um Rat, erneuerte das Versprechen treuen Gehorsams gegen den Apostolischen Stuhl und bat den Papst, ihm dasselbe Wohlwollen zuzuwenden wie sein Vorgänger. Der Papst empfing die Gesandten wohlwollend, vernahm mit heiliger Freude und innigstem Danke gegen Gott von den zahlreichen Bekehrungen in Deutschland, schloß den hl. Bonifatius und die Seinen in die besondere Gemeinschaft der römischen Kirche ein und beschenkte die Gesandten reichlich, besonders auch mit Reliquien. Dem hl. Bonifatius erteilte der Papst in Anerkennung seiner hohen Verdienste noch eine besondere Ehre; er übergab nämlich für ihn den Gesandten das Pallium und machte ihn dadurch zum Erzbischof. Das Pallium ist ein weißes, wollenes, mit Kreuzen durchwirktes Schultertuch, welches nach vorne herabhängt und von den Erzbischöfen zum Zeichen ihrer erzbischöflichen Würde getragen wird. Dasselbe wird von der Wolle zweier weißer Lämmer verfertigt, welche am Festtag der heiligen Jungfrau und Martyrerin Agnes vom Papste gesegnet und dann in der Kirche dieser Heiligen am Altare Gott geopfert werden. Am Festtage der Apostel Petrus und Paulus wird das Pallium auf das Grab des Apostelfürsten Petrus gelegt, zum Zeichen, daß alle priesterliche Vollmacht in der Kirche vom Papste als dem Nachfolger des hl. Petrus im obersten Hirtenamte ausgeht. Das Pallium soll die Erzbischöfe an ihren hohen Beruf erinnern, als Stellvertreter des guten Hirten die Schäflein zu weiden, die irrenden aufzusuchen und auf ihren Schultern zur Herde Christi zurückzutragen. Die Übersendung des Palliums an den hl. Bonifatius begleitete der Papst mit einem längern Briefe,[1]) der mit folgenden Worten beginnt:

„Dem ehrwürdigen und heiligen Bruder und Mitbischof Bonifatius, von dieser apostolischen Kirche Gottes ausgesandt, um dem deutschen Volk und allen im Schatten des Todes sitzenden und im Irrtum befangenen Völkern das Licht zu bringen, schreibt Gregor, Knecht der Knechte Gottes.

Große Freude haben wir empfunden, als wir aus deinem Briefe ersahen, daß du mit der Gnade unsers Herrn Jesu Christi sehr viele von dem Heidentume und dem Irrtume zur Kenntnis des wahren Gottes geführt hast. Wenn jemand, wie wir von Gott in einer Parabel belehrt worden sind, fünf Talente von Gott empfangen und noch fünf andere dazugewonnen hat, so freuen wir uns mit der ganzen Kirche über solch herrlichen

---

[1]) Ep. 28.

Gewinn. Mit Recht verleihen wir dir daher das heilige
Pallium, welches du im Namen des heiligen Apostels Petrus
empfangen und tragen sollst, und kraft göttlicher Vollmacht verordnen wir, daß du wie ein Erzbischof angesehen wirst. Bezüglich des Palliums wisse, daß du es zufolge apostolischer
Ordnung nur bei der heiligen Messe und bei der Weihe eines
Bischofs tragen darfst. Weil du nach deinem Berichte mit der
Gnade Gottes in jenen Gebieten eine große Menge Volkes zum
rechten Glauben bekehrt hast und bei der weiten Verbreitung
des Glaubens nicht zu allen gehen kannst, um ihnen die Heilsmittel zu spenden, so verordnen wir, daß du dort, wo zahlreiche
Gläubige sind, unter Beobachtung der kirchlichen Vorschriften
kraft apostolischer Vollmacht Bischöfe weihen sollst, jedoch wohl
darauf achtend, daß die bischöfliche Würde nicht gering geachtet werde."

Ferner bestimmt der Papst in dem Briefe unter anderm
noch folgendes. Wenn jemand von Heiden ohne Anrufung der
heiligsten Dreifaltigkeit getauft ist, so soll er wiedergetauft werden.
Den Genuß des Pferdefleisches soll Bonifatius den Deutschen
nicht gestatten, weil das Pferd ein beliebtes Opfertier der alten
Deutschen war, dem Menschen besonders nahesteht und der
Genuß von einem solchen Tiere verwildernd auf das Gemüt
wirkt. Überhaupt ist das Pferd dem Menschen zunächst nicht
zur Speise, sondern zum Ziehen und Reiten gegeben, und galt
der Genuß seines Fleisches von jeher vielen als unpassend.
Auch war das Pferd den alten Deutschen besonders heilig; sein
Bild brachten sie gern auf ihren Wappen an; Pferdeköpfe
nagelten sie in die Dachgiebel, um das Haus vor bösen Geistern
zu bewahren. Durch den Genuß des Pferdefleisches glaubten
die alten Deutschen ihre Götter zu verehren und sich ihres
Schutzes zu versichern. Daher ist das Verbot des Pferdefleisches für jene Zeit wohl erklärlich. Das heilige Meßopfer,
so bestimmt ferner der Papst, soll nur für solche verstorbene
Christen dargebracht werden, welche christlich, nicht für solche,
welche gottlos gelebt haben. Diejenigen, deren Taufe zweifelhaft ist, oder die von solchen Priestern getauft sind, welche dem
Juppiter opfern und von dem Opferfleische essen, sollen nochmals
getauft werden. Das Verbot der Heiraten innerhalb der Verwandtschaft soll sich bis zum siebenten Grade (d. i. bis zur
siebenten Generation) erstrecken. Das Ehehindernis der Blutsverwandtschaft wurde also nach dem allgemeinen Gesetze für
Deutschland um drei Grade erweitert, da Gregor II. im

Jahre 726 es mit Rückſicht auf den rohen Zuſtand des Volkes
aus Milde auf den vierten Grad beſchränkt hatte. Die alten
Germanen heirateten nämlich gern innerhalb der Verwandtſchaft,
was vielfache ſittliche Gefahren mit ſich bringt und auch für
die Nachkommen aus ſolchen Ehen ſehr nachteilig iſt, da ſie
erfahrungsmäßig körperlich und geiſtig ſchwach ſind. Überdies
ſoll die Ehe ein neues Band ſein, wodurch die Menſchen, ab=
geſehen von der Blutsverwandtſchaft, miteinander verknüpft
werden ſollen. Das war bei den alten Germanen um ſo wichtiger,
als die bei ihnen häufig vorkommenden Beleidigungen, Streitig=
keiten und Morde jedesmal der ganzen Verwandtſchaft die Pflicht
der Rache auflegten, ſodaß viel Zerſplitterung und Feindſchaft
beſtand. Daher hatte die Kirche das ganz berechtigte Beſtreben,
die Heiraten unter den Verwandten möglichſt zu verhindern,
damit fernſtehende oder gar verfeindete Familien durch das
Band der Ehe miteinander vereint würden.[1]) Weil ferner die
Kirche in der erſten Zeit die Ehe ſehr ideal auffaßte, ſo ſollte
Bonifatius nach der Weiſung des Papſtes auch das Wieder=
heiraten des einen Teils nach dem Tode des andern möglichſt
verhindern. Diejenigen, welche Vater oder Mutter, Bruder
oder Schweſter getötet haben, ſollen nur auf dem Sterbebette
zum Empfange der heiligen Kommunion zugelaſſen werden, ihr
ganzes Leben lang ſich des Fleiſches und Weines enthalten und
drei Tage wöchentlich zur Buße für ihre Sünde faſten. Das
abſcheuliche, gottloſe Verbrechen, Sklaven an Heiden zu verkaufen,
welche dieſelben den Göttern opferten, ſoll Bonifatius mit Eifer
abſtellen, in keiner Weiſe dulden und wie einen Mord be=
ſtrafen.[2]) Biſchöfe ſoll Bonifatius nur unter Aſſiſtenz von
zwei oder drei Biſchöfen weihen. Zum Schluß wünſcht der
Papſt dem Bonifatius, daß er viele zu Chriſtus bekehren und
ſich den Lohn des Himmels erwerben möge. Auch nahm der
Papſt gleich ſeinem Vorgänger den hl. Bonifatius in die
römiſche Bruderſchaft auf, ſodaß er mit der römiſchen Kirche
in der Gemeinſchaft des Gebetes und der guten Werke ſtand.

---

[1]) Wahrſcheinlich hat zur Ausdehnung des Verbotes bis auf den
ſiebenten Grad die Verwechſelung der römiſchen und kanoniſchen Be=
rechnungsweiſe beigetragen. Papſt Innocenz III. (1198—1216) be=
ſchränkte ſpäter das Verbot allgemein bis auf den vierten Grad. Anfangs
hielt man ſich daran, daß alle die, welche ſich verwandt wußten, keine
Ehe miteinander eingingen; der Umfang des Verbotes war nach Zeit
und Ort verſchieden und wurde von den Biſchöfen feſtgeſetzt.

[2]) Dieſe Anweiſung des Papſtes läßt erkennen, wie tief die Sitte
der Menſchenopfer bei unſern Vorfahren eingewurzelt war.

Aus diesem Schreiben des Papstes sehen wir, daß der
hl. Bonifatius sehr darauf bedacht war, mit der römischen
Kirche in lebendiger Verbindung zu stehen und alles in voller
Übereinstimmung mit dem Papste zu thun. Wenn auch einzelne
Anfragen des hl. Bonifatius an und für sich nicht von großer
Bedeutung waren und von ihm selber entschieden werden konnten,
so hatten sie doch für die damalige Zeit bei der Neugründung
der Kirche ein erhöhtes Interesse, und war es für den hl. Bonifatius von Wichtigkeit, wenn er sich dem Volke und den Irrlehrern gegenüber auf eine Entscheidung des Päpstlichen Stuhles
berufen konnte; dadurch wurden die Gefahren des Zwiespaltes
und Ungehorsams vermindert. Die Gunst, welche der Papst
dem hl. Bonifatius zuwendete und durch seine Ernennung zum
Erzbischofe im hohen Maße bewies, trieb diesen nur noch mehr
zur eifrigen Thätigkeit an. Für edle Seelen sind ja Ehrenbezeugungen keine Veranlassung zu stolzer Selbstüberhebung und
eitler Selbstgenügsamkeit, sondern ein Sporn zu neuer Thätigkeit und zu noch größerer Strenge gegen sich selbst. Da Bonifatius der einzige Erzbischof im deutschen Reiche auf dem rechten
Rheinufer war, so war ihm allein die Sorge für dieses große
Gebiet anvertraut und zur Pflicht gemacht. Dieser großen
neuen Pflichten war sich Bonifatius auch sehr wohl bewußt
und suchte mit vermehrtem Eifer an der Ausbreitung und Befestigung der Kirche zu arbeiten. Darum unternahm er nun
die Gründung eines ganz bedeutenden Klosters, in welchem nicht
bloß die Jugend des umliegenden Gebietes christlich erzogen
wurde, sondern auch junge Männer zu Priestern herangebildet
wurden.

Das Gebiet der Hessen wird von der fischreichen Edder
durchflossen, welche am Edderkopfe entspringt und raschen Laufes
in vielen Windungen ihre grünlichen Wellen der Fulda zutreibt.
Während das obere Thal der Edder eng und von hohen und
wilden Gebirgen eingeschlossen ist, erweitert sich das untere
Thal und bietet für fruchtbare Felder und Wiesen Raum. In
dem untern Laufe nimmt sie die Schwalm auf, welche aus dem
fruchtbaren und schönen Schwalmer Grunde kommt. In dem
untern Edderthale, welches nicht mit Unrecht die hessische Korn-
kammer genannt wird, hatten sich die Hessen von jeher sehr
zahlreich angesiedelt. Dort lag das alte Mattium, welches zur
Zeit der Römer der Hauptort der Hessen war und jetzt Maden
heißt; dort lag auch bei Geismar das große Heiligtum der
Hessen, die Donarseiche, welche Bonifatius fällte; nicht weit

davon lag der Wodansberg, jetzt Gudensberg, das Herz im alten Hessen, wo Wodan hoch verehrt wurde; Wodans und Donars heilige Stätten lagen gewöhnlich in der Nähe. Diese Gegend schien daher auch dem hl. Bonifatius für die Gründung eines größern Klosters geeignet. Auf einem hohen Berge am linken Ufer der Edder, wo sie jetzt das Fürstentum Waldeck verläßt und ihr Thal sich zu erweitern beginnt, nicht weit von den heiligen Stätten Wodans und Donars, gründete er im Jahre 732 ein Kloster und eine Kirche, welche er dem hl. Petrus weihte, zum Zeichen seiner treuen Anhänglichkeit an dessen Nach= folger, den Papst. Neben Kloster und Kirche siedelten sich bald auch Hessen an, sodaß ein bevölkerter Ort entstand, welcher Friedeslar, d. i. Stätte des Friedens genannt wurde; es ist das heutige Fritzlar.[1]) Der hl. Bonifatius berief in das Kloster Mönche aus England, welchen sich noch andere anschlossen, und leitete anfangs das Kloster selber, soweit es ihm seine Missions= thätigkeit erlaubte. Da er aber öfters abwesend sein mußte und auch eine zu ausgedehnte Wirksamkeit hatte, so gewann er für die Leitung des Klosters um 735 einen ältern erfahrenen Mann, Namens Wigbert, aus dem berühmten Kloster Glaston= bury in England, aus dem er viele Genossen bekam. Boni= fatius ging Wigbert auf die Kunde von seiner Ankunft hocherfreut entgegen und begrüßte ihn als einen willkommnen Mitarbeiter im Weinberge des Herrn. Bald nach seiner An= kunft meldete Wigbert in einem Briefe mit Dank gegen Gott seinen Ordensbrüdern in Glastonbury seine glückliche Ankunft in Hessen und die freundliche Aufnahme seitens des hl. Boni= fatius, berichtete ihnen über seine segensreiche Wirksamkeit, die er ihrem Gebete zuschrieb, bat sie wegen seines mühe= und gefahrvollen Lebens in Hunger, Durst und Kälte und wegen der Kriegszüge der Heiden dringend um ihr ferneres Gebet und übersandte allen Brüdern, besonders dem Abte, herzliche Grüße.[2]) Die Wahl Wigberts zum Abte von Fritzlar war eine sehr glückliche, da er sich durch Tugend und Wissenschaft sehr aus= zeichnete. Mit der Erfüllung seiner priesterlichen Pflichten nahm er es sehr genau; so wird von ihm erzählt, daß er vor einer

---

[1]) Ob Fritzlar schon vor der Ankunft des hl. Bonifatius ein be= wohnter Ort war, ist sehr zweifelhaft. Die Bedeutung des Namens Fritzlar läßt schließen, daß der Ort vorher nicht existierte. Sicherlich hat aber die Gründung des Klosters zur Bevölkerung des Ortes viel beigetragen.

[2]) Ep. 98.

heiligen Handlung alle Gespräche mied, um sie mit ungeteilter Aufmerksamkeit und andächtiger Gesinnung zu verrichten. Im Umgange mit den Mitmenschen war er sehr leutselig, wußte aber die Unterhaltung so zu führen, daß er ihnen immer etwas Belehrendes und Erbauendes sagte. Unter einem so vortrefflichen Abte blühte das Kloster, und seine Schule erlangte einen großen Ruf, sodaß sie zahlreich besucht war. Auch Bonifatius, welcher sich gern in Fritzlar aufhielt, überwies der Schule junge, talentvolle Schüler, welche später hervorragende Stellungen im Leben einnahmen; zu diesen gehörten der hl. Sturmi, Gründer und erster Abt von Fulda, der hl. Lullus, Erzbischof von Mainz, Megingoz, Bischof von Würzburg. Für Hessen wurde Fritzlar der Ausgangspunkt des Christentums, dort wurde die hessische Jugend christlich erzogen und so das Christentum immer weiter in Hessen verbreitet und befestigt. Der hl. Bonifatius, welcher sich in Fritzlar oft von den Mühen seines apostolischen Amtes erholte und durch Sammlung und Gebete zu neuer Wirksamkeit stärkte, wirkte bei seiner Anwesenheit in Fritzlar anregend auf die Thätigkeit der Mönche ein und unterstützte sie nach Kräften. Um für die heilige Messe und die Pflege der Kranken Wein zu haben, legten die Mönche einen Weinberg an, ein Beweis, wie sehr die Mönche neben der Verbreitung des Christentums auch die Kultur des Bodens betrieben.

Weil der hl. Bonifatius alle seine Stiftungen mit väterlicher Liebe umfaßte und Wigbert in Fritzlar schon eifrige und tüchtige Schüler sich erzogen hatte, so bewog er diesen, Fritzlar zu verlassen und die Leitung des Klosters Ohrdruf in Thüringen zu übernehmen. Hier wirkte Wigbert mit gleichem Eifer und Erfolge; durch sein tugendhaftes Beispiel und sein gewinnendes Wesen begeisterte er alle zum Streben nach Tugend und Vollkommenheit. Nach einer mehrjährigen, segensreichen Wirksamkeit in Ohrdruf stellten sich bei ihm Altersschwäche und Kränklichkeit ein; er kehrte daher nach Fritzlar zurück, wo er von seinen frühern Schülern mit größter Freude empfangen wurde. Er erholte sich dort wieder und setzte seine Wirksamkeit dann bis zu seinem Tode im Jahre 747 fort. Seine Gebeine wurden in Fritzlar beigesetzt, wo er wegen seines heiligen Lebens und der wunderbaren Gebetserhörungen an seinem Grabe bald als Heiliger verehrt wurde. Später wurden seine Gebeine auf Befehl des Erzbischofs Lullus nach dem von diesem gegründeten Kloster Hersfeld gebracht, wo sie Jahrhunderte hindurch hoch verehrt wurden und ihm zu Ehren auch eine Kirche erbaut wurde.

Die fromme Kaiserin Mathilde, Gemahlin Heinrichs I. und Mutter Ottos des Großen, erbaute dem Apostel Jakobus und dem hl. Wigbert zu Ehren ein Kloster in Quedlinburg im Harze, welches sie als Witwensitz von ihrem Gemahle empfangen hatte, und ihr Sohn Otto stattete es reichlich aus. Durch die Erziehung tüchtiger Priester hat sich der hl. Wigbert um die Verbreitung des Christentums im nördlichen Deutschland große Verdienste erworben, und mit Recht wird daher sein Andenken noch alljährlich in einzelnen Diöcesen am 14. August gefeiert. Nach andern Nachrichten hat Wigbert sogar schon selber am Harz das Evangelium ausgebreitet, daher dort auch schon früh= zeitig zu seiner Ehre Kirchen erbaut wurden. Nach dem Tode des hl. Wigbert richtete Bonifatius ein Schreiben an die Mönche zu Fritzlar, um die Verhältnisse des Klosters zu ordnen. Dieser Brief [1]) läßt uns einen Einblick in die Verhältnisse des Klosters thun und zeigt uns, welche Umsicht und Sorgfalt Bonifatius den Klöstern zuwandte. Der Brief lautet:

„Den geliebten Söhnen entbietet Bonifatius, Knecht der Knechte Gottes, seinen immerwährenden Gruß im Herrn. Mit väterlicher Liebe bitte ich euch, meine Lieben, daß ihr mit desto größerem Eifer die klösterlichen Regeln befolgt, da unser Vater Wigbert gestorben ist. Der Priester Wigbert und der Diakon Mengingoz sollen euch euere Regeln erklären und für die regelmäßige Verrichtung des Stundengebets und des Gottesdienstes sorgen; auch sollen sie die andern überwachen, Lehrer der Kinder sein und den Brüdern das Wort Gottes verkünden.[2]) Hiedde soll Propst sein und die Aufsicht über unsere Knechte führen; wo es nötig ist, soll ihm Hunfrit helfen. Styrme besorge die Küche; Bernhard sei Handwerker und baue die nötigen Zellen. In allen Dingen wendet euch an den Abt Tatwin und thuet, was er euch sagt. Jeder soll nach Kräften bestrebt sein, einen reinen Lebenswandel zu führen, im gemein= schaftlichen Leben den Nächsten zu erbauen und in brüderlicher Liebe zu verharren, bis ich, so Gott will, zu euch komme. Alsdann wollen wir zusammen Gott loben und für alles danken. Lebet wohl in Christus.“

Unter dem sorgsamen Schutze des hl. Bonifatius und der weisen Leitung der Äbte entwickelte sich das Kloster Fritzlar

---

1) Ep. 64.
2) Der Name Wigbert kommt mehrfach vor; dieser Priester Wigbert ist von dem verstorbenen Abte Wigbert wohl zu unterscheiden; ebenso Mengingoz von dem gleichnamigen Bischof von Würzburg.

vortrefflich und wurde die Wiege des Christentums in Hessen. Durch die Mönche von Fritzlar und die von ihnen gebildeten Priester wurde die Finsternis des Heidentums allmählich verdrängt und das Licht des Christentums verbreitet. Später wurde aus dem Kloster ein Stift, und die Klosterschule wurde Stiftsschule, bewahrte aber ihren alten Ruf; Söhne aus den reichsten und vornehmsten Familien erhielten dort ihre Erziehung; große Gelehrte und bedeutende, in Staat und Kirche einflußreiche Männer sind aus ihr hervorgegangen. Auch die Stadt Fritzlar erweiterte sich und wurde immer bevölkerter. In der ansehnlichen, turm- und kirchenreichen, mit Wällen und Warttürmen umgebenen Stadt wurden Reichstage und Kirchenversammlungen gehalten. Kaiser Konrad I. hielt sich dort oft auf, und nach seinem Tode (918) wurde dort Heinrich der Finkler zum Kaiser erwählt. Nach einer wechselvollen Geschichte bewahrt Fritzlar noch bis zur Stunde in seinem Äußern viel Altertümliches und erfreut, terassenartig am linken Ufer der Edder aufsteigend, das Auge durch seine anmutige Lage. Die schöne, geräumige Peterskirche, welche an Stelle der von Bonifatius gebauten Kirche im Mittelalter errichtet wurde, ist neuerdings geschmackvoll restauriert und überragt mit ihren mächtigen Türmen die Stadt, deren Bewohner stets den ihnen von Bonifatius verkündeten Glauben getreu bewahrt haben, während die Umgegend ganz protestantisch geworden ist. So dauert die Stiftung des hl. Bonifatius in Fritzlar durch die Jahrhunderte bis zur Gegenwart fort.

In Amöneburg an der Ohm, wo der hl. Bonifatius schon früher um 722 eine klösterliche Niederlassung gegründet hatte, erbaute er um die gleiche Zeit (732) wie in Fritzlar eine Kirche, weil die weitere Ausbreitung und Befestigung des Christentums auch im Lahnthale ein größeres Gotteshaus verlangte.[1] Zum Patron dieser Kirche wählte er den heiligen Erzengel Michael, welcher als Beschützer des Neuen Bundes und eifriger Kämpfer gegen das Reich der Finsternis seitens der Neubekehrten eine

[1] Seiters, S. 117 und nach ihm Reinerding, S. 240 verlegen abweichend von der allgemeinen Ansicht die Gründung des Jahres 722 nach Hammelburg a. d. Saale, weil der Bau einer Kirche im Jahre 732 nicht an demselben Orte habe geschehen können. Allein Willibald (pag. 449) spricht bezüglich des Jahres 722 nur von einer klösterlichen Niederlassung (monasterii cellam construxit), womit sich der Bau einer Kirche im Jahre 732 wohl vereinen läßt. Diese Kirche war wohl eine größere und sollte mehr der Umgegend bienen als die kleinere, die sicher auch schon früher mit dem Kloster vereinigt war.

besondere Verehrung verdiente und bei dem kriegerischen Charakter der Deutschen auch fand. Über das Kloster Amöneburg sind uns wenige Nachrichten erhalten, aber sicherlich ist die Wirksamkeit dieses Klosters in Hessen von Bedeutung gewesen, da schon zu Lebzeiten des hl. Bonifatius eine ziemliche Anzahl von Mönchen dort waren und alle Benediktiner-Mönche entsprechend ihrer Regel den Zweck verfolgten, das Land zu kultivieren und die Jugend christlich zu unterrichten und zu erziehen. Die große Wirksamkeit des Klosters läßt sich auch daraus schließen, daß sich auf dem Berge viele Hessen ansiedelten und so die Stadt Amöneburg entstand, welche noch jetzt durch ihre romantische Lage auf einer hohen, weithin sichtbaren Basaltkuppe das Auge des Reisenden auf sich lenkt und erfreut. In jener Zeit, wo der hl. Bonifatius die Kirche baute, lebte dort ein treuer und eifriger Schüler von ihm, Namens Adelher, welcher seine Besitzungen in Amöneburg und den benachbarten Orten Prettenbrunn und Selesheim dem hl. Martin, Patron der Kirche von Mainz, vermachte. Nach dessen Tode wollten seine zwei Brüder die Schenkung nicht anerkennen und versicherten trotz der Warnung des hl. Bonifatius eidlich, daß die Besitzungen ihnen gehörten. Beiden sagte Bonifatius die Strafe für ihr Vergehen voraus, dem einen plötzlichen Tod, dem andern Kinderlosigkeit; beides traf ein; der eine kam auf der Bärenjagd um, und die Ehe des andern blieb kinderlos, sodaß er nun reumütig die Besitzungen abtrat. Diese Schenkung des Adelher zeigt uns, daß die neubekehrten Hessen bestrebt waren, durch Schenkungen den neugegründeten Klöstern und Kirchen den nötigen Unterhalt zu verschaffen und dadurch dem Volke die Segnungen des Christentums zu sichern.

Auch in Franken suchte Bonifatius durch die Gründung von Klöstern das Christentum auszubreiten und zu befestigen. Dort wurden die Frauenklöster in Tauberbischofsheim, Ochsenfurt und Kitzigen gegründet, deren Leitung die aus England herübergekommenen Jungfrauen übernahmen. Im Odenwalde hatte der hl. Pirmin, welcher gleichzeitig mit dem hl. Bonifatius für die Ausbreitung des Christentums in Deutschland thätig war, eine kleine klösterliche Niederlassung gegründet. Als er später seine Thätigkeit dem Elsaß und der Schweiz zuwendete, erweiterte Bonifatius diese Stiftung und baute dort eine Kirche zu Ehren der Mutter Gottes. In einer lieblichen Gegend, nicht weit vom Main gelegen, blühte das Kloster nun rasch empor und bekam nach seinem ersten Abte Amor den Namen

Amorbach. Neben dem Kloster bildete sich die noch jetzt bestehende Stadt Amorbach in Bayern, in deren Nähe sich ein
heilkräftiges Bad befindet. Wie sehr das klösterliche Leben im
Kloster blühte, geht daraus hervor, daß bald nachher zur Zeit
Karls des Großen ein Teil der Mönche sich an der Bekehrung
der Sachsen beteiligte und ein neues Kloster in Verden an der
Aller gründete. Bei der Aufhebung der Klöster im Anfang
unsers Jahrhunderts kamen die herrlichen Klostergebäude von
Amorbach in weltliche Hände, und die prachtvolle Klosterkirche
dient seitdem dem protestantischen Gottesdienste. Auch über
Thüringen, wo Bonifatius das Kloster Ohrdruf gegründet und
der Leitung des hl. Wigbert übertragen hatte, erstreckte sich
fortwährend die Hirtensorge des hl. Bonifatius. Der Hauptort
und Mittelpunkt Thüringens war Erphesfort, das heutige Erfurt,
welches schon im 5. Jahrhundert eine kleine, von Landleuten
bewohnte Stadt war. Da sie in einer fruchtbaren Gegend und
an der uralten Verbindungsstraße zwischen Mittelrhein und
Mittelelbe lag, so war dort viel Verkehr und Handel. Es ist
daher nicht zweifelhaft, daß der hl. Bonifatius schon frühzeitig
in der dortigen Gegend das Evangelium verkündete und durch
die Gründung einer Kirche für die dortigen Christen Sorge
trug. Wie sehr die christliche Bildung in Thüringen Fortschritte machte, erhellt daraus, daß ein Schüler den hl. Bonifatius in einem längern, demütigen Schreiben dringend bat,
ihm doch zu gestatten, sich der Studien halber noch ferner in
Thüringen aufzuhalten, da er durch Krankheit am Studium
verhindert gewesen sei. Dem Briefe ist ein kleines Gedicht
beigefügt, welches die Gefühle der Verehrung und Dankbarkeit
gegen den Lehrer ausdrückt.[1] Man vermutet in Lullus, dem
Nachfolger des hl. Bonifatius, den Verfasser des Briefes, in
welchem die ergebene dankbare Gesinnung ausgedrückt ist, die
Lullus beseelte.

Nachdem der hl. Bonifatius in Franken, Hessen und
Thüringen den Samen des Evangeliums ausgestreut und für das
weitere Wachstum desselben durch die Gründung klösterlicher
Institute einigermaßen gesorgt hatte, dachte der unermüdliche
Mann an die Bekehrung der Sachsen, welche nördlich von den
Hessen und Thüringern zu beiden Seiten der Weser wohnten. Die
Bekehrung der Sachsen hatte der hl. Bonifatius zwar von Anfang
an ins Auge gefaßt; zu ihnen war er besonders von dem Papste

---

[1] Ep. 99.

Gregor II. gesandt worden,[1] und sie waren seinem Volke blutsverwandt. Die Sachsen setzten aber der Einführung des Christentums den größten Widerstand entgegen und zeigten sich als die
erbittertsten Gegner des Christentums. Wohl nie hing ein Volk
so fest an seiner heidnischen Religion und widersetzte sich so hartnäckig der Einführung des Christentums wie die Sachsen. Sie
waren glühende Verehrer der vaterländischen Götter und hielten
an den heidnischen Gebräuchen zäh fest. Auch die staatlichen
Einrichtungen der Sachsen waren von denen der andern Stämme
verschieden; während diese schon von Königen regiert wurden,
lebten jene noch in alter republikanischer Weise und entschieden
alle wichtigen Angelegenheiten in den Volksversammlungen; bei
dem Ausbruch eines Krieges wählten sie sich einen Herzog. Voll
von heidnischem Fanatismus machten die Sachsen fast jährlich
Raubzüge in die benachbarten, christlichen Gebiete, zerstörten die
Kirchen, töteten die Geistlichen, raubten, mordeten und plünderten
in wilder Lust und opferten die Kriegsgefangenen ihren Göttern.
Mit den christlichen Franken führten sie beständig Krieg und
betrachteten jeden Christen als einen Feind ihres Landes und
ihrer Religion. Die Glaubensboten, welche zu ihnen kamen,
hatten wenig oder gar keinen Erfolg und wurden teils verjagt,
teils getötet. Wie weit die Versuche des hl. Bonifatius, den
Sachsen das Evangelium zu verkünden, sich thatsächlich erstreckt
haben, darüber sind uns keine sichere Nachrichten erhalten; große
Erfolge hat der eifrige und erprobte Missionar aber sicher nicht
gehabt, höchstens wurden an den Grenzen der Hessen und
Thüringer einige Bekehrungen gemacht, etwa an der untern
Diemel und in den Gegenden südlich vom Harze. Daß er in
Soest oder im Harze thätig gewesen sei, ist nicht verbürgt. Bei
den politischen und religiösen Gegensätzen zwischen den Sachsen
und den christlichen Nachbarstämmen, welche durch die vielen
Raubzüge der Sachsen noch immer verschärft wurden, mußte
sich der hl. Bonifatius sagen, daß die Zeit für die Bekehrung
der Sachsen noch nicht gekommen sei. Er hätte seine Kraft
zersplittert und seine bereits errungenen Erfolge im mittlern
Deutschland in Frage gestellt, wenn er sein Wirkungsfeld verlassen und sich den Sachsen zugewandt hätte. Es war daher
ein Akt der Klugheit, wenn Bonifatius von der Bekehrung der
Sachsen Abstand nahm und sie der göttlichen Vorsehung überließ. Er versäumte aber nicht, was er unter solchen Umständen

---

[1] Ep. 22.

allein thun konnte; er wandte sich an Gott, daß er in seiner, alle Menschen umfassenden Güte durch einen Strahl seines himmlischen Lichtes den trotzigen Sinn der Sachsen brechen und ihre Bekehrung herbeiführen möge. In den Briefen an seine Landsleute in der Heimat spricht Bonifatius wiederholt von seinem Vorhaben, die Sachsen zu bekehren, und bittet inständig, mit ihm für deren Bekehrung zu beten. So schreibt er an den Bischof Torhthelm von Leicester, daß er Tag und Nacht auf die Bekehrung der Sachsen sinne, und bittet ihn um sein Gebet; dieser spricht ihm in der Antwort seine Freude über das geplante Werk aus, wünscht ihm dazu Glück und versichert ihn seines beständigen Gebets.[1]) Ein wie heißes Verlangen Bonifatius in sich trug, die Sachsen zu bekehren, ist besonders in folgendem, etwa um 735 abgefaßtem Schreiben[2]) ausgesprochen:

„Allen ehrwürdigen Mitbischöfen, Priestern, Diakonen und Geistlichen, allen der Herde Christi vorgesetzten Äbten und Äbtissinnen, allen demütigen Mönchen, Gott geweihten Jungfrauen und Dienerinnen Christi, ja, überhaupt allen gottesfürchtigen Katholiken aus dem Stamme der Sachsen, übersendet ihr Landsmann, katholischer Legat für Deutschland und Diener des Apostolischen Stuhles, Bonifatius, welcher auch Winfrid genannt wird und ohne seine Verdienste zur Würde eines Erzbischofs erhoben wurde, den demütigsten und aufrichtigsten Gruß in der Liebe und Gemeinschaft Christi.

Herzlichst bitte ich euch, Brüder, daß ihr euch in euern Gebeten meiner Wenigkeit gütigst erinnert, damit ich von den Schlingen des umhergehenden Satans und von unverschämten, bösen Menschen befreit, das Wort Gottes aber in aller Welt verkündigt und verherrlicht werde. Suchet auch durch euere frommen Bitten zu bewirken, daß Gott und unser Herr Jesus Christus, welcher will, daß alle Menschen selig werden und zur Erkenntnis der Wahrheit gelangen, die Herzen der heidnischen Sachsen zum katholischen Glauben bekehren, sodaß sie den Schlingen des Teufels, in welchen sie gefesselt sind, entrissen und den Söhnen ihrer Mutter, der Kirche, zugesellt werden. Erbarmet euch jener, die ja selbst zu sagen pflegen: „Wir sind aus einem Blute und einem Fleische". Wisset, daß ich zu diesem Unternehmen von zwei Bischöfen der römischen Kirche ermuntert und mit ihrem Segen ausgerüstet wurde. Entsprechet unserer

---

[1]) Ep. 101. [2]) Ep. 39.

Bitte, damit euer Lohn bei den Chören der Engel groß und herrlich werde. Eine einige und innige Liebesgemeinschaft in Christus bewahre und vermehre unter euch stets der allmächtige Gott."

Da Bonifatius auf eine segensreiche Wirksamkeit bei den verstockten Sachsen nicht hoffen konnte, so ging er nach Bayern, das Wort des göttlichen Heilandes befolgend: „Wenn jemand euch nicht aufnimmt und euern Worten kein Gehör giebt, so geht fort aus solchem Hause oder solcher Stadt". (Matth. 10, 14.) Die Bayern sind ein deutsches, den Langobarden stammverwandtes Volk, welches schon frühzeitig das südöstliche Deutschland in Besitz genommen hatte. Das Christentum war durch römische Kaufleute und Soldaten dort ausgebreitet worden, aber durch die Stürme der Völkerwanderung wieder vernichtet worden und mußte daher von neuem gepredigt werden. Der heilige Bischof Ruprecht von Worms kam auf eine Einladung des Herzogs Theodo nach Regensburg, verkündete dort das Evangelium und taufte den Herzog und viele Bayern. Später begab er sich in die Alpen, gründete auf den prachtvollen Trümmern einer alten Römerstadt am Juvavus (Salzach) eine Kirche, ein Männer- und ein Frauenkloster und wurde der Gründer der Stadt und des Bistums Salzburg. Der hl. Emmeran, Bischof von Poitiers, auf einer Missionsreise nach Ungarn begriffen, wurde vom Herzoge aufgehalten, damit er in Regensburg das Christentum verkündete. Er war als Bischof mehrere Jahre in Regensburg thätig und wurde von dem Sohne des Herzogs ermordet, weil dieser ihn ungerechterweise in Verdacht hatte, daß er mit seiner Schwester einen sündhaften Verkehr gehabt habe. Der hl. Corbinian war für das Christentum in den Isargegenden thätig, ließ sich in Freisingen nieder und erbaute die dortige Marienkirche, die er zu seiner bischöflichen Kirche erwählte. Wie segensreich auch diese vortrefflichen Männer wirkten, so lebten sie doch zu verschiedenen Zeiten und wirkten vereinzelt ohne gemeinschaftlichen Plan. Es fehlte in Bayern an tüchtigen Bischöfen und Klöstern, welche das Werk jener Männer aufnahmen, fortsetzten und vollendeten. Es lebte daher in Bayern noch eine Menge Heiden, und die Irrlehre der Arianer, welche die Gottheit Christi leugneten, hatte viele Anhänger. So befand sich die katholische Kirche Bayerns in einer sehr traurigen Lage, obgleich die Herzöge aus dem Hause der Agilolfinger meistens der katholischen Kirche sehr gewogen waren. Diesem Hause gehörte auch die Prinzessin Theodolinde an, welche den Langobarbenkönig Authari heiratete und durch Eifer und Besonnenheit, vom Papste Gregor I. unterstützt, die Langobarden in den Schoß der katholischen Kirche führte. Der Herzog Theodo II. teilte das Land für sich und seine drei Söhne in vier Teile und wallfahrtete im Jahre 716 nach Rom, um von dem Papste die Gründung von vier Bistümern für Bayern zu erwirken. Der Papst sandte zur Ordnung der kirchlichen Verhältnisse drei Legaten mit einer Instruktion nach Bayern. In dieser Instruktion war die Gründung von drei Bistümern unter einem Erzbischofe festgesetzt, und mit Rücksicht auf die Mißstände Bayerns waren über die Wahl und Weihe der Bischöfe und Priester, über die Spendung der heiligen Sakramente, besonders der Ehe und Priesterweihe, über die Einheit und Unauflöslichkeit der Ehe, über die Abschaffung der heidnischen Gebräuche, über die Feier des Gottesdienstes und in betreff der Kirchenzucht genaue Vorschriften gegeben. Allein der Herzog Theodo II. starb bald, und sein Sohn wandelte nicht in seinen Fußstapfen; es brachen auch Kriege aus; Bayern wollte die fränkische Oberhoheit nicht anerkennen und geriet mit den Franken in Krieg; Franken und Langobarden rissen Teile von Bayern an sich, und so kam es, daß jene Instruktion des Papstes nicht durchgeführt wurde. Der Enkel Theodos, Hucbert (728—737), vereinigte wieder alle Teile des bayerischen Reiches und suchte nun das Werk seines Großvaters durchzuführen, stieß aber auf unüberwindliche Schwierigkeiten. Da der Bischof Corbinian, das geistige Haupt der bayerischen Kirche, 730 gestorben, und Bonifatius der einzige Erzbischof auf dem rechten Rheinufer war, so sah er sich veranlaßt und verpflichtet, nach Bayern zu reisen. Er zog im Lande umher, predigte mit großem Eifer den christlichen Glauben, untersuchte den Zustand der Kirchen, setzte schlechte Geistliche ab, unter welchen besonders einer, Namens Cremwulf, genannt wird, und suchte die traurigen Zustände nach Kräften zu bessern. Zeit und Dauer dieser Wirksamkeit des hl. Bonifatius in Bayern lassen sich nicht genau bestimmen, wahrscheinlich gegen 735. Bei der tiefen Zerrüttung der bayerischen Verhältnisse und bei dem Mangel tüchtiger Bischöfe und Ordensleute konnte auch ein bewährter, eifriger Mann wie der hl. Bonifatius nicht alle Schäden in kurzer Zeit beseitigen. Zu einem längern Aufenthalt in Bayern konnte sich Bonifatius nicht entschließen, da die Pflanzungen in Hessen und Thüringen noch immer seine Thätigkeit erforderten. Er behielt sich daher die Ordnung der bayerischen Verhältnisse für eine spätere Zeit vor; es war jedoch für ihn ein großer Vorteil, die traurigen Verhältnisse Bayerns durch persönliche Anschauung kennen ge= lernt zu haben. Auch bekam Bonifatius auf dieser Reise einen seiner bedeutendsten Schüler, den hl. Sturmi. Dieser wurde noch im jugendlichen Alter von frommen Eltern im Isarthale dem hl. Bonifatius für den Dienst des Herrn übergeben, welcher ihn zuerst auf seinen Reisen mit sich nahm und dann in Hessen dem Kloster Fritzlar zur Erziehung übergab. In Hessen und Thüringen zog Bonifatius bei seinen kirchlichen Stiftungen umher, belehrend, ermunternd und die Segnungen des Heils spendend, bis er im Jahre 738 seine dritte Reise nach Rom antrat.

Zweiter Teil.

Wirksamkeit des heiligen Bonifatius als Apostolischen Legaten zur Befestigung der kirchlichen Ordnung.

Erstes Kapitel.

Dritte Romreise (738—739); Ordnung der kirchlichen Verhältnisse Bayerns; Gründung der Bistümer Eichstätt, Würzburg, Buraburg und Erfurt.

Mehr als 20 Jahre waren bereits verflossen, seitdem der hl. Bonifatius im Jahre 716 zum ersten Male deutschen Boden betreten hatte. Die Jahre des kräftigen Mannesalters hatte er der Verkündigung des Evangeliums gewidmet. Er näherte sich dem Greisenalter und mußte mit der Möglichkeit rechnen, daß ein baldiger, vielleicht unerwarteter Tod seinem apostolischen Wirken ein Ende machte. Für die ihm etwa noch beschiedene Lebenszeit blieb ihm aber noch eine wichtige Sache zu ordnen. Er war nämlich bis jetzt bei fünf deutschen Stämmen, den Bayern, Franken, Thüringern, Hessen und Friesen für das Evangelium thätig gewesen. Während sein Freund Willibrord in Friesland für den Fortbestand der Kirche durch die Gründung des bischöflichen Stuhles von Utrecht gesorgt hatte, fehlte es im südlichen und mittlern Deutschland gänzlich an festen bischöflichen Sitzen, deren Inhaber das Werk des hl. Bonifatius nach dessen Tode fortsetzten. Das ganze Werk, welches Bonifatius dort geschaffen hatte, ruhte auf seinen Schultern und konnte durch seinen Tod in die größte Gefahr kommen. Es mußte daher eine Anzahl bischöflicher Sitze gegründet werden, auf welchen wie auf festen Ecksteinen das ganze Gebäude ruhte und gegen alle Stürme der Zeit gesichert war. Das erkannte auch der hl. Bonifatius. Um daher mit dem Papste Gregor, den er noch niemals gesprochen hatte, über diese wichtige Sache zu beraten, seine Anschauungen über das Missionswesen in Deutsch= land kennen zu lernen und ihn noch mehr für dasselbe zu ge= winnen, wie auch um sich selber an den Gräbern der Apostel= fürsten und der hl. Martyrer durch Gebet und Sammlung zu erfrischen, geistig zu erneuern und zum opfervollen Wirken zu stärken, unternahm er im Jahre 738 seine dritte Romreise. Eine ziemliche Anzahl seiner Schüler nahm er auf diese Reise mit, damit auch diese mit dem Päpstlichen Stuhle bekannt, über dessen Anschauungen unterrichtet und von Anfang an in die engste Verbindung mit ihm gebracht würden. Zugleich sollten sie das klösterliche Leben kennen lernen, welches in den Klöstern Italiens, nach dem Vorbilde des Mutterklosters Monte Casino, streng nach der Regel des hl. Benediktus eingerichtet war, und in Rom, dem Mittelpunkte alles katholischen Lebens und der glorreichen Stätte so vieler Blutzeugen, sollten sie den echt kirchlichen Geist einsaugen. Für den hl. Bonifatius, einen Mann von 60 Jahren, war diese Reise gewiß doppelt beschwer= lich, da sie größtenteils zu Fuß gemacht wurde und der Weg über die hohen Gebirgsketten der Alpen führte. Allein das ist eben das Überraschende im Leben der Heiligen, daß sie nicht wie andere Menschen vor Schwierigkeiten zurückschrecken, sondern um so mutiger und begeisterter werden, jemehr Schwierigkeiten sie finden. So war es auch bei dem hl. Bonifatius. Das Ziel seines Wirkens, die Ausbreitung und Befestigung der katholischen Kirche in Deutschland, faßte er um so entschiedener ins Auge und strebte es um so mutiger an, jemehr Schwierig= keiten sich ihm entgegenstellten.

In Rom angelangt, wurde Bonifatius von Papst Gregor III. sehr freundlich aufgenommen, wie er selber bald hocherfreut seinen Söhnen im Kloster Fritzlar und allen seinen Brüdern und Schwestern in Deutschland unter ermunternden Worten zur beständigen, gegenseitigen Liebe meldete.[1] Die Kunde von seiner segensreichen Wirksamkeit in Deutschland und seinen großen apostolischen Tugenden hatte sich schon weithin verbreitet, sodaß

---

[1] Ep. 34.

er bei den Römern wie bei den Pilgern in hohem Ansehen stand. Damals eilten nämlich alljährlich unzählige Pilger aus allen Teilen der Welt nach Rom, der Sehnsucht aller christlichen Völker; es bildeten sich dort mehrere Kolonieen von Fremden, und jede Nation hatte ihr eigenes Pilgerhaus, wo die Landsleute sich zusammenfanden. Nicht bloß die Bewohner der ewigen Stadt, sondern auch die zahlreichen Christen aus England und Deutschland suchten den berühmten Glaubensboten zu sprechen und Worte erbaulicher Belehrung aus seinem Munde zu vernehmen. In Rom traf Bonifatius auch die Bugga, eine fromme, angelsächsische Nonne aus königlichem Geschlechte, welche ebenfalls nach Rom gewallfahrtet war. Sie unterhielt sich mit Bonifatius über Angelegenheiten der Heimat und bat ihn, doch im Gebete eines ihrer Verwandten zu gedenken, des Königs Ethelbert II. von Kent (auch Ethelbald genannt). Später nach England zurückgekehrt, erzählte Bugga dem König Ethelbert vom hl. Bonifatius. Der König wurde so von diesem eingenommen, daß er ihm einen Brief nach Deutschland schrieb[1]) und sich für sein Gebet bedankte, welches ihm zur Freude und zum Troste gereichte. Zugleich übersandte er ihm durch den Ueberbringer des Briefes, einen Mönch, Namens Ethelhun, eine inwendig vergoldete Schale von Silber, versprach ihm, sein Werk durch die Übersendung von geeigneten Gehilfen zu fördern, und empfahl sich seinem fernern Gebete sowohl für die Zeit seines gefahrvollen Lebens wie auch für die Stunde seines Todes. Da die Jagdfalken, welche in frühern Zeiten bei dem Mangel der Gewehre wegen ihrer Gelehrsamkeit zur Jagd abgerichtet und sehr teuer bezahlt wurden, in England selten waren und die in den deutschen Wäldern gefangenen Falken sich besser zur Jagd eigneten, so bat König Ethelbert am Schluß seines Briefes in bescheidener Weise den hl. Bonifatius, ihm doch ein Paar dieser Vögel zu schicken, weil er gern auf die Jagd ginge, eine Bitte, welche der hl. Bonifatius auch erfüllte. Übrigens bestätigen diese nahen Beziehungen des hl. Bonifatius zu der angelsächsischen Königsfamilie die Überlieferung, daß er aus sehr vornehmem Geschlechte stammte.

Auf seiner dritten Romreise brachte Bonifatius einen bedeutenden Teil des Jahres in der ewigen Stadt zu und benutzte diese Zeit aufs beste. Er besuchte eifrig mit seinen Schülern

---

[1]) Ep. 103. Külb (84. Brief) verlegt die Zusammenkunft mit Bugga auf die zweite Romreise (722) und setzt den Brief viel früher an.

die heiligen Stätten, an welchen Rom so reich ist, und betete
viel an den Gräbern der heiligen Martyrer. Wie manches
heiße Gebet mag er für die Bekehrung Deutschlands aus der
Tiefe seines liebeerfüllten Herzens zum Himmel emporgesandt
haben! Wie fühlte er an den Gräbern der heiligen Blutzeugen
zu neuem, opferwilligen Wirken im Dienste Christi sich ermutigt
und gekräftigt! Zugleich besuchte er die Schulen und Klöster
Roms, um mit ihren innern Einrichtungen sich bekannt zu machen
und für die Errichtung ähnlicher Anstalten sich Erfahrungen zu
sammeln. Auch hatte er öfters Unterredungen mit dem Papste,
schilderte ihm die deutschen Zustände, besprach mit ihm den
Plan zur Ordnung der kirchlichen Verhältnisse Deutschlands
und empfing die zu diesem Zwecke nötigen, kirchlichen Voll=
machten. Der Papst machte ihn zu seinem Legaten für Deutsch=
land und übertrug ihm die Vollmacht, Bischöfe einzusetzen,
Kirchenversammlungen abzuhalten und überhaupt alle kirchlichen
Angelegenheiten Deutschlands in seinem Namen zu ordnen.
Durch seinen treuen, kirchlichen Sinn und durch sein besonnenes,
mit reichem Erfolge gekröntes Wirken hatte Bonifatius sich das
volle Vertrauen des Papstes erworben, sodaß er die Ordnung
der kirchlichen Verhältnisse Deutschlands ganz in seine Hand
legte. Da der Papst damals gerade in Rom eine Synode
halten wollte, so dehnte Bonifatius seine Anwesenheit in Rom
aus, um dieser Synode beizuwohnen. Er hatte zwar in Eng=
land schon öfter Synoden beigewohnt, allein er wollte gerne in
Rom einer Synode unter dem Vorsitze des Papstes beiwohnen,
um dann später in Deutschland bei der Leitung der Synoden
das Richtige zu treffen.

Als der hl. Bonifatius den Zweck seiner Anwesenheit in
Rom erfüllt hatte und sich zur Abreise anschickte, übergab ihm
der Papst drei Briefe,[1] um dadurch seine Wirksamkeit in
Deutschland zu sichern und zu fördern. Das erste Schreiben
war an die Bischöfe, Priester und Äbte Deutschlands gerichtet,
welchen der Papst befiehlt, den hl. Bonifatius, seinen Bruder
und Mitbischof, in seiner Wirksamkeit zu unterstützen und ihm
zu gestatten, daß er sich bei ihnen geeignete Personen zu Ge=
hilfen erwähle, wohl bedenkend das Wort des göttlichen Hei=
landes: „Wer einen Propheten aufnimmt, der wird auch den
Lohn des Propheten haben". (Matth. X, 41.) Das zweite
Schreiben ist an alle Edlen und alle Bewohner des östlichen

---

[1] Ep. 35, 36, 37.

Frankenreiches gerichtet, namentlich an die Thüringer, die Hessen, die Vortharier im Thale der Wohra, eines Zuflusses der Ohm, die Niftreser an der Nifter, einem Zuflusse der Sieg, die Wetrever in der von der Wetter durchflossenen Wetterau, die Lognaer an der Lahn, die Suduofen (Sudvoden) im Speffart und Odenwald und an die Grabfelder auf dem rechten Ufer des mittlern Mains. Die Vortharier, Niftreser, Wetrever, Lognaer und Suduofen gehörten zu den Oberheffen; unter Heffen waren die Niederheffen an der untern Fulda verftanden. Während das Land auf der linken Seite des Rheins, das heutige Frankreich, das weftliche Frankenreich genannt wurde, hieß das Land auf der rechten Rheinfeite das öftliche Franken= reich, wozu auch die Heffen und Thüringer gehörten; später blieb der Name Franken bloß für die Maingegend üblich. Diefe rechtsrheinischen Stämme waren befonders dem hl. Boni= fatius überwiefen; der Papft ermahnt fie daher, dem Boni= fatius als dem Gefandten des Apoftolifchen Stuhles und den von ihm geweihten Bifchöfen und Prieftern Gehorfam zu leiften, fich vor den von ihm verurteilten Irrlehrern zu hüfen, jedem Göttzendienfte zu entfagen, fich der heidnifchen Gebräuche zu enthalten, nur den wahren Gott zu lieben, welcher allein die Gebete der Bittenden zu erhören vermöge, und würdige Früchte der Buße zu bringen, damit fie am Tage der Ankunft Jefu Chrifti in die Wohnungen des Himmels aufgenommen würden. Das dritte Sendfchreiben des Papftes ift an die Bifchöfe Bayerns und Alamanniens gerichtet; letzteres umfaßte das heutige Württemberg, Baden und einen Teil der Schweiz. Diefe Bifchöfe, nämlich Wiggo von Augsburg, Liudo von Speyer, Ridolt von Konftanz, Vivilo von Paffau und Abda (Hetto) von Straßburg, werden vom Papft in herzlichen Worten ermahnt, entfprechend ihrem Berufe zu wandeln, ihren heiligen Dienft vollkommen zu verrichten, Bonifatius als feinen Stell= vertreter in Ehren aufzunehmen und feinen Vorfchriften zu folgen; ferner follen fie zweimal im Jahre auf einer Synode zufammentreten, um über das Wohl der Kirche und des Volkes zu beraten, follen fich und ihre Herden vor fchismatifchen Briten und irrgläubigen Prieftern hüten, die heidnifchen Gebräuche ab= fchaffen, in der reinen Lehre tabellos ausharren und auf dem bevorftehenden Konzil erfcheinen, über welches Bonifatius dem Papfte Bericht erftatten foll, damit fie mit allen ihren an= vertrauten Seelen das ewige Leben gewinnen. Zugleich mit diefen Briefen, welche in herzlichem, eindringlichem Tone ab=

gefaßt sind, überreichte der Papst dem hl. Bonifatius passende
Geschenke und Reliquien von Heiligen. Die Leiber der Heiligen
waren nämlich hier auf Erden Werkzeuge der von ihnen mit
großem Heldenmute geübten Tugend, werden von Gott nicht
selten durch Wunder verherrlicht und sollen einst am jüngsten
Tage glorreich auferstehen. Mit Recht werden sie daher von
der Kirche in Ehren gehalten und in den Altären der Gottes=
häuser aufbewahrt. Da der hl. Bonifatius in Deutschland viele
neue Kirchen baute, so ist es begreiflich, daß er seine Anwesen=
heit in Rom benutzte, um sich viele Reliquien zu verschaffen.

Mit diesen Begleitschreiben des Papstes versehen und den
Beweisen seines besondern Wohlwollens überhäuft, trat Boni=
fatius ermutigt und gestärkt die Rückreise nach Deutschland an,
durchwanderte das mittlere und nördliche Italien und kam
nach Pavia, wo der ihm bekannte Langobardenkönig Liutprand
(713—744) regierte, ein weiser und thatkräftiger Fürst, welcher
im ganzen der Kirche wohlgesinnt war, obschon er gegen den
Päpstlichen Stuhl eine sehr nationale Richtung verfolgte. Weil
der hl. Bonifatius die Mühen der Reise in seinem Alter sehr
empfand, so blieb er einige Zeit zur Erholung bei Liutprand,
der ihn schon früher auf der ersten Romreise gastlich auf=
genommen hatte. [1]) Neu gestärkt unternahm er dann die mühsame
Wanderung über das Hochgebirge der Alpen und gelangte glück=
lich nach Bayern. Dort regierte der Herzog Odilo, ein der
Kirche treu ergebener Mann, welcher den in seinem Lande ver=
breiteten Irrlehren sich zwar nicht anschloß, aber doch ihrem
nachteiligen Einflusse ausgesetzt war und nicht entschieden gegen
sie auftrat. Auf die Besserung der kirchlichen Zustände seines
Landes bedacht, sandte er dem hl. Bonifatius Boten entgegen,
um ihn nach Bayern einzuladen, wohin er übrigens schon aus
freien Stücken gehen wollte. Die Verhältnisse Bayerns waren
nämlich sehr traurig. Die frühern Glaubensboten hatten zwar
auf ihren bischöflichen Stühlen mit Eifer und Erfolg gewirkt,
Ruprecht in Salzburg, Emmeran in Regensburg, Corbinian in
Freisingen, aber ihr Werk war nicht· einheitlich geordnet und
daher auch nicht von Dauer. Die Männer, welche zur Zeit

---

[1]) Da Liutprand 738 gegen die Sarazenen, den gemeinsamen Feind
der Christenheit, im südlichen Frankenreiche kämpfte und 739 gegen Rom
zog, also in diesen Jahren wohl schwerlich den Besuch des hl. Bonifatius
in Pavia empfing, so verlegte man dessen Romreise in das Jahr 737,
die Rückreise in den Anfang des Jahres 738 und die Ordnung der
bayerischen Verhältnisse in die zunächst folgende Zeit.

der Ankunft des hl. Bonifatius in Bayern diese bischöflichen
Sitze innehatten, waren größtenteils gar nicht einmal geweiht;
sie wurden daher von Bonifatius abgesetzt; statt ihrer wurden
geweiht: Johannes zum Bischof von Salzburg, Crembrecht,
Bruder Corbinians, zum Bischof von Freisingen und Goibald
zum Bischof von Regensburg. Der Bischof von Salzburg war
zugleich Abt des Klosters St. Peter, und der Bischof von
Regensburg Abt von St. Emmeran; diese Würden blieben zeit=
weilig miteinander vereint. Der einzig rechtmäßig geweihte
Bischof in Bayern war Vivilo, welcher vom Papste Gregor III.
als Missionsbischof ohne bestimmten Sitz geweiht war. Er
hatte sich vielleicht Lorch an der Donau in Österreich zur Stätte
seiner Wirksamkeit erwählt; als aber Lorch durch die Ungarn
zerstört wurde, begab er sich nach Passau, welches Bonifatius
ihm als bischöflichen Sitz bestätigte. Mit Zustimmung des
Herzogs verteilte Bonifatius das Land unter diese vier Bis=
tümer, setzte ihre Grenzen fest und verband ihre Hirten unter=
einander durch das Band desselben Glaubens und den Ge=
horsam unter dem Apostolischen Stuhle. Wie es dort Männer
gegeben hatte, welche sich fälschlich die bischöfliche Weihe bei=
legten, so gab es dort auch Männer, welche sich fälschlich für
Priester ausgaben, durch ihr sittenloses Leben dem Volke ein
Aergernis waren und falsche Lehren im Volke verbreiteten.
Der hl. Bonifatius, alles Unheilige verabscheuend und für
die Reinheit und Heiligkeit des Glaubens eifernd, zog im
Lande umher, vertrieb die falschen Priester und Irrlehrer,
verkündete überall mit großer Kraft das Wort Gottes, bestellte
würdige Priester zur Ausspendung der heiligen Sakramente
und bekehrte das Volk zum wahren Glauben und zum christ=
lichen Leben.

So übte der hl. Bonifatius durch seinen Feuereifer eine
reinigende Wirksamkeit in Bayern aus und rief auch neues
kirchliches Leben hervor. Um diese Zeit brach zwischen Sachsen
und Franken ein Krieg aus, welcher die Pflanzungen des
hl. Bonifatius in Thüringen bedrohte und ihn bewog, sich
dorthin zu begeben. Er versäumte jedoch nicht, von dort über
seine umfassende, neuschaffende Wirksamkeit in Bayern dem
Papste Gregor zu berichten. In dem Antwortschreiben[1]) dankte
dieser innig Gott dem Herrn, daß durch Bonifatius so viele
zum christlichen Glauben bekehrt worden seien, billigte dessen

---

[1]) Ep. 38.

Anordnungen in Bayern und ermahnte ihn, die Lehren des Heils unermüdlich zu verkünden, die zweifelhaft geweihten Priester wieder zu weihen, falls sie zum Priestertum geeignet seien, die Taufe nicht zu wiederholen, falls sie im Namen der allerheiligsten Dreifaltigkeit erteilt sei, und in seinem Auftrage die deutschen Verhältnisse auf einem Konzil zu ordnen. Zugleich ermutigte ihn der Papst, die Mühen und Beschwerden der Missionsreisen bereitwillig auf sich zu nehmen, ohne Unterlaß an allen Orten das Evangelium zu verkündigen und nach Bedürfnis Bischöfe zu weihen, damit eine große Anzahl von Menschen gerettet würde und er selber einst als getreuer Knecht in die Freude seines Herrn einginge.

Wie wir aus diesen Worten des Papstes schließen können, hatte sich Bonifatius, wohl auf Anraten seiner Schüler und Freunde, mit dem Gedanken beschäftigt, ob er sich nicht einen bischöflichen Sitz zur dauernden Niederlassung wählen sollte. Weil aber die kirchlichen Zustände in Deutschland noch nicht geordnet waren und Bonifatius die geeignete Person war, um die Zustände zu ordnen, so ging der Papst nicht auf diesen Gedanken ein. Bonifatius unterwarf sich. Er verblieb einige Zeit in Thüringen, um die vom Kriege bedrohten Gemeinden im Glauben zu stärken. Als die heidnischen Sachsen besiegt und die Herrschaft der christlichen Franken im mittlern Deutsch= land wiederhergestellt war, kehrte er nach Bayern zurück, um sein Werk zu befestigen und zu vollenden. Entsprechend dem Befehle des Papstes hielt er 740 eine Synode ab, auf welcher seine Schüler, die Bischöfe Bayerns und des südlichen Deutsch= lands versammelt waren. Über Zeit, Ort und Beschlüsse der Versammlung ist uns nichts Sicheres überliefert; sicherlich be= zweckte sie aber die Befestigung der bischöflichen Sitze und die Ordnung der kirchlichen Verhältnisse in Bayern und fand vielleicht in Regensburg statt. Das Werk des hl. Bonifatius war von dem herrlichsten Erfolge gekrönt; das kirchliche Leben blühte sowohl bei dem Volke, wie auch bei den Vornehmen, und brachte die herrlichsten Früchte hervor. Innerhalb 40 Jahren wurden ungefähr 30 Klöster gegründet, welche für die Verbreitung von Kultur, Wissenschaft und Religion von der größten Bedeutung wurden. Wilde, unfruchtbare Gegenden wurden durch dieselben kultiviert; die Wissenschaften blühten in denselben, und manche Schätze des klassischen Altertums wurden uns durch dieselben erhalten; das Christentum wurde durch sie immer weiter aus= gebreitet und gewann immer mehr an Kraft und Einfluß im Volke.

Die Herzöge aus dem Hause der Agilofinger waren gegen die Klöster sehr freigebig und statteten sie reichlich mit Gütern aus; andere edle Familien folgten ihrem Beispiele. Nicht selten traten Glieder aus den edelsten Familien in die Klöster ein, an deren Stiftung sie sich beteiligt hatten; nachdem sie in jenen wilden, kriegerischen Zeiten die Nichtigkeit und Vergänglichkeit des irdischen Lebens erkannt hatten, lebten sie im Kloster bloß Gott und ihrem Seelenheile und erbauten durch ihr tugendhaftes Leben all ihre Mitmenschen. In all diesen Klöstern wurde die Regel des hl. Benediktus strenge befolgt; daher wurden auch aus Monte Casino, dem Mutterkloster der Benediktiner, Mönche nach Bayern berufen, welche das Ordensleben nach dem Vorbilde des Mutterklosters regelten. Zu der Zahl dieser Klöster gehörten Benediktbeuern, Kochelsee, Wessobrun, Tegernsee, Alto=münster, Monsee und andere; sie liegen meistens in herrlichen Alpenthälern an Seeen, in deren klarem Spiegel sich die mächtigen Berge der Umgegend spiegeln. Landfried, ein Mann aus fürst=lichem Geschlechte, in den Wissenschaften wohl unterrichtet und von größter Sittenreinheit, gründete mit seinen beiden Brüdern und seiner Schwester 7 Klöster und stand ihnen als Oberer vor. In Wessobrun stieg die Zahl der Mönche noch unter seiner Leitung auf 150, und im nahen Frauenkloster Sandau auf 50. Bonifatius beförderte diese Klöster sehr, empfahl sie dem Schutze der Großen und erwarb ihnen Privilegien. Wenn er auch an der Stiftung aller dieser Klöster nicht persönlich beteiligt war, so hat er doch den religiösen Geist hervorgerufen, aus welchem diese zahlreichen Stiftungen hervorgingen, welche Jahrhunderte hindurch zeitlichen und ewigen Segen in Bayern verbreiteten.[1]

Das Herzogtum Bayern, dessen kirchliche Verhältnisse Bonifatius im Jahre 740 regelte, reichte damals im Norden bis zur Donau. Das Gebiet nördlich von der Donau, das heutige Mittelfranken an der Altmühl, wurde damals Nordgau genannt und war ein streitiges Gebiet, um welches die Bayern, Franken und Thüringer nicht selten blutige Kriege führten. Das Gebiet war größtenteils noch wild und unbebaut und die Bewohner meistens Heiden. Die Kultivierung dieser Gegend und ihre Bekehrung zum Christentum ist das Werk dreier Ge=

---

[1] Sehr richtig läßt daher auch Kerner in seinem Liede „Der reichste Fürst" den Herzog Ludwig von Bayern sich der reichen Klöster seines Landes rühmen.

schwister, welche mit dem hl. Bonifatius verwandt waren und durch ihn nach Deutschland gerufen wurden, nämlich Willibald, Wunnibald und Walpurgis. Ihr Vater, ein englischer König oder Häuptling, hieß Richard; ihre Mutter Wunna war eine Verwandte des hl. Bonifatius. Richard machte mit seinen beiden Söhnen eine Wallfahrt nach Rom, starb aber unterwegs in Lukka, wo er von seinen Söhnen begraben wurde. Später wurden seine Gebeine nach Eichstätt gebracht; wegen seiner hohen Tugenden wird er als Heiliger verehrt. Die Söhne setzten nach des Vaters Tode ihre Wallfahrt nach Rom fort, wo Wunnibald erkrankte und einige Zeit verblieb. Später kehrte er nach England zurück, um bald von neuem nach Rom zu wallfahrten, wo ihn Bonifatius auf seiner zweiten Romreise (722—723) traf. Als dieser für sein Missionswerk Mit= arbeiter nach Deutschland suchte, ging Wunnibald mit mehreren Genossen im Jahre 731 nach Deutschland. In Bayern wurde er bald mit dem Herzog Odilo befreundet, doch Bonifatius sandte ihn nach Thüringen, damit er sich dort auf den Empfang der heiligen Priesterweihe vorbereite und dann im Dienste des Evangeliums thätig wäre. Sein Bruder Willibald war unter= dessen nach Palästina gereist, um dort die heiligen Stätten zu besuchen, hatte aber dabei das Mißgeschick, für längere Zeit in die Gefangenschaft der Türken zu geraten. Aus derselben be= freit, ging er nach Monte Casino und wurde dort Mönch (729). Als Bonifatius (738—739) zum dritten Male in Rom war, bat er den Papst, ihm auch Willibald als Mitarbeiter nach Deutschland zu senden. Der Papst erfüllte diese Bitte. Als Willibald einmal nach Rom kam, veranlaßte ihn der Papst, nach Deutschland zu gehen. Unterwegs besuchte er aus kind= licher Liebe das Grab seines Vaters in Lukka, wanderte dann durch das nördliche Italien und überschritt das Hochgebirge der Alpen auf der alten Kaiserstraße, welche schon zu den Zeiten der alten Römer ein Hauptübergang über die Alpen war und aus Italien durch das Thal der Eisack über den Brenner nach Innsbruck in das Innthal und von da wieder über hohe Berge in das Thal des Lech nach Bayern führte. In Bayern an= gekommen, begab sich Willibald an den Hof des Herzogs Odilo und wurde von diesem freundlich aufgenommen. Bonifatius hielt sich damals in der Bischofsstadt Freisingen auf, wohin er auch den Willibald beschied.

Der Graf Suitger von Hirschfeld hatte dem hl. Bonifatius ein Gebiet an der Altmühl geschenkt, welches ganz mit Eichen bewachsen war und daher den Namen Eichstätt bekam.[1] Die Gegend war wild und unbebaut; nur eine kleine Kirche war im Walde zu Ehren der Gottesmutter Maria erbaut worden. Auf Wunsch des hl. Bonifatius machte sich Willibald auf, um mit dem Grafen Suitger jene Gegend zu untersuchen; sie fanden sie zur Anlage eines Klosters geeignet und berichteten in diesem Sinne an den hl. Bonifatius. Da diese klösterliche Niederlassung ein fester Ausgangspunkt christlicher Gesittung für die ganze Gegend zwischen Main und Donau werden sollte, so erschien die Sache dem hl. Bonifatius wichtig genug, um mit Suitger und Willibald den Ort zu besuchen, und als er ihm gefiel, wurde mit seiner Zustimmung und nach seinem Rate eine klösterliche Niederlassung beschlossen. Grund und Boden wurden daher dem Willibald übergeben, und dieser in der Marienkirche am 12. Juli 740 von Bonifatius zum Priester geweiht, damit er, mit priesterlicher Würde und Vollmacht ausgerüstet, der ganzen Niederlassung vorstehe. Das Werk wurde alsdann sogleich begonnen; Bäume wurden gefällt, der Boden geebnet und der Grund zu dem Bau von Kloster und Kirche gelegt, welcher unter Willibalds geschickter Leitung rasch voranschritt.

Bonifatius, welcher sich mit unermüdlichem Eifer dem Missionswesen widmete, begab sich von Bayern nach Thüringen und übergab hier dem Wunnibald die Besorgung von sieben Kirchen; denn bei dem Mangel an Priestern mußte oft ein einzelner Priester die Seelsorge in einem weit ausgedehnten Bezirke übernehmen. Als Bonifatius im Jahre 741 in seinem eigentlichen Missionsgebiete bischöfliche Stühle errichtete und mit geeigneten Hirten besetzte, wie er es vorher in Bayern gethan hatte, beschloß er auch, für den Nordgau einen Bischof zu weihen, und bestimmte dazu den Willibald, der alle Eigenschaften eines Bischofs besaß. Er war ein tiefreligiöser Mann und hatte sich auf seinen großen Reisen im Abend- und Morgenlande viele Erfahrungen und eine genaue Kenntniß der kirchlichen Einrichtungen in den verschiedenen Ländern erworben. Auch war er durch seinen langen Aufenthalt im Kloster mit den Regeln des hl. Benediktus genau bekannt und imstande, das für jene Zeit so wichtige Klosterleben zu fördern. Daher hielt ihn der hl. Bonifatius für sehr geeignet, als Bischof die weitere Ausbreitung und Befestigung der Kirche im Nordgau

---

[1] Eiche heißt im Altdeutschen eih, im Mittelhochdeutschen eich.; Eichstätt ist also Stätte der Eichen.

zu leiten, und beschied ihn zum Empfange der Bischofsweihe zu sich. Bonifatius befand sich damals auf der Salzburg an der fränkischen Saale, unweit Kissingen, wo die fränkischen Fürsten ein großes, festes Schloß besaßen und sich der Jagd halber oft aufhielten. Mächtige Trümmer dieser Burg haben sich noch bis in die Gegenwart erhalten. Auf der Salzburg weihte Bonifatius Ende Oktober 741 unter Assistenz der Bischöfe von Würzburg und Buraburg den Willibald zum Missionsbischof für den Nordgau, ohne ihm einen festen bischöflichen Sitz anzuweisen. Nach den kirchlichen Bestimmungen sollen nämlich die Bischöfe nur in einer größern Stadt wohnen, damit die bischöfliche Würde nicht gering geachtet wird. Der Nordgau war aber damals noch größtenteils unkultiviert und hatte überhaupt keine größern Städte; überdies war es noch streitig, zu welchem Reiche er gehörte. Unter diesen Umständen konnte Bonifatius dem Willibald noch keinen bestimmten Bischofssitz anweisen, aber andererseits durfte er auch bei der Errichtung von Bistümern jenes große Gebiet nicht übergehen. Daher weihte er Willibald 741 zum Missionsbischof für den Nordgau. Erst 743 errangen die Franken einen Sieg über die Bayern, sodaß der Nordgau unter fränkische Herrschaft kam. Ferner wurde um diese Zeit durch Willibalds rastlose Thätigkeit und die Unterstützung der Grafen von Hirschberg der Bau von Kloster und Kirche im Thale der Altmühl vollendet. Die Heiligkeit von Willibalds Leben und die wunderbare Kraft, mit welcher er das Wort Gottes verkündete, zogen immer mehr Ansiedler herbei, sodaß die Gegend allmählich kultiviert und bewohnt wurde. So bildete sich die Stadt Eichstätt, und nun ernannte Bonifatius im Jahre 745 den Willibald zum Bischof von Eichstätt, ihm dieses als bischöflichen Stuhl überweisend. Unter Willibalds eifriger und umsichtiger Leitung blühte das Bistum Eichstätt heran. Die Grafen von Hirschberg statteten es aus, und nach deren Aussterben im Jahre 1305 kam ihre ganze Erbschaft an das Bistum, welches auch den Rang eines Fürstbistums bekam. Seiner irdischen Macht im Jahre 1803 beraubt, besteht das Bistum Eichstätt noch bis zur Gegenwart fort und bringt dankbar durch alle Jahrhunderte dem hl. Willibald, seinem ersten Bischofe, eine hohe Verehrung dar; seine Gebeine ruhen im prachtvollen Chore des Eichstätter Domes. Das Eichstätter Priesterseminar steht ganz besonders unter dem Schutze des hl. Willibald und ist bis in die neueste Zeit eine Pflanzstätte vortrefflicher Priester gewesen.

Willibalds Bruder Wunnibald war eine ascetisch angelegte Natur und fühlte sich zum Einsiedlerleben berufen. Nachdem er einige Zeit in Bayern und Thüringen in der Seelsorge thätig gewesen war, beschloß er, sich ganz dem klösterlichen Leben zu widmen. Mit Zustimmung des hl. Bonifatius und auf den Rat seines bischöflichen Bruders wählte er sich in dessen Nähe die Gegend zwischen Wörnitz und Altmühl zur Anlage eines Klosters aus um 750. Die Gegend war damals vollständig Wald, und die zerstreuten Bewohner waren meistens ganz verwilderte und sittenlose Heiden; daher hieß die Gegend auch Heidenheim. Wunnibald machte mit seinen Genossen die Gegend urbar und legte ein Kloster an, wobei ihn sein Bruder und der Herzog Odilo von Bayern unterstützten. Das Kloster wurde durch Schenkungen erweitert und trug zur Verbreitung der Kultur viel bei. Zugleich wirkte Wunnibald mit Eifer und Entschiedenheit, aber auch mit Liebe und Sanftmut an der Ausrottung des Heidentums und der Verbreitung des Christentums. Die Kunde von seinem Wirken verbreitete sich weithin und lockte viele Ansiedler herbei, sodaß bald eine Stadt neben dem Kloster entstand; es ist die jetzige bayerische Stadt Heidenheim auf dem sogenannten Hahnenkampe. Gegen Ende seines Lebens wollte Wunnibald nach Monte Casino gehen, um dort im Mutterkloster des Benediktinerordens zu sterben und begraben zu werden, aber Willibald bewog ihn aus brüderlicher Liebe, in seinem Kloster zu bleiben. In seiner letzten Lebenszeit war Wunnibald sehr hinfällig, sodaß er die heilige Messe öfter in seiner Zelle las; er starb in Heidenheim um das Jahr 762 in Gegenwart seines Bruders und der Mönche eines sehr erbaulichen Todes und wurde in dem Grabe beigesetzt, welches er schon zu seinen Lebzeiten für sich hatte machen lassen.

Die Schwester dieser beiden heiligen Brüder, Walpurgis, welche schon frühzeitig in ihrer Heimat im Kloster Winburn sich dem klösterlichen Leben gewidmet hatte, folgte mit andern Klosterfrauen dem Rufe des hl. Bonifatius, war wohl anfangs im mittlern Deutschland thätig und baute um 760 neben dem Kloster ihres Bruders ein Frauenkloster, in welchem eine Schar frommer Jungfrauen unter ihrer Leitung ein gottgeweihtes Leben führte und die weibliche Jugend der Umgebung christlich erzogen wurde. Walpurgis leuchtete allen Jungfrauen durch ihren Eifer im Dienste Gottes, durch aufrichtige Demut und selbstlose Nächstenliebe voran und wurde schon während ihres Lebens von Gott durch wunderbare Gebetserhörungen aus-

gezeichnet, noch mehr aber nach ihrem Tode (25. Februar 780).
Sie wurde zuerst in Heidenheim neben ihrem Bruder Wunnibald
begraben, etwa 100 Jahre später wurden ihre Gebeine nach
Eichstätt gebracht und in der nach ihr benannten Walpurgis-
kirche im Hochaltare in einem steinernen Sarge beigesetzt. Bei
einem spätern Umbau kam der steinerne Sarg unter den Hoch-
altar zu stehen, blieb aber an derselben Stelle. Zweimal im
Jahre, nämlich im Frühlinge, wo am 1. Mai der Tag von
Walpurgis' Heiligsprechung gefeiert wird, und im Herbste, wo
am 12. Oktober das Fest der Übertragung ihrer Reliquien nach
Eichstätt begangen wird, fließt aus dem Steine, welcher ihre
Gebeine birgt, das berühmte Walpurgis-Öl, eine farblose, helle,
durchsichtige Flüssigkeit, ohne Geruch und Geschmack, von geringer
Empfänglichkeit für Feuer. Das Öl dringt längere Zeit tropfen-
weise aus dem Steinsarge, wird in silbernen Rinnen gesammelt
und in eine Schale geleitet, aus welcher es in kleine Fläschelchen
geschöpft und in ganz Deutschland als Heilmittel gegen Krankheit von gläubigen Verehrern gebraucht wird. Die Quantität
des herausfließenden Öls beträgt jährlich mehrere Liter. Dieser
Vorgang kann nichts Natürliches sein, da das Öl nur aus dem
Boden des Steinsarges dringt, während die gleichartigen, daneben-
liegenden, demselben Steinbruche entstammenden Steine ganz
trocken bleiben; ferner gehören diese Steine überhaupt nicht zu
den schweißtreibenden Gesteinen, und ist das Hervordringen des
Öles von der Witterung ganz unabhängig; es dringt bei trockener
und nasser Witterung gleichmäßig zur bestimmten Zeit hervor,
niemals aber zu einer andern Zeit, selbst auch nicht bei der
feuchtesten Witterung. Daher hat auch der große Naturforscher
Oken, welchem das Öl zur Untersuchung übergeben wurde, erklärt, der Vorgang sei nach den Gesetzen der Natur nicht zu
erklären, und nach den Untersuchungen des berühmten Chemikers
Liebig entzieht sich das Öl den sonstigen chemischen Gesetzen.
Auch finden unleugbar wunderbare Heilungen durch das Öl
statt. Schon im 9. Jahrhundert wird dieses wunderbaren Öls
von den Geschichtschreibern erwähnt. So verherrlicht Gott durch
alle Jahrhunderte hindurch die Reliquien seiner Heiligen, um
dadurch die Verehrung seiner Heiligen und die Wahrheit seiner
Kirche zu bestätigen. Das aus den Gebeinen der hl. Walpurgis
fließende Öl ist ein Sinnbild der erleuchtenden und stärkenden
Gnaden, die sie von Gott erfleht. Wie das Öl im Kruge der
Witwe von Sarepta nicht abnahm, um den Propheten Elias
zu ernähren, so nimmt auch das Öl aus den Gebeinen der

hl. Walpurgis nicht ab, um das geistige Leben der Kirche zu erhalten und Gottes Segen den Gläubigen zu vermitteln. Die hl. Walpurgis wurde von jeher in Deutschland hoch verehrt und Gott zu ihrer Ehre viele Kirchen erbaut, so in Westfalen bedeutende Kirchen in Soest, Werl, Meschede u. a.; besonders wird sie als Beschützerin gegen die Einflüsse des bösen Geistes angerufen. Am 1. Mai nämlich, dem Gedächtnistage der hl. Walpurgis, trieben nach heidnischem Aberglauben die Hexen ihr Unwesen, gegen welches sich die Heiden durch allerlei aber= gläubische Mittel zu schützen suchten, indem sie brennende Stroh= wische umhertrugen, mit der Peitsche knallten, an die Bäume schlugen, u. s. w. Die neubekehrten Christen aber riefen die hl. Walpurgis an, um durch ihre Fürbitte vor allen Einflüssen des bösen Geistes von Gott bewahrt zu werden.[1]

Die Klöster zu Heidenheim bestanden Jahrhunderte hin= durch zum Segen des Landes bis zum 16. Jahrhunderte, wo sie durch die Bauernkriege sehr beschädigt und bald nachher nach den Grundsätzen der sogenannten Reformation aufgehoben wurden. Im Gefolge der heiligen drei Geschwister, Willibald, Wunnibald und Walpurgis, befanden sich auch nach der Über= lieferung noch die beiden Einsiedler Sola[2] und Sebald. Sola, ein Schüler des hl. Bonifatius, baute sich seine Zelle im lieb= lichen Thale der Altmühl, oberhalb Eichstätt, und machte den Boden in der Nähe seiner Zelle urbar, um das Gebot der Arbeit zu erfüllen und sich den nötigen Unterhalt zu verschaffen. Bald schlossen sich ihm Genossen an, und so entstand bald eine klösterliche Genossenschaft. Durch das arbeitsame Leben der Mönche und ihr freundliches Wesen angelockt, siedelten sich noch andere Menschen dort an, und so entstand die durch ihre Marmor= brüche berühmte Stadt Solnhofen zu beiden Seiten der Altmühl. Das Kloster Solnhofen wurde von dem Markgrafen von Ansbach nach dem Ausbruch der sogenannten Reformation aufgehoben;

---

[1] Die erste Mainacht war der Frühlingsgöttin Ostara gewidmet, deren Vermählung mit Woban von der Götterwelt gefeiert wurde. Darum begaben sich die Hexen nach dem Blocksberge im Harze und nahmen an den wilden Hochzeitsgelagen teil, wobei Woban eine Hexe zur Königin erkor. Weil die Religion unserer heidnischen Vorfahren die Naturkräfte vergötterte, so schlossen sich die Feste an das Leben der Natur an, und sollte durch das Maifest die Vertreibung des Winters und die Ankunft des Frühlings gefeiert werden, die durch Ostara, die Göttin des Lichtes, und durch Woban, den Gott der Sonne, bewirkt wurden.

[2] Die ältesten Handschriften schreiben Suala, wovon vielleicht der Name Salfeld entstanden ist.

von der Klosterkirche sind noch Trümmer erhalten. Sebald ließ sich an der Regnitz nieder und baute dort eine Kapelle, welche vom hl. Bonifatius eingeweiht wurde; seine Einsiedelei bildete den Anfang der Stadt Nürnberg. Diese beiden heiligen Einsiedler haben durch ihr eifriges Gebet und das anziehende Beispiel ihres arbeitsamen, christlichen Lebens das Werk des hl. Bonifatius kräftig unterstützt. Das Wirken dieser heiligen Glaubensboten im heutigen Mittelfranken zeigt uns recht anschaulich, wie mit der Verbreitung des Christentums die Verbreitung der Kultur und die Entstehung der Städte verbunden war, und wie Christentum und Kultur sich gegenseitig stützten und trugen. Die Thätigkeit beider war daher für Jahrhunderte ein Quell zeitlichen und ewigen Segens, und mit Recht lebt ihr Andenken von Geschlecht zu Geschlecht in der dankbaren Verehrung der katholischen Bevölkerung Mittelfrankens fort. Besonders wurden die Gebeine des hl. Sebaldus in Nürnberg hoch verehrt. Zu seiner Ehre wurde an der Stelle der vom hl. Bonifatius eingeweihten Kapelle später eine herrliche, reich dekorierte Kirche erbaut, und seine Gebeine in einem prachtvollen Grabmale beigesetzt, welches als das vollendetste Werk der Eisengießerei und als „das größte Heiligtum deutscher Kunst“ gepriesen wird. Viele Pilger wallfahrteten zum Grabe des hl. Sebaldus. Dadurch wurden Märkte und Messen befördert, und so trug die Verehrung des hl. Sebaldus zur blühenden Entwickelung Nürnbergs mächtig bei, welches eine der mächtigsten freien Reichsstädte und ein Mittelpunkt des deutschen Handels wurde und durch Betriebsamkeit und Kunstfleiß seiner Bewohner auf allen Gebieten des geistigen Schaffens Großes leistete.

Zur Zeit, als der hl. Bonifatius nach Deutschland kam, gehörte die Gegend am mittlern Maine zum Reiche der Thüringer. Auf einem steil emporsteigenden, von den andern Bergen losgelösten Bergkegel am mittlern Maine hatten sich schon früh die Herzöge eine starke Burg erbaut, um von dort aus das Land zu regieren. Der christliche Herzog Gotzbert war mit Eifer für die Ausbreitung des Christentums in den Maingegenden thätig, und sein Sohn Hethan baute auf seiner Burg eine Kapelle zur Ehre der Mutter Gottes, die älteste im Frankenlande; daher wurde der Berg Marienberg oder Frauenberg genannt; es ist die jetzige Citadelle von Würzburg. Unter Gotzbert war der Irländer Kilian mit seinen Genossen für die Ausbreitung des Christentums thätig. Als der Herzog auf sein Zureden die unrechtmäßige Verbindung mit Gailane, der Frau seines Bruders, löste und diese entließ, wurde Kilian auf deren Anstiften im Thale des Mains, wo jetzt die Neumünsterkirche in Würzburg steht, ermordet und seine Gebeine dort in der Erde verscharrt (um das Jahr 689). So wurde das Land mit dem Martyrerblute des hl. Kilian befruchtet. Gotzberts Enkelin, die fromme Irmina, letzter Sproß aus der alten, thüringischen Herzogsfamilie, gründete auf dem Marienberge ein Frauenkloster, welchem sie als Äbtissin vorstand, und wirkte für die Verbreitung des Christentums im Volke. Am Fuße des Marienberges erweitert sich das Thal des Mains und ist durch einen Kranz von anmutigen Bergen gegen rauhe Winde geschützt. Die Nähe der schützenden Burg mit ihrem Kirchlein und die vortreffliche Lage des Thales im Centrum des Frankenlandes am mittlern Maine lockten An= siedler herbei, und so entstand die Stadt Würzburg, welche der Ausgangspunkt der Kultur und des Christentums im Franken= lande wurde und durch Handel und Gewerbe bald emporblühte. Oberhalb Würzburgs, im reizenden Thale des Mains, waren bereits die beiden Klöster Ochsenfurt und Kitzingen gegründet; in Bischofsheim an der Tauber, einem Nebenflusse des Mains, stand Lioba einem neugegründeten Kloster vor. Im Gebiete des mittleren Mains lagen mehrere kaiserliche Pfalzen, in welchen sich oft die fränkischen Fürsten aufhielten, so in Kitzingen, Königshofen, Homburg, Karlstadt am Main, in Salzburg und Hammelburg a. d. Saale. In jeder Hinsicht war also Würz= burg zu einer Bischofsstadt sehr geeignet. Als daher Bonifatius zur Befestigung und Sicherung der katholischen Kirche in den Maingegenden im Jahre 741 einen bischöflichen Stuhl errichtete, wählte er Würzburg zur Bischofsstadt und weihte zum ersten Bischof seinen Schüler Burchard, einen Angelsachsen, welcher seine Ausbildung in den Klöstern Englands empfangen hatte und dann auf den Ruf des hl. Bonifatius nach Deutschland gekommen war. Hier hielt er sich zeitweilig in den Klöstern Thüringens auf, darauf lebte er als Einsiedler im Spessart, und nachdem er sich durch Gebet und Betrachtung auf seinen Beruf vorbereitet hatte, zog er als Glaubensbote im Frankenlande umher, predigte das Christentum und rottete das noch vielfach bestehende Heiden= tum aus. Zwei Götzenbilder wurden in den Main versenkt. Auf der Bibliothek zu Würzburg ist uns noch ein von Burchard ge= schriebenes Buch erhalten, welches die Predigten enthält, die er gegen die heidnischen Gebräuche gehalten, und in denen er die Franken zur Bekehrung ermahnt hat. Burchard entsprach als

Bischof den großen Hoffnungen, welche Bonifatius auf ihn gesetzt hatte; er wirkte in seiner Diöcese mit Eifer und Erfolg an der Ausbreitung und Befestigung des Christentums und nahm an den deutschen Kirchenversammlungen thätigen Anteil. Auch reiste er im Auftrage des hl. Bonifatius nach Rom, um wichtige Angelegenheiten mit dem Apostolischen Stuhle zu ordnen. Mannigfache Stiftungen im Frankenlande bezeichnen noch jetzt seine eifrige Wirksamkeit. Der frommen Irmina gab er das Kloster Karlsburg, unterhalb Würzburg am Maine gelegen, und bekam dafür den Marienberg. Die Gebeine des hl. Kilian ließ er aufsuchen und setzte sie zunächst in der Kirche auf dem Marienberge bei, die er zu seiner Kathedrale erheben wollte. Weil aber der Berg zu hoch und schwer zu besteigen war, so erbaute er im Thale, da, wo die Gebeine des hl. Kilian und seiner Genossen von den Mördern begraben waren, eine Kirche zu Ehren des Erlösers, Salvatorkirche genannt, und verband mit ihr ein Kloster. In der Gruft dieser Kirche setzte Burchard die Gebeine des hl. Kilian und seiner Genossen bei; an dieser Stelle, „der heiligsten des Frankenlandes", wie die Inschrift sagt, ruhen sie noch bis auf den heutigen Tag. Als die Kirche 854 abbrannte, wurde daneben die Kathedrale erbaut; an der Stelle der Salvatorkirche wurde am Ende des 10. Jahrhunderts die jetzige Neumünsterkirche erbaut; die Gebeine des heiligen Kilian und seiner Genossen verblieben in der Gruft, welche im Jahre 1889 zur Feier des 1200=jährigen Gedächtnisses ihres Martyrertodes prachtvoll bemalt und mit schönen Fresken geziert wurde.

Der von Bonifatius dem hl. Burchard anvertraute Sprengel umfaßte die mittlere Maingegend. Nach Osten war keine Grenze festgesetzt, da dort heidnische Slaven wohnten; die Bevölkerung war eine sehr gemischte, Franken, Alamannen, Thüringer, Slaven. In seinem weitausgedehnten Bistume wirkte Burchard als eifriger Oberhirt, als begeisterter Prediger des Evangeliums, wie die uns von ihm erhaltenen Homilieen beweisen; er war ein Mann von apostolischem Geiste, würdig, die Reihe der Würzburger Bischöfe zu beginnen. Durch den mächtigen Hausmeier Karl Martell war das Gebiet des Würzburger Sprengels schon früher dem fränkischen Staatsverbande eingefügt und bekam den Namen Ost= oder Neu=franken, während das westliche Franken das heutige Frankreich umfaßte, welches unter Chlodwig (481—511) von dem deutschen Stamme der Franken erobert war und auch nach

ihnen benannt wurde. [1]) Die fränkischen Fürsten, besonders
Pippin und Karl der Große, hielten sich oft in Franken auf
und wandten dem Würzburger Sprengel Schenkungen zu, so=
daß er bald ausgedehnte Besitzungen hatte. Dem hl. Burc=
hard stand der hl. Gumpert zur Seite, ein vornehmer, reicher
Adeliger Frankens, welcher in einer anmutigen Gegend, an
der Mündung der Olze in die Rezat, das Benediktinerkloster
Onoldisbach um 750 gründete und als Abt leitete. Dieses
Kloster wurde für die Ausbreitung des Christentums in Franken
wichtig, und um diese kirchliche Stiftung erwuchs bald die Stadt
Ansbach oder Onolzbach, welche nach Aufhebung der Kirchen=
güter an die hohenzollernschen Markgrafen und später an Bayern
kam. Als der hl. Burchard wegen seiner abnehmenden Körper=
kraft nicht mehr imstande war, ein so weit ausgedehntes Bistum
zu bereisen und die oberhirtlichen Verpflichtungen zu erfüllen,
legte er mit Zustimmung des hl. Bonifatius seine bischöfliche
Würde nieder, übertrug dieselbe seinem Nachfolger, Namens
Megingoz, und zog sich in ein Kloster seiner Diöcese, Homburg
am Main, zurück, wo er noch vor dem hl. Bonifatius im
Rufe der Heiligkeit starb. Megingoz, ebenfalls ein Schüler des
hl. Bonifatius, setzte Burchards Werk mit Eifer fort. Zugleich
mit Lullus von Mainz bewog er bald nach dem Tode des
hl. Bonifatius den Mainzer Priester Willibald, das Leben des
hl. Bonifatius auf Grund mündlicher Berichte von Augen= und
Ohrenzeugen zuerst auf Wachstafeln, und nachdem es von den
beiden Bischöfen geprüft war, auf Pergament niederzuschreiben,
ein Werk von unschätzbarem Werte für die Kenntnis jener Zeit
und eins der hervorragendsten Werke der mittelalterlichen Ge=
schichtschreibung. [2]) Nach Sturmis Tode (779) stand Megingoz
im Auftrage Karls des Großen an der Spitze des Missions=
wesens in der Paderborner Diöcese, predigte dort selber das
Evangelium und bildete sächsische Jünglinge zu Missionaren
heran; die beiden ersten Bischöfe Paderborns, Hadumar und
Badurad, empfingen in Würzburg ihre geistliche Ausbildung.
Die Kilianskirchen im Paderborner Lande erinnern noch jetzt

---

[1]) Aus der Verschmelzung der Franken mit den unterjochten Ur=
einwohnern erklärt sich auch die Abstammung mancher französischer Wörter
aus dem Deutschen, z. B. la forêt, der Forst, faubourg, die Vorburg,
boulevard, Bollwerk. (Die alten Befestigungswälle wurden später in Straßen
verwandelt, daher bedeutet es auch Straße) maréchal, Marschall u. a.
[2]) Die ältere, auch noch von Seiters (S. 8) mit großer Ent=
schiedenheit vertretene Ansicht, unter Willibald sei der Bischof von Eichstätt
zu verstehen, ist in neuerer Zeit aus stichhaltigen Gründen aufgegeben.

an diese Missionsthätigkeit des Würzburger Bischofs, der die
Verehrung des hl. Kilian mit Eifer verbreitete. Auch gründete
Megingoz mit Unterstützung Karls des Großen das für die frän=
kische Kulturgeschichte wichtige Kloster zu Neustadt am Main, in
welchem vorzugsweise der fränkische Adel erzogen wurde. Noch
viele ausgezeichnete Männer zierten den Stuhl des hl. Burchard.
Unter ihrem Scepter nahm das Bistum an Macht und Umfang
zu und wurde das bedeutendste der von Bonifatius gestifteten
Bistümer. Die Bischöfe bekamen bald auch eine große weltliche
Macht, wurden Fürsten mit dem Titel „Herzog von Franken"
und ließen sich ein Schwert voraustragen. Das turnreiche, von
Weinbergen rings umgebene Würzburg wurde eine der schönsten
Städte Deutschlands, und unter dem Einfluß der christlichen
Kultur wurde die Maingegend mit ihren fruchtbaren Thälern
und rebenbedeckten Bergen eine der gesegnetsten Gegenden Deutsch=
lands. Wohl teilte das Hochstift im Anfange unsers Jahr=
hunderts das Los aller geistlichen Stifter und wurde von den
weltlichen Fürsten aufgehoben, aber der bischöfliche Stuhl als
solcher besteht noch wirksam fort, wie auch einzelne segensvolle
Stiftungen, deren die Fürstbischöfe im Laufe der Jahrhunderte
so viele mit fürstlicher Freigebigkeit machten, so besonders die
Universität und das Juliushospital, vom Fürstbischof Julius,
einem sehr gelehrten, frommen und thatkräftigen Bischofe († 1617),
„für Arme, Preßhafte und Kranke" gegründet; es besteht aus zwei,
300 Schritt langen Hauptflügeln, beherbergt an 500 Menschen
und ist durch seine Größe und vortreffliche, reichhaltige Ein=
richtung eines der ersten Krankenhäuser Deutschlands. So wurde
die Stiftung des Bistums Würzburg durch den hl. Bonifatius
für Jahrhunderte in Franken ein Quell des zeitlichen und
ewigen Segens.

Als der hl. Bonifatius die kirchlichen Verhältnisse Deutsch=
lands ordnete und durch die Errichtung von Bischofssitzen den
Bestand der katholischen Kirche sichern und befestigen wollte,
durfte er das weite Gebiet im mittlern Deutschland an der
Fulda, Werra und Unstrut nicht unberücksichtigt lassen. Dort
hatte er fast 20 Jahre mit unermüdlichem Eifer das Evan=
gelium verkündet, viele Kirchen gegründet und Tausende für das
Reich Gottes gewonnen. Auch hatte Papst Gregor ihn ermahnt,
an geeigneten Orten bischöfliche Stühle zu errichten.[1] Diese
waren in jenen Gegenden um so notwendiger, als sie das

---

[1] Ep. 38.

Christentum gegen die heidnischen Sachsen beschützen und zugleich die Vorposten sein mußten, welche das Evangelium nach Norden hin zu den Sachsen verbreiteten. Es ist daher natürlich, daß der hl. Bonifatius auch in Hessen und Thüringen, dem eigentlichen Gebiete seiner apostolischen Thätigkeit, bischöfliche Sitze errichtete und mit geeigneten Männern besetzte. Die äußern Umstände waren ihm hierbei günstig. Im Oktober des Jahres 741 starb im Schlosse zu Quiercy an der Oise Karl Martell, der kriegerische Hausmeier des fränkischen Reiches, welcher beständig mit dem Schwerte das Fränkische Reich verteidigt und besonders auch die dem Missionsgebiete des hl. Bonifatius so gefährlichen Sachsen durch siegreiche Feldzüge in Schranken gehalten hatte. Nach seinem Tode teilten sich seine beiden Söhne das Reich; Pippin bekam den westlichen Teil, das heutige Frankreich, Karlmann den östlichen, wozu auch Deutschland gehörte. Im Todesjahre Karl Martells herrschte eine gewisse Ruhe, welche dem Wirken des hl. Bonifatius sehr förderlich war. Überdies war Karlmann, der sehr wahrscheinlich im Kloster zu St. Denis aufgewachsen und erzogen war, sehr friedliebend, der Kirche von Herzen ergeben und dem hl. Bonifatius gewogen. Wenn nun auch die ältesten Biographen des heiligen Bonifatius, der Mainzer Priester Willibald und der Mönch Othlo aus dem 11. Jahrhunderte, die Errichtung der Bistümer im mittlern Deutschland nicht ausdrücklich berichten, weil diese bald wieder eingingen, so erhellt sie doch aus den Briefen des hl. Bonifatius unzweifelhaft. Als nämlich Papst Gregor III. im Jahre 741 gestorben war, wurde schon am dritten Tage nach dessen Tode, am 3. Dezember, Zacharias zum Papste gewählt. Im Anfange des Jahres 742 schickte Bonifatius den Priester Denehard mit einem Briefe nach Rom zum Papste, sprach ihm in herzlicher Weise, und am Schluß des Briefes nochmals in einem kleinen Gedichte, seine Glückwünsche zur Besteigung des päpstlichen Stuhles aus und berichtete ihm zugleich, daß er in Würzburg, Buraburg und Erphesfurt bischöfliche Sitze errichtet habe. [1]) Nach alter, deutscher Sitte überbrachte der Bote zum Zeichen des Gehorsams und der Ergebenheit auch kleinere Geschenke, so eine aus Ziegenhaaren verfertigte Fußdecke. Der Papst, welcher gleich seinem Vorgänger für das Wirken des hl. Bonifatius das größte Interesse hatte, antwortete ihm hocherfreut und bestätigte bereitwillig die drei

---

[1]) Ep. 42.

von Bonifatius errichteten bischöflichen Sitze. Zugleich richtete der Papst auch Schreiben an die Bischöfe von Buraburg und Würzburg, in welchen er sie für diese Sitze bestätigt und ihnen ihre bischöflichen Rechte zuerkennt.[1]) Ferner ermahnt der Papst die neuen Bischöfe, sich auf ihre Diöcesen zu beschränken und keine bischöflichen Handlungen in andern Diöcesen vorzunehmen, wie auch niemand solche ohne ihre Erlaubnis in ihren Diöcesen vornehmen dürfe; für den Fall des Todes eines Bischofs solle nur der apostolische Legat einen Nachfolger weihen dürfen. Der Papst schließt die Schreiben mit herzlichen Ermunterungen, Grüßen und Wünschen.

Da, wo die Edder in vielen Windungen die Gebirge des Fürstentums Waldeck verläßt und in hessisches Gebiet eintritt, erhebt sich zur rechten Seite ein steiler, hoher Bergkegel, welcher nach drei Seiten hin schroff abfällt und nur an einer Seite mit dem übrigen Gebirge zusammenhängt. Es ist der Bürberg, auch Burberg und Buraburg genannt, von dessen Gipfel man eine herrliche Aussicht auf die viel= gewundene, grünliche Edder, auf das breite, fruchtbare Thal der untern Edder und die hessischen und waldeckischen Berge hat. Der Berg ist durch seine Lage zur Befestigung vorzüglich geeignet und soll schon zur Römerzeit ein Kastell gewesen sein. Die heidnischen Hessen verehrten auf dem Berge ihre Götter Wodan und Donar, und zur Zeit des hl. Bonifatius lag auf

---

[1]) Ep. 43, 44, 45. Diese Schreiben des Papstes sind vom 1. April 743 datiert, allein die Daten der Briefe sind nicht immer richtig und mehrfach entweder falsch abgeschrieben oder falsch hinzugefügt. Jene Schreiben sind vielmehr im Anfange des Jahres 742 geschrieben, weil der Papst sicher kein ganzes Jahr mit der Antwort wartete, die wohl derselbe Bote Denehard bei seiner Rückreise mitnahm; auch ist in dem Briefe von dem abzuhaltenden Konzil die Rede, welches 742 abgehalten wurde. Loofs (Zur Chronologie der auf die fränkischen Synoden be= züglichen Briefe des hl. Bonifatius, Leipzig 1881) verlegt diese Synode in das Jahr 743, um das Datum des Briefes zu halten, allein diese Synode, das erste deutsche Nationalkonzil, wurde nach den Akten 742 abgehalten. Von Bischof Willibald ist in den Briefen nicht die Rede; weil er erst später ohne bestimmten Sitz für den Nordgau geweiht wurde, und weil die Bischöfe nach den Bestimmungen der Synode von Sardika nur in größern Städten wohnen sollten, so wurde seine Bestätigung auch vom Papste nicht erbeten. Für die andern drei Bischöfe holte Boni= fatius die Bestätigung ihrer Sitze in gewohnter Vorsicht ausdrücklich ein, obschon er zur Weihe von Bischöfen bereits vom Papste bei der Er= nennung zum Erzbischofe (Ep. 28) und bei seiner Anwesenheit in Rom (Ep. 36) bevollmächtigt war und deren Einsetzung mit dem Papste auch sicherlich besprochen hatte.

demselben schon eine bevölkerte Stadt, da bei den vielen Kriegen und Einfällen der Sachsen viele Hessen auf dem durch Kunst und Natur festen Berge Schutz suchten. [1]) Buraburg war daher zu einer Bischofsstadt vorzüglich geeignet; es war wohl der bevölkertste Ort in Hessen und bot durch seine befestigte Lage den Christen Schutz gegen die heidnischen Sachsen. Ferner war es eine Stätte heidnischer Götterverehrung gewesen, sodaß das Volk an den Besuch des Berges gewöhnt war, und Buraburg gegenüber auf der andern Seite der Edder lag das aufblühende Kloster Fritzlar, welches die Thätigkeit des Bischofs mächtig unterstützen konnte. Bei Buraburg begann das erweiterte, fruchtbare und bevölkerte Thal der Edder, wo Bonifatius schon viele Jahre segensreich gewirkt und Tausende von Hessen für den christlichen Glauben gewonnen hatte. In der Nähe von Buraburg lag auch Geismar, wo Bonifatius die Donarseiche gefällt und eine Kirche zu Ehren des hl. Petrus erbaut hatte. Der Burberg war der Ausgangspunkt der apostolischen Thätigkeit des hl. Bonifatius gewesen; von dort unternahm er seine Wanderungen in den Hessengau, um mit Lebensgefahr und unerschütterlichem Mute das Heidentum auszurotten und das Christentum zu verbreiten; dorthin zog er sich für die Nacht zurück, um am andern Morgen sein schwieriges Tagewerk von neuem zu beginnen. Als daher Bonifatius für die Hessen ein Bistum gründete, wählte er mit weiser Überlegung Buraburg zum bischöflichen Sitze aus und bestimmte zum ersten Bischofe den Witta (auch Wizo oder Wittan genannt). Witta, dessen Name so viel als Weißer bedeutet, daher latinisiert auch Albinus oder Albuin, war von Geburt ein Angelsachse und hatte sich frühzeitig dem hl. Bonifatius angeschlossen. Er empfing von diesem die Bischofsweihe im Jahre 741 und assistierte ihm im Oktober desselben Jahres zugleich mit Burchard von Würzburg

---

[1]) Burberg wird wohl hergeleitet von Berg der Bauern. Allein Bauer heißt im Althochdeutschen gibûro, im Mittelhochdeutschen gebûr, was mit der Schreibweise des Ortes sich schlecht vereinigen läßt. Auch dürfte der hohe Bergkegel wohl schwerlich nach den Bauern benannt sein, da er zur Wohnung für Bauern wenig geeignet und zur Zeit des Krieges für das ganze Volk eine Zufluchtsstätte war. Dahingegen heißt bûr im Alt- wie im Mittelhochdeutschen Haus, Kammer, Aufenthalt, Käfig (der Vögel); im angelsächsischen heißt bûr Wohnung. Die Ableitung von bûr scheint daher richtiger und weist auf den Berg als einen bewohnten hin. In den Briefen des Papstes und des hl. Bonifatius wird Buraburg allein oppidum genannt, Würzburg castellum, Erphesfurt locus, qui fuit am olim urbs paganorum rusticorum.

bei der Weihe Willibalds von Eichstätt, da ja nach kirchlicher
Vorschrift dem weihenden Bischofe stets zwei Bischöfe assistieren
sollen. Ferner wohnte Bischof Witta der ersten deutschen Kirchen=
versammlung bei und brachte später die Reliquien des heiligen
Abtes Wigbert von Fritzlar nach dem Kloster Hersfeld, welches
der Erzbischof Lullus von Mainz gegen das Jahr 763 in einer
Weitung der Fulda gegründet hatte, und in welchem ungefähr
150 Mönche lebten.[1] Witta war auch Lehrer Karls des
Großen, welcher für Künste und Wissenschaft so sehr begeistert
war und dem wissenschaftlichen Leben einen neuen Aufschwung
gab. Durch innige Freundschaft war Witta mit Lullus von
Mainz verbunden. Seinen Tod nahe fühlend, lud Lullus seinen
Freund Witta von Buraburg nach Mainz ein, damit er ihm
in der Todesstunde beistehe und seine Leiche nach dem Lieblings=
kloster Hersfeld bringe, welches er sich, wie Bonifatius Fulda, zur
letzten Ruhestätte erwählt hatte. Witta kam, starb aber plötzlich
nach der Darbringung des heiligen Meßopfers in Gegenwart seines
Freundes. Nun begleitete Lullus die Leiche Wittas nach Hers=
feld, wo auch er bald nach seiner Ankunft starb und durch den
Tod wieder mit seinem Freunde vereint wurde. Wittas Nach=
folger wurde Megingoz, Abt von Fritzlar, welcher auch noch
als Bischof die Würde eines Abtes von Fritzlar beibehielt und
das Bistum von Buraburg nach Fritzlar verlegte. Nähere
Nachrichten über sein Leben fehlen uns. Mit seinem Tode
hörte auch sein Bistum auf. Dasselbe umfaßte den fränkischen
Hessengau, das ist das Gebiet an der Edder, Fulda, Werra,
Lahn und Wetter, lag also nach Norden hin an der Grenze
der Sachsen, deren Bekehrung von Buraburg aus geschehen
sollte. Als die Bekehrung der Sachsen unter Karl dem Großen
vollendet war und für die Sachsen nach der hessischen Grenze
hin das Bistum Paderborn gegründet wurde, kam der nördliche
Teil des Bistums Fritzlar=Buraburg an Paderborn und der
südliche Teil, wozu auch Fritzlar gehörte, an das nahe Erz=
bistum Mainz. Der Ort Buraburg blieb zwar noch im Mittel=
alter bewohnt, verlor aber immer mehr an Bedeutung vor dem

---

[1] Um das Kloster herum bildete sich bald die Stadt Hersfeld. Die
Klostergebäude und Ruinen von der schönen Stiftskirche sind noch vor=
handen. Am 16. Oktober, dem Gedächtnistage des hl. Lullus, findet
der vielbesuchte Lullusmarkt statt, wodurch das Andenken an den Stifter
noch jetzt erhalten wird. Hersfeld, in alter Zeit Herbfesfeld genannt,
ist nach Rettberg Feld des Heerwolfs, welches der Name des ursprüng=
lichen Besitzers war.

aufblühenden Fritzlar und hörte später auf, ein bewohnter Ort
zu sein; die Bewohner von Buraburg siedelten sich teils in
Fritzlar, teils in den umliegenden Dörfern an, besonders in
Ungedanken. Die Kirche auf Buraburg bestand aber noch fort
und diente den umliegenden Dörfern zum Gottesdienst, welcher
von Geistlichen Fritzlars besorgt wurde. Gegenwärtig befindet
sich auf dem Burberge noch eine einfache, große Kapelle, und
rings um dieselbe ist der Kirchhof für das an seinem Fuße
liegende Dorf Ungedanken. Auch ein schöner Kreuzweg schmückt
den Berg, sodaß diese uralte Stätte im Hessenlande noch immer
derselben christlichen Gottesverehrung gewidmet ist, welche Boni=
fatius mit seinen Schülern dort vor mehr als 1100 Jahren
verbreitet hat. Während nämlich die ganze Umgegend durch
die sogenannte Reformation dem katholischen Glauben abwendig
gemacht wurde, sind Fritzlar und Buraburg (Ungedanken), diese
beiden durch die Wirksamkeit des hl. Bonifatius geheiligten
Stätten, dem katholischen Glauben getreu geblieben und bilden
gleichsam eine Oase inmitten der protestantischen Umgebung.
Bei der großen kirchlichen Umwälzung im Anfange unsers Jahr=
hunderts wurde Fritzlar dem für Hessen neugegründeten Bistum
Fulda zugeteilt, wozu es noch jetzt gehört.

Gleichzeitig mit den Bistümern Buraburg und Würzburg
stiftete der hl. Bonifatius das Bistum Erfurt, wie aus seinem
Bestätigungsgesuche und der Antwort des Papstes klar hervor=
geht. [1] Dieses Bistum sollte das Gebiet der Thüringer im
mittlern Deutschland umfassen, wo Bonifatius schon viele Jahre
das Reich Gottes ausgebreitet, Kirchen und Klöster gegründet und
Tausende zum wahren Glauben bekehrt hatte. Eine geordnete
Seelsorge in diesem weiten Gebiete und die Nähe der heid=
nischen Sachsen, welche durch ihre Raubzüge das Christentum
in den Nachbarländern bedrohten und doch auch noch zum
Christentume bekehrt werden sollten, erforderten die Errichtung
eines bischöflichen Sitzes in Thüringen. Dazu eignete sich aber
besonders Erphesfort, das heutige Erfurt an der Gera, einem
Zuflusse der Unstrut; es lag ziemlich in der Mitte Thüringens
und an der uralten Handelsstraße, welche zwischen Mittel=Rhein
und Mittel=Elbe den Verkehr vermittelte. Wegen des fruchtbaren
Bodens und der günstigen Lage hatten sich dort schon frühzeitig
Ackersleute angesiedelt, sodaß Erphesfort schon im 6. Jahr=
hunderte eine kleine Stadt war. Bonifatius verkündete den

---

[1] Ep. 42, 43.

heidnischen Bewohnern das Wort Gottes und baute dort eine
Kirche zu Ehren der Mutter Gottes. Bei dem planmäßigen,
umsichtigen Wirken des hl. Bonifatius war es natürlich, daß
er Erphesfort zum Sitze des Bischofs für Thüringen auswählte
und die dortige Marienkirche zur Kathedrale erhob. Während
über die Errichtung des Bistums Erphesfort kein vernünftiger
Zweifel bestehen kann, sind uns über seinen ersten Bischof keine
sichere Nachrichten erhalten. Nach der Überlieferung hieß er
Adelar, [1]) welcher den hl. Bonifatius auf seiner Reise nach
Friesland begleitete und zugleich mit ihm des Martyrertodes
starb. Seine Gebeine wurden nach Erfurt gebracht und ruhen
dort bis auf den heutigen Tag im Dome, der an der Stelle
der alten Marienkirche erbaut wurde und die erste Zierde
Erfurts ist. Adelar wurde als Schutzheiliger Erfurts stets hoch
verehrt. Er ist der einzige Bischof von Erfurt, denn Bonifatius
ernannte vor seiner Abreise nach Friesland den Lullus zu seinem
Nachfolger auf dem erzbischöflichen Stuhle von Mainz, welcher
auch die Verwaltung von Erfurt übernahm. Als später die
Sachsen zum Christentum bekehrt und für diese eigene Bistümer
gegründet wurden, kam der nördliche Teil des Erfurter Bis=

---

[1]) Die Bolandisten (XI, 954), Seiters (S. 305), Hefele (Konzilien=
Geschichte, 1877, S. 496), Buß (S. 157), das Paderborner und Mainzer
Brevier nehmen Adelar als ersten Bischof Erfurts an, aber in Wider=
spruch mit den ältesten Berichten. Willibald, welcher die Begleiter des
hl. Bonifatius genau nach ihrem priesterlichen Charakter bezeichnet, zählt
nur einen Bischof auf, Eoban, und rechnet Adelar (Athelhere) klar und
bestimmt zu den Priestern (sacerdotali presbyteratus officio praeditis.)
Willibald schrieb aber das Leben des hl. Bonifatius kurz nach dessen
Tode und legte sein Werk dem Lullus und Megingoz zur Prüfung vor,
die doch wohl wußten, ob Adelar Bischof war oder nicht, und diesen
Irrtum sicher verbessert hätten. Mit Willibald stimmt der Anonymus
Monast. überein (c. 7); ebenso Othlo (c. 21), welcher mit sorgfältiger
Benutzung aller vorhandenen Hilfsmittel das Leben des hl. Bonifatius
schrieb und doch in Fulda sicher erfahren hätte, wenn Adelar Bischof
gewesen und als solcher damals in Erfurt verehrt worden wäre. Eigil,
der das Leben des hl. Sturmi nach Berichten von Augen= und Ohren=
zeugen schrieb und uns auch den Martyrertod des hl. Bonifatius aus=
führlich erzählt (c. 15), berichtet nur von einem Bischof Eoban, Priestern
und Diakonen. Diesen ältern, zuverlässigen Berichten stehen die 6—700
Jahre spätern, unsichern, durch Lokalpatriotismus beeinflußten Erzählungen
gegenüber, welche dem hl. Adelar die bischöfliche Würde zusprechen. Über=
dies ist es unerklärlich, daß Bonifatius außer dem, für Friesland be=
stimmten Bischof Eoban noch einen zweiten und zwar gerade den von
Erfurt mitnahm, welches zu Friesland in keiner Beziehung stand. Ebenso
ist es unerklärlich, daß Adelar auf keinem Konzil, bei keiner Verhandlung,
in keinem Briefe erwähnt wird, da er doch 12—13 Jahre den bischöflichen

tums mit seiner sächsisch-thüringischen Bevölkerung an das Bistum Halberstadt, während der südliche Teil mit der Hauptstadt
Erfurt bei der Erzbiöcese Mainz verblieb, welche durch den
Zuwachs der Teile von Buraburg und Fritzlar einen bedeutenden Umfang erlangte. Um die von Bonifatius gegründete
Marienkirche zu Erphesfurt siedelten sich immer mehr Menschen
an, sodaß es bald eine sehr bevölkerte Stadt wurde, welche
sich im Halbkreise mit ihren vielen Türmen malerisch um den
auf einer Anhöhe gelegenen Liebfrauen-Dom lagert. Durch seine
günstige Lage und die Betriebsamkeit seiner Bewohner wurde
Erfurt bald eine der ersten Handelsstädte Deutschlands und
zugleich Sitz einer Universität. Die Mainzer Erzbischöfe setzten
dort zur Vornahme der kirchlichen Funktionen Weihbischöfe ein,
während die regsame, zunftreiche Stadt sich dem Hansabunde
anschloß und die Rechte einer freien Reichsstadt erstrebte. Bei
den großen Veränderungen im Anfange unsers Jahrhunderts
wurde Erfurt und ein großer Teil Thüringens mit der Diöcese
Paderborn verbunden, während es staatlich mit Preußen vereinigt wurde. So sind von den vier neugestifteten Bistümern

---

Stuhl müßte innegehabt haben. Aber andererseits steht fest, daß Bonifatius das Bistum Erfurt gegründet und einen Bischof dafür geweiht
hat; in dem Briefe an den Papst (Ep. 42) sagt er: tres ordinavimus
episcopos und zählt dann die drei Städte auf, in quibus constituti et
ordinati sunt; und in der Antwort des Papstes (Ep. 43) heißt es: tres
episcopos te ordinasse cognovimus. Ein Bischof von Erfurt läßt sich
aber urkundlich nicht nachweisen. Weder auf dem ersten deutschen Nationalkonzil von 742, noch auf den folgenden tritt ein Bischof von Erfurt auf.
Die gleichlautenden Bestätigungsurkunden für Witta von Buraburg und
Burchard von Würzburg (Ep. 44 und 45) liegen vor, aber die für den
Erfurter Bischof fehlt. Auch Gams in seiner series episcoporum giebt
keinen Bischof für Erfurt an. Man hat die Schwierigkeit auf verschiedene
Weise zu lösen gesucht. Rettberg (II, 370) nimmt an, der Bischof sei
bald nach seiner Konsekration gestorben, und Bonifatius habe aus uns
unbekannten Gründen keinen neuen geweiht. Seiters spricht sich mit
großer Entschiedenheit für den bischöflichen Charakter des Adelar aus
und sucht sich mit der Ausrede zu helfen, die Bischöfe würden auch oft
Priester genannt, und die Abwesenheit des Adelar von dem ersten deutschen
Konzil ließe sich auch durch Krankheit oder andere Ursachen erklären.
Andere vertreten die Ansicht, das Bistum Erfurt sei gegründet, Adelar
dafür designiert und habe als Bischof von Erfurt gegolten, aber seine
Weihe und die förmliche Übertragung des Bistums habe vorläufig nicht
stattgefunden, weil Bonifatius die Verwaltung des Bistums noch selber
führte oder für die Zeit seiner Abwesenheit dem Lullus übertrug. Wieder
andere meinen, Bonifatius habe sich das Bistum Erfurt vorbehalten und
deshalb keinen Bischof geweiht; später sei die Weihe unterblieben oder
durch den Tod des hl. Bonifatius verhindert.

des hl. Bonifatius zwei, nämlich Buraburg und Erfurt, durch den Gang der Ereignisse nach kurzer Dauer wieder eingegangen und werden daher auch seltener von den alten Geschichtschreibern erwähnt, während die beiden andern Bistümer, Würzburg und Eichstätt, durch alle Stürme der Jahrhunderte sich erhalten haben, noch jetzt segensreich fortbestehen und auch öfter in der Geschichte erwähnt werden.[1])

Für die Kirchengeschichte Deutschlands sind die Jahre 740 und 741 von hoher Bedeutung, da Bonifatius in diesen Jahren im südlichen und mittlern Deutschland die kirchliche Hierarchie herstellte. Die frühern Glaubensboten hatten zwar mit Eifer in den verschiedenen Gegenden Deutschlands das Licht des Glaubens verbreitet, aber einzeln und ohne durch die Gründung von Bistümern ihr Werk zu sichern; daher war es auch nicht von langer Dauer. Bonifatius sah wohl ein, daß bei der Zer= rissenheit der deutschen Stämme und den unter ihnen bestehenden Kriegen die Kirche nur fortdauern könne, wenn feste bischöfliche Sitze bei den einzelnen Stämmen gegründet und für die regel= mäßige Nachfolge auf den bischöflichen Stühlen gesorgt würde. Auch mußte Bonifatius aus der Geschichte seines Vaterlandes, welches Unheil die Zersplitterung anrichtete. Daher stiftete Bonifatius im südlichen und mittlern Deutschland bischöfliche Sitze, wies jedem ein bestimmtes Gebiet zu und einigte sie untereinander durch dieselben Einrichtungen. In Bayern knüpfte Bonifatius an die Vergangenheit an und gründete dort Bis= tümer, wo die ersten Glaubensboten schon gewirkt hatten. Ein Erzbistum gründete er aber nicht für die Bayern, damit sie

---

[1]) Das Verschwinden dieser beiden Bistümer Buraburg und Erfurt hatte sehr nachteilige Folgen für die politische Geschichte der beiden Stämme der Hessen und Thüringer, die sich mehr als andere zersplitterten, da sie eines kirchlichen Mittelpunktes in ihrem Gebiete entbehrten. Da nur ganz unbedeutende Teile der beiden Diöcesen an andere kamen und der größte Teil mit Mainz vereinigt wurde, so ist der tiefere Grund ihres Verschwindens der, daß die Mainzer Erzbischöfe als Nachfolger des hl. Bonifatius eine hervorragende Stellung besaßen, an der Spitze des Missionswesens standen und durch einen großen Sprengel sich eine mächtige, einflußreiche Stellung zu erwerben suchten, die ja in jener Zeit auch für die kirchliche Wirksamkeit von großer Bedeutung war. Ueberdies hatte Zacharias (Ep. 44 und 45) bestimmt, daß für den Fall des Todes der Bischöfe nur die Stellvertreter des Papstes die Nachfolger weihen sollte. Nun wurde aber nach dem Tode des hl. Bonifatius kein neuer apostolischer Legat ernannt, somit fiel das Recht der Weihe den Mainzer Erzbischöfen zu, und diese vereinigten jene Bistümer mit der Erzdiöcese.

sich nicht von den andern Stämmen absonderten, sondern mit ihnen eng verbunden blieben. Eine Kirche, welche in ihrem Bestande und in ihrer Wirksamkeit von den einzelnen Landes= fürsten abhängig war oder an diese sich gar zu sehr anlehnte, konnte keine einigende und heiligende Wirksamkeit auf die deutschen Stämme ausüben, wie es die damaligen Verhältnisse erforderten, und wie es der hohen Idee des hl. Bonifatius von der Kirche entsprach. Er gab den acht Bistümern, welche er für das mittlere und südliche Deutschland festsetzte, zu Hirten Männer, welche von seinem Geiste erfüllt waren. Durch das Band desselben Glaubens miteinander verbunden und von dem= selben kirchlichen Geiste beseelt, wirkten sie vereint nach den= selben Grundsätzen und halfen und stützten einander. Nach Herstellung dieser Bistümer war die katholische Kirche im mittlern und südlichen Deutschland wohl geordnet und befestigt, sodaß sie in ihrem Bestande gesichert war und einem durch feste Ecksteine gesicherten Baue glich. Dazu kam noch der günstige Umstand, daß die fränkischen Herrscher jener Zeit, Karlmann und Pippin, und später Karl der Große der Kirche sehr ge= wogen waren und sie nach Kräften begünstigten. Dadurch ge= wann die von Bonifatius getroffene Ordnung der kirchlichen Verhältnisse an Kraft und Festigkeit für Jahrhunderte und be= förderte mächtig auch das irdische Wohl des deutschen Volkes.

Zweites Kapitel.

Der heilige Bonifatius hält die ersten deutschen Kirchen- versammlungen ab (742—743). Abschwörungsformel und Verzeichnis der heidnischen Gebräuche.

Wenn wir auf das bis jetzt vollbrachte Werk des hl. Boni= fatius zurückblicken, so hatte er im mittlern Deutschland das Evangelium mit Erfolg ausgebreitet und dort, dem eigentlichen Centrum seiner Thätigkeit, wie auch in Bayern feste bischöfliche Sitze hergestellt. Es blieb ihm nun die Aufgabe, diese Kirchen mit den andern Kirchen im Gebiete des Rheines und des west= lichen Frankenreiches in kirchliche Verbindung zu bringen, sie alle mit demselben kirchlichen Geiste zu erfüllen und mit dem Papste, dem Mittelpunkte aller kirchlichen Einheit, in fester, lebendiger Gemeinschaft zu verbinden. Auch war Bonifatius nur

für seine Person zum Erzbischof und päpstlichen Legaten ohne
bestimmten Sitz ernannt, und es war für die gedeihliche Ent=
wickelung des kirchlichen Lebens dringend nötig, daß die Institution
eines Erzbischofs dauernd wurde, damit nicht nach dem Tode des
hl. Bonifatius sich alles wieder auflöste. Das alles konnte
nur durch Kirchenversammlungen erreicht werden, auf welchen
alle Bischöfe zugegen waren. Die Kirchenversammlungen haben
von jeher seit den Tagen der Apostel in der Kirche stattgefunden
und sich als mächtiges Mittel erwiesen, um die Einheit des
Glaubens und der Disziplin herzustellen und alles Unheilige
aus der Kirche zu entfernen. Solchen Konzilien, welche teils für
die ganze Kirche (ökumenische oder allgemeine Konzilien), teils für
einzelne Länder und Diöcesen (National= und Diöcesan=Konzilien)
abgehalten wurden, haben die deutschen Bischöfe von Anfang an
nicht fern gestanden. Als die Sekte der Donatisten die Irrlehre
aufstellte, die Giltigkeit der Sakramente sei von der Würdigkeit
des Ausspenders abhängig, haben die Bischöfe von Trier und
Köln an den gegen diese Irrlehren abgehaltenen Synoden zu
Rom (313) und Arles (314) sich beteiligt. Als Arius die
Gottheit Jesu Christi leugnete und mit seinem Anhange große
Verwirrung in der Kirche anrichtete, wohnten auch die Bischöfe
von Trier und Köln der Kirchenversammlung zu Sardika in
Illyrien (343—344) bei und traten eifrig für den hl. Athanasius
auf, welcher mit größter Entschiedenheit die Gottheit Jesu Christi
gegen die Arianer verteidigte und deshalb von ihnen abgesetzt
werden sollte. Zur Zeit der Völkerwanderung, als rohe, un=
gebändigte Völkerstämme Europa raubend, mordend und ver=
wüstend durchzogen, war die Abhaltung von Kirchenversamm=
lungen sehr erschwert, aber gleichwohl fanden solche statt. Nach
der Völkerwanderung im 7. Jahrhundert wurden in Frankreich
mehrere Kirchenversammlungen abgehalten, an welchen auch
deutsche Bischöfe sich beteiligten. Ueber Zeit, Ort und Gegen=
stand dieser Konzilien sind uns vielfach nur mangelhafte Nach=
richten erhalten; sicher sind aber die Konzilien eine alte, nützliche
Einrichtung, welche die Päpste stets befördert und befohlen
haben, so z. B. Gregor der Große für das Fränkische Reich.
Unter dem kriegerischen Regimente von Karl Martell konnten
im fränkischen Reiche keine Kirchenversammlungen abgehalten
werden. Wie Bonifatius dem Papste schrieb, war dort seit
80 Jahren kein Konzil abgehalten worden.[1]) In Bayern, wo

---

[1]) Ep. 42.

die Waffen ruhten und Herzog Odilo der Kirche günstig gesinnt war, hielt Bonifatius auch schon 740 eine Synode ab. Als nach dem Tode Karl Martells (741) friedlichere Zeiten kamen, und Karls Söhne den Bestrebungen des hl. Bonifatius wohl= wollend gegenüberstanden, schritt dieser auch sogleich zur Ab= haltung von Synoden, wozu im fränkischen Reiche das größte Bedürfnis vorlag, und wozu Bonifatius auch vom Papste dringend ermahnt worden war.

Karl Martell war wohl für seine Person ein christlicher Mann, welcher auch die Kirche mit Nachdruck beschützte, wo es aus politischen Rücksichten ratsam war. Er hat durch den blutigen Sieg über die Araber bei Tours (732) ihrem Vor= bringen ein Ende gemacht und so das Christentum in Europa gerettet. Indem er zur Sicherung des Reiches viele siegreiche Kriege führte und im Innern mit starker Hand die Ordnung aufrecht erhielt, machte er es den Glaubensboten möglich, den Samen des Evangeliums in den vom fränkischen Reiche ab= hängigen Provinzen mit Erfolg auszustreuen. Dem siegreichen Heere Karls folgten die christlichen Glaubensboten mit dem Zeichen des Heils, um die Wunden des Krieges zu heilen und die Religion des Friedens zu verkünden. So unleugbar daher Karls Verdienste um Kirche und Staat sind, so griff er doch aber auch andererseits sehr nachteilig in die kirchlichen Ver= hältnisse ein. Das Kirchengut benutzte er in widerrechtlicher Weise zur Stärkung seines Einflusses und zur Belohnung seiner getreuen Anhänger; er machte seine Soldaten zu Bischöfen und Aebten, um sie für die ihm geleisteten Dienste zu belohnen und für den Fall des Krieges ergebene Dienstmannen zu haben. Auf diese Weise kamen viele kirchliche Stellen in den Besitz von geldgierigen, lasterhaften Menschen, während edlere und bessere zurückgesetzt wurden. Die ersten bischöflichen Stühle besaßen Männer ohne allen kirchlichen Geist, ihrer Aufgabe gar nicht gewachsen, aber von unheilvollem Einflusse auf Karl, an dessen Hofe sie sich viel aufhielten, und der ihren Reden nur gar zu viel sein Ohr lieh. In Köln war der Erzbischof Reginfried, ein träger, unthätiger Mann. Um 720 verjagte Karl den Bischof Rigobert von Trier[1]) und erhob auf den bischöflichen Stuhl

---

[1]) Hahn, Jahrbücher des fränkischen Reichs, 1863, S. 131 fgb., Leo (Vorlesungen über deutsche Geschichte, Halle 1854, I, 425) sagt: „Karl Martell erlaubte sich geradezu und ohne Rücksicht auf die kano- nischen Satzungen die Bischöfe ganz nach ihrem Verhalten zur weltlichen Macht zu behandeln; ohne Urteil und Recht durch Synoden zu suchen,

Milo, der gegen die kirchlichen Bestimmungen fast 40 Jahre die beiden bedeutenden Bistümer von Trier und Rheims innehatte, ohne jemals die bischöfliche Weihe empfangen zu haben, bloß durch eines Fürsten ungerechtfertigte Gunst und Willkür. Milos Vater Liutwins war Herzog in Belgien gewesen; später stiftete er das Kloster Metlach, das er als Abt mit großem Eifer leitete, und wurde dann Bischof von Trier; auch Milos Großonkel hatte diese Würde bekleidet. Milo war anfangs fromm, später verweltlichte er, trug nur die Tonsur des Geistlichen, um den äußern Schein zu wahren, und liebte Gelage, Jagd und Krieg; er war ganz Weltmann und kümmerte sich nicht um das kirchliche Leben seiner Diöcese; die kirchliche Zucht schwand, und das Kirchengut wurde verschleudert oder Weltleuten gegeben. Der Bischof Gerold von Mainz war mehr Krieger als Bischof. Seinem Neffen Hugo gab Karl zur Ausstattung zwei Klöster, Wandrille und Inmieges (Jumièges), und drei Bistümer, Paris, Rouen und Bayeux, was gegen alle kirchlichen Vorschriften verstieß, da im Interesse einer guten Verwaltung nur ein Kirchenamt einem Geistlichen übertragen werden darf. Die Kirche befand sich in einer unwürdigen Abhängigkeit vom Staate, durch dessen Einfluß die höhern Stellen mit Männern besetzt wurden, die wohl auf Krieg und Jagd, auf Gelage, Pferde und Hunde, aber nicht auf den heiligen Dienst, Predigt und Unterricht sich verstanden. Wenn es so bei der höhern Geistlichkeit aussah, ist es nicht zu verwundern, daß es bei der niedern noch viel schlimmer aussah, da diese ganz sich selbst überlassen war und das schlechte Beispiel der Obern verderblich nach unten wirkte. Gute Geistliche blieben überhaupt von einflußreichen Stellen ausgeschlossen. Auch war kein Erzbischof im Frankenreiche, der auf Befolgung der kirchlichen Vorschriften drang. [1]) Manche Geistliche schändeten ihren erhabenen Beruf durch Laster, welche schon eines Menschen, noch viel mehr aber eines Priesters unwürdig sind, durch Unsittlichkeit, Trunksucht, Wucher, Jagd- und Kriegslust, und wurden trotzdem noch zum Empfange höherer Weihen zugelassen. Wegen ihres sündhaften Lebenswandels zur Rede gestellt, gaben einzelne an, es sei ihnen

entsetzte er Bischöfe, auf die er sich nicht glaubte verlassen zu können, ihrer Würde und machte die Besetzung der bischöflichen Ämter durch königliche Ernennung zur Regel. Nur nach politischen Rücksichten wurden die Bistümer besetzt, sodaß auch mehrere Bistümer in einer Hand vereinigt wurden."

[1]) Ep. 42.

vom Papste troß ihrer Sünden die Ausübung des Priestertums
gestattet worden; andere entschuldigten und beschönigten ihr un=
priesterliches Leben damit, daß auch in Rom mit Zustimmung
des Papstes heidnische Chöre und Gesänge, unchristliche Sitten
und Gebräuche geduldet würden. Wenn es so bei den Hirten
aussah, konnte es bei der Herde nicht besser sein. Das religiöse
Leben des Volkes lag vollständig danieder; das Heidentum
wucherte noch üppig fort; grobe Verstöße gegen das Sittengeseß
waren nichts Seltenes; häretische und schismatische Priester
waren im Volke ungestört thätig und übten ihren vergiftenden
Einfluß aus, indem sie verderbliche Lehren ausstreueten. Dazu
kamen nun noch äußere Umstände, welche den sittlichen Verfall
steigerten. Die vielen Kriege, welche die unter sich feindseligen
deutschen Stämme führten, entfesselten wilde Leidenschaften und
wirkten verrohend auf das Gemüt. Die Glaubensboten, welche
bei den deutschen Stämmen thätig waren, kamen aus verschiedenen
Ländern, aus Frankreich, Irland und England, hatten eigene
Sprache und nationalen Charakter und wirkten nicht nach ge=
meinschaftlichem Plane. Auch fehlte es im 8. Jahrhundert im
fränkischen Reiche an großen Bischöfen, welche im Geiste der
Kirche thätig waren und gegen die Übel der Kirche entschieden
vorgingen. Die Zustände der Kirche waren also höchst traurig.
Um sie vor dem sichern Untergange im Frankenreiche zu be=
wahren, bedurfte es einer vollständigen, geistigen Erneuerung,
und diese konnte nur ein sittenreiner, gottbegeisterter Mann
durch Abhaltung von Synoden bewirken. Wohl konnte der
hl. Bonifatius durch sein persönliches Eingreifen hier und da
kirchliche Schäden heilen, aber ein vollständiges Heilmittel war
nur die Synode; dort konnte er die Geistlichen um sich scharen,
mit echt kirchlichem Geiste erfüllen und zu vereintem Kampfe
gegen den Verfall der Sitten begeistern. Den großen Nußen
der Synoden kannte Bonifatius aus der Geschichte seines Vater=
landes wie aus seiner eigenen Wirksamkeit in Bayern, wo er
schon im Jahre 740 die kirchlichen Verhältnisse auf einer Synode
geordnet und neues kirchliches Leben hervorgerufen hatte. Auch
hatte Bonifatius auf seiner dritten Romreise seinen Aufenthalt
in Rom gerade in der Absicht ausgedehnt, um einer unter dem
Vorsiße des Papstes stattfindenden Synode beizuwohnen und
das richtige Verfahren für die später abzuhaltenden Synoden
in Deutschland zu lernen.

Karl Martell stand zwar der Wirksamkeit des hl. Boni=
fatius nicht feindlich gegenüber, beförderte sie sogar aus poli=

tischen Gründen, da die Bekehrung der deutschen Stämme auf dem rechten Rheinufer ihre Einfügung in den fränkischen Staats= verband erleichterte; er schätzte auch den hl. Bonifatius hoch und empfahl ihm vor seinem Tode seinen Sohn Grippo. Doch bei den vielen Kriegen Karl Martells und seinen gewaltthätigen Eingriffen in die kirchliche Ordnung war eine Synode nicht möglich. Sobald es aber nach Karl Martells Tode die äußern Verhältnisse gestatteten, faßte Bonifatius sogleich die Abhaltung einer Synode ins Auge und setzte sich zu dem Zwecke mit Karlmann in Verbindung.[1]) Dieser, auf das Heil von Kirche und Staat bedacht, sah ebenfalls in einer Kirchenversammlung das geeignete Mittel zur Besserung der Zustände und versprach bereitwillig seine Unterstützung. Als Bonifatius im Anfange des Jahres 742 durch seinen Priester Denehard dem Papste Zacharias zu dessen Thronbesteigung ein Glückwunschschreiben übersandte, berichtete er auch dem Papste über den traurigen Zustand der Kirche im westlichen Frankenreiche und teilte ihm

---

[1]) Bonifatius schrieb an den Papst: Carlmannus, dux Francorum, me, accersitum ad se, rogavit, ut in parte regni Francorum, quae in sua est potestate, synodam inciperem congregare. (Ep. 42.) Aus diesen Worten hat man geschlossen, daß die Initiative zum ersten deutschen Konzil von Karlmann ausgegangen sei. Allein ohne die Verdienste Karl= manns und seinen kirchlichen Sinn herabzusetzen, sprechen dagegen sehr gute Gründe. Karlmann war um diese Zeit durch Kriege gegen die alten Feinde in Anspruch genommen, welche sich auf die Kunde von dem Tode seines Vaters erhoben hatten; auch hatte er als Kriegsmann am Hofe seines Vaters in dessen Umgebung wohl schwerlich einen solchen weiten Blick gewonnen, um aus sich selber einen solchen Gedanken zu fassen. Sodann geht überhaupt die geistige Erneuerung jener Zeit vom hl. Boni= fatius aus, welcher in den Synoden das wirksamste Heilmittel gegen die Uebel der Zeit sah und auf deren Abhaltung bedacht war, wie er auch in Bayern schon 740 eine Synode abgehalten hatte. Es liegt daher die Annahme näher, daß Bonifatius sich mit Karlmann über die traurigen, kirchlichen Zustände besprach und ihm den großen Nutzen der Synode darlegte. Daran schloß sich naturgemäß die Bitte Karlmanns, eine solche abzuhalten, und in diesem Sinne berichtete Bonifatius, fern von aller Ruhmsucht, an den Papst. Selbst wenn aber auch Karlmann die Initiative zur Abhaltung einer Synode ergriffen hätte, so war es eben das segensreiche Wirken des hl. Bonifatius, welches diesen Gedanken in ihm hervorrief. Ferner, bei den damaligen Verkehrsverhältnissen, wo alle Straßen im Besitze des Reiches waren und man mit königlichen Geleitsbriefen am sichersten reiste, bei den vielen Kriegen und bei der engen Verbindung von Staat und Kirche konnte damals überhaupt ohne den wirksamen Schutz des Staates kein Konzil zustande kommen. Diese äußere Mitwirkung des Staates trat natürlich sehr in den Vordergrund, selbst wenn auch kirchliche Personen das treibende Moment waren. So konnte Karlmann leicht als Urheber der Synode erscheinen.

mit, daß seit 80 Jahren nach Aussage älterer Leute kein Konzil abgehalten sei, und auch kein Erzbischof da sei, welcher die Beobachtung der Kirchengesetze überwache. Daher wolle er mit Karlmanns Unterstützung ein Konzil abhalten, und der Papst möge ihm raten, damit er in dieser schwierigen Sache in voller Übereinstimmung mit ihm und durch seine Autorität gestützt die geeigneten Mittel zur Besserung der Zustände anwende.[1]) Der Papst billigte mit Freuden den Plan, ein Konzil abzuhalten, und ermahnte Bonifatius, strenge gegen die Geistlichen vor=zugehen, welche nicht entsprechend den kirchlichen Satzungen lebten. Die kirchlichen Vorschriften über das Leben der Geistlichen sollten durchaus maßgebend sein, und lasterhafte Priester von der Aus=übung des Priestertums fern gehalten werden. Auch belehrte ihn der Papst, daß die heidnischen Gebräuche von ihm bereits in Rom abgeschafft seien, und sich daher schlechte Priester mit Unrecht darauf beriefen. Zugleich teilte ihm der Papst noch mit, daß er Karlmann geschrieben habe, er möge getreu seinem Versprechen ihm helfen, und schließt sein Antwortschreiben mit herzlichen Grüßen und Wünschen für Bonifatius und sein Wirken.[2])

Das geplante Konzil kam am 21. April 742 zustande; es ist das erste deutsche Konzil. Der Ort desselben ist uns nicht bestimmt überliefert; es werden Worms, Würzburg und Frankfurt am Main vermutet. Zu dem Konzil waren sämtliche Bischöfe aus Karlmanns Reiche geladen, welches das fränkische Gebiet auf dem rechten Rheinufer und noch einen großen Teil auf dem linken Rheinufer umfaßte. Ausdrücklich werden als anwesend genannt außer Bonifatius noch Burchard von Würz=burg, Reginfried von Köln, Wittan von Buraburg, Willibald von Eichstätt, Dadan aus Friesland und Edda von Straßburg. Ob und wie viele andere Bischöfe noch an dem Konzil teilge=nommen haben, ist unbestimmt. Die Beschlüsse des Konzils wurden Karlmann mitgeteilt, welcher sie auf einer Reichs=versammlung den weltlichen Großen vorlegte. Nachdem sie von diesen gebilligt worden waren, wurden sie von Karlmann als gesetzliche Norm bekannt gemacht und eingeschärft. Die Verhandlungen des Konzils sind uns nicht erhalten, wohl aber seine Beschlüsse in der Form ihrer Publikation durch Karl-mann.[3]) Zunächst bemerkt er, daß er nach dem Rate der

---

[1]) Ep. 42. [2]) Ep. 43. [3]) Jaffé Mon. Mog. Nr. 47, p. 127. Die bei den ersten deutschen Konzilien übliche Einteilung in Kapitel ist fort-gelassen, weil sie sich in den ältesten Handschriften nicht vorfindet.

Diener Gottes und der Großen seines Reiches den Erzbischof
Bonifatius und die Bischöfe seines Reiches nebst ihren Priestern
zu einer Synode versammelt habe, damit sie ihm Rat erteilten,
wie das Gesetz Gottes und das kirchliche Leben, unter den
frühern Fürsten vollständig verfallen, wiederhergestellt werden,
das christliche Volk vor falschen Propheten beschützt und zum
ewigen Heile geführt werden könne; sodann verordnet er nach
dem Rate der Priester und weltlichen Großen: 1. In den
Städten sollen Bischöfe sein, und über diese soll der Erzbischof
Bonifatius gesetzt sein, der Abgesandte des hl. Petrus. 2. Jedes
Jahr ist eine Synode abzuhalten, damit die Satzungen der Kirche
und ihre Rechte wiederhergestellt und das christliche Leben ver=
bessert wird. 3. Die geraubten Kirchengüter sind den Kirchen
zurückzugeben und falsche oder sittenlose Priester, Diakone und
Geistliche (solche, welche nur die niedern Weihen empfangen
hatten) sind abzusetzen und zur Buße anzuhalten. 4. Die Diener
Gottes sollen nicht in den Krieg ziehen außer jenen Priestern,
welche die heilige Messe lesen, die Reliquien der Heiligen
tragen,[1]) den Soldaten im Sakramente der Buße die Sünden
vergeben und überhaupt im Heere die Seelsorge ausüben; ferner
ist den Dienern Gottes das Tragen von Waffen, das Jagen
und Umherstreifen in Wäldern mit Hunden, Falken und Habichten
verboten. 5. Jeder Priester soll dem Bischof seines Sprengels
untergeben sein, in der Fastenzeit über die Führung seiner
Seelsorge und über seinen Lebenswandel Rechenschaft ablegen,
den Bischof auf seinen Firmreisen aufnehmen und von ihm die
heiligen Öle am Grünen Donnerstage holen, um dadurch seine
Verbindung mit dem rechtmäßigen und rechtgläubigen Bischof
an den Tag zu legen. 6. Unbekannte Priester und Bischöfe
sollen nicht zum kirchlichen Dienste zugelassen werden, bevor sie
durch die Synode geprüft sind. 7. Mit Unterstützung der
Grafen sollen die Bischöfe in ihren Sprengeln eifrig alle heid=
nischen Gebräuche abschaffen, z. B. Totenopfer, Wahrsagen,
Beobachtung des Vogelfluges, Hexereien, Beschwörungen, Opfer=
mahlzeiten, welche thörichte Menschen neben den Kirchen nach
Art der Heiden unter Anrufung der heiligen Martyrer und
Bekenner veranstalteten, und abergläubische Feuer, Niedfeor oder
Nodfyr genannt, welche durch Zusammenreiben zweier Hölzer
erzeugt wurden und die darüber Springenden vor Unglück be=

---

[1]) Damals wurden die Reliquien der Heiligen mit in den Krieg
genommen, um durch ihre Fürbitte und ihren Schutz den Sieg zu
erlangen.

wahren sollten. 8. Mönche und Ordensfrauen, welche sich gegen die Keuschheit verfehlen, sollen im Kerker bei Wasser und Brot Buße thun; ein Priester soll für eine solche Sünde gegeißelt werden und zwei Jahre im Kerker verbleiben, jedoch kann der Bischof die Strafe noch verschärfen; Geistliche, welche nur die niedern Weihen empfangen haben, und Mönche sollen für Vergehen gegen die Keuschheit dreimal gegeißelt werden und ein Jahr im Kerker verbleiben; ebenso die Nonnen, welche bereits den Schleier genommen haben, denen überdies der Kopf ganz kahl geschoren werden soll. 9. Die Priester und Diakone sollen nicht nach Art der Weltleute kurze Kleider tragen, sondern schwarze, lange, und dürfen in ihren Häusern keine Frauenspersonen wohnen haben. Mönche und Nonnen sollen in ihren Klöstern die Regel des hl. Benediktus einführen und beobachten.

Diese Beschlüsse des ersten deutschen Konzils sind natürlich hauptsächlich auf Betreiben des hl. Bonifatius zustande gekommen und lassen seinen klaren Geist erkennen, welcher die damaligen Verhältnisse wohl durchschaute und erkannte, was der Kirche not that. Er suchte Priestern und Ordensleuten den rechten kirchlichen Geist einzuflößen; daher trat er so sehr für die kirchlichen Bestimmungen über das Leben geistlicher Personen ein und eiferte mit Strenge gegen alles Unheilige in der Kirche, besonders gegen die Sünden der Unkeuschheit, die der erhabenen Stellung der Geistlichen am meisten widersprechen. Auch die Jagd verbot Bonifatius den Geistlichen strenge; sie war nicht wie gegenwärtig eine Erholung nach mühevollen Berufsarbeiten, sondern vielfach ein gefährlicher Kampf mit den großen Tieren der deutschen Wälder, erforderte langes Umherstreifen in den Wäldern und beförderte einerseits Kampflust und Wildheit, andererseits Müßiggang und entzog den Geistlichen seinem Berufe, sodaß das Volk sich von ihm abwandte und den schismatischen oder irrgläubigen Priestern zuwandte. Das strenge Verbot der Jagd war daher im Interesse des priesterlichen Lebens sehr berechtigt. Ferner suchte er den kirchlichen Oberhirten die ihnen zukommende Macht zu sichern, damit sie Zucht und Ordnung in der Kirche aufrecht halten konnten. Denn wenn die Diener des Herrn mit echt kirchlichem Geiste erfüllt, sittenrein und fromm sind, so erwerben sie sich unwillkürlich die Achtung der Menschen und sichern sich in der Welt einen weitgehenden Einfluß zur Ausbreitung und Befestigung der Kirche. Diese erste deutsche Kirchenversammlung war zwar nur eine rein geistliche, aus Bischöfen und Priestern bestehend,

aber der hl. Bonifatius erkannte wohl die hohe Bedeutung der
weltlichen Obrigkeit für die Herstellung des sittlichen Lebens
in jener entsittlichten Zeit und teilte daher Karlmann die Beschlüsse des Konzils mit, welche dieser auch mit seiner weltlichen
Macht durchzuführen suchte. Keineswegs wollte aber dadurch
der hl. Bonifatius die Kirche der weltlichen Macht unterordnen
und dieser eine Herrschaft in der Kirche zugestehen; die Gefahren
und Nachteile einer solchen Herrschaft hatte er an dem unheilvollen Einflusse Karl Martells auf die kirchlichen Verhältnisse
zu deutlich gesehen. Er war vielmehr darauf bedacht, in
der Kirche die hierarchische Ordnung herzustellen, d. h. die
Priester den Bischöfen, die Bischöfe den Erzbischöfen zu unter-
stellen und die ganze Kirche mit dem Papste, dem obersten Hirten
der Kirche und dem getreuen Wächter des sittlichen Lebens,
in lebendige Verbindung zu bringen. Das schloß aber nicht
aus, daß er mit der weltlichen Macht in Frieden und Eintracht
lebte und ihren Einfluß der Kirche zu Nutzen machte. Denn
Staat und Kirche sind zwei von Gott zum Wohle der Menschheit angeordnete Körperschaften, welche sich gegenseitig stützen
und helfen können und sollen. Durch sein kluges Verfahren
beförderte daher der hl. Bonifatius eine enge Verbindung von
Kirche und Staat, sodaß beide vereint am ewigen und irdischen
Wohle der Menschheit arbeiteten, ohne über die Grenzen ihrer
Befugnisse eifersüchtig zu streiten; erst als man später diese
Grenzen festsetzen wollte, entstanden die heftigsten Kämpfe. Zur
Zeit des hl. Bonifatius waren allerdings die Bischöfe noch
nicht im strengen Sinne Reichsstände, welche große Lehnsgüter
vom Staate empfingen und zur Teilnahme an der Regierung
berechtigt waren, sondern sie wirkten bloß durch ihren mächtigen,
moralischen Einfluß, indem sie wegen ihrer hohen Würde und
ihrer persönlichen Tugenden von den Fürsten zu Rate gezogen
wurden.

Gemäß den Beschlüssen des ersten deutschen Konzils fand
im folgenden Jahre 743 wieder ein Konzil statt und zwar zu
Liftinae (auch Liptinae und Listinae geschrieben), einer großen,
königlichen Villa in Karlmanns Reiche, welche im Laufe der
Zeiten spurlos verschwand und in der jetzigen belgischen Provinz
Hennegau lag, in der Nähe des vom hl. Landelin gegründeten
Benediktinerklosters Laubes (Lobbes) an der Sambre, einem
Nebenflusse der Maas. Der Ort hieß später Lestines; jetzt
liegen in der dortigen Gegend zwei Örter, Estinnes au val
und Estinnes au mont, nicht weit von der gewerbreichen Stadt

Binche.[1] Welche und wie viele Bischöfe außer dem hl. Boni=
fatius dort noch versammelt waren, ist uns nicht überliefert.
Es nahmen auch weltliche Große an dem Konzil teil, sodaß
es ein gemischtes war. Die ausführlichen Verhandlungen des
Konzils sind uns nicht erhalten, sondern nur seine Beschlüsse
in der Form, in welcher sie Karlmann als gesetzliche Norm
für sein Reich publizierte. Sie werden gewöhnlich mit denen
des ersten deutschen Konzils zusammengestellt und umfassen
folgendes: 1. Alle Priester und weltlichen Beamten bestätigen die
Beschlüsse der vorhergehenden Synode und versprechen deren
Erfüllung. 2. Die gesamte Geistlichkeit, nämlich die Bischöfe,
Priester, Diakone und die niedern Geistlichen, nehmen die
Satzungen der alten Väter an und versprechen, im Leben, in
der Lehre und im heiligen Dienste die kirchlichen Bestimmungen
zur Geltung zu bringen. Die Äbte und Mönche nehmen die
Regel des heiligen Vaters Benediktus an und richten danach
das klösterliche Leben ein. 3. Unzüchtige und Ehebrecher, welche
Kirchen und Klöster im Besitz hatten und befleckten, sind zu
entfernen und zur Buße anzuhalten; und wenn sie nach dieser
Synode in das Verbrechen der Unzucht oder des Ehebruchs
fallen, so unterliegen sie den Strafbestimmungen der frühern
Synode; ebenso die Mönche und Nonnen. 4. Nach dem Rate
der Diener Gottes und christlichen Laien soll aus Nachsicht
wegen der bevorstehenden Kriege und der Angriffe benachbarter
Völker ein Teil des Kirchengutes noch einige Zeit zur Unter=
haltung des Heeres dienen, jedoch nur bitt= und leihweise und
bis auf Widerruf, und es soll alljährlich ein Solidus, das ist
12 Denare (etwa 8 Mark), von jedem Hofe (Kirchengute) an
das Kloster oder die Kirche gezahlt werden; stirbt aber der
Inhaber, so fällt er sogleich an die Kirche zurück; im Falle
der Not und auf Befehl des Fürsten kann der Hof aber auch
als Lehen bitt= oder leihweise wieder verwendet werden. Übrigens
soll darauf gesehen werden, daß die Kirchen und Klöster, deren
Güter bis auf Widerruf andern verliehen werden, keine Not
leiden; im Falle drückender Armut soll ihnen das ganze Be=
sitztum zurückgegeben werden.[2] 5. Ferner sollen gemäß den

---

[1] In Estinnes findet sich noch die Bezeichnung: rue et cour
de Pipin.
[2] Im Laufe der Zeit waren sehr viele Kirchengüter der Kirche
genommen, teils durch die Laien, denen sie übergeben waren, teils durch
die staatlichen Bischöfe und Äbte, die ihre Verwandten damit bereicherten.
Da der Staat durch die vielen Kriege sehr in Anspruch genommen war,

kirchlichen Bestimmungen Ehebrüche und ungesetzliche Heiraten unter Blutsverwandten verboten und nach dem Urteilsspruche der Bischöfe bestraft werden. Christliche Sklaven sollen nicht den Heiden übergeben werden. 6. Wer bei irgend einer Angelegenheit heidnische Gebräuche beobachtet, ist mit 15 Solidi (120 Mark) zu bestrafen, wie schon Karlmanns Vater bestimmt hatte.[1]

Diese Beschlüsse des Konzils hatten den Zweck, alle Priester und Ordensleute zu einem, ihrem heiligen Stande entsprechenden, sittenreinen Leben anzuhalten und der Kirche die unter Karl Martell geraubten Kirchengüter zurückzugeben, damit die Diener der Kirche standesgemäß, fern von aller Not und Armut, leben konnten. Zugleich sollte das Familienleben nach christlichen Grundsätzen geregelt, die Sklaven vor einer unchristlichen, unwürdigen Behandlung bewahrt und das Heidentum ausgerottet werden. Welche Ehe als unerlaubt und welche Gebräuche als heidnische zu betrachten waren, das festzusetzen, war Sache der Bischöfe, welche sich hierüber nach sorgfältiger Beratung einigten. Über einzelne Ehehindernisse herrschte damals noch keine Übereinstimmung, wie wir aus den Briefen des hl. Bonifatius sehen, welcher sich bei mehreren Geistlichen in England nach dem Ehehindernis der geistlichen Verwandtschaft infolge der Taufe erkundigte.[2] Es wurde auf dem Konzil oder auf den an das Konzil sich anschließenden Beratungen festgesetzt, daß das Ehehindernis der geistlichen Verwandtschaft bei der Taufe und Firmung zwischen den Paten einerseits und dem Täuflinge resp. Firmling und dessen Eltern andererseits bestehen solle, weil die Paten zur geistigen Wiedergeburt resp.

---

so konnte das geraubte Kirchengut nicht auf einmal zurückgegeben werden, sondern nur nach und nach; auch war es billig, daß die Kirche in jener bedrängten Zeit mit ihrem weltlichen Besitztume dem Staate zu Hilfe kam, dessen Schutz sie genoß. Nach Roth (Geschichte des Beneficialwesens) wäre durch diese Bestimmung von Karlmann das gesamte Kirchenvermögen eingezogen und der Kirche nur das Notwendige gelassen, eine Auffassung, welche dem Charakter Karlmanns, der Stellung des hl. Bonifatius zu ihm und dem Wortlaute der Bestimmung widerspricht und auch von den bedeutendsten Geschichtsforschern, Waitz, Hahn, Oelsner u. a., als unrichtig zurückgewiesen ist.

[1] Karlmann fügte dieser Bestimmung des Konzils hinzu: quod et pater meus ante praecipiebat. Daraus geht hervor, daß diese Synode bloß von Karlmann für sein Reich abgehalten wurde; Karl Martells Verfügung ist nicht erhalten.

[2] Ep. 29, 30, 31. In den Akten des Konzils finden sich hierüber keine Beschlüsse, es werden ihm aber solche zugeschrieben.

Vollendung ihrer Patenkinder mitwirken und das Band der Ehe mit einem solchen Verhältnis nicht vereinbar ist. Aus demselben Grunde kann auch nach den Bestimmungen des Konzils niemand bei seinen eigenen Kindern Pate sein. Ferner wurden vom Konzil Ehen für ungültig erklärt, wenn einer der Eheleute zur Erfüllung der ehelichen Standespflichten bei Eingehung der Ehe unfähig war, da in einem solchen Falle überhaupt keine Ehe zustande kommt, weil der Zweck der Ehe nicht erfüllt werden kann.

Dem Konzil zu Liftinae wird auch noch die Festsetzung einer Taufformel zugeschrieben, durch welche der Täufling resp. dessen Pate in der Landessprache feierlich den heidnischen Göttern entsagt und sich zum Glauben an die allerheiligste Dreifaltigkeit bekennt. Drei heidnische Götter, Thunaer, Wodan und Saxnote[1]) (Schwert- oder Kriegsgott der Sachsen), werden ausdrücklich genannt und so dem christlichen Geheimnis der allerheiligsten Dreifaltigkeit gegenübergestellt. Bonifatius hielt nämlich sehr darauf, daß die Täuflinge in ihrer Muttersprache dem Heidentume abschworen, damit sie verstanden, was sie thaten. Diese Abschwörungsformel ist lange in der Kirche gebraucht worden und ist eins der ältesten Denkmale der deutschen Sprache. Ferdinand von Fürstenberg, welcher sich der Studien halber lange in Rom aufhielt und als Bischof von Paderborn und Münster im Jahre 1683 starb, hat das große Verdienst, diese Formel zuerst in einem vatikanischen Kodex entdeckt und veröffentlicht zu haben. Dieselbe lautet:

Forsachistu diabolae
et resp. ec forsacho diabolae
end allum diabol gelde
respon. end ec forsacho allum diabol gelde
end allum diaboles uuercum
resp. end ec forsacho allum diaboles uuercum and
uuordum thunaer ende uuoden ende saxnote
ende allem them unholdum the hira ginotas sint.
gelobistu in got alamehtigan fadaer

---

[1]) Das Wort Saxnote ist sehr verschieden erklärt. Nach Grimm (Mythol. I, 184, 193 und Geschichte der deutschen Sprache 508, 612) bedeutet es Schwertgenosse und war ein Beiname des Kriegsgottes Zio, bei den Sachsen und Markomannen Er genannt, welches auf das Griechische Ares zurückgeführt wird. Sax hieß das lange Messer, dessen sich die Sachsen im Kampfe bedienten. Ein Schwert war das Sinnbild des Kriegsgottes.

ec gelobo in got alametigan fadaer
gelobistu in crist godes sunu
ec gelobo in christ gotes sunu
gelobistu in halogan gast
ec gelobo in halogan gast.

Im Neuhochdeutschen: Entsagst du dem Teufel? Ich entsage dem Teufel. Und aller Teufelsgilde? Und ich entsage aller Teufelsgilde. Und allen Teufelswerken? Und ich entsage allen Teufelswerken und Worten, dem Thunar, Wodan und Saxnote, und allen den Unholden, die ihre Genossen sind. Glaubst du an Gott, allmächtigen Vater? Ich glaube an Gott, allmächtigen Vater. Glaubst du an Christ, Gottes Sohn? Ich glaube an Christ, Gottes Sohn. Glaubst du an den heiligen Geist? Ich glaube an den heiligen Geist. [1]

Ferner wird dem Konzil von Liptinae noch ein Verzeichnis der heidnischen Gebräuche zugeschrieben, wovon uns jedoch bei der kurzen Angabe derselben manches unverständlich ist. Dasselbe wurde im vatikanischen Archiv zugleich mit der Abschwörungsformel von dem schon genannten Bischof Ferdinand von Fürstenberg aufgefunden und veröffentlicht und giebt, nach dem Wortlaute zu urteilen, wohl nur die Überschriften längerer, erklärender Kapitel. [2] Der Aberglaube wurzelte nämlich tief im

---

[1] Daß der hl. Bonifatius eine Abschwörungsformel festsetzte und auf den Konzilien vorschrieb, ist nicht zu bezweifeln; ob uns diese aber in der obigen Formel unverändert erhalten ist, wird bezweifelt. Die Formel befand sich in einem alten Kodex derjenigen Abteilung der vatikanischen Bibliothek, welche Tilly nach Eroberung Heidelbergs 1622 dem Papste schenkte. In diesem Kodex, welcher wahrscheinlich im Kloster Fulda geschrieben, von da nach Mainz und dann nach Heidelberg gebracht wurde, folgen auf die Beschlüsse der Synode von Liptinae zunächst noch die Namen der Teilnehmer an dem Totenbunde von Attigny 762 oder 765. Daher wurde die Formel mehrfach dem hl. Sturmi zugeschrieben, welcher als Abt von Fulda an der Bekehrung der Sachsen (772—779) thätig war. Welcher Dialekt darin vorherrschend ist, ob der angelsächsische, sächsische, fränkische oder niederdeutsche, ist streitig. Vielleicht wurde sie auch bei der Bekehrung der Sachsen etwas verändert.

[2] Das Verzeichnis der abergläubischen Gebräuche folgt in dem vatikanischen Kodex der Abschwörungsformel, der das Verzeichnis des Totenbundes von Attigny und die Beschlüsse des Konzils von Liptinae vorhergehen. Daß das Konzil von Liptinae sich mit den heidnischen Gebräuchen beschäftigte, ist nach dessen Beschlüssen sicher. Ob aber das obige Verzeichnis auf demselben aufgestellt wurde, oder ob das Verzeichnis der Synode im Laufe der Zeit zu dem obigen erweitert wurde, läßt sich nicht mehr ausmachen.

Herzen des deutschen Volkes und war so vielfach und verschieden=
artig wie kaum bei einem andern Volke. Die neubekehrten
Christen konnten nur schwer diese abergläubischen Vorstellungen
ablegen, an welche sie von Kindheit an gewöhnt waren. Es
war daher nichts Seltenes, daß die Christen in derselben Weise
wie die Heiden noch abergläubische Gebräuche beobachteten.
Diese Gebräuche waren vielfach in hohem Maße unvernünftig
und lächerlich, schlossen zudem eine Verunehrung Gottes und
göttlicher Dinge in sich, veranlaßten viele Zügellosigkeiten und
Roheiten im Volke und waren ein großes Hindernis christlicher
Gesittung und Bildung. Deshalb schritten die ersten christlichen
Glaubensboten sehr strenge gegen den Aberglauben ein und
waren auf dessen Ausrottung ernstlich bedacht. Auf den ersten
Kirchenversammlungen Deutschlands kam daher der Aberglaube
stets zur Sprache, und wurde nach sorgfältiger Beratung zur
wirksamen, allseitigen Bekämpfung für die Geistlichen ein Ver=
zeichnis der heidnischen Gebräuche aufgestellt, welches uns den
vergiftenden Einfluß des Aberglaubens erkennen läßt und dessen
entschiedene Bekämpfung rechtfertigt.

1. De sacrilegio ad sepulchra mortuorum.

Von den unheiligen Gebräuchen bei den Gräbern der Verstorbenen.

Bei den alten Deutschen wurden die Leichen auf einem
Scheiterhaufen von bestimmtem Holze (Eiche oder Birke) ver=
brannt, nachdem man den Kopf vom Rumpfe getrennt hatte,
weil man durch den Schein eines gewaltsamen Todes dem Ver=
storbenen in der andern Welt zu nützen glaubte. Die Waffen
und andere dem Verstorbenen zugehörige Dinge nebst dem Leib=
pferde wurden mitverbrannt, nicht selten auch die Sklaven,
Diener und Frauen des Verstorbenen, sei es freiwillig, sei es
gezwungen, damit sie ihm in das andere Leben nachfolgten.
Die Asche und die übrig gebliebenen Knochen wurden in der
Erde begraben; bei den Reichen wurden Gold, Silber und
Kostbarkeiten hinzugefügt. Der Leichenhügel wurde auf Pferden
unter Lobgesängen auf den Verstorbenen umritten. Die Knochen
sollten in der Erde noch fortglühen. Die Gräber wurden nicht
selten durchwühlt, um verborgene Schätze zu finden. Manche
glaubten, mit Teilen vom verbrannten Körper wunderbare Dinge
thun zu können, z. B. die Feinde zu besiegen oder künftige Dinge
wahrzunehmen. Schlangen und Drachen sollten die Gräber vor
Beraubung und jeglichem Frevel beschützen.

2. De sacrilegio super defunctos, id est dadsisas.

Von den gotteslästerlichen Verunehrungen der Verstorbenen, Dabsisas genannt. [1]

Man gab den Verstorbenen Speisen mit in das Grab und goß Wein in dasselbe, damit sie etwas zu genießen hätten, wenn ihre Seelen nach Walhalla wanderten oder zum Körper zurückkehrten. Auf den Gräbern der Verstorbenen veranstaltete man in weißen Kleidern Schmausereien, Tänze, Trauergesänge und Trinkgelage, und wer am meisten gezecht hatte, glaubte der Seele des Verstorbenen am meisten genützt zu haben. Auch wurden auf den Gräbern Opfer von Stieren und Böcken dargebracht; christliche Priester spendeten sogar auf den Gräbern der Verstorbenen die heiligen Sakramente und brachten das Meßopfer dar, um dadurch die Verstorbenen zu ehren. Diesen wurde beinahe eine göttliche Verehrung dargebracht, indem man sie sich als Bewohner des Himmels vorstellte, ihnen Denkmäler weihte und vor denselben Lichter anzündete. Auch wurden die wirklichen Heiligen der Kirche an ihren Todestagen durch Gesänge, Gelage und Schlachten von Opfertieren geehrt, wie es bei der Verehrung der heidnischen Götter üblich war. Die Sitte, an Beerdigungstagen Schmausereien zu veranstalten, ist bekanntlich in manchen Gegenden noch nicht überwunden.

3. De spurcalibus in Februario.

Von den Unflätigkeiten im Februar.

Im Monat Februar läßt die strenge Winterkälte nach, und die Sonne beginnt mit neuer Kraft den Erdboden zu erleuchten und zu erwärmen. Da die Religion der alten Deutschen eine Naturreligion war, so schlossen sich ihre Festlichkeiten an die erfreulichen Vorgänge der Natur an. Im Monate Februar wurden daher der Sonne viele Opfer, besonders Schweineopfer, dargebracht, womit viele unflätige Spiele, Mummereien und Gelage verbunden waren (spurcus, spurcalis, unflätig); daher erhielt der Monat auch den Namen Sporkelmonat. Die Schweine wurden getrocknet und Stücke davon, teils mit Korn vermischt, den Pferden gegeben, welche den Pflug zogen, teils den Ackerknechten,

---

[1] Die Bedeutung des Wortes ist nicht sicher. Nach Grimm (Mythologie 1178) und Simrock (Mythologie 601) bedeutet es Leichengesänge, nach Eckhart, einem Würzburger Geschichtsforscher des vorigen Jahrhunderts, Toten-Essen; as (essen, aß) heißt im Altdeutschen Speise; Eckhart (Commentarii de rebus Franciae orientalis t. I, p. 408) folgt Binterim, (Denkwürdigkeiten II, p. 543).

in der Meinung, sich dadurch eine gute Ernte zu sichern. Um diese unreinen Festlichkeiten zu verdrängen, wurden mit christlichen Festen freudige Gebräuche verbunden, z. B. mit dem Feste des hl. Thomas und den Festtagen der Weihnachtszeit, und vielleicht sind die Fastnachtstage noch ein Überbleibsel jener unreinen, heidnischen Feste. [1]

4. De casulis, id est fanis.
Von den Häuschen oder Götzenhütten.

Auf dem Lande bauten sich Familien und Gemeinden kleine Hütten von Baumzweigen oder auch aus Steinen, um darin Altäre mit Götzenbildern aufzustellen und Opfermahlzeiten zu halten, während die öffentliche Verehrung der Götter in den Hainen und Tempeln stattfand. Diese Hütten galten den alten Deutschen als so heilig, daß sie nicht einmal von den benachbarten Bäumen und Zweigen Blätter abrissen. Um den Aberglauben zu vernichten, wurden sie vielfach in christliche Kapellen verwandelt.

5. De sacrilegiis in ecclesiis.
Von den Verunehrungen der Kirchen.

Bei den alten Deutschen wurden, wie überhaupt bei den heidnischen Völkern, in den Tempeln sinnliche, wollüstige Tänze aufgeführt und unzüchtige Lieder gesungen. Daran schlossen sich unsittliche Spiele und große Gelage. Auch wurden in den Tempeln Verträge abgeschlossen und über Streitigkeiten verhandelt, wobei es oft zu Thätlichkeiten kam. Solche unheilige Dinge wollte man nicht selten sogar in den christlichen Kirchen vornehmen. Auch sonst suchte man noch heidnische Gebräuche in oder bei den Kirchen zu vollführen; man wollte z. B. den

---

[1] Eine Göttin Sporkel kommt in der deutschen Mythologie nicht vor. Fastnacht ist plattdeutsch Faßlobend, niederdeutsch Fastelabend, entstanden aus Abend und faseln, Unsinn treiben, weil die bei den Heiden üblichen Possen und Spiele wüst und ausgelassen waren. Da diese auf die Tage vor der Fastenzeit verlegt wurden und nach germanischer Sitte die Nacht zum folgenden Tage gezogen wurde, so legte man Fastnacht die Bedeutung von Vorabend der Fastenzeit bei, ähnlich wie bei Christnacht, Sonnabend. Der Februar hieß in alter Zeit auch Hornung, eine vielgedeutete Benennung, entweder weil die Hörner der Hirsche in diesem Monate zu wachsen beginnen, oder weil der Januar als großer Horn, der Februar als dessen Sohn und daher als kleiner Horn gedacht wurde, oder weil bei den Gelagen dieses Monats ganz besonders die Trinkhörner geleert wurden, oder weil in diesem Monate unflätige Spiele stattfanden; hor heißt in alten deutschen Dialekten Schmutz, Unkeuschheit, Hurerei; nach dieser Ansicht wäre also Hornung gleichbedeutend mit Sporkelmonat.

Heiligen an ihren Festtagen bei der Kirche Tieropfer darbringen, und nach der Darbringung der heiligen Messe schlug man vor dem Altar das Meßbuch oder die Bibel auf, um aus der aufgeschlagenen Stelle Dunkles oder Geheimnisvolles zu deuten. Noch Karl der Große mußte strenge Verordnungen gegen solche Verunehrungen der Kirchen erlassen.

6. De sacris silvarum, quae nimidas vocant.

Von den Heiligtümern in den Wäldern, den sogenannten Nimiden.[1]

Weil die alten Deutschen die Kräfte der Natur sich als lebendige Personen vorstellten und vergötterten, so setzten sie auch zu den einzelnen Göttern bestimmte Pflanzen und Tiere in Beziehung, so z. B. waren alte, mächtige Eichen dem Donnergotte Donar geweiht und wurden hochverehrt. In ihrem Schatten opferten sie den Göttern Tiere und Menschen und besprengten den Baum und alle Teilnehmer des Opfers mit dem Opferblute. Besonders wurde alle neun Jahre ein großes Fest gefeiert, wobei 99 Menschen, 99 Hunde, 99 Hähne und 99 Habichte geopfert wurden. Die Zahl 9 kommt auch sonst in den deutschen Göttersagen vor. Als Freyr, der Gott der Fruchtbarkeit und des Ehesegens, in Liebe zur schönen Riesentochter Gerdur entbrannte und um sie warb, versprach sie, nach neun Tagen zu ihm zu kommen und sich mit ihm zu vermählen. Vielleicht war diese Sage Veranlassung zu Opfern, welche dem Gotte dargebracht wurden und bei denen die Zahl 9 eine Rolle spielte; dem Freyr wurden vorzugsweise Eber geopfert. Die Köpfe der Opfer hingen die alten Deutschen an den Zweigen der Bäume im Haine auf und hielten diesen für so unverletzlich, daß sie kein Blatt darin abpflückten. Als heilig galt den alten Deutschen in den Wäldern auch die Mistel (Viscum album), eine immergrüne, 1—2 Fuß hohe Schmarotzerpflanze, die in den Kronen der Bäume wächst und daher göttlichen Ursprung zu haben schien. Ihre erbsengroßen, weißen Beeren wurden vom Oberpriester in weißem Gewande mit goldenem Messer

---

[1] Das Wort Nimidas wird verschieden erklärt. Nach Eckhart ist es aus niun und das zusammengesetzt und bedeutet neun Häupter, weil öfter neun Tiere oder Menschen geopfert und ihre Häupter in dem Haine aufgehängt wurden. Grimm (Mythologie II, 614) versteht darunter überhaupt Opfer und leitet es von nehmen, abgenommen, den Göttern dargebracht, her. Andere beziehen das Wort auf das Abnehmen der Mistel. Nach dem Satzbau bezieht sich nimidas auf sacra und bezeichnet daher im Walde befindliche Heiligtümer oder im Walde dargebrachte Opfer oder abgegrenzte Orte eines Waldes.

feierlich geschnitten und zur Bereitung eines Zaubertrankes gegen vielfache Übel verwendet. Zur Verdrängung dieser heidnischen Heiligtümer erbaute man gern in den Wäldern unter den dichten Kronen hoher Bäume christliche Heiligtümer.

7. De his, quae faciunt super petras.
Von den Gebräuchen auf den Felsen.

Die Felsen wurden von den alten Deutschen gern zu Opfer= stätten benutzt und für heilig gehalten; sie glaubten, daß die Götter in ihnen wohnten, zündeten in der Nacht dabei Licht an und schrieben ihnen die Kraft zu, auf Anfragen über zu= künftige Dinge Antwort zu geben. Als solche hoch verehrte Stätten werden z. B. bezeichnet die Externsteine im Lippischen und die Heidenpfosten nicht weit von Marsberg an der Diemel, der alten Ehresburg.[1]

8. De sacris Mercurii vel Jovis.
Von den Opfern Merkurs oder Juppiters.

Unter Juppiter ist der über Regen und Wolken, Blitz und Donner gebietende Gott Donar zu verstehen, und unter Merkur der weltlenkende Wodan, von einzelnen Stämmen auch Odin genannt; jenem war der Donnerstag, diesem der Mittwoch heilig, daher noch jetzt in einzelnen Gegenden Woenstag genannt. Die Heiligtümer der beiden hochverehrten Götter lagen gewöhn= lich in der Nähe; vielfache Opfer wurden ihnen dargebracht, selbst Menschenopfer. Die Verehrung dieser Nationalgötter war so alt und tief eingewurzelt, daß selbst christliche Priester dem Drängen des Volkes nachgaben und sich an den Opfern beteiligten.

9. De sacrificio, quod fit alicui sanctorum.
Von dem Opfer, welches einem Heiligen dargebracht wird.

An eine große Zahl von Göttern gewöhnt, wollten die neubekehrten Deutschen die Heiligen an die Stelle der Götter setzen und bei den christlichen Kirchen auch ihnen Opfer dar= bringen, was allein Gott zu thun erlaubt ist; die Opfer ge= schahen dann wohl obendrein noch nach heidnischer Weise.

---

[1] Grimm (Geschichte der deutschen Sprache, 657) leitet den Namen der Externsteine, welcher in alten Urkunden auch Egesternsteine geschrieben wird, von egestern, vorgestern, her und giebt ihm die Bedeutung „uralte Steine". Andere Forscher bringen den Namen mit Egge in Verbindung, dem Gebirgszuge, in welchem die Steine liegen; andere mit Elstern, wieder andere mit exterus, auswärtig, weil sie außerhalb des Pader= borner Landes liegen.

10. De phylacteriis et ligaturis.
Von den Zetteln und Bändern.

Täfelchen von Metall, Holz, Schiefer und Pergament wurden mit Runen beschrieben oder mit den Bildern der Götter bemalt und um den Hals gehängt, um vor Krankheit und Unglücksfällen beschützt zu werden. Auch Donnerkeile (hammerförmige Steine) als Sinnbilder des Donnergottes wurden getragen oder mit den Toten ins Grab gelegt. An die Balken des Hauses band man Kräuter zum Schutze gegen feindliche Gottheiten. Auch machte man Binden von Zeug und Kräutern und band sie unter Abbetung bestimmter Formeln um Arme und Beine, in dem Wahne, daß sie Wunden heilten, vor Zauberei beschützten oder gar Zauberkraft mitteilten. In Rom, wo dieser Aberglaube sich ebenfalls gezeigt hatte, schritten die Päpste dagegen ein. Um all den Aberglauben mit Erfolg zu verdrängen, wurde den Gläubigen empfohlen, Kreuze oder Reliquien der Heiligen oder ihre Bilder zu tragen, damit sie von Gott auf die Fürbitte der Heiligen vor allem Übel beschützt würden.

11. De fontibus sacrificiorum.
Von den Opferbrunnen.

Die alten Deutschen hielten die Quellen für besonders heilig und brachten gern in ihrer Nähe Opfer dar; einzelnen Brunnen (Mineralbrunnen) schrieben sie eine göttliche Kraft zu und feierten bei ihnen Hochzeiten und andere Festlichkeiten. Um den Aberglauben zu verdrängen, errichtete man dort oft christliche Heiligtümer.

12. De incantantionibus.
Von den Zaubersprüchen.

Man schrieb einzelnen Personen, besonders alten Weibern, die Kraft zu, durch Zaubersprüche wunderbare Dinge zum Schaden wie zum Nutzen nach Belieben zu vollbringen, z. B. den Körper gegen scharfe Waffen, Feuer und Eisen unverwundbar zu machen, dem Biere eine geheime, die Sinne täuschende Kraft zu verleihen, ein Pferd im Laufe aufzuhalten, das Blut zu stillen. Ja, man schrieb sogar einzelnen Zauberern die Kraft zu, den Verstand der Menschen zu bethören, ihre Gestalt zu einer Mißgestalt zu machen, ihnen das Herz aus der Brust zu nehmen und Stroh oder Holz an dessen Stelle zu thun. Man gab daher solchen Zauberern große Geschenke, um sich

vor ihren schädlichen Einflüssen zu schützen. Die Zauberkraft
schrieb man besonders den Weibern zu, weil sie mehr unter
dem Einflusse der Götter ständen als die Männer; dann auch
haben die Weiber eine größere Einbildungskraft, sind im Lieben
und Hassen viel leidenschaftlicher und richten ihr Sinnen bei der
Schwachheit und Verschlagenheit ihres Geschlechtes leichter auf
geheime Künste.

13. De auguriis vel avium vel equorum vel bovum stercore vel sternutatione.

Von dem Wahrsagen aus den Vögeln oder den Pferden oder dem Miste der Ochsen oder dem Niesen.

Die Tiere, welche kraft des ihnen von Gott anerschaffenen
Instinktes bei manchen Thätigkeiten eine gewisse Sicherheit an
den Tag legen, schienen den heidnischen Völkern unter dem
Einflusse der Götter zu stehen, sodaß aus ihrem Verhalten der
Wille der Götter erschlossen werden könnte; ganz besonders
glaubte man das von den Vögeln, weil sie als Bewohner der
Lüfte den Göttern näher wären; man glaubte sogar, daß Götter
und Abgestorbene die Gestalt der Vögel annähmen oder sich
ihrer als Boten bedienten, um den Menschen ihren Willen
kundzuthun. So schlichteten schon Romulus und Remus ihren
Streit über die Benennung der neuen Stadt dahin, daß
der sie benennen solle, wem zuerst Geier erschienen. Über=
haupt beobachteten die Römer bei den wichtigsten Staats=
angelegenheiten den Flug der Vögel, um zu sehen, ob sie be=
stimmte Handlungen vornehmen sollten oder nicht. Die Ger=
manen hielten besonders den Raben für einen die Zukunft voraus=
verkündenden Vogel, welcher ja auch den Wodan begleitete
und ihm die Kunde aller Ereignisse zutrug. Erschien daher
der Rabe bei Darbringung eines Opfers, so war es angenehm;
flog er von der linken zur rechten Seite des Reisenden, so
bedeutete das Unglück; setzte er sich auf ein Haus, worin ein
Kranker lag, so bedeutete das dessen Tod; flogen zwei Raben=
schwärme gegeneinander, so bedeutete es Krieg. Die Elster
kündigte Unglück, Adler und Schwalbe Glück, eine schreiende
Nachteule den Tod an. Ebenso galt auch der Kuckuck als ein
die Zukunft vorausverkündender Vogel; der Rasen hatte segnende
Kraft, auf dem man den wiederkehrenden Kuckuck zuerst rufen hörte;
durch sein Rufen sagte er die Zahl der Lebensjahre voraus; doch
stand er auch unter dem Einflusse feindlicher Götter und wurde
bei Verwünschungen angerufen. Das Pferd stand in besonderem

Ansehen, wurde doch schon im Altertume Darius zum Perser-
könig erwählt, weil sein Pferd zuerst wieherte; wie bei den
slavischen Völkern, so galt es auch bei den Deutschen als ein
günstiges Vorzeichen, wenn ein in den Vorhof des Tempels
geführtes Pferd zuerst mit dem rechten Fuße über die dort
niedergelegte Pfahlspitze trat. Den Germanen galten besonders
die weißen Pferde als heilig; sie wurden in den heiligen Hainen
ernährt und durften zu keiner gewöhnlichen Arbeit gebraucht
werden; sie allein zogen den heiligen Wagen der Göttin, welchen
Priester und Fürsten begleiteten und das Wiehern und Niesen
der Pferde beobachteten; das Wiehern bedeutete Glück, besonders
vor der Schlacht den Sieg, das Niesen galt bald als Zeichen
der Bestätigung, bald als üble Vorbedeutung. Weil man die
Pferde oft am Morgen mit Schweiß und Kot bedeckt fand, so
glaubte man, sie seien in der Nacht von den Göttern benutzt
worden. Auch legte man neun Stangen in geringer Entfernung
auf die Erde und führte ein prachtvoll geschmücktes Pferd
darüber; blieben die Stangen geordnet liegen, so galt das als
ein gutes Vorzeichen für das Unternehmen. Wenn bei dem
Ausdreschen der Frucht die Ochsen Kot auf die Tenne fallen
ließen, so bedeutete es Unglück. Wenn zwei Ochsen bei dem
Anspannen ihren Kot gleichzeitig fallen ließen, so bedeutete es
Glück zum Unternehmen. Ochsen standen überhaupt bei den
Deutschen in hohem Ansehen; zwei Ochsen zogen bei den Franken
den Wagen des Königs, der nach dem Volksglauben den Göttern
entsprossen war.

14. De divinis vel sortilegis.
Von den Zeichen- oder Losdeutern.

Aus manchen Vorkommnissen des gewöhnlichen Lebens
glaubten die alten Germanen die Zukunft erschließen zu können;
begegneten sie einem Hasen, einem Schweine, einer alten Frau,
einer Frau mit fliegenden Haaren, einer Jungfrau, einem Priester,
einem Bettler, einem Höckrigen oder Hinkenden, so bedeutete das
Unglück; begegneten sie einem Schafe, einer sittenlosen Dirne,
einem kleinen Kinde, so bedeutete das Glück; ferner hing nach
ihrer Meinung Glück oder Unglück davon ab, ob man mit dem
rechten oder linken Fuß aus dem Hause oder Bette träte. Auch
führten die alten Deutschen absichtlich Zeichen herbei, um daraus
die Zukunft zu erschließen. Bei wichtigen Unternehmungen suchten
sie die Zukunft auf folgende Weise zu erforschen; sie machten aus
dem Zweige eines fruchtbaren Baumes (Eiche oder Buche) kleine

Stäbchen, ritzten in dieselben bestimmte Zeichen und streuten sie durcheinander auf ein weißes Tuch. Betend und zum Himmel aufblickend, hob bei öffentlichen Angelegenheiten der Priester, bei privaten Angelegenheiten der Hausvater, drei Stäbchen auf und deutete die eingeschnittenen Zeichen. Waren sie günstig, so wurde die Sache begonnen; waren sie ungünstig, so unterblieb sie. Auch das Wahrsagen durch Lose, Karten und Goldruten scheint bei den Deutschen vorgekommen zu sein. Man suchte selbst den Verbrecher durch das Ziehen von Losen festzustellen.

15. De igne fricato de ligno, id est nodfyr.

Von dem aus Holz geriebenen Feuer, dem Nodfyr.[1]

Durch Reiben zweier trockener Hölzer, durch Drehen ge=
trockneten Holzes im gebohrten Loche eines Eichenpfahles oder
durch das Reiben eines Haarseils um zwei trockene Holzpfähle,
wobei strenges Stillschweigen zu beobachten war, brachte man
Feuer hervor, welches dann durch andere trockene Stoffe, Werg,
Heede, Stroh, vermehrt wurde. Solche Feuer erzeugte man
an den Festen der Götter, dann auch, um das Feuer zu reinigen,
wenn dieses wohlthätige Element entweiht war, was z. B. durch
Verbrennen einer Leiche geschah. Das durch Reiben neu erzeugte
Feuer galt nämlich für heiliger und ehrwürdiger als das auf
dem Herde brennende, durch menschlichen Gebrauch schon ent=
weihte Feuer, welches daher vor Erzeugung des Notfeuers im
ganzen Dorfe ausgelöscht wurde. Solche heilige Feuer wurden
regelmäßig im Frühlinge, wo die Sonne von neuem ihre er=

---

[1] Der Name Nodfyr erklärt sich daraus, daß das Feuer meistens
in Bedrängnis und Not gemacht wurde, oder daß es auf gewaltsame
Weise durch Drehen und Reiben hervorgelockt und der Funken gleichsam
herausgenötigt wurde. In dem Kanton Appenzell, dessen Bewohner auf
ihrem abgeschlossenen Berglande manches Ursprüngliche bewahrt haben,
giebt es ein Kinderspiel, wobei ein Seil auf einem trockenen Holze so
lange gerieben wird, bis es Feuer fängt. Das Spiel heißt: „de Tüfel=
häle“. Übrigens ist die Schreibweise nodfyr angelsächsisch. Not heißt
althochdeutsch nôt, altsächsisch nôd; Feuer heißt althochdeutsch fiur oder
fuir, angelsächsisch fyr. Die Schreibweise Niedfyr, welche sich in alten
codices findet, nähert sich noch mehr dem Angelsächsischen; Not heißt im
Angelsächsischen nyd, im Englischen need (Nied gesprochen). Da Boni=
fatius und seine Genossen aus England stammten, so kamen leicht angel=
sächsische Laute in die deutsche Sprache. Durch das Wort Not sind
übrigens viele Zusammensetzungen gebildet, z. B. Notdurft, Notwehr,
Notkirche u. a. Bei der Schreibweise Niedfyr erinnert Nied noch an Niet,
Pflock, Nagel, der in einem Loche gedreht wird, bis durch die beständige
Drehung ein Funken entsteht. Unter Nietfeuer versteht man jetzt ein
Feuer, bei welchem das Nieten von Metallplatten geschieht.

wärmenden und leuchtenden Strahlen auf den Erdboden sendet, und im Hochsommer, wo sie am heißesten scheint, zu Ehren der Lichtgötter angezündet und besaßen eine ganz besondere Kraft. Tiere und Menschen, welche über diese Feuer sprangen oder durch dieselben liefen, blieben vor Krankheit und Unglück bewahrt. Wer den Rauch davon im Kleide auffing, bekam keine fieberhafte Krankheit. Auch warf man Pferdeköpfe in dieses Feuer, um dadurch etwaige Zauberinnen der Umgegend zu zwingen, bei dem Feuer zu erscheinen. Die Asche des Feuers streute man auf Wiesen und Äcker, damit sie vor Ungeziefer bewahrt blieben und viele Frucht brächten. Ein Brand von dem Holzhaufen wurde im Wasser gelöscht und in die Krippe gelegt, um Gesundheit des Viehes zu bewirken. Wenn der Rauch des Feuers an die Obstbäume geweht wurde, so wurden sie davon sehr fruchtbar. Ein Mädchen, welches im Festkleide neun Feuern beiwohnte, bekam bald einen Mann. Die Verehrung der Götter durch Feuer war übrigens bei vielen Völkern in Übung; auch Griechen und Römer unterhielten heiliges Feuer zu Ehren der Götter. In der griechischen Kirche war das durch Reiben erzeugte Feuer Gegenstand vielfachen Aberglaubens, gegen den Synoden ankämpften. In Deutschland suchten die christlichen Glaubensboten mit dem alten Götterglauben auch die abergläubische Verehrung des Notfeuers abzuschaffen. Um aber diesen tief eingewurzelten Aberglauben wirksam zu bekämpfen, setzte man an die Stelle der heidnischen Gebräuche ähnliche und verband mit diesen eine christliche Idee. So zündete man Ostern Feuer zu Ehren Jesu Christi an, des glorreich Auferstandenen, welcher das Licht der Welt ist; ebenso am 25. Juni zu Ehren des von jeher hochverehrten Johannes Baptist die sogenannten Johannesfeuer. Solche Feuer werden noch jetzt in vielen Gegenden Deutschlands angezündet, wobei sich mitunter noch Reste vom alten Aberglauben erhalten haben, z. B. wer darüber spränge, bliebe vor Unglück bewahrt oder machte eine gute Heirat.[1] In alter Zeit wurden solche Feuer oft mit großer Feierlichkeit veranstaltet, vom Priester angezündet und das Element des Feuers gesegnet, damit es dem Menschen zum Heile sei. Auch bildete sich die Sitte, bei dem Feuer christliche Lieder zu singen und feierliche Umgänge zu veranstalten. Wir sehen hierin das Bestreben der Glaubensboten, den heid-

---

[1] Auch in Frankreich ist dieser Aberglaube noch; z. B. in Poitou macht das Volk noch jetzt auf Johanni Feuer und springt durch dieselben, um vor Krankheiten bewahrt zu bleiben.

nischen Aberglauben auszurotten, aber zugleich auch christliche Gebräuche an deffen Stelle zu setzen und das am Sinnfälligen haftende Volk zum Geiste des Christentums emporzuheben. Uebrigens war eine Feuerweihe von jeher in der Kirche in Übung, nämlich am Karsamstag, wo außerhalb der Kirche neues Feuer hervorgebracht und gesegnet wird (novus ignis e silice excutitur); an diesem gesegneten, noch zu keinem irdischen Zwecke gebrauchten Feuer wird für das ganze Jahr das ewige Licht vor dem Allerheiligsten angezündet. Zur Verdrängung des heidnischen Aberglaubens wurde es vielfach Sitte, von diesem von der Kirche geweihten und gesegneten Feuer am Karsamstag ein Holzscheit mit nach Hause zu nehmen und zum Schutze gegen Feuersbrunst aufzubewahren.

16. De cerebro animalium.

Bon dem Gehirne der Tiere.

Die Köpfe der Tiere, namentlich der Ziegen und Pferde, hielten die Germanen besonders für heilig und opferten sie mit Vorliebe ihren Göttern. Dabei tanzten sie um die Köpfe herum und sangen schändliche Lieder, ihr Haupt vor dem Kopfe ver= neigend. Auch schworen sie unter Anrufung der Götter auf den Kopf des Tieres und weissagten aus der Beschaffenheit seines Gehirns.

17. De observatione pagana in foco vel in inchoatione rei alicuius.

Bon der heidnischen Beobachtung am Herde oder bei dem Beginne eines Unternehmens.

Manche Erscheinungen des täglichen Lebens galten den Germanen für das Gelingen einer Sache als günstig, andere als ungünstig. Ob der Rauch grade oder schief emporstieg, ob das Feuer knisterte oder nicht, war ein Zeichen für das Gelingen, resp. Mißlingen einer Sache. Bestimmte Tage galten bei Unternehmungen als günstig, andere als ungünstig. Dem Monde schrieb man eine unberechtigte Einwirkung auf die mensch= lichen Dinge zu, besonders die Saaten. In dem Augenblicke, wo die Neuvermählten das Haus betraten, zerschmetterte eine Magd einen Topf, wodurch das eheliche Glück befördert werden sollte. Bis in die neueste Zeit war es in manchen Gegenden Sitte, den aus der Kirche zurückkehrenden Hochzeitsgästen einen kleinen Trank zu reichen und dann das Glas zu zerschmettern, damit der Mann kein Trunkenbold würde. Das Begegnen von

Wölfen, Pferden, Hirschen, Rindern, Ebern und Bären brachte Glück, das Begegnen von Ziegen, Eseln, Füchsen, Hunden und Katzen, Unglück. Das Erscheinen eines Schwanes bedeutete glückliche Fahrt.

18. De incertis locis, quae colunt pro sanctis.

Von den unsichern, für heilig gehaltenen Orten.

Die Germanen dachten sich die Natur mit niedern Gottheiten bevölkert, welche Seeen, Quellen, Haine, Felsen und Bäume bewohnten und den Menschen bald gewogen, bald feindlich waren. Es gab daher manche heilige Stätte, welche man gar nicht kannte. Wer über solche Stätten ging und sie dadurch verunehrte, wurde von den Göttern bestraft, indem er ein Bein zerbrach, plötzlich tot niedersank, von einem giftigen Tiere gebissen wurde u. s. w. Solche Stätten hießen Unstätten. Es war das eine Verzerrung der christlichen Lehre, daß die bösen Geister uns vielfach nachstellen.

19. De petendo, quod boni vocant sanctae Mariae.

Diese Worte sind uns unverständlich. Zur Erklärung derselben ist statt petendo Petenstroh, d. i. Bettstroh, vorgeschlagen, danach hieße es: Uber der Mutter Gottes Bettstroh, wie es die Guten nennen, und bezöge sich auf die abergläubische Verehrung der Pflanzen.[1]) In der That war nach der Ansicht unserer heidnischen Vorfahren eine sehr große Anzahl von Pflanzen den Göttern geweiht und besaß eine geheimnisvolle Kraft, wenn sie unter bestimmten Ceremonien, z. B. am frühen Morgen, ungewaschen, stillschweigend, mit glühendem Eisen zu gewissen Zeiten gepflückt wurden. Das Donnerkraut, auch Eberkraut genannt (Carlina vulgaris), der Mauerpfeffer (Sedum acre), der Hauswurz (Sempervivum tectorum), die unangenehm riechende, giftige Osterluzei (Aristolochia clematitis), der stark duftende, ein heilendes Oel enthaltende Dost (origanum), waren dem Donnergotte geweiht und wurden daher zum Schutze gegen den Blitz auf die Dächer der Häuser gepflanzt. Der Atlant (Inula) war dem Woban heilig; wer auf Atlant schlief, konnte nicht behext werden. Dem Gotte Balder, welcher ein Bild der Güte und männlichen Schönheit, sowie der Gott des Friedens und der Beredsamkeit war, war der Baldrian (Valeriana

---

[1]) Eckhart, Francia orientalis XXIII, 42. Obgleich in petendo nur schwer Bettstroh zu erkennen ist, so ist doch Eckharts Vorschlag noch durch keinen bessern ersetzt. Bett heißt althochdeutsch beti, Stroh stro.

officinalis) heilig, eine der wichtigsten Arzneipflanzen; sie hieß
daher auch Balders Augenbrauen; ebenso war ihm die Kamille
heilig; beide Pflanzen dienten zum Schutze gegen feindliche
Götter. Der duftende Steinklee (Melilotus) war der licht-
bringenden Oſtara geweiht; der gelbblumige, aromatische Rain-
farn (Chrysanthemum) der Freya. Außerdem werden noch oft
in der Götterlehre genannt: der ſtrauchartige Beifuß (Artemisia
vulgaris), der bittere Wermut (Artemisia absinthium), die
Schafgarbe (Achillea millefolium), die Bertramgarbe (Achillea
ptarmica), Tauſendgüldenkraut (Erythraea centaurium), der
Wieſenknopf (Sanguisorba), die Minze (Mentha), die würz-
hafte Salvei (Salvia von salvus geſund), der Waſſerdoſt
(Eupatorium cannabinum), die Königskerze (Verbascum),
Weidenröschen (Epilobium), Hexenkraut (Circaea lutetiana),
Benedikte (Centaurea benedicta) u. a. Von dem Teufels-
abbiß (Succisa arvensis) glaubte man, ein böſes Weſen habe
von der Wurzel ein Stück abgebiſſen, weil es dem Menschen die
Heilkraft mißgönnte. Hartheu (Hypericum perforatum) galt
als Schutzmittel gegen Hexen und böſe Geiſter. Natürlich eiferten
die chriſtlichen Glaubensboten gegen dieſen abergläubischen Gebrauch der Pflanzen, welcher übrigens von dem tiefen Naturgefühl unſerer Vorfahren zeugt. Dieſer Aberglauben konnte
aber nur dann mit Erfolg ausgerottet werden, wenn dem an
ſichtbaren Dingen haftenden Volke etwas anderes geboten und
zum chriſtlichen Glauben in Beziehung geſetzt wurde. Weil nun
um die Zeit, in der jene Kräuter gepflückt wurden, das Feſt Mariä
Himmelfahrt gefeiert wurde, ſo wurden dieſe Kräuter in ein
Bündel zuſammengebunden und von den Prieſtern unter Anrufung der Mutter Gottes geweiht. Auch wurden nach und
nach noch andere Kräuter, Früchte und Getreide hinzugefügt.
So iſt es erklärlich, daß dieſe Weihe der Kräuter ſich nur in
Deutſchland findet und hier Mariä Himmelfahrt auch Kräuterweihe heißt; ebenſo erklären ſich aus dem Urſprunge der Kräuterweihe auch Zweck und Bedeutung. Bei der Kräuterweihe betet
nämlich die Kirche, Gott, der Schöpfer aller Dinge, welcher
auch die Kräuter zum Nutzen der Tiere und Menſchen erſchaffen
habe, möge dieſe Kräuter ſegnen, damit ſie Menſchen und Tieren
zum Heile ſein; er möge von denen, welche ſie andächtig gebrauchen, alles Übel fern halten und ihnen Geſundheit des
Leibes und der Seele geben. Durch das Gebet der Kirche
werden daher dieſe Kräuter ein Heilmittel für Tiere und Menſchen,
und daraus erklärt ſich der vielfache Gebrauch der Kräuter;

z. B., man bewahrt sie als Schutzmittel vor Feuersgefahr auf und streut bei Krankheiten Teile davon unter das Futter des Viehes. Es unterliegt ja keinem Zweifel, daß Gott durch die von der Kirche gesegneten Sachen, wie z. B. auch durch das Weihwasser, den Gläubigen zeitliche und ewige Gnaden zu= wendet. Der heidnische Aberglaube war ein unvernünftiger, weil die Pflanzen die ihnen zugeschriebene Kraft weder durch sich selbst, noch durch die nichtigen Götter haben konnten. Wer ihnen aber eine durch das Gebet der Kirche innewohnende, be= sondere Kraft zuschreibt und sie vertrauend auf die Allmacht Gottes gebraucht, der handelt vernünftig. Entsprechend dem tiefen Naturgefühl des Deutschen rankte sich um einzelne dieser Kräuter bald die christliche Legende. Labkraut (Galium) und Thymian (Thymus), zwei wohlriechende Kräuter, die ver= mutlich früher der Göttin Freya geweiht waren, hatten der Mutter Gottes zur Bereitung des Lagers für das Jesuskind gedient und hießen daher Unserer Lieben Frau Bettstroh. Hartheu (Hypericum) wurde bei dem Kreuzestode Christi mit seinem Blute besprengt und empfand teilnahmsvoll die Schmerzen Jesu Christi mit; es bekam daher durchscheinend=punktierte Blätter und hieß Johanneskraut, weil es um Johanni blüht. Das schnee= weiße Bellis wurde Marienblümchen zu Ehren Mariens genannt.

20. De feriis, quae faciunt Jovi vel Mercurio.
Von den Festtagen zu Ehren Juppiters und Merkurs.

Bei den heidnischen Römern und Deutschen wurden die Wochentage nach den Gottheiten benannt. Da dieser Gebrauch für Christen sinnlos und unstatthaft war, so kämpfte die Kirche dagegen an. Es wird daher angenommen, daß durch die obigen Worte die Priester angewiesen werden sollten, das Volk an= zuhalten, sich jener Benennungen nicht mehr zu bedienen. Allein da nur von zwei Göttern die Rede ist und alle Wochentage nach Göttern benannt wurden, ein Gebrauch, der sich bis in die Gegenwart erhalten hat, so liegt wohl die Annahme näher, daß bestimmte, an zwei Wochentagen zu Ehren dieser beiden Götter veranstaltete Festlichkeiten verboten wurden. Bei diesen Festlichkeiten fanden zu Ehren der Götter Trinkgelage statt, wobei die Becher emporgehoben und unter Anrufung der Götter geleert wurden. Auch berichtet uns der römische Geschicht= schreiber Tacitus, daß die Germanen an bestimmten Tagen dem Juppiter Menschenopfer darzubringen für recht hielten. Unter Juppiter und Merkur sind der Donnergott Donar und der Alt=

vater Wodan zu verstehen, denen Donnerstag und Mittwoch
geweiht waren.

21. De lunae defectione, quod dicunt „vince luna".

Von dem Abnehmen des Mondes, welches sie „Siege, Mond!" nennen.

Die alten Deutschen verehrten wie die Sonne so auch den
Mond sehr hoch, hielten beide für göttliche Wesen, berechneten
nach dem Laufe des Mondes das Jahr und widmeten ihm den
zweiten Tag der Woche. Sie dachten, der Mond eile als ein
lebendes Wesen am Himmel dahin und werde zur Zeit seines
Abnehmens, besonders aber bei einer Verfinsterung, von einem
feindlichen Wesen, einem Drachen oder Wolfe, verfolgt und
verschlungen oder höre aus Furcht zu leuchten auf. Eine Verfinsterung des Mondes erschien als Vorbedeutung des Welt-
unterganges; sie erhoben daher zu solcher Zeit ein großes Geschrei, um das Ungeheuer zu verscheuchen, und riefen dem Monde
ermutigend zu: „Siege, Mond!". Dieser Aberglauben, welcher
sich in China noch bis auf den heutigen Tag finden soll, war
bei den Germanen wegen ihrer mangelhaften Kenntnisse über
die Himmelskörper weit verbreitet und tief eingewurzelt. Die
Konzilien bestraften diesen Aberglauben mit schweren Kirchenbußen, und noch Rhabanus Maurus, Abt von Fulda und später
Erzbischof von Mainz, † 856, kämpft in einer uns noch erhaltenen Predigt gegen diesen Aberglauben, den er als einen
unvernünftigen und thörichten lächerlich macht.

22. De tempestatibus et cornibus et cocleis.

Von den Gewittern, den Hörnern und den Löffeln.

Die alten Deutschen, wie überhaupt die heidnischen Völker,
schrieben Hexen die Kraft zu, das Wetter zu machen, nämlich
Gewitter, Stürme und Hagelschlag hervorzurufen und dadurch
den Menschen großen Schaden zuzufügen. Zu dem Zwecke
stellten die Hexen einen Kessel voll Wasser auf den brennenden
Herd und rührten es unter Zauberformeln mit einem Löffel
um, oder sie peitschten das Wasser eines Sees mit Ruten, bis
sich Wolken aus dem See bildeten, in denen sie emporstiegen,
um Sturm und Hagel dorthin zu lenken, wo sie schaden wollten,
oder sie füllten einen Sack mit Wind, den sie zur bestimmten
Zeit mit den Worten losließen: „In des Teufels Namen";
alsdann brach das verheerendste Unwetter los. Andern Zauberern
schrieben die Deutschen die Kraft zu, solche schädliche Wetter
abzuhalten, und gaben ihnen deshalb reichliche Geschenke. Gutes

Wetter vermeinten sie zu erhalten, wenn sie einen roten Hahn schlachteten und auf einen Baumgipfel hingen; das war der Wetterhahn. Die roten Hähne waren nämlich dem Donar geweiht, der über Blitz und Donner, Wind und Wetter gebot. Dem Hahne schrieben die alten Deutschen auch die Kraft zu, am frühen Morgen durch sein Krähen die bösen Geister zu verscheuchen. Um diesen Aberglauben wirksam zu verdrängen, setzte man in christlichen Zeiten einen Hahn auf den Kirchturm und machte ihn zum Sinnbild der Wachsamkeit; er soll die Christen ermahnen, wachsam alle Gelegenheit zur Sünde zu meiden und sich früh am Morgen zum Gebete zu erheben. Auch mehreren Heiligen gab man als Symbol einen Hahn, so Petrus als Sinnbild seiner Bekehrung und Vitus als Sinnbild seiner Wachsamkeit. Bei den Trinkgelagen bedienten sich die alten Deutschen mächtiger Ochsenhörner, welche bei den Reichen mit Gold und Silber verziert waren, und riefen vor dem Trunke die Götter an. In den Hörnern brachten sie auch den Göttern bei feierlichen Verträgen Trankopfer dar, welche sie teils ausgossen teils tranken, und stellten dadurch die Verträge unter den Schutz der Götter; auch besiegelten sie Verträge durch einen Trunk aus dem Horne; daher trinkt man noch jetzt Brüderschaft und spricht bei Verträgen von einem Weinkaufe. Über die gefüllten Trinkhörner sprach man bestimmte Zauberformeln, um dem Tranke eine gewisse Wirkung zu geben. An hohen Festtagen trank man zu Ehren der Götter aus den Schädeln der erschlagenen Feinde, was als ganz besonders ehrenvoll und heilkräftig galt. Zauberer bereiteten auf geheimnisvolle Weise Zaubertränke und reichten sie in Löffeln, um dadurch wunderbare Wirkungen hervorzubringen, z. B. Liebe, Haß, Schutz gegen Krankheiten und Gefahren. Um diesen vielfachen Aberglauben zu verdrängen, kam in manchen Gegenden die Sitte auf, am 27. Dezember, dem Tage des Jüngers der Liebe, Wein zu segnen und den Gläubigen zu reichen, damit Gott ihnen auf die Fürbitte des hl. Johannes den Geist der wahren Liebe einflößt und sie vor allem Übel des Leibes und der Seele bewahrt.

23. De sulcis circa villas.
Von den Furchen um die Höfe.

Die alten Deutschen, welche gerne auf einzelnen Gehöften wohnten, zogen um diese mit einem Ochsenpfluge unter bestimmten Ceremonien und unter Anrufung der Götter eine

Furche und bepflanzten sie mit gewissen Kräutern und Bäumen, um dadurch Hexen und Zauberer fern zu halten. [1]) Zu den Kräutern gehörte besonders das Hexenkraut (Circaea). Die Sitte, um die Stelle, wo man sich niederlassen wollte, unter Anrufung der Götter eine Furche zu ziehen, findet sich bei manchen Völkern, so auch bei den Römern.

24. De pagano cursu, quem yrias vocant, scissis pannis vel calceis.

Von dem Laufe der Helden in zerrissenen Schuhen und Kleidern, dem sogenannten Yrias.

Was unter Yrias zu verstehen ist, läßt sich nicht mehr ausmachen. Grimm (Geschichte der deutschen Sprache, 545, und Mythologie I, 281) versteht darunter possenhafte Mummereien. Nach Eckhart (Franc. orient. XXIII, 47) besteht Yrias aus Scy = Schuh und rias = Riß und bedeutet also Schuhriß, was allerdings zu dem Zusatze: zerrissene Schuhe und Kleider paßt, aber sprachlich nicht zu rechtfertigen ist, da im Althochdeutschen Schuh scuoh und Riß riz heißt. Alte Chronisten erzählen auch von einem Schoduvellopen oder Schuhteufelslaufen, wobei Menschen mit zerrissenen Schuhen unter tollen Possen durch die Straßen liefen. Neuere Sprachforscher wollen statt Yrias Frijas lesen. Frija (Freya) war die Göttin der sinnlichen Liebe; als sie von ihrem Gatten Freyer verlassen wurde, suchte sie ihn in der ganzen Welt, und daher sollen die alten Deutschen an ihren Festtagen religiöse Umzüge mit Götterbildern veranstaltet haben, wobei sie in zerrissenen Schuhen und Kleidern liefen. Diese Umzüge sollten also das Umherirren der ihren treulosen Gemahl suchenden Göttin versinnbilden. Mummereien waren überhaupt bei den alten Deutschen üblich. Männer verkleideten sich in Weiber mit langen Bärten oder in wilde Tiere und führten Possen auf, bei denen die gröbsten Ausschweifungen öffentlich begangen wurden. Daher setzte der hl. Bonifatius auf die Teilnahme an solchen Mummereien eine Kirchenbuße von drei Jahren.

---

[1]) Die Aufgeklärten unserer Zeit schreiben dem Teufel und den mit ihm in Verbindung stehenden Personen einen Pferdefuß zu und bringen den Abdruck eines Hufeisens am Hause an, damit der Teufel bei dem Betreten des Hauses denkt, er sei schon dagewesen, oder es sei ein anderer da, und wieder fortgeht. An den Geldbörsen werden Fischschuppen angebracht, um nicht betrogen (beschuppt) zu werden. Wo eben kein vernünftiges Christentum ist, stellt sich bald der Aberglaube von selber ein.

25. De eo, quod sibi sanctos fingunt quoslibet mortuos.

Davon, daß sie sich alle Toten als Heilige vorstellen.

Nach der Ansicht der heidnischen Deutschen wurden alle ruhmvoll gefallenen Kämpfer in dem Heldenkreise der Walhalla vereinigt; die neubekehrten, christlichen Deutschen versetzten im Widerspruch mit der christlichen Lehre von Fegfeuer und Hölle alle Verstorbenen sogleich in den Himmel, errichteten zu ihrer Ehre Bildnisse, ließen vor denselben Lichter brennen und brachten ihnen Opfer dar. Daher erließ die Kirche die Vorschrift, daß nur die von ihr anerkannten Heiligen und zwar an den zum Gottesdienst bestimmten Orten zu verehren seien.

26. De simulacro de consparsa farina.

Von dem Götzenbilde aus Mehlteich.

Die alten Deutschen stellten ihre Götter für die ihnen ge= widmeten Festtage in Backwerk aus Mehl dar, welches sie mit Wasser aus heiliger Quelle besprengt hatten; auch buken sie an Festtagen der Götter solche Tiere, die ihnen heilig waren, da sie kunstvolle Götterbilder aus Metall, Holz und Stein in den ältesten Zeiten nicht zu machen verstanden. Mit solchen gebackenen Figuren beschenkten sie sich einander, schrieben ihnen eine gewisse Zauberkraft zu, hielten sie hoch in Ehren und aßen sie mit einer gewissen religiösen Verehrung. Den Christen wurde das Backen solcher Bilder natürlich verboten, aber Er= innerungen an jene heidnische Gewohnheit haben sich noch er= halten. In Westfalen nennt man kleine, runde Brötchen, welche an den Fastnachtstagen gebacken werden, Heidewecken, weil sie um diese Zeit von den Heiden in solcher Form gebacken und genossen wurden, während Gebäck am Tage des hl. Nikolaus Christwecke heißt. Ferner wurde jene Sitte der heidnischen Deutschen die Veranlassung, daß auch die Neubekehrten an be= sondern Tagen sich Backwerk bereiteten, aber ihm eine andere Bedeutung beilegten wie die Heiden. Diese feierten im Spät= herbste unter festlichen Gelagen ein Erntefest zu Ehren des Wodan, wobei sie Gebackwerk in Form von Hörnern verzehrten; Hörner sind ein uraltes Bild von Macht und Fruchtbarkeit und sollten an den mächtigen Gott erinnern, der ein fruchtbares Jahr verlieh. Etwa um dieselbe Zeit feierten die Christen den Tag des hochverehrten hl. Martin und aßen an diesem Tage die Martins=Hörner und =Gänse. Am Neujahrstage schenkt in vielen Gegenden Westfalens der Pate seinem Patenkinde einen sogenannten Krengel, während die Heiden das Kind beschenkten, wenn es den ersten Zahn bekam. Im Kanton Appenzell werden am Frühlingssonntage Kuchen in der Gestalt eines Ohres gebacken, daher heißt der Sonntag Öhrli-Sonntag. Zum Osterfeste backt man in manchen Gegenden Hasen, die sogenannten Osterhasen; weil der Hase mit offenen Augen schläft, so ist er dem Christen ein Sinnbild der Auferstehung, bei den Heiden war er Sinnbild der Fruchtbarkeit und daher dem Gotte der Fruchtbarkeit (Freyr) geweiht. Auch die Brätzel sollen ihren Ursprung von einem heidnischen Gebrauche haben.[1]

27. De simulacris de pannis factis.
Von den aus Zeug gemachten Götzenbildern.

Nach der abergläubischen Meinung der alten Deutschen wuchs unter dem Galgen eines Diebes, welcher ein reiner Jüngling gewesen war und bei der Hinrichtung Wasser von sich gegeben hatte, die Alraunwurzel (Atropa mandagora), ein Strauch mit einer rübenartigen Wurzel, welche man unter abergläubischen Gebräuchen ausgrub, um aus ihr puppenartige Gebilde zu machen, welchen man statt der Haare Hirselkörner einsetzte und schöne, weiße Kleider anzog. Weil man sich in der Wurzel ein verborgenes, geheimnisvoll wirkendes Wesen dachte, so verehrte man die Puppe als göttliches Wesen und bewahrte sie sorgfältig in einem Schreine auf. Sonnabends wurde die Puppe, Alrune genannt, in Wasser oder Wein gebadet, und bei jeder Mahlzeit wurde ihr ein Teil der Speisen vorgesetzt; sie sollte gegen Hexerei und Krankheit schützen, Zukünftiges oder Geheimnisvolles offenbaren und den Frauen eine glückliche Geburt verleihen. Überhaupt wurden von verschiedenen Göttern solche Bilder zu abergläubischen Zwecken verfertigt. Den Tod stellte man unter einer Puppe aus Stroh und Zeuglappen dar, welche man verbrannte oder in das Wasser warf; alsdann eilte man schnell von dannen, um nicht von ihm verfolgt zu werden, ein Gebrauch, der sich an einigen Orten Frankreichs bis in unser Jahrhundert erhielt. In dem Hause, aus welchem die Puppe fortgetragen wurde, starb in dem Jahre niemand. In

---

[1] Brätzel wird hergeleitet von brachiale, etwas, was am Arme (brachium) getragen wird, also Armband, oder was die Form des Armes hat. Überhaupt hatte manches Backwerk eine bestimmte Form, z. B. Kipfel, Krapfen, und scheint zu Göttern in Beziehung gesetzt zu sein. — Gänse waren bei den Römern der Juno, bei den Griechen der Proserpina heilig; bezüglich der Germanen läßt sich nichts Bestimmtes angeben. Nach der Legende verrieten Gänse durch Schnattern den hl. Martin, der sich aus Demut versteckte, um nicht zum Bischofe geweiht zu werden; nach einer andern Version beschützte er einmal Gänse gegen Wölfe.

ähnlicher Weise wurde bei dem Herannahen des Sommers der Winter unter dem Bilde des Todes fortgetragen. Auch opferten Mädchen bei dem Beginne des heiratsfähigen Alters der Freya, der Göttin der Liebe, Götzenbilder, um sich dadurch ihrem Dienste zu weihen. Dieser heidnische Gebrauch, die Götter abzubilden, entsprang aus dem natürlichen Bedürfnis des menschlichen Herzens, die von ihm verehrten Wesen auch sichtbar vor sich zu haben, um sie lebendiger und inniger zu verehren. Die Kirche kommt diesem natürlichen Triebe des menschlichen Herzens durch die Bilderverehrung entgegen. Von Gott, welchem als dem höchsten Herrn allein die Anbetung gebührt, und von den Heiligen, welche als getreue Diener und Freunde Gottes zu verehren sind, werden entsprechend der katholischen Kirchenlehre Bilder gemacht und verehrt, aber diese Verehrung bezieht sich nicht auf den Stoff des Bildes, sondern auf die durch das Bild dargestellten Personen; auch nur diese können den Menschen helfen, nicht die toten Bilder, wie die Heiden meinten.

28. De simulacro, quod per campos portant.
Von dem Götzenbilde, welches sie über die Felder tragen.

Die alten Deutschen unternahmen von Zeit zu Zeit durch die Fluren feierliche Umzüge und trugen dabei die Bilder der Götter, um von ihnen die Fruchtbarkeit der Felder zu erflehen. Besonders berühmt war der Umzug der Mutter Hertha, welche als Erdgöttin verehrt wurde. Ihr Wagen, mit einem Tuche bedeckt, stand in einem heiligen Haine. Von Zeit zu Zeit gab die Göttin ihre Anwesenheit in dem Wagen zu erkennen und wurde alsdann im Lande unter Begleitung der Priester umhergefahren. Freude herrschte überall, wohin der Wagen kam, und keine Waffe wurde angerührt, bis der Wagen wieder in den heiligen Hain zurückgeführt war. Solche feierliche Umzüge mußten natürlich nach Ausbreitung des Christentums als unerlaubte verboten werden; aber die Kirche beschränkte sich nicht auf ein bloßes Verbot, sondern setzte etwas Christliches an die Stelle dieser Sitte, die als solche im religiösen Gefühle des Menschen begründet ist. Es wurden Flurumgänge unter Gebet und Gesang mit den Bildnissen der Heiligen veranstaltet und Gott angefleht, den Fluch der Sünde von der Erde hinwegzunehmen, Mißernten und Seuchen fern zu halten und die Felder zu segnen. So sind die jetzt in vielen Gegenden üblichen Feldprozessionen an die Stelle der heidnischen Flurgänge getreten. Das entsprach ganz der Anweisung, welche Papst Gregor

der Große dem hl. Augustin und seinen Genossen in England
gab, nämlich die heidnischen Gebräuche durch entsprechende christliche zu verdrängen und so das Volk in den Geist der Kirche
einzuführen.

29. De ligneis pedibus vel manibus pagano ritu.

Von den hölzernen Füßen oder Händen nach heidnischem Gebrauche.

Wenn bei den Heiden jemand ein Gebrechen an Händen
oder Füßen gehabt hatte und durch die Wirkung der Götter
sich geheilt glaubte, so ließ er aus Dankbarkeit eine Hand oder
einen Fuß aus Holz oder Metall machen und legte diese Opfergabe in den heiligen Hainen oder Götterhütten nieder. Auch
geschah solches, um die Heilung von Gebrechen an jenen Gliedern
zu erflehen. Krücken, deren man sich zum Gehen bedient hatte,
wurden ebenfalls nach erlangter Heilung den Göttern geopfert.
Nach einiger Zeit wurden diese Gegenstände den Geheilten von
dem Priester zurückgegeben und an den Grenzwegen aufgestellt,
um vor fernern Gebrechen bewahrt zu bleiben. Die christlichen
Glaubensboten rotteten natürlich diesen Gebrauch aus und verbrannten die heidnischen Opfergaben, aber andererseits wurzelt
tief im menschlichen Herzen das Bedürfnis, Gott den Dank
für empfangene Wohlthaten auf sichtbare Weise auszusprechen,
und daher lebte jener heidnische Gebrauch im Christentum
unter veränderter Bedeutung fort. Wer an einen allmächtigen
und allgütigen Gott glaubt, der dem bedrängten Menschen
schützend und helfend zur Seite steht, dem wird es nicht zweifelhaft sein, daß Gott in mehr oder minder wunderbarer Weise
schmerzliche Gebrechen von dem Menschen auf sein flehentliches
Gebet öfters von ihm nimmt, sei es, daß er die natürliche
Kraft der Heilmittel erhöht, sei es, daß er unmittelbar in die
natürliche Ordnung eingreift. Um ihm seine Dankbarkeit für
eine solche Wohlthat in sichtbarer Weise auszudrücken, bildet
man jene Glieder, die mit Gebrechen behaftet waren, in Holz,
Metall oder Wachs ab und legt diese als Opfergabe in den
Kirchen nieder. An jedem Wallfahrtsorte kann man solche
Dankesbezeigungen kindlich-gläubiger Gemüter in großer Menge
sehen. So kann es sich ereignen, daß derselbe Gebrauch sich
im Heidentume und Christentume vorfindet; während er nämlich
im Heidentume zur Verehrung eitler Götzen dient und daher
unerlaubt ist, dient er im Christentume zur Verehrung des
wahren Gottes und ist erlaubt; es kommt eben auf den Zweck
an, den man dabei hat.

30. De eo, quod credunt, quia feminae lunam comedant, quod possint corda hominum tollere iuxta paganos.

Von dem Aberglauben der Heiden, Weiber könnten den Mond verschlingen und die Herzen der Menschen hinwegnehmen. [1]

Die heidnischen Deutschen wie die alten Römer schrieben abergläubisch einzelnen Frauen die Macht zu, den Mond zu bezaubern und mit dessen Hilfe wunderbare Wirkungen hervorzubringen. Überhaupt schrieb man von jeher dem Neumonde einen großen Einfluß auf die Erde, Pflanzen, Tiere und Menschen zu. Daß der Mond wirklich einen großen Einfluß auf die Welt ausübt, wird durch manche Thatsachen, z. B. Ebbe und Flut, Witterungswechsel, bestimmte Krankheitserscheinungen, bewiesen, aber die Heiden erweiterten diesen Einfluß in abergläubischer Weise. Jene Frauen unternahmen bei Mondschein nächtliche Ritte mit der Mondgöttin auf den verschiedensten Tieren und stifteten allerlei Unfug an. Weil der Mond zur Zeit des Neumondes oder bei einer Mondfinsternis verschwindet, so glaubten die alten Deutschen, er werde von Weibern vom Himmel herabgezogen und verschlungen. Sehr verbreitet war auch der Aberglaube, daß die Hexen dem Menschen das Herz wegnähmen und äßen, seine Neigungen durch Liebes- und Zaubertränke bestimmten, ihm den Mut nähmen, eine häßliche Gestalt gäben, plötzlich heftige Schmerzen bei ihm bewirkten, daher noch jetzt die Bezeichnung Hexenschuß. Um sich vor solchem Unglück zu hüten, wurden die Hexen mit unversöhnlicher Erbitterung aufgesucht und verbrannt. Dieser Hexenwahn wurde von der Kirche als unvernünftig entschieden bekämpft und verboten; Karl der Große bestrafte sogar den Hexenwahn mit dem Tode. Erst gegen Ende des Mittelalters, kurz vor Ausbruch der sogenannten Reformation, als die Kirche an Einfluß schon verloren hatte, tauchte der Hexenwahn in seiner schrecklichsten Gestalt wieder auf und brachte die verderblichsten Früchte hervor. Luther spricht in seinen Schriften

---

[1] Im Kodex steht: lunam comedet, was offenbar ein Schreibfehler ist. Man hat daher commendet (im Sinne von befehlen) vorgeschlagen, allein diese Lesart hat grammatikalische Schwierigkeiten, da commendare nicht befehlen heißt und den Dativ der Person regiert. Andere haben comedant vorgeschlagen, das giebt den Sinn, daß die Weiber den Mond verschlingen. Binterim (Denkwürdigkeiten II, 2, 581) übersetzt: Von der Meinung: die Weiber beschwören den Mond, daß sie die Herzen der Menschen wegnehmen können; ebenso Seiters, S. 400. Danach bekamen die Weiber ihre Zauberkraft vom Monde. Corda tollere kann buchstäblich und auch im übertragenen Sinne von einer Bezauberung genommen werden.

bekanntlich viel von den Einflüssen des Teufels, wie ja der
Hexenwahn auch in protestantischen Ländern stark und lange
andauerte; in den katholischen Ländern traten besonders die
Jesuiten dagegen auf.

Ein weit verbreiteter Aberglaube unserer Vorfahren ist in
obiges Verzeichnis nicht aufgenommen. Maus und Wiesel galten
zwar als unrein, spielten aber in der Zauberei eine große Rolle;
wer einen Trank genoß, worin eine Maus oder ein Wiesel
gelegen hatte, blieb vor den Einflüssen der Hexen bewahrt;
kinderlose Frauen nahmen solchen Trank, um Kinder zu bekommen. Diesen Aberglauben nahm der hl. Bonifatius in
das Verzeichnis der Sünden auf, die mit Kirchenstrafen belegt
wurden.

Es ist ein großes Verdienst der ersten christlichen Glaubens-
boten, den vielfachen, tiefeingewurzelten Aberglauben mit aller
Entschiedenheit bekämpft und wenigstens aus dem öffentlichen
Leben verdrängt zu haben. Der Aberglaube war unvernünftig
und entwürdigend, wies den Menschen an die zufälligen, trüge-
rischen Erscheinungen der Außenwelt wie an eine unfehlbare
Richtschnur und hinderte ein vernünftiges, besonnenes Wirken.
Auch mußte der Glauben an die vielen guten und schlechten
Vorbedeutungen den Menschen beständig mit Furcht und Schrecken
erfüllen und sein Wirken auf Schritt und Tritt lähmen. Der
feste Glaube und die vertrauensvolle Hingabe an die all-
umfassende Vorsehung eines allmächtigen, gütigen Gottes fehlte
den Heiden; sie dachten sich ihre Götter als Wesen mit beschränkter Macht oder den Menschen feindlich gesinnt; daher
waren sie beständig voll Furcht vor Zauberern, die mit feindlichen höhern Wesen im Bunde ständen, um den Menschen zu
schaden. Es war das eine verzerrte Idee von den bösen Geistern,
deren Einflüsse im Christentum der Zulassung Gottes unterliegen und durch die Heilsmittel der Kirche bekämpft werden
können. Im Heidentum hatte man von den Einflüssen der
feindseligen Wesen die sonderbarsten Anschauungen und suchte
sich ängstlich durch die seltsamsten Mittel dagegen zu schützen.
Solchen unvernünftigen, verderblichen Aberglauben finden wir
übrigens bei allen heidnischen Völkern, selbst den hochgebildeten
Griechen und Römern. Das einzige, wirksame Heilmittel dagegen ist nur der christliche Glaube; wo dieser verschwindet,
kehrt der alte Aberglaube wieder. In unsern moralisch so
tief gesunkenen Großstädten leben Hunderte von Wahrsagerinnen,
manche Gebildete werden bei bestimmten Begebenheiten des täg-

lichen Lebens von abergläubischer Furcht ergriffen, und im Leben mancher aufgeklärter Freigeister, die unter dem Scheine von Aufklärung das Christentum bekämpften, tritt nicht selten der lächerlichste Aberglauben zu Tage. Mit Recht sagt daher ein geistreicher, französischer Schriftsteller: „Gerade bei den Un= gläubigen herrscht der größte Aberglauben".[1] Allerdings haben sich bei der Anhänglichkeit des Volkes am Althergebrachten und Geheimnisvollen Reste vom heidnischen Aberglauben bis in die Gegenwart erhalten und trotz des christlichen Glaubens fort= geerbt; es zeugt aber von großer Unwissenheit, hierfür die Kirche verantwortlich machen zu wollen, die stets gegen den Aberglauben als etwas Sündhaftes gekämpft hat.

Die Bestimmungen, welche auf der Synode zu Liptinae 743 zur Ausrottung des Heidentums und zur Befestigung des Christen= tums gemacht waren, mußten auch im Leben durchgeführt werden. Die Bischöfe verfaßten daher nach Abhaltung des Konzils unter dem Vorsitze des hl. Bonifatius Anreden, in welchen jene Be= stimmungen dem Volke bekannt gemacht und erklärt wurden. Entsprechend dem an den Propheten Ezechiel (Kap. 3) er= gangenen Befehle, nicht zu schweigen, sondern dem Volke seine Sünden vorzuhalten, werden in einer Anrede die verschiedenen Arten der Blutschande genannt und die Verwandten angegeben, welche sich nicht heiraten dürfen. Ferner werden noch die sodomitischen Sünden, Ehebruch, Vielweiberei, Versündigungen mit Tieren und andere unkeusche Sünden namhaft gemacht und nachdrücklich verboten, damit der Leib des Herrn in der heiligen Kommunion würdig empfangen werde. Wir sehen daran, daß auch bei dem deutschen Volke tiefe Verirrungen der Fleischeslust vorkamen und das Leben vergifteten. Wenn auch die Götter= lehre der Germanen im ganzen reiner als die der Griechen und Römer war, und wenn auch der ernste Charakter des Deutschen, Klima und Lebensweise die Fleischeslust minderten, so kamen doch auch in dieser Hinsicht grobe Ausschweifungen vor und bereiteten den christlichen Glaubensboten schwere Kämpfe. Ur= sprünglich mochten die Deutschen, wie es bei Naturvölkern wohl vorkommt, von solchen Lastern sich freigehalten haben, aber später traten sie mit den sittlich entarteten Römern in Verbindung und lernten von ihnen solche Laster, die bei der Vermischung der Stämme untereinander sich rasch verbreiteten. In einer andern Anrede wird der Einwand als nichtig zurückgewiesen,

---

[1] Pascal: les incrédules les plus crédules.

daß Christus so spät erschienen und daher viele verloren ge=
gangen seien; denn auch vor Christus konnten die Menschen durch
Buße und Verlangen gerettet werden; sodann werden alle ernst=
lich ermahnt, nun wenigstens das christliche Gesetz gläubig an=
zunehmen. In einer dritten Anrede werden die Christen nicht
bloß vor Heiden und Irrlehrern, sondern auch vor Juden ge=
warnt und ermahnt, den Sonntag nicht mit den Juden und
bloß nach dem Buchstaben des Gesetzes, sondern christlich, durch
die Enthaltung von allem Sündhaften und durch Vollbringung
guter Werke, zu feiern. Zum Schluß werden alle eindringlich
beschworen, das Beispiel der Guten nachzuahmen und in der Ge=
meinschaft mit Christus zu verharren, den sie in der Osterzeit
im heiligen Sakramente empfangen hätten. So war Bonifatius
nach Kräften bestrebt, alles Unchristliche bei unsern Vorfahren
zu entfernen und sie ganz mit christlichem Geiste zu erfüllen.

Drittes Kapitel.

**Der hl. Bonifatius dehnt seine Wirksamkeit auf das west=
fränkische Reich aus. Kirchenversammlungen (744—745).
Verurteilung von Adelbert und Klemens. Sendschreiben
an den angelsächsischen König Athilbald.**

Durch die Synode von Liptinae im Jahre 743 hatte
Bonifatius die kirchlichen Verhältnisse des ostfränkischen Reiches
(Austrasien) geordnet, welches Karlmann bei der Teilung nach
des Vaters Tode zugefallen war und das heutige Belgien und
einen Teil Deutschlands umfaßte. Sehr traurig sah es auch im
westfränkischen Reiche (Neustrien) aus, welches Pippin bei der
Teilung zugefallen war und einen großen Teil des heutigen
Frankreichs umfaßte. Die Kirchenzucht war infolge der vielen
Kriege zerfallen. Die Bischöfe, meistens durch den Einfluß der
weltlichen Regierung auf die bischöflichen Stühle befördert, ver=
hielten sich unthätig und waren dem Staate gegenüber knechtisch
gesinnt, während sie in der Kirche eine ganze unabhängige
Stellung erstrebten. Irrlehrer waren im Volke ungehindert
thätig. Bonifatius berichtete über diese traurigen Zustände an
den Papst und wies zu deren Besserung auf die Herstellung des
kirchlichen Verbandes und die Abhaltung von Synoden als not=
wendige Mittel hin. Nachdem er sich bereits früher mit dem

Papste verständigt hatte, ersuchte er ihn mit Zustimmung Karl=
manns und Pippins, drei Erzbischöfe zu ernennen, nämlich
Grimo von Rouen, Abel von Rheims und Hartbert von Sens.
Der Papst willfahrtete dieser Bitte sofort, bestätigte in einem
Schreiben (Juni 743) die drei vorgeschlagenen Erzbischöfe, be=
stärkte zugleich Bonifatius in seiner Wirksamkeit gegen die Irr=
lehrer und ordnete bereits die Absendung der Pallien nebst
einem Schreiben an die Erzbischöfe über den Gebrauch und die
Bedeutung der Pallien an.[1]) Da änderte Bonifatius seine
Bitte und ersuchte (August 743) in einem neuen Schreiben,
welches uns verloren gegangen ist, den Papst bloß um die Be=
stätigung des Erzbischofs Grimo von Rouen. Bereitwillig er=
füllte der Papst Zacharias (im November 743) auch diese Bitte
des hl. Bonifatius in einem Schreiben, welches die damaligen
Verhältnisse kennzeichnet. Zunächst drückt der Papst seine Ver=
wunderung über die plötzliche Veränderung des Gesuches aus
und bittet um Aufklärung darüber; sodann bemerkt er, daß ihn
die Beschuldigung der Simonie, als ob er die Verleihung der
Pallien und die Ausstellung der Urkunden sich bezahlen ließe,
mit großer Betrübnis erfüllt habe, und beteuert, daß weder er
noch seine Priester sich für die Pallien etwas zahlen ließen und
sie ohne irgend welche Vergütung ausstellten; für die Zukunft
verbittet er sich solche Vorwürfe und spricht den Kirchenbann
über alle aus, welche die Sünde der Simonie begehen.[2]) Nach
dem Inhalte dieses päpstlichen Schreibens unterliegt es keinem
Zweifel, daß die beiden in Aussicht genommenen Erzbischöfe
von Sens und Rouen der Simonie beschuldigt und auch der
Papst als Mitschuldiger verdächtigt war. Wie es kam, daß
man Pippin, Karlmann und Bonifatius so täuschte und die
Ernennung dreier Erzbischöfe hintertrieb, ist nicht aufgeklärt
worden. Da solche Verleumdungen und Verdächtigungen ge=

---

[1]) Ep. 48. Jaffé versetzt diesen und den folgenden Brief in das
Jahr 744; Külb (59. und 60. Br.) und Loofs (Zur Chronologie der
Briefe des hl. Bonifatius, Leipzig 1881) in das Jahr 743, wie der Brief
auch datiert ist. Ep. 49 spricht von einer Synode im Reiche Karlmanns;
diese wurde aber 743 abgehalten. In Pippins Reiche fand März 744 die
erste Synode statt; für dieses Reich wurde Bonifatius durch ep. 49 be=
vollmächtigt, und daher ist das Datum beider Briefe, 743, richtig.
[2]) Ep. 49. Werner (Bonifatius, S. 278) und Nürnberger (Tü=
binger Q.=Schr. 1879, S. 438) meinen, Bonifatius habe die eingeforderten
Auslagen und Amtskosten als Simonie aufgefaßt, aber dieser mußte doch
sicher, was Simonie war; auch widerspricht jene Meinung den bestimmten
Worten der päpstlichen Antwort.

wöhnlich von denen ausgehen, welche ein Interesse daran haben, so sind die Urheber leicht zu finden. Damals hatten nämlich vielfach weltliche Männer, Krieger oder Staatsbeamte, durch den Einfluß der weltlichen Regierung die bischöflichen Stühle der Einkünfte halber in Besitz genommen und führten ein dem Kriege, der Jagd und dem Spiele gewidmetes Leben. Auch bereicherten sie ihre Verwandten mit dem Kirchengute. Wenn nun streng kirchlich gesinnte Erzbischöfe von Bonifatius eingesetzt, und von diesen die Kirchengesetze strenge angewandt wurden, so mußten jene unkirchlichen Männer entweder um ihre Stellen besorgt sein oder ihr Leben ändern. Daher suchten sie hinterlistig die Ernennung von Erzbischöfen auf jede Weise zu verhindern. Der Brief, in welchem Bonifatius wegen jener Angelegenheit dem Papste — freilich irrtümlich — Vorhaltungen machte, legt beredtes Zeugnis für seinen apostolischen Freimut und reinen, selbstlosen Seeleneifer ab; aber nicht minder erhellt aus der Antwort des Papstes auch die Rechtlichkeit und Uneigennützigkeit der päpstlichen Regierung. Jedoch unterblieb die Ernennung mehrerer Erzbischöfe zum großen Schaden für das Fränkische Reich noch eine Reihe von Jahren wegen der entstandenen Schwierigkeiten. Diese bestanden wahrscheinlich darin, daß die von Laien eingenommenen bischöflichen Stühle der Kirche nicht zurückgegeben oder die Rechte der Erzbischöfe nicht anerkannt wurden. Besonders widersetzte sich der einflußreiche, einer mächtigen Familie angehörige Milo, welcher Rheims und Trier, zwei bedeutende Bistümer, der Einkünfte halber gleichzeitig besaß und Rheims abtreten sollte, da nach kirchlicher Vorschrift ein Bischof nur ein Bistum besitzen soll. Er kümmerte sich nicht um die Ernennung Abels zum Erzbischof von Rheims und vertrieb ihn gewaltsam, als er von Rheims Besitz ergreifen wollte.

Ferner hatte Bonifatius in seinem Briefe dem Papste berichtet, daß er einen Priester, welcher sich in Bayern fälschlich für einen Bischof ausgegeben hatte, abgesetzt habe. Der Papst billigte das und ermahnte Bonifatius, überhaupt in allen Fällen die kirchlichen Strafen zu verhängen, falls Priester nicht entsprechend den kirchlichen Vorschriften wandelten. Trotz des Vorwurfs der Simonie, welchen Bonifatius irrtümlich dem Papst gemacht hatte, blieb dieser ihm sehr gewogen und wollte seine Vollmachten eher vermehren als vermindern. Daher bestätigte er ihm nicht bloß seine Vollmachten für Bayern, sondern machte ihn auch für das westfränkische Reich zu seinem Stellvertreter

und bevollmächtigte ihn, dort das Evangelium zu verkünden und
nach den Geboten Gottes und den Satzungen des kirchlichen
Rechts die Verhältnisse zu ordnen. So war die kirchliche Sen=
dung des hl. Bonifatius für das ganze Fränkische Reich be=
stimmt ausgesprochen, wodurch es den Feinden des Guten un=
möglich gemacht war, seine Autorität zu bestreiten. Das war
ohne Zweifel im westfränkischen Reiche geschehen.

Auf Betreiben des hl. Bonifatius, welcher die ganze kirch=
liche Reform jener Zeit leitete, kam im Frühling des Jahres 744
die Synode zu Soissons zustande, einer uralten Stadt an der
Aisne im nördlichen Frankenreiche, dem Gebiete Pippins. Die
Synode war von 23 Bischöfen besucht; ihre Verhandlungen
sind uns nicht erhalten, sondern nur die Verordnungen, Kapitulare
genannt, welche Pippin entsprechend ihren Beschlüssen mit Ge=
setzeskraft erließ. Er hatte die erfolgreiche Wirksamkeit des
hl. Bonifatius im ostfränkischen Reiche wahrgenommen und
unterstützte ihn bei der Abhaltung der Synode; er handelte als
ihr ausführendes Organ. Weil Soissons in Pippins Reiche
lag und nur er dieses Kapitular unterzeichnete, so fand jene
Synode wohl nur für das westfränkische Reich statt.[1] Im An=
fange seines Kapitulars bemerkt Pippin, daß er am 2. März 744
in Soissons Bischöfe, Priester und weltliche Große seines Reiches
zu einem Konzil versammelt habe, und erläßt dann folgende
Verordnungen: „1. Im ganzen Lande soll der vom Konzil zu
Nicäa (325) ausgesprochene Glauben gelehrt und das kirchliche
Leben, welches unter den frühern Fürsten sehr daniederlag, nach
den Satzungen der Kirche geordnet werden. 2. Es soll all=
jährlich eine Synode gehalten werden, damit das christliche

---

[1] Der Papst Zacharias spricht in einem, von 743 datierten Briefe
an Bonifatius (Ep. 49) von einer mit Zustimmung Karlmanns ab=
gehaltenen Synode. Diesen Brief versetzen Binterim (Die deutschen
Konzilien II, S. 136), Seiters (S. 411) und Buß (S. 199) in das
Jahr 744 und nehmen an, daß die Synode von Soissons für das ganze
Reich stattfand, daß sie besonders dem Karlmann zugeschrieben wurde,
weil er der Ältere war und zuerst Bonifatius wirksam unterstützte, und
daß Pippin die Beschlüsse nur für sein Reich publiziert habe. Näher
liegt es, das Datum jenes Briefes festzuhalten und anzunehmen, er
enthalte die Antwort auf einen frühern Brief des hl. Bonifatius und
beziehe sich auf das Konzil von 743 in Karlmanns Reiche. Hefele (Kon=
zilien=Geschichte III, § 363 und 365) läßt die Synode von Soissons nur
für das westfränkische Reich gelten, nimmt aber auch noch eine besondere
für das ostfränkische Reich an. Wenn das Konzil von Soissons die Er=
richtung eines erzbischöflichen Stuhles in Rheims beschloß, so war es dazu
berechtigt, weil dieser Sprengel beiden Reichshälften angehörte.

Volk zum ewigen Leben geführt und die Irrlehren verurteilt werden, wie solche bei Adelbert entdeckt wurden. 3. Für die einzelnen Städte sollen Bischöfe angestellt und über diese Abel von Rheims und Hartbert von Sens als Erzbischöfe gesetzt werden, damit sich Bischöfe, Priester und Volk in streitigen Sachen an sie wenden können.[1] Mönche und Nonnen sollen ihre heilige Regel getreu beobachten und aus den geraubten Kirchengütern das Nötige empfangen. Die rechtmäßigen Äbte (im Gegensatze zu den unrechtmäßigen, eingedrungenen, welt= lichen Äbten) sollen nicht in den Krieg ziehen, sondern nur ihre Manuschaften schicken. Die Geistlichen sollen keusch leben, keine Laienkleider tragen, keine Jagd mit Hunden und Falken ab= halten. 4. Ebenso sollen die Laien nach den Geboten Gottes leben, keine Unzucht treiben, zu keinem falschen Eide zustimmen, kein falsches Zeugnis geben und die Kirche Gottes beschützen. Jeder Priester soll seinem Diöcesanbischof gehorsam sein, am Grünen Donnerstage von ihm die heiligen Oele empfangen und ihm über seine Amtsverwaltung Rechenschaft ablegen. Äbte und Priester sollen die Bischöfe auf ihren Visitationsreisen auf= nehmen und beherbergen. 5. Bischöfe und Priester anderer Diöcesen dürfen zum heiligen Dienste nicht eher zugelassen werden, bis daß sie vom Diöcesanbischofe geprüft sind. 6. Jeder Bischof soll in seinem Sprengel die heidnischen Gebräuche ausrotten und Sorge tragen, daß überall rechtes Maß und Gewicht gebraucht werden. 7. Die vom Irrlehrer Adelbert errichteten Kreuze sollen verbrannt werden.[2] 8. Geistliche sollen in ihrem Hause keine Weibsperson haben außer Mutter, Schwester oder Nichte. 9. Niemand darf eine Gott geweihte Jungfrau zum Weibe nehmen, auch keine seiner Verwandten;[3] Mann und Frau

---

[1] Beide kamen jedoch, wenigstens nicht in der nächsten Zeit, in den Besitz der erzbischöflichen Würde; der dritte der von Bonifatius vor= geschlagenen Männer, Grimo von Rouen, war wahrscheinlich schon im Besitze der erzbischöflichen Würde.

[2] Die Errichtung von Kreuzen an Wegen ist eine uralte Sitte; die Verbrennung von Adelberts Kreuzen wurde angeordnet, weil er bei den Kreuzen das Volk versammelte und Irrlehren und abergläubische Gebräuche lehrte.

[3] Der Zusatz nec snam parentem wird meistens (Binterim, Seitz, Külb, Buß, Rettberg, Fischer) übersetzt mit: und auch nicht deren Mutter. Man sagt nämlich, damals seien die Mütter vielfach ins Kloster zu ihren Töchtern gegangen und hätten nach Art der Nonnen gelebt; daher sei auch ihnen die Heirat verboten. Die Heirat solcher Personen mag immer= hin etwas Mißliches gehabt haben, aber zu einem Verbote lag keine Be= rechtigung vor, solange sie nicht die Gelübde gemacht hatten. Auch ist

dürfen sich nicht trennen und eine neue Ehe eingehen. 10. Wer
diese Verordnungen übertritt, soll nach dem Gesetz von dem
Fürsten oder dem Bischofe oder dem Grafen gerichtet und ge=
straft werden." Die Einleitung und die Bestimmung, am Konzil von Nicäa
festzuhalten, lassen diese Synode als die erste im westfrän=
kischen Reiche erkennen; sie ist auch noch dadurch denkwürdig,
daß auf ihr die christliche Zeitrechnung eingeführt wurde,
während die Franken bis dahin die Zeit nach den Regierungs=
jahren der Könige berechneten. Die Verordnungen der Synode
entsprechen ganz den Bestrebungen des hl. Bonifatius und be=
stimmen für das westfränkische Reich (Neustrien) dasselbe, was
schon vorher (742 und 743) für das ostfränkische Reich (Austrasien)
bestimmt war. Bonifatius hatte immer das Ziel im Auge, alles
Unheilige aus der Kirche zu entfernen und die Bischöfe unter=
einander wie auch mit dem Päpstlichen Stuhle fest zu verbinden,
um so den Bestand der Kirche und ihre segensreiche Wirksam=
keit zu sichern. Darum hielt er eine Reihe von Synoden ab
und erhob auch ihre jährliche Abhaltung zum Statut. Weil
aber die Vorbereitung und Abhaltung der Synoden viel Zeit in
Anspruch nahmen, so bat Bonifatius den Papst, einen geeigneten
Priester damit zu beauftragen. Der Papst lehnte jedoch ab
und bestimmte, Bonifatius solle die Synoden abhalten, solange
er lebe.[1]) Über Zahl, Zeit, Ort und die einzelnen Verordnungen
der Synoden des hl. Bonifatius sind uns vielfach nur unvoll=
ständige und unsichere Nachrichten erhalten. Im Jahre 745
hielt er mit Zustimmung und unter Mitwirkung der beiden
Regenten Karlmann und Pippin eine Synode für das ganze
Fränkische Reich ab, während die frühern Synoden nur für die
einzelnen Hälften des fränkischen Reiches berufen waren.[2]) Es
entsprach nämlich ganz dem planmäßigen Wirken des hl. Boni=
fatius, zunächst auf Partikularsynoden die kirchlichen Verhält=

---

die Übersetzung grammatikalisch unrichtig, da suam, nicht eius im Texte
steht. Parens bedeutet zwar Mutter, dann aber auch blutsverwandt.
Der Grad der verbotenen Verwandtschaft wurde durch den Papst näher
bestimmt. Die beiden Hindernisse der Gelübde und der Blutsverwandt=
schaft werden hier besonders genannt, weil sie bei der Einführung des
Christentums die meisten Schwierigkeiten hervorriefen.

[1]) Ep. 66.

[2]) Diese Synode des Jahres 745 wird mehrfach für identisch ge=
halten mit der Synode von Liftinae (743) und der Synode von Soissons
(744), allein die Beschlüsse über den Erzbischof von Mainz, über die
beiden Irrlehrer Adelbert und Klemens, über die Erhebung Kölns zum

niſſe der beiden Reichshälften zu ordnen und ſodann auf einer Generalſynode die Biſchöfe des geſamten Reiches zur Herſtellung der kirchlichen Einheit zu verſammeln. Der Ort dieſer Synode iſt uns unbekannt; auch ihre Akten ſind uns nicht erhalten. Aus dem Briefwechſel des hl. Bonifatius mit dem Papſte Zacharias ſehen wir, daß auf dieſer Synode der Biſchof Gewilieb (Gervilio) von Mainz abgeſetzt und die beiden Irrlehrer Adelbert und Klemens verurteilt wurden.[1]

Als die heidniſchen Sachſen im Jahre 743 raubend und plündernd in das fränkiſche Thüringen einfielen, unternahm Karlmann gegen ſie einen ſiegreichen Feldzug, drang bis zur Oder vor, eroberte die Feſtung Hoſeoburg, nahm den treuloſen Sachſenherzog Theodorich gefangen und zwang die Sachſen zum Verſprechen der Treue. Der kriegeriſche Biſchof Gerold von Mainz hatte gegen alle kirchlichen Verbote mit den Waffen in der Hand an dieſem Kriegszuge teilgenommen und war im Kampfe durch einen Wurfſpieß getötet worden. Auch ſonſt hatte er die kirchlichen Vorſchriften für das prieſterliche Leben nicht erfüllt und einen Sohn hinterlaſſen, Gewilieb, welcher als Laie eine Stellung am Hofe bekleidete. Gewilieb war über ſeines Vaters Tod ſehr betrübt; um ihn zu tröſten, gab ihm Karlmann das Bistum Mainz; Gewilieb empfing nun raſch die heiligen Weihen und wurde Nachfolger ſeines Vaters auf dem biſchöflichen Stuhle von Mainz. Der Sachſenherzog, aus der Haft entlaſſen, brach den Eid der Treue und griff wieder zu den Waffen. Daher unternahm Karlmann (744) einen neuen Kriegszug gegen die Sachſen, an welchem ſich auch Biſchof Gewilieb von Mainz beteiligte. Als die beiden Heere ſich an der Weſer gegenüberſtanden, beſchloß er, Blutrache zu üben. Er erkundigte ſich, welcher Sachſe im vorigen Jahre ſeinen Vater mit dem Wurfſpieße durchbohrt habe, und lud den Mörder unter dem Scheine einer friedlichen Abſicht zu einer geheimen Zuſammenkunft ein. Beide kamen zu Pferde und trafen ſich im Bette der Weſer. Da durchbohrte Gewilieb den nichts Arges ahnenden Sachſen meuchlings · mit dem Schwerte, indem er ausrief: „Da haſt du den Stahl, mit dem ich den Vater

---

Erzbistum für Bonifatius, wie auch die im Oktober 745 abgehaltene römiſche Synode und der gleichzeitig abgefaßte Brief des Papſtes an Bonifatius (Ep. 51), welche ſich mit denſelben Gegenſtänden beſchäftigen, laſſen ſie als eine von den andern verſchiedene Synode erkennen. Auch wurde in jener Zeit wohl alljährlich eine Synode abgehalten.

[1] Ep. 50, 51, 52. Dazu die Berichte Willibalds und Othlos.

räche!" Des Sachsen Körper sank entseelt vom Pferde in die Wellen des Flusses. [1] Erbittert über diesen Meuchelmord griffen die Sachsen zu den Waffen, wurden aber besiegt und unter= worfen. Die hinterlistige, treulose That, welche Gewilieb voll= bracht hatte, gereicht einem Laien zur Schande, umsomehr einem Bischofe, dem überdies die Kirchengesetze jede Teilnahme am Kriege strenge verbieten. Obgleich Gewilieb sich durch dieses doppelte Vergehen des bischöflichen Stuhles höchst unwürdig gemacht hatte, den er überhaupt schon Anstands halber als Sohn des vorhergehenden Bischofs hätte gar nicht besteigen sollen, so fuhr er doch nach der Rückkehr aus dem siegreichen Feldzuge ganz unbeanstandet fort, sein bischöfliches Amt zu bekleiden. Niemand tadelte ihn; so wenig hatte noch der Geist des Christen= tums die damals im fränkischen Staate herrschenden Männer geistlichen und weltlichen Standes durchdrungen; man sah in der schändlichen That eine erlaubte Ausübung der Blutrache, wozu er als Sohn sogar verpflichtet erschien. Während alle schwiegen, trat der heilige Bonifatius auf der Synode des Jahres 745 gegen Gewilieb auf und erklärte, daß ein Mörder das Priestertum nicht verwalten könne, und daß Gewilieb, wie er mit eigenen Augen gesehen habe, sich am Spiele mit

---

[1] Die Passio Bonif. (p. 472) und Othlo (p. 495) geben als Ort der Zusammenkunft die Wisuraha (Wisaraha) an, worunter meistens die Weser verstanden wird; Kellner (Katholik 1878, S. 158) versteht darunter die Werra, weil in der Weser wegen ihrer großen Wasserfülle eine Zusammenkunft nicht habe stattfinden können. Weser und Werra galten allerdings in alter Zeit als ein Fluß und hatten den Namen Wisuracha, ein Wort, welches bald in Wirraha, Weraha, Wirha und Werra, bald in Wisura und Wisara verkürzt wurde. Erstere Benennung wurde für den obern Teil des Flusses gebräuchlich, letztere nur für den untern Teil nach Aufnahme der Fulda; ihr entspricht am besten die Schreibweise der oben genannten Quellen. In der Weser konnte die Zusammenkunft wohl stattfinden, da sie, zumal im Sommer, niedrige Stellen genug hat, wo sich die berittenen Gegner treffen konnten. Die langen und hitzigen Kämpfe zwischen Franken und Sachsen fanden auch nicht im Gebiete der Werra oder auf dem Eichsfelde statt, sondern im Gebiete der Weser (Wisura oder Wisara), da die Franken von Südwesten über die Weser in das Land der Sachsen einrückten. Unter der Festung Hochseburg, welche Karlmann auf jenem Feldzuge nach Unterwerfung der nördlichen Bewohner eroberte, versteht Kellner Aseburg bei Großbodungen auf dem Eichsfelde, Pertz Seeburg im Mansfeldischen, andere Aseburg in Braunschweig. Die Annal. Lauriah. min. (Pertz I, 115) schreiben Oseburg, die Annal. Lauriah. (Pertz I, 143) Hochseoburg, Eginhard (Annal. Pertz I, 135) Hohseoburg, Hohseburg, Hochsigburg; letztere Schreib= weise erinnert an die Festung Sigiburg, welche in den Sachsenkriegen unter Karl dem Großen oft genannt wird und das heutige Hohensyburg

Falken und Hunden ergöße, was keinem Bischofe erlaubt sei. Da diese kirchlichen Bestimmungen auch als Gesetze des Staates galten, so wurde Gewilieb auf Antrag des hl. Bonifatius ab= gesetzt und eine entsprechende Kirchenstrafe über ihn verhängt. Jeder aber, der zu einer schweren Kirchenbuße verurteilt war, konnte zum Priestertum nicht mehr zugelassen werden, und so wurde dem Gewilieb jede Aussicht zur Wiedererlangung des bischöflichen Stuhles genommen. Gewilieb drohte zwar mit einer Beschwerde bei dem Papste, fügte sich aber bald in seine Absetzung, da ihm am bischöflichen Amte wenig lag, und suchte sich nur seine Einkünfte zu sichern. Troß der Gegenbemühungen des hl. Bonifatius und des Papstes Zacharias, welcher ganz auf Seite des Bonifatius stand, bekam der bei Hofe einfluß= reiche Mann die Einkünfte zweier kirchlicher Güter, Sponheim (Spanesheim) und Kempten bei Bingen, von welchen er noch 14 Jahre ein glänzendes, weltliches Leben führte und besonders Gastfreundschaft übte. Die Kirche besuchte er sehr selten, höchstens am Grünen Donnerstage, um an der Fußwaschung und dem Gebete sich zu beteiligen.

Protestantische Geschichtschreiber haben, sei es aus Ab= neigung, sei es aus Unwissenheit, dem hl. Bonifatius den

<hr>

an der Ruhr ist. Als Herr des Ortes Hofeoburg (primarius illius loci) wird der Sachsenherzog Theodorich genannt, was auch nur schlecht zu der Lage auf dem Eichsfelde paßt, dessen Bewohner zu Thüringen ge= hörten. Bei den mangelhaften Angaben über den Ort jener Unterredung und die Lage der Festung ist die nähere Bestimmung überaus schwierig. Was die Zeit der beiden Feldzüge angeht, so ist sie unsicher. Die Be= richte der Annalen über die Züge gegen die Sachsen weichen voneinander ab und sind sehr dürftig. Ferner war Karlmann bestrebt, im Vereine mit Bonifatius die Kirchenzucht zu heben und würdige Bischöfe zu er= nennen. Damit steht es aber in Widerspruch, daß er Bischöfe mit in den Krieg nahm und Männer wie Gewilieb auf bischöfliche Stühle be= förderte. Hahn (Jahrbücher des fränkischen Reiches, S. 203) hat daher mit Grund vermutet, daß jene Mainzer Bischöfe sich an den Sachsen= kriegen unter Karl Martell beteiligten, zu dessen Regierung das besser paßt. Die Passio Bonif. p. 471 schreibt auch Carolus qui senior dicitur, worunter Karl Martell zu verstehen ist. Othlo (p. 495) schreibt Carlo= mannus, indem er das Verbrechen und auch dessen Bestrafung in die Zeit Karlmanns verlegt. In Othlos Schilderungen kommen Verse vor, z. B. Accipe iam ferrum, quo patrem vindico carum. Wahrscheinlich hat Othlo diesen Vers einem Gedichte entnommen, in welchem der Fuldaer Mönch Ruthard im 9. Jahrhunderte die Thaten des hl. Bonifatius be= sang; dabei hat er irrig jene Begebenheiten aus der Zeit der Sachsen= kriege Karl Martells in die Zeit Karlmanns verlegt, unter dessen Regierung Gewilieb für sein Vergehen bestraft wurde, während das Ver= brechen selber früher geschah.

Vorwurf gemacht, er habe aus Eigennuß die Absetzung des Gewilieb betrieben, um selber den bischöflichen Stuhl von Mainz zu besteigen. Allein das ist durchaus unwahr, da Bonifatius in jener Zeit gar nicht daran dachte, sich in Mainz nieder= zulassen, sondern vielmehr in Köln, welches wahrscheinlich schon damals ebenso wie Mainz und Trier ein Erzbistum war, obwohl der kirchliche Verband zwischen Erzbistum und Bistümern in jener Zeit sehr gelockert war. Der Erzbischof von Köln, Reginfried, war nämlich 744 gestorben, und Bonifatius, welcher zwar Erzbischof war, aber noch keinen bestimmten Siß hatte, richtete besonders auf die Friesen, Sachsen und das mittlere Deutschland seine Augen. Für seine Wirksamkeit in diesen Ge= bieten lag ihm aber Köln sehr gelegen, und daher trug er sich mit dem Gedanken, sich dort niederzulassen. Die Sache kam ohne Zweifel auch auf der Synode 745 nach Absetzung des Gewilieb zur Sprache; die meisten Bischöfe und Priester wie auch die weltlichen Fürsten stimmten zu, aber ein Teil erhob Widerspruch, und später nahmen die Dinge eine solche Wendung, daß Bonifatius Erzbischof von Mainz wurde.[1] Mit der Ab= setzung des Gewilieb von Mainz hat daher Bonifatius nur gethan, was er nach den kirchlichen Bestimmungen als pflicht= eifriger Legat des Apostolischen Stuhles thun mußte. Wenn er überhaupt gern hätte Erzbischof von Mainz werden wollen, so hätte er es wohl sicher schon eher werden können, da ihm der Papst und die fränkischen Fürsten sehr gewogen waren.

Auf der Synode des Jahres 745 wurden auch die beiden Irrlehrer Adelbert (auch Aldebert oder Aldebert genannt) und Klemens verurteilt, von denen jener in Neustrien, dieser in Austrasien sein Unwesen trieb. Adelbert, ein Gallier von geringer Herkunft, hatte von einem unbekannten Bischofe die Priesterweihe empfangen, nahm aber die bischöfliche Würde für sich in Anspruch. Er ließ durch einen Schüler eine Lebensbeschreibung verfassen und verbreiten, welche mit den Worten anfängt: „Im Namen unsers Herrn Jesu Christi. Es beginnt die Lebensbeschreibung des heiligen und seligen Dieners Gottes, des ruhmvollen und ganz schönen, nach Gottes Wahl geborenen, heiligen Bischofs Adelbert." Nach dieser Lebens= beschreibung war er von Gott wunderbarerweise in die Welt gesandt und schon vor seiner Geburt mit großen Gnaden aus= gerüstet, wie seine Mutter in einer Erscheinung sah, bevor er

---

[1] Ep. 51.

das Licht der Welt erblickte. Ferner behauptete Adelbert, einen von Jesus Christus geschriebenen Brief zu haben, welcher vom Himmel gefallen, vom Erzengel Michael gefunden und schon im Besitze verschiedener Personen gewesen wäre, deren Namen und Wohnort angegeben wurden; es waren unbekannte, erdichtete Namen. Auch hatte Adelbert ein Gebet verfaßt, in welchem er zunächst Gott und sodann die Engel unter Namen anflehte, welche die Namen von bösen Geistern waren. Auch gab er an, von einem Engel in Menschengestalt heilige Reliquien empfangen zu haben, durch deren Kraft er alles erlangen könne. Voll Hochmut stellte er sich sogar den Aposteln Jesu Christi gleich und eiferte gegen die Wallfahrten nach Rom und den Bau von Kirchen zu Ehren der Apostel, weihte aber sich selber zu Ehren Bethäuser und errichtete an Wegen und Quellen Kreuze und Kapellen, wo er das Volk versammelte, sodaß es den Gottes-dienst in den Kirchen nicht mehr besuchte und dachte: „Die Verdienste des heiligen Adelbert werden uns helfen". Seine Nägel und Haare verschenkte er, ließ sie gleich den Reliquien von Heiligen verehren und zugleich mit den Reliquien des heiligen Apostels Petrus tragen. Wenn das Volk zu ihm kam, sich auf die Kniee warf und beichten wollte, so sagte er: „Ich weiß alle euere Sünden, denn auch das Verborgene ist mir offenbar. Ihr braucht nicht zu beichten, euere Sünden sind euch nachgelassen, gehet ruhig und losgesprochen in Frieden nach Hause." Adelbert gab sogar den Leuten Geld, daß sie sich krank stellen sollten, und dann heilte er sie scheinbar, um den Ruf eines Wunderthäters zu bekommen. Dem Wolfe im Schafskleide gleich, wußte er volkstümlich und frömmelnd zu reden und gewann die Gunst des Volkes, welches ihn als einen Heiligen und Wunderthäter verehrte; besonders gewann er die Herzen von Weibern, die mit Sünden beladen und von mancherlei Gelüsten getrieben waren. Bonifatius ermahnte ihn anfangs mit Güte und Ernst, von seinen bösen Wegen abzulassen, aber vergebens; daher klagte er ihn auf der Synode zu Soissons 744 an, welche ihn verurteilte und die Verbrennung der von ihm errichteten Kreuze anordnete. Da Adelbert an seinen Irrlehren zäh festhielt, so wurde er auf der Synode des Jahres 745 abermals verurteilt. Wahrscheinlich ließ sich Bonifatius auf dieser Synode in Gegenwart Karlmanns, welcher durch Adel-berts heuchlerisches Wesen fast getäuscht worden wäre, mit diesem in eine Disputation ein, widerlegte seine irrigen An-schauungen und verteidigte siegreich die Wahrheit des katholischen Glaubens. Im Vertrauen auf seine gute Sache und um kein Mittel zur Bekehrung unversucht zu lassen, ließ sich Bonifatius auf eine Disputation mit Adelbert ein, obgleich seine Schüler ihm davon abrieten, weil die Wahrheit der katholischen Lehre nicht von dem Ausfalle einer Disputation abhängig gemacht werden kann. Übrigens gehen auch seitens der Irrlehrer solche Disputationen meistens mehr aus Rechthaberei als aus Wahrheitsliebe hervor und haben gewöhnlich gar keinen Erfolg, wie die Geschichte des Arius, Huß, Luther und auch des Adelbert klar beweist.

Klemens, von Geburt ein Schotte, leugnete die kirchliche Überlieferung und verwarf die Schriften mehrerer heiligen Väter. Er lebte in verbotener Verbindung mit einem Weibe, hatte zwei Kinder und wollte doch Bischof sein. Auf dem Standpunkte der Juden stehend, hob er das Ehehindernis der Schwägerschaft zwischen der Frau und den Verwandten ihres Mannes auf, behauptete, Christus habe bei seiner Hinabfahrt in die Vorhölle auch alle Verdammten der Hölle befreit und mit sich in den Himmel aufgenommen. Schreckliche Irrlehren stellte er auch bezüglich der Vorherbestimmung des Menschen auf, ohne daß uns diese näher bekannt ist. Wegen all dieser Irrlehren wurde er, nach fruchtloser Ermahnung seitens des hl. Bonifatius, von der fränkischen Synode 745 zugleich mit Adelbert verurteilt;[1] beide sollten eingekerkert werden, damit sie ihre verderblichen Lehren nicht weiter ausbreiteten. Da beide Irrlehrer sich zu bereichern suchten und auch Ruhe und Ordnung im Staatsleben störten, da besonders Adelbert offenbar ein Betrüger war und durch sein frömmelndes, volkstümliches Wesen großen, verderblichen Einfluß auf das Volk ausübte, so lag dem hl. Bonifatius und den ihm gleichgesinnten Bischöfen sehr daran, diese beiden gefährlichen Irrlehrer unschädlich zu machen, und daher verfügten sie ihre Einkerkerung. Ganz unbegründet haben protestantische Geschichtschreiber den hl. Bonifatius der Übertreibung und Härte in seinem Verfahren gegen diese Irrlehrer angeklagt. Die Geschichte der protestantischen Sekten bis in die neueste Zeit beweist, wessen der Mensch fähig ist, wenn er sich seinem religiösen Wahnsinn überläßt und einer festen Lehrautorität entbehrt. Daß

---

[1] Daß Adelbert, welcher in Neustrien sein Unwesen trieb, im Jahre 744 allein verurteilt wurde und im Jahre 745 zugleich mit Klemens, welcher in Austrasien seine Irrlehren verbreitete, spricht dafür, daß im Jahre 744 eine Partikular- und im Jahre 745 eine Generalsynode stattfand.

und Abneigung gegen den Papst und seinen für kirchliche Einheit
wirkenden Legaten sind die tiefern Ursachen, wenn solche Empörer
gegen die kirchliche Autorität von den Protestanten in Schutz
genommen werden; sie betrachten eben gern jede Auflehnung
gegen den Papst als ein Zeichen des „reinen Evangeliums“.
Es ist ferner eine arge Verblendung und grobe Ungerechtigkeit,
wenn protestantische Geschichtschreiber die sittlichen Gebrechen
jener beiden Irrlehrer bestreiten und darin nur Priesterehe oder
reine Seelenführung sehen wollen, während sie dem hl. Bonifatius,
z. B. bezüglich der Berufung von Ordensfrauen, ohne jeden
thatsächlichen Grund unlautere Motive unterschieben, da sein
lauterer Charakter aus seinen vielen Briefen wie aus seinem
selbstlosen Wirken deutlich erhellt.[1]

Auf der Synode des Jahres 745 wurden auch noch andere
Geistliche wegen Vergehen gegen die kirchlichen Bestimmungen
bestraft. Einzelne Priester suchten Heidnisches und Christliches
miteinander zu vermischen, opferten noch den heidnischen Göttern
und aßen Opferfleisch. Die heilige Taufe wurde von einzelnen
Priestern nicht giltig gespendet, weil eine Person ausgelassen
wurde. Es kam der Fall vor, daß sich Leute als Priester
ausgaben, welche es gar nicht waren. Entlaufene Sklaven
ließen sich nach Art der Mönche das Haar scheren und gaben
vor, Priester zu sein; sie hielten gottesdienstliche Versammlungen

---

[1] Die von Adelbert erhaltenen Schriftstücke, der Brief, seine Bio=
graphie, das von ihm verfaßte Gebet, dann seine Versuche, andere zu
bestechen, sich für lahm auszugeben, um dann als von ihm geheilt zu
erscheinen, beweisen, daß Bonifatius ihn richtig beurteilte und mit Recht
seine Verurteilung verlangte. Was den Vorwurf angeht, Bonifatius
übertreibe und lasse Adelbert Widersprechendes behaupten, so ist Konsequenz
überhaupt nicht Sache der Irrlehrer. Ferner, bei einem so aufgeblasenen
Menschen, wie Adelbert war, konnte es wohl vorkommen, daß er z. B.
gegen den Bau von Kirchen zu Ehren der Apostel und gegen Wallfahrten
nach Rom eiferte, aber andererseits sich selbst in widerlichster Weise als
Heiligen verehren ließ. Als Betrüger nahm er an, was ihm förderlich
schien, z. B. die Verehrung seiner Person, bekämpfte aber was ihm
schädlich, z. B. die Wallfahrt nach Rom, wenn das sich auch wider=
sprach. Sehr richtig bemerkt Hahn (Jahrbücher des fränkischen Reiches,
S. 69) zur Verteidigung des hl. Bonifatius: „Er übertreibt nicht; trotz
seines religiösen Zornes macht er hier wie in allen seinen Briefen den
Eindruck eines einfachen, wahrhaften und nüchternen Berichterstatters,
der völlig abwich von dem überschwenglichen Stile seiner Zeit.“ Durch
die Verurteilung der beiden Irrlehrer und ihre Ausschließung aus der
Kirche erfüllte Bonifatius den Befehl des Stifters der Kirche: „Wenn
dein Bruder gegen dich sündigt, so sage es der Kirche; hört er auch
die Kirche nicht, so sei er dir wie ein Heide und öffentlicher Sünder.“
(Matth. 18, 17.)

an geheimen Orten ab, tauften in allerlei Namen, ohne den Taufritus genau zu beobachten und die Abschwörung des Heidentums zu verlangen, und behaupteten, durch bloße Handauflegung des Bischofs könne jemand Bischof werden. Derartige Verstöße gegen die kirchlichen Bestimmungen wurden strenge untersagt. Überhaupt war der hl. Bonifatius, wie auf allen Synoden, so besonders auf dieser Generalsynode bestrebt, durch seine Verordnungen fromme, tüchtige Geistliche zu bilden und ihnen strenge Beobachtung der kirchlichen Vorschriften einzuschärfen. Auch benutzte er diese Generalsynode dazu, um das Verhältnis der Bischöfe zu den Erzbischöfen und das Verhältnis dieser zum Papste zu ordnen und so die kirchliche Verbindung unter den Hirten der Kirche herzustellen. Wahrscheinlich legten auch die Mitglieder der Versammlung ein Bekenntnis ihres Glaubens ab, wie es auf solchen Versammlungen Sitte ist und durch die damaligen Irrlehren erfordert wurde. Übrigens sind uns die Akten des Konzils verloren gegangen, und sonstige nähere Nachrichten sind nicht auf uns gekommen. Ohne Zweifel war diese erste Generalsynode im fränkischen Reiche aber von großem Einflusse auf die Verbesserung des kirchlichen Lebens und die Ausrottung der falschen Lehren; daher stellt Willibald in seiner Lebensbeschreibung des hl. Bonifatius dieses Konzil auf gleiche Stufe mit den vier ersten allgemeinen Kirchenversammlungen, durch welche die großen Irrlehren jener Zeit verurteilt wurden. [1]

Natürlich versäumte der hl. Bonifatius nicht, über diese große Synode des Jahres 745 an den Papst zu berichten, die Bestätigung der Beschlüsse einzuholen und zugleich über einzelnes sich weitere Belehrungen zu erbitten. Bald wurde er aber auch veranlaßt, die Hilfe des Papstes in Anspruch zu nehmen. Die verurteilten Irrlehrer Adelbert und Klemens unterwarfen sich nämlich nicht dem Beschlusse des Konzils, wurden durch ihre zahlreichen, einflußreichen Gönner aus der Haft befreit und fuhren fort, ihre Irrlehren zu verbreiten. Sie besaßen großen Anhang im leichtgläubigen Volke, besonders Adelbert durch sein scheinheiliges, frömmelndes Wesen; seinetwegen klagte das Volk,

---

[1] Wenn Willibald (pag. 459) die Synode als die fünfte auffaßt, so kann das nicht stimmen, weil sie weder die fünfte allgemeine, noch die fünfte der Synoden des hl. Bonifatius ist. Es liegt daher sicher ein Irrtum vor; damals zählte man nämlich vielfach nur vier allgemeine Synoden, weil auf ihnen wichtige Irrlehren verworfen und die Fundamentalwahrheiten des Christentums bestimmt ausgesprochen wurden. Das fünfte und sechste allgemeine Konzil (553 und 680) traten vor jenen vier zurück und wurden vielfach nicht mitgerechnet.

daß ihm sein Apostel, Fürbitter und Wunderthäter genommen sei. Aber auch Priester und Bischöfe standen auf seiten der Irrlehrer und waren mit der Verurteilung und Einkerkerung derselben nicht einverstanden. Vielfache Schwierigkeiten, Ver= folgungen und Anfeindungen entstanden dem hl. Bonifatius durch diese beiden Irrlehrer und ihre Anhänger, denen sich über= haupt alle seine Gegner anschlossen. Daher sandte er durch einen Priester, Namens Denehard, im Laufe des Jahres 745 in dieser Angelegenheit drei Briefe an den Papst, von denen uns nur einer erhalten ist, klagte dem Papste seine Ver= folgungen und Bedrängnisse, schilderte ihm das Treiben der beiden Irrlehrer und bat ihn, sie ebenfalls zu verurteilen, aus der Gemeinschaft der Kirche auszuschließen und zum Kerker zu verurteilen, damit das Unkraut sich nicht weiter ausbreite und räudige Schafe nicht die ganze Herde zu Grunde richteten. Da Klemens und Adelbert einen so großen Anhang besaßen und bei ihrem betrügerischen Wesen frech genug waren, das Ansehen des Apostolischen Stuhles für sich in Anspruch zu nehmen, falls dieser sich nicht entschieden gegen sie erklärte, so mußte Bonifatius eine entschiedene Verurteilung derselben erwirken. Zum Belege für den gefährlichen Charakter des Adelbert übersandte er dem Papste die Biographie Adelberts, eine Abschrift seines angeblich vom Himmel gefallenen Briefes und das von ihm verfaßte Gebet. Denehard überreichte dem Papste Zacharias alle diese Schriftstücke auf dem Konzil, welches zu Rom in der Basilika des hl. Theodor im Oktober 745 vom Papste, 7 Bischöfen und 17 Priestern abgehalten wurde. Das Konzil beschäftigte sich in drei Sitzungen mit den Irrlehrern und untersuchte ihre Sache sehr sorgfältig. Das Begleitschreiben des hl. Bonifatius und die Schriftstücke des Adelbert wurden verlesen und beide Irrlehrer verurteilt. Adelbert, der mehr Betrüger als Irr= lehrer war, wurde seines geistlichen Amtes entsetzt und zur Kirchenbuße verurteilt; dem Kirchenbanne sollte er samt seinen Anhängern erst verfallen, wenn er sich nicht besserte. Klemens, der vorzugsweise Irrlehrer war, wurde vollständig abgesetzt und sogleich samt seinem Anhange mit dem Kirchenbanne belegt. Die Verlesung von Adelberts Schriften erregte so sehr das Mißfallen der Synode, daß ihre sofortige Verbrennung verlangt wurde; jedoch wurden sie auf Befehl des Papstes im römischen Archiv hinterlegt.[1])

---

[1]) Verhandlungen des Konzils und Brief des hl. Bonifatius sind mitgeteilt Jaffé n. 50, p. 136.

Über den Verlauf des Konzils wurde Bonifatius durch
einen Privatbrief[1]) des römischen Diakons Gemmulus unterrichtet, an welchen er geschrieben, und dem er zum Zeichen seiner
freundschaftlichen Gesinnung einen Kelch und ein Linnentuch
geschenkt hatte. Es war damals nämlich üblich, mit dem Briefe
kleinere Geschenke als ein Unterpfand der aufrichtigen Gesinnung
des Absenders zu überreichen. Auch Gemmulus sandte zugleich
mit der Antwort dem Bonifatius zwei Pfund Pfeffer, vier
Unzen Zimt, vier Unzen Salböl und ein Pfund Kozumber,
den man wegen seines Wohlgeruchs als Räucherwerk bei der
heiligen Messe und den kirchlichen Andachten anzündete. In
seinem Briefe teilt Gemmulus ferner noch mit, daß er wohl
auf des Bonifatius Gebet von seinen Leiden befreit sei, und daß
er sich der frommen Pilgerinnen in Christus nach Kräften annehmen werde, welche Bonifatius ihm empfohlen habe. In
einem andern Briefe[2]) teilt Gemmulus dem Bonifatius mit, er
leide an Gicht und habe ihm daher noch kein Exemplar von
den Briefen des Papstes Gregor I. übersenden können, werde
aber später seinem Wunsche entsprechen. Zugleich übersandte
er Bonifatius aus reiner Liebe wieder etwas Räucherwerk,
empfahl sich seinem Gebete, wie auch er für ihn bete, und bat
um Grüße an die bei ihm befindlichen Christen. Mit welch leidenschaftlicher Gehässigkeit protestantische Geschichtschreiber[3]) den
hl. Bonifatius beurteilen, kann man daran erkennen, daß sie
gestützt auf diesen freundschaftlichen Briefwechsel zwischen Bonifatius und Gemmulus und die Übersendung kleiner Geschenke
dem Bonifatius den schweren Vorwurf machen, er habe den
Gemmulus in Rom bestochen, damit er für die Verurteilung
der beiden Irrlehrer Adelbert und Klemens wirke. Solche
leichtsinnige, ganz unbegründete Vorwürfe beweisen nur die
niedrige Denk- und Anschauungsweise derjenigen, welche sie aussprechen. Zum Zeichen aufrichtiger Freundschaft Geschenke geben
und empfangen, war alte deutsche Sitte, die auch von den
deutschen Glaubensboten geübt wurde. Sicherlich wäre aber die
Verurteilung der beiden Irrlehrer auch erfolgt, ohne daß Briefe

---

[1]) Ep. 53.
[2]) Ep. 54. Nach Hefele, Konzilien-Geschichte III, 540 und Külb
(Schriften des h. B. I, 157) ist der Brief viel früher als der vorher
angeführte, etwa 742, geschrieben.
[3]) Ebrard, Werner und die weit verbreitete Realencyklopädie von
Herzog; Rettberg (I, 369) will die Beschuldigung „sehr mäßigen". Gerechter urteilt Hahn (Fränkische Jahrbücher, S. 207); er findet in dem
Briefwechsel aufrichtige, herzliche Freundschaft.

und Geschenke zwischen Bonifatius und Gemmulus gewechselt wurden.

Nach Beendigung der römischen Synode übersandte der Papst Zacharias dem hl. Bonifatius die Akten derselben mit einem Briefe,[1]) in welchem er bedauert, daß Feinde Unkraut unter den Weizen säeten, welchen Bonifatius ausstreue, und diesen ermahnt, fleißig zu beten und beständig an der Ausrottung des Unkrauts zu arbeiten. Über die Einfälle feindlicher Völker möge sich Bonifatius trösten, da ja auch Rom schon wiederholt hart heimgesucht, aber von Gott gerettet sei; ihn möge daher Bonifatius zugleich mit dem Volke durch Fasten und Beten anflehen; auch er (der Papst) wolle in gleicher Meinung beten. Mit Dank gegen Gott habe er vernommen, daß Bonifatius mit Hilfe der fränkischen Fürsten Pippin und Karlmann ein Konzil abgehalten und entsprechend den kirchlichen Satzungen gegen schuldige Priester vorgegangen sei. Sodann genehmigt der Papst mit Freuden die Erhebung Kölns zum Erzbistume für Bonifatius und alle seine Nachfolger mit dem Wunsche, daß Gott die Anschläge der Gegner vereiteln, Pippin und Karlmann aber für ihre Unterstützung belohnen möge. Ferner bestätigt der Papst die Absetzung des Gewilieb von Mainz, erklärt die Taufe und die Einsegnung einer Kirche durch unwürdige Priester für giltig, wenn sie im Namen der allerheiligsten Dreifaltigkeit geschehen seien, und bemerkt, die abgesetzten Priester würden von ihm nicht wieder aufgenommen; denn auch er halte strenge an den kirchlichen Bestimmungen fest, und es sei kein Widerspruch zwischen dem, was er sage, und dem, was er thue. Auch teilt der Papst dem Bonifatius mit, er habe entsprechend seinem Wunsche an die fränkischen Fürsten geschrieben und sie um ihre Beihilfe zu seinem Werke gebeten; ernstlich habe er auch bezüglich jener Priester gewarnt, welche wegen ihres sittenlosen Lebens das Priestertum nicht verwalten könnten und auch im Kloster keine Buße thun wollten, statt dessen aber sich an den fürstlichen Hof begäben und dort um die Einkünfte von Kirchen und Klöstern bettelten, von welchen sie ein verschwenderisches Leben führten. Ferner befiehlt der Papst dem Bonifatius, das auf der römischen Synode über Klemens und Adelbert gefällte Urteil im ganzen fränkischen Reiche bekannt zu machen, damit jeder, der auf dem Wege des Irrglaubens

---

[1]) Ep. 51. Brief und Akten (n. 50) sind die wichtigsten Quellen für die 745 abgehaltene Generalsynode.

und der Spaltung wandle, es höre und sich belehre; auch
solle Bonifatius als sein Stellvertreter alljährlich Synoden
halten, damit kein Unkraut in der Kirche emporkomme, die
Einheit in der Kirche bewahrt, kirchliche Sitte befördert werde,
die Völker ein wahrhaft katholisches Leben führen und dem
Verderben entrissen werden. Auf dem Konzil möge sich Boni=
fatius mit den Erzbischöfen dahin einigen, daß kein Priester
ohne empfehlende Zeugnisse zum kirchlichen Dienste zugelassen
werde, wie auch bereits den fränkischen Fürsten über dieses und
alles andere geschrieben sei. Das Schreiben des Papstes an die
fränkischen Fürsten ist uns verloren gegangen, erhalten ist uns
aber ein Schreiben[1]) an alle geistlichen und weltlichen Vor=
gesetzten im ganzen Reiche der Franken. Der Papst spricht
ihnen zunächst mit Dank gegen Gott seine Anerkennung aus,
daß sie einträchtig mit Bonifatius auf der, mit Hilfe von Pippin
und Karlmann berufenen Synode gegen irrgläubige, sittenlose
und widerspenstige Priester vorgegangen seien, bittet sie, stets
dem hl. Bonifatius, seinem Stellvertreter, zu folgen, und ver=
sichert sie seines Gebetes. Sodann weist der Papst darauf hin,
daß an einen Sieg über die Feinde nicht zu denken sei, solange
sie schlechte, unwürdige Priester unter sich hätten; wenn sie aber
sittenreine, rechtgläubige Geistliche hätten, würde sie mit Gottes
Hilfe alle feindlichen Stämme niederschmettern. Ganz besonders
hebt der Papst noch hervor, wie unwürdig es sei, wenn Priester,
welche am Altare die heiligen Geheimnisse feierten und den Leib
des Herrn zur Rettung der Seelen austeilten, nachher im blutigen
Kampfe mit ihren Händen diejenigen töteten, welchen sie das
Wort Gottes verkündigen und das Brot des Lebens darreichen
sollten. Zum Schlusse ermahnt der Papst die guten Priester,
ein ihrem Berufe entsprechendes, heiliges Leben zu führen; da=
durch verdienten sie sich bei den Menschen Anerkennung und
von Gott das ewige Leben; auch sollten sie jährlich zu einer
Synode sich versammeln, um die kirchliche Einheit herzustellen
und alles Ungesetzliche auszurotten. So war der Papst un=
ablässig bestrebt, Bonifatius bei der Ausbreitung und Be=
festigung der katholischen Kirche nach Kräften zu unterstützen.

Wie groß die Zahl der Bischöfe war, welche im Jahre 745
auf der Synode versammelt waren, wissen wir nicht. Da aber
auf der vorhergehenden Synode des Jahres 744 zu Soissons,
welche bloß für das Reich Pippins stattfand, 23 Bischöfe ver=

---

[1]) Ep. 52.

sammelt waren, so dürften auf dieser Synode für das ganze
Reich wohl noch mehr versammelt gewesen sein. Von diesen
Bischöfen stammten acht aus England; außer dem hl.
Bonifatius werden noch ausdrücklich genannt: Wera (wahrscheinlich Witta
von Buraburg), Burchard von Würzburg, Werberht (wahr=
scheinlich Hartbert von Sens), Abel von Rheims und Willibald
von Eichstätt. Diese acht Bischöfe aus England benutzten ihre
Anwesenheit auf dem Konzil dazu, um an den angelsächsischen
König Athilbald von Mercien einen Brief zu richten und ihn
zur Besserung seines Lebens zu ermahnen. Dieser König näm=
lich, ein Bild männlicher Schönheit, pflegte zwar sehr die Dicht=
kunst und war mit großen Gaben des Geistes geschmückt, aber
sein Charakter war ein Gemisch' von Tugenden und Lastern.
Er hatte sich der Wollust ergeben und wirkte durch sein schlechtes
Beispiel auf das ganze Volk unheilvoll ein. Er brachte durch
entehrende Handlungen Schmach und Schande über die edelsten
Familien und vergriff sich selbst an Ordensfrauen. Obgleich
die Bischöfe ihr Vaterland verlassen und ihre Wirksamkeit
einem andern Volke zugewandt hatten, so vergaßen sie doch
nicht ihres Vaterlandes und suchten in treuer Liebe dessen
Wohlfahrt nach Kräften zu befördern. Mit Schmerz hatten
sie von der Sittenlosigkeit des Königs und der auch im
Volke immer mehr um sich greifenden Zügellosigkeit gehört und
suchten nun wohlmeinend, aber vorsichtig König und Volk auf
bessere Wege zu bringen. Weil sie dem König unabhängig
gegenüberstanden und die Verhältnisse aus der Ferne ruhig
beurteilten, so durften sie um so eher auf Erfolg hoffen. Bevor
jedoch dieses Schreiben der Bischöfe dem Könige übergeben wurde,
schrieb Bonifatius allein an ihn,[1] entbot ihm seine ehrfurchts=
vollen Grüße und gab dem Überbringer des Briefes, Namens
Ceola, mehrere kleinere Geschenke für den König mit, nämlich
Jagdfalken und Waffen, um sich dadurch das Wohlwollen des
Königs zu sichern. Auch kündigte Bonifatius ihm noch einen
zweiten Brief an und bat ihn, diesen bereitwillig anzunehmen
und mit Überlegung zu lesen. Zugleich sandte Bonifatius ein
Schreiben an den Erzbischof Egbert von York, einen frommen,
gelehrten, eifrigen Mann aus königlichem Geschlechte, der im
Besitze einer großen Bibliothek war und durch Regelung des
Bußwesens und des Gottesdienstes das kirchliche Leben zu heben
suchte. Bonifatius dankte ihm für die empfangenen Bücher und

---

[1] Ep. 74. Külb (I, 140) setzt den Brief später an.

Geschenke, sprach seine Freude über den Besitz eines solchen Freundes aus und bat ihn, er möge ihn und die Seinigen in die Gebetsbruderschaft aufnehmen. Sodann bat er den Erz-bischof, das für den König Äthilbald bestimmte Sendschreiben durchzusehen, daran zu verbessern, was ihm gut schiene, und dasselbe zu bestätigen und zu unterstützen.[1]) Das Mahnschreiben an den König begründete Bonifatius mit dem ihm vom Papste erteilten Auftrage, überall gegen Sittenlosigkeit aufzutreten, wo immer sich eine solche bei einem christlichen Volke zeige. Wie ein kluger Landmann beizeiten das Unkraut mit der Sichel auszurotten bestrebt sei, so möge auch der Erzbischof Egbert selber gegen die sittliche Verwilderung in England eifern, welche ein arger Verstoß gegen die Gebote Gottes und die Sitte aller christlichen Völker und vor Gott schlimmer und strafwürdiger sei als die Unkeuschheit des heidnischen Sodomas. Mit dem Briefe übersandte Bonifatius dem Erzbischofe Abschriften von den Briefen Gregors des Großen, welche er aus dem päpst-lichen Archive in Rom erhalten hatte, ferner ein Kelchtuch für die Feier der heiligen Messe und ein Trockentuch für die Cere-monie der Fußwaschung. Dafür bat er Egbert, ihm einige Werke Bedas zu übersenden, damit auch er an dem Lichte teil-habe, welches Gott der englischen Kirche geschenkt habe.

Das Schreiben an den König übersandte Bonifatius dem Abte Herefrith, welcher als einer der frömmsten Priester Eng-lands galt, durch sein hohes Alter ehrwürdig war, Gott mehr fürchtete als die Menschen und auf den König einen heilsamen Einfluß ausübte; er empfahl sich in dem Begleitschreiben[2]) seinem Gebete und bat ihn, er möge dem Könige das Schreiben der Bischöfe vorlesen und erklären. Als Angelsachsen, so versichert Bonifatius im Namen der acht Bischöfe, freuten sie sich über das Lob ihres Volkes, aber trauerten tief über dessen Sünden und richteten aus reiner Vaterlandsliebe dieses Schreiben an den König. Von Heiden und Christen werde ihnen vorgeworfen, daß die Angelsachsen die Sitten anderer Völker und die aposto-lischen Satzungen verachteten und gegen das Gebot Gottes ver-stießen, indem sie keine rechtmäßigen Ehefrauen hätten und gleich unvernünftigen Tieren wie wiehernde Hengste und schreiende Esel ohne Scham durch ihre Wollust alles befleckten. Deshalb bäten die Bischöfe gemeinsam den König, er möge sich mit dem Volke bessern und diesem ein gutes Beispiel geben, damit das ganze

---

[1]) Ep. 61. [2]) Ep. 60.

Volk samt dem Fürsten nicht zeitlich und ewig zu Grunde gehe. Zum Zeichen ihrer reinen Liebe übersandten sie Herefrith ein Stück Weihrauch und ein Handtuch.

In dem ausführlichen Schreiben[1]) an den König drücken die Bischöfe zunächst ihre Freude über das Gute aus, welches sie von ihm gehört hätten, daß er nämlich mildthätig gegen Arme sei, Diebstähle und Ungerechtigkeiten, Meineide und Räubereien unterdrücke, Witwen und Waisen beschütze und den Frieden im Reiche wahre. Sodann drücken sie ihm ihren tiefen Schmerz über das Böse aus, welches sie von ihm aus vieler Munde gehört hätten, daß er nicht aus Liebe zu Gott in Ent=haltsamkeit ohne rechtmäßige Gemahlin lebe, sondern um desto zügelloser dem Laster der Wollust zu frönen, und das sogar in den Klöstern mit gottgeweihten Jungfrauen, mit Bräuten Jesu Christi, was vor Gott ganz besonders ein Greuel sei und nach dem Zeugnis der heiligen Schrift schwer von ihm bestraft werde; denn die menschlichen Seelen seien Tempel Gottes, und die Seelen der Nonnen seien Gott noch durch besondere Gelübde geweiht. Sodann bitten und beschwören die Bischöfe den König bei dem Gerichte Gottes, doch von der abscheulichen Sünde abzulassen, Buße zu thun und das Ebenbild Gottes in seiner Seele nicht durch Unkeuschheit zu entweihen und zum Bilde des Teufels zu machen; durch Gottes Güte sei er zum Könige über viele gesetzt, aber durch seine Laster mache er sich zum Knechte der Sünde und des Teufels. Selbst Heiden verabscheuten aus natürlichem Antriebe Unkeuschheit und Ehebruch, z. B. die alten Sachsen. Wenn bei ihnen eine Jungfrau oder eine Frau durch Unkeuschheit über ihre Familie Schande gebracht hätte, so zwängen sie dieselbe bisweilen, sich selber aufzuhängen, ver=brännten ihren Leichnam und hingen den Verführer auf ihrem Grabe auf. Bisweilen thäten sich aber auch die Weiber zu=sammen und trieben die unzüchtige Person im Lande unter den furchtbarsten Geißelhieben von Ort zu Ort umher, wobei sich immer von neuem Weiber anschlössen, bis sie endlich grausam zerfleischt ihr Leben endete.[2]) Selbst bei den von den Deutschen verachteten Slaven werde die eheliche Treue so hoch gehalten, daß die Frauen sich mit ihren toten Männern auf dem Scheiter=

---

[1]) Ep. 59.
[2]) Diese Sittenstrenge bezieht sich nur auf das Leben innerhalb des Stammes; auf ihren Raub- und Kriegszügen begingen die alten Sachsen an fremden Jungfrauen und Frauen die gröbsten Greuel. Obige Schilderung erinnert an Tacitus (Germania c. 19).

haufen verbrennen ließen. Wenn die Heiden durch die natür=
liche Stimme der Vernunft so fest am Gesetze Gottes hielten,
dann möge umsomehr der König als christlicher Mann um=
kehren, sich aus den Schlingen des Teufels losreißen und von
dem Schmutze der Sünde sich abwaschen; noch sei es Zeit; sonst
stürze er sich ins Verderben und das Volk, welches seinem Bei=
spiele folge. Bei einem so unkeuschen, zügellosen Leben, wie
es in seinem Königreiche geführt, und wie ihnen in der Fremde
selbst von den Heiden zur Schmach des Volkes vorgeworfen
werde, könne nur ein niedriges, geiles, unkriegerisches und feiges
Geschlecht heranwachsen, welches von den Menschen verachtet
und von Gott gezüchtigt werde, wie ja schon andere Völker
von ihm durch die Türken gezüchtigt seien, z. B. in Spanien
und Burgund. Dieses lasterhafte Leben habe den Mord vieler
Kinder zur Folge, die aus Furcht vor der Schande getötet
würden, fülle die Kirchhöfe mit Leichnamen und die Hölle mit
unglücklichen Seelen. Ferner, sagten die Bischöfe, hätten sie
vernommen, er achte die Privilegien der Kirchen und Klöster
nicht und reiße Kirchengüter an sich; die Kirche sei aber aller
Mutter, und daher sei ein solcher Raub an Bosheit dem Morde
gleichzuachten; denn Sprichwörter 28, 24 heiße es: „Wer Vater
oder Mutter etwas nimmt und spricht, es sei keine Sünde, der
ist der Genosse eines Mörders“. Auch erlaubten sich des Königs
Statthalter und Grafen Gewaltthätigkeiten gegen Mönche und
Priester, wie sie seit der Bekehrung der Angelsachsen zum Christen=
tume bis auf die Könige Ceolred und Osred nicht vorgekommen
seien. Diese hätten ähnliche Verbrechen an Nonnen und Klöstern
begangen und darum auch ein frühzeitiges, unglückliches Ende
gehabt, wie noch Augenzeugen bezeugen könnten. Ceolred, sein
Vorgänger auf dem Throne von Mercien, sei, an prunkvoller
Tafel mit den Großen schmausend, plötzlich wahnsinnig ge=
worden und mit dem Teufel redend, die Priester verwünschend,
unter entsetzlichen Qualen, ohne Buße aus dem Leben geschieden
(716). Osred, König von Nordhumbrien, habe sein unzüchtiges
Leben fortgeführt, bis er Thron und Leben durch einen schimpf=
lichen Tod im Kriege verlor; er wurde als Jüngling von
19 Jahren getötet (716). Der König möge doch dem Beispiel
so schmachvoller Vorfahren nicht folgen und nicht in die Grube
fallen, in welche vor ihm schon andere gefallen seien, denn
irdische Vorzüge könnten die Gerichte Gottes nicht aufhalten und
seien vergänglich wie der Schatten; das Leben und die sünd=
haften Genüsse seien von kurzer Dauer, aber die Strafen der

Hölle ewig. Es gereiche dem Könige zum Heile, wenn er seine Fehler ablege, nachdem er dazu ermahnt sei. Das Schreiben schließt mit den innigsten Bitten und Wünschen, der König möge doch die Ermahnungen annehmen und sein Leben ändern, damit er vor zeitlichen und ewigen Strafen bewahrt bleibe und das ewige Leben erlange.

Der Haupturheber von der Absendung dieses Briefes war ohne Zweifel der hl. Bonifatius; seine rührende Anhänglichkeit an sein Volk, sein großes Pflichtgefühl und seine große Begeisterung für die Einheit, Heiligkeit und Allgemeinheit der Kirche werden darin offenbar. Obwohl er im fränkischen Reiche mit Kämpfen und Mühen überladen war, so dachte er doch voll warmer Liebe an sein Vaterland und suchte teilnahmsvoll dessen Wohl und Ehre zu fördern. Das lange, umfangreiche Schreiben an den König ist in einem ernsten, mahnenden, aber auch liebevollen Tone gehalten und mit vielen Stellen aus der Bibel durchwoben, mit der Bonifatius sehr vertraut war. Das Schreiben verfehlte seine Wirkung nicht. Der König bekehrte sich von seinem unsittlichen Leben und wohnte der Kirchenversammlung von Cloveshove bei, welche im Jahre 747 zur Hebung der Kirchenzucht in England abgehalten wurde. Aber die Folgen seines ausschweifenden Lebens blieben nicht aus, und die Voraussagungen des hl. Bonifatius über die entstehende Untüchtigkeit des Volkes im Kriege erfüllten sich. Äthilbald wurde im Jahre 752 von dem König von Wessex gleich bei dem Beginne des Treffens in die Flucht geschlagen, wozu er bei dem Anblicke der feindlichen Truppen erschreckt selber das Signal gegeben hatte; 757 wurde er von seinen Leibwächtern ermordet.

Viertes Kapitel.

Wichtigkeit der Synoden zur Zeit des hl. Bonifatius; Synode des Jahres 747; Brief an den Erzbischof Cudbert von Canterbury; Statuten, Kapitel und Bußbuch des hl. Bonifatius.

Schon auf dem ersten deutschen Nationalkonzil, welches unter dem Vorsitze des hl. Bonifatius 742 abgehalten wurde, war bestimmt worden, es sollte jedes Jahr eine Synode abgehalten werden. Den hohen Wert solcher Versammlungen zur Ordnung der kirchlichen Verhältnisse hatte Bonifatius bereits in seinem Vaterlande kennen gelernt, wo er an den Synoden regen Anteil genommen hatte. Auf seiner dritten Romreise dehnte er seine Anwesenheit in Rom aus, um einer Synode unter dem Vorsitze des Papstes beizuwohnen und die Weise ihrer Abhaltung in Rom kennen zu lernen. Der Papst er= mahnte Bonifatius wiederholt dringend zur Abhaltung der Synoden und unterstützte ihn dabei durch Rat und That. Die Synoden waren nämlich ein vortreffliches Mittel, um die Geist= lichen durch das Band desselben Glaubens untereinander zu einigen, unwürdige, sittenlose Priester aus der Kirche zu ent= fernen, anregend und heiligend auf die gesamte Geistlichkeit zu wirken und in dem Ritus der heiligen Messe, der Spendung der heiligen Sakramente, der Feier der Feste, kurz, im ganzen kirchlichen Leben die nötige Einheit herzustellen. Bei den da= maligen zerrissenen Verhältnissen und der mangelhaften Kirchen= zucht waren die Synoden zur Erhaltung und Befestigung der Kirche durchaus nötig. Das erkannte der hl. Bonifatius mit klarem Blicke und war daher eifrig auf die Abhaltung der Synoden bedacht. Über die Zahl, Zeit, Ort und Gegenstand der Synoden mangeln uns freilich vielfach sichere Nachrichten; aber ohne Zweifel hat der hl. Bonifatius eine gute Anzahl von Synoden abgehalten und dadurch viel Gutes gestiftet. Wenn Bonifatius die bis dahin zersplitterte Kirche bei den deutschen Stämmen einigte und befestigte und mit so großem Erfolge christliche Gesittung ausbreitete, so war das nur durch die Synoden möglich, auf welchen er die Geistlichkeit mit echt christlichem Geiste erfüllte und zur eifrigen Wirksamkeit antrieb. Auch wurde durch Bonifatius diese segensreiche Institution in Deutschland für die Dauer eingeführt und in Übung gebracht. Man unterscheidet Nationalkonzilien, auf welchen die Bischöfe der ganzen Nation unter dem Vorsitze des Primas oder des Apostolischen Legaten versammelt sind, Provinzialkonzilien, auf denen die Bischöfe einer Kirchenprovinz unter dem Vorsitze des Erzbischofs versammelt sind, und Diöcesansynoden, auf denen die Geistlichen einer Diöcese unter dem Vorsitze ihres Bischofs ver= sammelt sind. Die Anregung zur Abhaltung der Konzilien ging von den Dienern der Kirche aus, doch beriefen auch die Landes= fürsten nach dem Rate und mit Zustimmung der Bischöfe die Geistlichkeit ihres Landes zu Versammlungen. Nach Beendigung der Provinzial= und Nationalkonzilien bereisten die Bischöfe ihre Sprengel oder versammelten ihre Geistlichen, um den Zustand ihrer Diöcefen kennen zu lernen und die gefaßten Beschlüffe auch in der Praxis durchzuführen. Die Klostergeiftlichen wurden ebenfalls zu den Konzilien berufen, da ein geordnetes Kloster= leben für die Kirche von großer Wichtigkeit ift. Die weltlichen Beamten waren auf den Konzilien nicht als beschließende Mit= glieder zugegen, sondern nur als Zeugen und Beschützer der Synoden und sollten deren Beschlüffe durchführen, soweit die weltliche Macht dazu nötig war. Die geladenen Geiftlichen waren strenge gehalten, zu erscheinen; unbegründetes Ausbleiben wurde beftraft; blieb z. B. ein Bischof durch sein Verschulden aus, so wurde er ein Jahr von der Kirchengemeinschaft aus= geschloffen; ein Pfarrer wurde in demselben Falle eine Zeitlang seines Einkommens beraubt. Auf den Diöcefansynoden, welche gewöhnlich nach den Provinzialsynoden in der Bischofsstadt ge= halten wurden, belehrte der Bischof die jüngern Pfarrer über ihre Amtsführung, so über die Spendung der heiligen Sakra= mente, über die Darbringung des heiligen Meßopfers, über das Bußgericht und andere wichtige Obliegenheiten ihres heiligen Amtes. Auch wurde auf den Diöcefansynoden der Zuftand der Pfarreien unterfucht; die Pfarrer mußten dem Bischof über ihre Amtsführung Rechenschaft ablegen. Der Bischof prüfte auf seinen Reisen in der Diöcefe sogar die Küfter und Meß= diener, ob sie ihren Dienft verftanden. Die Abhaltung der Diöcefansynoden wurde dem Volke verkündet, damit jeder, der eine Beschwerde vorzubringen hatte, dazu Gelegenheit fand. Vor jedem National= oder Provinzialkonzil wurden für das ganze Volk drei Buß= und Bettage angeordnet, um den Segen des Himmels auf die Beratungen herabzuflehen. An dem feft= gesetzten Tage begaben sich die Bischöfe, von denen einer das Kreuz vorantrug, zu dem Orte der Beratung. Auf den Pro= vinzialkonzilien wurden die Glaubenslehren gegen auftauchende Irrlehren beftimmter ausgesprochen und hartnäckige Irrlehrer verurteilt. Auch wurden die Grundsätze bezüglich der Spendung der heiligen Sakramente, der Ehehinderniffe und der Buß= disziplin feftgesetzt. Zu den Zeiten des hl. Bonifatius war auch noch die Heiligsprechung Sache der Synoden, die später den Päpften vorbehalten blieb. Nach Beendigung der Synode wurde die Genehmigung ihrer Beschlüffe bei dem Papfte nach= gesucht; auch wurden diese den weltlichen Behörden vorgelegt, damit sie diefelben beftätigten und mit ihrer Macht die Durch= führung derfelben beförderten. Zwischen dem Geiftlichen und Weltlichen wurde damals überhaupt nicht so ftrenge unter=

schieden; man fah Staat und Kirche als von Gott gewollte Körperschaften an, welche zum Wohle der Menschheit in Frieden miteinander wirken follten, ohne über die Grenzen beider Gewalten zu ftreiten. Daher gab es auch gemifchte Synoden (synodi mixtae), auf welchen geiftliche und weltliche Obern verfammelt waren; die geiftlichen berieten über die Angelegenheiten der Kirche, die weltlichen über die des Reiches in getrennten Verfammlungen; in folchen Dingen, welche Staat und Kirche zugleich angingen, berieten fie zufammen. In jener Zeit bekamen die Bifchöfe von den Fürften auch fchon großen Grundbefitz aus dem Staatseigentum, fogenannte Lehengüter, fodaß fie auch weltliche Fürften mit irdifcher Macht und Hoheit wurden; folche Bifchöfe hießen daher Fürftbifchöfe. Die Ausrüftung der Kirche mit folcher weltlichen Macht ging aus dem Gefühle der Ehrfurcht und Liebe hervor, welche die neubekehrten Deutfchen vor den Prieftern hatten, unter denen fich ja manche, durch Wiffenfchaft und Frömmigkeit ausgezeichnete Männer befanden, deren Einfluß man im Staate nicht entbehren wollte. Sodann war das Volk auch noch zu ungebildet und zu äußerlich, um die rein geiftige Macht der Kirche zu fchätzen. Man gab daher den Bifchöfen Grundbefitz und hohe Stellungen im Staate, um ihre geiftige Macht zu fichern und zu erhöhen. Auch machte fich die heidnifche Anfchauungsweife hierbei noch geltend. Die heidnifchen Priefter, welche aus den vornehmften Gefchlechtern ftammten, nahmen nicht bloß priefterliche Verrichtungen vor, fondern waren zugleich auch Richter und Krieger; der König war der Oberpriefter. Diefelbe Stellung fuchten die alten Deutfchen nach ihrer Bekehrung auch den chriftlichen Prieftern im Staate zu geben. So wurden die Bifchöfe den Grafen und Herzögen gleichgeftellt und hatten die Rechte und Pflichten der weltlichen Fürften. Sie leifteten dem Könige den Huldigungseid, begleiteten ihn nicht felten mit ihren Mannen in den Krieg, übten in ihrem Sprengel die weltliche Gerichtsbarkeit aus und erfchienen gleich den weltlichen Fürften auf den Reichstagen, welche urfprünglich eine Verfammlung der Dienftmannen, hauptfächlich zum Zwecke der Heeresfchau, waren. Schon der kriegerifche Hausmeier Karl Martell machte es zur Regel, daß die Bifchöfe auf den Reichsverfammlungen erfchienen, wie er ja überhaupt die Bifchöfe als feine Dienftmannen betrachtete und Kirchengüter zu Kriegszwecken verwendete, wodurch er zwar feine Macht vergrößerte, aber die Kirchenzucht lockerte und zur Verweltlichung der Kirche beitrug.

Da die Zahl der geistlichen Fürsten ziemlich groß war, so wurde auf den Reichstagen über Weltliches und Geistliches gleichzeitig beraten; daher bekamen die Reichstage ein sehr kirchliches Gepräge. Diese Ausrüstung der Bischöfe mit weltlicher Macht hatte für die Kirche wohl die Nachteile, daß die Bischöfe ihrem geistlichen Berufe vielfach entzogen und mehr Fürsten als Bischöfe wurden, und daß auch die Kaiser die Besetzung der bischöflichen Stühle in Anspruch nahmen und dabei mehr auf das Interesse des Staates als das der Kirche sahen. Unverkennbar hat diese Stellung der Bischöfe aber auch große Vorteile gehabt. Das ganze bürgerliche und staatliche Leben unseres Volkes wurde mehr mit dem Geiste des Christentums durchdrungen. Die geistlichen Fürsten trugen auch zur Befestigung und Kräftigung des Reiches viel bei, weil sie mehr die höhern, sittlichen Grundsätze betonten, den weltlichen Reichsständen das Gleichgewicht hielten und im allgemeinen den Königen treu und ergeben waren, während die weltlichen Reichsstände vielfach bestrebt waren, ihre Hausmacht auf Kosten der königlichen zu vermehren. Die Rechte und Satzungen, nach welchen man seit alter Zeit das bürgerliche und staatliche Leben regelte, wurden in die Beschlüsse der Reichstage aufgenommen und blieben bestehen, soweit sie sich mit dem Christentum vereinigen ließen; das Unvernünftige und Unchristliche wurde ausgeschieden. Die Strafgesetze wurden unter dem Einflusse des Christentums milder, und manche grausame Strafe abgeschafft, soweit es mit der Gerechtigkeit vereinbar war. Auch wurde die Rechtspflege eine geordnetere und gerechtere, viele abergläubische Gebräuche wurden abgeschafft, die Verbrechen den rechtmäßigen Richtern zur Bestrafung überwiesen und Fehden und Blutrache verboten. Die Beschlüsse der Reichstage und Konzilien geben uns ein anschauliches Bild von den Zeitverhältnissen und zeigen uns deutlich, wie ungebildet und roh das Volk war, und wie die Kirche beharrlich an der Gesittung des Volkes und der Ausbreitung des Christentums arbeitete.

Die Konzilien wurden in voller Übereinstimmung mit dem Päpstlichen Stuhle abgehalten, wie wir aus dem Briefwechsel des hl. Bonifatius und aus folgender Thatsache sehen. Wohl auf Veranlassung des hl. Bonifatius, sicher nicht ohne sein Mitwissen, wandte sich der fränkische Hausmeier Pippin im Jahre 746 durch den Priester Ardoban an den Papst Zacharias mit der Bitte, ihm einige Bestimmungen über das priesterliche Leben, über Dinge des Seelenheils und über unerlaubte Ehen zu senden; über den Umfang einzelner Ehehindernisse war nämlich damals noch keine volle Einigkeit. In dem Antwortschreiben,[1] welches an Pippin, die Bischöfe und Fürsten des Reiches gerichtet ist, drückt der Papst seine Freude über die gute Gesinnung Pippins und seiner Getreuen aus und ermuntert sie, auch fernerhin die Kirchen und ihre Diener zu beschützen; die weltlichen Großen sollten, so mahnt der Papst, das Land gegen die Feinde verteidigen, und die Priester dem Gebete obliegen; dann werde das Reich wohl bestellt und Pippins Gewalt von den Unterthanen bereitwillig anerkannt werden. Die gestellten Anfragen beantwortet der Papst mit Berufung auf die frühern Konzilien und päpstlichen Entscheidungen in 27 Kapiteln, welche ihrem wesentlichen Inhalte nach lauten:

1. Erzbischöfe, Bischöfe und Chorbischöfe, d. i. solche, welche auf dem Lande wirkten und den Bischöfen in den Städten untergeordnet waren, Seelsorgsgeistliche und Mönche sollen die ihrem Stande entsprechenden Kleider tragen; jedoch sollen sie in einem herrlichern Gewande predigen. Die Mönche sollen ihre Regeln beobachten und wollene Kleider tragen. Die Erzbischöfe sollen die Aufsicht über die ihnen untergebenen Bischöfe führen und ihnen in der Ehre vorangehen. 2. Wenn abgesetzte Bischöfe, Priester und Diakone ihren Dienst wieder übernehmen, so sind sie aus der Kirche ausgeschlossen. 3. Wenn ein Priester sich gegen seinen Bischof erhebt und eine Spaltung verursacht, so ist er aus der Kirche ausgeschlossen. Wenn ein Priester von seinem Bischofe bestraft wird, so hat er sich an einen benachbarten Bischof zu wenden, der seine Beschwerde untersuchen soll. 4. Die Priester vom Lande dürfen in der Stadt die heilige Messe lesen und die heilige Kommunion austeilen, wenn sie dazu gebeten werden und Bischof und Priester der Stadt abwesend sind. 5. Frauen dürfen nicht am Altare dienen. 6. Witwen sollen nicht in das Kloster aufgenommen werden; wenn sie aber für sich die Keuschheit geloben und später doch heiraten, so sollen sie darauf bedacht sein, diesen Treubruch durch Buße zu sühnen. 7. Keiner darf seine Frau entlassen und eine andere heiraten. 8. Priester und Diakone dürfen sich nicht von dem Bischofe und der Kirche trennen, um gesonderte Gemeinden zu bilden; wenn sie in ihrer Widerspenstigkeit beharren, sollen sie durch äußere Gewalt niedergehalten werden.

---

[1] Biblioth. rerum germ. IV, 18—31. Hefele, Konziliengeschichte III, § 369. Külb I, 194.

9. Wer sich dem geistlichen oder Ordensstande gewidmet hat, darf weder ein weltliches Amt noch Kriegsdienste übernehmen; thut er das, so verfällt er dem Kirchenbanne, bis er Buße thut und zu seinem ursprünglichen Stande zurückkehrt. 10. Geistliche, welche Armenhäusern, Klöstern und Kapellen vorstehen, sind den Bischöfen der betreffenden Gegenden unterworfen und sollen im Falle der Widerspenstigkeit aus der Kirche ausgeschlossen werden. 11. Bischöfe, Priester und Diakone dürfen bei Strafe der Amts=entsetzung nicht heiraten; bezüglich derjenigen, welche die niederen Weihen empfangen haben und Kirchendienste thun, kann es bei der Gewohnheit der betreffenden Kirche bleiben.[1] 12. Wenn Eheleute sich voneinander trennen, so dürfen sie nicht wieder=heiraten, sondern müssen enthaltsam leben oder sich miteinander versöhnen; sonst verfallen sie Kirchenbußen. 13. Mönche dürfen nicht heiraten, selbst wenn sie auch nur die niedern Weihen empfangen. 14. Priester und Diakone sollen für ihre Vergehen nicht öffentlich, sondern geheim Kirchenbuße thun. 15. Wenn Laien auf ihren Gütern ein Bethaus (Oratorium) errichten, so soll der Bischof des betreffenden Sprengels die Einweihung vornehmen, aber keinen Taufbrunnen errichten. Will aber der Stifter auch die heilige Messe in dem Bethause lesen lassen, so soll er sich einen Priester von dem Bischofe erbitten. 16. Wenn

---

[1] In den ersten Jahrhunderten war es Sitte, daß die Priester nicht heirateten; wenn Verheiratete wegen Priestermangel oder aus andern Gründen zu Priestern geweiht wurden, so entsagten sie freiwillig dem ehelichen Leben mit ihren Frauen. So erforderten es die Lehre und das Beispiel Jesu Christi und seiner Apostel, die Erhabenheit des geistlichen Standes und die volle Hingabe an den priesterlichen Beruf. Selbst die Heiden fanden es geziemend, daß die Diener der Mysterien enthaltsam lebten, und verlangten es von einzelnen Priesterkollegien strenge. Die durch das natürliche Gefühl hervorgebrachte Sitte, ehelos zu leben, wurde in der römisch=katholischen Kirche durch die Synode immer be= stimmter zu einem verpflichtenden Gesetz erhoben, so schon im vierten und fünften Jahrhundert. Die Ehe der Priester galt daher als un= erlaubt; Priester, die heirateten, mußten ihr Amt niederlegen, und Ver= heiratete, die sich weihen ließen, mußten sich von ihren Frauen trennen. Später auf den lateranensischen Synoden (1123 und 1139) ging die Kirche noch weiter und erklärte die Ehen der Geistlichen für un= gültig und sündhaft, sodaß ein Geistlicher eine gültige Ehe überhaupt nicht mehr eingehen kann. Bonifatius handelte daher ganz im Geiste der Kirche, wenn er auf den Synoden den Cölibat energisch durchführte und Verstöße dagegen an Geistlichen und Ordenspersonen strenge bestrafte. Fischer (Bonifatius, S. 70) verrät daher wenig Verständnis für die Wirksamkeit des hl. Bonifatius und den Geist der katholischen Kirche, wenn er meint: „Bonifatius verkannte nicht den edlen Einfluß der Frauen, daher war er wohl kein Gegner der Priesterehe". Die Kirche

ein Geiftlicher ohne Wiffen des Bifchofs feine Stelle verläßt, fich in eine andere Pfarrei begiebt und zurückzukehren fich weigert, fo foll er zum heiligen Dienft nicht mehr zugelaffen werden, kann jedoch als Laie kommunizieren. 17. Der Bifchof, welcher einen abgefetzten Geiftlichen aufnimmt, foll felber aus der Kirchen= gemeinfchaft ausgeftoßen werden. 18. Die Kirchenfänger und Lektoren oder Vorlefer, welche in der Kirche die heilige Schrift, kirchliche Sendfchreiben, Akten der Martyrer und andere er= bauliche Schriften vorlefen, dürfen heiraten. Solche Perfonen nämlich, die in der Kirche Dienfte thaten und auch wohl die fogenannten niedern Weihen empfingen, trugen geiftliche Kleidung und galten als zum Klerus gehörig. 19. Bifchöfe, Priefter und Diakone dürfen zur Kirchengemeinfchaft und zur Verkündigung des Evangeliums nur nach forgfältiger Prüfung ihrer Empfehlungsfchreiben (epistolae commendatitiae) zu= gelaffen werden. 20. Wenn eine Jungfrau, welche durch ihren Eintritt in das Klofter fich mit Chriftus vermählt hat, fpäter öffentlich heiratet oder im geheimen durch Unkeufchheit fich ver= fündigt, fo darf fie zur Buße erft nach dem Tode desjenigen zugelaffen werden, mit welchem fie die fündhafte Verbindung einging; (folange der Mitfchuldige lebte und das fündhafte Ver= hältnis andauerte, war natürlich eine Zulaffung zur Kirchenbuße

verkennt wahrlich nicht den hohen Einfluß der Frauen; gerade fie hat die Frauen von der entwürdigenden Zurückfetzung des Heidentums be= freit, ihnen die gleiche Menfchenwürde wie den Männern zugefprochen und ihnen auf dem Gebiete der Jugenderziehung, der Krankenpflege und des Miffionswefens bei den Heiden ein weites Feld geöffnet, auf welchem fie in regem Wetteifer mit den Männern, aber in natürlicher Unter= ordnung unter die Kirche und im Stande jungfräulicher Reinheit mit dem größten Segen bis zum letzten Atemzuge thätig find. Die Heirat ift doch nicht der einzige Weg zu einer einflußreichen Wirkfamkeit, fondern gerade die Ehelofigkeit ift für die Geiftlichen und die Ordensleute beiderlei Gefchlechts der Weg, um fich dem Berufe ganz hinzugeben, aus Liebe zu Gott unter Mühen und Opfern Kindern, Kranken und Verlaffenen Elternftelle zu vertreten und fern von der teuern Heimat bei uncivilifierten Heiden das Reich Gottes zu verbreiten. Auch Paulus (I Kor. 7, 25—40) hebt die hohen Vorzüge des jungfräulichen Standes fehr beredt hervor und empfiehlt ihn als das Mittel, um Gott mit ungeteiltem Herzen zu dienen. Freilich gilt hier das Wort des göttlichen Heilandes: „Es faßt nicht jedermann, fondern nur die, denen es gegeben ift". (Matth. 19, 11.) Daß auch der Eheftand vor Gott wohlgefällig ift, bleibt dabei fehr wohl beftehen. Indem die Kirche die hohen Vorzüge des jungfräulichen Standes fefthält, legt fie zugleich der Ehe eine heiligere und erhabenere Bedeutung bei als die Proteftanten, da fie die Ehe als ein Sakrament und als einen unauflöslichen Bund zwifchen Mann und Frau betrachtet; Luther erklärte die Ehe bekanntlich für ein weltlich Ding und für auflösbar.

unftatthaft und zwecklos.)) 21. Jungfrauen, welche zwar nicht in
das Kloster eingetreten sind, aber für sich die Jungfrauschaft ge=
lobt und dann doch geheiratet haben, sollen einige Zeit Buße thun,
da ein Gott gegebenes Versprechen nicht ohne Strafe gebrochen
werden darf. 22. Verschwägerte, Bluts= und geistlich=Verwandte
dürfen sich nicht heiraten. 23. Mörder sollen beständig Buße
thun und erst am Ende des Lebens losgesprochen werden.
24. Wer jemanden unabsichtlich (jedoch fahrlässig) tötet, soll
5—7 Jahre Kirchenbuße thun. 25. Ehebrecher sollen sieben
Jahre Kirchenbuße thun. 26. Wenn Mönche und Nonnen ihre
Gelübde nicht halten und sich gegen die Keuschheit versündigen,
so sollen sie aus dem Kloster ausgestoßen und dem Kerker über=
geben werden; wenn sie dort wahrhaft Buße thun, so sollen sie
am Ende ihres Lebens zum Empfange der heiligen Sakramente
im Hinblicke auf die Barmherzigkeit Gottes zugelassen werden.
27. Jungfrauen, welche freiwillig das Gelübde der Keuschheit
abgelegt haben und zwar in das Kloster eingetreten, aber noch
nicht durch die feierlichen Gelübde in den Orden aufgenommen
sind, versündigen sich, wenn sie heiraten.

Diese Bestimmungen der Apostel, Konzilien und Päpste,
schreibt Papst Zacharias, habe er pflichtgemäß dem Pippin und
seinem Volke mitgeteilt, damit sie weder nach rechts noch nach
links abwichen, sondern den königlichen, d. i. den rechten Weg
innehielten und die Gebote beobachteten. Auch dem Bonifatius,
seinem Legaten und Mitbischofe, teilte der Papst die obigen
Bestimmungen mit und befahl ihm, sie auf der nächsten Synode
öffentlich zu verkündigen, ein deutlicher Beweis, daß Pippin,
Bonifatius und der Papst einmütig handelten.¹) Bonifatius
kam dem Befehle des Papstes im Jahre 747 auf einer Synode
des ganzen fränkischen Reiches nach; der Ort derselben ist uns
unbekannt; man hat Düren im Rheinlande und Ver, nördlich
von Paris, vermutet. Die Synode nahm diese Bestimmungen des
Papstes Zacharias an, erklärte ihre vollständige Übereinstimmung
mit dem Papste, dem Nachfolger des hl. Petrus, und versprach

¹) Ep. 63. Da Pippin sich direkt an den Papst Zacharias wandte,
ohne des Bonifatius zu gedenken, so haben protestantische Geschichtschreiber,
z. B. Rettberg I, 377 und Werner, Bonifatius 319, auf ein Zerwürfnis
zwischen Pippin und Bonifatius geschlossen, allein mit Unrecht. Pippin,
ein gläubiger, frommer Christ, empfand natürlich das Bedürfnis, sich
mit dem Vater der Christenheit auch selber in Verbindung zu setzen und
Beziehungen mit ihm anzuknüpfen. Sodann war Bonifatius Erzbischof
für die Stämme auf dem rechten Rheinufer, denen er hauptsächlich seine
Hirtensorge zuwandte; bei der Abneigung, welche ein Teil des Klerus

ihm volle Unterwürfigkeit. Daburch wurde die enge Verbindung der deutschen Kirche mit Rom und somit auch das kirchliche Leben mächtig gefördert. Diese Einigkeit der Synode und ihre Unter= würfigkeit unter den Päpstlichen Stuhl war ohne Zweifel das Werk des hl. Bonifatius, welcher ein längeres Hirtenschreiben über die Einheit des katholischen Glaubens und die Lehre der Apostel an alle Bischöfe, Priester, Diakone und Ordensleute gerichtet hatte, um ihnen die Einheit als eine notwendige Eigen= schaft der Kirche darzustellen und ans Herz zu legen. Der Bischof Burchard von Würzburg, des Bonifatius getreuer Schüler, überbrachte dem Papste das Schreiben, in welchem die Synode ihm den Ausbruck des treuen Gehorsams unterbreitete und zugleich mehrere Fragen an ihn richtete. Hocherfreut richtete der Papst Schreiben an Bonifatius, die Geistlichen und Laien des Reiches. In dem Schreiben an Bonifatius[1] lobt er diesen wegen seiner Abhandlung über die Einheit des katholischen Glaubens, spricht seine Freude aus über das Konzil und das einmütige Bekenntnis des katholischen Glaubens, welches Boni= fatius und die Bischöfe abgelegt hätten, und beantwortet mehrere an ihn gestellte Fragen.

Ein zweites Schreiben[2] des Papstes ist an die Bischöfe, Priester, Diakone und an alle rechtgläubigen, die apostolische Lehre befolgenden Geistlichen der Kirche gerichtet; von den Bischöfen werden ausdrücklich 13 mit Namen genannt, nämlich Reginfrid von Rouen, Deodat von Beauvais, Rimbert von Amiens, Heliseus von Noyon, Fulkrich von Tongern, David von Speyer, Ätherius von Tours, Treward von Cambrai, Burchard von Würzburg, Genebaud von Laon, Roman von Meaux, Agilolf von Köln und Heddo von Straßburg. Der Papst lobt sie, daß sie in der Einheit des Glaubens wandelten und alle eins seien in ihrer Mutter, der katholischen und aposto= lischen Kirche; ferner versichert sie der Papst seines beständigen Gebetes, bittet sie, auch ferner ihrem heiligen Berufe entsprechend zu wandeln und zu wirken, und freut sich, daß ihr Glauben

---

und des Volkes gegen die strenge Durchführung der Kirchengesetze hatte, konnte es ihm nur erwünscht und der Sache nur förderlich sein, wenn Pippin sich birekt mit seiner Anfrage an den Papst wandte. Das Schreiben (Ep. 63), in welchem der Papst den Bonifatius über seinen Briefwechsel mit Pippin benachrichtigt und ihn zur Publikation der mitgeteilten Ent= scheidungen auf einem Konzil auffordert, ist ganz freundlich gehalten und läßt in keiner Weise auf ein Zerwürfnis zwischen Pippin und Boni= fatius schließen.

[1] Ep. 66. [2] Ep. 67.

und ihre Einheit mit dem Papste nicht bloß vor Gott, sondern auch vor den Menschen offenbar und kostbar sei, weil sie alle sich zu dem Apostelfürsten Petrus als zu dem ihnen von Gott gesetzten Lehrer freudig hingewandt hätten, sodaß sie eine Herde bildeten. Der ehrwürdige Bischof Bonifatius, so fährt der Papst fort, werde sie als sein Legat und Stellvertreter im Dienste des Evangeliums stärken und unterstützen; sie möchten standhaft den Anfeindungen jener widerstehen, welche nicht nach dem strebten, was Gottes sei, möchten Gott als den höchsten Herrn fürchten und freimütig das Evangelium verkünden.

Ein drittes Schreiben[1]) des Papstes ist an alle Franken gerichtet, besonders an einige vornehme und mächtige, nämlich an Throand, Sandrad, Nantheri, Liutfrid, Sterfrid, Gundpert, Agnus, Haaldus, Rantulf, Rotpert, Brunicho, Rothart und Rougon. Der Papst drückt mit Dank gegen Gott seine Freude darüber aus, daß sie so fest zu ihrer Mutter, der katholischen, apostolischen Kirche halten, erfleht ihnen dafür das ewige Heil und ermahnt sie, stets die Gebote Gottes und die kirchlichen Satzungen zu beobachten, sich nicht an falsche, sondern an gute Priester zu halten, diese zu ehren und ihnen den notwendigen Unterhalt zu geben. Die Priester sollten sich der Jagd und des Spieles enthalten, und die weltlichen Großen an den von ihnen gegründeten Kirchen ohne Rat und Zustimmung des Bischofs keine Priester zulassen. In den neugegründeten Klöstern sollten die Äbte und Äbtissinnen vom Konvente gewählt und nach einem gründlichen Unterrichte im Gesetze Gottes von den Bischöfen, nicht aber von den Gründern, angestellt und geweiht werden. Der in der Kirche dargebrachte Zehnte soll in vier Teile geteilt werden, nämlich für den Bischof, die Geistlichen, den Unterhalt der Kirche und für die Armen. Dieser Brief des Papstes ist vermutlich eine Antwort auf das Schreiben, in welchem die auf der Synode versammelten, vornehmen Laien dem Papste gleich den Geistlichen ihre treue Ergebenheit ausgesprochen hatten.

Die Synode des Jahres 747 wurde übrigens nicht bloß für das Fränkische Reich, sondern auch für England von Wichtigkeit. Dort war seit dem Tode des Erzbischofs Theodor von Canterbury (690) die Kirchenzucht stark verfallen. Der Papst Zacharias mahnte in zwei Schreiben alle Einwohner Englands

---

[1]) Ep. 68. Zuerst von Jaffé nach einem Kodex in Karlsruhe veröffentlicht.

dringend zur Verbesserung der Kirchenzucht und drohte mit dem
Kirchenbanne, wenn die sittliche Verwilderung nicht gehoben
würde. Auch dem Bonifatius lag sehr an dem Wohle seines
Vaterlandes; zugleich besaß er ein lebendiges Pflichtgefühl und
eine hohe Auffassung seiner erzbischöflichen Würde; er stellte
daher die Beschlüsse der im Frühjahre 747 abgehaltenen Synode
zusammen und übersandte sie dem Erzbischof Cudbert von
Canterbury, damit er in England eine Synode beriefe und jene
Beschlüsse sich zum Muster nähme. Dieser Brief an Cudbert[1])
ist ein herrliches Zeugnis von der freundschaftlichen Gesinnung
und großen Vaterlandsliebe seines Verfassers wie auch von
dessen hohem, apostolischem Geiste. Im Anfange des Briefes
meldet Bonifatius dem Erzbischof Cudbert den Empfang seines
Briefes durch den Diakon Cyneberht, dankt für die empfangenen
Beweise der Freundschaft und bittet, den tröstlichen Briefverkehr
zeitlebens fortzusetzen, wie auch er es seinerseits thun werde,
da sie derselben Sache dienten, nämlich Kirchen und Völker zu
überwachen, zu belehren, zu ermahnen und die kanonischen
Satzungen zu verteidigen. Als Erzbischöfe hätten sie größere
Sorgen als die übrigen Bischöfe, welche nur für ihre eigenen
Sprengel zu sorgen hätten; es werde daher dem Erzbischof
Cudbert bei seinem guten Willen gewiß nicht unerwünscht sein,
die auf der Synode der fränkischen Priester gefaßten Beschlüsse
zu erfahren. Sie hätten zunächst ein Bekenntnis ihrer beständigen Gemeinschaft und treuen Unterwürfigkeit unter den
hl. Petrus und seinen Stellvertreter abgefaßt und nach Rom
zum Grabe des Apostelfürsten gesandt, was Papst und Geistlichkeit in Rom freudig aufgenommen hätten. Sodann hätten
sie beschlossen: es soll alljährlich eine Synode abgehalten, und
auf derselben sollen die kirchlichen Gesetze und die Bestimmungen
über das klösterliche Leben verlesen werden; der Erzbischof soll
die andern Bischöfe ermahnen und ihren Eifer untersuchen;
Jagden und Umherstreifen in den Wäldern mit Hunden, Falken
und Habichten ist den Priestern verboten; jeder Priester hat
über sein Amt in der Fastenzeit seinem Bischof Rechenschaft abzulegen; jeder Bischof soll alljährlich seinen Sprengel bereisen,
das Volk belehren, die Firmung spenden und die heidnischen
Gebräuche abstellen; Waffen und prunkvolle Kleidungen sind den
Geistlichen verboten; der Erzbischof soll die ihm unterstellten
Bischöfe überwachen und ermahnen, sogleich nach der Provinzial-

---

[1]) Ep. 70.

fynode die Diöcefanfynode abzuhalten, um den Prieftern und
Aebten die Beobachtung der Befchlüffe einzufchärfen; wenn ein
Bifchof auf feiner Synode Mißbräuche nicht abftellen kann, fo
foll er fie dem Erzbifchofe anzeigen, und diefer, falls er fie auch
nicht abftellen kann, dem Papfte, damit er an dem Verderben
der Seelen nicht fchuld ift. Weil die Erzbifchöfe, fo fährt
Bonifatius fort, für die ganze Kirchenprovinz verantwortlich
wären und es unternommen hätten, das Schiff der Kirche zu
lenken, welches von den Fluten der Verfuchungen auf dem Meere
des Lebens umhergetrieben würde, fo fei das Schiff nicht zu
verlaffen, fondern zu lenken, worin frühere Väter ein leuchtendes
Beifpiel gegeben hätten, fo die Päpfte Klemens, Kornelius und
andere in der Stadt Rom, die Bifchöfe Cyprian in Karthago
und Athanafius in Alexandrien, welche unter heidnifchen Kaifern
die katholifche Kirche gelenkt und die Braut Chrifti bis zum
letzten Blutstropfen verteidigt hätten. Auf Befehl des Papftes,
auf Erfuchen der Fürften der Franken und Gallier und in der
Hoffnung auf Wiederherftellung des Gefetzes Chrifti habe er
eine Synode abgehalten, den Weinberg des Herrn, welcher ftatt
der Trauben Herlinge trage, umzugraben unternommen und den
Miftkorb zu tragen fich nicht gefcheut, aber leider gleiche fein
Dienft dem bellenden Hunde, welcher Diebe einbrechen und das
Haus feines Herrn verwüften fähe, aber ohne Hilfe murrend
trauere. Bonifatius fuche deshalb Rat bei Cudbert; denn ein
Bifchof müffe der Herde nicht bloß zum Vorbilde fein, fondern
dürfe auch zu deren Sünden nicht fchweigen, müffe fie vielmehr
mit Ernft rügen, da er für die Seelen, welche durch feine Schuld
zu Grunde gingen, verantwortlich fei und durch fein Schweigen,
nach den Worten des Propheten Ezechiel, mit ihnen zu Grunde
gehe. Cudbert und er dürften nicht fo harten Sinnes fein,
daß fie diefe Worte der heiligen Schrift (Ezech. 3) nicht
fürchteten, fondern müßten dadurch noch mehr zu treuer Pflicht-
erfüllung angetrieben werden. Es fei nicht erlaubt, den Zehnten
und die Opfergaben der Gläubigen zu nehmen und dann die
Sorge für die Herde des Herrn niederzulegen. Wer den elenden
Sünder mit geiftlichem Rate nicht heile, den von Leiden Gebeugten mit priefterlicher Hilfe nicht unterftütze, den Verirrten
auf den Weg des Heils nicht zurückrufe, den bereits Ver-
zweifelnden mit nachfichtiger Hirtenforge nicht auffuche, die
Unterdrückten gegen die Gewaltthätigkeit der Mächtigen nicht
verteidige, die gegen fie gleich wilden Tieren wüteten; wer den
reichen und mächtigen Sünder nicht rüge, fondern noch ehre,

der sei ein ungetreuer Hirt und liebe und weide nur sich selbst, nicht aber die Herde. Ihm gelte das Wort: „Wehe den Hirten!" Wer sollte nicht über das furchtbare Gericht erschrecken, welches die heilige Schrift (Ezech. 34) solchen schlechten Hirten androhe? Nur der nicht, welcher an keinen Gott und an keine Ewigkeit glaube. Durch solche Gedanken erschreckt, versichert Bonifatius, hätte er gerne das Steuer der Kirche niedergelegt, wenn das Beispiel der Väter und die heilige Schrift es gestatteten; weil aber die Wahrheit siegreich sei, so nehme er seine Zuflucht zu dem allmächtigen Gotte, der diese Last auf ihn gelegt und ihm auch Kraft geben könne, sie zu tragen. „Darum", so mahnt Bonifatius begeistert den Cudbert, „laß uns fest stehen im Kampfe für den Herrn! Laß uns sterben für die heiligen Gesetze der Väter! Laß uns keine stummen Hunde, keine schweigsamen Wächter, keine den Wolf fliehenden Mietlinge sein, sondern eifrige Hirten, bewachend die Herde Christi, predigend Hohen und Niedrigen, Armen und Reichen, jedem Stande und jedem Geschlechte, soweit von Gott die Gabe dazu gegeben ist, sei es genehm, sei es unangenehm." Deshalb, so fährt Boni= fatius fort, könne er auch dem Cudbert nicht verschweigen, wie sehr es nach dem Urteile aller erfahrenen Diener Gottes das Wohl, das Ansehen und die Ehrbarkeit der englischen Kirche erfordere, daß zur Verminderung der Schande und des Ärger= nisses eine Synode im Vereine mit den Fürsten dort den Frauen und Nonnen die häufigen Reisen nach Rom verböte, da nur wenige von ihnen unversehrt heimkehrten, viele der Verführung unterlägen und es kaum in Frankreich und der Lombardei eine Stadt gäbe, wo nicht solche, dem Laster verfallene Frauen angelsächsischer Abstammung zur Schmach der Kirche Englands sich aufhielten.[1] Ein weltlicher Mann aber, sei er Kaiser oder König, Statthalter oder Graf, welcher mit Gewalt ein Kloster den Händen des Bischofs oder des Abtes oder der Äbtissin entreiße und dann statt des Abtes die Mönche regiere und das Besitztum Christi an sich reiße, werde von den alten Vätern ein Kirchenräuber, ein Mörder der Armen, ein in den Schafstall Christi eindringender, teuflischer Wolf genannt und

---

[1] In jener Zeit machten englische Nonnen gern die Wallfahrt nach Rom. Da wilde, zügellose Völkerscharen in Frankreich und Italien umherschweiften, so konnte es nicht ausbleiben, daß solche Pilgerinnen oft unterwegs gefangen genommen und gewaltsam zu Sünden der Fleisches= lust mißbraucht wurden, welchen sie sich dann nach erweckter Leidenschaft freiwillig oder aus Verzweiflung ganz ergaben.

mit dem Kirchenbanne belegt. Weil es solche Menschen in Frankreich und England gäbe, darum sollten die Bischöfe in die Trompete stoßen, damit nicht auch sie wegen ihres Schweigens verdammt würden. Auch den überflüssigen, Gott mißfälligen, abergläubischen Gebrauch, die Kleider mit breiten Streifen und schlangenförmigen Verzierungen (Zotteln) zu schmücken, solle er ernstlich den Ordensleuten verbieten, weil solches Stolz und geistige Armut verrate und ein Werk des Teufels sei; denn durch solchen Kleiderschmuck zögen sie die Augen junger Personen auf sich, verlören die Lust zum Gebete und zur Betrachtung und veranlaßten lüsterne Unterhaltungen, Unzucht und Üppigkeit. In einzelnen Bistümern Englands, bemerkt Bonifatius weiter, sollte die Trunksucht so weit eingerissen sein, daß die Bischöfe dieselbe nicht nur nicht hinderten, sondern sogar an Gelagen teilnähmen, sich berauschten, auch andern große Becher reichten und zur Unmäßigkeit verführten. [1]) Das sei durch die heilige Schrift und die kirchlichen Satzungen bei Strafe der Absetzung verboten; auch sei die Unmäßigkeit im Trinken ganz besonders ein Laster der Heiden und der deutschen Stämme; die Franken, Gallier, Langobarden, Römer und Griechen seien davon frei. Die Trunksucht sei daher nach Kräften zu bekämpfen; wenn sie trotzdem fortbestehe, so bewahrten die Priester wenigstens ihre eigenen Seelen dadurch vor der Verdammnis, daß sie Unmäßigkeit mieden und bekämpften. Die Dienstbarkeit der Mönche sei nirgends so arg wie in England, wo die Mönche mit Lasten und Arbeiten für königliche Bauten überladen würden; dem dürften die Bischöfe als einem unerhörten Übel nicht zustimmen. Zum Schluß wünscht Bonifatius dem Erzbischof Cudbert in seinen Bedrängnissen kurz Gottes Schutz und empfiehlt sich seiner Fürbitte.

Der ausführliche, in warmem, ernstem Tone geschriebene Brief enthält zahlreiche, längere Stellen aus der heiligen Schrift, welche den Ermahnungen größern Nachdruck verleihen. Der Brief verfehlte seine Wirkung nicht; er trug zur Abhaltung der zahlreich besuchten Synode von Kloveshove (Herbst 747)

---

[1]) Die Sitte, jemanden zuzutrinken oder ihm bedeutende Quantitäten vorzutrinken und so betrunken zu machen, bestand bei allen deutschen Stämmen. Die Trinkgelage fanden unter Anrufung der Götter und zu ihrer Ehre statt, galten als etwas den Göttern Wohlgefälliges und waren so tief eingewurzelt, daß die Kirche lange dagegen ankämpfen mußte, ehe das Bewußtsein von der Sündhaftigkeit des unmäßigen Trinkens alle Kreise erfüllte.

bei, auf welcher sehr strenge, aber ganz verständige Maßregeln zur Herstellung der alten Kirchenzucht ergriffen, die volle Eintracht der Kirche und fester Anschluß an Rom hergestellt wurden. So erwarb sich Bonifatius von Deutschland aus noch große Verdienste um sein Vaterland, indem er auch dort für eine sittliche Erneuerung des kirchlichen Lebens thätig war, welches ja nicht immer den idealen Vorschriften entspricht.

Die Mißstände, gegen welche Bonifatius im fränkischen Reiche anzukämpfen hatte, waren zu tief eingewurzelt, als daß sie leicht ausgerottet werden konnten, und dauerten trotz aller Bemühungen des hl. Bonifatius lange fort. Es handelte sich daher auf den jährlichen Synoden nicht bloß darum, die Mißstände als solche zu bezeichnen, sondern auch festzustellen, wie weit sie abgestellt waren, und was noch zu thun blieb. Der Kern der Beratungen und Beschlüsse auf den Synoden des hl. Bonifatius war daher mehr oder minder wohl immer derselbe und wurde schon von Bonifatius und seinen Schülern zusammengestellt. Eine solche Zusammenstellung von Beschlüssen ist unter dem Namen „Statuten des hl. Bonifatius“ auf uns gekommen; sie mögen wohl in ihrer gegenwärtigen Form erst nach dem Tode des hl. Bonifatius zusammengestellt sein und einzelne Bestandteile aus späterer Zeit enthalten, sicher enthalten sie aber die hauptsächlichsten Synodalbeschlüsse des hl. Bonifatius, da sie das Gepräge jener Zeit an sich tragen und mit den Briefen und den uns bekannten Synoden des Heiligen übereinstimmen.

Einige Statuten des hl. Bonifatius, Erzbischofs und Martyrers.

1. Kein Priester darf die ihm anvertraute Kirche ohne Zustimmung seines Bischofs verlassen und auf den Rat eines Laien zu einer andern gehen. 2. Die heiligen Geheimnisse (Messe und Sakramente) sind nur an geweihten Stätten zu vollziehen. 3. Kein Priester darf in einer Kirche außer dem vom Bischof geweihten Altare noch einen andern errichten. (Die Weihe der Altäre ist nämlich dem Bischofe vorbehalten.) 4. Die Priester sollen das heilige Altarssakrament und die heiligen Oele auf Reisen stets bei sich tragen, damit sie zu jeder Zeit die heiligen Sakramente spenden können.[1] 5. Die Priester sollen das

---

[1] Weil damals die Priester nicht zahlreich waren und oft weit reisen mußten, ohne Kirchen anzutreffen, so trugen sie das heilige Altarssakrament auf Reisen in einer kleinen Büchse auf der Brust; ebenso auch die heiligen Ole zur Spendung der Taufe und letzten Ölung.

Chrisma, welches zur Spendung der heiligen Taufe gebraucht wird und nur vom Priester berührt werden darf, stets wohl= verschlossen bewahren und niemand, bei Strafe der Absetzung, davon etwas als Arznei oder zu andern Zwecken geben. 6. Welt= liche Herren sollen nicht ohne Zustimmung des Bischofs Priester von ihren Kirchen entfernen. 7. Die Annahme von Geschenken für die Empfehlung oder Beförderung eines Priesters zu einer Anstellung ist strenge verboten (Simonie). 8. Die Priester sollen sich eines rechtschaffenen Wandels befleißigen und so auch das Volk belehren. 9. Der Bischof soll in seinem Sprengel ein wachsames Auge auf seine Priester haben, woher sie sind, und jeden flüchtigen Priester zu seinem Bischof zurückschicken. 10. Wer seinen Bischof verläßt und zu einem andern geht, soll kein geistliches Amt mehr bekleiden. 11. Äbte und Äbtissinnen sollen keusch leben, sodaß sie ihren Untergebenen das Vorbild eines heiligen Wandels geben; thun sie das nicht, so soll der Bischof sie ermahnen; folgen sie auch dem Bischof nicht, so soll er sie dem Könige anzeigen. 12. Jeder Bischof soll in seinem Sprengel sorgfältig wachen, ob in den Klöstern die Regel strenge befolgt wird, und ob die Stiftsherrn, für welche das gemein= schaftliche Leben (vita canonica) eingeführt ist, nach den kano= nischen Vorschriften leben. 13. Die Bischöfe sollen möglichst sorgfältig die Frauenklöster überwachen, damit die Nonnen und besonders die Aebtissin ein keusches, enthaltsames Leben führen. Die den Klöstern vorgesetzten Priester sollen hierüber besonders befragt werden. 14. Die Priester sollen zu den bestimmten Zeiten in den Frauenklöstern die heilige Messe lesen und dann zu ihren Kirchen zurückkehren. 15. In die Klöster der Stifts= herrn, Mönche und Ordensfrauen soll nur die hinreichende Zahl aufgenommen werden. 16. Jeder Bischof soll in seinem Sprengel streng darauf achten, daß seine Priester bei der Taufe die vor= geschriebenen Ceremonien, die Ablegung des Glaubensbekenntnisses, die Abschwörung und den Taufritus richtig vornehmen; auch sollen sie ihre Priester über die Bedeutung der einzelnen Worte des Taufritus belehren. 17. Der Bischof soll den Lebenswandel seiner Priester beaufsichtigen, besonders auch, daß sie nicht Weiber bei sich im Hause wohnen haben. 18. Den Sterbenden soll die letzte Wegzehrung gereicht werden. 19. Die Toten sollen nicht übereinander gelegt werden (sondern nebeneinander). 20. Es ist nicht erlaubt, den Toten den Friedenskuß oder die heilige Kommunion mit ins Grab zu geben oder ihre Leiber mit den Tüchern (Velen und Pallien) zu bedecken, welche bei der heiligen

Messe zur Bedeckung des Kelches gebraucht werden. 21. Reigen=
tänze und Gesänge der Mädchen, ebenso Gastmähler, sind in
der Kirche verboten, denn das Haus Gottes ist ein Bethaus.
(Jene heidnischen Gebräuche suchte man nämlich anfangs auch
in christlichen Kirchen vorzunehmen, was aber der Heiligkeit des
Ortes widersprach; die Reigentänze waren überdies an und für
sich sinnlich und lüstern.) 22. Männer und Weiber dürfen
nicht zusammen baden. 23. An dem Altare, an welchem der
Bischof die heilige Messe gelesen hat, darf am selben Tage kein
Priester lesen, damit die bischöfliche Würde desto höher geachtet
werde. 24. An den Vigilien vor Weihnachten, Ostern und
andern hohen Festtagen ist es nicht erlaubt, vor der zweiten
Nachtstunde die Vigilien zu beendigen, weil man in dieser Nacht
nach Mitternacht nicht trinken darf.[1] 25. Die Priester sollen
alle ihnen anvertrauten Gläubigen anhalten, das Glaubens=
bekenntnis und das Gebet des Herrn auswendig zu lernen,
damit sie, vom heiligen Geiste erleuchtet, durch Glauben und
Gebet selig werden. 26. Die Priester sollen als Taufpaten nur
die annehmen, welche das Glaubensbekenntnis und das Gebet
des Herrn auswendig wissen. 27. Jeder Priester soll unter Strafe
der Absetzung bei der Taufe die Abschwörungsformel und das
Glaubensbekenntnis in der Muttersprache deutlich abfragen, damit
die Täuflinge verstehen, was sie bekennen, und wem sie entsagen.
28. Ist die Taufe jemandes zweifelhaft, so soll er ohne Be=
denken bedingungsweise mit den Worten getauft werden: Wenn
du noch nicht getauft bist, so taufe ich dich im Namen des
Vaters, des Sohnes und des heiligen Geistes. 29. Alle Priester
sollen das Krankenöl vom Bischof sich erbitten, es bei sich tragen
und die Kranken zum Empfange der heiligen Salbung ermahnen;
denn „das Gebet des Glaubens wird den Kranken retten".
(Jak. V, 15.) 30. Die Priester sollen die Gläubigen anhalten,
die vorgeschriebenen Fasten im Anfange der vier Jahreszeiten,
nämlich im März, Juni, September und Dezember, zu halten,
da an diesen Zeiten die heiligen Weihen erteilt werden. 31. Da

---

[1] Nach Hefele (Konziliengeschichte III, 43 und 585) ist der Sinn
dieses viel gedeuteten Statuts der: Der Gottesdienst an Vigiltagen soll
bis 7 Uhr abends dauern. Da man damals bis zum Abend fastete und
wegen des hohen Festtags von Mitternacht an nichts genoß, so mußte
der Gottesdienst gegen 7 Uhr abends beendet werden, damit die Gläubigen
auch für die leiblichen Bedürfnisse sorgen konnten. Das Statut zeigt
uns, mit welcher Strenge man die Gläubigen anhielt, die Vigilien durch
Fasten und Beten zu heiligen und durch Enthaltung von Speise und
Trank sich auf den hohen Festtag vorzubereiten.

wegen verschiedener Umstände die alten Vorschriften über die Wiederaufnahme der Sünder nicht vollständig erfüllt werden können, so sind sie doch nicht ganz aufzuheben. Der Priester soll dem Sünder nach Ablegung der Beichte eine Buße auferlegen und die Lossprechung erteilen, dem Sterbenden aber sogleich auch die heilige Kommunion reichen. [1] 32. Wenn ein Kranker das Sakrament der Buße empfangen will, aber vor der Ankunft des gerufenen Priesters Sprache und Bewußtsein verliert, so soll er auf die Aussagen der Zeugen hin die Lossprechung empfangen, und wenn sein baldiger Tod befürchtet wird, so soll er wieder aufgenommen und die heilige Eucharistie ihm in den Mund gelegt werden; wenn er am Leben bleibt, so sollen die obengenannten Zeugen ihm sagen, daß sein Wunsch erfüllt sei, und er soll so lange Buße thun, als es der Priester, welcher ihm die Lossprechung erteilte, für nötig hält. 33. Wenn ein Geistlicher mit Wahrsagen, Weissagen, Deuten der Träume, Losen und Tragen von beschriebenen Zetteln zum Schutze gegen teuflische Einflüsse sich abgiebt, so soll er den kirchlichen Strafen unterliegen. 34. Die Priester sollen dem Volke bekannt machen, daß es am Sonnabend vor Pfingsten gerade so wie am Sonnabend vor Ostern fasten und um die neunte Stunde zur Kirche kommen soll; auch ist das Pfingstfest so hoch zu feiern wie das Osterfest. [2] 35. Jeder Priester soll das Volk öffentlich ermahnen, sich der unerlaubten Ehen zu enthalten, und daß nach dem Gebote des Herrn eine rechtmäße Ehe gar nicht getrennt werden kann, außer wegen Ehebruch oder mit gegenseitiger Einwilligung. [3] 36. An den Sonntagen sollen die Priester die

---

[1] Die schweren Sünder empfingen zwar nach dem reumütigen Bekenntnis in der Beichte die Lossprechung der Sünden, mußten aber erst noch längere Zeit durch Gebet und Fasten Buße thun, ehe sie zur heiligen Kommunion zugelassen und wieder ganz in die Kirche aufgenommen wurden. Die Lossprechung von Sünden (absolutio) und die Wiederaufnahme in die Kirche (reconciliatio) waren also damals getrennt. Natürlich wurde unter Umständen auch noch die Lossprechung zeitweilig verschoben.

[2] Nach Tacitus (Germania c. 11) berechneten die germanischen Stämme gerade so wie die Juden die Zeit von Abend zu Morgen und von Morgen zu Abend mit je 12 Stunden; die neunte Tagesstunde war also 3 Uhr nachmittags. Da nach Statut 24 der Gottesdienst um die zweite Nachtstunde, also 7 Uhr abends, beendet werden sollte, so dauerte er von 3 Uhr bis 7 Uhr abends.

[3] Es ist das eine uralte, noch jetzt bestehende Bestimmung. Wegen Ehebruch kann auf Verlangen des unschuldigen Teiles durch richterlichen Spruch eine zeitweilige Aufhebung des ehelichen Lebens zur Strafe für den schuldigen Teil ausgesprochen werden. Auch können die Eheleute

zu feiernden Festtage verkünden; diese sind: Weihnachten am 25. Dezember, 4 Tage; des Herrn Beschneidung am 1. Januar, 1 Tag; Erscheinung des Herrn am 6. Januar, 1 Tag; Mariä Reinigung am 2. Februar, 1 Tag; Ostern, 4 Tage; Christi Himmelfahrt, 1 Tag; Johannis Geburt am 24. Juni, 1 Tag; Peter und Paul am 29. Juni, 1 Tag; Mariä Himmelfahrt am 15. August, 1 Tag; Mariä Geburt am 8. September, 1 Tag; Leiden des hl. Andreas am 30. November, 1 Tag. Das Pfingstfest wurde nach Statut 34 gleich dem Osterfest gefeiert.

Außer diesen Statuten besitzen wir auch noch 28 capitula, welche Verordnungen von Konzilien enthalten, die entweder unter dem Vorsitz des hl. Bonifatius oder unmittelbar nach ihm gehalten wurden. Dieselben sind: 1. Wer ein vor einer Kirche ausgesetztes Kind aus Mitleiden aufnimmt, soll darüber eine Urkunde aufstellen und darf es behalten, falls es nicht innerhalb 10 Tagen zurückgefordert wird. 2. Die Gläubigen sollen für ihre verstorbenen Angehörigen 30 Tage lang fasten und das heilige Meßopfer darbringen lassen, sollen die Toten nicht übereinander begraben und keine Totengebeine unbeerdigt lassen. 3. Eine Frau darf alsbald nach ihrer Niederkunft in die Kirche gehen und Gott danken. 4. Geistliche, welche das Haar pflegen, sollen, selbst wider ihren Willen, vom Archidiakon[1]) geschoren werden. Auch sollen Geistliche nur die ihrem Stande entsprechenden Kleider und Schuhe tragen. 5. Priester, welche ohne Erlaubnis des Bischofs ihre Stelle verlassen, sind von der Kirche ausgeschlossen, bis sie auf ihre Stelle zurückkehren. 6. Die Gläubigen sollen weder bei der heiligen Messe noch bei andern Andachten auf dem Chore innerhalb des Gitters oder der Chorschranken sein. 7. Weltliche Richter und Beamte sollen die Diener der Kirche, der Bischöfe und der Geistlichen unter Strafe des Bannes nicht mit Frondiensten belasten. 8. Wer von den Königen sich ein Kirchengut erbeten oder aus

---

freiwillig auf das eheliche Leben zeitweilig verzichten, um desto eifriger Gott zu dienen. (I Kor. 7, 5.) Das Eheband als solches bleibt natürlich stets bestehen, und wäre eine neue Heirat ungiltig und unstatthaft, solange beide Teile leben.

[1]) Die Bischöfe teilten ihren Sprengel gewöhnlich in mehrere Archidiakonate und setzten diesen Archidiakone vor, welche in ihrem Namen die Gerichtsbarkeit ausübten und das äußere Kirchenwesen, z. B. Kirchenbauten, leiteten. — Lang herabwallendes Haar galt bei den alten Deutschen als Schmuck und Zeichen des freien Mannes; daraus entsprang die übertriebene Haarpflege auch seitens der Priester.

schändlicher Habsucht das Vermögen der Armen geraubt hat, soll das empfangene Besitztum herausgeben und bleibt bis dahin von der beraubten Kirche ausgeschlossen. 9. Die Kollekten[1]) sollen immer an Gott Vater gerichtet werden, denn es heißt: „Um was ihr den Vater in meinem Namen bitten werdet, das wird er euch geben". (Joh. 14, 13.) Bevor ein Priester neue Kollekten bei dem Gottesdienste verwendet, soll er sich mit gut unterrichteten Brüdern besprechen. 10. Priester und Diakone sollen vor ihrer Anstellung in einer Pfarrei dem Bischofe das Versprechen der Keuschheit ablegen. 11. Die Priester sollen das Vermögen, welches sie nach der Priesterweihe in ihrem Amte sich erwerben, testamentarisch der Kirche vermachen; sonst sind sie als Betrüger anzusehen. 12. Die Bischöfe sollen wachen, daß ihre Archidiakone aus Habsucht keine Ungerechtigkeiten be= gehen. 13. Wer Schmählieder auf andere verfaßt oder singt, soll nach dem Gesetze aus dem Lande vertrieben werden. 14. Jeder Eidschwur soll in der Kirche über den Reliquien der Heiligen mit den Worten geleistet werden: „So möge mir Gott helfen und die Heiligen, deren Reliquien hier sind". 15. Sklaven, Freigelassene und deren Nachkommen bis zum zweiten Grade einschließlich dürfen bei Streitigkeiten der Freien vor Gericht nicht als Zeugen zugelassen werden; (wohl deshalb, weil sie sich leicht bei ihren Aussagen von Abneigung bestimmen ließen). 16. Freiwilliger Tausch hat die Gültigkeit des Kaufes. 17. Wenn jemand sich nicht an den Bürgen, sondern an den Schuldner selbst hält, so ist der Bürge samt den Erben seiner Verpflichtung enthoben. 18. Bei Gerichtsverhandlungen sollen vertreten sein: ein Ankläger, ein Verteidiger, ein Richter und Zeugen; der Ankläger sucht die Sache zu vergrößern, der Ver= teidiger zu verkleinern, die Zeugen aber sollen sich von der Wahrheit und die Richter von der Gerechtigkeit leiten lassen. 19. Agnaten sind die Verwandten von männlicher, Kognaten die von weiblicher Seite (eine zur Bestimmung der Verwandt= schaft dienliche Unterscheidung). 20. Dem Falschmünzer soll die Hand abgehauen werden; dem mitwissenden Freien soll eine Strafe von 60 Solidi (etwa 500 Mark), dem Sklaven eine Strafe von 60 Hieben auferlegt werden. 21. Wenn Mörder

---

[1]) Kollekten sind die Gebete, welche vom Volk und Priester bei der Feier der heiligen Messe gemeinschaftlich verrichtet, und in welchen beider Gebete zusammengefaßt werden; es sind das die Oration, Sekret und Postkommunio; sie fangen mit oremus an, wenden sich an Gott Vater und schließen mit den Worten: Per Dominum nostrum u. s. w.

und andere, mit Tode zu bestrafende Verbrecher in eine Kirche fliehen, soll ihnen keine Nahrung gereicht werden. [1] 22. Räuber sollen bei dem ersten Verbrechen mit dem Verluste eines Auges, bei dem zweiten mit dem Abschneiden der Nase, bei dem dritten mit dem Tode bestraft werden. 23. Wenn ein Freier an Sonn= oder Festtagen mit einem Gespanne Ochsen arbeitet, so soll er den rechten Ochsen verlieren, bei andern verbotenen Arbeiten soll ihm vom Priester eine Buße und vom weltlichen Richter eine Strafe auferlegt werden. 24. Hat jemand etwas un= wissentlich von einem Diebe gekauft, so soll er den Dieb inner= halb einer festgesetzten Frist ausfindig machen. Kann er ihn nicht finden, so soll er seine Unschuld mit einem Eide beteuern, die Sache herausgeben und fortfahren, den Dieb zu suchen. Hat er aber den Dieb verschwiegen und einen Meineid ge= schworen, so soll er wie der Dieb bestraft werden. 25. Hat jemand das Tier eines andern unabsichtlich getötet und gesteht das ein, so soll er ein anderes, gleiches Tier geben, darf aber das getötete behalten. 26. Wer ein fremdes Haus angezündet hat, soll alle Gebäude und alles darin Verbrannte ersetzen, 60 Solibi (etwa 500 Mark) Strafe zahlen und öffentlich Buße thun. Jedem aus dem Brande Geretteten soll er entsprechend dem Stande desselben nach dem gesetzlichen Maße Sühnung leisten und ihm seine Verluste ersetzen. 27. Wenn jemand einen Vicinalweg (b. i. einen breiten Weg, auf welchem die Herden getrieben werden) sperrt, so soll er eine, seinem Stande ent= sprechende Sühne leisten und den Weg öffnen. 28. Das letzte Kapitel ist uns unvollständig erhalten und handelt über an= vertrautes, fremdes Eigentum, welches bei einer Feuersbrunst verbrannte. Nach ähnlichen Bestimmungen war der Inhaber zum Ersatze nicht verpflichtet, falls er keinen Nutzen davon ge= habt hatte.

Für die Verwaltung des heiligen Bußsakraments, besonders auch für die Auflegung der Bußen, bildeten sich schon früh in der Kirche bestimmte Grundsätze. Die Bischöfe stellten vielfach die im Volke vorkommenden Sünden und die dafür auf=

---

[1] Die Stätten der Gottesverehrung waren damals wie früher im Heidentum und Judentume unverletzlich, sodaß Verbrecher nicht ergriffen werden durften, solange sie auf Gott geweihten Orten sich befanden. Damit aber schwere Verbrecher der Strafe nicht entgingen, sollten sie durch Hunger zum Verlassen des Ortes gezwungen werden. Die Asyle oder Freistätten sollten nämlich den Verbrecher gegen Mißhandlung und Blut= rache schützen und zur Ausübung einer geordneten Justiz beitragen, nicht aber den Verbrecher straflos machen.

zulegenden Bußen in einem Buche zusammen, welches man Paenitentiale oder Bußbuch nannte, und welches jeder Priester sich abschreiben mußte. Nach dem Vorbilde Bedas, des großen englischen Kirchenlehrers, verfaßte auch Bonifatius ein solches Bußbuch, welches in der Fassung, wie es uns erhalten ist, wohl Zusätze aus späterer Zeit enthalten mag, aber sicher seinem Hauptinhalte nach von Bonifatius herrührt, welcher zur gleich= mäßigen Behandlung der Sünder für die Priester seines aus= gedehnten Missionsbezirks eines solchen Bußbuchs bedurfte und bei seinem regen Eifer auch verfaßte.[1] Zunächst wird in dem Bußbuche den Priestern eine Anweisung bezüglich derjenigen gegeben, welche in einer Ehe lebten, die wegen Verwandtschaft der Eheleute ungiltig war. Wer die Mutter und dann deren Tochter oder zwei Schwestern nacheinander, wer die Frau des Vaters, des Bruders, des Onkels, die Nichte oder Tante seiner Frau geheiratet hatte, der mußte die Ehe als eine wegen dieser Verwandtschaft ungiltige aufgeben, ein neues Leben beginnen und 7 Jahre Kirchenbuße thun.[2] Sodann wird dem Priester für die Beichte folgendes Verfahren angegeben: Zuerst soll er den Sünder fragen, ob er das apostolische Glaubensbekenntnis und das Gebet des Herrn auswendig weiß; nachdem der Sünder es hergesagt und seinen Entschluß, zu beichten, ausgedrückt hat, soll ihn der Priester fragen, ob er schon gebeichtet habe und ob er ungerechtes Gut besitze. In diesem Falle soll ihn der Priester belehren, daß er die Lossprechung von den andern Sünden erst empfangen kann, wenn er das ungerechte Gut herausgiebt. Sodann soll der Priester den Sünder fragen, ob er gegen jemand Zorn habe. Bekennt er sich dessen schuldig, soll der Priester ihn unterweisen, daß die Beichte keine Frucht bringt, wenn er den Zorn nicht ablegt, wie das Heilmittel die Wunde nicht heilen kann, solange das Eisen in ihr steckt. Darauf werden für die einzelnen Sünden die Kirchenbußen an= gegeben, welche Bonifatius im Verhältnis zu den frühern ver= kürzt hat. Wer unabsichtlich oder auf Befehl seines Herrn oder im Kriege (jedoch auf unerlaubte Weise) einen Menschen

[1] Das Paenitentiale des hl. Bonifatius fand der um die deutsche Kirchengeschichte hochverdiente Pfarrer Dr. Binterim vollständig auf und veröffentlichte es in seinen Denkwürdigkeiten V. Bd., 3. Teil, S. 429.

[2] Während der Bußzeit mußte der Büßer täglich bestimmte Gebete verrichten und mit Ausnahme der Sonntage fasten; auch war er während dieser Zeit von der heiligen Kommunion ausgeschlossen und durfte der heiligen Messe nur im hintern Raume der Kirche beiwohnen.

tötete oder töten wollte, mußte 7 Jahre Kirchenbuße thun. Wer aus sündhafter Leidenschaft oder gezwungen oder zur Erhaltung des Lebens der Eltern oder fahrlässig einen Meineid schwur oder dazu verleitete, 3 Jahre. Wer stahl oder einbrach oder vierfüßige Tiere oder eine Sache im Werte von 40—100 Solidi (etwa 320—800 Mark) raubte, 5 Jahre. Wer einen Ehebruch beging oder eine Jungfrau mißbrauchte, 5 Jahre. Wer mit seiner Ehefrau oder der Magd durch Unkeuschheit sich versündigte, 60 Tage. Wer die sodomitische Sünde mit einem Menschen oder Tiere beging, 7 Jahre. Wer aus Habsucht wissentlich oder unwissentlich falsches Zeugnis gab, wer einen Menschen schlug, daß er blutete oder daß seine Knochen verletzt wurden, 1 Jahr.[1] Wer ein Glied aus Zorn verstümmelte, 3 Jahre. Wer seinen Bruder haßte, mußte so lange bei Wasser und Brot fasten, als der Haß gedauert hatte. Wer jemand aus Neid verleumdete, 40 Tage. Wer ein Grab verletzte, um zu stehlen, 3 Jahre. Wer bei dem heiligen Meßopfer sich eine Nachlässigkeit zu schulden kommen ließ, 40 Tage. Wer sein eigenes oder eines andern Kind durch Erdrücken oder Unvorsichtigkeit tötete, 7 Jahre. Frauen, die einen Zaubertrank nahmen, um keine Kinder mehr zu bekommen; wer aus irgend einem andern Grunde einen solchen Trank nahm oder andern reichte; wer jemand durch einen Zaubertrank töten wollte, wer Blut seines Ehemanns trank, um desto mehr von ihm geliebt zu werden; wer geweihtes Salböl (Chrisma) trank, 5 Jahre. Wer Wucher trieb, 3 Jahre. Wer die Geschäfte anderer aus Bosheit schlecht besorgte, 3 Jahre.[2] Wer abergläubisch den Flug der Vögel beobachtete oder das Los warf, wer Gelübde bei Bäumen, Quellen, Schilfgebüsch oder irgend einem Schutzgotte machte oder sonst etwas Abergläubisches that, 5 Jahre. Wer eine Witwe oder eine Jungfrau entführte, 3 Jahre. Wer sündhafterweise Geld in die Kirche brachte, 3 Jahre.[3] Wer Gebräuche mitmachte, welche die Heiden am 1. Januar vornahmen, nämlich Umzüge, Verkleidungen in Hirsche oder andere

---

[1] Bei dem kriegerischen, gewaltthätigen Sinne der Germanen waren Roheiten und Grausamkeiten gegen den Mitmenschen sehr häufig; jemanden Arme und Beine zerschlagen, jemanden auf den Kopf hauen, daß das Gehirn herausspritzte, und ähnliche Thaten kamen fast alltäglich vor.

[2] Die Bestimmung lautet: Res alienas tulisti malo ordine per malum ingenium?

[3] Die Worte lauten: Tulisti aliquid pecuniae in ecclesiam contra directum? Diese Stelle des Bußbuches ist uns unverständlich, wie noch mehrere andere.

Tiere oder in ein altes Weib, 3 Jahre. Wer aus Arglist einen Sklaven oder andern Christen in die Gefangenschaft führte oder überlieferte, 5 Jahre. Wer das Haus oder die Tenne eines andern anzündete, 3 Jahre. Wer so viel trank oder aß, daß Erbrechen eintrat, oder wer mit einem andern in die Wette trank, sobaß er berauscht wurde, 40 Tage. Wer einen Menschen zwang, sich zu betrinken, oder wer das aus Haß that, 100 Tage. Wer das Blut eines Tieres oder eines Menschen trank, 3 Jahre. Wer verrecktes oder von wilden Tieren zerrissenes Vieh aß, 40 Tage. Wer von einer Flüssigkeit genoß, in welcher eine Maus oder ein Wiesel tot gefunden war, 40 Tage.[1]) Wer die von den Obern angeordneten Fasttage oder die Quatertemper= fasten oder die vierzigtägigen Fasten nicht beobachtete, 1 Jahr. Wenn eine Frau ihr Kind nach der Empfängnis tötete, 4 Jahre; wenn sie es nach der Geburt tötete, 10 Jahre; wenn sie es zum Schutze gegen eine Krankheit abergläubisch unter das Dach oder in den Ofen steckte, 5 Jahre. Wer dort, wo ein Mensch starb, zum Zwecke eines Opfers Getreidekörner verbrannte, 5 Jahre.[2]) Wer ein Kind aus Nachlässigkeit ohne die Taufe sterben ließ, 3 Jahre. Wer den Nächsten schmähte, verfluchte, beneidete, verkleinerte, falsch anklagte; wer Gott lästerte, wer durch Gottesraub, falsches Zeugnis, Lüge, Haß, Blutschande oder durch andere Sünden sich versündigte, wurde entsprechend der Schwere der Sünde mit Kirchenbußen bestraft. Am Schluß weist das Bußbuch den Priester an, den Sünder zu fragen, ob er alle Sünden reumütig bekannt habe, ob er an die Nach= lassung der Sünden glaube, ob er sich bessern, die auferlegte Buße erfüllen, die erteilten Ratschläge befolgen, den Einflüste= rungen des Teufels widerstehen und an Gott den Dreieinigen glauben wolle. Versicherte er das, so wurde ihm die Buße aufgelegt und dann die Lossprechung erteilt.

In den wilden, kriegerischen Zeiten des 8. Jahrhunderts, wo die christliche Kultur auf den Trümmern des durch die Völkerwanderung zerstörten Römerreiches gegründet wurde, konnte den Priestern vielfach nicht die sittliche und wissenschaftliche Ausbildung gegeben werden, welche ihr erhabenes Amt erforderte und welche ihnen auch in den Zeiten des Friedens zuteil wird.

---

[1]) Einem solchen Tranke schrieb man z. B. die Kraft zu, daß kinderlose Frauen Kinder bekamen; Maus und Wiesel wurden überhaupt viel zur Zauberei verwendet; übrigens galten sie als unrein.

[2]) Die Bestimmung lautet: Si grana arseris, ubi mortuus est homo, quinque annos.

Das Bußbuch des hl. Bonifatius hatte daher für die Priester großen Wert; das Beichthören wurde ihnen dadurch erleichtert, viele Fehler verhindert und eine einheitliche Behandlung der Beichtkinder erzielt. Die aufgelegten Bußwerke dauerten allerdings lange und bestanden in Uebungen der Andacht und strengem Fasten; sie sollten eine der Schwere der Sünde entsprechende Sühnung (poena vindicativa) sein, den Sünder vor dem Rückfall in die Sünde zurückschrecken und die sündhafte Neigung ertöten (poena medicinalis). Strenge Bußen waren damals notwendig, weil die Menschen, namentlich die Unfreien, an eine strenge Behandlung gewöhnt waren und nur durch große Strenge von den heidnischen Sünden und Lastern zurückgeschreckt werden konnten. Auch waren die strengen Bußen ein bedeutendes Erziehungsmittel, weil sie bewirkten, daß die Germanen Leben und Eigentum des Mitmenschen achteten und sich an ein geordnetes Staatsleben gewöhnten. Entsprechend der niedrigen Bildungsstufe und der rohen Denkweise unserer Vorfahren bestrafte Bonifatius hauptsächlich die Sünden in Worten und Werken und überließ die Veredelung des innern Menschen der umgestaltenden Kraft des Christentums, während Kolumban in seinem Bußbuche auch die sündhaften Gedanken dem Bußgerichte unterwarf. Übrigens hat auch schon Bonifatius die Kirchenbußen vielfach in kürzere verwandelt, meistens in Gebete und Anhörung der heiligen Messe. In der Gegenwart würde eine große Anzahl von Christen durch die Auflegung solcher immerhin noch strenger Bußwerke dem Geiste der Kirche entfremdet werden; daher sieht die Kirche, gleich einer weisen Mutter, jetzt von solchen strengen Bußen ab und überläßt die Bestrafung der Sünden dem lieben Gott in der Ewigkeit, um nur die Seele zu retten. Mit Rücksicht auf die Verschiedenheit der Verhältnisse bezeugt uns daher die Anordnung der strengen Kirchenbußen ebenso sehr wie deren Abschaffung die Weisheit der Kirche.

Die Synodalstatuten, die Kapitel und das Bußbuch des hl. Bonifatius sind für uns aus verschiedenen Gründen sehr wichtig. Wir sehen daraus, wie große sittliche Verirrungen im Volke vorkamen, wie tief das Volk in der Finsternis des Heidentums steckte, und wie sehr Roheit und Zügellosigkeit verbreitet waren. Die Bestimmungen des hl. Bonifatius sollten mehrfach auch die staatliche Ordnung sichern und den wilden, zügellosen Germanen nicht bloß zum guten Christen, sondern auch zu einem guten Staatsbürger machen; kirchliches und staatliches Leben sollten zugleich begründet und befestigt werden. Die

christlichen Glaubensboten hatten einen langen, schweren Kampf
zu bestehen, um das Volk aus heidnischen Sünden und Lastern
zu befreien und christliches Denken und Handeln zu verbreiten.
In diesem Kampfe gegen das Heidentum und in diesem Streben
für die Sittigung des Menschen zeigt sich uns die Kirche als
die eine, heilige und allgemeine Kirche, welche alle ihre Glieder
in den verschiedenen Ländern durch das Band desselben Glaubens
und derselben Sakramente unter einem Oberhaupte vereinigt,
von Sünden reinigt und zu einem gottesfürchtigen, heiligen
Lebenswandel anleitet. Die Kirche ist bezüglich ihrer Be=
stimmung und Einrichtung damals wie heute ein und dieselbe,
mögen auch die Geschlechter der Menschen in den verschiedenen
Jahrhunderten kommen und vergehen. Wohl spricht die Kirche
gegenüber dem Zeitgeiste einzelne Wahrheiten bestimmter aus
und nimmt in ihren disziplinären Vorschriften auf die ver=
schiedenen Zeit= und Ortsverhältnisse weise Rücksicht; von einem
starren, toten Buchstabendienst weit entfernt, weiß sie mit den
verschiedenen Verhältnissen zu rechnen, aber in ihrem Glauben,
in ihren Sakramenten und sittlichen Grundsätzen bleibt die Kirche
stets ein und dieselbe; denn sie ist das Werk des ewigen, un=
veränderlichen, allheiligen Gottes. Es erfüllt daher den Katho=
liken mit großer Freude, zu sehen, wie die katholische Kirche,
welche Bonifatius vor mehr als elfhundert Jahren in Deutsch=
land ausbreitete, noch jetzt in ihren wesentlichen Einrichtungen
ganz genau dieselbe ist. Daß Bonifatius mit aller Macht das
Heidentum ausrottete und heidnische Gebräuche unter schweren
Strafen verbot, war zur Erreichung seines Zieles nötig; auch
konnte er gemäß seiner christlichen Überzeugung nicht anders
handeln. Vom Standpunkte der Altertumswissenschaft mag es
ja zu bedauern sein, daß uns die Kunde von manchen Ge=
bräuchen und Heiligtümern unserer heidnischen Vorfahren nicht
erhalten ist, aber deshalb konnten die christlichen Glaubensboten
diese doch nicht länger bestehen lassen; als Diener des wahren
Gottes mußten sie das unvernünftige, unwahre, die Lebenskraft
des Volkes schädigende Heidentum nach Kräften ausrotten, um
neues, sittliches Leben hervorzurufen.[1)]

[1)] Fischer (Bonifatius, S. 51) erkennt zwar den großen Nutzen
an, welchen die Ausbreitung der katholischen Kirche unserm Vaterlande
gebracht hat, bemerkt dann aber: „Sie ist daher ebensowenig eine tadelns=
werte Verirrung wie die strenge Zucht, mit der Vaterhaus und Schule
den Knaben erziehen. Deutschland kam unter Rom als unter einen Zucht=
meister; als es sein Mannesalter erreicht hatte, wurde der Zuchtmeister

Fünftes Kapitel.

Kampf des hl. Bonifatius gegen die Häretiker; fester Anschluß an Rom.

Bei der Ausbreitung und Befestigung der katholischen Kirche in Deutschland hatte der hl. Bonifatius nicht bloß gegen die Heiden zu kämpfen, sondern auch gegen widerspenstige, christliche Priester. Diese waren teils häretisch, indem sie dem Volke Lehren verkündeten, welche denen der Kirche widersprachen; teils waren sie schismatisch, indem sie von dem Kultus der Kirche abwichen und sich der kirchlichen Obrigkeit nicht unter= ordneten; teils waren sie sittenlos, indem sie ein dem geistlichen Stande widersprechendes Leben führten und dem Volke zum Ärgernis waren. Diese beklagenswerte Erscheinung hatte in den damaligen Verhältnissen ihre Ursache. Die Priester, welche damals an der Ausbreitung des Christentums in Deutschland thätig waren, stammten aus verschiedenen Ländern, Frankreich, England, Irland und Schottland, wichen in einzelnen Punkten des äußern, kirchlichen Lebens voneinander ab, z. B. in der Tonsur, in der Feier des Osterfestes, im Taufritus, und hatten ihre nationalen Gewohnheiten und Eigentümlichkeiten, an welchen

---

entlassen." „So gut und unentbehrlich sein Werk damals war, so wenig können wir ihn (Bonifatius) heute gebrauchen." S. 248 lobt er Pippin und Karl den Großen, daß sie die katholische Kirche zur Veredelung des Volkes einführten, tadelt aber die spätern Kaiser, daß sie „die Kinder= schuhe anbehielten und sich am römischen Gängelbande führen ließen". Auch Dittmar (Weltgeschichte III, 228) erkennt das verdienstvolle Wirken des hl. Bonifatius an, meint aber, die Deutschen seien damals für eine freiere Form des Christentums noch nicht reif gewesen. Allein Christus hat doch nicht zwei Kirchen, eine für Ungebildete und eine andere für Gebildete, sondern für alle Völker und Zeiten ein und dieselbe Kirche gestiftet; sie ist die Säule und Grundfeste der Wahrheit, welche die Lehre Jesu Christi zu allen Zeiten unverfälscht bewahrt und allen Menschen ohne Unterschied des Standes und der Bildung verkündet (1 Tim. 3, 15; 6, 20. Eph. 4, 11. 14). Gerade dadurch zeigt sich die Göttlichkeit der Kirche, daß sie alle Menschen, auf welcher Bildungsstufe sie sich auch befinden mögen, veredelt und sittigt. Gebildete Nationen bleiben erfahrungsmäßig von gemeinen Leidenschaften nicht frei und haben ebenso die Zucht der Kirche nötig wie die ungebildeten. Der Prote= stantismus hat zur Zeit der abendländischen Glaubensspaltung wohl ge= bildete Völker der Kirche entrissen, aber noch kein ungebildetes Volk in seiner Gesamtheit zu seinem Glauben bekehrt. Diese Probe seiner Kraft ist der Protestantismus bis jetzt schuldig geblieben, während die katholische Kirche im Laufe der Zeiten zahlreiche Völker für Christentum und Kultur gewonnen und glänzende Proben ihrer sittigenden Kraft bei

sie mit größter Zähigkeit aus krankhaft nationalen Gefühlen festhielten. Das deutsche Volk war in verschiedene Stämme zer= spalten, welche ihre eigenen Sitten und Gebräuche hatten, unter eigenen Fürsten standen und einander blutig bekämpften. Diese Zerrissenheit unter den deutschen Stämmen wurde noch durch ihre heidnische Religion gesteigert, da jeder Stamm über die Götter und deren Verehrung seine eigenen Anschauungen hatte, wie ja überhaupt der deutsche Charakter von jeher zum Streben nach stämmischer Unabhängigkeit und Selbständigkeit neigte. Deutsch= land war daher in jener Zeit für den Samen der Zwietracht und Spaltung sehr empfänglich. Das war um so schlimmer, als es auch Priester gab, welche in wichtigen Punkten von der Kirchenlehre abwichen. Es gab arianisch gesinnte Priester, welche die Gottheit Jesu Christi leugneten und Christus bloß für das erste Geschöpf des Vaters erklärten; diese Irrlehre, welche eine Grundwahrheit des Christentums leugnete, war, vielleicht durch den Einfluß der oströmischen Kaiser, vielfach bei den deutschen Stämmen verbreitet. Auch gab es Anhänger der gnostischen und manichäischen Irrlehre, daß sittliche Verirrungen bloß den Körper verunreinigten, nicht aber die Seele, und daher kein Hindernis des Priestertums wären. Die Wirksamkeit dieser, vom Glauben der Kirche abgewichenen Priester war für die

---

den gebildeten wie bei den ungebildeten Völkern gegeben hat. Übrigens dürfte der Protestantismus auch schwerlich ein wildes, heidnisches Volk ganz zum Christentume bekehren und kultivieren; seine Lehrsätze, jeder könne sich seinen Glauben selber bilden, der Glaube allein, ohne ein ent= sprechendes sittliches Leben, mache selig, und gute Werke seien nicht nötig, sind dazu nicht geeignet. Luthers Lehren riefen auch thatsächlich eine große sittliche Verwilderung in der Welt hervor, wie er und seine An= hänger offen zugestehen, und die protestantische, englische Hochkirche hat die heidnischen Völker in den von den Engländern okkupierten Gebieten nicht zum Christentume bekehrt, z. B. in Asien und Amerika. — Weil Bonifatius auf die sittlichen Vergehen Strafen festsetzte, so erhebt Rett= berg (I, 409) den Vorwurf, Bonifatius „wisse noch nichts von einer Bestimmung der Kirche als einer Sühnanstalt im Sinne eines spätern Katholizismus und bestimme den Priester nur zur Handhabung der Zucht und zur Beaufsichtigung des Wandels". Bei der großen sittlichen Verwilderung der damaligen Zeit mußte die Kirche naturgemäß ihre gesetzgebende und strafende Gewalt in erhöhtem Maße anwenden, aber die aufgelegten Strafen hatten zugleich einen sühnenden Charakter. Beten, Fasten, Almosengeben, Beiwohnung der heiligen Messe sollten auch zu= gleich die Sündenschuld und ihre Strafen tilgen; die Darbringung des heiligen Meßopfers für die Verstorbenen beweist, daß die Messe auch schon als Sühnopfer betrachtet wurde. Schenkungen und Stiftungen an Klöster geschahen nach den ausgestellten Urkunden gewöhnlich auch zur Tilgung der Sündenschuld.

Ausbreitung des Christentums höchst nachteilig; denn sie brachte Verwirrung und Uneinigkeit hervor und hemmte den Sieg des Christentums. Nur die wahre Lehre hat ja die Kraft, den Irrtum zu überwinden, wie auch nur ein sittenreines Vorbild zum Kampfe gegen die Sünde ermutigt; sittenlose, irrgläubige Priester werden daher nie mit dauerndem Erfolge das Christentum ausbreiten und sittliches Leben hervorrufen. Weil diese Priester des kirchlichen Geistes und der kirchlichen Sendung entbehrten, so griffen sie zu ganz verwerflichen Mitteln, um das Volk für sich zu gewinnen; sie schmeichelten den nationalen Anschauungen und Leidenschaften des Volkes, gestatteten ihm vielfach noch die Ausübung des Heidentums und legten ihm ein möglichst leichtes Joch auf. Von ihnen galten die Worte des Apostels Paulus im Römerbriefe (16, 18): „Durch schöne Worte und Schmeicheleien berücken sie die Herzen der Arglosen". Auch betonten diese Priester wenig oder gar nicht die Unterordnung unter den Papst, den Mittelpunkt der kirchlichen Einheit und obersten Wächter priesterlicher Sittenreinheit, sondern stützten sich mehr auf die weltliche Regierung und gestatteten ihr großen Einfluß auf kirchliche Angelegenheiten. Natürlich waren daher diese Priester bei den Fürsten sehr angesehen, so besonders bei Karl Martell. Bonifatius hingegen betonte mehr die Unterordnung unter den Papst als das von Gott gesetzte Oberhaupt der Kirche, strebte volle Einheit mit ihm im Glauben und Kultus an und eiferte mit allen Kräften für die Reinheit der Sitten im Volke und Klerus. Die Grundsätze, die ihn der Trieb des Herzens und die Stimme des Gewissens lehrten, suchte er auch seinen Mitmenschen einzuflößen und im Leben zu verwirklichen. Daher hatte er während seiner ganzen Wirksamkeit die schwersten Kämpfe mit diesen häretischen, schismatischen und sittenlosen Priestern zu führen.

In seinen Sorgen und Kämpfen für die Einheit und Heiligkeit der Kirche sandte Bonifatius oft Briefe und Boten an die Päpste, um ihnen die gefährliche Lage der katholischen Kirche in Deutschland zu schildern.[1]) Diese trösteten und ermutigten Bonifatius in seinen Bestrebungen für die Einheit und Heiligkeit der Kirche[2]) und richteten in gleichem Sinne auch mahnende Worte an Volk und Fürsten Deutschlands.[3]) In den Briefen an seine Freunde und Bekannten spricht Bonifatius oft von den

---

[1]) Ep. 42, 79.
[2]) Ep. 27, 28, 38, 43, 48, 49, 51, 80.
[3]) Ep. 18, 19, 20, 21, 25, 26, 35, 36, 37, 52.

Kämpfen und Verfolgungen, welche ihm durch schlechte Priester
bereitet würden, und bittet sie dringend um ihr Gebet, damit
Gott ihm helfe; so in den Briefen an Bischof Pehthelm
(Pechthelm) von Whithorn in Schottland, Erzbischof Nothelm
von Canterbury, die Äbte Duddo und Aldherius in England,
zwei uns unbekannte Ordensmänner, und an Abt Optatus
von Monte Casino.[1]) Ausführlich spricht sich Bonifatius
über seine Widersacher und die ihm bereiteten Schwierigkeiten
in einem Briefe an seinen väterlichen Freund, den Bischof
Daniel von Winchester, aus[2]) und erzählt ihm, wie nachteilig
die schlechten Priester im Volke wirkten, und wie angesehen und
einflußreich sie am Hofe seien; wenn er den Umgang mit diesen
Priestern ganz meide und vom Hofe fernbleibe, so verliere er
allen Einfluß am Hof und den mächtigen Schutz des Fürsten,
welcher ihm zur Ausbreitung der Kirche und zur Aufrecht=
haltung der Ordnung notwendig sei; verkehre er aber am
Hofe mit jenen Priestern, so verletze er den dem Papste ge=
schworenen Eid, den Umgang mit hartnäckigen, häretischen und
schismatischen Geistlichen zu meiden. In seiner Gewissensangst
bat Bonifatius den Daniel um seinen Rat. Dieser, ein ge=
lehrter und erfahrener Mann, erwiderte, Bonifatius solle ent=
sprechend den kirchlichen Vorschriften gegen unkirchliche und
zuchtlose Geistliche vorgehen und im Kampfe gegen das Böse
nicht nachlassen; übrigens möge er am Hofe verkehren und in
Geduld ertragen, was sich nicht ändern lasse. Als Bonifatius
später über seinen Verkehr mit schlechten Priestern bei dem
Papste Zacharias anfragte, antwortete ihm dieser in gleichem
Sinne, es sei keine Sünde, wenn er mit schlechten Priestern
nur äußerlich verkehre, aber ihre Verkehrtheit mißbillige und
bekämpfe.[3]) Auch in einem Briefe an Eadburga, Vorsteherin
des Marienklosters auf der Insel Thanet, klagt Bonifatius, daß
die Nachstellungen falscher Brüder viel schlimmer seien, als die
Bosheit der Heiden, und bittet sie um ihr Gebet, auf daß Gott
als Beschützer seines Lebens ihm zur Seite stehe, wenn er unter
Wölfen wandele; auch möge sie beten, daß statt der Apostel
des Irrtums die wahren Apostel das Evangelium verkündeten,
und daß Gott die Herzen der Heiden erleuchte, damit sie das
Evangelium gläubig annähmen.[4]) Ebenso bittet und beschwört
Bonifatius flehentlich in einem Briefe die angelsächsischen Jung=

---

[1]) Ep. 29, 30, 31, 90, 87, 89, 104. [2]) Ep. 55, 56. [3]) Ep. 79, 80.
[4]) Ep. 72.

frauen, welche seinem Rufe gefolgt und zur Ausbreitung des Evangeliums nach Deutschland gekommen waren, nämlich Lioba, Tekla
und Chunihild, sie möchten doch für ihn beten, damit Gott ihn
vor den Nachstellungen böser Menschen beschütze und es ihm
möglich werde, das Evangelium frei und erfolgreich zu verkünden und sich durch Ausübung seines Berufs Verdienste für
den Himmel zu sammeln. Es gäbe, so fügt Bonifatius hinzu,
viele schlechte Menschen, daher möchten sie beten, damit er mit
Gottes Hilfe als guter Hirt die Lämmer und Schafe der katholischen Kirche gegen die häretischen und schismatischen Priester
starkmütig bis zum Tode verteidige, aber auch sie selber möchten
in diesen bösen Tagen weise sein und im Glauben feststehen,
denn die heilige Schrift sage: „Wer ausharrt bis zum Ende,
der wird selig werden". (Matth. 10, 22.)[1] Diese Briefe
aus verschiedenen Zeiten und an verschiedene Personen lassen
uns erkennen, welche schwere Kämpfe und Nachstellungen dem
hl. Bonifatius durch gewissenlose, dem Geiste der Kirche entfremdete Priester bereitet wurden, die nicht begossen, was er
pflanzte, sondern ausrotteten, die Unkraut unter den Weizen
säeten und aus Neid und Eifersucht die erfolgreiche Wirksamkeit des hl. Bonifatius auf alle mögliche Weise zu hemmen
suchten. Aber Bonifatius wußte, daß Einheit das Siegel der
Wahrheit ist und den Bestand der Kirche sichert; denn jedes
Reich, welches in sich selbst uneins ist, geht zu Grunde (Luk. 11,
17—23); er wußte, daß der göttliche Heiland so flehentlich
um die Einheit der Kirche betete (Joh. 17), und daß die
Apostel Priester und Gläubige so dringend zur Einheit mahnten
(Ephes. 4); auch sah er die traurigen Folgen der Zerrissenheit
deutlich in der Geschichte seines Vaterlands und der deutschen
Stämme, die sich gegenseitig bekämpften und aufrieben. Daher
eiferte Bonifatius stets für die Einheit der Kirche und war
beharrlich bestrebt, die in Glauben und Sitte von der Kirche
abgewichenen Priester entweder aus der Kirche auszustoßen und
unschädlich zu machen oder sie wieder mit der Kirche zu vereinen,
damit alle deutschen Stämme durch das Band desselben Glaubens
in einer Kirche vereinigt und der Fortbestand der Kirche gesichert würde.

Über die einzelnen Persönlichkeiten, welche sich den Bestrebungen des hl. Bonifatius so sehr widersetzten, sind uns
wenige oder gar keine Nachrichten erhalten. Die schwersten

---

[1] Ep. 91.

Kämpfe bereiteten ihm jene beiden angeblichen Bischöfe Klemens und Adelbert, deren wahnwitzige Irrlehren und heuchlerisches Treiben schon früher geschildert sind. Beide wurden im Jahre 745 auf Synoden im fränkischen Reiche und in Rom ver= urteilt, aber sie besaßen großen Anhang im Volke und wurden von einflußreichen Persönlichkeiten beschützt. Manche, welche im Glauben mit Bonifatius übereinstimmten, ließen sich durch das heuchlerische Wesen der Irrlehrer täuschen und wagten nicht, offen im Vereine mit Bonifatius gegen sie aufzutreten. Weil die beiden Irrlehrer, von Habsucht getrieben, auch das Volk betrogen und die öffentliche Ruhe störten, so beantragte Boni= fatius bei der weltlichen Behörde und bei dem Papste die Ein= kerkerung derselben, damit sie ihr Unwesen nicht weiter trieben und nicht gleich räudigen Schafen die ganze Herde ansteckten; aber ihre Anhänger brachten es dahin, daß das über sie ge= sprochene Urteil entweder gar nicht vollstreckt wurde oder daß sie bald wieder aus dem Kerker befreit wurden. Wie alle Irr= lehrer behaupteten sie, gar nichts Falsches zu lehren, sondern mit der Kirche übereinzustimmen, setzten sogar das Gerücht in Umlauf, sie seien in Rom gar nicht verurteilt, und verbreiteten ihre vielleicht in eine andere Form gebrachten Irrlehren mit großer Hartnäckigkeit. Daher schrieb Papst Zacharias im Jahre 747 an Bonifatius,[1] diese beiden halsstarrigen, gottes= lästerischen, abgesetzten Bischöfe nochmals vor eine Synode zu stellen; wenn sie vom rechten Wege abgeirrt wären, aber zur Kirche zurückkehren wollten, so sollte nach den kirchlichen Be= stimmungen mit ihnen verfahren werden; wenn sie aber in ihrem Stolze beharrten und sich für unschuldig ausgäben, so sollten sie mit zwei oder drei Priestern nach Rom geschickt werden, damit ihre Sache dort untersucht und beendet würde. Gewiß ein deutlicher Beweis, wie sehr der Papst darauf bedacht war, die Sache in gerechter und gründlicher Weise zu erledigen! Die Bischöfe, welche auf der Synode des Jahres 747 ver= sammelt waren, befanden sich in voller Übereinstimmung mit dem Papste, und da Bonifatius dem Befehle des Papstes sicher= lich nachkam, so sind dort ohne Zweifel die beiden Irrlehrer von neuem verurteilt worden. Durch sein entschiedenes, umsichtiges Auftreten gelang es dem hl. Bonifatius, diese beiden gefähr= lichen Irrlehrer trotz ihres großen Anhanges zu beseitigen und unschädlich zu machen. Über die fernern Lebensumstände dieser

---

[1] Ep. 63.

beiden Irrlehrer sind wir nicht genau unterrichtet. Nur von
Adelbert wird uns noch erzählt, er sei aus dem geistlichen
Stande ausgestoßen und in das Kloster Fulda verwiesen; von
dort mit einem Stiefel voll Nüssen entflohen, sei er an den
Ufern der Fulda unter Schweinehirten geraten, von diesen ge=
plündert, erschlagen und mit Holzstämmen bedeckt worden. Das
Instrument, womit er sich gewaltsam aus dem Kerker befreit
hatte, wurde noch lange über dem Thore von St. Alban in
Mainz aufbewahrt. Diese beiden Irrlehrer werden von prote=
stantischen Geschichtschreibern mehrfach in Schutz genommen.
Während sie diese Irrlehrer als Verteidiger und Verkündiger
des geläuterten Evangeliums und als Anhänger der Priester=
ehe hinstellen, suchen sie den Papst Zacharias und den hl. Boni=
fatius als herrsch= und verfolgungssüchtig hinzustellen. Eine
solche Gesinnung widerspricht aber dem Charakter beider; sie
handelten nur konsequent nach der katholischen Kirchenlehre, wie
sie Christus in den Worten ausgesprochen hat: „Wer euch
hört, der hört mich; wer euch verachtet, der verachtet mich;
wer aber mich verachtet, verachtet den, der mich gesandt hat."
(Luk. 10, 16.) „Wer der Kirche nicht hört, der sei dir wie
ein Heide und öffentlicher Sünder." (Matth. 18, 17.) Unter
dem Beistande Jesu Christi und des heiligen Geistes ist die
Kirche in der Bewahrung und Auslegung der Lehren unfehlbar,
und daher muß jeder Gläubige in Glaubens= und Sittensachen
sich der Kirche unterordnen; sonst kann überhaupt die Kirche nicht
bestehen. Jene beiden Irrlehrer standen aber auf dem prote=
stantischen Standpunkte der Verneinung und Auflehnung gegen
die Kirche und gebärdeten sich, als ob sie allein die Wahrheit
lehrten und die Kirche irrte. Voll stolzer Selbstüberhebung
wollten sie sich selbst als Lehrautorität aufstellen, verwarfen die
ganze Überlieferung und schafften auch die Ehelosigkeit der Geist=
lichen ab, gerade so wie die sogenannten Reformatoren oder
Kirchenverbesserer des 16. Jahrhunderts, denen sie auch im
Leben und Charakter teilweise ähnlich sind. Die Verehrung
der Heiligen bekämpfte Adelbert, ließ sich aber trotzdem selber
nach Art der Heiligen verehren, wie auch Luther sich als großen
Propheten Deutschlands ausgab und als gotterleuchteten Mann
mit dem Heiligenschein und der Taube über dem Haupte ab=
bilden ließ. Wie Adelbert nach seiner Besiegung in der Disputation mit Bonifatius nur noch in seinen Irrtümern verhärtet
wurde, so auch Luther, als er in der Disputation zu Leipzig
von Eck glänzend besiegt wurde. Es ist daher leicht begreiflich,

daß protestantische Geschichtschreiber für Adelbert und Klemens
Partei ergreifen und gegen Bonifatius und den Papst Anklagen
erheben. Da übrigens diese beiden Irrlehrer vom Staate nicht
begünstigt wurden, so war ihr Werk mit ihrem Tode zu Ende;
denn jede Pflanze, die nicht der himmlische Vater gepflanzt
hat, wird ausgerissen. (Matth. 15, 13.)

Wie Adelbert und Klemens gab es noch manche Männer,
welche sich den kirchlichen Reformbestrebungen des hl. Bonifatius widersetzten, deren Namen uns aber unbekannt sind.
Genannt wird nur noch Godschalk (Godalsacius), über den sich
Bonifatius im Jahre 747 bei dem Papste beschwerte. Letzterer
befahl, ihn zugleich mit Klemens und Adelbert vor die Synode
jenes Jahres zu stellen, um diese abtrünnigen Bischöfe zur Erkenntnis ihres Irrtums und zur Unterwerfung unter die kirchliche Lehrautorität zu bewegen.[1]) Ob er gemeinschaftlich mit
den beiden andern handelte und sich mit ihnen verbündet hatte,
ob er, wie vermutet wird, jener Bischof ist, welcher Klemens
und Adelbert geweiht hat, läßt sich nicht bestimmen; auch seine
Irrtümer sind uns nicht überliefert worden; seinem Namen
nach zu urteilen, war er ein Franke. Godschalks Ende ist
uns unbekannt; mit seinem Tode fand auch seine Lehre ihr
Ende.

Zur Zeit des hl. Bonifatius gab zu vielfachen Streitigkeiten das heilige Sakrament der Taufe Veranlassung, dessen
Spendung bei der Bekehrung der Deutschen und ihrer Aufnahme in die Kirche naturgemäß in den Vordergrund trat.
Bezüglich der Taufe hat die Kirche wie immer so auch damals
daran festgehalten, daß die Taufe giltig erteilt wird, falls sie
im Namen des Vaters, des Sohnes und des heiligen Geistes
erteilt und der Körper wirklich vom Wasser berührt wird, gleich
viel, von wem sie erteilt wird, ob von einem Irrgläubigen,
Schismatiker, Heiden, oder sonst sündhaften Menschen, daß sie
aber ungiltig ist, wenn eine Person in der Taufformel nicht
genannt wird oder das Wasser nicht den Körper berührt, selbst
wenn sie von dem heiligsten Manne in der besten Absicht gespendet wird. Die Anwendung dieser Grundsätze auf einzelne
Fälle war in damaliger Zeit von Schwierigkeiten begleitet.
Damals lagen nämlich die deutschen Stämme vielfach in blutigen
Kriegen miteinander; das Herrscherhaus der Merovinger war
unfähig zu regieren; im Namen der unfähigen Könige führten

---

[1]) Ep. 63.

die Hausmeier das Scepter; eine kirchliche Obrigkeit bestand im Lande nicht oder kam nicht zur Geltung; Zucht und Ordnung lagen vielfach danieder. Aus verschiedenen Ländern kamen Priester nach Deutschland und betrieben dort nach ihrem eigenen Gutdünken, ohne eigentliche kirchliche Sendung und überwachende Obrigkeit, das Missionswesen. Unter diesen Umständen konnte es nicht ausbleiben, daß es manche unwürdige Priester gab; Bonifatius klagte sogar, die Zahl der schlechten Priester wäre größer als die der guten. Es gab Priester, welche Sünden des Mordes, der Gotteslästerung, der Unkeuschheit und andere schlimmen Sünden begingen, ein zuchtloses Leben führten, die kirchlichen Vorschriften für das priesterliche Leben nicht beobachteten und doch noch priesterliche Verrichtungen vornahmen. Weil das Volk noch sehr am Heidentume hing und Christliches und Heidnisches miteinander vermischte, so kam es sogar vor, daß christliche Priester auch den heidnischen Göttern Opfer von Stieren und Böcken darbrachten und von den Speisen aßen, welche den Toten auf ihren Gräbern geopfert waren. Ja, es kam sogar vor, daß gewissenlose Menschen in geistlichen Kleidern umhergingen und sich für Priester ausgaben, ohne jemals die heiligen Weihen empfangen zu haben; namentlich waren es entlaufene Sklaven, welche durch die Verkleidung als Priester den Nachstellungen ihrer Herrn entgehen wollten. All diese falschen und schlechten Priester liebten natürlich die Verborgenheit und suchten den Augen der wachsamen Bischöfe zu entgehen; sie hielten daher ihren Gottesdienst im Freien oder in den Häusern der Bauern, wobei sie ihre irrigen Lehren im Volke verbreiteten; bei der Spendung der Taufe nahmen sie keine Abschwörung des Heidentums vor, machten kein Kreuzzeichen über den Täufling, belehrten das Volk nicht über das Geheimnis der allerheiligsten Dreifaltigkeit und die andern nötigen Stücke des Glaubens und verlangten nicht, daß das Volk ein dem Glauben entsprechendes sittliches Leben führte. Es war daher natürlich, daß vielfache Zweifel über die Gültigkeit der ausgespendeten Taufen entstanden, und daß manche Gläubige sich Sorge machten, ob sie von solchen Priestern, die vielfach schon gestorben waren, auch giltig getauft seien; bei der hohen Wichtigkeit des Sakraments aber mußten sie über den Empfang desselben Gewißheit haben. Als Bonifatius über diese traurigen Verhältnisse durch seinen Schüler Burkhard dem Papste Zacharias berichtete, sprach dieser in dem Antwortschreiben die kirchlichen Grundsätze über die Spendung der Taufe klar aus, billigte das Verfahren, in zweifelhaften Fällen die Spendung der Taufe bedingungsweise zu wiederholen, befahl dem Bonifatius, diese Angelegenheit auf einer Synode zur Sprache zu bringen, dort die guten Priester zu versammeln, sich vor den schlechten zu hüten, sie der geistlichen Würde für beraubt zu erklären und sie zu ermahnen, im Kloster ein strenges Bußleben zur Erlangung des ewigen Heils zu führen. Wenn sie sich nicht bekehrten, so würde dadurch das Verdienst der Verkündigung des Evangeliums seitens des hl. Bonifatius nicht gemindert, der überdies die tröstliche Gewißheit haben könne, das rechte Evangelium zu verkündigen. Bonifatius möge daher nicht ablassen, das Evangelium eifrig zu verkündigen und Leiden und Verfolgungen geduldig zu ertragen, welche nicht von Christus trennten, sondern die ewige Seligkeit vermehrten; zugleich möge er alle rechtgläubigen Bischöfe, Priester und Leviten, alle Äbte und Mönche, alle christlichen Herzöge und Grafen ermahnen, im Kampfe gegen die Häretiker und Schismatiker mitthätig zu sein, um sich an den Früchten guter Werke erfreuen zu können.[1])

Wie wenig unterrichtet die Geistlichen bisweilen damals waren, und wie weit sie mitunter von der Wahrheit abirrten, sieht man an folgendem. Ein Priester aus Schottland, Namens Samson (Sanpson), hatte behauptet, die Taufe könnte durch bloße Handauflegung, ohne Wasser und Taufformel, erteilt werden. Der Papst erklärte diese Taufe natürlich für ungiltig, befahl, den Samson von der Kirche auszuschließen, falls er sich nicht bekehre, und wies den Bonifatius an, in allen Fällen streng nach den kirchlichen Vorschriften zu handeln.

In den ersten Jahrhunderten der christlichen Zeitrechnung war die lateinische Sprache im römischen Reiche Volkssprache, deren sich die Kirche auch bei dem kirchlichen Gottesdienst bediente. Als später zur Zeit der Völkerwanderung das römische Reich zu Grunde ging, eine Reihe anderer Völker, besonders deutsche, sich in den Provinzen des weiten Römerreichs niederließen und mit den alten Ureinwohnern sich vermischten, da wurde die lateinische Sprache zwar auch noch im Volke gesprochen, aber sie wurde mit fremden Bestandteilen vermischt, vielfach verstümmelt und verändert. So bildeten sich aus der lateinischen Sprache in den verschiedenen Provinzen des römischen Reiches eine Reihe von Töchtersprachen, die sogenannten ro=

---

[1]) Ep. 66. Der mannigfaltige Inhalt des Briefes legt den Gedanken nahe, daß er aus verschiedenen Briefen des Papstes Zacharias zusammengesetzt ist.

manifchen Sprachen, wozu die italienifche, franzöfifche, baskifche, fpanifche und portugiefifche gehören. Wie überhaupt die Kirche, fo hielt auch Bonifatius ftrenge darauf, daß die kirchlichen Kultushandlungen in der unveränderten lateinifchen Sprache vorgenommen wurden, nicht in der Sprache, welche im Munde des Volkes lebte und den Veränderungen unterworfen war; dahingegen follten bei der Taufe die Fragen und Abfchwörungen in der Volksfprache vorgenommen werden, damit das Volk auch verftehe, was es thue. Nun gab es damals in Bayern einen Priefter, welcher zwar rechtgläubig war und bei der Spendung der Taufe auch die rechte Meinung hatte, aber in der lateinifchen Sprache nicht genug unterrichtet war und die Namen der aller= heiligften Dreifaltigkeit ganz verftümmelt ausfprach.[1]) Der hl. Bonifatius, als früherer Lehrer des Lateinifchen an der richtigen Ausfprache gar zu ftrenge fefthaltend, hielt die Taufe für ungiltig, weil fie gar nicht im Namen der allerheiligften Dreifaltigkeit erteilt fei, und verordnete die Wiedertaufe aller derjenigen, welche von jenem Priefter getauft waren, da ja die Taufe als das Sakrament der Wiedergeburt zur Erlangung der ewigen Seligkeit unbedingt notwendig fei. Zwei Priefter in Bayern, Virgilius und Sidonius, erhoben Widerfpruch gegen diefe Entfcheidung des hl. Bonifatius und wandten fich nach Rom an den Papft Zacharias. Diefer entfchied: Da jener Priefter rechtgläubig gewefen, den rechten Willen gehabt und alle fonftigen Vorfchriften bei der Taufe erfüllt, aber nur aus Unwiffenheit die Namen der drei göttlichen Perfonen nicht richtig ausgefprochen habe, fo fei die Taufe giltig und folle nicht wiederholt werden. Der Papft entfchied alfo die Frage rein fachlich. Bonifatius hatte fich geirrt und fügte fich demütig der Entfcheidung des oberften Lehrers der Kirche.

Mit jenen beiden Prieftern Virgilius und Sidonius, welche wahrfcheinlich aus Irland ftammten und in Bayern fich dem Miffionswefen widmeten, hatte Bonifatius noch einen andern Streit.[2]) Sie hielten nämlich die Erde nicht für eine Kugel, fondern für eine Scheibe, und behaupteten, auf der andern Seite der Erde feien auch noch Menfchen, und es gäbe dort noch eine andere Sonne und einen andern Mond; durch die Art und Weife, wie fie diefe Anficht vortrugen, gerieten fie mit den

---

[1]) Ep. 58. Der Priefter hatte mit den Worten getauft: In nomine patria et filia et spiritus sancti; er hatte alfo befonders das zweite Wort filii (Sohn) fo verändert, daß es filia (Tochter) hieß.

[2]) Ep. 66.

klaren Worten der Bibel wie auch mit der Lehre der Kirche in Widerspruch, daß alle Menschen von Adam und Eva abstammen, mit der Erbsünde behaftet und durch das Blut Jesu Christi erlöst, somit alle Glieder desselben Geschlechts und Erben des Himmels sind. Bonifatius trat gegen diese irrige Ansicht des Virgilius und Sidonius pflichtgemäß auf, und da sie auf ihrem Irrtum beharrten und sogar den Bayernherzog Odilo für sich zu gewinnen suchten, so wandte er sich nach Rom an den Papst Zacharias und legte ihm die Sache vor. Dieser verwarf die Ansicht des Virgilius und Sidonius, welche vom Standpunkt der Wissenschaft und des Glaubens gleich verwerflich war, und ermahnte Bonifatius, die beiden Priester in Geduld zu belehren und womöglich wieder mit der Kirche zu vereinen; falls sie aber von ihrer Ansicht nicht abließen, sollten sie nach Rom zur genauern Untersuchung ihrer Ansicht gesandt werden. In gleichem Sinne schrieb der Papst auch an den Herzog Odilo von Bayern. Bonifatius, welcher sehr für die Einheit der Kirche eiferte, trat gegen diese beiden Priester wohl deshalb so entschieden auf, weil beide Irländer waren und er nicht ohne Grund fürchtete, sie möchten aus übertriebenem Nationalgefühl an ihren Anschauungen festhalten und mit Hilfe des Herzogs eine Spaltung in Bayern hervorrufen. Übrigens kamen beide Priester von ihrer Widersetzlichkeit gegen Bonifatius und ihrem Irrtum zurück und entfalteten in der Kirche noch eine sehr segensreiche Thätigkeit. Virgilius, den Pippin wegen seiner Gelehrsamkeit längere Zeit an seinem Hofe behalten hatte, wurde später Bischof von Salzburg, verbreitete und befestigte das Christentum in den Alpen und wird von der Kirche als Heiliger verehrt. Sidonius wurde wahrscheinlich Bischof von Passau.[1])

---

[1]) Weil die beiden Männer übrigens eine ganz kirchlich korrekte, segensreiche Thätigkeit entfalteten, so ist vermutet worden, daß sie ihre Ansicht nicht in jener schroffen, unkirchlichen Weise aussprachen und bei dem hl. Bonifatius fälschlich angeklagt waren. Dem Virgilius wird (Ep. 66) noch vorgeworfen, er habe zwischen Bonifatius und Odilo Zwiespalt gesäet und ein erledigtes Bistum in Bayern mit Berufung auf eine erlogene Verleihung des Papstes beansprucht. Daher sind auch schon Zweifel erhoben, ob er und der Bischof von Salzburg dieselbe Persönlichkeit seien. Des Virgilius und Sidonius Lehre mußte übrigens schon wegen der Folgerungen bekämpft werden, die sich aus der Art und Weise, wie sie damals aufgefaßt oder dargestellt wurde, gegen die Allgemeinheit der Abstammung, der Erbsünde und der Erlösung ergaben. Es herrschte damals allgemein die Ansicht, die Erde sei eine unbewegliche platte Scheibe, womit die Ansicht über das Dasein von Gegenfüßlern unvereinbar ist, die

Große Schwierigkeiten bereitete dem hl. Bonifatius bei den kirchlichen Reformbestrebungen der Erzbischof Milo, welcher von Karl Martell die beiden großen Bistümer Trier und Rheims bekommen hatte und nahezu 40 Jahre besaß, ohne jemals die bischöfliche Weihe empfangen zu haben. Weil er aus einer angesehenen, um den Staat sehr verdienten Familie stammte, so wurden ihm von Karl Martell jene beiden Bistümer verliehen; Rheims galt als das erste Bistum des Reiches, wo die fränkischen Könige gesalbt wurden; Trier, die älteste Kirche Deutschlands und ob seiner Pracht Neu-Rom genannt, war lange Zeit Sitz der abendländischen Kaiser und zählte zu den Hauptkirchen des Reichs. Milo war zwar nicht irrgläubig, aber weltlich gesinnt und herrschsüchtig; er beugte sich vor dem Papste nur notgedrungen, soweit es die Verhältnisse gebieterisch verlangten, und verhinderte durch seine Widersetzlichkeit, daß die kirchlichen Bestimmungen über die Verbesserung der Sitten und die Herstellung des Diöcesanverbandes in Kraft traten. Milo war nur auf die Einkünfte seiner beiden Bistümer bedacht, lebte weltlichen Freuden, besonders der Jagd, vernachlässigte die Bildung und Anstellung guter Priester und kümmerte sich wenig um das geistige Wohl seiner zahlreichen Herde, für die er als unberufener Eindringling kein Herz hatte. Das

---

ja ein eigenes, abgeschlossenes Ganze bilden müßten. Damals war es nämlich noch ganz unbekannt, daß die Erde eine Kugel und auf beiden Seiten von Menschen bewohnt ist, die alle von Adam und Eva abstammen. Die Kugelgestalt der Erde wurde zuerst von dem Frauenburger Domherrn Copernikus in seinem, dem Papste Paul III. gewidmeten Buche über die Bewegungen der Himmelskörper ausgesprochen und in Rom unbeanstandet gelehrt, obgleich diese Ansicht damals noch manche Schwierigkeiten nicht lösen konnte. Galilei trug sie als die einzig richtige vor, deutete nach ihr die Bibel und begründete sie aus der Bibel, die uns doch über rein naturwissenschaftliche Dinge keine Offenbarungen giebt. Er wurde daher von einer päpstlichen Kommission verurteilt, nicht als Astronom, sondern als Theologe; denn die Kommission ging von der an sich richtigen Anschauung aus, daß die Bibel nicht nach unsichern Hypothesen ausgelegt werden darf. Es ist eine Verleumdung der Päpste, daß Galilei eingekerkert und gefoltert sei. Der Lehre des Copernikus als solcher waren die Päpste nie feindlich; es sind ja überhaupt gerade christliche Naturforscher gewesen, besonders Jesuiten, die die Hypothese des Copernikus zur Gewißheit erhoben. Es verrät daher viel kirchenfeindlichen, aber wenig Gerechtigkeitssinn, das Verfahren der Päpste gegen Virgilius und Galilei zu benutzen, um sie als Feinde des Fortschritts und der Wissenschaft hinzustellen; die Päpste haben in Wirklichkeit Künste und Wissenschaften stets sehr gefördert. Ebenso ist es unrecht, Bonifatius als unwissend hinzustellen, weil er gegen Virgilius ankämpfte; er teilte in naturwissenschaftlichen Dingen die allgemeinen Ansichten seiner Zeit.

Kirchengut wurde vielfach verschleudert und kam in die Hände von Laien. Welche Zustände der Verwilderung und Unordnung unter einem solchen Manne bei den damaligen kriegerischen Zeiten in den Pfarreien der beiden weit ausgedehnten Kirchensprengel entstanden, läßt sich denken. Als Bonifatius bei dem Papste um Verhaltungsmaßregeln bezüglich des Milo anfragte, gab ihm dieser den Befehl, gegen Milo und ähnliche Männer mit aller Entschiedenheit zu predigen, daß sie von ihren Sitzen zurückträten. Wenn sie seiner Stimme folgten und von ihrem frevelhaften Werke zurückträten, so könnten sie gerettet werden. Folgten sie aber nicht, so würden sie in ihren Sünden sterben, Bonifatius aber habe dann seine Pflicht gethan und werde des Lohnes nicht entbehren.[1]) Doch Bonifatius richtete trotz aller Bemühungen nichts gegen Milo aus, welcher sich zur Abdankung nicht bewegen ließ und, von der weltlichen Macht unterstützt, sich fast 40 Jahre im Besitze seiner beiden Bistümer behauptete, gegen alles Recht und zum größten Schaden der Kirche. Im Jahre 753 fand Milo den Tod auf einer Saujagd, sodaß er sein schimpfliches Leben mit einem schimpflichen Tode endete. Nun erst konnten die beiden Bistümer mit gutgesinnten Bischöfen besetzt, und der kirchliche Verband unter den Bistümern hergestellt werden. Ohne Zweifel besaß Milo großen Anhang und manche Gesinnungsgenossen, da er sich sonst nicht in seiner Stellung so lange gegen den Willen des Papstes und des hl. Bonifatius hätte halten können. In seinen beiden Diöcesen war natürlich ein großer Teil der Geistlichkeit ihm ähnlich, denn wie der Hirt so die Herde, und der bessere Teil der Geistlichkeit konnte bei der Unthätigkeit des Milo oder vielmehr bei dessen Widersetzlichkeit gegen eine strenge Kirchenzucht keine erfolgreiche Thätigkeit entfalten, sodaß an eine Verbesserung der Sitten im Volke und bei den Geistlichen nicht zu denken war. Aber auch anderswo waren hohe kirchliche Stellen mit ähnlichen Männern besetzt; Milo ist das abschreckende Bild einer ganzen Klasse von Geistlichen, welche bei dem vollständigen Mangel aller kirchlichen Eigenschaften bloß durch weltliche Gunst zu kirchlichen Stellen befördert wurden. Solche Geistliche waren teils sittenlos, teils irrgläubig, teils der kirchlichen Ordnung hinderlich und stützten sich bald auf die weltlichen Großen, deren Herrschergelüsten sie schmeichelten, deren Machtbefugnisse sie auf Kosten der Kirche vermehrten, und denen sie ergebene Kriegs-

---

[1]) Ep. 80.

mannen waren, bald auf das Volk, deſſen Leidenſchaften ſie nachgaben, deſſen Sittenloſigkeit ſie nicht bekämpften, und deſſen Anhänglichkeit an das Heidentum ſie duldeten. Überdies gab es auch manche Staatsbeamte, denen ein ſtrenges kirchliches Regiment nicht behagte, und die deshalb die Reformbeſtrebungen des hl. Bonifatius nicht beförderten oder gar verhinderten. So kam es, daß jene unkirchlichen Elemente in der Kirche wie ein Pfahl im eigenen Fleiſche brannten und dem hl. Bonifatius viele Kämpfe und Schwierigkeiten bereiteten. Es iſt daher auch begreiflich, daß Bonifatius auf dieſen ſchmerzlichen Punkt in den Briefen an ſeine Freunde ſo oft zu ſprechen kam und voll Sorgen und Kummer ſie um Rat, Gebet und Troſt bat.

Das Weſen der Irrlehre (Häreſie)[1] beſteht darin, daß ihre Anhänger ſich nicht der von Gott geſetzten und unter ſeinem Beiſtande unfehlbaren Lehrautorität der Kirche unterwerfen, ſondern ihrem eigenen Urteile folgen und ſich den Glauben nach ihrem Gutdünken bilden und auslegen. Hochmut, Ungehorſam und zähes Feſthalten an der eigenen Meinung ſind daher die charakteriſtiſchen Merkmale jedes Irrlehrers, wie die Geſchichte aller Zeiten deutlich zeigt. Gegen dieſes Übel, an welchem die menſchliche Natur ſeit dem Sündenfalle nur gar zu ſehr krankt, giebt es bloß ein Heilmittel, nämlich die volle, gläubige, demütige Unterwerfung unter Gott, die ewige Wahrheit, und die un= fehlbare Autorität ſeiner Kirche. Dieſes Heilmittel wandte daher auch der hl. Bonifatius ſehr eifrig an. Während der erſten Hälfte ſeiner Wirkſamkeit in Deutſchland reiſte er ſelber dreimal nach Rom zum Papſte und blieb dort längere Zeit; ſpäter ſandte er ſeine Schüler Denehard, Burchard und Lullus nach Rom und ſtand ſtets mit dem Papſte in beſtändigem Brief= wechſel, um in allen Dingen ſeinen Willen zu erfahren und zu erfüllen. Bonifatius that das teils aus Demut und Gehorſam

---

[1] Das deutſche Wort Irrlehrer (Irrgläubiger) weiſt auf den Ab= fall von der Wahrheit hin, welche ihrem Weſen nach nur eine ſein und daher auch nur von einer Kirche gelehrt werden kann. Das Wort Häretiker (Häreſie) kömmt aus dem Griechiſchen (αἱρεῖν, αἵρεσις) und bedeutet nehmen, wählen, bezeichnet alſo mehr das ſubjektive Moment gegenüber der Lehrautorität der Kirche. Ketzer kommt ebenfalls aus dem Griechiſchen; Anhänger einer, die ſtaatliche wie die kirchliche Ordnung auflöſenden Sekte des Mittelalters nannten ſich ſtolz καϑαροί, die Reinen, woraus Katharer und Ketzer entſtand; die Katholiken wurden als die Unreinen hingeſtellt. Sekte bezeichnet entweder ſolche, die eine von der Kirche abweichende Lehrmeinung befolgen (sector), oder ſolche, die ſich von der Kirche getrennt haben (seco, sectum, das Abgeſchnittene).

gegen die von Gott gesetzte Autorität des Papstes, Tugenden, welche ihm als eifrigem Ordensmann ganz besonders eigen waren, teils, um durch die Autorität des Papstes gestützt, desto sicherer vorgehen und den vielfachen Gefahren der Spaltung desto wirksamer begegnen zu können, teils um bei der Ausbreitung der katholischen Kirche in Deutschland die volle Einheit nicht bloß im Glauben, sondern auch im ganzen äußern Leben der Kirche herzustellen. Wie wichtig die Einheit für den Fortbestand der Kirche ist, und wie Gedeihen und Blühen der Kirche auf ihrer Einheit beruhen, mußte Bonifatius aus der Geschichte seiner Zeit. Allerdings fragte Bonifatius bisweilen über Dinge an, welche nur für die damalige Zeit von Wichtigkeit waren, aber für die veränderten Verhältnisse der Gegenwart ihre Bedeutung verloren haben. Daher entsprach die Antwort auch den damaligen Zeitverhältnissen und ist in diesem Sinne zu beurteilen. Als Bonifatius im Jahre 751 seinen Schüler Lullus mit einem Briefe über Missionsangelegenheiten nach Rom sandte,[1] beauftragte er diesen, mündlich den Papst noch über verschiedene Sachen zu befragen, z. B. ob die Deutschen gewisse Vögel, Dohlen, Krähen und Störche essen dürften. Der Papst entschied die Frage verneinend; ebenso bezüglich einzelner vierfüßiger Tiere, Hasen, Biber und wilder Pferde, welche damals sehr zahlreich in den Wäldern Deutschlands lebten. Teilweise waren diese Tiere den Göttern heilig und wurden ihnen geopfert; von ihrem Fleische wurde genossen, um des Schutzes der Götter teilhaftig zu werden. Das war besonders bei dem Pferde der Fall, dessen Fleisch mit einer gewissen religiösen Verehrung gegessen wurde. Der Genuß des Pferdefleisches galt daher auch ganz besonders als Zeichen des Heidentums. Auch standen jene Tiere unter dem besondern Einflusse der Götter und wurden von ihnen dazu benutzt, um den Menschen verborgene Dinge zu offenbaren. Es verkündete Glück oder Unglück, jenachdem man eine Krähe auf dem rechten oder linken Fuße stehend, jenachdem man den Storch zuerst stehend oder fliegend sah. Die Raben waren dem Wodan geweiht und wurden ihm lebend geopfert, damit sie weissagende Kraft bekämen, z. B. auf der Reise den Weg zeigten. Die Störche, welche in ihrem ganzen Auftreten etwas Gravitätisches haben und die Nähe der Menschen lieben, waren der Nerthus, der Mutter Erde, heilig und verwandelten sich nach heidnischem Aberglauben gern in Menschen

---

[1] Ep. 79, 80.

und umgekehrt, wodurch wohl die Redensart entstand, sie trügen den Eltern die kleinen Kinder zu. Die Elster, welche zum Rabengeschlechte gehört, war der Göttin der Unterwelt, Hel genannt, heilig. Hexen verwandelten sich besonders gern in Elstern, daher auch Elster und Hexe in alter Zeit mit demselben Worte bezeichnet wurden, welches auch zu manchen Benennungen gebraucht wurde.[1] Um all diesen Aberglauben wirksam zu bekämpfen, wurde das Fleisch dieser Tiere verboten. Sodann sollten die Germanen durch dieses Verbot auch des Umherstreifens und Jagens in den Wäldern entwöhnt und zu einem seßhaften, kultivierten Volke herangebildet werden. Dieses Verbot hatte daher nur einen vorübergehenden Zweck; es verhält sich damit wie mit dem Verbote der Apostel, Blut und Ersticktes zu genießen, welche den Judenchristen ein solcher Greuel waren, daß bei der Gründung der Kirche ein friedliches Zusammenleben der Juden- und Heidenchristen unmöglich war. (Apostelgesch. 15.) Als die Kirche in der Welt ausgebreitet und befestigt war, war das Verbot nicht mehr nötig und hörte von selber auf. So war auch jenes Verbot des hl. Bonifatius zur Ausbreitung der Kirche in Deutschland nötig und fiel von selbst fort, als das Christentum unser Volk mit seinem Geiste durchdrungen hatte. Ja, einzelne Tiere, deren Fleisch anfangs verboten war, wurden später vielfach in der Kunst zur Darstellung christlicher Ideeen verwendet. Der Storch wurde das Sinnbild aufopfernder Eltern- und Kindesliebe, weil man eine große, gegenseitige Liebe zwischen den alten und jungen Störchen zu beobachten glaubte. Der Biber, welcher sich seines Fettes (Bibergeil) berauben soll, um der Gefangenschaft zu entgehen, wurde das Sinnbild der Bezähmung unreiner Gelüste, um die Keuschheit zu bewahren. Der furchtsame Hase wurde das Sinnbild des reumütigen Sünders, welcher, von heilsamer Gottes-

---

[1] Elster hieß im Niederdeutschen ekster, woher auch wohl die Externsteine im Fürstentum Lippe ihren Namen bekommen haben, sei es wegen der vielen Elstern, die dort hausten, sei es wegen der Hexen, die dort ihr Unwesen treiben sollten. Weil die alten Deutschen gern auf Felsen ihre Götter verehrten, so haben ihnen auch wohl die mächtigen Felsblöcke der Externsteine dazu gedient; einzelne künstliche Rinnen (Blutrinnen) weisen auf heidnische Götterverehrung hin. Um an die Stätte der heidnischen Götterverehrung eine christliche zu setzen, schufen die kunstsinnigen Benediktinermönche des Klosters Abbinghof in Paderborn im 12. Jahrhundert eine Grotte der großen Steine in eine Kapelle um, hielten darin Gottesdienst und schmückten sie mit Bildern, so mit einer Kreuzabnahme, dem ersten bedeutendsten Bildwerke deutscher Kunst in Stein.

furcht getrieben, zu Gott eilt, und weil er stets mit offenen Augen schläft und ein scharfes Gehör hat, so war er sogar das Sinnbild Gottes, dessen Augen und Ohren allzeit auf die Menschen merken. Es zeigt daher von großer Kurzsichtigkeit, wegen jenes Verbotes den hl. Bonifatius anzuklagen, als ob er die alttestamentlichen Speisegesetze erneuert und unberechtigte, thörichte Vorschriften gegeben habe; er war vielmehr immer darauf bedacht, nicht bloß die katholische Kirche, sondern auch zugleich Kultur und Civilisation auszubreiten. Ferner fragte Bonifatius bezüglich der Pferde und Menschen an, welche mit dem Aussatze (morbus regius) behaftet wären.[1] Der Papst entschied: Die Menschen, welche von Geburt an mit dem Aus= satze behaftet wären oder in deren Familie der Aussatz erblich wäre, sollten wegen der Gefahr der Ansteckung außerhalb der Stadt leben und durch Almosen ernährt werden; diejenigen, welche erst später diese Krankheit bekommen hätten, sollte man zu heilen trachten, sie sollten aber in der Kirche erst zuletzt die heilige Kommunion empfangen. Die Pferde, welche von dieser Krankheit nicht geheilt werden könnten, sollten in Gruben und Sümpfe geworfen werden, damit sie nicht andere ansteckten. Tiere, welche von tollen Wölfen und Hunden gebissen würden, sollten von den andern abgesondert und in eine Grube geworfen werden, damit sie nicht andere durch ihren Biß ansteckten. An diesen Bestimmungen sieht man recht deutlich, wie die ersten Glaubensboten nicht bloß als Seelenärzte auf die Rettung der Seelen, sondern auch zugleich auf das leibliche Wohl unserer Vorfahren bedacht waren. So machte die Kirche zur Zeit der beginnenden Kultur sich selbst um das irdische Wohl des deutschen Volkes verdient.

Auf die Anfrage des hl. Bonifatius, wann man Speck essen dürfe, erwiderte der Papst, es sei hierüber nichts von den Vätern überliefert, doch rate er ihm, Speck vor dem Ge= nusse entweder zu räuchern oder am Feuer zu kochen. Roher, frischer Speck war nämlich eine Lieblingsspeise der alten Deutschen; der Genuß desselben mochte dem Papste als Südländer wohl als ungesund erscheinen; jedenfalls hat es etwas Rohes an sich, Speck vollständig roh zu essen. Wenn man aber durchaus solchen

---

[1] Morbus regius bezeichnet auch die Gelbsucht, nach den Worten der päpstlichen Entscheidung aber hier den Aussatz, der vielleicht so genannt wurde, weil der König Ozias mit dieser Krankheit bestraft wurde, als er im Tempel ein Rauchopfer darbringen und dadurch in die Rechte der Priester eingreifen wollte. II Par. 26.

Sped essen wolle, sagt der Papst, so solle man ihn erst nach
Ostern genießen; damals galten nämlich noch die alten, strengen
Fastenverordnungen, wonach während der ganzen Fastenzeit kein
Fleisch genossen wurde. Bezüglich des Osterfeuers teilt der
Papst dem Bonifatius auf dessen Anfrage mit: Am Grünen
Donnerstage, dem Tage der Weihe des Chrismas, werde ein
besonderer Raum der Kirche zu einem Heiligtume (heiligen Grabe)
hergerichtet und dort drei Tage drei brennende Lampen aufgestellt, auf welche das Öl aller Kirchenlampen zusammengegossen
werde: an diesen Lampen werde am Karsamstage das Licht für
die Weihe des Taufwassers angezündet; über den Gebrauch der
Feuersteine sei ihm nichts überliefert.[1] Die Sitte der Fußwaschung, wie sie besonders am Grünen Donnerstage in der
Kirche üblich ist, billigt der Papst auch bei den Frauen; denn
Männer und Frauen hätten denselben Gott, und wer das Gebot
der Fußwaschung erfülle, dem werde es zum Lobe angerechnet
werden. Dahingegen warnt er Bonifatius vor den im Frankenreiche am Schlusse der heiligen Messe üblichen Segnungen,
welche der apostolischen Überlieferung widersprächen, von den
Priestern willkürlich geändert würden, aus eitler Ruhmbegierde
geschähen und vielfache Unordnungen veranlaßten; er ermahnt
ihn, sich strenge an die katholische Überlieferung zu halten, wie
er sie von der römischen Kirche empfangen habe. Auch solle
er, wenn möglich, nur solche zu Priestern weihen, welche das
30. Jahr erreicht hätten, im Notfalle jedoch könne er sich mit
dem 25. Jahre begnügen; die heiligen Weihen solle er immer
an den Quatertempertagen erteilen, weil diese Tage seit uralter
Zeit dem Gebete und Fasten zur Erlangung guter Priester gewidmet sind. Solche Priester, welche sich durch Laien in kirchliche Stellen befördern und dann mit Verschweigung ihrer Sünden
sich die heiligen Weihen geben ließen, soll Bonifatius nach dem

---

[1] In Frankreich und Deutschland wurde damals am Karsamstage
vermittels Feuersteinen ein Feuer gemacht und dann gesegnet, ein Gebrauch,
welcher damals in Rom unbekannt war, aber später in die römische
Liturgie überging. An diesem gesegneten Feuer wird dann zunächst der
Triangel (ein Rohr mit drei Kerzen als Sinnbild der heiligsten Dreifaltigkeit) und dann die Osterkerze und das ewige Licht angezündet; an
letzterem sollen eigentlich die in der Kirche brennenden Kerzen stets angezündet werden, damit sie das ganze Jahr hindurch am gesegneten Feuer
angezündet werden, welches noch zu keinem irdischen Zwecke gedient hat.
Die Osterkerze, das Sinnbild Jesu Christi, wird dreimal in das Tauf-
wasser getaucht, um ihm die heiligende Kraft mitzuteilen. Irrig ist daher
die Ansicht Rettbergs (I, 417): Das Feuer habe zur Erwärmung des
Taufwassers gedient, eine Maßregel, die jener Zeit wohl sehr fern lag.

Willen des Papstes absetzen und der Kirchenbuße unterwerfen. Zugleich betont der Papst die Größe und Verabscheuungs- würdigkeit der Sünde, sich um die verhängte Kirchenstrafe nicht zu kümmern; solche hartnäckige Sünder gingen einem strengen Gerichte in der Ewigkeit entgegen. Ferner mahnt der Papst, Bonifatius solle, solange es angehe, bei den Heiden bleiben und das Evangelium verkünden; wenn er in einer Gegend verfolgt werde, solle er nach den Worten Jesu Christi in eine andere fliehen. (Matth. 10, 23.) Bezüglich des Zehnten erklärt der Papst es für recht, daß er auch von den heidnischen Slaven bezahlt würde, welche auf den Gütern der Christen wohnten, damit sich die Slaven nicht als Eigentümer betrachteten.

Weil Bonifatius angefragt hatte, an welchen Stellen in der heiligen Messe das Kreuz zu machen sei, so gab er dem Priester Lullus, dem Gesandten des hl. Bonifatius, eine Perga- mentrolle mit, worauf die heilige Messe geschrieben und durch ein Kreuz angedeutet war, wo das Kreuzzeichen bei der Dar- bringung des heiligen Opfers zu machen war.[1]

So suchte Bonifatius stets in allen Dingen in voller Über- einstimmung mit dem Papste zu handeln, um nicht bloß im Glauben, sondern auch im ganzen kirchlichen Ritus mit der römischen Kirche, der Mutter aller Kirchen und der Wurzel aller kirchlichen Einheit, übereinzustimmen.

Sechstes Kapitel.

Gründung des Klosters Fulda (744).

Während der hl. Bonifatius durch Abhaltung von Kon- zilien und Kampf gegen Sittenlosigkeit und Irrgläubigkeit be- strebt war, die Kirche zu einigen und zu befestigen, entstand

---

[1] Ep. 80. Bei der Feier der heiligen Messe macht der Priester über sich selbst, die Opfergaben und die Gläubigen das Zeichen des Kreuzes, um dadurch die Gnaden der Erlösung herabzuflehen; wann und wie oft es bei der heiligen Messe gemacht wurde, darin herrschte damals keine einheitliche Praxis; zu dem Zwecke wandte sich Bonifatius an den Papst. Irrig ist daher die Ansicht Wenks (Hess. Landesgesch. II, 237): der Papst hätte auf einer Zeichnung angegeben, welche Stellen des Körpers bei der Predigt zu bekreuzen seien; dazu bedurfte es sicherlich keiner Zeichnung.

unter seiner Fürsorge eine Stiftung, welche für ganz Deutschland von der größten Wichtigkeit wurde, nämlich die Stiftung
des Klosters Fulda. Der hl. Bonifatius erkannte wohl die
hohe Bedeutung der Klöster für die Ausbreitung und Befestigung
der katholischen Kirche in Deutschland. In den Klöstern fand
sich eine Schar eifriger Männer zusammen, welche nach strenger
Ordensregel in freiwilligem Gehorsam unter dem Obern in
stiller Abtötung und Entsagung zusammen arbeiteten und beteten,
um Gott zu ehren, ihre eigenen Seelen zu retten und zugleich
das zeitliche und ewige Wohl der Mitmenschen zu befördern.
Die Mönche ließen sich gewöhnlich in den dunkeln Urwäldern
nieder, rodeten Wälder und Sümpfe aus, machten wilde Gegenden
urbar, legten Felder, Wiesen und Gärten an und errichteten
friedliche Wohnsitze. Die Bewohner der Umgegend ahmten das
Beispiel der arbeitsamen Mönche nach, erlernten von ihnen
Handwerk und Ackerbau und wurden so allmählich friedliche,
arbeitsame Bürger. Schon das Wort Civilisation ist Mönchslatein und bedeutet die Umwandlung des halbwilden, umherschweifenden Menschen zum seßhaften Bürger (civis). Wenn
wir daher die Geschichte der einzelnen Gegenden unsers Vaterlandes bis in die ersten Anfänge verfolgen, so stoßen wir in
den meisten Fällen auf Klöster, welche dort gegründet wurden
und christliche Kultur und Civilisation verbreiteten. Kultur
und Christentum stützen und tragen sich gegenseitig; ein Nomaden-
volk, ein wild umherschweifendes, von Jagd und Raub lebendes
Volk kann nicht auf die Dauer christlich sein, wie die Geschichte
aller Zeiten beweist. Die Kultur ist gleichsam der feste Pfahl,
an welchem die kostbare Pflanze des Christentums emporrankt
und ihre herrlichen Früchte hervorbringt. Kultur und Christentum können aber nicht durch bloße Worte bei einem halbwilden
Volke ausgebreitet werden, sondern müssen in praktischen Schulen
durch Beispiele werkthätiger, hingebender Liebe erlernt werden.
Dazu dienen am besten die Klöster, deren Mönche in ihren
Schulen in selbstloser Liebe die Jugend sowohl in weltlichen
Dingen als auch in den Lehren des Heils unterrichten und so
ein sittsames, christliches Geschlecht heranziehen. Aus den Klöstern
gehen auch einheimische Priester und Glaubensboten hervor, welche
den heiligen Dienst übernehmen und Priester und Lehrer ihres
Volkes werden. So sind die Klöster stets die Ausgangspunkte
der christlichen Kultur und Civilisation, und daher ist es leicht
erklärlich, daß der hl. Bonifatius im Gebiete seiner Wirksamkeit
überall Klöster gründete. Allein es fehlte noch an einem größeren

Kloster, welches mit reichlichen Mitteln ausgerüstet war, um eine größere Anzahl von Mönchen in sich zu vereinigen und mit den Klöstern anderer Länder auf dem Gebiete der Künste und Wissenschaften zu wetteifern. Auch waren an der Spitze der Klöster wie auf den bischöflichen Stühlen meistens Landsleute des hl. Bonifatius aus England; es mußte daher in Deutschland Vorsorge getroffen werden, um aus dem Lande selbst einen ausreichenden Nachwuchs tüchtiger Äbte und geeigneter Bischöfe heranzubilden. Überdies bedürfen die Klöster, um vor dem geistigen Stillstande bewahrt zu bleiben, der gegenseitigen Anregung und Erneuerung, die nur von einem größern, musterhaft geleiteten Kloster ausgehen kann. Sodann waren die Hessen und Thüringer durch Bonifatius zwar zum Christentume bekehrt, bedurften aber noch sehr eines stärkenden Mittelpunkts. Das nördliche Deutschland und der ganze Norden Europas waren noch heidnisch; die nördlich von den Hessen und Thüringern wohnenden Sachsen, Stammverwandte der Angelsachsen, waren grimmige Feinde des Christentums, widersetzten sich hartnäckig allen Versuchen seiner Einführung und verjagten und mordeten die christlichen Glaubensboten. Die Bekehrung dieses Volkes, vom hl. Bonifatius so sehr gewünscht und erstrebt, konnte nur von einem großen Kloster bewerkstelligt werden, welches nicht weit von der Grenze lag und in der Lage war, längere Zeit zahlreiche Glaubensboten auszusenden und die ermordeten Glaubensboten stets durch neue zu ersetzen. Bonifatius, welcher bei der Ausbreitung der katholischen Kirche in Deutschland mit großer Umsicht und Überlegung verfuhr, faßte daher den Plan, im mittlern Deutschland ein Kloster zu gründen, welches all diese Aufgaben erfüllen sollte, und Sturmi war es, welcher unter der thätigen Beihilfe des hl. Bonifatius dessen Pläne durch die Gründung von Fulda verwirklichte.

Wie schon früher erzählt, wurde dem hl. Bonifatius auf einer Reise durch Bayern (etwa um 735), wahrscheinlich in der Gegend von Landshut, von vornehmen, frommen Eltern ihr Sohn Sturmi zur Erziehung für den Dienst des Herrn übergeben. Sturmi, ein Jüngling von etwa 20 Jahren, begleitete den hl. Bonifatius zunächst auf seinen Missionsreisen und kam dann in das Kloster Fritzlar in Hessen, wo er von dem ebenso gelehrten als frommen Abt Wigbert erzogen und unterrichtet wurde. Sturmi war ein Muster jeglicher Tugend, liebte Gebet und Betrachtung und vertiefte sich besonders in das Studium der heiligen Schrift, sodaß er die Psalmen und

die vier Evangelien auswendig wußte. In den Studien machte
er glänzende Fortschritte und gewann zugleich durch sein liebevolles Benehmen aller Herzen. Wegen seiner Wissenschaft
und Frömmigkeit wurde er um das Jahr 740 zur Freude
aller Ordensgenossen vom hl. Bonifatius zum Priester geweiht,
war drei Jahre lang als Glaubensbote an der Verbreitung
des Christentums bei den Hessen mit Eifer und Erfolg thätig
und spendete ihnen zeitliche und ewige Wohlthaten. Durch sein
Gebet heilte er oft wunderbarerweise die Kranken, entriß viele
Hessen dem heidnischen Aberglauben und bekehrte sie zu Christus
dem Herrn. Allein so segensreich auch diese Thätigkeit als
Glaubensbote war, so fühlte er doch einen mächtigen Drang
zum klösterlichen, beschaulichen Leben in sich. Nach reiflicher
Erwägung entdeckte er endlich die Sehnsucht seines Herzens
seinem väterlichen Freunde und Seelenführer, dem hl. Bonifatius, welcher das Klosterleben wegen seines großen Nutzens
für die Ausbreitung des Reiches Gottes sehr beförderte und
sich damals gerade mit dem Gedanken der Gründung eines
Klosters im mittleren Deutschland trug. Bonifatius erkannte
in Sturmi den rechten Mann zur Gründung eines Klosters,
nahm dessen Mitteilung mit Freuden auf, sah darin eine
Fügung Gottes und schritt sogleich zur Ausführung des
Werkes. Im Frühjahr 743 wählte er im Kloster Fritzlar
zwei taugliche Genossen für Sturmi aus, belehrte sie über die
Auswahl des Ortes, versah sie mit allem Notwendigen und
entließ sie unter Gebet und Segenswünschen. „Ziehet hin“,
so sagte er bei dem Abschiede zu ihnen, „ziehet hin in die
Einöde, welche Buchonia genannt wird, und suchet einen Ort,
welcher für Diener Gottes sich zur Wohnung eignet. Gott ist
mächtig, auch in der Einöde seinen Dienern eine Stätte zu
bereiten.“ Der Buchenwald, Buchonia genannt, lag zwischen
den Flüssen Fulda, Edder, Lahn und Main, umfaßte das
Gebiet des Hochstiftes Fulda und bildete damals einen Teil
des Gaues Grabfeld.[1] Gegenwärtig bildet er die noch meistens

---

[1] Der Grabfeld-Gau, das heutige Thüringen, lag zu beiden Seiten
der Werra; woher der Name kommt, ist nicht ganz sicher. Einzelne
wollten den Namen von „graben“ herleiten, weil der wilde Urwald durch
Graben in fruchtbares Ackerland verwandelt wurde. Andere brachten
den Namen in Verbindung mit einer großen Schlacht, welche um die
Mitte des ersten christlichen Jahrhunderts zwischen den Hermunduren,
einem deutschen Stamme im mittlern Deutschland, und ihren westlichen
Nachbarn, den Chatten, den heutigen Hessen, stattfand, und leiteten den
Namen von den Gräbern der zahlreich erschlagenen Chatten her. Nach

bewaldete Provinz Hessen-Nassau; die dortigen Gebirgszüge werden jetzt Rhön, Vogelsberg und Spessart genannt. Am Rande des ungeheuren Waldes hatten sich die umwohnenden Stämme der Hessen, Thüringer und Franken angesiedelt; daher hatten Berge, Flüsse und Thäler desselben schon Namen. Nur eine Straße durchschnitt den Wald, nämlich die uralte Handelsstraße zwischen dem Rhein und der mittlern Elbe. Der größte Teil des Waldes war eine vollständige Wildnis, ein Urwald, welcher seit Jahrhunderten sich selbst überlassen gewesen war, ohne daß die ordnende Hand des Menschen die Axt an ihn legte.[1]) Der weit ausgedehnte Wald bestand meistens aus Buchen, an deren Stelle später Fichten traten, und bot Schutz und Nahrung einer großen Masse wilder Tiere, welche jetzt größtenteils bei der weitern Ausbreitung der Kultur und den verbesserten Schußwaffen verschwunden sind. Wilde Auerochsen, majestätische Riesenhirsche, mächtige Elentiere, Bären, Wölfe, Höhlenlöwen und viele andere wilde Tiere hausten damals zahlreich im Buchonischen Walde und machten das Eindringen in den Wald höchst gefährlich. Die drei Wanderer sahen nichts als Erde, Bäume und Himmel und hörten nichts als die Stimmen der wilden Tiere. Gott andächtig um seinen Segen anflehend und auf seinen Schutz vertrauend, in dem undurchdringlichen Dickicht sich vielfach mit der Axt den Weg bahnend, drangen die drei Gefährten unter vielen Mühen und Gefahren immer tiefer in den Urwald ein, durchwanderten das jetzige Knüllgebirge und Homberger Bergland, überschritten die Schwalm,

---

anbern benannten flavische Kaufleute die Gegend nach der Hainbuche, welche dort häufig wuchs und im Slavischen grab heißt; der Name wäre also ähnlich wie Buchonia von den Bäumen hergenommen. Die Thüringer, nach welchen das Land jetzt benannt ist, sind Nachkommen der alten Hermunduren. Der Grabfeld-Gau gehörte zum ostfränkischen Reiche, welches bei der Teilung dem Karlmann zugefallen war, und wurde durch Gaugrafen im Namen des Königs verwaltet.

[1]) Wann der Buchonische Wald zum ersten Male in der Geschichte erwähnt wird, ob die von Gregor von Tours erzählte, grauenvolle Ermordung des Frankenkönigs Sigebert durch seinen herrschsüchtigen Sohn Chloderich im Jahre 509 auf einer Jagd im Buchonischen Walde stattfand, ist nicht ganz sicher; der alte, lahme König dürfte sich schwerlich so weit von seiner Residenz in Köln entfernt haben und wurde wahrscheinlich in einem Buchenwald auf dem rechten Rheinufer nicht weit von Köln ermordet. Im Jahre 640 führte der Frankenkönig Sigebert II. seine Truppen durch den Buchonischen Wald, um Radulf, den Herzog von Thüringen, zu bekriegen. Das dürfte wohl bis auf die Zeiten Sturmis die erste sichere Erwähnung des Buchonischen Waldes sein.

einen Zufluß der Edder, und kamen nach einem dreitägigen, beschwerlichen Marsche in das Thal der Fulda, wo jetzt die Stadt Hersfeld liegt. Das liebliche, erweiterte Thal der Fulda schien den frommen Männern zur Anlage eines Klosters geeignet; sie flehten Gottes Segen auf die Stätte herab und beschlossen, dort zu bleiben. Sie machten sich alsbald kleine Hütten aus Baumstämmen, Rinde und Zweigen und dienten Gott mit Beten, Fasten und Nachtwachen. Bevor sie aber die Gründung des Klosters unternahmen, wollten sie sich der Zustimmung des hl. Bonifatius versichern. Sturmi begab sich daher zum heil. Bonifatius, welcher ihn freundlich aufnahm und auf seinen Bericht über die Lage des Ortes noch einige Zeit zur reiflichen Erwägung einer so wichtigen Sache bei sich behielt. Das Urteil des hl. Bonifatius war schließlich, daß der Ort den feind= lichen Sachsen zu nahe, ihren räuberischen Einfällen zu sehr ausgesetzt und daher für die Anlage des Klosters nicht geeignet sei, eine Befürchtung, welche sich später als sehr begründet er= wies; er riet daher, einen noch tiefer im Walde gelegenen Ort aufzusuchen. Sturmi überbrachte diesen Bescheid des heil. Bonifatius seinen beiden Gefährten in Hersfeld, welche schon lange seine Rückkehr sehnsuchtsvoll erwarteten. Sie erkannten die Ansicht des hl. Bonifatius für richtig und beschlossen mit Sturmi, die Ansiedlung in Hersfeld zu verlassen und einen Ort tiefer im Walde aufzusuchen.[1] Weil der Wald zur Sommer= zeit durch den üppigen Pflanzenwuchs noch undurchdringlicher wurde und die Gefahren seitens der wilden Tiere vermehrte, so zimmerten sich die Eremiten aus einem mächtigen Baumstamm einen Kahn und fuhren die Fulda hinauf; von Zeit zu Zeit stiegen sie aus und durchforschten die Gegend, ob sie nicht einen geeigneten Punkt fänden. Die Gegend, wo jetzt Frauen=Rombach

---

[1] Diese Ansiedlung in Hersfeld fällt in das Jahr 743; nur durch eine falsche Lesart des Heilbronner Kodex (vita S. Sturmi, auct. Eigile c. 11) wurde sie in das Jahr 736 versetzt; statt non iam tum anno hat er nämlich nono iam tum ex quo in eremo habitare coeperat anno ab Hersfeld regressus est. Später, im Jahre 763, gründete Lullus, Schüler und Nachfolger des hl. Bonifatius auf dem erzbischöflichen Stuhle von Mainz, dort ein Kloster, welches bald von 150 Mönchen bewohnt war. Das Kloster wurde bei den räuberischen Einfällen der Sachsen nicht selten arg mitgenommen und geplündert, erlangte aber später eine große Blüte; bei dem Kloster bildete sich die Stadt Hersfeld. Die stattlichen Klostergebäude und die prächtige Stiftskirche, im siebenjährigen Kriege von den Franzosen verwüstet, stehen noch jetzt. Der dort alljährlich ab= gehaltene, große Lullusmarkt am 16. Oktober, dem Gedächtnistage des hl. Lullus, erinnert noch jetzt an den Stifter des Klosters.

liegt, schien ihnen anfangs geeignet; bald kamen sie aber zur Überzeugung, daß sie doch nicht allen Anforderungen entspräche. Nachdem sie unter vergeblichen Bemühungen bis zur Mündung der Lüder vorgedrungen waren, kehrten sie wieder zu ihrer frühern Stätte nach Hersfeld zurück und baten Gott von neuem inständig, sie doch endlich den rechten Ort finden zu lassen. Bald kam auch ein Bote von Bonifatius nach Hersfeld und lud Sturmi ein, doch zu ihm zu kommen. Sturmi machte sich am folgenden Tage sogleich auf den Weg, suchte Bonifatius zuerst vergebens in Seleheim bei Amöneburg und fand ihn endlich im Kloster Fritzlar. Die beiden Männer besprachen sich ausführlich über die Gründung des Klosters. Bonifatius flößte seinem Schüler neuen Mut und neue Begeisterung zur Aufsuchung eines geeigneten Ortes ein und entließ ihn mit den prophetischen Worten: „In jener einsamen Gegend ist euch ein Ort von Gott bereitet, und Gott wird ihn euch kundthun, wenn der festgesetzte Zeitpunkt gekommen ist. Laß daher nicht ab, nach dem Orte zu suchen, und sei überzeugt, daß du ihn sicher finden wirst." Durch den ermunternden Zuspruch des hl. Bonifatius zu neuer Begeisterung für das Klosterleben entflammt, begab sich Sturmi wieder zu seinen Genossen nach Hersfeld und teilte ihnen die Worte des hl. Bonifatius mit. Bald nachher sattelte er den Esel, welchen er für schwierige Arbeiten und Reisen mit in die Einsiedelei gebracht hatte, und ritt allein, mit dem Notwendigsten versehen, in den Urwald, von den Gebeten und Segenswünschen der beiden zurückbleibenden Genossen begleitet und auf den Schutz desjenigen vertrauend, der gesagt hat: „Ich bin der Weg, die Wahrheit und das Leben". Sturmi ritt auf dem linken Ufer die Fulda entlang und durchspähte eifrig die Gegend mit ihren Bergen, Thälern und Quellen, ob er nicht einen geeigneten Platz fände. Des Abends band er seinen Esel an einen Baum, machte rings um denselben herum einen Wall von Reisig zum Schutze gegen wilde Tiere und legte sich neben ihm zur Ruhe, sich mit dem Zeichen des heiligen Kreuzes bezeichnend und auf den Schutz des Allmächtigen vertrauend, ohne dessen Willen kein Sperling vom Dache fällt. Unter vielen Mühen und Gefahren drang Sturmi mit seinem Esel in dem Urwalde vor; mehrere Tage traf er keinen Menschen; nur das Gebrüll wilder Tiere und das Geschrei aufgeschreckter Vögel drang an sein Ohr. Da kam er eines Tages auf die einzige Handelsstraße, welche den Urwald durchschnitt. Die Thüringer brachten nämlich Pelze, Felle, Schinken und der-

gleichen Erzeugnisse ihres Landes nach Mainz, dem Mittelpunkte des Militärs und des Handels am mittlern Rhein, und
tauschten Hausgeräte, Metalle, Waffen und andere Sachen dafür
ein. Die von ihnen benutzte Handelsstraße führte von Mainz
den untern Main hinauf bis nach Hochheim, wandte sich dann
dem Buchonischen Walde zu, führte zwei Stunden unterhalb
Fuldas bei dem heutigen Hemme über die Fulda, dann weiter
über den Thüringer Wald bis nach Erphesfort, dem heutigen
Erfurt, welches Hauptort in Thüringen und von heidnischen
Ackerleuten bewohnt war, und erreichte dann die mittlere Elbe
in der Gegend von Magdeburg. Es war aber diese Straße
nicht kunstvoll gebaut wie die Straßen der Jetztzeit, sondern
nur die schlimmsten Untiefen waren mit Bäumen, Reisern und
Kieselsteinen ausgefüllt, um einen etwa 15 Fuß breiten Weg
herzustellen. Die Sorge für den Weg lag dem Gaugrafen ob,
welcher den König in jener Gegend vertrat und von den Reisenden
zur Unterhaltung des Weges einen Radzoll (rotaticum) und
ein Kieselgeld (pulveraticum) erhob. Daher hieß der Weg
auch königliche Straße (via regia). Als der hl. Sturmi diese
uralte Handelsstraße zwischen Rhein und Elbe erreicht hatte,
folgte er ihr und gelangte zur Fulda. Hier scheute sein Esel
und wich entsetzt zurück, da er plötzlich eine Menge badender
Slaven im Flusse sah, welche von ungemein häßlicher Gestalt
waren und im heißen Sommer die Gelegenheit zu einem er-
frischenden Bade in den kühlen Wellen der Fulda benutzten.
Auch Sturmi selber erschrak, als er plötzlich in dieser wilden
Einsamkeit in der Furt des Flusses die große Schar der Slaven
erblickte, welche entweder auf ihren Raubzügen dorthin gekommen oder auf einer Handlungsreise begriffen waren; letzteres
ist wohl wahrscheinlich, da sie einen Dolmetscher bei sich führten.
Nach Art der Heiden verspotteten sie den hl. Sturmi, thaten
ihm aber sonst nichts zu leide, da seine Ruhe und Besonnenheit
auf sie Eindruck machte und Gottes Schutz mit ihm war. Der
Dolmetscher fragte ihn, wohin er zöge; Sturmi gab als Ziel
seiner Reise die obern Gegenden des Flusses an. Sturmi ritt
unbehelligt, der Landstraße folgend, durch die Fulda und gelangte so auf das rechte Flußufer. Er verließ nun wieder die
Handelsstraße, um tiefer in das Gebirge vorzudringen. An
der Stelle, wo Fulda später gegründet wurde, und an der
Mündung der Giesel ritt er vorbei und kam auf den Weg,
welcher sich am Himmelsberge von der großen Mainz-Erfurter
Handelsstraße abzweigte und bei dem jetzigen Dorfe Bronnzell

durch eine Furt der Fulda nach Thüringen führte.[1]) Als er
dort seinen Esel an einen Baum band und sich anschickte, in
gewohnter Weise sein Nachtlager zum Schutze gegen die vielen
wilden Tiere zu bereiten, glaubte er ein Geräusch im Flusse zu
hören, wie wenn jemand durch den Fluß ritte. Um seine Anwesenheit zu erkennen zu geben, klopfte er mit seinem Beile an
einen hohlen Baum, sodaß es weithin im Walde wiederhallte.
Da kam ein Mann mit einem Pferde auf ihn zu, und als sich
beide nach gegenseitiger Begrüßung in ein vertrauliches Gespräch
einließen, erzählte ihm der Fremde, daß er aus der Webereiba
(der jetzigen Wetterau auf dem rechten Ufer des untern Mains)
komme und das Pferd seines Herrn Orces nach dem Grabfelde
(Thüringen) bringe. Beide beschlossen nun, gemeinschaftlich an
demselben Orte zu übernachten. Sturmi teilte dem ortskundigen
Fremden den Zweck seiner Reise mit und erhielt von ihm vielfache, nützliche Auskunft über die Gegend. Den Ort ihres
Aufenthalts nannte der Fremde Eihloh,[2]) das ist Eichenwald,
was darauf schließen läßt, daß die dortige Gegend des Buchonischen Waldes mit Eichen bewachsen war.

Als sich Sturmi am andern Morgen unter Segenswünschen
von dem Fremden verabschiedete, setzte dieser seine Reise nach
Thüringen fort; Sturmi aber kehrte um, weil ihm die obern
Gegenden des Gebirges gar zu rauh vorkamen, durchforschte
betend und auf Gott vertrauend jene Gegend und kam zum
Grezzibache. Diese Gegend gefiel ihm bei näherer Besichtigung
sehr und schien ihm zur Anlage eines Klosters ganz geeignet.
Froh, endlich den gesuchten Ort gefunden zu haben, dankte er
Gott aus dem tiefsten Grunde des Herzens, bezeichnete genau
den Ort, flehte den Segen des Himmels auf ihn herab und
kehrte dann eilig nach Hersfeld zurück, um seinen Genossen die
frohe Kunde zu bringen.

Bevor Sturmi aber die Errichtung des Klosters an der
aufgefundenen Stelle übernahm, wollte er sich der Zustimmung
des hl. Bonifatius versichern und suchte ihn in Selesheim bei
Amöneburg auf. Als er ihm die Beschaffenheit des Ortes

---

[1]) Dieser Weg hieß Ortesvefa, wohl Ortsweg, im Gegensatze zur
allgemeinen Handelsstraße. Der Eigentümer des Pferdes hieß nach dem
Bamberger Kodex Orces; Pertz und andere lesen jedoch in beiden Fällen
Ortes und lassen den Weg nach dem Eigentümer des Pferdes oder seinem
weit entfernten Gute benannt sein. Nach Eigil war die Benennung uralt,
kann also nicht von dem Besitzer des Pferdes herrühren.

[2]) Eiche heißt im Althochdeutschen eih, im Mittelhochdeutschen eich;
loh bedeutet Wald.

ausführlich schilderte, fand er nun dessen Zustimmung und besprach sich mit ihm ausführlich über die Anlage des Klosters und die Ordnung des klösterlichen Lebens. Durch die Belehrungen und Zusprüche des hl. Bonifatius ermuntert und von seinen innigsten Segenswünschen begleitet, reiste Sturmi nach Hersfeld zu seinen Genossen zurück, teilte ihnen die Zustimmung des hl. Bonifatius mit und begab sich mit ihnen frohen Mutes alsbald zur auserwählten Stelle. Als die Einsiedler sich dort niederließen und Hand ans Werk legten, fühlten sich Edle aus dem Grabfeldgau in ihren Rechten gekränkt und erhoben Widerspruch. Sturmi begab sich daher mit seinen beiden Genossen auf das linke Ufer der Fulda an einen Ort, welcher Dryhlari oder Chrihlari genannt wurde und im Wettergaue lag, wahrscheinlich an der Stelle des jetzigen Johannesberg, unweit Fuldas. Dort brachten sie in ärmlichen Waldhütten unter Gebet und Betrachtung den Winter 743—744 zu; trotz des Mißgeschicks vermehrte sich indessen die kleine Zahl auf acht.

Unterdessen begab sich Bonifatius, wohl wissend, wie wichtig der Schutz der Mächtigen in jener Zeit für ein Kloster war, nach Köln zum Hausmeier Karlmann, dessen Herrschaft Deutschland unterworfen war, und teilte ihm den Plan mit, im Buchonischen Walde das klösterliche Leben einzuführen und dort ein Kloster zu gründen; er legte ihm die Wichtigkeit des Unternehmens dar, indem er sagte, er wolle im Osten des Reiches ein Kloster gründen, wie bis dahin noch keins gewesen sei; darum möge er (Karlmann) in der Hoffnung auf die Wiedervergeltung im ewigen Leben zu dem Unternehmen mithelfen und den Ort dazu schenken. Karlmann, für alles Gute begeistert und den heilsamen Einfluß der Klöster wohl kennend, gewährte die Bitte des hl. Bonifatius, versammelte den ganzen Hof um sich und sprach mit großer Feierlichkeit die Schenkung mit den Worten aus: „Was immer ich bis auf den heutigen Tag dort besitzen mag, ich übergebe den erbetenen Ort, Eihloha genannt, an den Ufern des Fuldaflusses, voll und ganz dem Herrn, und zwar soll jenes Gebiet nach allen vier Himmelsrichtungen an jeder Seite 4000 Schritte betragen". Zur Sicherung der Schenkung ließ Karlmann eine Urkunde ausfertigen und versah sie mit seinem königlichen Siegel. Zugleich schickte er seine Sendboten aus, welche alle Edlen des Grabfeldgaues zu einer Versammlung beriefen, ihnen seinen Gruß entboten und sie in seinem Namen aufforderten, den Dienern Gottes ihr Eigentumsrecht auf den Ort abzutreten. Die Edlen folgten dem hochherzigen Beispiele Karlmanns und traten bereitwillig ihr Eigentum an die Diener Gottes ab.[1] Auch Sturmi wohnte dieser Versammlung bei. Weil er nach dem Rate und unter Beihilfe des hl. Bonifatius das Kloster gründete, so unterliegt es wohl keinem Zweifel, daß ihm die von Karlmann ausgestellte Stiftungsurkunde eingehändigt wurde, welche auch später im Kloster aufbewahrt wurde. Hocherfreut über die rechtliche Übertragung des Ortes eilte Sturmi zu seinen Genossen nach Dryhlari, teilte ihnen die frohe Nachricht von der endlichen Beseitigung aller Schwierigkeiten mit und begab sich mit ihnen an die geschenkte Stätte, welche sie am 12. März 744 unter Gebet um Gottes Schutz und Segen feierlich in Besitz nahmen. Alsdann errichteten sie auf einer kleinen Anhöhe ein Kreuz, und rings um dasselbe bauten sie acht ärmliche Zellen zur vorläufigen Wohnung. Darauf fingen sie an, den Boden zu ebnen, die Bäume zu fällen und die Fundamente des Klosters zu legen. Arbeit und Gebet wechselten ab. Sturmi feuerte durch Wort und Beispiel seine Genossen an.

Etwa zwei Monate später, im Monat Mai, kam der hl. Bonifatius mit einer großen Schar von Männern nach Fulda. Nach der aufregenden Thätigkeit auf dem Konzil von Soissons zog er sich in die Einsamkeit von Fulda zurück, teils um sich dort geistig zu erfrischen, teils um sich persönlich von der Lage des Ortes zu überzeugen und das Werk durch seine Anwesenheit zu fördern. Er fand die Lage des Ortes sehr günstig und dankte Gott für die Auffindung desselben. Mit dem hl. Sturmi wählte er den Platz für die Kirche aus, ließ sogleich den Boden ebnen und die Fundamente werfen. Unter den fleißigen Händen so vieler Arbeiter schritt das Werk rasch voran. Während seines Aufenthalts in Fulda wohnte Boni-

---

[1] Die besondere Sorgfalt, welche Bonifatius der Stiftung Fuldas zuwandte, die Worte, mit denen er Karlmann um die Schenkung des Gebietes für das Kloster anging, die Feierlichkeit, womit Karlmann die Schenkung vornahm, die spätere Thätigkeit Sturmis in den Sachsenkriegen und die älteste Geschichte Fuldas beweisen, daß Bonifatius mit der Stiftung Fuldas hohe Zwecke, die weitere Ausbreitung christlicher Gesittung und des Ordenslebens, im Auge hatte, und daß Rettberg irrt, wenn er (I, 371) sagt: „Nur zu mönchischen Zwecken, zu ascetischer Entsagung und beschaulichem Leben, bestimmte er seine Stiftung an den Ufern der Fulda, nicht aber zu einer Bildungsanstalt, die etwa ringsumher in das neubekehrte Land ihr Licht werfen sollte". Die Benediktinerklöster verfolgten übrigens schon ihrer ganzen Einrichtung nach beide Zwecke, frommes, beschauliches Leben und eifrige Thätigkeit im Dienste Gottes und des Nächsten.

fatius in einer Waldhütte auf einem benachbarten Berge, welcher daher Bischofsberg genannt wurde. Ratgar, dritter Abt von Fulda, baute eine Kapelle zu Ehren der Mutter Gottes auf dem Berge, der nun den Namen Frauenberg bekam. Später wurde auf dem Berge auch ein Kloster gegründet, welches anfangs von Benediktinern, jetzt von Franziskanern bewohnt wird. Bonifatius blieb eine ganze Woche in seiner einsamen Zelle auf dem Berge und widmete sich dem Gebete und der Betrachtung; zugleich beförderte er den Bau des Klosters durch Wort und That. Alsdann zog er mit der großen Schar seiner Begleiter von dannen, um sich wieder seinen apostolischen Arbeiten zu widmen. Der Bau des Klosters in Fulda schritt indes rasch voran. Um einen soliden Bau aus Steinen aufzuführen, wurde auch ein Kalkofen gebaut, und der erforderliche Kalk gebrannt. Als Bonifatius im folgenden Jahre (745) Fulda wieder besuchte, waren die Gebäude bereits fertig. Das Kloster wurde dem heiligsten Erlöser geweiht, daher monasterium sancti Salvatoris genannt; doch war es auch zu Ehren der Mutter Gottes, der Apostel Petrus und Paulus erbaut und wurde schon damals nach dem vorbeifließenden Flusse Fulda genannt.[1] Während seiner Anwesenheit in Fulda erklärte Bonifatius den Mönchen die heilige Schrift, gab ihnen Unterweisungen über ihren klösterlichen Beruf und belehrte im besondern den Abt Sturmi, wie er das Kloster leiten sollte. Diese Belehrungen des hl. Bonifatius fielen bei den Mönchen auf guten Boden; sie faßten ihren Beruf so ernst und strenge auf, daß sie einstimmig beschlossen, Wein und berauschende Getränke dürften überhaupt nicht genossen werden; nur dünnes Bier sollte gestattet sein. Auf einer spätern Synode wurde diese Strenge gemildert und für Kranke und Schwache eine Ausnahme gestattet; die meisten Mönche hielten jedoch bis zu ihrem Lebensende an der strengern Regel fest.

In den folgenden Jahren besuchte Bonifatius regelmäßig kurze Zeit sein geliebtes Kloster Fulda, teils um sich von den anstrengenden Missionsarbeiten in der Einsamkeit zu erholen und durch Ruhe und Sammlung sich zu neuem Wirken zu stärken, teils um durch seine persönliche Anwesenheit und durch

---

[1] Fulda ist wohl herzuleiten aus dem in den ältern Dialekten lautenden Adjektiv full, voll, und aha, Wasser, lateinisch aqua, gotisch ahva, nordisch â, und bedeutet einen vollen, wasserreichen Strom. Nach Grimm (Geschichte der deutschen Sprache, S. 574) bedeutet Fulda, entsprechend der alten Schreibweise Fuldaha, auch Landfluß.

ermunternde Worte das Werk zu fördern und die Ordensleute in den Tugenden ihres Standes zu unterweisen. Da Bonifatius selber eine Reihe von Jahren ein musterhafter Ordensmann gewesen war und auf seinen Reisen stets die Klöster besucht hatte, so besaß er einen reichen Schatz von Erfahrungen und war zu Unterweisungen im klösterlichen Leben besonders geeignet. Unter der umsichtigen Beihilfe des hl. Bonifatius und der vortrefflichen Leitung des Abtes Sturmi blühte das Kloster Fulda zu einer großen Stiftung heran; Kirche und Kloster waren stattliche Gebäude, von Gärten, Äckern und Wiesen umgeben. Daher ließ Bonifatius im Jahre 747 durch den Priester Megenhelm eine Karte von dem Besitzstande des Klosters aufnehmen, welche er nebst dem Bischof Burchard von Würzburg, dem Abte Sturmi und andern hohen Persönlichkeiten unterzeichnete, um so den Besitzstand des Klosters festzustellen und zu sichern. Die Karte ist uns in einer Kopie aus dem 12. Jahrhundert erhalten und giebt genau die Grenzen des von Karlmann geschenkten Gebietes an. Weil aber der eben erst bebaute Boden doch im ganzen noch wenig Frucht brachte, und die Mönche in großer Dürftigkeit lebten, so schenkte Bonifatius den Mönchen noch einige Gehöfte in andern Gegenden, damit sie von dorther ihren Unterhalt beziehen könnten und durch die Kulturarbeiten nicht zu sehr ihrem geistlichen und wissenschaftlichen Berufe entzogen würden.

Um das klösterliche Leben ganz im Geiste des hl. Benediktus einzurichten, wurde von den Mönchen mit Zustimmung des hl. Bonifatius beschlossen, Sturmi und zwei Genossen nach Italien zu senden, damit sie das Leben in den dortigen Klöstern durch eigene Anschauung kennen lernten und dann nach Deutschland verbreiteten. Der hl. Benediktus, der Vater des Mönchtums, war einer vornehmen römischen Familie entsprossen; der Anblick der untergegangenen Herrlichkeit und der sittlichen Verdorbenheit Roms rief in ihm ernste Gedanken an die Ewigkeit hervor, sodaß er sich von der Welt in eine einsame Höhle bei Subiako zurückzog und dort der Betrachtung göttlicher Dinge lebte. Wegen vielfacher Nachstellungen begab er sich nach dem Monte Casino, einem Berge in den neapolitanischen Apenninen, baute dort aus den Steinen eines Apollotempels Kirche und Kloster und rottete die Reste des Heidentums im Volke aus. Der Ruf seiner Frömmigkeit zog viele Schüler an, sodaß er bald viele neue Klöster gründete. Für diese verfaßte er bestimmte Regeln, deren Grundzüge sind: Der Mönch soll Gott

über alles und den Nächsten wie sich selbst lieben, soll alle ent=
ehrenden Laster, Stolz, Unmäßigkeit, Unkeuschheit, Müßiggang,
meiden, soll in Gehorsam unter den Obern, in Armut und
Keuschheit leben; kein Mönch darf Eigentum haben, alles gehört
dem Kloster; Arbeit und Gebet ist der Beruf der Mönche;
siebenmal im Tage versammeln sie sich zum Gebet; Studium
und Kunst, Handwerk und Feldbau gelten als Arbeit; die Zeit
für die einzelnen Beschäftigungen ist genau festgesetzt; wer in
den Orden eintritt, muß sich vorher einer Prüfungszeit unter=
werfen und wird entsprechend seinen Fähigkeiten und Neigungen
beschäftigt; Übertretungen der Regeln werden mit Verweisen,
körperlichen Züchtigungen und Ausweisung aus dem Orden be=
straft. Körperliche und geistige Arbeiten sollen miteinander ab=
wechseln, um den Geist frisch und tüchtig zu erhalten. Weil
körperliche Arbeit nach dem Sündenfalle im Paradiese von Gott
dem Menschen als Buße auferlegt und durch das Beispiel des
Welterlösers in der stillen Werkstätte seines Nährvaters ge=
heiligt ist, so hielt Benedikt durch seine Regeln die Mönche
strenge zur Arbeit an. Die christlichen Vorschriften der Demut,
der Nächstenliebe, der Arbeitsamkeit, des Gehorsams, der Keusch=
heit, der vollständigen Verzichtleistung auf das Irdische, der
vollen, ungeteilten Hingabe an den Dienst Gottes und des
Nächsten sollen im Benediktinerorden verwirklicht, und so das
Ideal des christlichen Lebens dargestellt werden. Benedikts
Regeln verbreiteten sich rasch in Italien und im ganzen Abend=
lande und verdrängten alle andern Regeln. Vorher hatten nämlich
viele Klöster ihre eigenen Regeln, oder es blieben alle Angelegen=
heiten dem Gutdünken des Obern überlassen. Auch haben noch
andere Männer Regeln für das klösterliche Leben entworfen, so
die heiligen Kirchenlehrer Augustinus und Basilius und der
Irländer Kolumban. Kolumban, † 615, war ein Mann von
umfassendem Wissen, inniger Frömmigkeit und großer Welt=
erfahrung. Seine Regeln waren, entsprechend dem irischen
Volkscharakter, von übergroßer Strenge; so z. B. bekam der
Mönch für ein geringes Versehen 25 Peitschenhiebe; sprach er
mit einem Weibe allein, in acht Trachten 200 Peitschenhiebe.
Gegenüber der damaligen Sittenlosigkeit und den noch vielfach
herrschenden heidnischen Grundsätzen suchte Kolumban durch
solche Strenge das sittenreine Leben in den Klöstern aufrecht
zu erhalten und von allen Sünden zurückzuschrecken. Er stiftete
mehrere Klöster in den Vogesen und, wegen seiner Strenge aus
Frankreich vertrieben, in Italien das berühmte Kloster Bobbio;

seine Klöster behielten die irischen Eigentümlichkeiten bei, schoren sich den Vorderkopf kahl, während sie die Haare am Hinterkopfe wachsen ließen, feierten Ostern an einem andern Tage und hatten auch im kirchlichen Ritus einige Abweichungen. Übrigens war Arbeit, Gebet und Studium auch der Grundgedanke in der Regel Kolumbans; das Studium umfaßte auch die Werke der heidnischen Klassiker. Kolumban war in einer sittenlosen Zeit eine eiserne Rute, und bekämpfte das Heidentum und die schlechten Sitten der Christen mit großer Strenge. Gleichwohl drängten sich Hohe und Niedrige zahlreich in seine Klöster; diese brachten viele segensreiche Früchte und bewahrten strenge Sittenzucht, wurden aber später von dem Benediktinerorden überflügelt, welchen besonders Papst Gregor der Große beförderte und ausbreitete. Da überdies dieser Orden von allen krankhaften nationalen Anschauungen sich fernhielt und der bedrohten kirchlichen Einheit in Deutschland förderlich war, so ist es erklärlich, daß Bonifatius diesen Orden in Deutschland nach Kräften ausbreitete und in Fulda ein Kloster zum leuchtenden Vorbilde für alle andern gründen wollte. Die Regeln des hl. Benediktus wurden aber am strengsten beobachtet in Italien, besonders in dem Mutterkloster auf dem Monte Casino, welches zwar im Jahre 588 von den Langobarden zerstört, aber wieder aufgebaut war und unter der Leitung des vortrefflichen Abtes Pertinax blühte. Dorthin eilten daher fromme Männer aus allen Ländern, um an der Wiege des Ordens und am Grabe seines heiligen Stifters († 529) den rechten Ordensgeist in sich aufzunehmen und nach andern Gegenden zu verbreiten, so z. B. aus Deutschland Willibald, Sturmi, Ludger und andere.

Die Reise Sturmis und seiner Genossen nach Italien nahm über ein Jahr in Anspruch. Nachdem sie das südliche Deutschland durchwandert und die hohen Alpen überschritten hatten, pilgerten sie durch das nördliche Italien nach Rom und von da nach Monte Casino. Unterwegs kehrten sie überall in den Klöstern ein; in Monte Casino blieben sie fast ein Jahr, um das klösterliche Leben, welches sich an die Feier des Kirchenjahres eng anschließt, durch Anschauen und längeres Üben genau kennen zu lernen. Nachdem sie viele Klöster besucht und sich viele Kenntnisse und Erfahrungen gesammelt hatten, kehrten sie nach Deutschland zurück. Sturmi erkrankte unterwegs in Franken und lag vier Wochen im Kloster Kitzingen am Main krank danieder. Unter der sorgsamen und kundigen Pflege der dortigen Klosterfrauen genesen, eilte er nach Thüringen zum hl. Bonifatius, um ihm über das Ergebnis seiner Reise zu berichten. Als Sturmi dem hl. Bonifatius die Lebensweise der italienischen Klöster ausführlich erzählte, ermahnte ihn dieser, das Kloster Fulda genau nach dem Muster der italienischen Klöster einzurichten, und entließ ihn mit seinem Segen. Sturmi eilte nun nach Fulda, schilderte den Mönchen mit beredten Worten das strenge Leben in den italienischen Klöstern und entflammte alle zu dem Vorsatze, ein gleich strenges klösterliches Leben zu führen. Sturmi selber leuchtete allen durch sein Bei= spiel voran. Die Mönche beobachteten die Regeln mit größter Gewissenhaftigkeit und lebten in strenger Abtötung und Ent= sagung. Brot, Obst und Gemüse waren ihre Nahrung; Fleisch war nur den Kranken gestattet. Die Klausur wurde strenge beobachtet, sodaß die Mönche nur aus wichtigen Gründen das Kloster verließen und Fremden nur in seltenen Fällen Einlaß gestattet wurde; Frauen war der Zutritt überhaupt nicht ge= stattet, anfangs selbst nicht einmal in die Klosterkirche. Arbeit, Studium und Gebet wurden eifrig gepflegt, sodaß das Ordens= leben im Kloster blühte. Die Kunde von dem heiligen Leben der Mönche verbreitete sich weithin, daher begehrten viele den Eintritt in das Kloster, und reiche Familien unterstützten es durch Schenkungen.

Trotz der vielen Sorgen und Mühen, welche dem hl. Boni= fatius seine schwierige Stellung als Legat des Apostolischen Stuhles für das weit ausgedehnte Frankenreich bereitete, verlor er das Kloster Fulda nie aus dem Auge und wandte ihm be= ständig seine Liebe und sein Wohlwollen zu. Alljährlich suchte er das Kloster in der stillen Einsamkeit des Buchonischen Waldes auf, ruhte von seinen apostolischen Mühen aus, stärkte sich durch Gebet, Betrachtung und Lesung der heiligen Schriften zu neuem Wirken, und feuerte zugleich durch Wort und Beispiel die Mönche zum unaufhörlichen Ringen nach klösterlicher Vollkommenheit an. Die Legende im Munde des Volkes erzählt noch jetzt manches über den Aufenthalt des hl. Bonifatius in Fulda. Am Fuße des Berges, welcher nach ihm anfangs Bischofsberg, später aber nach der dort erbauten Marienkirche Frauenberg genannt wurde, grub er mit seinem Wanderstabe einen Brunnen, segnete ihn und trank daraus; daher wurde der Brunnen Bonifatiusbrunnen ge= nannt. In tiefer Waldeinsamkeit heftete er an eine Buche ein Kreuz, um knieend vor demselben das kirchliche Stundengebet (horae) zu verrichten, daher bekam der Ort später den Namen Horas. Fulda lag ungefähr in der Mitte jener deutschen

Stämme, welchen Bonifatius von Anfang an seine apostolische Thätigkeit zugewandt hatte. Daher wählte er sich Fulda zu seiner letzten Ruhestätte aus, um auf dem Schauplatze seiner segensreichen Thätigkeit der einstigen Auferstehung zu harren.[1] Nach den Absichten des hl. Bonifatius sollte das Kloster Fulda an der Ausbreitung und Befestigung der katholischen Kirche in Deutschland, worin er seine Lebensaufgabe sah, hervorragenden Anteil nehmen; es sollte der Mittelpunkt des Ordenslebens im nördlichen Deutschland und ein Vorposten für die Ausbreitung des Evangeliums nach Norden sein. Nachdem daher Bonifatius die Gunst der weltlichen Fürsten für das Kloster gewonnen hatte, suchte er in gleicher Weise ihm auch die Gunst des Papstes zu erwerben. Im Jahre 751 sandte Bonifatius seinen Schüler Lullus mit einem Brief nach Rom zum Papste, in welchem er ihm die Gründung des Klosters Fulda nach der strengen Regel des hl. Benediktus meldet, die günstige Lage des Klosters hervorhebt und bittet, er möge es durch ein Privileg des Apostolischen Stuhles schützen. Zugleich ließ er sich durch Lullus noch mündlich das Kloster dem Wohlwollen und Schutze des Papstes empfehlen. In dem Antwortschreiben teilt der Papst dem hl. Bonifatius mit, daß er entsprechend seiner Bitte dem Kloster ein Privileg verliehen und dessen schriftliche Ausfertigung angeordnet habe. Dieses Privileg bestand darin, daß das Kloster von jeder bischöflichen Gewalt ausgenommen und direkt unter dem Papste stehen, daß dort kein Priester ohne Erlaubnis des Abtes eine geistliche Funktion vornehmen, und daß es für immer im ungeschmälerten Besitze seiner Rechte, Güter und Privilegien bleiben sollte.[2] Nach dem Tode des

---

[1] Bonifatius spricht diesen Gedanken selber in einem Briefe an den Papst (Ep. 79) aus und sagt, Fulda läge inmitten der vier Stämme, denen er das Evangelium verkündigt habe. Unter den vier Stämmen sind die Hessen, Thüringer, Franken und Bayern zu verstehen; an die Sachsen dachte er weniger, da er ihnen mit Erfolg das Evangelium nicht verkündet hatte, obschon es immer sein Herzenswunsch war.

[2] Ep. 79, 80, 82. Verleihung und Inhalt des Privilegs sind bestritten worden, so von dem Würzburger Theologen Eckhart, welcher die Rechte seines Bischofs über Fulda verteidigte, von den gallikanisch gesinnten Theologen, welche die Macht des Papstes in den frühern Jahrhunderten herabzudrücken suchten, von dem protestantischen, vielfach hyperkritischen Geschichtschreiber Rettberg (I, 612—622), welcher eine teilweise Fälschung annimmt, von Hartung, welcher in seinen historisch diplomatischen Forschungen (S. 214, 261) alle ältern Urkunden über das Privileg für gefälscht ansieht und in Sturmi den Fälscher vermutet, natürlich ohne einen sichern Beweis für diese höchst beschimpfende Ansicht zu bringen.

Papſtes Zacharias bat der Abt Sturmi auf Anraten des
hl. Bonifatius den Papſt Stephan um Beſtätigung des Privilegs,
welche er auch erhielt. Dieſe Selbſtändigkeit des Kloſters wurde
zwar öfters durch die benachbarten Biſchöfe angeſtritten; ſo
ſuchte ſchon Lullus, der Nachfolger des hl. Bonifatius auf dem
erzbiſchöflichen Stuhle von Mainz, die Oberherrſchaft über Fulda
zu bekommen. Weil nämlich die Mönche zu Fulda arm waren
und durch die Arbeit ihrer Hände ſich ernähren mußten, ſo
befahl Bonifatius bei ſeiner Abreiſe nach Friesland dem Lullus,
die Kirche in Fulda zu vollenden. Dieſem Befehle legte Lullus
wohl eine größere Bedeutung bei, als Bonifatius beabſichtigt

Das Privileg iſt bis in die neueſte Zeit vielfach wiſſenſchaftlich unterſucht
worden, ſo von Bartolini, Jaffé, Will, Gegenbauer, Komp, Rübſam,
Sickel, Oelsner. Die Anſicht von der Echtheit des Privilegs iſt die
herrſchende; beſonders hat ſich auch Sickel, der bedeutendſte Kenner der
Urkunden aus der karolingiſchen Zeit, für die Echtheit erklärt (Sitzungs-
bericht der Wiener Akademie 1864, IV); nach Oelsner (Jahrbücher, S. 60)
hat Sickels „ſcharfſinnige Forſchung die Frage wohl für immer zum
Abſchluß gebracht und den Verdacht einer Fälſchung beſeitigt“. Das
Original des Privilegs iſt verloren gegangen; es iſt in vier verſchiedenen
Formen auf uns gekommen. Wenn wir daher auch über den Wortlaut
des Privilegs nicht ſicher unterrichtet ſind, ſo läßt ſich doch deſſen urſprüng-
liche Erteilung mit guten Gründen beweiſen. Eigil, Schüler und Biograph
des hl. Sturmi, erzählt (Kap. 20), daß Pippin dem Sturmi bei der
Rückkehr aus der Verbannung das von Papſt Zacharias erteilte Privileg
zurückgab und beſtätigte, und daß dieſes Privileg im Kloſter aufbewahrt wurde. Es liegt kein Grund vor, an der Mitteilung des höchſt
glaubwürdig erſcheinenden Eigil zu zweifeln oder dieſe Stelle für ein-
geſchoben zu halten. Sturmi, Eigil und überhaupt die Mönche Fuldas
waren ſittenſtrenge Männer, auf die ganz Deutſchland bewundernd ſchaute.
Es widerſpricht ihrem Charakter, zu einer Fälſchung mitzuwirken oder
auf eine gefälſchte Urkunde ſich wiſſentlich zu berufen. Auch enthält die
Urkunde nichts Neues und iſt in denſelben Ausdrücken abgefaßt, in welchen
nach dem römiſchen Formelbuch (liber diurnus) nachweisbar in jener Zeit
zuerſt ſolche Privilegien erteilt wurden, ſo für angelſächſiſche Klöſter, für
das Kloſter Bobbio, Kolumbans berühmte Stiftung in den Schluchten
des Apennin, von Papſt Honorius im Jahre 628, und für Monte Caſino
im Jahre 748 vom Papſte Zacharias. Die außergewöhnliche Stellung
des hl. Bonifatius und der Zweck des Kloſters Fulda brachten es mit
ſich, daß Fulda beſondere Privilegien erteilt wurden. Der hl. Bonifatius,
um die Ausbreitung der katholiſchen Kirche ſo hoch verdient und lebens-
länglicher Legat des Apoſtoliſchen Stuhles, bat den Papſt um Schutz
ſeines lieben Kloſters Fulda, wo er von den Mühen ſeines apoſtoliſchen
Amtes auszuruhen pflegte und nach ſeinem Tode begraben ſein wollte.
Das Kloſter lag inmitten verſchiedener Stämme und mehrerer Bistümer,
konnte alſo leicht in Streitigkeiten verwickelt werden. Ferner ſollte das
Kloſter das Miſſionsweſen nach dem Norden hin übernehmen, ſollte an
die Spitze des geſamten Ordensweſens im nördlichen Deutſchland treten
und für das ganze Land eine Leuchte der Wiſſenſchaft und der Religion

hatte, und suchte in Fulda eine ähnliche Stellung einzunehmen
wie der hl. Bonifatius, indem er Sturmi, gegen die Absichten
des hl. Bonifatius, wohl nur als seinen Unterabt ansah. Sturmi
konnte sich eine solche untergeordnete Stellung im Interesse seines
Klosters nicht gefallen lassen und geriet so mit Lullus in Streit.
Da klagten drei schlechte Mönche, im Vertrauen auf die Beihilfe
des Lullus, den Sturmi einer feindlichen Haltung gegen Pippin
an, wahrscheinlich, daß er als Bayer bei dem Kampfe Pippins
gegen sein Vaterland Sympathieen für dasselbe geäußert habe;
böser Wille konnte das leicht zu einem schweren Verbrechen
stempeln. Pippin hatte sich aber vor kurzem zum Könige der

werben, ähnlich wie Monte Casino in Italien, welches das Privileg
empfing, als Sturmi (748) dort weilte. Es liegt daher nahe, daß Sturmi
dem hl. Bonifatius die Verleihung des Privilegs mitteilte, und daß dieser
für Fulda ein gleiches Privileg zu erwerben suchte. Eine unbegründete,
unbeweisbare Vermutung Harttungs ist es, Sturmi habe nach dem ihm
in Monte Casino bekannt gewordenen Privileg des dortigen Klosters ein
ähnliches für Fulda erdichtet. Näher liegt doch die Annahme, daß es
von Bonifatius erbeten wurde, welcher ja überhaupt bei allen wichtigen
Dingen sich an den Papst wandte und der Erfüllung seiner Bitte sicher
sein durfte. Es ist freilich nicht zu leugnen, daß in früherer Zeit vielfache Fälschungen vorkamen, es liegt aber kein Grund vor, solche den
Mönchen von Fulda zu unterschieben. Durch Raub, Brand und andere
Unfälle gingen in jenen kriegerischen, unruhigen Zeiten die Urkunden
über Privilegien vielfach verloren und wurden dann später mit Aufnahme ihres wesentlichen Inhalts zur Sicherung der erworbenen Rechte
von neuem geschrieben. Wenn daher das Privileg auch in verschiedenen
Formen existiert (nach Sickel, Beiträge zur Dipl. IV, 598, stammt die
Fuldaer Handschrift aus dem Ende des 8. Jahrhunderts), so liegt deshalb
noch kein Grund vor, einen böswilligen Betrug anzunehmen oder die
Thatsache der Verleihung des Privilegs zu bestreiten. Mag immerhin
die Bestätigung des Privilegs durch Papst Stephan und Kaiser Karl
den Großen in der uns erhaltenen Form mit Grund angezweifelt werden,
die Verleihung des Privilegs durch Papst Zacharias kann aber nicht
aus stichhaltigen Gründen angefochten werden. Übrigens hat der Streit
seit Aufhebung des Hochstifts Fulda nur noch ein Interesse für Kirchengeschichte und Kirchenrecht. Die ursprüngliche Verleihung des Privilegs
zeigt, daß die oberste Gewalt des Papstes in jener Zeit schon wirklich
bestand, und daß mit dem Entstehen der Klöster für ihr Verhältnis zu
den Bischöfen sich bestimmte kirchenrechtliche Normen bildeten. Im ganzen
standen die Bischöfe den Klöstern wohlwollend gegenüber und nahmen
auf deren Ansuchen bischöfliche Handlungen vor, z. B. die Priesterweihe.
Die Klöster suchten in ihrem Interesse sich unabhängig von den Bischöfen
zu machen und untereinander sich zu einigen und zu fördern, während
die Bischöfe vielfach die Aufsicht über die Klöster erstrebten. Auch suchten
die Bischöfe eine gewisse Herrschaft über die Klöster zu bekommen, um sie
nach ihrem Sinne der Weckung und Pflege des religiösen Sinnes in ihrem
Sprengel dienstbar zu machen. So kam es wohl zu Streitigkeiten zwischen
Klöstern und Bischöfen, wie die Geschichte Fuldas zeigt.

Franken erheben laſſen und ſuchte jeden Widerſpruch gegen ſeine
Regierung ſtrenge zu unterbrücken; er verbannte daher den Abt
Sturmi nach dem Kloſter Jumièges in der Normandie, deſſen
Abt Drotegang dem Pippin ſehr ergeben war. Nun machte
Lullus, im Widerſpruche mit der Ordensregel, einen ganz ge=
fügigen Mann, Namens Markus, zum Abte.[1]) Doch die Mönche
von Fulda erkannten ihn nicht an, und als Lullus die ihnen
rechtmäßig zuſtehende Abtswahl geſtattete, wählten ſie einen
Schüler Sturmis, Namens Prezzold, unter der Bedingung zum
Abte, daß er für Sturmis Rückkehr wirkte. Sturmi hatte bereits
zwei Jahre in der Verbannung zugebracht, als ſich Pippin von
ſeiner Unſchuld überzeugte; er übertrug ihm nun wieder das
Kloſter Fulda und beauftragte ihn, es entſprechend dem päpſt=
lichen Privileg, befreit von jeder biſchöflichen Gewalt, zu regieren.
Auf Bitten des Bonifatius hatte Pippin[2]) ſchon früher die vom
Heiligen Stuhle dem Kloſter verliehenen Vorrechte genehmigt,
alle gemachten Beſitzungen und Schenkungen beſtätigt, ihm ſeinen
beſondern Schutz zugeſichert und dem Abte die ſelbſtändige, von

---

[1]) Man hat wohl geſagt, wenn das Privilegium vom Papſte
Zacharias wirklich dem Kloſter erteilt worden wäre, ſo würde Lullus
als Schüler des hl. Bonifatius darum gewußt und einen Streit mit
Sturmi nicht angefangen haben. Allein Lullus betrachtete ſich in Fulda
als Nachfolger des hl. Bonifatius, welcher dort eine gewiſſe Herrſchaft
ausgeübt hatte, und erſtrebte die Herrſchaft über das Kloſter, was Eigil
(Kap. 18) ausdrücklich bemerkt. Wie Bonifatius Ankäufe von Gütern
für das Kloſter unterſchrieb, ſo auch Lullus, der ſogar die Ernennung
des Abtes in Anſpruch nahm. Die Rechte eines Diöceſanbiſchofs konnte
Lullus nicht beanſpruchen, weil das Gebiet Fuldas zum Würzburger
Sprengel gehörte, deſſen Biſchof Burchard auch nach dem hl. Bonifatius
die Stiftungsurkunde unterzeichnete. Die durch die päpſtliche Urkunde
ausgeſprochene Unabhängigkeit Fuldas vom Diöceſanbiſchof griff Lullus
daher auch nicht an, ſondern beanſpruchte nur als Nachfolger des hl. Bonifatius auf dem erzbiſchöflichen Stuhle von Mainz Rechte über Fulda,
ſo z. B. über das Eigentum des Kloſters, ſchloß deshalb Käufe für das
Kloſter ab und zahlte mit deſſem Gelde. Für Pippin hörte das Privileg
des Kloſters auf, ſolange auf dem Abte der Verdacht der Untreue haftete.
Indem Lullus und Sturmi die ihnen von ihrem Standpunkte aus zu=
kommenden Rechte entſchieden beanſpruchten, gerieten dieſe beiden vortrefflichen Männer in Streit. Übrigens muß das Privileg des Kloſters
wirklich erteilt ſein, ſonſt hätte ſich Pippin gewiß nicht zuletzt für Sturmi
und zu Ungunſten des mächtigen Erzbiſchofs von Mainz entſchieden. Auch
muß es die Freiheit der Abtswahl und die Befreiung von jeder biſchöf=
lichen Gewalt enthalten haben, weil ſich hierauf der Streit erſtreckte.

[2]) Die Urkunde Pippins iſt von 752 oder 753. Die Zeit von
Sturmis Verbannung wird verſchieden angegeben; die Angaben ſchwanken
zwiſchen 758—767; nach Oelsner (Jahrbücher, Excurs. XV) dauerte ſie
von 763—765.

den Bischöfen und weltlichen Großen unabhängige Regierung des Klosters zugesichert. Pippins Sohn, der große Karl, war dem Kloster ebenfalls gewogen, bestätigte seine Rechte und sicherte ihm die freie Abtswahl zu (774).

Unter der vortrefflichen Leitung des Abtes Sturmi, unter dem einflußreichen Schuhe des hl. Bonifatius und durch das besondere Wohlwollen der Päpste und Kaiser blühte das Kloster Fulda heran und wurde das bedeutendste Benediktinerkloster des nördlichen Deutschlands. Das von Sturmi begründete strenge Leben dauerte Jahrhunderte hindurch fort. Die Mönche lebten im Geiste ihres Ordens in strenger Abtötung und Entsagung, schliefen auf hartem Lager, enthielten sich des Fleisches und der berauschenden Getränke, teilten ihre Zeit zwischen Gebet und Arbeit, beobachteten gewissenhaft die Ordensregeln und suchten in allen Dingen die Ehre Gottes und das Heil der Seelen. Die Klausur wurde so strenge gehalten, daß weiblichen Personen der Zutritt zu den Klostergebäuden überhaupt nicht gestattet wurde. Erst ungefähr 600 Jahre nach Gründung des Klosters, im Jahre 1397, wurde Frauen nur am Feste des hl. Bonifatius der Zutritt zur Klosterkirche gestattet, um die Reliquien des Heiligen zu verehren. Der Ruf von dem sitt= samen, thätigen Leben der Mönche verbreitete sich weithin und bewog viele zum Eintritte in das Kloster, sodaß es sehr zahl= reich wurde. Schon zu Lebzeiten Sturmis betrug die Zahl der Mönche 400; sie arbeiteten mit der Hand wie mit dem Kopfe und wandten sich entsprechend ihren Neigungen verschiedenen Gebieten zu; wenn der Geist durch Studien angestrengt war, gewann er durch körperliche Arbeit oder durch Wechsel der Be= schäftigung seine Kraft und Frische wieder. Weil das Kloster nun auch durch vielfache Schenkungen in den Besitz großer Güter kam, so konnte es auf allen Gebieten, für Landbau und Handwerk, Kunst und Wissenschaft, wie auch für die Verbreitung der christlichen Religion Großartiges leisten.

Sturmi und seine Mönche hatten sich mitten im Buchonischen Walde niedergelassen, welcher bis dahin ein wilder, von der Kultur und Civilisation ausgeschlossener Urwald gewesen war. In kurzer Zeit rodeten sie einen Teil des Waldes aus und schafften sumpfige Stellen fort, um Felder, Wiesen, Gärten und Häuser anzulegen. Die Felder bestellten sie mit verschiedenen Saaten, in den Gärten zogen sie veredelte Obstbäume, befleißigten sich des Gemüsebaues, legten Weinberge an und pflanzten die gebräuchlichsten Heilkräuter. Weil das Kloster Fulda bald sehr

zahlreich wurde, so bauten sich einzelne Mönche in der Umgebung
Zellen und machten dort das Land urbar. Dadurch erfüllten
sie ihre Regel, welche Arbeit vorschrieb, und verschafften sich
zugleich durch den Ertrag des Bodens ihren Unterhalt. In
ihrer Nähe siedelten sich bald noch andere Menschen an, erlernten von ihnen den Ackerbau und empfingen von ihnen die
zur Bestellung nötigen Saaten. So bildeten sich durch Zuzug
aus den benachbarten Gegenden eine ganze Reihe von Ortschaften,
welche auf zell endigen, und meistens nach dem Namen des ersten
oder eines andern hervorragenden Mönches benannt wurden, so
z. B. Eichenzell (Haichoniszelle), Gläserzell (Nikolaizelle), Bronnzell, Mackenzell und viele andere. Weil auf den ausgerodeten
Waldstätten allmählich Dorfschaften entstanden, so endigten diese
vielfach auf roden, so z. B. Gersrod, Pfaffenrod, Poppenrod,
Ober-, Mittel- und Niederroden, und andere. An den Stellen,
wo der Wald ausgerodet war, wurden Felder angelegt, auf
welchen sich Ansiedler anbauten, und so entstanden Dorfschaften,
die auf feld endigten, z. B. Gersfeld, Hünfeld, Treisfeld, Wüste-
feld und viele andere. So wurde durch die Mönche von Fulda
aus nach und nach der Buchonische Wald urbar gemacht und
mit Wiesen und Feldern, Städten und Dörfern bedeckt, sodaß
ein großer Teil Mitteldeutschlands seine Kultur den Mönchen
von Fulda verdankt. Doch nicht bloß auf den Buchonischen
Wald beschränken sich die Verdienste des Klosters, sondern in
ganz Deutschland hat es zur Verbreitung eines rationellen Landbaues beigetragen. Durch zahlreiche Schenkungen der weltlichen
und geistlichen Großen bekam das Kloster in ganz Deutschland
Besitzungen. Die Schüler des hl. Bonifatius auf den bischöflichen Stühlen bedachten die Lieblingsstiftung ihres Lehrers
in ihren Kirchensprengeln mit Schenkungen. Die fränkischen
Fürsten schenkten dem Kloster bedeutende Höfe, Pippin die Villa
Thiningen (jetzt Deiningen bei Nördlingen in Bayern) und
Omunstadt im Maingau (jetzt Umbstadt in Hessen-Darmstadt),
Karl der Große außer andern Hamelenburk (jetzt Hammelburg
an der Saale), Holzkirchen in Bayern, Vargula an der Unstrut. Auch andere weltliche Fürsten vermachten dem Kloster
Besitzungen und legten die Urkunden auf dem Grabe des hl. Bonifatius nieder, um ihm so ihre Dankbarkeit für das große Gut
des katholischen Glaubens auszudrücken. So kam das Kloster
in den Besitz von ungefähr 12 000 Höfen, welche in den
verschiedensten Teilen Deutschlands lagen, in Bayern, Franken,
Elsaß, Hessen, Thüringen, Westfalen, Friesland. Auf all diesen

Höfen wurde von Fulda aus ein rationeller Ackerbau betrieben und dadurch die Kenntnis desselben immer weiter in Deutschland verbreitet.

Die Handwerke wurden in Fulda und den von ihm gegründeten Klöstern mit Eifer gepflegt. Wo immer Benediktiner sich niederließen, wurden Kalköfen, Mühlen und Sägen errichtet. Bäckerei, Müllerei, Schreinerei, Schneiderei, Gerberei, Bereitung von Pergament, Leinen und Wolle, Weberei, kurz, alle Handwerke wurden im Kloster betrieben, damit die Mönche stets im Kloster blieben und keine Veranlassung zu Ausgängen und Reisen hatten. Wer sich im Kloster nicht den Studien widmete, mußte ein Handwerk betreiben. In der Nähe des Klosters Fulda siedelten sich nach und nach noch andere Leute an, und so entstand die Stadt Fulda, in welcher die Äbte die Ausübung des Handwerks und die Bildung der Zünfte sehr beförderten. Die Wollweberzunft war die erste, von den Äbten mit vielen Vorrechten ausgestattete Zunft. Daß man damals schon die Wasserkraft benutzte, zeigt der von Sturmi mit genauer Berechnung des Gefälles angelegte Kanal, welcher noch jetzt Sturmiusgraben genannt wird; er diente nicht bloß zur Regulierung des Flusses und zur Bewässerung der Wiesen und Gärten, sondern auch zum Betriebe der verschiedensten Gewerke. Auch wurde das Flußwasser zur Anlage von Fischteichen benutzt, da die Mönche sich des Fleisches enthielten und auf Fischnahrung angewiesen waren.

An die Pflege des Handwerks schloß sich naturgemäß die Pflege der Kunst. Baukunst, Schnitzerei, Malerei, Skulptur, Schönschreibekunst fanden im Kloster die eifrigste Pflege. Schon Sturmi führte die Klostergebäude und besonders die Kirche kunstvoll auf. Über den Gebeinen des hl. Bonifatius ließ er einen goldenen Altar, und über diesem einen baldachinartigen Überbau aus Gold und Silber durch die kunstverständigen Mönche seines Klosters herrichten, welche auch alle zur Feier des Gottesdienstes nötigen Geräte verfertigten. Unter Eigil, dem vierten Abte des Klosters, wurde der Bau der großen Klosterkirche vollendet, welche in Kreuzesform erbaut war und zwei Chöre mit Krypten besaß; es war die erste Kirche dieser Art in Deutschland. Rhabanus Maurus, fünfter Abt des Klosters, machte den Plan der uns noch erhaltenen St. Michaelskirche, welche nächst dem Münster zu Aachen das älteste christliche Baudenkmal Deutschlands ist. Die ganze Kirche ruht auf dem einzigen Pfeiler der Krypta, und soll den Gedanken veranschaulichen, daß die ganze Kirche nur auf einem Fundamente, auf Christus, ruht. Derselbe kunstsinnige Abt stiftete auch die Fuldaer Kunstschule, welche von den spätern Äbten fortgesetzt wurde und viele tüchtige Künstler heranbildete. Alljährlich wurden bestimmte Einkünfte zur Verschönerung des Gottes- dienstes, zur Heranbildung von Künstlern und zur Verfertigung von Kunstwerken jeder Art verwendet. Es gab in Fulda vor- treffliche Gold- und Silberschmiede, Maler, Bildhauer, über- haupt Künstler jeder Art, welchen auch Gelegenheit zu vielfacher Beschäftigung geboten wurde, weil auf den vielen Höfen des Klosters Gotteshäuser erbaut und mit Kunstwerken in Metall, Holz und Stein, mit Bildern und Gemälden geschmückt wurden. Auch die Schönschreibekunst blühte im Kloster. Bücher wurden unter prachtvollen Verzierungen kunstvoll abgeschrieben, mit sinnigen Bildern geschmückt und geschmackvollen, teilweise sogar kostbaren Einbänden versehen; die wenigen uns erhaltenen Hand- schriften beweisen, mit welchem Eifer diese scheinbar unbedeutende Kunst im Kloster gepflegt wurde.

Wie die Künste, so wurden auch die Wissenschaften in Fulda gepflegt. Das Kloster besaß eine doppelte Schule, eine innere, in welcher die zukünftigen Ordensleute erzogen und für ihren Beruf ausgebildet wurden, und eine äußere, in welcher Kinder des Volkes und der Vornehmen, entsprechend ihrem spätern Berufe, erzogen und unterrichtet wurden. In den untern Schulen wurden die Elementarfächer gelehrt, Lesen, Schreiben und Rechnen, in den höhern die sieben freien Künste, nämlich Grammatik, Dialektik, Rhetorik, Musik, Astronomie, Arithmetik und Geometrie. Die Bestrebungen des Klosters waren darauf gerichtet, der Jugend eine höhere, wissenschaftliche Bildung mit- zuteilen und der Kirche wissenschaftlich gebildete Geistliche zu erziehen. Wissenschaftliches Streben erfüllte Schüler und Lehrer. Die tiefsinnigsten Fragen der Philosophie und Theologie wurden aufgeworfen. Durch den großen Ruf der Schule vermehrte sich rasch die Zahl der Schüler. Schon Bonifatius wies der Fuldaer Schule Jünglinge zu, und Karl der Große, welcher das Schul- wesen in seinem Reiche sehr pflegte, beförderte sie vor allen andern. Als er über die Pflege des Schulwesens ein Rund- schreiben erließ, richtete er dieses auch ganz besonders an den Abt von Fulda, dessen Schule er als die erste Schule des Reiches betrachtete und allen als Vorbild hinstellte. Auch legte Karl den Grund zur berühmten Klosterbibliothek, welche eine große Masse von gediegenen Werken über die verschiedensten

Zweige des menschlichen Wissens enthielt, die leider im dreißig=
jährigen Kriege größtenteils vernichtet worden sind. Ihre Blüte=
zeit erreichte die Fuldaer Klosterschule unter dem schon genannten
Abte Rhabanus Maurus. In Mainz geboren, wurde er schon
als Kind der Fuldaer Klosterschule übergeben, studierte zeitweilig
an der Hochschule zu Tours, welche der gelehrte Abt Alkuin
leitete, wurde später Abt des Klosters Fulda (822—842), widmete
sich dann fünf Jahre ausschließlich wissenschaftlichen Studien
und wurde zuletzt Erzbischof von Mainz, † 856. Noch als
Abt unterrichtete er täglich in der Schule und wirkte überhaupt
höchst fördernd auf das Schulwesen ein. Er brachte das Studium
des Griechischen in Deutschland in Übung, erwarb sich große
Verdienste um die Herstellung einer deutschen Grammatik und
Orthographie, und erregte allgemeines Staunen durch den Um=
fang seiner Kenntnisse. Er war der Mittelpunkt des geistigen
Lebens in Deutschland und erhielt den Namen des ersten Lehrers
Deutschlands (primus Germaniae praeceptor). Die Schule
von Fulda wurde über die Grenzen des deutschen Vaterlands
berühmt. Die größten Gelehrten Deutschlands in damaliger
Zeit sind aus ihr hervorgegangen oder hielten sich der Studien
halber dort auf. Von den gefeierten Namen seien nur genannt:
Walafried Strabo, Abt von Reichenau, berühmt durch seine Er=
klärung der heiligen Schrift, der gelehrte Abt Servatus Lupus
von Ferrières im mittlern Frankreich, die gelehrten Fuldaer
Geschichtschreiber Rudolf und Meginhard, der Mönch Otfried
von Weißenburg, unsterblich durch seinen Christ, eine anmutige
Darstellung des Lebens Jesu in Poesie mit Endreimen, die er
zuerst anwandte, der gelehrte Bischof Ermanrich von Passau,
Liutbert und Ruthard, die ersten Äbte des Klosters Hirschau,
welches für die Kultur Schwabens von größter Wichtigkeit wurde.
Die vornehmsten Familien vertrauten dem Kloster ihre Söhne
zur Erziehung an, so unter andern Eginhard, Minister Karls
des Großen und Gemahl seiner Tochter. Gut geleitete Schulen
zu haben, galt den Fuldaer Mönchen als Ehrensache; darauf
beruhte, wie sie sagten, Ehre, Reichtum, Ruhm und Ansehen
des Klosters. Reges, geistiges Leben herrschte daher in Fulda,
wo nicht selten mehrere hundert Mönche sich mit wissenschaft=
lichen Studien beschäftigten. Besonders blühte auch das Studium
der Bibel, welche die Mönche im Anschlusse an die Väter der
Kirche mit großem Scharfsinne auslegten und erklärten; auch
waren sie darauf bedacht, durch Vergleichung der alten Hand=
schriften einen guten Text herzustellen.

Bei der Pflege von Handwerk und Landbau, von Kunst und Wissenschaft, hatte das Kloster als Hauptziel immer im Auge, die Ehre Gottes und das Heil der Menschen zu befördern. Daher hat das Kloster auch viel zur Ausbreitung und Befestigung der katholischen Kirche beigetragen. Viele Erzbischöfe und Bischöfe, wie auch viele, von kirchlichem Geiste erfüllte höhere weltliche Beamte sind aus dem Kloster hervorgegangen. Besonders hat der erzbischöfliche Stuhl von Mainz eine große Anzahl würdiger Hirten aus dem Kloster Fulda empfangen. Das Kloster war eine Pflanzschule von wissenschaftlich gebildeten Geistlichen, welche mit Eifer in der Seelsorge thätig waren. Auf den zahlreichen Höfen des Klosters, welche in verschiedenen Gegenden Deutschlands lagen, wurden Kirchen und Schulen erbaut, und so das Christentum immer weiter ausgebreitet und befestigt. Für das Missionswesen hat Fulda außerordentlich viel gethan; es hat eine große Schar eifriger Glaubensboten hervorgebracht, welche das Christentum weiter nach Norden verbreiteten. Bereits der Abt Sturmi stellte sich an die Spitze des höchst schwierigen Missionswesens bei den hartnäckigen Sachsen, arbeitete jahrelang mit seinen Priestern an der Bekehrung dieses verblendeten Volkes und taufte viele Sachsen, so besonders im Jahre 776 an den Quellen der Lippe, von welchen eine damals den Namen Jordan empfing. Unter Sturmi wurden die ersten Kirchen im Lande der Sachsen erbaut, so im Jahre 772 die Peterskirche auf der Ehresburg, dem jetzigen Obermarsberg, und im Jahre 776 die Erlöserkirche in Paderborn. Wiederholt von den Sachsen vertrieben, kehrte Sturmi mit ungebeugtem Mute zurück, um nach dem schmählichen Abfalle der Sachsen das Werk ihrer Bekehrung von neuem zu beginnen, bis er 779 in Fulda im Kreise seiner Brüder den Folgen der vielen Anstrengungen erlag. Auch für das Ordensleben war Fulda von großem Einflusse; zahlreiche Klöster wurden von Fulda aus gegründet; Mönche anderer Klöster erlernten durch ihren Aufenthalt in Fulda das klösterliche Leben und verbreiteten es später wieder in den ihrigen. Wegen dieser großen Bedeutung, welche das Kloster auf allen Gebieten erlangte, wegen des guten Geistes, welcher in ihm herrschte, wurden dem Kloster viele Ehren und Vorrechte zu teil. Der Abt wurde Primas der Äbte Deutschlands und Frankreichs, und hatte das Recht, Kapitel des Ordens zu versammeln. Er wurde Reichsfürst und saß an hervorragender Stelle zur Linken des Kaisers, während der Erzbischof von Mainz zur Rechten saß. Ferner wurde der Abt Erzkanzler der deutschen Kaiserin und war bei ihrer Krönung besonders thätig. Papst Benedikt XIV. übertrug dem Abte 1752 die bischöfliche Würde, sodaß er in dem Hochstifte auch alle bischöflichen Rechte hatte. Wohl blieb auch Fulda im Laufe der Zeit nicht frei von allen menschlichen Unvollkommenheiten. Gegen das Ende des Mittelalters traten manche, besonders jüngere Söhne adeliger Familien, ohne wahren Beruf in das reiche, angesehene Stift ein, angelockt durch die äußern Ehren; durch die Aufnahme solcher Mitglieder wurde die Disziplin gelockert, und eine Verweltlichung trat ein. Trotzdem konnte bei der guten Gesinnung der Mehrzahl die sogenannte Reformation nicht dauernd in das Hochstift eindringen. Die Äbte reformierten das Kloster nach der strengen Regel und gründeten im Jahre 1734 eine Universität, an welcher Jesuiten und Benediktiner in edlem Wetteifer lehrten; frisches, geistiges Leben erwachte in Fulda, und eine neue Glanzperiode begann, leider von kurzer Dauer! Als zur Zeit der französischen Revolution die geistlichen Stiftungen aufgehoben wurden, wurde auch das Hochstift Fulda aufgehoben und kam in den Besitz weltlicher Fürsten, erst der Hessen und dann der Preußen. Im Jahre 1821 wurde in Fulda ein Bistum für Hessen errichtet, welches noch besteht.

Wenn wir diese Geschichte Fuldas in kurzen Zügen unserm Geiste vorführen, so erkennen wir, welch segensreiches Werk Bonifatius und Sturmi dort für viele Jahrhunderte gestiftet haben. Fulda war der Ausgangspunkt der Kultur und Civilisation für das mittlere Deutschland, eine Leuchte der christlichen Wissenschaft, eine Akademie der bildenden Künste, ein Mittelpunkt des klösterlichen Lebens, eine Pflanzschule von einheimischen Glaubensboten und Priestern, und ein Quell des christlichen Lebens für das Volk. Der Geist des hl. Bonifatius und seines Schülers Sturmi lebte Jahrhunderte hindurch im Kloster fort und spornte seine Mönche zu eifriger Thätigkeit an. Es ist daher ein großes Verdienst des hl. Bonifatius und zeugt von seinem weitschauenden Blicke, daß er seinen Schüler Sturmi zur Gründung des Klosters in den Buchonischen Wald aussandte und dessen Werk durch Rat und That förderte. Wie man an der Frucht des Baumes die Güte des Samens erkennt, so erkennt man auch an den herrlichen, mehr denn tausendjährigen Früchten des Klosters Fulda das große Verdienst seiner Gründung. Was Fulda auf dem Gebiete des Landbaues und Handwerks, der Künste und Wissenschaften geleistet hat, ist allerdings im Laufe der Zeiten durch Krieg oder sonstiges Mißgeschick meistens zu Grunde gegangen. Aber das, was auf uns ge= kommen ist, und die geschichtlichen Nachrichten über das Kloster lassen uns die Blüte des langen, geistigen Lebens in Fulda er= kennen, und erfüllen uns mit Bewunderung gegen jene Männer, welche solches vollbracht haben, nachdem eben erst die Wildnis urbar gemacht und ein rohes, ungebildetes Volk mit der ersten Bildung bekannt gemacht war. Vor einem solchen Werke ver= schwindet manches, was in spätern Jahrhunderten geschah und als eine große That von der Welt gepriesen wird; denn es ist offenbar viel schwerer, die Keime einer neuen Bildung zu legen, als die schon bestehende zu pflegen. Seit seiner Gründung übte Fulda durch alle Jahrhunderte hindurch einen großen Einfluß auf das geistige und religiöse Leben unseres Volkes aus; Un= zählige verdanken ihm den Schatz ihres Wissens und ihrer Frömmigkeit, ihr Heil für Zeit und Ewigkeit. So ist die Lieblingsschöpfung des hl. Bonifatius, welche während der Kämpfe und Mühen seines apostolischen Amtes in dem einsamen Buchonischen Urwalde entstand und durch sein inniges Gebet, seine belehrenden Worte und sein ermunterndes Beispiel ge= heiligt und befruchtet wurde, eine Quelle des größten Segens für unser deutsches Vaterland geworden und mit seiner Geschichte unzertrennlich verbunden. Wohl hat auch Fulda die Wandelbar= keit des Irdischen erfahren, aber der Segen der ursprünglichen Stiftung ist trotzdem nicht ganz erloschen. Das geistliche Hoch= stift mit seiner weltlichen Herrlichkeit ging nach mehr als tausend= jährigem, ruhmvollem Bestehen bei dem allgemeinen Raube der Kirchengüter zu Grunde, aber es wurde bald nachher an dieser ehrwürdigen Erinnerungsstätte des hl. Bonifatius wieder ein Bistum gegründet, sodaß katholisches Leben dort ununterbrochen fortdauert bis zur Gegenwart.

Siebentes Kapitel.

Der hl. Bonifatius wird Erzbischof von Mainz. Salbung Pippins zum Könige der Franken (752). Kirchliche und staatliche Einigung der deutschen Stämme.

Zur vollen, gedeihlichen Entwicklung des kirchlichen Lebens ist notwendig, daß die Bischöfe dem Papste untergeordnet, aber

auch untereinander eng verbunden sind. Zur Herstellung und
Bethätigung dieser engen Verbindung dienen besonders die Erzbischöfe oder Metropoliten, wie sie von Anfang an in der Kirche
gewesen sind. Die Erzbischöfe stehen an der Spitze einer Kirchenprovinz, welche mehrere Bistümer umfaßt, berufen von Zeit zu
Zeit die ihnen unterstehenden Bischöfe, die sogenannten Suffragan-
bischöfe, zu Versammlungen, auf welchen sie den Vorsitz führen,
bilden bei Streitigkeiten eine höhere Instanz und treten ein,
wenn in einem Bistume die kirchliche Verwaltung gehemmt
wird. Als Auszeichnung empfangen sie vom Papste das Pallium,
ein schmales, aus Wolle gewebtes Schulterkleid, und lassen als
Ehrenzeichen ein Kreuz vor sich hertragen. Weil die Erzbischöfe
einen Einheitspunkt für mehrere Kirchensprengel bilden und so
für das kirchliche Leben von großer Bedeutung sind, so hatte
der hl. Bonifatius als Apostolischer Legat für den westlichen
Teil des Frankenreichs, das heutige Frankreich, Erzbischöfe eingesetzt, nämlich zu Rouen, Rheims und Sens. Gewöhnlich
wurden von den Päpsten und Kirchenversammlungen zu Erzbischöfen die Bischöfe solcher Städte erhoben, welche bereits ein
Hauptsitz der weltlichen Verwaltung waren und schon durch ihre
Lage einen Kreis von Bistümern untereinander vereinen konnten.
Oftmals bildeten sich die erzbischöflichen Rechte auch dadurch,
daß Bischöfe in andern Gegenden mit besonderm Eifer das
Evangelium ausbreiteten, dort bischöfliche Sitze errichteten und
über diese bestimmte Rechte erlangten. Daher hießen die erzbischöflichen Stühle auch Metropolen oder Mutterkirchen und
ihre Hirten Metropoliten. Zur Zeit des hl. Bonifatius gab
es in Deutschland schon eine Reihe von Bistümern, welche teilweise bereits zu den Zeiten der Apostel gegründet waren. Nach
der Legende sandte der Apostel Petrus seinen Schüler Eucharius
mit zwei Gehilfen Valerius und Maternus zur Verkündigung
des Evangeliums nach Deutschland; Eucharius gründete ein
Bistum in Trier und wurde dessen erster Bischof; Trier gilt
als die älteste Kirche Deutschlands und war zur Zeit der weltbeherrschenden Römer auch Hauptsitz der Regierung, wo nicht
selten römische Kaiser residierten; daher wurde es auch Neu-Rom
genannt. Valerius soll zweiter Bischof von Trier, und Maternus
erster Bischof von Köln gewesen sein. Der Apostel Paulus
sandte seinen Schüler Crescenz aus, welcher das Evangelium
in Mainz verbreitete und dort erster Bischof wurde. Überhaupt
wurde im Gebiete des Rheins in den Städten, welche zur Zeit
der Römerherrschaft Sitze weltlicher Behörden und Hauptpunkte

des Handels und Militärs waren, frühzeitig das Christentum durch Priester, Kaufleute und Soldaten ausgebreitet, sodaß zur Zeit der großen Christenverfolgungen dort schon viele Christen des Martyrertodes starben. In Metz, Toul, Verdun, Chur, Konstanz, Straßburg, Speyer, Worms, Köln, Tongern (später nach Mastricht und dann nach Lüttich verlegt) gab es schon lange vor Bonifatius bischöfliche Sitze; ebenso im Gebiete der Donau, so in Augsburg, Regensburg, Freisingen, Passau, Salzburg. Willibrord gründete Utrecht für Friesland, und Bonifatius gründete Eichstätt, Würzburg, Buraburg und Erfurt. Die meisten dieser ältern Bistümer waren aber selbständig und keinem Erzbischofe untergeordnet, sei es, daß die Bischöfe der hervorragenden Stellen das Missionswesen nicht eifrig betrieben und keine neuen Bistümer gegründet hatten, sei es, daß die erzbischöflichen Rechte bei der wesentlichen Gleichheit aller Bischöfe sich nicht entwickelt hatten. Der Bischof von Trier besaß erzbischöfliche Rechte über Metz, Toul und Verdun; ob Köln schon dauernd erzbischöfliche Rechte hatte, ist streitig; es soll solche über Tongern in Belgien gehabt haben. Mainz soll zwar erzbischöfliche Rechte über Straßburg, Speyer und Worms gehabt haben, aber selber wieder dem Bischof von Trier als seinem Primas untergeben gewesen sein. Unter diesen Umständen war es dringend notwendig, daß die kirchliche Gliederung hergestellt und die verschiedenen Bistümer bestimmten Erzbischöfen untergeordnet wurden. Da noch große Gebiete Deutschlands heidnisch waren, so verlangte auch die gedeihliche Entwickelung des Missionswesens die Ernennung eines Erzbischofs, der dieses in die Hand nahm. Zum Erzbischofe eignete sich aber ganz besonders der hl. Bonifatius durch seine persönlichen Tugenden und reichen Erfahrungen, wie auch durch seine langjährige, hervorragende Teilnahme an der Ausbreitung und Befestigung der Kirche in Deutschland; er war im Jahre 718 von Papst Gregor II. als einfacher Priester und 722 (723) als Missionsbischof nach Deutschland geschickt worden; 732 war er von Gregor III. zum Erzbischof, und 738 zum Päpstlichen Legaten für das östliche Frankenreich (das heutige Deutschland) und 743 (744) auch für das westliche Frankenreich (das heutige Frankreich) ernannt worden, ohne daß ihm jedoch ein bestimmter Sitz angewiesen war. Aus einem einfachen Missionspriester war er durch persönliche Tüchtigkeit der mächtigste und einflußreichste Bischof des fränkischen Reiches und der besondere Vertreter des Papstes zur Ordnung der kirchlichen Verhältnisse geworden. Da starb 744 der Bischof Raginfrid von Köln. Köln war früher Hauptstadt der ripuarischen Franken gewesen und war durch seine Lage am Niederrhein besonders geeignet, der einigende Mittelpunkt deutscher Kirchen zu werden, wie es auch schon für den Handel von großer Bedeutung war und frühzeitig eine der größten und wichtigsten Städte des Niederrheins wurde. Ferner lag es nicht weit von den Sachsen und Friesen, deren Bekehrung dem hl. Bonifatius sehr am Herzen lag, auch nicht weit von den Hessen und Thüringern, denen Bonifatius lange das Wort Gottes mit Erfolg verkündet hatte und noch immer seine Hirtensorge zuwendete. Köln lag also ziemlich in der Mitte seines Wirkungsfeldes und war daher zu einem erzbischöflichen Sitze für ihn sehr gelegen. Da das Bedürfnis eines Erzbischofs für das heutige Deutschland mit einem bestimmten Sitze sich immer mehr geltend machte, so kam die Sache auf der fränkischen Synode des Jahres 745 zur Sprache. Die fränkischen Fürsten Pippin und Karlmann wie auch die Schüler und Freunde des hl. Bonifatius entschieden sich für die Erhebung Kölns zum erzbischöflichen Stuhle und wünschten für diesen Stuhl den hl. Bonifatius. Als dieser dem Papste den Beschluß der Versammlung mitteilte, stimmte der Papst freudig zu, erhob Köln zum Erzbistume und übertrug es dem hl. Bonifatius. Allein Bonifatius gelangte nie in den Besitz des erzbischöflichen Stuhles. Der Grund davon ist uns nicht sicher übermittelt. In dem Bestätigungsschreiben spricht der Papst von falschen und schismatischen Priestern, welche die Erhebung des Bonifatius auf diesen erzbischöflichen Stuhl zu vereiteln suchten, und als der Papst später einmal die Sache berührt, sagt er, die Franken haben ihr Wort bezüglich Kölns nicht gehalten.[1] Wahrscheinlich wurde die Sache durch den Widerstand eines Teils der Geistlichen vereitelt. Bonifatius führte nämlich mit unerbittlicher Strenge die Kirchengesetze gegen unwürdige Geistliche durch und suchte besonders die Priester mit echt kirchlichem Geiste zu erfüllen. Trägen und widerspenstigen Geistlichen, deren es auch in Köln gab, war das natürlich höchst unbequem, und so ist es erklärlich, daß die Ernennung des hl. Bonifatius zum Erzbischofe von Köln großen Widerspruch fand. Besonders wurde gegen ihn geltend gemacht, er sei Ausländer, und dürfe daher diesen Stuhl nicht besteigen. Aber die fränkischen Fürsten, die Schüler und Freunde des hl. Bonifatius wie alle Gutgesinnten traten entschieden für ihn ein, und so

---

[1] Ep. 51 et 66.

kam troß des Widerspruchs jener Beschluß zustande. Obschon
Bonifatius wegen der günstigen Lage Kölns gern diesen Stuhl
bestiegen hätte und durch seinen großen Einfluß bei dem Papste
und den fränkischen Fürsten sich den Besiß desselben auch sichern
konnte, wenn er es durchaus gewollt hätte, so trat er doch von
diesem Stuhle wegen der entstandenen Schwierigkeiten zurück,
gewiß ein Zeugnis seines friedfertigen, demütigen Charakters,
und seßte die Wahl eines kirchlich gesinnten fränkischen Priesters
durch, Namens Agilolf.

Auf derselben fränkischen Generalsynode (745) wurde auch
der Mainzer Bischof Gewilieb abgesett, weil er an einem Kriege
teilgenommen, den Mörder seines Vaters, der auch Bischof von
Mainz gewesen war, hinterlistig im Kriege ermordet hatte und
als Bischof noch die Jagd mit Falken und Hunden pflegte.
Der Papst bestätigte diese Absetzung, und als Gewilieb daran
dachte, sich bei dem Papste zu beschweren, schrieb dieser an
Bonifatius, falls Gewilieb komme, werde ihm geschehen, was
Gott gefalle. Doch da dem Gewilieb an der Erfüllung bischöflicher Pflichten wenig lag, so fügte er sich bald in seine Absetzung und lebte noch 14 Jahre üppig von den Einkünften der
Kirchengüter, welche ihm der Hof troß des Widerspruchs von
Papst und Bonifatius überwiesen hatte. Nach seiner Absetzung
beteiligte sich Gewilieb wenig am kirchlichen Leben und besuchte
nur selten am Grünen Donnerstage die Kirche, wo die Fußwaschung und die gemeinschaftliche Kommunion der Geistlichen
stattfand. Nach solchen Bischöfen bedurfte Mainz eines kräftigen
und frommen Hirten, und es erhoben sich Stimmen, man solle
Bonifatius zum Erzbischof von Mainz machen. Mainz war
dem hl. Bonifatius von seinem Missionsgebiete im mittlern
Deutschland zu weit entfernt und durch andere Bistümer von
Friesland getrennt. Daher war er nicht geneigt, diesen Stuhl
zu besteigen, während der Kölner Stuhl ihm früher erwünscht
war, ein deutlicher Beweis, daß er nicht aus eigennüßigen
Motiven die Absetzung des Gewilieb betrieben hatte, wie ihm
protestantische Geschichtschreiber wohl vorgeworfen haben. Diejenigen, welche früher seine Ernennung zum Erzbischof von Köln
aus nichtigen Gründen bekämpft hatten, gaben jetzt ihren Widerspruch meistens auf. Immer lauter und dringender wurde das
Verlangen, Bonifatius solle Erzbischof von Mainz werden; sein
heiliger Eifer, seine rastlose, uneigennüßige Thätigkeit im Dienste
Gottes fanden immer mehr Anerkennung. Die fränkischen Fürsten,
die weltlichen Großen und der bessere und größere Teil der

Geistlichen traten entschieden für die Erhebung des hl. Bonifatius auf den Mainzer Stuhl ein; das gläubige Volk war
gleicher Gesinnung; allen erschien Bonifatius als der geeignete
Mann, die traurigen Zustände in der Mainzer Diöcese zu bessern.
Durch dieses Drängen der Geistlichen, der Fürsten und des
Volkes ließ sich Bonifatius endlich bewegen, entgegen seinen
persönlichen Neigungen die Verwaltung des Mainzer Stuhles
zu übernehmen, und schrieb hierüber an den Papst, bat ihn
aber zugleich, an seine Stelle wegen der Beschwerden des Alters
einen andern für den Mainzer Stuhl weihen zu dürfen, während
er selber dann das Amt eines Apostolischen Legaten ohne bestimmten Sitz weiterführen wollte. Als solcher konnte er zugleich
den Rest seines Lebens den Heidenmissionen widmen. Danach
trug er beständig ein glühendes Verlangen in sich und wollte
sich deshalb auch an keinen bestimmten Stuhl binden. Schon
im Jahre 742 schrieb er dem Papste Zacharias, Papst Gregor
habe ihm befohlen, sich einen Priester zu erwählen, welcher ihm
nach seinem Tode im Amte nachfolge; er habe daher bereits
einen geeigneten Mann in Aussicht genommen, aber dessen Bruder
habe den Onkel des Frankenherzogs ermordet und bei der dadurch entstandenen Feindschaft könne er die Wahl dieses Mannes
nicht durchsetzen; daher möge der Papst ihm gestatten, zu thun,
was nach reiflicher Erwägung ihm und den Dienern Gottes gut
scheine. [1]) Durch den Überbringer des Briefes, Tenehard, ließ
Bonifatius wohl noch bestimmter die Bitte aussprechen, daß schon
zu seinen Lebzeiten ein anderer zum Bischof für sein Amt erwählt
werde. Papst Zacharias verbot aber in seinem Antwortschreiben
dem Bonifatius, zu seinen Lebzeiten einen Bischof für sein Amt
zu weihen und zum Nachfolger zu bestimmen, weil es den kirchlichen Verordnungen widerspräche, und befahl ihm, sich einen
Gehilfen im Amte zu nehmen, um einen würdigen Nachfolger
bei der Unsicherheit des menschlichen Lebens eifrig zu beten
und die Last des Amtes weiter zu tragen, solange es Gott
gefalle; doch gestattete ihm der Papst ausnahmsweise, in der
Sterbestunde vor den Anwesenden seinen Nachfolger zu bezeichnen,
welcher dann nach Rom kommen und dort geweiht werden sollte. [2])

---

[1]) Ep. 42.
[2]) Ep. 43. Schon das Konzil von Nicäa (325) verbot den Bischöfen,
zu Lebzeiten ihre Nachfolger zu weihen, weil dadurch das Recht des
Kapitels oder des Papstes verletzt wird, und weil j bes Bistum im
Interesse der kirchlichen Ordnung und Verwaltung nur einen Hirten haben
soll, der lebenslänglich mit seiner Herde verbunden bleiben soll. Nur aus

Bonifatius gab sich mit dieser Entscheidung zufrieden. Als er aber später (vielleicht 747) dem Papste Zacharias anzeigte, daß er die Verwaltung des Mainzer Stuhles vorläufig übernommen habe, und ihn bat, wegen der Gebrechlichkeit des Alters für Mainz einen andern an seine Stelle zum Bischof weihen zu dürfen, sprach sich der Papst dahin aus, Bonifatius möge aus Rücksicht auf das Heil der Seelen den Stuhl von Mainz be-halten; wenn er aber mit Gottes Hilfe einen geeigneten Mann fände, so möge er ihn an seine Stelle zum Bischof weihen und zum Gehilsen (Koadjutor) in allen Verrichtungen seines Amtes nehmen; er selber aber solle für Lebenszeit Apostolischer Legat bleiben und die Konzilien im fränkischen Reiche abhalten.[1]) Bonifatius fügte sich dem Rate des Papstes und übernahm das Erzbistum Mainz. In einem folgenden Schreiben bestätigte der Papst, entsprechend der Bitte der Franken, den hl. Bonifatius unter Hervorhebung seiner großen Verdienste um die deutsche Kirche als Erzbischof von Mainz, erhob Mainz für immer zum Erzbistum und wies ihm die Bistümer Tongern, Köln, Worms, Speyer, Utrecht und alle von Bonifatius bekehrten Stämme Germaniens zu.[2]) So wurde Bonifatius Erzbischof von Mainz und Primas von Deutschland, besaß den Vorrang vor allen

wichtigen Gründen, z. B. wegen hohen Alters oder körperlicher Ge-brechlichkeit, und nur mit Genehmigung des Papstes ist es einem Bischofe gestattet, sich einen Bischof mit dem Rechte der Nachfolge zu weihen. Bei den vielen Gefahren, denen Bonifatius als Missionsbischof ausgesetzt war, ist es begreiflich, daß sowohl er als der Papst im Interesse einer geordneten Weiterführung des begonnenen Werkes frühzeitig auf einen geeigneten Nachfolger bedacht waren. Als diese Angelegenheit 738 auf der dritten Romreise mündlich mit Gregor III. und 742 brieflich mit Zacharias ver-handelt wurde, war Bonifatius Erzbischof und Apostolischer Legat für Deutschland ohne bestimmten Sitz. Von einer Weihe des Nachfolgers zum Bischofe noch zu Lebzeiten des hl. Bonifatius ist seitens des Papstes Gregor in ep. 42 nicht die Rede; sein Verhalten weicht daher nicht von dem des Zacharias ab, welcher als Kardinal den Verhandlungen Gregors mit Bonifatius beigewohnt hatte. Wenn Bonifatius schon 742 um Er-laubnis zur Weihe eines Bischofs für sein Amt bat, so dachte er wohl an Erzbischof Augustin von Canterbury, der schon zu Lebzeiten seinen Nach-folger Laurentius weihte, ohne ihm einen bestimmten Sitz zu überweisen. Gregor und Zacharias hielten sich strenge an das Konzil von Nicäa.
[1]) Ep. 66.
[2]) Ep. 81. Die Echtheit dieses Schreibens in der uns erhaltenen Form wird mit Grund bestritten. Das Datum desselben, 4. November 751, ist sicher unecht, da der Papst mit der Bestätigung des hl. Bonifatius auf dem erzbischöflichen Stuhle von Mainz sicher nicht vier Jahre wartete; Külb (I, 237) versetzt daher den Brief in das Jahr 748. Auch die Auf-zählung der Bistümer kann nicht stimmen; sie ist unvollständig, sodann

andern Bischöfen Deutschlands und war berechtigt, die gesamten
deutschen Bischöfe unter seinem Vorsitz zu einem Konzil zu versammeln; zugleich blieb er nach wie vor Apostolischer Legat für
das ganze Reich der Franken. Die Erzdiöcese Mainz hatte
gleich anfangs schon einen großen Umfang, der sich im Laufe
der Zeit noch vermehrte. Sie umfaßte außer den obengenannten
fünf Bistümern die von Bonifatius gegründeten Bistümer im
mittlern Deutschland, nämlich Eichstätt, Würzburg, Buraburg
und Erfurt, ferner Bistümer, die noch keinem Erzbischofe zugeteilt waren, Straßburg, Konstanz, Chur und Augsburg, sodaß die Mainzer Kirchenprovinz 13 Sprengel umfaßte. Köln
und Tongern wurden allerdings bald losgelöst, aber dafür
wurden eine Reihe neugegründeter Bistümer Mainz zugeteilt.
Durch seine hervorragende Stellung wurde nämlich Mainz der
Ausgangspunkt des Missionswesens in Deutschland, und daher
wurden ihm später noch folgende Bistümer unterstellt: Paderborn, Hildesheim, Halberstadt und Verden im Norden und
Prag und Olmütz im Osten. Überhaupt war die Erhebung
von Mainz zum Erzbistum und seine Besetzung mit dem
hl. Bonifatius für den Stuhl von großer Bedeutung und verschaffte ihm durch Jahrhunderte Glanz und Einfluß. Mainz
wurde auf kirchlichem Gebiete Metropole von ganz Deutschland
und auf staatlichem das Centrum des deutschen Königreichs.
Der Erzbischof wurde unter Otto I. Kurfürst und Erzkanzler;
er war nach dem Kaiser der erste Mann im Reiche, leitete
bei Erledigung des Thrones den Reichstag und krönte den
Gewählten zum deutschen Könige. Da eine ganze Reihe vortrefflicher, durch Wissenschaft und Frömmigkeit ausgezeichneter
Männer den erzbischöflichen Stuhl bestiegen, so wurden die
Mainzer Erzbischöfe die bedeutendsten und angesehensten Kirchenfürsten Deutschlands, und waren Jahrhunderte hindurch von
großem Einfluß auf die Geschicke unseres Vaterlandes. Unter
der Regierung der geistlichen Kurfürsten entwickelte sich ein reges
geistiges Leben im „goldenen Mainz". Als Stätte der Erfindung
der Buchdruckerkunst, als Universitätsstadt wurde es für das
geistige Leben Deutschlands von großer Bedeutung. Für die

---

hätte bei dem spätern Streite über die Zugehörigkeit Utrechts zu Mainz
zwischen Bonifatius und dem Kölner Bischofe Hildegar († 753) Bonifatius sich sicher auf diese Urkunde berufen, falls sie in dieser Form aus-
gefertigt wäre. Aber andererseits ist nicht daran zu zweifeln, daß Zacharias
urkundlich Bonifatius für den erzbischöflichen Stuhl in Mainz bestätigte,
nachdem er in ep. 66 schon seine Zustimmung gegeben hatte.

katholische Kirche Deutschlands wurde Mainz der einigende
Mittelpunkt, welcher die verschiedenen Diöcesen untereinander
verband und in ihrem Bestande sicherte. Von den Mainz unter=
stellten Bistümern wurden nur zwei durch den Protestantismus
der Kirche entrissen, nämlich Verden und Halberstadt. Mehr
als 1000 Jahre blieb der Nachfolger des hl. Bonifatius auf
seinem erzbischöflichen Stuhle der Primas von Deutschland; erst
im Anfange unsers Jahrhunderts, zur Zeit der französischen
Revolution, wurden die Güter des Erzstiftes, des reichsten aller
geistlichen Stifter, weltlichen Fürsten zugeteilt, und später in
Mainz nur ein bescheidenes Bistum für Hessen errichtet.

Nach seiner Erhebung auf den erzbischöflichen Stuhl von
Mainz stand Bonifatius an der Spitze des kirchlich geeinigten
Deutschlands; bei seinem großen Einflusse und seiner rastlosen
Thätigkeit besserten sich die kirchlichen Verhältnisse immer mehr.
Die Kirche konnte immer freier ihre segensreiche Thätigkeit ent=
falten und erschien bei den damaligen Zeitverhältnissen ganz
besonders in vorteilhaftem Lichte. Die Fürsten der deutschen
Stämme bekämpften sich einander in blutigen Kämpfen, entboten
das Volk alljährlich unter schweren Strafen zum Heerbanne,
legten dem Volke viele Lasten und Frondienste auf, und brachten
durch ihre Kriege und Fehden viel Unheil über das Volk. Die
Kirche aber spendete Segen; sie hielt ihre Diener vom Kriege
zurück, nahm sich sorgend der Armen und Bedrängten an, spendete
den Leidenden und Bedrückten religiösen Trost, schreckte durch
ihre strengen Kirchenbußen vor Mord, Unsittlichkeit, Ungerechtig=
keit und jedem Frevel zurück, und suchte mitten unter den Waffen
Frieden und Versöhnung zu stiften und die Wunden des Krieges
zu heilen. Die Kirche nahm sich der ungerecht Verurteilten an,
wirkte durch Einführung des Gottesfriedens der Blutrache und
den Fehden entgegen, sicherte durch das Verbot des Waffen=
tragens die Sicherheit auf den Straßen, beförderte durch den
Bau von Straßen und Brücken den Verkehr, befahl richtiges
Maß und Gewicht im Kauf und Verkauf, drang überhaupt auf
strenge Gerechtigkeit im Handel und wirkte nach Kräften für
Frieden und Ordnung. Die Kirche verbot den Verkauf der
Sklaven, linderte ihr Los durch das Gebot einer gerechten,
milden Behandlung, öffnete in ihren Klöstern allen Pilgern
und Bedrängten eine Stätte der Zuflucht, beförderte den Unter=
richt des Volkes durch Schulen und wirkte überhaupt durch ihre
Lehre, durch die Spendung der Sakramente und durch die Feier
der Feste sittigend auf alle Klassen des Volkes ein; sie lehrte

die Unterthanen die Pflicht des Gehorsams gegen die Obern in allen erlaubten Dingen, schärfte aber auch den Obern die Pflicht einer gerechten und weisen Regierung ein. Diese Kirche war nicht von einem fränkischen, im Dienste der Staatsgewalt stehenden Geistlichen, sondern von einem fremden Glaubensboten aus heiligem Seeleneifer unabhängig von dem Staate ausgebreitet und befestigt. Es war daher natürlich, daß sie bei dem Volke sowohl wie auch bei den Mächtigen, welche auf Bildung und Gesittung hielten, sich einer großen Achtung und Liebe erfreute und immer festere Wurzeln im Volke bekam. Dieses aufblühende kirchliche Leben im fränkischen Reiche blieb nicht ohne Einfluß auf das staatliche Leben. Die deutschen Stämme hatten von jeher eine große Neigung, sich gegenseitig zu bekämpfen und zu befehden und eigene Stammesherzogtümer zu bilden. Damals strebten besonders die Allemannen und Bayern nach Selbständigkeit. Bonifatius errichtete für sie kein eigenes Erzbistum, denn dadurch hätte er ihr Streben nach staatlicher Selbständigkeit nur befördert und das kirchliche wie staatliche Wohl großen Gefahren ausgesetzt. Als Primas und Apostolischer Legat behielt er auch die Leitung der bayerischen Diöcesen in seiner Hand, sodaß alle bekehrten deutschen Stämme demselben kirchlichen Verbande angehörten. Nachdem aber die trennungslustigen deutschen Stämme dahin gebracht waren, ihre Sondergelüste zu beherrschen und sich demselben kirchlichen Verbande einzufügen, war Pippin der Weg zur politischen Einigung des Reiches gebahnt. An die kirchliche Einigung der deutschen Stämme unter dem erzbischöflichen Stuhle von Mainz schloß sich naturgemäß später auch ihre politische Einigung unter dem Scepter der Karolinger. So wurde die Errichtung des erzbischöflichen Stuhles von Mainz und die ganze kirchliche Wirksamkeit des hl. Bonifatius von größter Bedeutung für die staatliche Gestaltung unseres deutschen Vaterlandes.

Der deutsche Stamm der Franken, welcher zuerst am Rheine und der Mosel ansässig war, drang im Anfang des 5. Jahrhunderts in das benachbarte, den Römern unterworfene Gallien ein. An ihrer Spitze standen die Könige aus dem Geschlechte der Merovinger, welches der Sage nach göttlichen Ursprungs war. Der gewaltigste König dieses Geschlechts war Chlodwig (481—511), welcher nach und nach durch Mord, Kampf und List das ganze Land vom Rheine bis zum Atlantischen Ocean unter seiner Herrschaft vereinte und ein großes, neues Reich gründete, welches Frankenreich genannt wurde, daher noch jetzt der Name Frankreich. Chlodwig war Heide, vermählte sich aber mit der christlichen Prinzessin Klothilde von Burgund, und trat nach dem Siege, den er unter Anrufung Christi über die Alle= mannen bei Zülpich (496) erfocht, zur christlichen Religion über. Er blieb auch nach seinem Übertritte ein argliftiger, rachsüchtiger, vor keinem Verbrechen zurückschreckender Herrscher, aber er trat äußerlich als Verteidiger des Christentums auf, und verschaffte seinem Stamme das Übergewicht über die andern deutschen Stämme. Die Merovinger sahen sich als Nachfolger der alten römischen Kaiser an, begünstigten die gallischen Ureinwohner des Landes, suchten sich — ganz in Widerspruch mit den nationalen Anschauungen — zu unumschränkten Herrschern zu machen, und gerieten so mit den freiheitsliebenden Großen ihres Stammes in einen Kampf. Die Geschichte der Merovinger ist daher mit Blut geschrieben und erzählt uns fast nur von Mord, Verrat und Arglift. Sittenstrenge Priester, die ihre Stimme dagegen erhoben, wurden verfolgt oder verjagt, z. B. der hl. Kolumban. In dem zweihundertjährigen, innern Kampfe errangen die Großen des Reiches den Sieg über das Königtum, welches zuletzt ganz bedeutungslos wurde, zumal die letzten Glieder des königlichen Hauses ganz unfähig waren. Einzelne Große regierten unter dem Namen Hausmeier, verteidigten das Reich siegreich gegen äußere Feinde und hielten im Innern mit Energie die Ordnung aufrecht, so besonders Pippin von Heristall († 714) und Karl Martell († 741), welcher in der Riesenschlacht von Poitiers (732) die vordringenden Araber besiegte und Europa das Christentum rettete. Diese langen Wirren und Kämpfe hatten eine große Verwilderung der Sitten zur Folge. Dazu kam noch, daß die Franken, vorher ein unverdorbenes Naturvolk, mit den römischen Ureinwohnern Galliens, den sogenannten Romanen, sich zu einem Volke verschmolzen und von ihnen alle Laster einer entarteten Civilisation annahmen, wie ja überhaupt ein unkultiviertes Volk bei seinem Verkehre mit einem kultivierten dessen Laster leicht annimmt. Die Geistlichen blieben von der großen Sittenlosig- keit dieser Zeit nicht frei. Während früher sittenreine, eifrige Bischöfe, wie Remigius von Rheims, der Chlodwig taufte, den wilden Leidenschaften steuerten und mit Macht ihre Stimme erhoben, bestiegen jetzt Franken die bischöflichen Stühle, welche die Fehler ihrer Zeit und ihres Volkes teilten. Die Geistlichen entsprachen vielfach nicht den Anforderungen ihres hohen Standes, hatten nur das äußere geistliche Gewand, zogen mit Schild und Speer in den Krieg, mißhandelten ihre Untergebenen mit der

Peitsche und berauschten sich an der Tafel; so sehr waren Kriegs=
lust und Trunksucht, zwei Nationallaster der alten Deutschen,
eingewurzelt. Überhaupt wurden ja die Franken nach ihrer Be=
kehrung zum Christentume nicht plötzlich andere Menschen; wenn
sie auch von der Wahrheit der christlichen Religion überzeugt
und ihr im großen und ganzen eifrig zugethan waren, so war
ihr Herz doch noch nicht ganz davon durchdrungen, und die
alten Leidenschaften zeigten sich noch lange, gleich einem schwer
zu vertilgenden Unkraute. Während Karl Martell unter be=
ständigen siegreichen Kämpfen das Reich gegen äußere und innere
Feinde verteidigte, änderte er nichts an den traurigen kirchlichen
Zuständen und verschlimmerte sie noch durch ungeeignete Be=
setzung der höhern kirchlichen Stellen. Auch betrachtete er die
Geistlichen als seine Dienstmannen, welche wie die Laien auf
den Reichsversammlungen erschienen und mit ihm in den Krieg
zogen. Dadurch vermehrte er zwar seine Macht, schädigte aber
in hohem Maße die kirchliche Zucht und verweltlichte die Kirche.[1]
Bei seinem Tode teilte Karl Martell das Reich unter seine
Söhne; Karlmann bekam Austrasien, das ist das heutige nord=
östliche Frankreich und das ganze Gebiet auf dem rechten Rhein=
ufer; Pippin Neustrien, das ist das nordwestliche Frankreich,
und Burgund; Grippo (Gripo, Grifo) einige Stücke Land
zwischen den Gebieten der beiden genannten Halbbrüder. Karl=
mann und Pippin erkannten, daß bei dem Andringen der Slaven
und Araber eine Zerstückelung den Untergang des Reiches zur
Folge haben würde; sie stießen daher die Bestimmung ihres

---

[1] Diese sittenlosen Zustände bei den neubekehrten Franken sprechen
keineswegs gegen die heiligende Kraft oder die reine Sittenlehre der katho=
lischen Kirche, welche stets einem Acker gleicht, auf dem neben dem Weizen
das Unkraut wächst. Die katholische Kirche beurteilt durch ihre reine
Sittenlehre die Sünden, aber die Menschen behalten immer ihre Freiheit
und können den christlichen Geist mehr oder weniger in sich aufnehmen
und auch zurückweisen. Die damaligen Verhältnisse, die Einwirkung des
Heidentums, die Vermischung der deutschen Stämme untereinander, die
Berührung mit den lasterhaften Kulturvölkern, die vielen, mit größter
Erbitterung geführten Kriege, der nachteilige Einfluß der Könige auf
das kirchliche Gebiet und die dadurch bewirkte Schwächung des kirchlichen
Ansehens trugen zu jenen traurigen Zuständen bei, die übrigens nicht
schlimmer waren, als in den letzten Jahrhunderten unter den Bourbonen,
welche zwar äußerlich als christliche Könige auftraten, aber übrigens um
die Gebote der Kirche sich nicht kümmerten. Aber bei all den damaligen
traurigen Zuständen ist ein Fortschritt nicht zu verkennen, der im Leben
der Völker ein allmählicher ist und oft scheinbare Rückschritte macht; die
Franken reiften nämlich trotz alledem in jener Zeit zu dem Volke heran,
welches bald die Weltherrschaft bekam.

Vaters um und schlossen Grippo von der Teilung aus. Als auf die Kunde von Karls Tode die unterworfenen Stämme, Bayern, Allemannen, Friesen, Sachsen, sich erhoben und sich unabhängig zu machen suchten, handelten die beiden Brüder mit vereinten Kräften, besiegten schnell die aufrührerischen Stämme und zwangen sie von neuem zur Anerkennung der fränkischen Hoheit. Theodebald, Herzog der Allemannen, wurde von Karlmann 746 im Thale des Neckar bei Kannstadt besiegt und samt seinem Heerbanne vollständig niedergehauen. Ein Schrei des Entsetzens über diese blutige That ging durch das ganze Reich. Allemannien wurde mit dem fränkischen Reiche vereint, während der Bayernherzog Odilo unter drückenden Bedingungen sein Land behielt. Für diese Unterordnung der beiden Stämme unter die fränkische Herrschaft war es von großem Nutzen, daß Bonifatius für sie kein eigenes Erzbistum gegründet hatte, denn dadurch wäre ihr Widerstand kräftiger geworden. Bonifatius wußte nämlich aus der Geschichte seines in viele Königreiche zersplitterten Vaterlandes, wie nachteilig eine solche Zersplitterung durch die daraus hervorgehenden Fehden für das kirchliche Leben ist, und weil er bei all seiner Thätigkeit immer das Wohl der Kirche im Auge hatte, so vermied er alles, was zur Zersplitterung beitragen konnte, und beförderte nach Kräften die Einigung der deutschen Stämme durch dasselbe kirchliche Band. Er hatte also auf kirchlichem Gebiete dasselbe Ziel, welches Pippin und Karlmann auf staatlichem Gebiete hatten; daher waren ihm diese sehr gewogen und beförderten nach Kräften seine Wirksamkeit sowohl aus christlicher Überzeugung als auch aus Rücksicht auf das staatliche Wohl. Die Ausbreitung der katholischen Kirche und eine Belebung des kirchlichen Sinnes bei Priestern und Volk konnte ja nur vorteilhaft auf die Besserung der traurigen Zustände im Reiche und auf Sicherung der fränkischen Herrschaft wirken. So entstand zwischen Bonifatius und den fränkischen Regenten ein freundschaftliches Verhältnis, welches dem hl. Bonifatius die Abhaltung zahlreicher Konzilien und die Durchführung einer strengen Kirchenzucht ermöglichte und Staat und Kirche zum Nutzen gereichte.

Karlmann besaß ein weiches, mildes Gemüt, und war für den Ernst religiöser Wahrheiten sehr empfänglich; daher hörte er auf den Rat des hl. Bonifatius, der in seinem Reiche mit der Ordnung der kirchlichen Verhältnisse begann. Die vielen Kriege waren Karlmann sehr zuwider; auch mehrere Thaten, die zur Erhaltung des Reiches nötig und wohl von ihm, als dem Ältern, hauptsächlich ausgegangen waren, bedrückten fein Gewissen, so die Enterbung des Stiefbruders Grippo gegen das väterliche Testament, die Einkerkerung des Stiefbruders und der Stiefmutter, das Verfahren gegen den Schwager Odilo, der zeitweilig gefangen gehalten wurde und nur unter harten Bedingungen sein Herzogtum Bayern wieder erhielt. Besonders aber war es das Blutbad von Kannstadt, worüber er sich große Vorwürfe machte; obgleich es die Einigung der deutschen Stämme förderte und wegen der wiederholten Empörungen des Herzogs nach Kriegsrecht erlaubt war, so war es doch immer eine höchst blutige Maßregel. Welche Stellung Bonifatius zu diesem Blutbade einnahm, ob er Karlmann darüber Vorstellungen machte oder ihm gar Kirchenbuße auflegte, darüber wird nichts Sicheres berichtet. Diese blutige That brachte aber in Karlmann einen Entschluß zur Reife, welchen er schon lange bei sich erwogen hatte, nämlich die Regierung niederzulegen und in ein Kloster zu gehen. Das Beispiel so vieler angelsächsischer Könige schwebte ihm ermutigend vor der Seele, und Bonifatius verhielt sich jedenfalls mehr zu- als abratend. Karlmann teilte seinem Bruder Pippin seinen Entschluß mit, übertrug ihm die Herrschaft über sein Reich, und verabredete mit ihm, daß im Jahre 747 kein Krieg geführt wurde; gewiß ein Zeichen seines friedfertigen Charakters! Seine letzten Regierungsakte waren Schenkungen an die Benediktinerklöster Stablo und Malmedy. Was Karlmann bezüglich seiner Söhne mit Pippin vereinbarte, ist nicht sicher berichtet; da er sehr für die Einigung des Reiches war und früher den Stiefbruder Grippo von der Teilung des Reiches im Interesse der Einigung ausschloß, so hat er Pippin wahrscheinlich nur um hohe Staatsstellen für seine Söhne gebeten. Es entsprach auch am meisten seinem, damals nur auf das Ewige gerichteten Gemüte, seine Kinder vor der Teilnahme an der Herrschaft zu bewahren, die sie wahrscheinlich nur durch blutige Kriege behaupten konnten. Nachdem Karlmann seine irdischen Angelegenheiten geordnet hatte, trat er eine Reise nach Rom an, um dort zunächst dem Papste seine kindliche Verehrung durch prächtige Geschenke zu bezeugen und dann in der Stille des Klosters unter Gebet und Betrachtung des Ewigen sein Leben zu beschließen. Von zahlreichen fränkischen Mönchen begleitet, kam er unterwegs nach St. Gallen in der Schweiz, wo der irische Glaubensbote St. Gallus in tiefer Waldeinsamkeit sich eine Zelle erbaut hatte, aus welcher ein großes Kloster mit einer weithin berühmten Schule entstand. Karlmann verweilte dort einige Zeit bei dem Abte Othmar (720—760), und weil er selber auf alle irdischen Güter verzichtet hatte, so schrieb er seinem Bruder Pippin, er möge statt seiner das Kloster reichlich beschenken, was auch geschah. Nachdem Karlmann die Alpen überstiegen hatte, besuchte er den Langobardenkönig Rachis, welcher bald nachher, durch eine Rede des Papstes Zacharias erschüttert, vom Kriege gegen die Römer abstand und mit Gemahlin und Tochter ebenfalls in ein Kloster trat (749). In Rom angekommen, besuchte Karlmann den Papst Zacharias und übergab ihm die mitgebrachten Geschenke. Der Papst billigte seinen Entschluß und nahm ihn in den Mönchstand auf, indem er ihm das lang herabwallende Haar, den Schmuck des freien Mannes, schor und ihm das Mönchsgewand überreichte, zum Zeichen, daß er fortan allen irdischen Prunk ablegen und in Abtötung und Entsagung leben sollte. Karlmann baute auf dem Soracte, einem nordöstlich von Rom in den Apenninen gelegenen Berge (jetzt Monte Oreste), zu Ehren des heiligen Papstes Silvester, der sich bei der Verfolgung dort lange verborgen hatte, ein Kloster, in dem er längere Zeit lebte. Da er hier aber von vielen fränkischen Pilgern besucht und in seiner Einsamkeit oft gestört wurde, so ging er in das Benediktinerkloster auf dem Monte Casino, welches das Mutterkloster des weit verbreiteten Benediktinerordens war und damals unter dem Abte Petronax blühte. Karlmann schätzte diesen Orden sehr wegen des großen Segens, den dieser Orden durch Ausbreitung der Kultur und des Christentums stiftete, und der alle kriegerischen Erfolge an wahrem Werte weit übertraf. Das empfand Karlmann besonders lebhaft, wenn er sein Kriegsleben und dessen Erfolge mit der stillen, friedlichen Wirksamkeit dieses Ordens verglich. Als einfacher Mönch lebte Karlmann im Kloster Monte Casino in strenger Abtötung und unter Übung des Gebets und der Betrachtung genau nach der Klosterregel. Später ließ er sich durch den König der Langobarden, in dessem Gebiete Monte Casino lag, zu einer Reise nach Frankreich bewegen, um die Franken vom Kriege gegen die Langobarden abzuhalten, die den päpstlichen Stuhl bedrängten; unterwegs mußte er auf Befehl Pippins in Vienne bleiben, wo er sein wechselvolles, irdisches Leben im Jahre 755 beschloß.

Nachdem Karlmann auf die Regierung verzichtet hatte, suchte Pippin mit seinem Halbbruder Grippo und Karlmanns Sohne Drogo in Frieden sich zu verständigen. Pippin war von den Mönchen in St. Denis erzogen und blieb — gewiß die Frucht seiner klösterlichen Erziehung — sein ganzes Leben von wahrhaft christlicher Gesinnung beseelt, daher wurde er auch von seinen Zeitgenossen der Fromme (Pius) genannt. Zugleich besaß er große staatsmännische Klugheit und persönliche Tapferkeit.[1] Pippin gab Grippo einen beträchtlichen Teil des Reiches, gewiß ein unzweideutiges Zeichen aufrichtiger, brüderlicher Gesinnung, da er doch das Reich dadurch zerstückelte. Allein Grippo war ein unzufriedener, herrschsüchtiger Mann; obschon Pippin gegen ihn so wohlwollend und versöhnlich war, verband er sich voll Haß mit dessen Feinden und stachelte sie zum Kampfe auf, so zuerst die Sachsen, gegen welche Pippin dreimal kämpfen mußte, darauf die Bayern, sodann die Allemannen und den Herzog von Aquitanien; zuletzt wollte er über die Alpen zum Könige der Langobarden eilen, um auch diesen zum Kampfe gegen Pippin aufzustacheln. Als er aber bei Maurienne die Rhone überschritt, traten ihm zwei fränkische Grafen in den Walliser Bergen entgegen und erschlugen ihn samt seinen Begleitern nach verzweifeltem Kampfe (753). Pippin betrauerte edelmütig den Tod seines Bruders, der über alle Pflichten des Blutes und der Dankbarkeit sich hinweggesetzt hatte. Ueber Drogo fehlen uns sichere Nachrichten; wahrscheinlich entsagte er anfangs freiwillig auf Teilnahme an der Regierung und lebte gleich andern fränkischen Großen am Hofe Pippins. Als er sich aber später gegen Pippin auflehnte und nach der Herrschaft strebte, übergab ihn dieser einem Kloster und ließ ihm die Haare scheren, zum Zeichen, daß er aufgehört habe, ein freier Mann zu sein. Bei diesen Streitigkeiten unter den Gliedern der Regentenfamilie ergriff Bonifatius keine Partei und überließ die Entscheidung der göttlichen Vorsehung, wie es seiner Besonnenheit und kirchlichen Stellung entsprach. Darum ermahnte er auch in einem Schreiben Grippo, die Vergänglichkeit des Irdischen zu bedenken und in der Hoffnung auf den Lohn des Himmels die Kirche zu beschützen, falls er zur Herr-

---

[1] Pippin bewahrte den Mönchen von St. Denis stets ein gutes Andenken und überhäufte sie mit Beweisen seiner königlichen Gunst; dort brachte er auch seine letzten Lebenstage zu und ließ sich dort begraben. So wurde St. Denis die Begräbnisstätte der französischen Könige und zugleich die erste und reichste Abtei des Reiches. Dort wurde auch die Oriflamme (aurea flamma) aufbewahrt, Frankreichs Reichspanier, eine Fahne aus dem Leichentuche des heiligen Martyrers und Bischofs Dionysius (St. Denis), der dort begraben lag, und dessen Grab den Bau einer Kirche, die erste Ansiedlung und ihre Benennung veranlaßt hatte.

schaft käme.[1] Obgleich Bonifatius die Einheit des Reiches als ein kostbares Gut schätzte und nach Kräften beförderte, so hütete er sich doch vor einer schroffen Parteinahme bei allen Thronstreitigkeiten und behielt immer das Wohl der Kirche als sein Ziel im Auge.

So hatte Pippin alle Bestrebungen vereitelt, welche innerhalb seiner Familie eine Teilung der Herrschaft bezweckten. Die Zerwürfnisse, welche aus einer Teilung der Herrschaft hervorgingen und nicht selten zu blutigen Kriegen führten, die Schwächung der Macht, welche eine Teilung hervorbrachte, die Gefahren, welche seitens der aufrührerischen Stämme und der andringenden Slaven und Araber dem Reiche drohten, nötigten Pippin, die Herrschaft in seiner kräftigen Hand vereinigt zu halten. Es mußte daher auch die Zeit kommen, wo das ungesunde Verhältnis der Merovinger zu den Hausmeiern geändert wurde. Seit langer Zeit hatten die Könige aus diesem Geschlechte den Thron teils durch Unthätigkeit, teils durch Grausamkeit und unwürdige Thaten geschändet. Der letzte Sprößling, Chilperich, trug allerdings noch den Namen König der Franken, lebte aber in seiner Pfalz in Blödsinn und vollständiger Unthätigkeit dahin. Nur einmal im Jahre zog er auf einem mit Ochsen bespannten Wagen zur Volksversammlung auf das Marsfeld und setzte sich auf einen Thron, um die Verlesung der Beschlüsse anzuhören, die Geschenke des Volkes in Empfang zu nehmen und den fremden Gesandten die von den Hausmeiern festgesetzten Antworten zu geben. Nicht eine einzige würdige That wird uns von den letzten Merovingern berichtet. Eine solche Dynastie konnte sich bei dem nachdenkenden Teile des Volkes keiner wahren Achtung erfreuen. Statt der Könige regierten die Hausmeier; die berühmtesten sind: Pippin von Heristall, so genannt nach seinem Gute an der Maas, unterhalb Lüttichs, Karl Martell oder der Hammer, weil er wie ein Hammer (martellus) die Feinde niederschmetterte, und Pippin

---

[1] Ep. 40. Zeit und Zweck des undatierten Schreibens werden verschieden angegeben. Oelsner (Jahrbücher des Fränkischen Reichs, S. 77) sieht darin ein nach dem Tode Karl Martells an seine drei Söhne gerichtetes gleichlautendes Schreiben, wodurch ihnen Bonifatius zum Regierungsantritt Glück wünscht und sie ermahnt, die Vergänglichkeit der Welt zu bedenken und durch den Schutz der Kirche sich für die Ewigkeit Verdienste zu sammeln. Zu dieser Auffassung passen Inhalt und Anrede, die zuletzt in den Plural übergeht. Hahn (Fränkische Jahrb. XXI) sieht in dem Briefe eine höchst gefährliche Verbindung des hl. Bonifatius mit einem Rebellen, die Pippin leicht übelnehmen konnte.

der Fromme oder der Kleine; in drei Generationen hatten sie
ihre Würde mit Ruhm bekleidet und in ihrem Hause erblich
gemacht, welches nach Pippins Sohne, Karl dem Großen, Haus
der Karolinger genannt wird. Diese Hausmeier hatten unter
beständigen blutigen Kriegen das Reich gegen alle Feinde siegreich verteidigt und eine Reihe deutscher Stämme, so die Allemannen, Bayern, Thüringer, Hessen, Friesen und vorübergehend
auch die Sachsen zur Anerkennung der fränkischen Oberherrschaft
gebracht. Sie herrschten mit voller, königlicher Gewalt, übten
die Hoheitsrechte aus, nannten sich Fürsten oder Herzoge der
Franken und bestimmten sogar, wer aus dem Hause der Merovinger die königliche Würde bekleiden sollte. Die königliche Gewalt bestand bei den Germanen vorzugsweise in der Anführung
des Heeres im Kriege, in der Ausübung der Gerichtsbarkeit
und in der Oberherrschaft über den Adel, welcher die Reichs-
güter, die sogenannten Lehnsgüter, inne hatte. Diese Gewalt
übten die Hausmeier ihrem ganzen Umfange nach aus, und entsprachen also allen Anforderungen, welche die kriegerischen Franken
an ihre Könige stellten. Die Hausmeier traten daher auch nach
außenhin als Könige auf und wurden thatsächlich von den
Ersten des Reiches als solche betrachtet. Nur das gewöhnliche
Volk hing am königlichen Hause, dem es einen göttlichen Ursprung
zuschrieb, und dessen Rechte es für heilig ansah. Ein solches
Verhältnis der Merovinger zu den Hausmeiern war unwürdig,
unnatürlich und auch gefährlich. Weil die Hausmeier des königlichen Titels entbehrten, so verweigerten ihnen aufrührerische
Große oft den Gehorsam und rechtfertigten sich damit, daß die
königliche Macht nicht von den Königen, sondern von den höhern
Beamten geübt werde. Auch konnte es sich jeden Augenblick
ereignen, daß einer der Großen sich des schwachen Königs be-
mächtigte und in seinem Namen die Regierung an sich riß.
Eine Änderung dieser Verhältnisse war daher dringend nötig
und auf Grund der germanischen Gesetze auch möglich. Das
germanische Gesetz bestimmte nämlich, daß jeder Lehnsmann zur
Verteidigung des Vaterlands und zur Erfüllung seiner Lehns-
pflichten persönlich verpflichtet war, und daß im Falle der Un-
fähigkeit diese Verpflichtung auf den nächsten Erbberechtigten
überging. Dem Könige als dem obersten Herrn des Landes
lag die Pflicht ob, das Reich zu regieren und zu schirmen;
war er unfähig, so verlor er seinen Anspruch auf die königliche
Würde, welche auf den nächsten Erbberechtigten überging. Ueberdies war das Frankenreich ein Wahlreich, in welchem der König

von den Großen des Reiches gewählt wurde; ein unbeschränktes, erbliches Königtum war überhaupt den deutschen Stämmen ganz unbekannt; ja, einzelne Stämme hatten gar keine Könige, sondern entschieden alle wichtigen Angelegenheiten in den Volksversammlungen freier Männer, und wählten sich nur für den Fall des Krieges einen Heerführer. Wo ein Königtum bestand, wie bei den Franken, hielt man sich allerdings bei der Wahl an dieselbe Familie, solange sie tüchtige Glieder hatte, und ersetzte ein unfähiges Glied durch ein fähiges. Childerich III. aber war der letzte Sprößling des merovingischen Hauses und blödsinnig, sodaß jede Hoffnung auf einen vernünftigen König aus dem Hause der Merovinger abgeschnitten war. Pippin dagegen war mit allen Tugenden eines Herrschers geschmückt, und führte die Regierung mit Klugheit und Thatkraft. Er hielt Zucht und Ordnung im Reiche aufrecht, verteidigte es durch eine Reihe glänzender Siege gegen die äußern Feinde, und bewies sich bei der Ordnung der kirchlichen Verhältnisse als eine kräftige Stütze der Kirche, sodaß aller Herzen ihm zugethan waren. Da nun Pippin bereits bejahrt war, während der blödsinnige König jung war und noch viele Jahre leben konnte, da ferner der Mangel eines kräftigen Königs leicht im Innern eine Empörung aufrührerischer Großen zur Folge haben konnte und das Reich von außen großen Gefahren der vordringenden Türken und Slaven ausgesetzt war, so stand das Wohl des ganzen Reiches auf dem Spiele und forderte auf Grund der damaligen Gesetze die Entthronung des Childerich und die Einsetzung eines kräftigen Königs. Das geschah in folgender Weise.

Die Franken, so bemerkt der fränkische Chronist zum Jahre 751, betrübte es sehr, daß sie keinen tüchtigen König hatten, und sie wollten gern Pippin zum König haben, der ihnen durch seine ruhmvollen Ahnen wie durch seine glänzenden Erfolge und persönliche Tüchtigkeit des Thrones würdig erschien. Pippin stimmte diesem Wunsche, der wohl vorzugsweise vom Adel ausgesprochen wurde, nicht sogleich zu, denn er war nach seinem ganzen Charakter von Herrschergelüsten weit entfernt, sonst hätte er sich schon lange der Herrschaft bemächtigt und mit den Nebenbuhlern aus seiner Familie nicht so lange Nachsicht gehabt. Als die Sache auf der Volksversammlung zur Sprache kam, beschloß man, sie dem Papste zur Entscheidung vorzulegen. Der Bischof Burchard von Würzburg und Pippins Hofkaplan Fulrad wurden als Vertreter der beiden Reichshälften nach Rom zum Papste mit der Anfrage geschickt, ob es besser sei, daß der König sei und heiße, welcher die Macht und den Verstand habe, oder derjenige, welcher ohne königliche Macht nur den Namen habe. Der Papst gab die Antwort: Zur Aufrechthaltung der Ordnung sei es besser, daß der, welcher die Macht habe, auch König sei und heiße. Daß man dem Papste diese Frage vorlegte, beweist das große Ansehen, welches der Papst genoß, wie auch den gläubigen, demütigen Sinn Pippins und des fränkischen Adels. Für Pippin war es allerdings auch von großem Nutzen, wenn der Papst seine Erhebung auf den königlichen Thron billigte, da dadurch für die Geistlichen und alle kirchlich gesinnten Laien jeder Grund zum Widerspruche fortfiel und Pippin dem gläubigen Volke als ein durch die Autorität des Papstes geschützter König erschien, welchem sich alle leichter unterwarfen. Was die Antwort des Papstes angeht, so entsprach sie der Frage; wie die Frage ganz allgemein gehalten war, so auch die Antwort; es sollte damit nur eine Thatsache ausgesprochen werden, deren Richtigkeit kein nachdenkender Mensch bezweifelt. Jedenfalls war der Papst weit entfernt, ein bestehendes Herrscherhaus ungerechterweise abzusetzen und ein neues einzusetzen.[1])

Als die Antwort des Papstes im Anfange des Jahres 752 auf einem Reichstage zu Soissons bekannt gemacht wurde, jubelten die Franken, riefen Pippin zum König aus, erhoben ihn auf einen Schild und trugen ihn dreimal im Kreise herum. Von da ab war Pippin wirklich König der Franken. Diese Begebenheit ereignete sich auf dem Felde von Soissons, einer uralten Stadt an der Aisne, im nördlichen Frankreich; dort hatte Chlodwig, der mächtigste der Merovinger, den römischen

---

[1]) Die Erzählung von der Anfrage der Franken bei dem Papste Zacharias findet sich nur in den, den Karolingern nahestehenden Quellen, so in den Annalen des von den Karolingern gestifteten Klosters Lorsch in Hessen, und wird mehrfach für eine Sage erklärt, welche die Herrschaft der Karolinger sichern und verherrlichen sollte. Selbst wenn aber auch die Form der Frage und Antwort das Werk der Annalisten wäre, so entspricht es doch dem Charakter Pippins und dem kirchlichen Sinne der Majorität des fränkischen Volkes, daß sie den obersten Hirten der Kirche um seine Meinung fragten und sich seiner Zustimmung versicherten. Die Antwort des Papstes ist verschieden beurteilt worden. Der berühmte französische Bischof Bossuet sieht in derselben nur einen Rat, welchen der Papst den Franken im Interesse der staatlichen Ordnung gab. Der Kardinal Bartolini in seiner Biographie des Papstes Zacharias sieht darin einen Akt der obersten Schlüsselgewalt des Papstes. Da nach Joh. XVIII, 36 das Reich Christi nicht von dieser Welt ist, so hat der Papst auch keine direkte Gewalt über rein zeitliche oder bürgerliche Dinge, wie es auch Leo XIII. in seiner Encyklika über die christliche Verfassung

Statthalter Syagrius (486) besiegt und seine Herrschaft zu gründen begonnen; dort hatten seine Nachkommen fast 300 Jahre residiert und ihre Herrschaft behauptet; sie ging also dort verloren, wo sie begründet war, gewiß ein merkwürdiges Zusammentreffen der Geschichte, welche nicht mit Unrecht das Weltgericht genannt wird. Denn das Herrschen ist nach der Ordnung Gottes für den König nicht so sehr ein Recht, als eine verantwortungsvolle Pflicht, wie ja auch das Volk nicht für den König, sondern der König für das Volk da ist. Weil das Haus der Merovinger durch Unthätigkeit und Frevel sich der königlichen Würde unwürdig gemacht hatte, so hatte es vor dem Richterstuhle Gottes ebensosehr wie vor dem fränkischen Gesetze das Recht auf dieselbe verloren. Der naturgemäße Verlauf der Dinge führte die Absetzung der Merovinger und die Erhebung Pippins herbei, denn ungesunde, faule Verhältnisse stürzen von selber zusammen, gleich einem morschen Gebäude, und der Fortbestand und die Wohlfahrt der Monarchie verlangten ein starkes Königtum in der Hand Pippins. Daraus erklärt sich auch, warum die Entthronung Childerichs und die Erhebung Pippins auf den königlichen Thron von den Zeitgenossen ganz allgemein als recht und erlaubt betrachtet und keine Stimme der Mißbilligung dagegen erhoben wurde. Selbst vom Standpunkt der strengsten Legitimität aus läßt sich kein stichhaltiger Grund gegen das Verhalten Pippins erheben, und es wird in der ganzen Geschichte kein Fall vorkommen, wo ein kräftiges Regentengeschlecht in solcher Lage so lange Schattenkönige geduldig neben sich ertragen hat. Erst in späterer Zeit wurden gegen die Rechtmäßigkeit des Thron-

der Staaten ausspricht; er kann also auch nicht direkt weltliche Herrscher absetzen und einsetzen. Aber etwas anderes ist es, wenn die Frage entsteht, ob ein katholisches Volk sittlich im Gewissen verpflichtet ist, einem Herrscher zu gehorchen oder nicht. Hier kommt die oberste Binde- und Lösegewalt zur Anwendung, welche Christus dem Papste in der Person des hl. Petrus übertragen hat. (Matth. XVI, 19.) Das fränkische Reich war ein Wahlreich, in welchem die königliche Würde unter der Bedingung übertragen wurde, daß der Träger auch den Verpflichtungen nachkam. Weil das der letzte Merovinger nicht that, so konnte der Papst erklären, die Franken seien nicht mehr verpflichtet, ihm als ihrem Könige zu gehorchen, und hätten die Freiheit, sich Pippin zum König zu wählen. In einer erblichen Monarchie kann natürlich ein solcher Fall nicht vorkommen, weil der König unabhängig von jeder Wahl sein Herrscherrecht besitzt und auch behält, selbst wenn er schlecht regiert, das Volk bedrückt oder die Kirche verfolgt; denn ein unabhängiges Recht geht durch Mißbrauch nicht verloren.

wechfels Einwendungen gemacht, befonders von Gegnern der
Päpfte.

Nachdem Pippin zum König ausgerufen war, wurde der
letzte Merovinger einem Klofter zu Soiffons übergeben, und
fpäter einem Klofter zu St. Omer im nördlichen Frankreich,
wo er bald nachher ftarb. Pippin wurde die Weihe der Religion
zu teil; er und feine Gemahlin Bertrada wurden zu Soiffons
feierlich gefalbt und gekrönt; dadurch wurde die Wahl gleichfam
von Gott beftätigt, und der Gewählte von feinem Stellvertreter
für das übernommene Amt geweiht und gefegnet. Die Idee
der Salbung der Könige ftammt aus dem Alten Teftamente,
wo die Könige auf Befehl Gottes von den Propheten gefalbt
wurden, um ihnen die zu ihrem hohen Amte nötigen Gnaden
mitzuteilen und dem Volke anzudeuten, daß fie im Namen
und Auftrage Gottes und unter feinem Schutze regierten; daher
hießen fie auch Gefalbte des Herrn. Als die deutfchen Stämme
zum Chriftentume bekehrt und ihre ftaatlichen Verhältniffe ganz
mit dem Geifte des Chriftentums durchdrungen wurden, kam
auch die Salbung der Könige wieder in Übung. Nach dem
genau vorgefchriebenen Ceremoniell, welches auf den britifchen
Infeln entftand und dann zu den Franken kam, tritt der
König auf dem Chore der Kirche vor den Erzbifchof, welcher
ihn an die hohe Würde, aber auch an die fchweren Pflichten
feines Amtes erinnert: nämlich gerecht und weife zu regieren,
die Gefetze des Landes und die Gebote Gottes zu achten, die
Schwachen zu fchirmen, Gott zu dienen und die Kirche zu be=
fchützen, eingedenk der ftrengen Rechenfchaft vor Gottes Richter=
ftuhl. Nachdem der König die Erfüllung diefer Pflichten ver=
fprochen hat, werden verfchiedene Gebete über ihn gefprochen,
und ihm dann der rechte Unterarm und die beiden Schultern
mit dem Öle der Katechumenen unter entfprechenden Gebeten
gefalbt. Darauf beginnt die heilige Meffe; nach dem Graduale
werden dem König unter finnvollen Gebeten die Infignien feiner
Würde überreicht, Schwert, Krone und Scepter; mit diefen
Infignien gefchmückt, wird er unter bedeutungsvollen Worten
auf den Thron gefetzt. An die Segnung und Krönung des
Königs fchließt fich die der Königin, welche nach der Anfchauung
der Kirche an dem landesväterlichen Amte des Königs teilnehmen
foll, wie es ihrem Gefchlecht entfpricht. Ihr werden die Pflichten
einer chriftlichen Landesmutter ans Herz gelegt, unter Gebet
die Krone aufgefetzt und das Scepter übergeben, die Sinnbilder
der ihr zukommenden Thätigkeit. König und Königin wohnen

dann auf ihrem Throne der heiligen Messe bei und empfangen bei der heiligen Kommunion den unter Brotsgestalt gegenwärtigen Sohn Gottes, den König aller Könige, in dessem Namen alle irdischen Könige regieren. Diese heilige Handlung wurde an Pippin und seiner Gemahlin im März des Jahres 752 im Kloster zum hl. Medardus in Soissons in Gegenwart zahl= reicher Großen des Reiches vollzogen; dadurch wurde er für sein neues Amt mit dem Segen Gottes ausgerüstet und das Band zwischen ihm und dem Volke, wie auch zwischen ihm und der Kirche gesegnet und befestigt; die königliche Würde erschien dadurch als eine von Gott angeordnete und Pippin als der Gesalbte des Herrn, dem alle Unterthanen um Gottes willen Gehorsam und Treue schulden.

Der Thronwechsel im fränkischen Reiche war ein für Staat und Kirche höchst wichtiges Ereignis. Welche Stellung Boni= fatius dazu einnahm, darüber gehen die Ansichten weit aus= einander. Einzelne [1]) behaupten, Bonifatius habe an dem Thron= wechsel thätigen Anteil genommen und sei überhaupt die geheime Triebfeder dazu gewesen. Man hat sich dabei auf einen Brief gestützt, welchen Bonifatius durch seinen Schüler Lullus im Jahre 751, also kurz vor dem Thronwechsel, an den Papst Zacharias schickte, und worin er schreibt, außer den im Briefe gestellten Anfragen habe Lullus noch geheime, mündliche Auf= träge (secreta quaedam), die er bloß ihm vortragen solle; diese sollen sich auf den Thronwechsel bezogen haben. [2]) Allein dafür fehlt jeder triftige Grund. Bonifatius spricht im Briefe nur von seinen Bedrängnissen bei der Ordnung der kirch= lichen Angelegenheiten und bittet um Belehrung und Nach= sicht, falls er sich in einem Punkte verfehlt habe. Auch die ausführliche Antwort des Papstes bezieht sich nur auf rein religiöse Dinge nnd Gewissensbedenken des hl. Bonifatius und enthält keine Andeutung über andere Dinge. Überhaupt bewegt sich der ganze Briefwechsel des hl. Bonifatius mit dem Papste und seinen Freunden nur um Religion und Wissenschaft, nie um Politik. Was aber die geheimen mündlichen Aufträge um= faßten, läßt sich nicht näher angeben. Dem Hofe gegenüber nahm Bonifatius stets eine reservierte Haltung ein; soweit thun=

---

[1]) So besonders Luben, deutsche Gesch. IV, 181, Alberdingk=Thym, Leben Karl des Großen, S. 89; Pfahler in seiner Biographie des hl. Bonifatius, S. 220 und Tübinger Quartalschrift, 1879, S. 92.
[2]) Ep. 79 und 80.

lich), mied er unter Karl Martell den Hof, und im obigen Briefe
an den Papst schreibt er, er wisse nicht, wie die Franken die von
ihm erstrebte Ernennung von Erzbischöfen erledigen würden; er
war also nicht einmal über diese wichtige kirchliche Angelegenheit
unterrichtet; noch viel weniger war er daher bezüglich rein welt=
licher Dinge in Staatsgeheimnisse eingeweiht. Solche bestanden
überhaupt für Bonifatius nicht, da Lullus in Gegenwart seiner
Begleiter ganz frei über seine Aufträge mit dem Papste sprach.
Auch läßt sich kein Fall anführen, daß Bonifatius sich in rein
weltliche Dinge einmischte; er war nur darauf bedacht, das
Reich Gottes aufzubauen, und pflegte nur zu diesem Zwecke
Beziehungen zum königlichen Hause. Darum beschränkte er sich
auch in dem an Grippo gerichteten Schreiben auf die Mahnung,
die Kirche zu beschützen, falls er zur Herrschaft gelange. Über=
dies war Bonifatius Ausländer und hatte eine große Gegen=
partei, was sich bei seiner Erhebung auf den erzbischöflichen
Stuhl zeigte. Wenn er daher hervorragend für den Thron=
wechsel gewirkt hätte, der doch immer nur eine innere An=
gelegenheit des fränkischen Reiches war, so konnte er leicht die
gegen ihn bestehende Mißstimmung vermehren und seiner kirch=
lichen Wirksamkeit schaden. Bei seinen kirchlichen Reformen
stieß Bonifatius nicht selten auf großen Widerstand. Trotz
aller Bemühungen und trotz der Unterstützung des Papstes
konnte er den Milo von seiner Stelle nicht entfernen und den
Gewilieb nur unter schweren Kämpfen; auch vermochte er nicht
zu hindern, daß letzterem Kirchengüter zur Nutznießung über=
geben wurden. Mächtige Familien wurden durch das gerechte
Vorgehen des hl. Bonifatius auf kirchlichem Gebiete im Besitze
der Kirchengüter gestört und waren ihm entgegen. Bonifatius
besaß daher schwerlich einen solchen Einfluß auf die gesamten
fränkischen Großen, um auf weltlichem Gebiete ein solches
Ereignis, wie der Thronwechsel ist, zu bewerkstelligen. Auch
mußte er mit Grund befürchten, daß der Thronwechsel, wenn
er von ihm ausging, sowohl gegen ihn selbst wie auch gegen
Pippin, der als sein Werkzeug erschien, Opposition hervorrufen
und einen für Staat und Kirche höchst gefährlichen innern Krieg
veranlassen konnte. Bei der großen Besonnenheit des hl. Boni=
fatius und seinem sonstigen Verhalten dürfte daher die Ansicht
unbegründet sein, er habe sich durch Lullus erst mit dem Papste
verständigt und dann den Thronwechsel hervorgerufen oder daran
thätigen Anteil genommen. Auch hätte es in diesem Falle keinen
Zweck gehabt, daß sein Schüler Burchard und Abt Fulrad,

Pippins Hoftaplan und Freund des hl. Bonifatius, noch den Papst um seine Ansicht befragten, da Bonifatius als Legat des Papstes doch sicher zuerst berufen war und auch gewiß den Mut dazu hatte, die Ansicht des Papstes den Franken mitzuteilen und zu vertreten. Daß die Franken bezüglich des Thronwechsels gar nicht mit Bonifatius verhandelten, sondern eine besondere Gesandtschaft direkt zum Papste schickten, läßt doch wohl schließen, Bonifatius sei zur Herbeiführung des Thronwechsels nicht thätig gewesen.

Andere Geschichtschreiber haben sogar behauptet, Bonifatius sei der Thronbesteigung Pippins feindlich entgegengetreten;[1] diese sei besonders von dem Abte Fulrad betrieben worden, und Bonifatius sei um diese Zeit mit Pippin wegen mangelhafter Unterstützung bei den kirchlichen Reformen zerfallen gewesen. Allein Bonifatius hatte keinen Grund, für die unthätigen Merovinger gegen den kräftigen Pippin aufzutreten. Wie wir aus dem Schreiben an König Adilwald sehen, faßte er die Herrscher- pflichten auch viel zu ernst auf, als daß er für die unthätigen Merovinger eingetreten wäre. Überhaupt erwähnt Bonifatius ihrer in seinen Briefen nie, und stand ihnen wohl 'gleichgiltig gegenüber, mit Pippin aber stand er in gutem Einvernehmen und fand bei ihm — soweit möglich — hilfreiche Unterstützung zur Ordnung der kirchlichen Verhältnisse. Sodann ergriff Boni- fatius bei Thronstreitigkeiten keine bestimmte Partei, wie schon aus seinem erwähnten Verhalten gegen Grippo, Pippins Stief- bruder, erhellt. Ferner ist uns aus der Zeit, in der Drogo, Pippins Neffe, das Reich seines Vaters zu bekommen trachtete, ein Schreiben[2] eines ungenannten Schülers des hl. Bonifatius an einen Abt Andhun in Friesland erhalten, in welchem er diesen bittet, ihm mitzuteilen, ob Bonifatius sich auf die Reichs- versammlung des Drogo oder auf die des Pippin begeben habe, ein Beweis, daß Bonifatius sich für keine Partei bestimmt und offen entschieden hatte. Nach diesen, dem Thronwechsel vorher- gehenden Thatsachen kann man wohl annehmen, daß Bonifatius trotz der großen Wichtigkeit des Thronwechsels für die Ge- staltung der kirchlichen Verhältnisse dabei eine abwartende Stellung einnahm und die Ereignisse ruhig ihren Gang gehen ließ, wenn er auch für sich im Interesse von Kirche und Staat und bei seinen guten Beziehungen zu Pippin dessen Thron-

---

[1] So besonders Rettberg, Kirchengeschichte Deutschlands I, 380—92.
[2] Ep. 65.

besteigung wünschen mochte. Dementsprechend melden auch die
ältesten Quellen nichts weder von einer freundlichen, noch von
einer feindlichen Stellung des hl. Bonifatius zum Thronwechsel.
Überhaupt beanspruchte Bonifatius nach seinem ganzen Verhalten
nicht, eine politische Rolle zu spielen und auf rein staatliche
Verhältnisse Einfluß auszuüben, sondern wollte als Diener Jesu
Christi den Menschen die Segnungen des Heils vermitteln.
Darum hielt er sich von jeder schroffen Parteinahme in politischen
Dingen fern, wodurch er bei der Dynastie wie bei dem Volke
sein Wirken gefährden konnte, widmete sich eifrig seinem apostolischen Amte und suchte sich die Achtung, das Wohlwollen und
die Unterstützung der weltlichen Obern durch kluges, vorsichtiges
Benehmen zu sichern. Indessen schließt die abwartende Stellung
des hl. Bonifatius bei dem Thronwechsel nicht aus, daß er
diese wichtige Angelegenheit vertraulich mit dem Papste besprach,
falls sie eine vollendete Thatsache würde, wie er ja überhaupt
immer über die Ansichten des Papstes sich zu unterrichten suchte,
um in voller Übereinstimmung mit ihm zu handeln. Nachdem
dann von der Reichsversammlung mit Zustimmung des Papstes
die Merovinger entthront und Pippin zum König gewählt war,
konnte Bonifatius von der Krönungsfeierlichkeit sich nicht zurück-
ziehen, die zwar eine von der Wahl getrennte Handlung war,
aber sich rasch an dieselbe anschloß. Sein Fehlen dabei wäre
als Anhänglichkeit an die alte Dynastie aufgefaßt, hätte bei
Pippin und den Großen des Reiches Unzufriedenheit gegen ihn
hervorgerufen und seinem kirchlichen Wirken geschadet. Ihm,
dem Gesandten des Papstes und bedeutendsten Bischofe des
ganzen Reiches, kam es zu, dem Erwählten des Volkes die
kirchliche Weihe zu geben, zumal der Papst den Thronwechsel
förmlich gebilligt hatte. Das freundschaftliche Verhältnis, welches
sich seit der Thronbesteigung zwischen Pippin und Bonifatius
entwickelte, beweist auch, daß Bonifatius die Salbung vornahm,
die in seinem Vaterlande schon lange Sitte war. Seit der
Salbung nämlich war „Pippin ängstlich bestrebt, die dem Herrn
gemachten Gelübde zu erfüllen, die Synodalbeschlüsse sogleich in
Kraft zu setzen, und die von seinem Bruder nach der Mahnung
des hl. Bonifatius getreu begonnenen kirchlichen Einrichtungen
zu vollenden; zugleich zeichnete er Bonifatius von da ab im
Umgange durch Ehren aus und gehorchte seinen Geboten im
Herrn". Eine solche Haltung Pippins, dem natürlich seit seiner
feierlichen Krönung an der Erhaltung des ihm erwiesenen Vertrauens bei dem hl. Bonifatius sehr gelegen war, spricht dafür,

daß Bonifatius ihn zum Könige salbte, wie auch fast allgemein angenommen wird.[1]

Im März des Jahres 752 starb der Papst Zacharias, welcher das Wirken des hl. Bonifatius so eifrig befördert hatte. An seinen Nachfolger, Stephan III., richtete Bonifatius ein Schreiben, welches sowohl seine Anhänglichkeit an den Apostolischen Stuhl, wie auch seine demütige Gesinnung bezeugt.[2] Er bittet den Papst, ihm die gleiche wohlwollende Gesinnung wie seine drei Amtsvorgänger zuzuwenden, und ihn auch fernerhin

---

[1] Willibaldi Vita St. Bonifatii p. 461. Rettberg (I, 380) und Alberdingk-Thym (Karl der Große, S. 316) bestreiten die Salbung Pippins durch Bonifatius; Willibald berichtet nichts von der Salbung, wohl aber die Annalen des von Pippin gestifteten Klosters Lorsch und Eginhard.

[2] Ep. 106. Die Zeitbestimmung dieses Briefes ist streitig. Bonifatius bemerkt in demselben, er habe 36 Jahre in apostolischer Sendung gewirkt; von der ersten Romreise (718) an gerechnet, wäre der Brief im Jahre 754 oder 755, also 2—3 Jahre nach der Thronbesteigung Stephans, verfaßt, wie Jaffé und Will annehmen. Allein Bonifatius wird schwerlich ein Schreiben an den Papst zur Erneuerung und Befestigung der kirchlichen Gemeinschaft mit ihm 2—3 Jahre aufgeschoben haben. Ferner giebt Bonifatius an, daß er mit dem Aufbau der von Heiden zerstörten 30 Kirchen beschäftigt gewesen und dadurch sein Schreiben verzögert sei, nicht aus Nachlässigkeit. Will (Tübing. Quart.-Schr. 1873, S. 517) bezieht dieses auf die Friesen, bei denen Bonifatius 755 thätig war. Aber es wird uns nirgendwo berichtet, daß die Friesen um diese Zeit Kirchen zerstörten, wohl aber die Sachsen, welche 752 einen Einfall in das Missionsgebiet des hl. Bonifatius machten und viele Kirchen zerstörten. Pippin züchtigte sie dafür im Jahre 753, und nun konnte Bonifatius die Kirchen wiederherstellen. In dieses Jahr fällt daher auch wohl der Brief, der durch den Einfall der Sachsen und den mangelhaften Verkehr jener Zeit leicht um ein Jahr verzögert werden konnte. Oelsner (Jahrbücher, S. 40) erklärt die Zahl 36 für einen Irrtum des „greisen Schreibers", aber Bonifatius wußte doch sicher noch, wie lange er schon vom Papste gesandt war. Die Zahl 36 ist entweder ein Schreibfehler statt 34, XXXVI statt XXXIV, was bei dem Abschreiben leicht vorkommen konnte, oder ein Abschreiber hat irrtümlich die Zahl aller Jahre angegeben, welche Bonifatius seit der Sendung vom Papste thätig war, oder Bonifatius hat seine Wirksamkeit von 716 an berechnet, dem Jahre der Abreise nach Friesland; das konnte er, weil er in dem Jahre sein apostolisches Amt, d. i. die Ausbreitung des Evangeliums nach der Lehre der römisch-katholischen Kirche, begann. Daß zwischen Bonifatius und Stephan ein Mißverständnis gewesen sei, wie Will aus dem verzögerten Schreiben schließt, läßt sich nicht begründen. Bonifatius giebt bestimmt den Grund seines verspäteten Schreibens an, nämlich seine Beschäftigung mit dem Aufbau der Kirchen, und wir haben bei dem offnen Charakter und dem mühevollen Leben des greisen Missionars keinen Grund, seine Worte als eine leere Höflichkeitsform aufzufassen und etwas anderes dahinter zu vermuten.

in der Gemeinschaft der römischen Kirche zu behalten. Ferner
versichert Bonifatius, er wolle wie bisher, so auch fernerhin an
der Ausbreitung und Befestigung der Kirche arbeiten, dem
Urteile des Papstes sich gerne unterwerfen und bereitwillig ver=
bessern, falls er vielleicht etwas nicht recht gemacht habe. Am
Schlusse bittet Bonifatius um Entschuldigung, daß er noch nicht
früher geschrieben habe, weil er mit dem Aufbau von mehr als
30 Kirchen beschäftigt sei, die die Heiden in seinem Missions=
gebiete zerstört hätten. Die heidnischen Sachsen waren nämlich
im Jahre 752 in das fränkische Gebiet eingefallen und bis
zum Rheine vorgedrungen; raubend, plündernd, mordend und
zerstörend hatten sie das Missionsgebiet des hl. Bonifatius
durchstreift, in wildem Hasse gegen das Christentum die christ=
lichen Priester gemordet und Kirchen und Klöster in Brand
gesteckt. Wie schmerzlich mußte es dem hl. Bonifatius sein, die
unter vielen Mühen und Beschwerden gegründeten christlichen
Pflanzungen in kurzer Zeit vollständig vernichtet zu sehen!
Pippin sammelte ein großes Heer, drang in das Land der
Sachsen ein, rückte siegreich bis zur Weser vor und zwang die
Sachsen mit Waffengewalt zur Ruhe. Es war der erste Feld=
zug, welchen der neugekrönte Frankenkönig unternahm (753).
Seinem siegreichen Heere folgt Bonifatius mit dem Zeichen des
Kreuzes und fing ungebeugten Mutes an, die zerstörten Kirchen
wiederherzustellen. Weil er aber in den beiden letzten Jahren
seines Lebens sich der Missionsthätigkeit bei den Friesen widmete,
übertrug er die Fortführung der Bauten und die Sorge für
die Kirchen in Thüringen seinem Schüler und Nachfolger Lullus.
Die Sachsen hielten jedoch nicht lange Ruhe und wiederholten
bald ihre Raubzüge in die benachbarten christlichen Gebiete.
Im Jahre 759 zog Pippin von neuem gegen die Sachsen, be=
siegte sie in mehreren Schlachten und zwang sie, seine Ober=
hoheit anzuerkennen und ihm jährlich einen Tribut von 300
Pferden zu zahlen. Nach einem blutigen, mehr denn dreißig=
jährigen Kriege war es aber später erst Karl dem Großen
möglich, die treubrüchigen Sachsen dauernd zur Anerkennung
der fränkischen Herrschaft und zur Annahme des Christentums
zu bringen.

Der Papst Stephan III. (752—757) wurde sogleich bei
dem Beginne seiner Regierung von den Langobarden bedroht,
welche die Herrschaft über ganz Italien sich anzueignen suchten
und auch in den päpstlichen Gebieten die Landeshoheit bean=
spruchten. Das römische Reich, dessen Kaiser von Rom aus

faft die ganze damals bekannte Welt beherrschten, war nämlich
im Jahre 476 durch die eindringenden deutschen Stämme zer=
stört worden, welche besonders im sonnigen, herrlichen Italien
Wohnsitze zu erobern trachteten und dieses zum Schauplatze
ihrer Verheerungen machten. Im östlichen Teile des Römer=
reiches, in Konstantinopel, herrschten allerdings noch Kaiser,
welche vielfach durch List und Bestechung mit Hilfe der Leib=
wache sich des Thrones bemächtigten und als Nachfolger der
alten römischen Kaiser Italien beanspruchten, aber sich um Italien
gar nicht kümmerten und es schutzlos den eindringenden wilden
Stämmen preisgaben. Die Päpste hingegen beschützten Rom
in diesen Stürmen der Völkerwanderung. Papst Leo I.
(440—461) zog dem Hunnenkönig Attila, der Geißel Gottes,
dem Schrecken der Menschheit, furchtlos entgegen, erinnerte ihn
an die Gerichte Gottes und bewog ihn zur Umkehr (452). Den
Vandalenkönig Geiserich, welcher Rom eroberte, bewog er, daß
wenigstens das Leben der Bewohner geschont und die Stadt
nicht in Brand gesteckt wurde (455). So blieb Rom, der Aus=
gangspunkt der Kultur und des Christentums, erhalten, und
Papst Leo erhielt mit Recht den Beinamen der Große. Als
die Langobarden unter ihrem König Alboin (568) in Italien
eindrangen, sammelte Papst Gregor I. (590—604) auf seine
Kosten Truppen und verteidigte Rom gegen die Langobarden.
Gegen diese wie gegen den oströmischen Kaiser behauptete er
mit großer Festigkeit die Rechte und die Freiheit der Kirche,
und regierte von Rom aus, als dem geistigen Mittelpunkte der
Welt, mit bewundernswerter Klugheit in jenen schwierigen Zeiten
die Kirche. So wurden die Päpste durch den Gang der Ge=
schichte Herren von Rom. Ihr Gebiet wurde nach und nach
durch Schenkungen und Vermächtnisse erweitert; weil diese aber
nicht der Person des Papstes, sondern der Kirche vermacht
wurden, so bekam das Gebiet auch den Namen Kirchenstaat.
Er ist der älteste Staat der Welt und auf die gerechteste
Weise entstanden.[1]) Durch die bayerische Prinzessin Theodo=
linde, welche mit dem König Authari und nach dessen Tode
mit dem König Agilulf vermählt war, und durch Papst
Gregor I. wurden die Langobarden zur katholischen Kirche be=
kehrt. König Liutprand, ein weiser und kräftiger König

[1]) Sehr richtig sagt daher der protestantische Geschichtschreiber Joh.
von Müller: „Wenn die natürliche Billigkeit entscheiden soll, so ist wahr=
lich der Papst mit Recht Herr von Rom; denn ohne ihn wäre Rom nicht
mehr vorhanden".

(713—744), richtete zwar auch seine Augen auf Rom, erkannte aber, durch die mahnenden Worte Gregors II. und Zacharias erschüttert, die Herrschaft der Päpste über Rom und die nächste Umgebung feierlich an, und beschenkte sogar die römische Kirche mit Gütern. Auch König Aistulf erkannte anfangs das Recht des Papstes an, bald nachher aber wurde er wortbrüchig, beanspruchte das päpstliche Gebiet, erklärte es für einen Teil seines Gebietes und forderte von jedem Kopfe ein Goldstück Steuer. So verfolgten damals die Langobardenkönige (wenigstens teilweise) dem Päpstlichen Stuhle gegenüber dieselben, alle göttlichen und menschlichen Rechte verletzenden Grundsätze wie gegenwärtig die Könige von Piemont, die sich bereits mit Hilfe revolutionärer Elemente Roms bemächtigt haben. Der Papst bat wiederholt dringend den Langobardenkönig, von dem Unrechte abzustehen, aber vergebens. Da wandte er sich in seiner Bedrängnis an den oströmischen Kaiser in Konstantinopel, und als dieser sich nicht rührte, an die Franken, welche mit immer größerer Verehrung sich an den Papst anschlossen. Im Herbst 753 verließ der Papst Rom, begab sich zunächst nach Pavia zum Langobardenkönig Aistulf und verlangte unter Bitten und Thränen die Rückgabe des päpstlichen Gebietes. In Pavia erschienen auch fränkische Gesandte, die den Papst nach Frankreich einluden. Als Aistulf sich weigerte, verließ der Papst eilig Pavia und ging nach Frankreich. Es war das erstemal, daß ein Papst über die Alpen ging und nach Frankreich zog. Stephan überstieg mit großem Gefolge die Alpen auf der Straße über den St. Bernhard, und ein heißes Dankgebet erscholl aus aller Munde, als sie die fränkische Grenze erreichten. In St. Maurice an der Rhone erholte sich der Papst einige Tage von der beschwerlichen Reise; dort begrüßte ihn Abt Fulrad von St. Denis im Namen des Königs. Dieser begab sich zum Empfange des Papstes nach Pontion, einem Schlosse in der Champagne. Als der König die Ankunft des Papstes vernahm, sandte er ihm etwa 20 Meilen weit seinen ältesten Sohn, den elfjährigen Karl, entgegen; er selbst ging ihm mit seiner ganzen Familie und einem glänzenden Gefolge eine Stunde weit entgegen; bei dem Anblicke des Papstes stieg er vom Pferde und kniete nieder, um den Segen des Papstes zu empfangen; alsdann ging er zu Fuß neben dem Papste her und führte eine Strecke weit dessen Pferd am Zügel. Der Papst stimmte einen Lobgesang an und zog unter Gesang in Pontion ein (am 6. Januar 754). Bei den dort stattfindenden Besprechungen sicherte Pippin dem Papste

Hilfe gegen die Langobarden zu und zog darauf mit ihm nach Paris. Während der kalten Jahreszeit wohnte der Papst in dem nahen Kloster St. Denis, der reichsten und ersten Abtei Frankreichs, errichtet zur Ehre des hl. Dionysius, eines der ersten Glaubensboten Frankreichs. In der dortigen Abteikirche salbte der Papst im Juli des Jahres 754 mit dem heiligen Öle, den König, seine Gemahlin Bertrada und seine beiden Söhne Karl und Karlmann. Wie König David im Alten Bunde mehrmals vom Hohenpriester Samuel gesalbt wurde, so wurde auch Pippin mehrmals gesalbt, zuerst von Bonifatius, dann vom Papste selber, dem obersten Priester des Neuen Bundes, um desto reichlichere Gnaden von Gott zu empfangen. Zugleich wollte der Papst durch die Wiederholung der Sal= bung die frühere bestätigen und bekräftigen.[1] Mit der Salbung des Königs verband er die der Königin und der beiden Söhne, um der ganzen Familie eine religiöse Weihe zu geben und das Königtum in Pippins Familie zu sichern. Zugleich verlieh er Pippin und seinen Söhnen die Würde römischer Patrizier, wo= durch sie Beschützer und Schirmvögte des Papstes und des Kirchenstaates wurden. Der Papst erkrankte längere Zeit schwer, sodaß man an seinem Aufkommen zweifelte, aber er wurde plötzlich wie durch ein Wunder gesund und ging dann mit Pippin nach dem königlichen Schlosse Carisiacum, jetzt Quiercy an der Oise, in der Umgegend von Paris. Dort versammelte Pippin die Großen seines Reiches, faßte den Beschluß zur Hilfeleistung des Papstes und setzte das ihm zukommende Gebiet fest, welches das mittlere Italien umfassen sollte, nämlich Rom mit der nächsten Umgebung (Dukat oder Herzogtum Rom), welches die Päpste schon lange faktisch besessen hatten, das Gebiet (Exarchat) von Ravenna, die Pentapolis (eine Anzahl Städte) und die Provinz Ämilia.[2] Im Sommer 754 kehrte der Papst unter dem Schutze eines fränkischen Gefolges nach Rom zurück. Da der Langobardenkönig das römische Gebiet nicht herausgab, so zog Pippin mit seinem Heere zweimal über die Alpen (754 und 755), entriß jenes Gebiet den Langobarden und erklärte dem Gesandten des griechischen Kaisers, welcher es zurückforderte,

---

[1] Auch Papst Johannes I. (523—526) salbte und krönte den Kaiser Justin II. von Konstantinopel, welcher vorher schon vom dortigen Pa= triarchen gekrönt war.

[2] Die Schenkungsurkunde von Quiercy ist uns verloren gegangen; ihr Inhalt wurde später durch Karl den Großen ausdrücklich bestätigt; ob das päpstliche Gebiet einzeln angegeben wurde, ist zweifelhaft.

daß er aus Liebe zum hl. Petrus über die Alpen gezogen sei und jenes Gebiet dem hl. Petrus schenke. Deshalb legte auch Pippins Staatsrat, der Abt Fulrad, die Schlüssel der geschenkten Städte mit den Schenkungsurkunden auf dem Grabe des Apostels Petrus nieder. Diese Schenkungen Pippins haben später Karl der Große und Ludwig der Fromme bestätigt und vermehrt. So haben grade deutsche Fürsten die schon vorhandene weltliche Herrschaft des Papstes befestigt, gesichert und erweitert.

Doch nicht bloß in Italien, sondern auch im fränkischen Reiche zeigte sich Pippin dankbar für die Krönung, welche der Papst und Bonifatius an ihm vorgenommen hatten. Er beförderte in jeder Weise die kirchlichen Interessen, unterstützte die Durchführung der strengen Kirchenzucht und ermöglichte im westlichen Frankenreiche die Errichtung der erzbischöflichen Stühle, welche Bonifatius zur Herstellung des kirchlichen Verbandes lange vergebens angestrebt hatte. In welcher Weise Bonifatius an den Verhandlungen zwischen Papst und Pippin in St. Denis und Quiercy beteiligt war, darüber ist uns von Zeitgenossen nichts berichtet. Weil seine Gegenwart am königlichen Hofe zur Zeit der Anwesenheit des Papstes gar nicht erwähnt wird, so hat man geschlossen, es seien Mißhelligkeiten zwischen dem Papste und Bonifatius ausgebrochen. Allein die Abwesenheit des Bonifatius vom Hofe erklärt sich daraus, daß er im Winter 753—754 im fernen östlichen Deutschland die kirchlichen Verhältnisse ordnete oder in Friesland dem Missionswesen sich widmete. Sodann liebte Bonifatius überhaupt nicht den langen Aufenthalt am Hofe wegen des dort herrschenden unvermeidlichen weltlichen Treibens; er besuchte ihn nur kurze Zeit, sooft das Wohl der Kirche es erforderte. Überdies war er bereits alt und gebrechlich, und machte bei seiner apostolischen Denk- und Handlungsweise sicher keine weite, beschwerliche Reise, um leere Höflichkeitsformen zu erfüllen. Auch geschah die Reise des Papstes so unerwartet rasch, daß es fraglich sein dürfte, ob Bonifatius bei den damaligen mangelhaften Verkehrsverhältnissen darum wußte. Wenn Bonifatius darum wußte und den Papst leicht erreichen konnte, so suchte er ihn sicher behufs einer Besprechung auf, da er sich ja gerne mit ihm über deutsche Verhältnisse besprach, und in dessen Begleitung sich zwei ihm befreundete Geistliche befanden, Theophilactus und Gemmulus, mit denen er in Briefwechsel stand. Der Verfasser der Passio St. Bonifatii, ein Mainzer Kanoniker des 11. Jahrhunderts (also fast 300 Jahre nach Bonifatius), berichtet allerdings von einer Zusammenkunft des Papstes mit Bonifatius und einem Streite beider; weil der Papst den Priester Rutgang zum Bischofe von Metz geweiht und ihm das Pallium, das Zeichen der erzbischöflichen Würde, verliehen habe, so habe er dadurch nach der Meinung des hl. Bonifatius in die Rechte des Erzbischofs von Trier eingegriffen, und Bonifatius habe dem Papste deshalb Vorstellungen gemacht.¹) Allein diese Nachricht klingt unglaubwürdig und beruht wohl auf einem Mißverständnis, da Bonifatius dem Papste das Recht der Bischofsweihe wohl am wenigsten bestritt und die Errichtung erzbischöflicher Sitze im Frankenreiche immer erstrebte. Weshalb der Papst gerade den Metzer Bischof zum Erzbischofe ernannte, ist nicht angegeben. Überhaupt sind die Nachrichten jenes spätern Geschichtschreibers nicht immer genau und zuverlässig. Selbst wenn aber auch zwischen Papst und Bonifatius über einen Punkt eine Meinungsverschiedenheit entstand, so kam es sicherlich deshalb noch nicht zu einem langen, ernstlichen Konflikte. Bonifatius war es gerade, welcher immer engen Anschluß an den Papst erstrebte, sich ihm demütig unterwarf und auch zugleich gute Beziehungen mit Pippin pflegte. Dadurch bahnte er die enge Verbindung zwischen den Franken und dem Päpstlichen Stuhle an, welche später zur Kaiserkrönung Karls des Großen führte und so das christliche Kaisertum mit der deutschen Nation vereinte.

Achtes Kapitel.

Missionsreisen des hl. Bonifatius nach Friesland; sein Martyrertod in Dokkum am 5. Juni 755; Begräbnis in Fulda; Reliquien und Verehrung desselben.

Bonifatius trug beständig ein heißes Verlangen in sich, den Heiden das Licht des Evangeliums zu bringen; die Be=

---

¹) Jaffé p. 477. Besonnene Geschichtsforscher geben die Unglaub=
würdigkeit der erzählten Begebenheit zu, z. B. Hahn und Oelsner; Rett=
berg (I, 413) dagegen findet die Erzählung unverdächtig, und Fischer
(S. 210) findet sie nicht erfunden und ungeschminkt; diese beiden gehen
nämlich von der irrigen Ansicht aus, die Macht des Papstes sei in jener
Zeit gar nicht vorhanden oder doch sehr beschränkt gewesen.

festigung und den weitern Ausbau der Kirche überließ er gern seinen Schülern. Deshalb hätte er auch früher gern das Bistum Köln übernommen, um von dort aus die Friesen und Sachsen zu bekehren. Ebenso hatte er später den Papst gebeten, an seine Stelle einen andern zum Bischof für den Mainzer Stuhl weihen zu dürfen, um selber bloß das Amt eines Apostolischen Legaten ohne bestimmten Sitz zu behalten und sich dann dem Missionswesen bei den Heiden zu widmen. Allein der Papst empfahl ihm, im Interesse des Seelenheils der Gläubigen in Mainz zu bleiben, und gestattete ihm nur, wegen körperlicher Schwäche einen Gehilfen (coadiutor) zu wählen, welcher ihn während seines Lebens in seinem ganzen Amte unterstützen und nach seinem Tode sein bischöfliches Amt übernehmen sollte. Ferner hatte Bonifatius den Papst gebeten, mit der Abhaltung der Synoden einen Priester zu betrauen, offenbar um selber freie Hand für das Missionswesen zu bekommen, aber der Papst erwiderte ihm, solange er (Bonifatius) lebe und das Amt eines Apostolischen Legaten ausübe, sei es nicht nötig, einen andern zu senden.[1] Bonifatius schien nämlich dem Papste der geeignete Mann zu sein, um die Kirche im fränkischen Reiche zu einigen und zu befestigen, und das war vorläufig wichtiger als ihre Aus= breitung. Bonifatius fügte sich dem Willen des Papstes, blieb auf dem erzbischöflichen Stuhle von Mainz und widmete sich dem innern Aufbau der Kirche, behielt aber das Missionswesen immer im Auge. Je mehr die Flamme des irdischen Lebens in ihm zu erlöschen begann, desto mehr brannte in ihm die Flamme heiliger Begeisterung für die Ausbreitung des Reiches Gottes, und je näher das Ende seines Lebens rückte, um so lebhafter wurde sein Wunsch, den Rest seines Lebens dem Missionswesen zu widmen. Erst im Jahre 753 wurde es ihm möglich, seinem Herzenswunsche zu folgen.

Um diese Zeit waren die Verhältnisse auf dem rechten Rheinufer größtenteils geordnet. In Bayern, Franken und Hessen hatte Bonifatius bischöfliche Stühle gegründet und mit vortrefflichen Männern besetzt, welche in seinem Sinne wirkten. Ganz besonders blühten die Bistümer Würzburg und Eichstätt unter der umsichtigen und eifrigen Leitung seiner treuen Schüler Burchard und Willibald. Das Heidentum verschwand immer mehr vor dem Christentum, mit welchem zugleich Kultur und Civilisation ausgebreitet wurden. Bevor sich jedoch Bonifatius

---

[1] Ep. 66.

dem Missionswesen in Friesland widmete, besuchte er nochmals seine Pflanzungen in Bayern und Franken, um zu sehen, wie das Saatkorn des Evangeliums aufgegangen war, und suchte sein ferneres Gedeihen durch Rat und That zu fördern. Wahrscheinlich weihte er zur Zeit dieses Aufenthalts die Kirche in Altomünster in Ober-Bayern ein. Dort hatte der Schotte Alto als Einsiedler sich niedergelassen, von Pippin eine Strecke Waldes erhalten und eine Kirche gegründet. Auch in Franken war Bonifatius um diese Zeit noch thätig. In Aschaffenburg, wo wegen seiner vortrefflichen Lage am untern Maine schon frühzeitig Ansiedlungen stattgefunden, die Römer bereits ein Kastell und die fränkischen Hausmeier ein Jagdschloß errichtet hatten, gründete er die erste Kirche, welche er zur Ehre Gottes und des hl. Martinus einweihte. Auch gründete er dort ein Benediktinerkloster, das Martinsstift, und in der uralten Kirche des nahen Nilkheim taufte er Tausende von neubekehrten Franken. Um diese Zeit besuchte er auch den hl. Pirminus, welcher aus seinem uns unbekannten Vaterlande nach Deutschland gekommen war, um dort für die Ausbreitung des Christentums thätig zu sein. Pirminus erwarb sich besonders große Verdienste durch die Gründung zahlreicher Klöster. So gründete er um 720 in einer romantischen Gegend der Schweiz, an der Tamina, einem Nebenflusse des Rheins, in der Nähe heilsamer Quellen, das Kloster Pfäfers; ferner gründete er ein Kloster auf einer unfruchtbaren, mit giftigen Schlangen angefüllten Insel des Bodensees, welche durch die arbeitsamen Mönche bald in eine reiche Au umgeschaffen wurde und daher den Namen Reichenau bekam, hochberühmt durch die vielseitige Gelehrsamkeit der dortigen Mönche. Im Elsaß stiftete er in einem anmutigen, bergumkränzten Thale das Kloster Murbach, und in der waldbedeckten Haardt, dem heutigen Rheinbayern, die Klöster Pirmasens und Gemundium, das heutige Hornbach bei Zweibrücken. Dort besuchte ihn Bonifatius und wurde von ihm mit heiliger Freude aufgenommen. Die beiden, im Dienste des Evangeliums ergrauten Männer unterhielten sich über die kirchlichen Verhältnisse Deutschlands und die Gestaltung des Ordenslebens; gewiß für beide ein reicher Stoff zur Unterhaltung! Dieser Gedankenaustausch war für den hl. Pirmin von großem Nutzen. Während er bis dahin mehr sich der praktischen Thätigkeit befliß, und hierauf bei der Gründung seiner zahlreichen Klöster bedacht war, wurde er vom hl. Bonifatius auf die hohe Bedeutung des beschaulichen und wissenschaftlichen Lebens aufmerkſam gemacht und veranlaßt, auch das wiſſenſchaftliche und beſchauliche Leben in den Klöſtern zu pflegen und mit der Arbeit= ſamkeit zu verbinden. Beide Männer, eins in ihren Beſtrebungen, ſchloſſen innige Freundſchaft, welche dadurch bethätigt wurde, daß Bonifatius dem Kloſter mehrere Pfarreien in ſeinem Sprengel zur Beſetzung übergab. Später trat das Kloſter mit Mainz in eine Gebetsbruderſchaft, ſodaß beiderſeits für die lebenden und verſtorbenen Angehörigen gebetet wurde.

Im weſtfränkiſchen Reiche trat im Jahre 753 eine Änderung der traurigen Verhältniſſe ein, welche dem hl. Bonifatius lange viel Kummer und Sorge bereitet hatten. Es ſtarb nämlich Milo, welcher ohne Empfang der biſchöflichen Weihe 40 Jahre lang gegen alle kirchlichen Beſtimmungen zwei bedeutende Kirchen= ſprengel, Trier und Rheims, innegehabt und der Durchführung der kirchlichen Disziplin ſich immer widerſetzt hatte. Der Papſt hatte bezüglich des Milo und ähnlicher Männer dem hl. Boni= fatius geſchrieben, durch eindringliche Ermahnungen dahin zu wirken, daß ſie zur Rettung ihrer Seelen ihre Stellen nieder= legten und von ihrem ſündhaften Leben ſich bekehrten.[1] Aber es war vergebens! Milos Familie war ſehr einflußreich, und ſo konnte der verweltlichte Mann trotz aller Bemühungen des hl. Bonifatius ſich in ſeiner Stellung behaupten, in welcher es ihm natürlich mehr auf die Einkünfte als auf die Erfüllung kirchlicher Pflichten ankam. Nachdem er lange (faſt 40 Jahre) in ſeiner Verblendung das kirchliche Leben in hohem Maße ge= ſchädigt hatte, ereilte ihn das Strafgericht Gottes; er wurde auf der Jagd von einem wilden Eber zerriſſen. Die beiden erledigten Bistümer wurden nun mit würdigen Männern beſetzt. Der Abt Weomad wurde Biſchof von Trier und Tilpin Biſchof von Rheims. In demſelben Jahre wurde auch der Stuhl von Köln erledigt. Als Pippin nämlich 753 ſeinen Zug gegen die aufrühreriſchen Sachſen unternahm und in ihrem Lande bis nach Rehme an der Weſer vordrang, nahm auch der Biſchof Hildegar von Köln an dieſem Zuge als Seelſorger der Soldaten und aus Bekehrungseifer teil, und wurde in einem Kampfe bei Jburg, in der Nähe Osnabrücks, von den Sachſen getötet;[2]

---

[1] Ep. 80.

[2] Die verſchiedenen Annalen von St. Amand, Lorſch, Petau, Egin= hard geben über die Umſtände ſeines Todes keine nähere Auskunft; ſie ſagen: in castro occisus est, interfectus est, cecidit, defunctus est. Strunk (Westfalia sancta II, I) zählt ihn zu den Heiligen und berichtet die Übertragung ſeiner Leiche nach Köln in die St. Gereonskirche.

an seiner Stelle wurde Bertholin Bischof von Köln. Auch hatten die jährlichen, unter dem Vorsitze des hl. Bonifatius abgehaltenen Synoden viel dazu beigetragen, die Stellen im fränkischen Reiche mit würdigen Hirten zu besetzen und bei den Welt= und Ordensgeistlichen den kirchlichen Geist zu wecken und zu beleben, sodaß die kirchlichen Zustände sich immer mehr besserten. Überdies war Pippin, welcher die Sache der Kirche nach Kräften förderte und mit Bonifatius in freundschaftlichem Verhältnis stand, im ruhigen Besitze der Alleinherrschaft über das ganze fränkische Reich, und hatte mit siegreichem Schwerte die heidnischen Sachsen zur Ruhe gebracht, welche den christ= lichen Missionaren in ihren Nachbarländern viele Gefahren und Schwierigkeiten bereiteten. So konnte Bonifatius im Jahre 753 daran denken, endlich den langgehegten Plan einer Missionsreise nach Friesland zu verwirklichen. [1])

Eine solche Missionsreise nach Friesland hatte aber ihre großen Gefahren und Schwierigkeiten, besonders für den hl. Boni=

---

[1]) Rettberg (I, 311) und Fischer (211) behaupten, Bonifatius sei mit den Verhältnissen im fränkischen Reiche unzufrieden und überhaupt mit Pippin zerfallen gewesen; aus Mißmut habe er seine Wirksamkeit in Deutschland verlassen und das Missionswesen in Friesland wieder auf= genommen. Wie Willibald (p. 461) bezeugt und der Briefwechsel des hl. Bonifatius mit dem Abte Fulrad (ep. 84) und mit Pippin (ep. 85, 105) beweist, stand Bonifatius mit Pippin in freundschaftlichem Ver= hältnis und nannte ihn zärtlich „seinen ruhmreichen Sohn", „unsern glorreichen und liebenswürdigen König". Bonifatius bat nicht, an der Reichsversammlung teilnehmen zu dürfen, wie Rettberg meint, sondern er bat Pippin um Benachrichtigung, ob er kommen müßte; da er kurz vorher krank gewesen war, so unternahm er die weite, schwierige Reise zum Reichstage nicht ohne dringende Notwendigkeit, zumal er in gesunden Tagen nur aus wichtigen Gründen den Hof aufsuchte. Auch hatte Pippin ja die Wünsche des hl. Bonifatius erfüllt, und dieser war nicht der Mann, der aus bloßem Mißmut seine Wirksamkeit änderte. Wenn ferner Fischer (S. 228) in der Reise des hl. Bonifatius nach Friesland ein Zeichen von hartnäckigem Eigensinn sieht, weil er wegen seines Alters ruhebedürftig und nicht mehr leistungsfähig gewesen wäre, so beweist sein herrlicher Erfolg gerade das Gegenteil. Auch nahm Bonifatius einen Bischof als Gehilfen mit. Überdies machte das Alter ihn ehrwürdig und gab ihm Be= sonnenheit und Erfahrung, die für das Gelingen des Missionswesens von großer Wichtigkeit sind. Ja, die glückliche Gestaltung der kirchlichen Ver= hältnisse und die Erhörung seiner Bitten durch Pippin hatten, — nach dem entschiedenen, schaffensfreudigen Tone seines Briefes (Ep. 105) zu urteilen — seine Kräfte verjüngt, sodaß er mit froher Begeisterung die erste und höchste Aufgabe seines Lebens, die Heidenmission, wieder aufnahm. Diese rastlose Thätigkeit des hl. Bonifatius bis in sein höchstes Alter, wo sich andere zur Ruhe setzen, verdient daher nicht Tadel, sondern volle An= erkennung und Bewunderung.

fatius, welcher ein Greis von mehr als 70 Jahren war, und
an dessen Lebenskraft die vielen Mühen und Kämpfe seines auf=
reibenden Berufes gezehrt hatten; aber je näher die Zeit des
Todes kam, wo er nicht mehr wirken konnte, desto glühender
wurde sein Verlangen, die ihm noch zugemessene Zeit im Dienste
der Kirche gut zu verwenden. Wie viele Glaubensboten waren
nicht von den Heiden in ihrem fanatischen Aberglauben er=
schlagen worden! Als besonnener Mann rechnete daher Boni=
fatius mit der Möglichkeit seines Todes und war auf einen
würdigen Nachfolger bedacht, dem im Falle seines Todes sogleich
der erzbischöfliche Stuhl von Mainz zufiel. Dazu ersah Boni=
fatius den Lullus aus, einen jüngern Landsmann, der im Kloster
Malmesbury erzogen und später nach Rom gewallfahrtet war.
Auf die Kunde von dem großen Wirken des hl. Bonifatius
hatte er sich zu ihm nach Deutschland begeben und in Thüringen
seine Studien gemacht, wo seine Mutter Chunihild und seine
Schwester Berathgit als Klosterfrauen thätig waren. Da seine
Studien wegen eines Augen= und Kopfleidens nicht den gewünschten
Erfolg hatten, so bat er in einem sehr demütigen Schreiben den
hl. Bonifatius, ihm doch noch einen längern Aufenthalt in
Thüringen zu gestatten.[1]) Eine dankbare, ergebene Gesinnung
gegen Bonifatius ist eine hervorstechende Eigenschaft des Lullus,
der ihm allen Fortschritt in der Wissenschaft und alle sittliche
Veredelung zuschrieb und in ihm seinen geistigen Vater erblickte.
Bonifatius schätzte den Lullus sehr und gebrauchte ihn zu seinen
Unterhandlungen mit dem Papste in Rom, wo er mit dem
Kardinal Theophylact, einem Freunde des hl. Bonifatius, be=
kannt wurde. Dieser lobt ihn in einem Briefe an den hl. Boni=
fatius wegen der Geschicklichkeit, mit welcher er seine Aufträge
erledigt habe, und empfiehlt ihn zu neuen Diensten.[2]) Die
Schreibweise des Theophylact hat viele Ähnlichkeit mit der des
angelsächsischen Mönches und Dichters Aldhelm, sodaß man in
ihm einen Angelsachsen vermutet hat; andere halten ihn für
einen Griechen. Lullus bewies sich seit seinem Anschlusse an
Bonifatius als dessen getreuen Schüler und Gehilfen in allen
Kämpfen und Mühen, begleitete ihn auf seinen Missionsreisen
in Deutschland und wohnte mit ihm den Reichsversammlungen
bei. Er war also in die Pläne und Bestrebungen des hl. Boni=
fatius am besten eingeweiht, hatte sich nach seinem Vorbilde
gebildet, und war daher besonders geeignet, als Erzbischof von

---

[1]) Ep. 99. [2]) Ep. 78.

Mainz das Werk des hl. Bonifatius weiterzuführen. Auch mit
dem Ordensleben war er vertraut, sodaß er Mönchen und
Nonnen Stütze und Trost sein konnte. Durch seine Teilnahme
an den Reichsversammlungen war er ohne Zweifel auch bei
den weltlichen Großen beliebt und angesehen geworden. Nachdem
sich Bonifatius der Zustimmung des Königs Pippin, der geist=
lichen Würdenträger und der weltlichen Großen versichert hatte,
weihte er 753 Lullus zum Bischof und übertrug ihm die Ver=
waltung des Erzbistums Mainz mit dem Rechte der Nachfolge.
Die erzbischöfliche Würde von Mainz als solche behielt Boni=
fatius bei, wie ihm der Papst geraten hatte, ebenso die Stellung
eines päpstlichen Legaten, welche ihm persönlich der Papst auf
Lebenszeit für das ganze fränkische Reich übertragen hatte, und
die Bonifatius daher einem andern gar nicht übertragen konnte.[1]
Auf einer Synode zu Mainz (753) stellte Bonifatius den ver=
sammelten Geistlichen und Weltlichen Lullus als seinen Nach=
folger vor und ermahnte alle, ihm später wie ihrem Vater
und Hirten zu gehorchen. Auch nahm er ihn auf seine Reise
nach Thüringen mit, um ihm die Herzen der Gläubigen zu ge=
winnen. Auf der Mainzer Synode wurde auch wohl dem Abt
Sturmi die Leitung des Klosters Fulda und der Äbtissin Lioba
die Leitung der Frauenklöster übertragen. Vielleicht wurde auch
auf dieser Synode die ursprüngliche Strenge der Fuldaer Mönche
gemildert, und wenigstens den Kranken der Genuß des Weines
gestattet.

Nachdem Bonifatius so die kirchlichen Verhältnisse für den
Fall seines Todes geordnet hatte, war es ihm noch ein Be=
dürfnis, für seine Mitarbeiter im Missionswesen zu sorgen,
damit sie für den Fall seines Todes nicht hilflos würden. Diese
stammten größtenteils aus England und waren auf den Ruf
des hl. Bonifatius nach Deutschland gekommen, um unter seiner
Leitung an der Ausbreitung des Reiches Gottes zu arbeiten;
an Bonifatius hatten sie stets einen getreuen Beschützer gehabt,
und gingen nach seinem Tode einer unsichern Zukunft im fernen
Lande entgegen. In einem Schreiben,[2] welches nur unvoll=
ständig auf uns gekommen ist, wandte sich Bonifatius an Fulrad,
Abt von St. Denis und Minister Pippins, dankte ihm für die
empfangenen Beweise der Freundschaft, wünschte ihm dafür den
Lohn des Himmels, ermahnte ihn, im Guten fortzufahren, und
bat ihn, König Pippin ehrfurchtsvoll zu grüßen und dessen

---

[1] Ep. 66. [2] Ep. 84.

Fürsorge seine Gehilfen im Amte zu empfehlen, da sein Lebens=
lauf bald beendet sei. Ein Teil dieser Priester sei an den
Kirchen zur Ausübung der Seelsorge angestellt; ein anderer
Teil sei an den Klöstern am Unterrichte der Jugend thätig;
einzelne derselben seien schon bejahrt und hätten lange mit ihm
gearbeitet. In einem andern Schreiben wandte sich Bonifatius an
König Pippin selber und bat ihn, seinem Sohne und Chorbischofe
Lullus eine ungehinderte Wirksamkeit auf dem bischöflichen Stuhle
von Mainz zu gestatten, welcher, wie er zuversichtlich hoffe, ein
getreuer Hirt und Lehrer der Priester, der Mönche und des
Volkes sein werde.[1] Besonders drückte Bonifatius seine Sorge
um die Priester aus, welche an den Grenzen des Reiches bei
den Heiden in der Mission thätig wären. Diese lebten in großer
Armut, könnten sich wohl das nötige Brot durch ihrer Hände
Arbeit erwerben, nicht aber die nötige Kleidung, und bedürften
des Schutzes und der Hilfe, damit sie an jenen Orten zum
Dienste des Volkes ausharrten. Wenn sich niemand ihrer an=
nähme, so würden sie wie Schafe ohne Hirten sein, und das
Volk würde das Gesetz Christi wieder verlieren. Daher möge
sich Pippin ihrer annehmen und sie beschützen. Falls Pippin seine
Bitte gewähre, möge er ihn durch Boten oder Brief benach=
richtigen, damit er mit größerer Freude leben und sterben könne.

Wie rührend ist nicht diese Sorge des hl. Bonifatius für
seine Freunde und Mitarbeiter! Während er selber in seinem
hohen Alter eine weite Missionsreise mit all ihren Mühen und
Gefahren in heiligem Seeleneifer auf sich nahm, suchte er seinen
Mitarbeitern das Leben zu erleichtern und ihnen ein ruhiges
Alter zu sichern. Pippin versprach, alle Bitten des hl. Boni=
fatius zu erfüllen. Dieser dankte ihm dafür hocherfreut in einem,
in herzlichem Tone abgefaßten Schreiben, in welchem er für ihn
den Segen des Himmels erfleht, ihn seinen ruhmvollen Sohn
nennt und sich zu fernern Diensten bereit erklärt.[2]

Nachdem Bonifatius alle Anordnungen für den Fall seines
Todes getroffen hatte, trat er (753) die Reise nach Friesland

---

[1] Ep. 85. Lullus wird in dem Schreiben Chorbischof genannt.
Es gab zwei Klassen von Chorbischöfen: solche, welche in dem Chore
(chorus) der bischöflichen Kirchen über die Geistlichen die Aufsicht führten
und die Ordnung aufrecht erhielten, und solche, welche in Unterordnung
unter dem Bischof einer größern Stadt auf dem Lande (χῶρος) Seelsorge
ausübten wie die Pfarrer und zugleich auch den Bischof in der Stadt
unterstützten. Lullus war mehr als Chorbischof; er war auch Koadjutor
(Gehilfe) und mit dem Rechte der Nachfolge geweiht.

[2] Ep. 105.

an, um dort als Greis zu wirken, wo er früher in rüstiger Manneskraft im Vereine mit seinem Freunde und Landsmann Willibrord gewirkt hatte. Dieser war bis zu seinem Lebensende (739) unermüdlich bei den Friesen thätig gewesen, hatte den größten Teil derselben unter vielen Mühen und Beschwerden bekehrt und für sie das Bistum Utrecht gegründet. Die Friesen hingen aber zäh am Heidentum und hatten große Abneigung gegen das Christentum, die Religion der Franken, die ihre Feinde und Unterdrücker waren; sie sahen daher im Christentum ein Werkzeug der Unterdrückung ihrer Freiheit. Ein Teil der Friesen widersetzte sich hartnäckig der Einführung des Christentums und blieb heidnisch, besonders im Norden des Landes und nach der sächsischen Grenze hin. Ein Teil der bekehrten Friesen war nach Willibrords Tode sogar wieder vom Christentum abgefallen, sei es, daß es an christlichen Priestern fehlte, welche dort thätig waren, sei es durch den Einfluß der heidnischen Stammesbrüder und der Sachsen. Wenn das Heidentum größere Fortschritte machte, und die heidnischen Friesen sich mit den Sachsen verbanden, so konnten für Staat und Kirche die größten Gefahren entstehen. Das Bistum Utrecht war jedenfalls in seinem Bestande sehr gefährdet. Das erkannte auch Karlmann und empfahl Bonifatius, für jenen Sitz einen Bischof zu weihen. Bonifatius kam diesem Wunsche nach und weihte zum Bischof für Utrecht den Eoban, einen treuen Schüler und Gehilfen, welcher ihn auf seiner Missionsreise begleitete und bei der Bekehrung der Friesen unterstützte.[1]) Bonifatius lag mit großem

---

[1]) Ep. 107. Willibaldi vita St. Bonif. p. 463. Wenn der in den Briefen des hl. Bonifatius (ep. 31, 32, 34) erwähnte Eoban derselbe ist, so stammte er aus England, vermittelte den brieflichen Verkehr zwischen Bonifatius und dem angelsächsischen Abte Dubbo und hielt sich zeitweilig im Kloster Fritzlar auf. Nach den uns erhaltenen Nachrichten läßt es sich nicht ausmachen, der wievielte Bischof von Utrecht Eoban ist. Auch nähere Umstände über Zeit und Ort der Weihen sind uns unbekannt. Auf dem ersten deutschen Nationalkonzil (742) war ein Bischof Daban von Friesland, in welchem man den ersten Nachfolger des hl. Willibrord vermutet hat. Dieser hatte sich schon (nach Ep. 107) einen Chorbischof geweiht, der auch gewiß sein Nachfolger wurde. Ob dies Daban ist oder ob er erst von Bonifatius geweiht wurde, läßt sich nicht bestimmt angeben. Sicher kam Bonifatius dem Wunsche Karlmanns bald nach und ließ den Stuhl von Utrecht nicht lange ohne einen Hirten. Nach Willibald (p. 462) war Bonifatius seit der Wirksamkeit unter Willibrord (719) nicht wieder in Friesland gewesen, aber darum konnte er doch nach Willibrords oder nach Dabans Tode an einem entfernten Orte seiner Wirksamkeit einen Bischof für Friesland weihen, wie er auch den Willibald für den Nordgau auf der Salzburg a. d. Saale weihte. Für

Eifer dem Missionswesen in Friesland ob, stärkte die Schwachen im Glauben und bekehrte viele Heiden. Längere Zeit blieb er in Friesland, durchwanderte das ganze Land, besuchte die einzelnen Völkerschaften, zerstörte überall die heidnischen Heiligtümer und baute christliche Kirchen. Die Wirksamkeit war eine schwierige und gefährliche, da das friesische Land von vielen Flüssen und Seeen durchschnitten ist und in viele Gaue zerfiel, gleichwohl umfaßte sie das ganze Land und war mit großem Erfolge gekrönt; viele Tausende von Männern, Weibern und Kindern wurden zum Christentume bekehrt. Erst im Jahre 754 kehrte Bonifatius nach Deutschland zurück.

Wegen des Bistums Utrecht geriet Bonifatius in einen Streit mit dem Bischof Hildegar von Köln oder dessem Nachfolger, welcher Ansprüche auf das Bistum erhob und dieses Gebiet mit seinem Sprengel vereinigen wollte, weil der Frankenkönig Dagobert um das Jahr 630 die Festung Utrecht mit einer bis auf die Fundamente zerstörten Kirche dem Kölner Bischofe Cunibert unter der Bedingung gegeben hatte, daß er das Christentum in Friesland verbreite. Allein die Kölner Bischöfe erfüllten diese Bedingung nicht, sodaß Friesland heidnisch blieb bis auf den hl. Willibrord, welcher durch seine erfolgreiche Wirksamkeit der eigentliche Apostel der Friesen wurde. Er gründete auf den Trümmern der zerstörten Kirche eine neue und weihte sie dem hl. Martinus. Bonifatius konnte daher die Ansprüche des Kölner Bischofs nicht anerkennen und legte die Sache dem Papste vor.[1]) Der Angelsachse Willibrord, auch

Daban wird kein bestimmter Sitz angegeben. Eoban wird (p. 463) Chorbischof genannt, weil er von Bonifatius geweiht wurde. bamit er ihn bei der Mission in Friesland unterstützte und später Utrecht als selbständiger Bischof übernähme, wie Lullus Mainz. Als Päpstlicher Legat und Erzbischof konnte Bonifatius die Verwaltung des Bistums zeitweilig führen und in Utrecht sich aufhalten. Nach Willibalb (p. 463) fand Eobans Weihe statt, als Bonifatius bereits die Wirksamkeit im Utrechter Sprengel begonnen hatte.

[1]) Ep. 107. Den undatierten Brief versetzt Jaffé mit dem vorgehenden in das Jahr 755, wohl mit Unrecht. Da Pippin auf Wunsch und Bitte des hl. Bonifatius im Mai 753 auf der Synode zu Verberie (Will, Regesten der Mainzer Erzbischöfe 94; Hefele, Konzillen-Gesch. III, S. 576) die Unabhängigkeit Utrechts von Köln bestätigte, so dürfte Bonifatius schwerlich sein darauf bezügliches Gesuch an den Papst bis 755 verschoben haben. Auch begründet Bonifatius sein Gesuch mit der großen Wirksamkeit des hl. Willibrord, erwähnt seine eigene Wirksamkeit gar nicht, und bemerkt, ein großer Teil Frieslands sei noch heidnisch. Das läßt wohl schließen, daß Bonifatius den Brief im Jahre 753 vor seiner letzten Thätigkeit in Friesland schrieb und sich mit gewohnter Vorsicht der Zustimmung

Klemens genannt, so berichtete Bonifatius dem Papste, habe, von Papst Sergius geweiht und gesendet, unter vielen Mühen das Christentum in Friesland ausgebreitet und viele Kirchen erbaut, in Utrecht die Kirche zu Ehren des Erlösers, wo er bis zu seinem höchsten Greisenalter gewirkt habe. Nach Willibrords Tode habe er auf Bitten Karlmanns einen Bischof für Friesland geweiht, und nun beanspruche der Bischof von Köln, gestützt auf die Dagobertsche Schenkungsurkunde, Rechte auf das Bistum. Er könne diese Rechte nicht anerkennen, weil die Kölner Bischöfe nichts für die Bekehrung der Friesen gethan hätten, und nach der Bestimmung des Papstes Sergius Utrecht unmittelbar dem Papste unterworfen sein solle.[1] Papst Stephan möge diese Bestimmung seines Vorgängers bestätigen und bekräftigen, und ihm zur Widerlegung der Gegner aus dem päpstlichen Archive die Urkunde über die dem Willibrord erteilten Vorschriften zusenden, damit das Bistum Utrecht gemäß der Vorschrift des Papstes Sergius in seinem Bestande gesichert sei. Andernfalls möge der Papst seinen Willen kund thun, damit er ihn erfülle. Die Antwort des Papstes ist nicht auf uns gekommen, entsprach aber ohne Zweifel der wohlbegründeten

des Papstes für die Ordnung der friesischen Verhältnisse versicherte. Da keine Antwort des Papstes auf uns gekommen ist und später Utrecht dem Erzbistum Köln unterstellt wurde, so hat man wohl wegen dieser Angelegenheit ein Zerwürfnis zwischen Bonifatius und Papst Stephan angenommen, so auch Will (Tüb. Quart.-Schr. 1873, S. 516), allein ohne genügenden Grund. In dem Briefe kommt nichts vor, was eine solche Annahme rechtfertigt; er ist so demütig und ergeben gehalten wie die andern Briefe, z. B. Ep. 42 und 79. Bonifatius legt dem Papste die Sache zur Entscheidung vor und bittet ihn, seinen Willen kundzuthun, damit er ihn erfüllen könne. In Sachen, welche der freien Entschließung und Bestimmung des Papstes unterlagen, erhob Bonifatius gewiß keinen Widerspruch, sondern unterwarf sich demütig, wie alle seine Briefe beweisen. Bonifatius erbat die Unabhängigkeit Utrechts im Interesse des Missionswesens; als Friesland katholisch war, konnte es nach dem allgemeinen Rechte unter das nahe Erzbistum Köln gestellt werden. Was das Fehlen einer Antwort angeht, so ist überhaupt der Briefwechsel des hl. Bonifatius unvollständig auf uns gekommen.
[1] Friedrich (Kirchengesch. Deutschl. II, 299) verteidigt die Kölner Bischöfe gegen den Vorwurf der Unthätigkeit, und führt das Fortbestehen des Heidentums in Friesland auf ungünstige Umstände zurück, welche ihre Missionsbestrebungen erfolglos machten. Besonders war Bischof Cunibert von Köln (623—663) ein eifriger und thatkräftiger Bischof und betrieb eifrig das Missionswesen bei den Friesen wie bei den Sachsen, nachdem er von König Dagobert Utrecht und Soest zum Geschenke empfangen hatte. Immerhin konnte Bonifatius die Thatsache konstatieren, daß Friesland heidnisch geblieben und erst durch Willibrord bekehrt war.

Bitte des hl. Bonifatius, welcher ein unabhängiges, nur dem Papste unterstelltes Bistum in Friesland erstrebte, damit das Missionswesen in Friesland unter dem Schutze des obersten Hirten oder seines Legaten sich freier und kräftiger entwickelte. Auch bei König Pippin suchte Bonifatius vorsichtig die Bestätigung der Unabhängigkeit Utrechts nach, worüber dieser am 23. Mai 753 auf seinem Schlosse zu Verberie (Vermerie) bei Soissons eine Urkunde ausstellte, wie er ja überhaupt nach seiner Salbung zum Könige das Wirken des hl. Bonifatius in jeder Weise förderte.[1] Als freilich später das Christentum in Friesland befestigt war, wurde das Bistum Utrecht, entsprechend dem allgemeinen Kirchenrecht, einem Erzbischof unterstellt, nämlich dem von Köln, dessen erzbischöfliche Rechte sich damals zu entwickeln begannen.

Nach seiner Rückkehr von der friesischen Missionsreise besuchte Bonifatius die Kirchen im mittlern Deutschland, um überall die Priester zu eifrigem Wirken zu ermutigen und die Gläubigen im Glauben zu stärken. Wo er den Winter (754—755) zubrachte, läßt sich nicht bestimmen; ohne Zweifel hielt er sich längere Zeit in seinem Lieblingskloster Fulda auf. Das heiße Verlangen, den Heiden das Licht des Evangeliums zu bringen, und das beharrliche Bestreben, die christlichen Pflanzungen zu erhalten und gegen den Rückfall in das Heidentum zu sichern, ließen Bonifatius bis zu seinem Lebensende nicht ruhen. Sobald daher der Frühling milderes Wetter brachte, rüstete sich der unermüdliche Greis wieder zur Reise nach Friesland, um die Bekehrung des Volkes zu vollenden und das Christentum in seinem Bestande zu sichern. Er ahnte, daß diese Reise die letzte sein würde, und verabschiedete sich auf einer Synode zu Mainz von seinen Freunden und Schülern aufs herzlichste. Zu Lullus sprach er: „Ich verlange, die beschlossene Reise zu vollführen; nichts wird mich davon abhalten können; denn der Tag meiner Auflösung steht bereits bevor, und der Tag meines Todes naht heran. Ich werde alsdann die körperliche Hülle ablegen und zum Orte der ewigen Belohnung zurückkehren. Du aber, mein teuerster Sohn, vollende den von mir angefangenen Bau der Kirchen in Thüringen, rufe mit Eifer das Volk von den Irrwegen zurück, vollende den bereits begonnenen Bau der Kirche

---

[1] Früher verlegte man allgemein eine Synode zu Verberie in den März 753, nach neuern Untersuchungen ist die Zeit derselben unsicher; ebenso ist es zweifelhaft, ob und welchen Anteil Pippin und Bonifatius daran gehabt haben. (Hefele, Konzilien-Gesch. III, § 374.)

in Fulda und bringe dorthin meinen durch langen Lebenslauf aufgeriebenen Körper." Nach einigen weitern Aufträgen und Ermahnungen bezüglich des Hirtenamtes sagte Bonifatius: „Mit kluger Überlegung besorge alles, was auf dieser Reise uns dienlich sein kann; lege aber auch das linnene Tuch, in welches mein entseelter Körper eingehüllt werden soll, in die Kiste zu meinen Büchern". Bei solchen Reden des geliebten Lehrers konnte Lullus seine Gefühle der Liebe nicht unterdrücken und brach in heftiges Weinen aus, sodaß Bonifatius von andern Dingen zu reden begann. Er gab ihm noch Ratschläge zur Führung seines Amtes und ermahnte ihn, für die Frauenklöster zu sorgen, der Äbtissin Lioba ratend und helfend zur Seite zu stehen und ihren Leichnam neben dem seinigen beizusetzen. Der Lioba, welche er zu sich beschieden hatte, übertrug er die Leitung der Nonnenklöster und ermunterte sie, doch das Land ihrer Pilgerschaft nicht zu verlassen und in der Hoffnung auf die Freuden des ewigen Lebens in ihrem Berufe bis zum Tode getreu auszuharren. Die englischen Glaubensboten trugen näm= lich immer noch eine große Liebe zu ihrer Heimat in sich, wo sie in Ruhe Gott dienen konnten, während sie in Deutschland ein Leben voll Mühen und Gefahren hatten. Wie schon früher erwähnt, war Lioba mit dem hl. Bonifatius verwandt, hatte auf seinen Ruf ihr Vaterland verlassen und mit ihm an der Ausbreitung des Reiches Gottes in Deutschland gearbeitet. Ihre natürliche, auf der Blutsverwandtschaft beruhende Liebe war durch den Glauben und die Liebe Christi übernatürlich veredelt und vergeistigt. Wie beide im Leben und Wirken in der Liebe Christi eins waren, so wollten auch beide an dem= selben Orte ruhen und ihrer einstigen Auferstehung harren.[1])

Nachdem Bonifatius alle Anordnungen für seine Reise nach Friesland getroffen hatte, bestieg er mit seinen Begleitern ein Schiff und fuhr den Rhein hinunter bis nach Utrecht, einem der ältesten und belebtesten Plätze am Niederrhein, der sich dort

---

[1]) Leben der hl. Lioba, von Rudolf von Fulda, Kap. 17. Die Sehnsucht der englischen Klosterfrauen nach ihrem Vaterlande ist begreif= lich, da sie in Deutschland so viele Gefahren, Schwierigkeiten, Verdrießlich= keiten und auch nicht selten Verleumdungen der schlimmsten Art zu er= tragen hatten. Als man einst neben dem Kloster Tauberbischofsheim die Leiche eines neugeborenen Kindes fand, beschuldigte man die Kloster= frauen des Kindsmordes und geheimer Ausschweifungen. Die hl. Lioba flehte mit ihren Ordensfrauen Tag und Nacht zu Gott, er möge ihre Unschuld offenbaren; bald darauf bekannte sich offen ein verrufenes Weib als Mutter des Kindes und gab auch deutlich den Vater desselben an.

in zwei Arme teilt, von denen der eine in die Nordsee, der andere in die Zuidersee mündet. In allen Gegenden Deutschlands beförderte Bonifatius stets die Gründung von Klöstern, um dadurch das Christentum auszubreiten und zu befestigen. Unter dem Einflusse des hl. Bonifatius gründete daher Gregor, sein getreuer Schüler und beständiger Begleiter, um diese Zeit zur Unterstützung des Missionswesens in Utrecht ein Kloster, das berühmte Martinsstift, und verband damit eine Schule, welche bald von jungen Männern aus allen Teilen Deutschlands besucht wurde und viele Bischöfe und Glaubensboten hervorbrachte. Gregor war zwar kein Bischof, leitete aber später nach dem Tode von Bonifaz und Eoban als Abt von Utrecht mit klugem Eifer die friesische Kirche und hatte zur Vornahme bischöflicher Handlungen einen Chorbischof. Wie überhaupt alle bedeutenden Stiftungen, so besuchte Bonifatius auch auf seiner letzten Missionsreise das ihm so teuere Utrecht, dessen bischöflichen Stuhl sein Freund Willibrord gegründet und den nun sein Schüler Eoban inne hatte.[1]) Damals war in der Klosterschule zu Utrecht Liudger, ein friesischer Knabe, welcher später der erste Bischof Münsters wurde und eine Biographie seines Lehrers Gregor verfaßte. Der Anblick des hl. Bonifatius

---

[1]) Es ist unbestimmt, ob Eoban auf der ersten oder zweiten Missionsreise geweiht wurde. Wenn er auf der ersten Missionsreise geweiht wurde, so blieb er wohl im Winter (754—755) in Utrecht, da er während des Aufenthalts des hl. Bonifatius im mittlern Deutschland nicht erwähnt wird, und schloß sich später auf der zweiten Reise ihm wieder an. Was das Motiv zu den Reisen nach Friesland angeht, so gingen sie aus Pflichtgefühl und Missionseifer hervor. Bonifatius war Päpstlicher Legat für das ganze fränkische Reich und Erzbischof für das rechte Rheinufer, also auch für Utrecht und Friesland. Als dort der Bestand der katholischen Kirche bedroht war, hatte er zunächst die Sorge für das Land, und war zur Wirksamkeit in Friesland ebenso berechtigt wie verpflichtet. Er folgte dabei aber auch einem natürlichen Zuge seines Herzens, den Heiden, die in der Finsternis des Unglaubens schmachteten, das Licht des Evangeliums zu bringen, ein Verlangen, welches ihn von jeher beseelte und auch zur Reise nach Deutschland angetrieben hatte. Als er nach Friesland reiste, verzichtete er keineswegs auf den erzbischöflichen Stuhl von Mainz, um Bischof von Utrecht zu werden, wie das Brevier, ältere zweifelhafte Berichte und in neuerer Zeit Seiters (S. 535) und Buß (374) angeben. Die zuverlässigsten Biographen, Willibald, Othlo und Eigil, und der Briefwechsel des hl. Bonifatius bieten dafür keinen Anhaltspunkt. Bei dem Streite um die Beisetzung des heiligen Leichnams machten die Mainzer für sich geltend, Bonifatius sei ihr Hirt gewesen; die Utrechter hätten den Leichnam des Heiligen gern in ihrer Kirche beigesetzt, um seiner Fürsprache sicherer zu sein; wäre er ihr Bischof gewesen, hätten sie diesen Grund sicher geltend gemacht. Auch berichtet

machte auf ihn einen unvergänglichen Eindruck; er schildert ihn als einen Mann mit weißen Haaren und vom Alter gebeugt, reich an Tugend und Verdienst. Von Utrecht fuhr Bonifatius die Rheinmündung (Vecht) hinab in die Zuidersee, von den Friesen Almere, das ist das edle Meer, genannt, und suchte dann die östlich und nördlich von diesem See gelegenen Gegenden auf, in welchen sich das Heidentum mit großer Zähigkeit hielt.[1]) Die vielen Gefahren und Mühen, welche die Reise in dem durch viele Gewässer zerschnittenen Lande mit sich brachte, überwand Bonifatius mutig und entschlossen, besuchte die verschiedenen Gaue und Inseln, predigte mit apostolischer Kraft das Wort Gottes und gewann Tausende von Männern, Weibern und Kindern für den christlichen Glauben. Schon die ganze Persönlichkeit des hl. Bonifatius machte auf die Friesen einen gewinnenden Eindruck. Sein greises Haupt, seine vom Alter gebeugte Gestalt, die Frische und Lebendigkeit, mit welcher er trotz seines Alters das Evangelium verkündigte, die Milde und Güte, welche in seinem ganzen Wesen sich ausprägte, die Uneigennützigkeit, mit welcher er wirkte, das alles gewann ihm die Herzen der Friesen. Als geübter, erfahrener Missionar mußte

---

Bonifatius in seinem letzten, uns erhaltenen Schreiben (Ep. 107) dem Papste, er habe für Utrecht einen Bischof geweiht, bittet ihn, Utrecht als ein exemptes Bistum zu bestätigen, und erwähnt mit keinem Worte, daß er es in Besitz genommen habe oder nehmen wolle. In der Urkunde vom 23. Mai 753, durch welche Pippin die Unabhängigkeit Utrechts von Köln bestätigte, wird Bonifatius Wächter der Kirche (custos ecclesiae St. Martini) genannt, womit die zeitweilige Übernahme der Verwaltung bezeichnet ist. Überhaupt band sich Bonifatius nicht gerne an einen bestimmten Sitz, sondern widmete sich am liebsten der Ausbreitung des Evangeliums und überließ die bischöflichen Sitze gern seinen Schülern. Den erzbischöflichen Stuhl von Mainz übernahm Bonifatius nur auf Wunsch des Papstes wie der fränkischen Geistlichen und Großen, übergab aber Lullus dessen Verwaltung mit dem Rechte der Nachfolge, behielt die erzbischöfliche Würde bei und bekleidete auch zugleich nach wie vor die ihm persönlich übertragene Würde eines päpstlichen Legaten. Wenn er auch den Eoban zum Bischof von Utrecht für Friesland weihte, so stand er doch als päpstlicher Legat und Erzbischof an der Spitze des Missionswesens in Friesland und führte auch die Oberleitung des Bistums Utrecht. Eoban trat als sein Schüler vor ihm zurück, und so konnte die Meinung entstehen, Bonifatius sei wirklich Bischof von Utrecht geworden, eine Meinung, welche natürlich später durch den Lokalpatriotismus der Utrechter befördert und ausgeschmückt wurde.

[1]) Die Zuidersee war damals noch ein Binnensee, welcher durch eine schmale Wasserstraße mit dem Meere verbunden war. Im Jahre 1287 drang das Wasser ein und machte ihn zu einem großen Meerbusen, wobei 80 000 Menschen ertranken.

er die rechte Art und Weise zu finden, um dem Volke sich zu nähern, es von der Nichtigkeit des Heidentums zu überzeugen und den Samen des göttlichen Wortes in die Herzen auszustreuen. Die heidnischen Sitten und Gebräuche verschwanden immer mehr vor dem Lichte des Christentums. Die Götzentempel wurden zerstört und an ihrer Stelle christliche gebaut. Bei dem Bekehrungswerke standen Bonifatius elf Genossen zur Seite. Außer dem schon genannten Bischof Eoban drei Priester, Wintrung, Walthere und Aethelhere,[1]) die drei Diakone Hamund, Scirbald und Bosa, und die vier Mönche Waccar, Gundaecer, Illehere und Hathowulf. Die Zwölfzahl sollte die zwölf Apostel versinnbilden, welche der Herr zur Verkündigung des Evangeliums aussandte; die zwölf Männer waren aber nicht bloß der Zahl nach, sondern auch nach ihrer Gesinnung den Aposteln gleich; sie waren alle ein Herz und eine Seele und von dem Verlangen beseelt, den Heiden das Licht des Evangeliums zu bringen. Außerdem waren noch dienende Brüder bei ihnen, welche für die Bedürfnisse des Lebens, die Fahrzeuge und die Herrichtung der Zelte sorgten. In Ausübung seines apostolischen Amtes drang Bonifatius bis an die äußerste Nordwestküste Frieslands vor, überall das Heidentum verdrängend und das Kreuz Christi aufrichtend. An dem Flüßchen Bordne, der jetzigen Borne, welche zwei Gaue, von den Friesen Ostor- und Westerraeche genannt, voneinander trennte, in der Nähe eines einsamen Gehöftes Dockinga oder Dockinchirika, wo jetzt die Stadt Dokkum liegt, ließ Bonifatius die Zelte aufschlagen, welche ihm und seinen Genossen zum Obdache, wie auch zur Abhaltung des Gottesdienstes und zum Unterrichte der Neu-

---

[1]) Nach dem Paderborner Brevier war Äthelheri (Abelar) erster Bischof von Erfurt und wird dort als solcher verehrt, nach Willibald (p. 464) und Eigil (c. 15) war er Priester; mit diesen beiden, die bald nach dem Tode des hl. Bonifatius schrieben, stimmt der spätere Othlo überein. Die Verehrung Abelars als eines heiligen Bischofs ist in Erfurt erst später in Übung gekommen. Nach Koch (Die Erfurter Weihbischöfe. Zeitschrift für Thüringische Geschichte VI, S. 44) wird in einem alten Kalendarium der Erfurter Kirche, welches im 13. Jahrhunderte geschrieben wurde und jetzt in der Hofbibliothek in Karlsruhe aufbewahrt wird, Eoban als Bischof und Martyrer, Abelar nur als Martyrer bezeichnet. Koch nimmt an, daß Abelar zum Bischof von Erfurt designiert war, aber „aus Bescheidenheit und Scheu vor der heiligen Würde" sich nicht weihen ließ und als Priester die Verwaltung seines Sprengels führte, den nach seinem Martyrertode die Mainzer Erzbischöfe mit ihrem Sprengel vereinigten, damit sie Köln und Trier an Macht nicht nachstanden. — Obige Namen werden verschieden geschrieben, z. B. statt Bosa: Derso.

bekehrten dienten. In der ganzen Umgegend gewann Bonifatius viele Personen für das Christentum und nahm sie durch das Sakrament der Wiedergeburt in die Kirche auf, entließ sie dann aber mit dem Befehle, am 5. Juni wiederzukommen, um durch das heilige Sakrament der Firmung zum Leben nach dem christlichen Glauben gestärkt zu werden, dessen Gnade sie bereits in der heiligen Taufe empfangen hatten. Weil das Sakrament der Firmung in jener Gegend noch nicht gespendet war, so hatte Bonifatius beschlossen, dasselbe mit möglichster Feierlichkeit einer größern Anzahl Firmlinge gleichzeitig zu spenden, um durch die erhebenden Ceremonien desto nachhaltiger auf die harten Herzen des am Sichtbaren haftenden Volkes zu wirken.

Die heidnischen Friesen, welche nach der Ems hin an den Grenzen der Sachsen wohnten, sahen mit Unmut die großen Erfolge des hl. Bonifatius, und waren über die Zerstörung ihrer Heiligtümer und die Ausbreitung des Christentums höchst erbittert. Eine Rotte wilder, fanatischer Männer faßte den ruchlosen Plan, die christlichen Glaubensboten zu ermorden, um dadurch die beleidigten Götter zu rächen und der Ausbreitung des Christentums ein Ende zu machen. Zugleich hofften sie bei den Missionaren große Schätze von Gold und Silber zu finden. Zur Vollführung ihres Planes wählten sie den Morgen des 5. Juni, an welchem Tage Bonifatius die Schar junger Christen durch das heilige Sakrament der Firmung zum Bekenntnis des christlichen Glaubens stärken wollte. Die aufgehende Sonne begann mit ihren Strahlen bereits den östlichen Himmel zu röten und die Erde zu erhellen; da näherte sich die Rotte heidnischer Friesen den Zelten der christlichen Glaubensboten, welche bereits der Ankunft der jungen Christen freudig entgegensahen; Bonifatius hatte die ganze Nacht im Gebete durchwacht. In der Nähe der Zelte erhoben die Heiden ein wildes Geschrei und drangen mordlustig mit geschwungenen Waffen, mit Lanzen und Schilden, auf die Zelte zu. Die dienenden Begleiter des hl. Bonifatius rafften sich schnell auf und griffen zu den Waffen, um sich und die Priester gegen die wütende Rotte zu verteidigen. Sobald Bonifatius den Lärm hörte, nahm er die Reliquien der Heiligen an sich, die er stets bei sich zu tragen pflegte,[1]) rief die Priester zu sich, trat aus dem Zelte heraus und verbot den Seinigen den Kampf, indem

---

[1]) Es ist eine uralte Sitte, Reliquien von Heiligen in kleinen Kapseln zum Schutze gegen alle Gefahren des Leibes und der Seele bei sich zu tragen; besonders ist den Bischöfen vorgeschrieben, in einem Kreuze

er sprach: „Lasset vom blutigen Streite ab und verzichtet auf den Kampf. Durch die heilige Schrift werden wir unterwiesen, das Böse nicht mit Bösem, sondern mit Gutem zu vergelten. Der längst ersehnte Tag ist nun da, jetzt ist es Zeit, den Tod freiwillig auf sich zu nehmen. Seid stark im Herrn und ertraget mit Freuden seine gnädige Zulassung. Hoffet auf ihn, und er wird euere Seele retten." Die bei ihm stehenden Priester, Diakone und niedern Geistlichen ermahnte er väterlich: „Männer! Brüder! Seid starkmütig! Fürchtet euch nicht vor diesen, welche wohl den Leib, aber nicht die unsterbliche Seele töten können! Freuet euch im Herrn und heftet den Anker euerer Hoffnung auf Gott, weil er euch sogleich ewig belohnt und euch im Himmel Wohnungen bei den Engeln giebt! Laßt euch durch die eiteln Freuden der Welt nicht bethören, durch die nichtigen Verlockungen der Heiden nicht blenden, sondern gehet standhaft dieser plötzlichen Todesgefahr entgegen, damit ihr mit Christus in Ewigkeit regiert!" Während Bonifatius seine Umgebung mit väterlichen Worten anfeuerte, sich die Martyrerkrone zu verdienen, stürzte sich die wütende Rotte der Heiden mit ihren Waffen auf die Christen. Der Diener Hiltibrant, welcher für die Bereitung der Speisen sorgte, wurde niedergemacht, als er mit bloßen Füßen, halbangekleidet, den Feinden entgegeneilte. Sein Bruder, der Diakon Hamund, wurde niedergestoßen, als er aus dem Zelte treten wollte. So wurden alle der Reihe nach niedergemacht, im ganzen 53 Personen, außer den 12 obengenannten teils Diener, teils neubekehrte Christen, welche bei den Glaubensboten geblieben waren. Einer der zuletzt Getöteten war Bonifatius, welcher die Hände betend zum Himmel erhob, als ihm ein Heide einen töblichen Hieb auf den Kopf versetzte. Ein Priester in Utrecht, welcher uns das Leben des hl. Bonifatius beschrieb, und zu dem Zwecke in der Umgegend Dokkums nähere Nachrichten über den Tod desselben sammelte, erzählt uns, eine alte Frau habe ihm erzählt, sie sei bei der Ermordung des hl. Bonifatius zugegen gewesen und habe gesehen, daß er in der einen Hand ein Evangelienbuch gehabt und im Augenblicke des töblichen Streiches über sein Haupt gehalten habe. Dadurch wollte sich Bonifatius im Augenblicke des Todes unter den Schutz des Evangeliums stellen, welches er als den einzigen Trost im Tode, als die einzige Quelle des Heiles für Zeit und

---

auf der Brust Reliquien von heiligen Martyrern zu tragen. Auch mußte Bonifatius Reliquien von Heiligen bei sich haben, da der Altartisch zur Feier der heiligen Messe solche enthalten muß.

Ewigkeit den germanischen Völkern gepredigt hatte. Diese Waffe des Evangeliums, welches die Welt überwindet und durch Geduld und Vertrauen stets zum Siege führt, die einzige Waffe, womit Bonifatius in Deutschland die Mächte der Finsternis und der Sünde so erfolgreich bekämpft und das Reich der Wahrheit und Sittlichkeit ausgebreitet hatte, trug er vertrauensvoll im Augenblicke des Todes in der Hand und gab in der Hoffnung auf die Krone des ewigen Lebens sein irdisches Leben freudig dahin. Wie ein tapferer Soldat auf dem Schlachtfelde in Aus= übung seines Berufes mit Freude und Begeisterung kämpfend stirbt, so starb auch Bonifatius mit heiliger Freude und Be= geisterung im Dienste des Evangeliums, dem er bis zu seinem Tode mit unermüdlichem Eifer oblag. Es war am 5. Juni des Jahres 755, daß Bonifatius als hochbetagter Greis im Dienste des Evangeliums in Friesland sein Blut vergoß, nach= dem er fast 40 Jahre seines Lebens in Deutschland dafür ge= wirkt und gearbeitet hatte.[1]

Nachdem die Mörder ihre blutige That vollbracht hatten, plünderten sie die Zelte und zerstörten sie. Die in den Zelten befindlichen Schreine, in welchen Bücher und Gewänder waren, und die Kapseln mit den Reliquien der Heiligen rissen sie gierig an sich, indem sie wähnten, es seien große Kostbar= keiten darin enthalten. Alsdann begaben sie sich zu den Schiffen,

---

[1] Die Reise des hl. Bonifatius nach Friesland und sein Martyrer= tod sind von protestantischen Geschichtschreibern sehr mißdeutet worden. Bonifatius soll sich aus Eitelkeit zum Martyrertode gedrängt haben. (Schmidt, Beiträge zur Kirchengeschichte, S. 55.) Gewiß eine eigentüm= liche Eitelkeit: zu einem wilden, halbheidnischen Volke reisen, um dort von einer Rotte fanatischer Menschen ermordet zu werden! Werner (Bonifatius, S. 894) giebt an, Bonifatius sei als stolzer Kirchenfürst nach Friesland gezogen; die Bekehrung habe ihm fern gelegen. Indes das Auftreten als stolzer Kirchenfürst widerspricht ganz dem Charakter des hl. Bonifatius; überdies wäre es doch ein Wahnsinn gewesen, bei den unvollendeten kirchlichen Zuständen in Friesland und bei der Ab= neigung des Volkes gegen das Christentum dort den Kirchenfürsten hervor= kehren zu wollen. Noch Schlimmeres nimmt bei Bonifatius Ebrard an. (Die iroschottische Missionskirche, S. 454.) Nach ihm hat Bonifatius höchstens unter Willibrords Leitung (719—722) Heiden bekehrt und von da an nur gegen die Culdeer gewütet, jene irischen Glaubensboten, in denen Ebrard Träger des sogenannten evangelischen Glaubens sieht; daher habe Bonifatius nur das Reich Gottes verwüstet, und sei sein Tod ein gerechtes Gericht Gottes, welcher nicht das leiseste Merkmal eines Martyrer= todes an sich trage; er sei nur nach Friesland gezogen, um den Streit über Utrecht zu seinen Gunsten zu entscheiden. Wenn Ebrard für solche Urteile sich auf Quellenstudium beruft, so sind „diese Quellen" für den

welche auf dem nahen Flüßchen Borne lagen und zur Reise
in dem wasserreichen Lande dienten, raubten die Lebensmittel
und tranken den Wein aus, welchen Bonifatius zur Darbringung der heiligen Messe und zur Stärkung der Hinfälligen
mitgenommen hatte. Als sie dann anfingen, die vermeintlich
große Beute unter sich zu verteilen, waren ihre blutgierigen
Gemüter so erhitzt, daß sie untereinander in heftigen Streit gerieten. Sie warfen sich heftige Schimpfworte zu, spalteten sich
in zwei Parteien, griffen zu den Waffen, die noch mit dem
Blute der heiligen Martyrer befleckt waren, und richteten unter
sich ein furchtbares Blutbad an, wobei viele getötet wurden.
Nachdem die eine Partei der Streitenden niedergeschmettert war,
machten sich die Überlebenden an die Beute und erbrachen jubelnd
die Kisten und Kapseln, fanden aber zu ihrem größten Ärger
nur schmucklose Bücher und Reliquien. Voll Wut warfen sie
die Bücher auf das Feld hierhin und dorthin, oder schleuderten
sie in Sümpfe und andere unpassende Orte, weil sie meinten,
die Bücher enthielten geheimnisvolle Zeichen und könnten zur
Bezauberung dienen. Alsdann verließen sie die Stelle ihrer
blutigen That und kehrten voll Unwillen über ihre getäuschten
Hoffnungen auf Schätze in ihre Heimat zurück. Bald darauf
kamen die neubekehrten Christen, welche zum Empfange der
heiligen Firmung bestellt waren, und sahen mit Schrecken, was

---

Kundigen nicht die gleichzeitigen Schriftsteller des 8. Jahrhunderts, sondern
die trüben Quellen des 16. Jahrhunderts, die Magdeburger Centuriatoren,
welche die Kirchengeschichte höchst einseitig und willkürlich darstellen.
Ebrards Urteile sind die Frucht einer leidenschaftlichen Verblendung und
arger Begriffsverwirrung. Übrigens steht Bonifatius doch zu hoch und
zu erhaben da, als daß er gegen solche Urteile verteidigt werden müßte,
die am besten dem Richterstuhle Gottes und jedes rechtlich Denkenden
überlassen bleiben. Bonifatius selber würde wohl nur die Worte haben:
„Vergieb ihnen, denn sie wissen nicht, was sie thun". Von einer unvernünftigen Schwärmerei für den Martyrertod war Bonifatius weit
entfernt. Wenn es ihm bloß darum zu thun gewesen wäre, des Martyrertodes zu sterben, so hätte er bei den vielen Gefahren des Missionswesens
leicht und früh dazu kommen können, und wäre sicherlich nicht so alt geworden. Es war ein Gebot der Klugheit, sein Leben nach Möglichkeit zu
erhalten, um es noch länger dem Dienste der Kirche zu widmen. Auch
der göttliche Heiland sagt: „Wenn sie euch in einer Stadt verfolgen, so
fliehet in eine andere". (Matth. X, 23.) Als aber der Martyrertod im
Dienste des Evangeliums an Bonifatius herantrat, zeugt es von christlichem Heroismus, daß er aus Liebe zum Seelenheile seiner Mörder auf
das Recht der Notwehr verzichtete, in der frohen Hoffnung auf das ewige
Leben mit den Seinigen bereitwillig in den Tod ging und für seine Bedränger betete.

22*

ihre heidnischen Stammesbrüder in wilder Leidenschaft vollbracht
hatten. Voll Entsetzen und Betrübnis zerstreuten sie sich in ihre
Heimat und erzählten von Gau zu Gau, welche Frevelthat an
dem hl. Bonifatius und seinen Genossen vollbracht war. Die
Kunde rief überall Trauer über den Tod des heiligen Mannes
und Entrüstung gegen die Mörder hervor; es wurde beschlossen,
sie zu bestrafen. Die waffenfähigen Männer ergriffen die Waffen,
zogen eilig in den Gau, wo sich die Mörder befanden, und besiegten sie am dritten Tage nach dem Tode des hl. Bonifatius
in einem Gefechte. Die Mörder wurden in die Flucht geschlagen und teils gefangen, teils getötet. Die Führung in
diesem Kampfe wird bald dem friesischen Fürsten Wittekind,
bald Pippins Statthalter Abba zugeschrieben; vielleicht waren
beide dabei thätig. Die Gefangenen wurden mit Weibern und
Kindern aus ihrem Gau in christliche Gegenden gebracht, wo
sie, durch das Strafgericht erschüttert und von der Gnade Gottes
erleuchtet, den Haß gegen das Christentum ablegten und sich
bekehrten. Sobald die Kunde von der Ermordung des hl. Bonifatius in Utrecht bekannt wurde, eilten die Mönche des dortigen
Klosters nach dem Orte der That und sammelten die Gebeine
der Martyrer; nur das Haupt von dem Körper des Bischofs
Eoban konnten sie nicht auffinden. Die Bücher wurden nach
langem Suchen gefunden. Ein Teil der Martyrer wurde an
dem Orte bestattet, wo sie den Martyrertod erlitten hatten.
Die Leichname des hl. Bonifatius, des Bischofs Eoban, der
Priester und Diakone trugen die Mönche auf ein Schiff und
fuhren, von günstigem Winde getrieben, über die Zuidersee (in
friesischer Sprache Almere, d. i. edles Meer genannt) nach
Utrecht, um sie dort feierlich zu bestatten. Nur den Leichnam
des hl. Bonifatius brachten sie auf einer Bahre direkt vom
Schiffe in die St. Salvatorkirche und setzten sie dort vorläufig
bei, um unterdessen eine würdige Grabstätte in der großen
Basilika zu bereiten, welche Willibrord, der Freund und Landsmann des hl. Bonifatius, zu Ehren des hl. Martin auf den
Trümmern der von König Dagobert errichteten Kapelle erbaut
hatte. Voll Liebe und Dankbarkeit für die vom hl. Bonifatius
empfangenen Wohlthaten und im Vertrauen auf seine mächtige
Fürbitte wollten die Bewohner Utrechts die Gebeine des heiligen
Bonifatius gern in Friesland beisetzen, für welches das Herz
des hl. Bonifatius stets so warm geschlagen hatte, und legten
sich Gebete und Fasten auf, um die Erfüllung dieses Wunsches
von Gott zu erflehen.

Die Kunde von dem Martyrertode des hl. Bonifatius drang in kurzer Zeit auch nach seiner Bischofsstadt Mainz. Von dem blutigen Tode des teuern Lehrers schmerzlich ergriffen, versammelte Lullus alsbald die Geistlichen und das Volk der Stadt Mainz, erzählte ihnen den Martyrertod des hl. Bonifatius und forderte sie auf, den Leichnam von Utrecht zu holen und in Fulda beizusetzen, wie es Bonifatius im Leben gewünscht hatte. Die Worte des Lullus machten großen Eindruck. Eine Schar frommer Männer erklärte sich bereit, den Leichnam des heiligen Mannes von Utrecht abzuholen. An ihrer Spitze stand ein gerechter, tugendhafter Mann, Namens Hadda, welchem Lullus die Uebertragung des heiligen Leichnams besonders auftrug. Als sie in Utrecht ankamen, wollten die Utrechter ihnen anfangs den Leichnam nicht übergeben, und beriefen sich auf einen, jedenfalls mißverstandenen, Befehl König Pippins, wonach er in Utrecht bleiben sollte, gaben jedoch bald ihren Widerspruch auf. Als sie nämlich die heiligen Gebeine in die größere Basilika übertragen wollten, war die Bahre nicht fortzubewegen, wie die Legende erzählt, selbst auch dann nicht, als eine größere Anzahl von Trägern herbeigerufen wurde. Dadurch wurde offenbar, daß Bonifatius nicht in Utrecht begraben werden wollte, und nun wurde der Leichnam den Mainzer Abgesandten übergeben. Diese konnten ihn ohne Mühe aufheben und auf ein Schiff bringen, wobei die Glocken läuteten, wie die Legende erzählt, nicht von Menschen, sondern von Engeln unsichtbarerweise in Bewegung gesetzt. Eine große Schar Pilger, welche unterwegs immer größer wurde, schloß sich den Mainzer Abgesandten an und begleitete ehrfurchtsvoll den Leichnam teils zu Fuß, teils zu Schiff, teils zu Pferde. Auch Fuldaer Mönche, welche auf die Kunde von dem Tode des hl. Bonifatius zur Abholung der Leiche nach Fulda vom Kloster abgeschickt waren, schlossen sich unterwegs mit ihrem Abte dem Leichenzuge an. Nach einer leichten und glücklichen Fahrt kam das Schiff mit den Gebeinen des hl. Bonifatius in Mainz an, wo viel Volk, teilweise aus weiter Ferne, zum Empfange der Leiche und zur Teilnahme an den Beisetzungsfeierlichkeiten sich eingefunden hatte. Es herrschte große Trauer über den gewaltsamen Tod des heiligen Mannes, aber auch große Freude im Vertrauen, daß er nun in der Herrlichkeit des Himmels ewig glücklich und den Gläubigen auf Erden ein mächtiger Fürsprecher sei. Auch der neue Erzbischof Lullus, der wegen des Martyrertodes des hl. Bonifatius behufs einer Besprechung zu König Pippin gereist war, kam aus der

königlichen Pfalz grade zu der Zeit nach Mainz zurück, als der
Leichenzug eintraf. Es erhoben sich nun Stimmen im Volke,
der hl. Bonifatius müsse in Mainz beigesetzt werden, da ein
Bischof seine letzte Ruhestätte in seiner Bischofsstadt finden müsse.
Der Gesandte, welchen Pippin in dankbarer Anerkennung der
von Bonifatius geleisteten Verdienste zur Teilnahme an der
Beerdigung nach Mainz entsandt hatte, sprach sich für die Bei=
setzung in Mainz aus, falls es Bonifatius so bestimmt habe.
Der hl. Sturmi aber mit seinen Begleitern erklärte ganz be=
stimmt, Bonifatius habe immer gewünscht, in Fulda beigesetzt
zu werden, und habe sogar die Stelle genau angegeben. Ueber=
haupt hatte Bonifatius großes Gewicht darauf gelegt, in Fulda
beigesetzt zu werden, und schon früher dem Papste Zacharias
geschrieben, daß er in Fulda, inmitten der Völker, denen er
das Evangelium verkündigt habe, nach seinem Tode zu ruhen
wünsche. [1] Auch seinem Schüler Lullus hatte Bonifatius diesen
Wunsch eingeschärft, aber es ist begreiflich, daß Lullus als Erz=
bischof von Mainz mehr für die Beisetzung in Mainz war und
den Wünschen des Volkes nicht mit dem größten Nachdruck
widerstand. Dadurch kam er bei den Fuldaer Mönchen in Ver=
dacht, auch er sei gegen den ausdrücklichen Wunsch seines Lehrers
für dessen Beisetzung in Mainz gewesen. [2] Während diese An=
gelegenheit mit Heftigkeit besprochen wurde, trat der Diakon
Otperat (Otpert) mit der Erklärung auf, in der Nacht sei ihm
Bonifatius erschienen und habe ihm befohlen, dem Lullus zu
sagen, daß er seine Gebeine nach Fulda bringen sollte. Da
Sturmis Gegner die Wahrheit dieser Erscheinung bestritten, so
beschwor sie der Diakon Otpert vor Lullus und einer großen
Versammlung am Altare in der Kirche. Nun wagte man sich
der Beisetzung in Fulda nicht länger zu widersetzen und beeiferte
sich sogleich, sie zu vollführen. Der Leichnam wurde gewaschen
und in neue Tücher gelegt. Die Kleider, in welchen Bonifatius
des Martyrertodes gestorben war, wurden in einem hölzernen
Schrein in Mainz aufbewahrt; das Wasser, womit der Leichnam
gewaschen war, wurde in einem großen, steinernen Gefäße in
der Erde beigesetzt; später wurde dort eine Kirche zu Ehren
des hl. Bonifatius erbaut, welche nördlich von der jetzigen

---

[1] Ep. 79.
[2] Nach Eigil (c. 16) war Lullus für die Beisetzung in Mainz, nach
Willibald (p. 467) und der Passio Bonifatii (p. 480) für die Beisetzung
in Fulda. Diese Verschiedenheit der Berichte läßt sich wohl in der obigen
Weise erklären.

Johanneskirche stand und im Laufe der Zeiten verschwand.
Der Ort des Domes, wo der Leichnam aufgestellt gewesen war,
wurde in eine Kapelle zu Ehren des hl. Bonifatius verwandelt;
auch an dem jetzigen, dem hl. Martin geweihten Dome befindet
sich noch eine Kapelle zu Ehren des hl. Bonifatius. In feierlicher Prozession wurde der teuere Leichnam auf ein Schiff getragen, welches über den Rhein und dann den Main hinauf
bis nach Hochheim fuhr. Auf dem Schiffe befanden sich Lullus
und die Mainzer Geistlichkeit. Eine große Menge von Schiffen
mit Gläubigen bedeckte den Strom und begleitete das Schiff,
welches die Leiche trug. Zu beiden Seiten des Flusses zogen
große Volksscharen und begleiteten die Leiche zu Fuß. Die
einen beteten laut, andere sangen Loblieder zu Ehren Gottes
und der Heiligen. Verschiedene Gefühle gelangten bei den
Volksscharen zum Ausdruck, hier das Gefühl der Freude über
die Herrlichkeit des hl. Bonifatius im Himmel, dort das Gefühl
der Trauer über seinen Tod durch die Hände von Frevlern.
Diese großen Volksscharen, welche teilnahmsvoll die Leiche des
hl. Bonifatius begleiteten, bezeugen laut, wie hoch man den
heiligen Mann verehrte, und wie sehr man seine Verdienste zu
schätzen wußte. In Hochheim wurde die Leiche vom Schiffe
getragen, und von da ab zog der ganze Leichenzug zu Fuß,
den Königsweg innehaltend, welcher das Mainthal hinauf, durch
die Wetterau und dann über den Vogelsberg nach Thüringen
führte. An den Orten, welche der Leichenzug berührte, schlossen
sich neue Volksscharen an, während andere zurückkehrten, nachdem
sie den Zug eine Strecke Weges begleitet hatten. Immer größer
wurde der Zug. Bei der Lebendigkeit des christlichen Glaubens
sahen die Neubekehrten in den Reliquien des hl. Bonifatius
einen kostbaren Schatz und begleiteten sie zahlreich voll heiliger
Freude, sodaß die Übertragung derselben einem Triumphzuge
glich. Alle wollten dem die letzte Ehre erweisen, aus dessen
Munde sie die Worte des Lebens vernommen, und dem sie nächst
Gott ihr ewiges Heil zu verdanken hatten. Bei dem Eintritte
in den Buchenwald kehrten die Frauen und Mädchen zurück.
An den Orten, wo der Zug die Nacht zubrachte, und die heiligen
Gebeine niedergesetzt wurden, errichtete man zunächst Kreuze von
Holz und später vielfach Kapellen und Kirchen, so in Hofheim,
in Kalbach bei Homburg vor der Höhe, in Kreutzen bei Fried-
berg und in Crainfeld. Endlich erreichte der Zug Fulda. Um
diese Zeit war, wie die Legende erzählt, ein Mönch zum Fisch-
fange ausgesandt, da der Genuß von Fleischspeisen im Kloster

verboten war. Als der Leichenzug die Fulda überschritt, that der Mönch durch die Fügung Gottes einen so reichen Fisch= fang, daß das Kloster die vielen Gäste speisen konnte. In Fulda wurden die Gebeine des hl. Bonifatius vor dem Altare, welchen er selber dem heiligsten Erlöser geweiht hatte, in einem steinernen Sarge beigesetzt, etwa einen Monat nach dem glor= reichen Martyrertode des hl. Bonifatius, also anfangs Juli 755. Am folgenden Tage kehrte Lullus mit den Geistlichen nach Mainz zurück, und auch die großen Volksscharen zerstreuten sich in ihre Heimat. [1]

Die Gebeine des hl. Bonifatius wurden in Fulda hoch in Ehren gehalten; die Mönche vertrauten, daß das Band der

---

[1] Nach Willibald (p. 468) und nach der Passio St. Bonifatii (p. 479) kam der Leichenzug des hl. Bonifatius am dreißigsten Tage nach seinem Martyrertode in Mainz, nach Eigil (c. 16) um dieselbe Zeit schon in Fulda an; jedenfalls war es anfangs Juli. Es ist eine viel untersuchte Frage, ob 754 oder 755 das Todesjahr des hl. Bonifatius war. Willi= bald (p. 469) giebt bestimmt 755 an, und sein Zeugnis hat großen Wert, da sein Werk von Lullus und Megingoz, den Schülern des hl. Bonifatius, beglaubigt wurde. Nach Eigil (c. 15), welcher die beiden letzten Reisen des hl. Bonifatius genau unterscheidet und in Zeitangaben überhaupt genau ist, zog Bonifatius im zehnten Jahre nach der Gründung Fuldas, also 753, nach Friesland und blieb dort lange Zeit. Wenn Willibald (p. 463) erzählt, daß Bonifatius ganz Friesland durchwandert, das Heiden= tum ausgerottet und mit großem Eifer Kirchen gebaut habe, so bezieht sich das sicher auf die erste Reise, welche ohne Zweifel den Zeitraum eines Jahres umfaßte, sobaß er erst 754 nach dem mittlern Deutschland zurückkehrte. Nach Eigil (c. 15) unternahm Bonifatius im folgenden Jahre (755), nachdem er sich den Winter hindurch von den Mühen der Missionsreise erholt hatte, seine letzte Reise nach Friesland, auf welcher er den Martyrertod erlitt. Die zwei Reisen nach Friesland und die dortige umfangreiche Wirksamkeit können unmöglich in dem Zeitraum eines Jahres sich vollzogen haben. Das Jahr 755 stimmt auch zu andern Thatsachen aus dem Leben des hl. Bonifatius; er war noch 753 auf der Synode zu Mainz anwesend, und dann an dem Wiederaufbau der von den Sachsen zer= störten Kirchen thätig, sobaß er erst in der letzten Hälfte dieses Jahres die Reise nach Friesland unternahm, wo er den Winter 753—754 ver= blieb. Denselben Winter brachte der Papst Stephan III. in Frankreich zu; nachdem er Oktober 753 fruchtlos mit den Langobarden in Pavia verhandelt hatte, wandte er sich rasch im November nach Frankreich an Pippin, ohne daß die Kunde davon verbreitet wurde. Bonifatius erfuhr wahrscheinlich in Friesland nichts Sicheres über diese Reise des Papstes, und daher ist seine Abwesenheit vom Hofe erklärlich. Andere Zeit= angaben lassen sich mit 755 als dem Todesjahre des Heiligen vereinigen. Lullus giebt bei der Ablegung des Glaubensbekenntnisses im Jahre 780 dieses als das 25. seines Pontifikats an. Herbst 778 bei einem Einfalle der Sachsen wurden die Gebeine des Heiligen aus dem Grabe genommen und fortgetragen, um sie vor Verunehrung zu bewahren, nachdem sie, wie

Liebe und Gemeinschaft mit dem hl. Bonifatius durch den Tod nicht zerrissen, sondern daß er ihnen auch im Himmel noch ein mächtiger Fürbitter sei. Sein Grab war für die Mönche eine beständige Erinnerung an seine Lehre und sein Beispiel, wie auch Paulus sagt: „Gedenket euerer Vorsteher, welche euch das Wort Gottes verkündet haben, und das Ende ihres Wandels betrachtend, ahmet ihren Glauben nach". (Hebr. 13, 7.) Voll Liebe und Dankbarkeit ließ Sturmi über dem Grabe des teuern Lehrers einen vergoldeten Altar mit einem auf Säulen ruhenden, prachtvoll gearbeiteten Oberbau aus Gold und Silber her-stellen. [1]) Unter den folgenden Äbten Baugolf, Ratgar und

---

Eigil sagt, 24 Jahre beigesetzt waren. Da sie über 23 Jahre im Grabe geruht hatten, konnte Eigil in runder Summe 24 sagen. Überhaupt sprechen sich die Mainzer, Fuldaer und Lorscher Nachrichten für 755 aus, welches daher die meisten Gründe für sich hat; die dagegen erhobenen Bedenken lassen sich widerlegen. Bei der Feier der Centenarien hielt man sich stets an die Zahl 755. — Nach der Erzählung des Paderborner Breviers und der Erfurter Überlieferung wurden die Gebeine von Eoban und Adelar, welche im Leben und Tode treue Genossen des Heiligen ge-wesen waren, zugleich mit seinen Gebeinen von Utrecht über Mainz nach Fulda und von da nach Erfurt gebracht, wo sie im großen prächtigen Liebfrauen-Dome bis auf den heutigen Tag ruhen. Adelar wird noch als erster Bischof Erfurts verehrt. Willibald und Eigil berichten bloß von der Übertragung der Reliquien des hl. Bonifatius; ebenso die Bio-graphen des 11. Jahrhunderts, der Mainzer Presbyter und Othlo. Nach Willibald (p. 469) kehrten die Teilnehmer an der Übertragung der Re-liquien, im Glauben gestärkt, von Fulda in ihre Heimat zurück, nach Eigil schon am folgenden Tage nach der Beisetzung. Die Berichte bezüg-lich der Übertragung von Eobans und Adelars Gebeine nach Erfurt ent-stammen viel spätern Zeiten. So schrieb unter andern der Jesuit Jo-hannes Gananfius, der zur Zeit Ferdinands von Fürstenberg, † 1683, lebte, im Kloster Böddeken bei Paderborn einen Kodex ab, in welchem die Uebertragung jener Gebeine nach Erfurt erzählt wurde. Gobelin Person, ein berühmter Geschichtschreiber, der im 15. Jahrhunderte in Böddeken lebte, erzählt in seinem Cosmobromium die Gründung des Bistums Erfurt, für welches Adelar als Bischof aufgestellt, aber nicht geweiht sei. Daß die Erfurter den Leichnam ihres ersten Bischofs nach Erfurt übertrugen, ist begreiflich, aber auffallend ist, daß die Utrechter ihnen auch den Leichnam ihres eigenen Bischofs übergaben, da sie nur mit Widerstreben den Leichnam des hl. Bonifatius abgaben.

[1]) Die Stelle bei Eigil lautet: Super sepulcrum vero beati martyris Bonifatii auro argentoque compositam statuit arcam, quam nos solemus requiem appellare; quam, ut tunc moris erat, pulchro opere condidit: quae usque hodie super tumulum ipsius Christi martyris cum altari aureo perseverat (c. 21). Über dem goldenen Altare, welcher die Form eines viereckigen Tisches hatte, erhob sich nach damaliger Sitte auf ver-zierten Säulen ein baldachinartiger Oberbau, dessen Seiten mit pracht-vollen Vorhängen behangen waren, sodaß der Altar einer Hütte glich

Eigil wurde die Kirche durch Anbauten sehr erweitert und ver=
schönert, sodaß sie im Westen wie im Osten ein Chor mit
Krypta hatte; es war die erste zweichörige Kreuzkirche in Deutsch=
land. Die Gebeine des hl. Bonifatius wurden 819 feierlich
aus dem Ostchore in das Westchor übertragen und dort unter
dem Choraltare in einem steinernen Sarge beigesetzt. Neben
dem Altare fanden auch Sturmi und Lioba ihre Ruhestätte;
Liobas Gebeine waren längere Zeit auf dem nahen Petersberge.
Im Jahre 937 wurde die Kirche durch Brand zerstört, wobei
auch die Gebeine des hl. Bonifatius teilweise verbrannten und
nur mit Lebensgefahr von den Mönchen gerettet wurden. Der
Abt Hadamar baute an derselben Stelle nach dem alten Grund=
riß eine prachtvolle Kirche, welche durch den Päpstlichen Legaten
Maximus im Beisein Ottos des Großen (948) eingeweiht wurde.
Dieser Bau wurde zwar durch Brand, Einsturz und Blitzschlag
im Laufe der Zeit vielfach beschädigt, wurde aber stets wieder
restauriert und blieb bis zum Jahre 1704 erhalten. Da um
diese Zeit manche Teile sehr schadhaft waren, so wurde er ab=
gebrochen, und nach dem Muster der Peterskirche in Rom der
jetzige Dom erbaut, welcher 1712 eingeweiht wurde. In einem
steinernen Sarge unter dem Altare in der Krypta des Domes
befindet sich jetzt ein Teil von den Reliquien des hl. Bonifatius.
Der Altaraufsatz ist aus schwarzem Marmor; an demselben
stellt ein Relief aus Alabaster den Martyrertod des Heiligen
dar, während die vordere Seite des Altars seine Auferstehung
darstellt. Wann bei den verschiedenen Umbauten die Gebeine
aus dem Chore in die Krypta gebracht sind, läßt sich nicht
mehr bestimmen, vermutlich schon um 948 nach dem ersten
Brande, um sie vor einem neuen ähnlichen Mißgeschick zu be=
wahren; bei dem Neubau des jetzigen Domes blieben sie nach
einer ausdrücklichen Bestimmung des Abtes unverrückt an der=
selben Stelle. Der Altar in der Krypta, welcher in einem
steinernen Sarge einen Teil der Gebeine des hl. Bonifatius ent=
hält und im ganzen sehr einfach war, wurde in neuerer Zeit
geschmackvoll vergoldet und verziert; auch die ganze Krypta

(ciborium maius). Im Innern des Oberbaues, grade über dem Altare,
hing an einer silbernen Kette ein Gefäß in Form einer Taube, welche
das Allerheiligste enthielt und mit Vorhängen verhüllt war (ciborium
minus). Auf dem Oberbau über der Taube stand ein Kreuz, neben
welchem Lichter und Blumen gestellt wurden. Unsere jetzigen Tabernakel
wurden erst gegen Ende des Mittelalters Sitte. Der Oberbau hieß Freda
oder Beifried oder repa; Eigils Benennung (requies) ist ungewöhnlich
und der Bibel entnommen, wo sie Wohnsitz Gottes bedeutet (Pf. 131, 8).

wurde durch entsprechende Glasgemälde, reichliche Umkleidung mit Marmor, mosaikartigen Bodenbelag, sinnreiche Wandgemälde und reichliche Verzierung geschmückt. Überhaupt macht das ganze Innere des Domes trotz seiner schmucklosen Einfachheit einen erhabenen Eindruck, und von außen gewährt er einen prachtvollen Anblick durch seine wohlgegliederte Fassade, seine steinernen Standbilder, seine imposanten Türme und majestätische Kuppel. So ist er eine würdige Grabeskirche des hl. Bonifatius.

Im Laufe der Zeit wurden von der Hauptmasse der Reliquien im Steinsarge der Krypta Teile abgesondert. In der Sakristei des Domes zu Fulda befinden sich ein Teil des Schädels, ein Armknochen und kleinere Stücke, die an hohen Festtagen auf dem Hochaltare zur Verehrung ausgestellt werden. Auch entferntere Orte bekamen auf ihre Bitten von den Fuldaer Äbten Reliquien des hl. Bonifatius, so die Kirche in Dokkum in Holland, die Kirchen in Brügge, Löwen, Mecheln und Antwerpen in Belgien, die Kirche auf dem Monte Casino in Italien, die Kirchen St. Gereon, St. Severin und St. Cunibert in Köln, die Dome zu Mainz und Prag. Die Wallfahrtskirche auf dem Hilfensberge im Eichsfelde bekam 1670 durch den Fürstabt Joachim eine bedeutende Partikel. Noch an vielen andern Orten werden Reliquien des hl. Bonifatius aufbewahrt und verehrt, weil sein Körper ein Tempel des heiligen Geistes und auserwähltes Werkzeug zur Bekehrung der Heiden war, und einst am jüngsten Tage glorreich auferstehen soll. Auch andere Gegenstände, welche vom hl. Bonifatius herrühren oder zu ihm in Beziehung standen, werden in Fulda hoch in Ehren gehalten, so ein Teil seines Gürtels, das blutbefleckte Gewand, welches er bei seiner Ermordung trug, der Dolch, womit er ermordet wurde, sein Hirtenstab, welcher aus dem langen Eckzahn eines Walrosses geschnitzt ist und oben in der Krümmung ein Einhorn trägt, ein sagenhaftes Tier von Pferdegestalt, welches auf der Stirn ein großes Horn hat und in der christlichen Kunst zur Versinnbildung christlicher Ideeen viel verwendet wird. Das Horn versinnbildet Stärke und Kraft, und daher ist das Einhorn ein Sinnbild Gottes, der mit seinem mächtigen Schutze dem Menschen beisteht. Ferner läßt sich das unbezähmbare

Einhorn nur von einer reinen Jungfrau fangen und legt sich ruhig in deren Schoß, daher ist es ein Sinnbild Jesu Christi, der aus der reinsten Jungfrau die menschliche Natur angenommen hat. Auch versinnbildet es die jungfräuliche Keuschheit, die besonders priesterliche Seelen schmücken soll. Der Evangelist Lukas (I, 69) spricht von einem Horn des Heils, daher ist das Einhorn auch Sinnbild des Heils, welches uns Christus erworben hat.[1] Bei außergewöhnlichen Gelegenheiten trägt der Bischof von Fulda diesen Bischofsstab des hl. Bonifatius im Augenblicke des feierlichen Segens in der Hand. In der Landesbibliothek zu Fulda befinden sich noch drei Bücher, welche vom hl. Bonifatius herrühren. Das erste Buch enthält auf 140 Pergamentblättern in langobardischen Schriftzügen mit schönen, meist aus Fischen zusammengesetzten Initialen 15 kleinere Schriften, welche sich meist auf den Glauben beziehen, so das Nizänische Glaubensbekenntnis, eine Erklärung des katholischen Glaubens, eine Abhandlung des hl. Ambrosius über die Wohlthat des Todes, Briefe des Papstes Leo und andere; es wurde dem hl. Bonifatius auf seiner dritten Romreise 738 von Ragyntrudis, der Tochter des Langobardenkönigs Rachis, geschenkt, welche ins Kloster getreten war und sich entsprechend der Sitte der Klosterfrauen mit dem Abschreiben der Bücher befaßte. Dieses Buch, welches am Rande 3—4 Centimeter tief mit dem Schwerte durchhauen ist und in alter Zeit noch Blutspuren an sich getragen haben soll, gilt als dasjenige Buch, welches Bonifatius im Augenblicke des Todes über sein Haupt hielt. Die Nachricht, es sei ein Evangelienbuch gewesen, welches er über sein Haupt hielt, ist daher entweder ein Irrtum, oder das Buch wurde als Inhalt des Evangeliums aufgefaßt.[2] Das zweite Buch (der berühmte codex Fuldensis) enthält auf 300 feinen, weißen Pergamentblättern in schöner Schrift das Neue

---

[1] Da das Einhorn in der christlichen Symbolik eine allgemeine Bedeutung hat, so ist Rettbergs Auffassung (I, 632) zu enge, wonach es Sinnbild des Klosters Fulda sein soll, weil dieses in einer großen Einöde gegründet wurde, und das Einhorn nur in den einsamsten Gegenden Asiens und Afrikas lebt. Schon Aristoteles und Plinius erzählen vom Einhorn. Auch in der heidnischen Mythologie kommt das Einhorn als Symbol der Stärke vor; in Persepolis, der Hauptstadt des alten Perserreiches, sind unter den herrlichen Trümmern mit Einhörnern geschmückte Terrassen. Dem Horne des Tieres schrieb man auch eine heilende Kraft zu, daher wurde das Einhorn Sinnbild der Apotheker.

[2] Vielleicht bezieht sich diese Nachricht auch auf eins der beiden folgenden Bücher, während dann von den Mördern das erste nachträglich aus Ärger zerhauen wäre.

Testament, nämlich die vier Evangelien (die einzelnen Stücke nach dem Leben Jesu geordnet), die 14 Briefe des hl. Paulus, die Apostelgeschichte, die sieben katholischen Briefe und die Apokalypse. Papst Zacharias soll dieses Buch dem hl. Bonifatius geschenkt haben, als seine Augen schwach zu werden anfingen. Der Brief des hl. Jakobus ist mit vielen Randbemerkungen versehen, welche Bonifatius bei der betrachtenden Lesung desselben hinzufügte. Das dritte Buch enthält auf 65 Seiten in angelsächsischer Kursivschrift die vier Evangelien und wurde nach einer auf dem letzten Blatte beigefügten Bemerkung vom hl. Bonifatius selber geschrieben. Diese beiden letzten Bücher wurden wahrscheinlich von Bonifatius bei dem heiligen Meßopfer gebraucht, bei dessen Feier man sich in alter Zeit vor Erfindung der Buchdruckerkunst außer dem Sakramentar, d. i. dem eigentlichen Meßbuch mit dem Kanon und den übrigen Gebeten, noch zwei anderer Bücher bediente, aus welchen für den betreffenden Tag Epistel und Evangelium verlesen wurden.

Die Lebensbeschreiber des hl. Bonifatius berichten uns nicht von großen Wundern, die er zu Lebzeiten wirkte; seine Wirksamkeit erstreckte sich nicht auf die sichtbare Natur, sondern auf die unsichtbare Seele. Die Bekehrung so vieler Heiden zum christlichen Glauben und sittlichen Leben ist ein größeres Wunder als Krankenheilungen und Totenerweckungen. Aber nach seinem Tode wurde Bonifatius von Gott durch viele Wunder verherrlicht, welche nach dem Berichte glaubwürdiger Zeitgenossen an seinem Grabe sich ereigneten.[1] Kranke, Blinde, Gebrechliche aller Art wurden durch seine Fürbitte wunderbar geheilt. Doch auch an der Seele empfingen viele Gläubige Gnaden des Heils; Sünder bekehrten sich von ihren Leidenschaften, und Gerechte empfingen Erleuchtung, Stärke und Ausdauer zu einem tugendhaften Leben. Aus den entferntesten Gegenden wanderten Christen nach Fulda, um am Grabe des hl. Bonifatius zu beten und sich Gnaden zu erflehen. Dankbar für das große Gut des katholischen Glaubens, welches Bonifatius unserm deutschen Vaterlande und somit auch jedem einzelnen Deutschen gebracht hat, wandten mächtige und angesehene Personen dem Kloster Fulda große Schenkungen zu, deren Urkunden auf seinem Grabe niedergelegt wurden; oft wird in den Urkunden gesagt, die Schenkungen seien dem hl. Bonifatius gemacht. Selbst deutsche Kaiser, z. B. Otto der Große und Friedrich Rotbart, besuchten

---

[1] Willibald bei Jaffé p. 469 und Gigil c. 16.

voll Andacht und Verehrung die Grabstätte des hl. Bonifatius und wandten dem Kloster ihre Gunst zu. Konrad I. (911—918), welcher sich große Verdienste um die Abtei erworben hatte, ließ sich in der Stiftskirche begraben. So wurde das ursprünglich arme Kloster Fulda reich und angesehen, und dadurch in den Stand gesetzt, der Mittelpunkt christlicher Kultur und Wissenschaft und der Ausgangspunkt des Missionswesens im Norden zu werden. Dazu war eine große Schar von Mönchen nötig, wie sie nur ein großes, reiches Kloster hervorbringen konnte. Die Mönche des Klosters Fulda betrachteten sich als die Wächter am Grabe des hl. Bonifatius und als dessen Schutzbefohlene. Das Klostersiegel stellt den hl. Bonifatius im bischöflichen Ornate auf einem Stuhle sitzend dar, in der Linken den Bischofsstab haltend und mit der Rechten die vor ihm knieenden Mönche segnend. So brachten die Gebeine des hl. Bonifatius dem Kloster Reichtum, Ansehen und Würde, aber auch sein heiliges Leben und seine belehrenden Worte wirkten noch lange im Kloster fort und beförderten die strenge klösterliche Zucht, sodaß es Jahrhunderte eine helle Leuchte des christlichen Glaubens wurde.

Bonifatius wurde zwar vom Papste nicht förmlich heilig gesprochen, aber sein heiliges Leben und die vielen wunderbaren Gebetserhörungen an seinem Grabe waren die Ursache, daß er schon gleich nach seinem Tode als Heiliger verehrt wurde. Diese Verehrung nahm im Laufe der Zeit immer mehr zu und verbreitete sich weithin. Sein Todestag wurde gleich von Anfang an in dankbarer Erinnerung alljährlich festlich begangen, so besonders in Fulda, Dokkum, Mainz, Utrecht und andern Orten. Hochverehrt wurde Bonifatius auch von Anfang an in England, wo man in ihm eine Zierde der Nation sah und sich freute, Deutschland einen solchen Apostel gegeben zu haben. Wie wir aus einem Briefe des Erzbischofs Cudbert von Canterbury an Lullus von Mainz sehen, wurde schon auf einer Synode zu Canterbury im Jahre 756 beschlossen, neben Gregor und Augustin, diesen um England so hochverdienten Männern, den hl. Bonifatius zum Patron zu erwählen und seinen Todestag alljährlich feierlich zu begehen.[1] In dem herrlichen Schreiben versichert Cudbert den Lullus, daß er Freuden und Leiden der Deutschen mitempfände, betrauert aufs tiefste den Tod des hl. Bonifatius, schildert das mühe- und gefahrvolle, aber auch

---

[1] Ep. 108. Jaffé versetzt den Brief in das Jahr 755, allein die darin erwähnte Synode fand erst 756 statt, und daher ist der Brief wohl gegen Ende dieses Jahres geschrieben.

mit reichem Erfolge gekrönte Leben desselben, rechnet es sich zum Ruhme, daß England einen solch vortrefflichen Mann hervorgebracht habe, fordert zu gegenseitigem Gebete füreinander und zu treuem Festhalten am Berufe auf, und ermahnt, das Beispiel des hl. Bonifatius stets vor Augen zu haben; die Nachfolge seines Beispiels sichere die Gemeinschaft mit der römischen Kirche und das ewige Leben. In der Diöcese Paderborn wurde die jährliche Feier des Todestages des hl. Bonifatius durch den berühmten Bischof Meinwerk angeordnet, welcher den hl. Bonifatius hoch verehrte und an seinem Todestage 1036 sein heiliges, ganz der Kirche geweihtes Leben beschloß. Gegenwärtig wird der Todestag des hl. Bonifatius als sein Geburtstag für den Himmel in der ganzen katholischen Kirche vom Aufgange bis zum Niedergange der Sonne alljährlich gefeiert, und überall seines heiligen Lebens und heldenmütigen Todes gedacht, denn keine religiöse oder weltliche Vereinigung ehrt so dankbar ihre Helden wie die katholische Kirche. Ganz besonders aber wird der Todestag des hl. Bonifatius in dem alten Hochstift Fulda feierlich begangen. In der Woche des 5. Juni ziehen zahlreiche Prozessionen aus der Umgegend, betend und singend, mit Kreuz und Fahne zum Dome nach Fulda, um dort an der Gruft des Heiligen sich seiner dankbar zu erinnern und ihn um seine Fürbitte bei Gott anzuflehen. Den ganzen Tag über drängt sich eine gläubige Menge in die Gruft, um dort die Gebeine des hl. Bonifatius zu verehren und ihn durch Gebet und Gesang zu verherrlichen.

Die Stadt Fulda ehrte das Andenken des großen Apostels durch Errichtung eines prachtvollen Standbildes aus Erz, welches unter großer Feierlichkeit im Jahre 1842 enthüllt wurde und den Apostel darstellt, wie er voll Kraft und Begeisterung das Wort Gottes verkündet. Die 3½ Meter hohe Figur des Apostels, mit dem Philosophenmantel bekleidet, trägt in der ausgestreckten Rechten das Kreuz, in der Linken eine Bibel; am Sockel des Bildes stehen die Worte: „St. Bonifatius, Apostel der Deutschen. Das Wort des Herrn bleibt in Ewigkeit." Bonifatius ist in Wahrheit der Weise, welcher nicht die vergänglichen und veränderlichen Worte menschlicher Weisheit, sondern die ewigen Wahrheiten des Kreuzes Christi verkündete, in dem allein Heil zu finden ist. Doch nicht bloß Standbilder, sondern auch Kirchen wurden Gott zu Ehren seines Apostels in den verschiedensten Gauen Deutschlands erbaut. Schon bald nach dem Tode des hl. Bonifatius beschloß man, die Stätte, wo er sein Blut im Dienste des Evangeliums vergossen hatte, durch Errichtung einer Kirche dauernd zu ehren. Da die Wogen der etwa eine Stunde entfernten Nordsee bis dorthin drangen, so errichtete man zum Schutze der Stätte einen hohen Hügel. Als Pippins Statthalter Abba — so erzählt die Legende — mit seinen Dienern einen Ritt um den Hügel machte, um ihn zu besichtigen, blieb ein Pferd stecken, und als man es heraus= zog, entsprang aus der Vertiefung ein starker Quell süßen Wassers, was bei der Nähe des salzigen Meeres sonst nicht vorkommt.[1]) Auf diesem Hügel erbaute Pippin eine Kirche zu Ehren des hl. Bonifatius und daneben ein Kloster. Indem sich nach und nach in der Nähe christliche Friesen ansiedelten, entstand die Stadt Dokkum. Auch im Münsterlande, z. B. in Freckenhorst, und im Osnabrückschen, z. B. in Lingen, wurden schon frühzeitig Kirchen zu Ehren des hl. Bonifatius erbaut.[2]) Mit Vorliebe erbauten die Fuldaer Mönche Kirchen zu Ehren des hl. Bonifatius dort, wo sie das Evangelium ausbreiteten. In unserm Jahrhunderte wurden in Hessen, auf dem Eichsfelde, in Thüringen, im Lippischen, in der westfälischen Mark, in Bayern, in England und Amerika zahlreiche und teilweise sehr prachtvolle Kirchen zu Ehren des hl. Bonifatius erbaut. Der kunstliebende König Ludwig I. von Bayern ließ in seiner Haupt= stadt München nach dem Vorbilde römischer Basiliken des 5. und 6. Jahrhunderts durch die größten Künstler der Gegen= wart mit königlicher Freigebigkeit eine Basilika zu Ehren des hl. Bonifatius erbauen und ausschmücken, ein vollendetes Kunst= werk und eine der schönsten Zierden der Stadt. 66 Säulen, aus Tiroler Marmorblöcken gehauen, teilen das Innere in fünf Schiffe. Die Seitenwände des Hauptschiffes und das Chor sind mit prachtvollen Gemälden geschmückt, welche die Apostel des Bayerlandes, besonders aber das apostolische Leben und heldenmütige Sterben des hl. Bonifatius darstellen. So ragt nicht bloß im Gebiete seiner segensreichen Wirksamkeit, sondern auch in fernen Ländern, selbst jenseits des Oceans, manche Kirche

---

[1]) So erzählt Willibald (p. 470). Nach dem Utrechter Priester (c. 14) wurde die Quelle von Bonifatius selber entdeckt und gesegnet.

[2]) Everword, ein reicher Edler des Münsterlandes, der in kinder= loser Ehe lebte, trat in das Kloster Fulda und übergab ihm einen be= deutenden Teil seiner Güter; seine Gemahlin Geva stiftete im Jahre 851 das Jungfrauenkloster Freckenhorst und wurde dessen erste Äbtissin; die schöne Klosterkirche ist jetzt Pfarrkirche. An der Stätte von Freckenhorst soll früher ein Tempel der Göttin Freya oder auch das templum Tanfanae gestanden haben.

zum Himmel empor als ein Denkmal der Liebe und Verehrung für den hl. Bonifatius, als ein steinernes Loblied auf sein heiliges Leben und Sterben.

Die Gebeine des hl. Bonifatius und sein heiliges Leben wurden für die Kirche Deutschlands zu allen Zeiten ein reicher Quell himmlischen Segens, des religiösen Aufschwunges und der geistigen Erhebung. Gläubige jeden Alters und Standes wandern nach Fulda, um am Grabe des hl. Bonifatius zu beten, an seinem leuchtenden Beispiele sich zu erbauen und ihm für das Licht des Glaubens zu danken, welches er unsern Vorfahren und somit auch uns gebracht hat. Die deutschen Bischöfe versammeln sich gewöhnlich in schweren, bedrängten Zeiten in Fulda, beten am Grabe des hl. Bonifatius und empfehlen ihre Beratungen und Beschlüsse seinem Schutze und seiner Fürsprache, damit das Werk fortbesteht, welches er unter vielen Mühen gegründet und mit seinem Tode besiegelt hat. An seinem Grabe schöpfen die Hirten der Kirche durch die lebendige Erinnerung an sein freudiges Wirken und Sterben von neuem Mut und Kraft, um die Kirche, das teuere Erbe des hl. Bonifatius, gegen alle ihre Feinde mannhaft zu verteidigen. Der Bonifatius= Verein hat sich unter den Schutz des hl. Bonifatius gestellt, um in seinem Sinn und Geist dahin zu wirken, daß die katholische Kirche in Deutschland erhalten und befestigt wird. Sie ist heute noch dieselbe wie in den Tagen des hl. Bonifatius; die Inschrift auf seinem Denkmal: „Verbum Dei manet in aeternum" gilt auch von ihr; sie verkündet zu allen Zeiten unverändert das Wort Gottes, welches über wechselnde Tages= meinungen erhaben ist. Die Kirche hat bei den jetzigen Verhältnissen mit vielen Schwierigkeiten zu kämpfen; manche ihrer Kinder sind durch eine glaubenslose Zeitrichtung und durch ein Leben unter Andersgläubigen in der größten Gefahr, ihren Glauben zu verlieren, und entbehren der regelmäßigen Seelsorge. Daher sammeln die Mitglieder des Bonifatius=Vereins irdische Mittel, um durch den Bau von Schulen und Kirchen allen Kindern der Kirche eine geordnete Seelsorge zu ermöglichen, verpflichten sich aber auch im Geiste des hl. Bonifatius zu täg= lichem Gebete für die Kirche, damit sie mit ihren Segnungen unserm teuern Vaterlande erhalten bleibt. So wirkt das hehre Beispiel des hl. Bonifatius noch beständig durch alle Jahrhunderte in der Welt mächtig fort, begeistert zu christlichem Wirken und stiftet Segen von Geschlecht zu Geschlecht.

Neuntes Kapitel.

Verdienste des hl. Bonifatius. Ausrottung des Heidentums. Christianisierung Deutschlands. Das heilige römische Reich deutscher Nation. Neues geistiges Leben auf allen Gebieten. Veredelung des deutschen Charakters. Segensreiche Wirksamkeit der Orden. Bonifatius der größte Wohlthäter Deutschlands.

Das Hauptverdienst des hl. Bonifatius, worin alle andern Verdienste wurzeln, ist die Ausrottung des Heidentums und die Ausbreitung und Befestigung des Christentums in der Form, wie es die katholische Kirche lehrt. Wohl war schon vor dem hl. Bonifatius das Christentum auf dem rechten Rheinufer bei einzelnen Stämmen ausgebreitet, aber es wurde von dem Heidentume überwuchert und konnte keine rechte Frucht bringen; so war es bei den Bayern, Allemannen, Thüringern und Friesen. Andern Stämmen war das Christentum noch fast ganz unbekannt, so den Hessen und Sachsen. Das Heidentum war also bis auf den hl. Bonifatius in Deutschland noch sehr mächtig und übte einen nachteiligen Einfluß im Volke aus. In unserer Zeit sucht man freilich das Heidentum der alten Deutschen gradeso wie das der alten Griechen und Römer als beglückend und veredelnd darzustellen, und träumt von glücklichen Zuständen des Heidentums.[1] Indessen solche Träumereien können vor der Wahrheit einer ruhigen Geschichtsforschung nicht bestehen. Ob-

---

[1] Noch neuerdings sagte Professor Dahn in Breslau: „Die Sittenlehre des germanischen Heidentums steht höher als die Sittenlehre des Mittelalters". Schiller spricht bekanntlich in seinen „Göttern Griechenlands" sein Bedauern aus, „daß jene schöne Welt vergangen ist, um einen (Christus) zu verherrlichen", und redet von den Tagen, „wo sie noch die schöne Welt regierten, selige Geschlechter an der Freude leichtem Gängelbande führten". Solche Anschauungen verraten eine höchst oberflächliche Geschichtsbildung, welche Schiller ehrlich genug auch selber in seinem Briefe an Karoline von Beulwitz eingesteht, indem er sich „eine schlechte Quelle für einen zukünftigen Geschichtsforscher" nennt, „welcher auf Kosten der Wahrheit Leser und Hörer findet", und dem „die Geschichte nur ein Magazin für seine Phantasie ist". Die, welche in den Zeiten des Christentums leben und dieses gegenüber dem Heidentume herabsetzen, nehmen wider ihren Willen an christlichen Ideen Anteil und haben für das Elend des Heidentums kein volles Verständnis. Ein reicher Städter mag sich in seinem Garten eine Indianerhütte bauen, das Leben der Indianer nachahmen und sich dabei glücklich fühlen, aber von allen Gütern der christlichen Kultur umgeben, ist er von dem wirklichen Leben eines Indianers doch weit entfernt, und empfindet nicht das Elend

gleich die alten Deutschen von ihren Göttern eine viel würdigere Vorstellung hatten als die Griechen und Römer, so dachten sie sich dieselben doch mit vielen verwerflichen Leidenschaften behaftet, mit Unmäßigkeit, Kampflust, Rachsucht, Geschlechtslust und andern. Den Verkehr der Götter untereinander stellten sie sich wie den Verkehr der Menschen vor, von niedern Leidenschaften getrieben und beherrscht. Der Donnergott Thor aß auf einer Riesenhochzeit vier Ochsen, acht Lachse und trank drei Tonnen Bier; noch nicht satt, aß er auch den ganzen Nachtisch. Als Baldur, der Gott des Guten und Schönen, tückisch ermordet wurde, wollte sein Bruder Hermod nicht essen und sich nicht kämmen, bis er den Tod gerächt hätte. Freyer, der Gott des Sonnenscheines und des Regens, entbrannte in solch verzehrender Liebesglut zur schönen Riesentochter Gerdur, daß er neun Tage weder aß noch trank noch sprach. Freya, die Göttin der sinnlichen Liebe, irrte umher und suchte ihren ungetreuen Gemahl, der sie verlassen hatte. Ihr zu Ehren sangen Knaben und Mädchen an den Stätten ihrer Verehrung Lieder sinnlicher Lust und Liebe. Besonders glaubten die alten Deutschen ihre Götter zu ehren, indem sie ihnen zutranken und unter ihrer Anrufung große Hörner oder Becher leerten; ja, sie hatten einen besondern Gott des Trunkes, Stuffo, welchen die fröhlichen Zecher bei ihren Gelagen anriefen und durch vieles Trinken zu verehren glaubten. Das dem Wodan geweihte Kräuterbier wurde in großen Gefäßen an die Straßen gestellt, damit die Vorübergehenden nach Belieben davon trinken konnten. Wo man solche

eines solchen Lebens. Das Leben der Heiden war nach den Aussprüchen der heidnischen Klassiker ein unglückliches und trostloses. Homer (Odyssee XVIII, 130) nennt den Menschen das jammervollste Wesen auf Erden; nach Sophokles (Oedip. Kol. V. 1225) ist es für den Menschen das beste, nicht geboren zu sein; nach Plinius (hist. nat. c. 28) ist ein frühzeitiger Tod das beste. Zweifel und Ungewißheit über das diesseitige und jenseitige Leben, Grauen vor dem Tode und dem Jenseits, Leere und Oede des Herzens in Leiden und Unglück war das Los der Heiden, wie es in vielen ihrer Schriften ausgesprochen ist. Daß die Religion der Griechen und Römer mit ihren schmutzigen Mythen auf jugendliche Herzen keinen bildenden Einfluß ausüben konnte, ist wohl jedem Verständigen einleuchtend. Wenn die Griechen trotzdem in Kunst und Wissenschaft viel geleistet haben, so ist das nicht die Frucht ihrer Religion als solcher, sondern die Frucht der geistigen Anlagen, welche der Schöpfer ihnen gegeben hatte, und die sich unter günstigen Umständen bei der Fruchtbarkeit und Schönheit des Landes und dem Reichtum an Marmor in hohem Maße entwickelten, wobei die Künstler auch an religiöse Ideeen anknüpften und dadurch allerdings auch zu künstlerischem Schaffen angetrieben wurden.

Vorstellungen von den Göttern hatte, fehlten natürlich auch alle sittlichen Vorschriften zur Bekämpfung der Leidenschaften und zur Uebung der Tugend. Ja, solche Leidenschaften, die den Menschen am meisten mit sich fortreißen, Trunksucht, Kampflust, Rachsucht, Geschlechtslust, wurden grade im Dienste der Götter geweckt und befriedigt. Kein leuchtendes Vorbild makelloser Sittenreinheit und Tugend wurde den Heiden vorgeführt. Nach der Edda, einem Gedichte, welches die Ansichten des germanischen Heidentums getreu wiedergiebt, soll der Held Hohn mit Hohn, Bosheit mit Lüge vergelten, fromm in Worten, falsch in Gedanken sein. Die Vorstellungen von der Walhalla, wo nur die Helden fortlebten und an Kämpfen und Gelagen sich ergötzten, mußten die Lust zu blutigen Kämpfen und zügellosen Gelagen anfachen. Weder das griechische, noch das römische, noch das germanische Heidentum konnte sich zu dem Gedanken emporschwingen, daß alle Menschen ihrer Natur und Bestimmung nach gleich sind, daß die Sklaverei eine Versündigung, ein Frevel an der Menschheit ist; sie erschien selbst den bessern Heiden als etwas Vernünftiges und von den Göttern Gewolltes. Bei den Germanen beruhte der Unterschied von Sklaven, Freien und Adeligen auf der verschiedenen Abstammung von den Göttern, und war von diesen festgestellt. Die Gesetze des germanischen Heidentums stellen den Sklaven auf gleiche Stufe mit dem Pferde, dem Rinde, dem Schafe und andern Dingen, welche zum menschlichen Gebrauche dienen. Die Folgen der Sklaverei erstreckten sich selbst bis in das jenseitige Leben. Während die freien Männer nach siegreichen Kämpfen in die Walhalla eingingen, fielen die Sklaven ausnahmslos nach ihrem Tode der Göttin Hell in der Unterwelt anheim, einem finstern, verschlossenen Orte. Dieser zahlreichen Menschenklasse der Sklaven leuchtete also kein Strahl der Hoffnung, weder für dieses Leben noch für das andere. Teilnahmsvolle Pflege und Liebe der Armen, Hilflosen und Verlassenen waren den Heiden unbekannt; man überließ sie erbarmungslos ihrem traurigen Schicksal; unheilbare Kranke, Altersschwache und Sieche wurden von ihren Angehörigen als eine Last betrachtet und ungestraft getötet. Wer könnte daher all das körperliche und geistige Elend ermessen, das auf der leidenden Menschheit zur Zeit des Heidentums lastete!

Die Verehrung der Götter war mit vielem Aberglauben verbunden; auf Schritt und Tritt begleiteten den Heiden abergläubische Vorstellungen, erfüllten ihn mit Furcht und Schrecken und lähmten seine Thatkraft. Und wenn er über seine religiösen

Vorstellungen nachzudenken und sie auf ihre Richtigkeit zu prüfen begann, so mußten bange Zweifel oder gar die volle Überzeugung von der Unhaltbarkeit seiner religiösen Vorstellungen sich seiner bemächtigen. Das Heidentum beruhte daher seinem ganzen Wesen nach auf grober Selbstsucht, Härte gegen den Mitmenschen, Ungebundenheit und Verherrlichung der Leidenschaften, besonders der ungeordneten Selbsthilfe, der Geschlechtsliebe, der blutdürstigen Rache, und konnte vor der nachdenkenden Vernunft nicht bestehen. Es war durchaus unfähig, den Menschen zu veredeln, zu sittigen, zu trösten, zu beruhigen und auf eine höhere Stufe wahrer Bildung zu heben. Ja, es schmeichelte vielfach seinen Leidenschaften, statt sie einzudämmen, stürzte ihn nur noch tiefer in sittliches Elend und reizte ihn, seine erhabenen Seelenkräfte im Schmutze niedriger Leidenschaften zu mißbrauchen. Die dunkeln Urwälder Germaniens mit ihren tiefen Sümpfen und regellosen Flüssen waren daher ein sprechendes Sinnbild der geistigen Finsternis seiner Bewohner und ihres zügellosen Lebens. Solange das Heidentum bei den Deutschen fortdauerte, war jede Hoffnung auf eine wahre, geistige Entwickelung und Veredelung des Volkes abgeschnitten. Es war daher gewiß ein großes Verdienst des hl. Bonifatius, daß er mit dem Eifer und der Kraft des Elias das Heidentum ausrottete, mit eigener Hand die Axt an die heiligen Bäume legte, den Menschenopfern Einhalt that, die heidnischen Tempel zerstörte und heidnische Vorstellungen aus dem Herzen des Volkes entfernte. Wohl mag es vom Standpunkte der Altertumswissenschaft aus zu bedauern sein, daß uns über einzelne Punkte der heidnischen Religion, der Götter und ihrer Verehrung keine genaueren Nachrichten erhalten sind, aber wir dürfen nicht vergessen, daß das, was für uns jetzt eine unterhaltende Beschäftigung oder ein sinnloses Spiel der Phantasie ist, damals wirklich als unvernünftiger, verderblicher Aberglauben im Volke herrschte; von Bonifatius kann man aber nicht verlangen, daß er spätern Altertumsforschern zuliebe heidnische Heiligtümer und die damit verbundene abergläubische Verehrung bestehen ließ, oder bei seinen Mühen im Dienste des Evangeliums auf die sorgfältige Aufzeichnung des heidnischen Aberglaubens bedacht war, denn sein ganzes Bestreben war naturgemäß auf die vollständige Ausrottung des Heidentums gerichtet.

Das ausgerottete Heidentum wurde dem deutschen Volke reichlich durch die katholische Kirche ersetzt, welche Bonifatius mit großem Erfolge in Deutschland unter vielen Schwierigkeiten

ausbreitete und befestigte. Das Volk haftete nämlich zäh am
Heidentum, war noch roh und ungebildet und für die geistigen
Wahrheiten und Güter des Christentums wenig empfänglich.
Auch liebten die alten Deutschen ein ungebundenes Leben in der
freien Natur, und hatten gegen feste Wohnsitze und enges Zu-
sammenwohnen eine große Abneigung. Die vielen Kämpfe der
einzelnen Stämme untereinander vernichteten oft den eben erst
ausgestreuten Samen des Christentums, hinderten die weitere
Ausbreitung desselben, und entfesselten einen wilden, kriegerischen
Geist, welcher die Gemüter für die Annahme des Evangeliums
wenig empfänglich machte. Weil die alten Deutschen ihre Freiheit und Unabhängigkeit so hoch schätzten und eifersüchtig bewahrten, sahen sie in den Glaubensboten Sendlinge ihrer Gegner,
welche sie unter dem Deckmantel der Religion für die politische
Unterwerfung gewinnen sollten. Die christliche Religion war
ihnen daher als die Religion ihrer politischen Gegner schon
von vornherein verdächtig. Das ganze Leben der alten Deutschen,
das öffentliche wie das private, war von den heidnischen Anschauungen durchdrungen und mußte also von Grund aus umgestaltet werden. Die herrschenden Fehler der alten Deutschen,
ihre Lust zu Spiel und Gelage, ihre Kampflust, ihre Rachsucht, ihre Geringschätzung der Arbeit standen mit dem Christentum in schroffem Widerspruche, welches Mäßigkeit, Feindesliebe,
Friedfertigkeit, Sanftmut und Arbeitsamkeit gebietet. Es war
daher gewiß schwer, die Herzen der alten Deutschen für das
Christentum zu gewinnen. Schwer und mühevoll war es, in
die unwirtlichen, mit gefährlichen Tieren angefüllten Urwälder
Germaniens vorzudringen, aber weit mühevoller und schwieriger
war es noch, den Weg zu dem Herzen des Volkes zu finden
und sie zur Annahme des Evangeliums zu bewegen. Es ist
daher begreiflich, daß viele Glaubensboten teils durch die Mühen
und Gefahren der Reise umkamen, teils von unsern Vorfahren
in ihrem heidnischen Fanatismus erschlagen wurden.

Diese Schwierigkeiten, auf welche die Ausbreitung des
Christentums bei unsern heidnischen Vorfahren stieß, wurden
durch manche beklagenswerte Erscheinungen in der katholischen
Kirche gesteigert. Unter den Glaubensboten, welche vor und
mit Bonifatius in Deutschland thätig waren, befanden sich auch
solche, welche Irrlehren ausstreuten oder durch ihr sündhaftes
Leben dem Volke Ärgernis gaben. Dadurch wurde die Kirche
schwer geschädigt, denn die halbe Wahrheit hat nie die Kraft,
den Irrtum vollständig zu überwinden, und ein schlechtes Bei-

spiel bekehrt nie zur Annahme sittlicher Grundsätze. Karl Martell sah bei der Besetzung kirchlicher Stellen mehr auf Verdienste um den Staat als auf das Wohl der Kirche, indem er Soldaten zu Äbten und Bischöfen machte, welche mehr an ihre Einkünfte als an die Ausbreitung des Reiches Gottes dachten. Ein solches Kirchenregiment war in jenen wirren, trüben Zeiten der Kirche höchst schädlich, denn es hatte den Verfall der Kirchenzucht und des geistigen Lebens zur Folge, bedrohte die Kirche mit völliger Verweltlichung und brachte sie auf die Dauer an den Rand des Abgrundes. Ferner kamen die Glaubensboten aus verschiedenen Ländern, aus Irland, England, Frankreich, hatten ihre eigenen nationalen Sitten und Gebräuche, und waren ohne einheitlichen Plan, vielfach nur vorübergehend, hie und da thätig. Daher konnte auch das Heidentum durch sie nicht ausgerottet werden, ebensowenig als ein Urwald ausgerottet wird, der nur hie und da von unstäten Wanderern gelichtet wird. So wie ein mächtiger Urwald nur durch viele vereinte Kräfte ausgerottet und in kultiviertes Land verwandelt werden kann, so konnte auch nur durch die vereinte Kraft vieler Missionare das Heidentum ausgerottet und die katholische Kirche ausgebreitet werden. Auch waren in Deutschland die Bistümer noch nicht fest gegründet und gegeneinander abgegrenzt; für die regelmäßige Nachfolge war nicht gesorgt, und die Bischöfe standen weder untereinander, noch mit dem Papste in fester, lebendiger Verbindung. Es fehlte an Klöstern und Unterrichtsanstalten, in welchen junge Leute aus dem Volke selber zu Priestern herangebildet wurden; ohne einen einheimischen Klerus konnte aber die Kirche nicht lange bestehen, da die erforderliche Anzahl auswärtiger Priester auf die Dauer nicht vorhanden war; auch war ein einheimischer Klerus zur Vollendung der Bekehrung Deutschlands durchaus nötig, denn nur ein Klerus, welcher aus dem Volke selber hervorging und mit den Sitten, Gebräuchen und der Sprache des Volkes ganz vertraut war, konnte die große Masse des Volkes mit dem Geiste des Christentums durchdringen. So war die katholische Kirche vor Bonifatius in Deutschland in einem ungeordneten, unfertigen Zustande, vom Heidentume überwuchert, die Keime der Zwietracht und des Siechtums in sich tragend, unfähig, sich selber zu helfen und ihre erhabene Aufgabe bei den deutschen Völkern vollständig zu erfüllen. Da kam Bonifatius; durch seinen unermüdlichen Eifer für die Ehre Gottes und das Heil der Seelen, durch seine große Besonnenheit, durch sein zähes

Festhalten an dem gesetzten Ziele, durch sein planmäßiges Wirken gelang es ihm trotz aller Schwierigkeiten, die Kirche in Deutschland auszubreiten und zu befestigen. In der ersten Hälfte seiner apostolischen Wirksamkeit (716—738) wirkte Bonifatius an der Ausbreitung des Evangeliums bei den Friesen, Hessen und Thüringern. In der zweiten Hälfte seiner Wirksamkeit nahm Bonifatius als Apostolischer Legat und Primas von Deutschland vorzugsweise die Befestigung der Kirche und die Herstellung der kirchlichen Hierarchie in seine Hand. Er reinigte die Kirche von allen unheiligen, irrgläubigen Elementen, sammelte alle rechtgläubigen, sittenreinen Elemente unter seiner Fahne, bildete einen tüchtigen, von kirchlichem Geiste erfüllten Klerus, sorgte durch Gründung von Klöstern für die Bildung eines geistlichen Nachwuchses aus dem deutschen Volke, gründete neue Bistümer, setzte die Grenzen der Bistümer fest und besetzte sie mit geeigneten Persönlichkeiten. Unter den Bischöfen stellte er den kirchlichen Verband her und verknüpfte sie fest mit dem Papste, dem Centrum der kirchlichen Einheit und der Quelle aller priesterlichen Vollmachten. Besonders hielt Bonifatius in dieser zweiten Periode seiner Wirksamkeit zahlreiche Synoden ab, auf denen er den gesamten Klerus des Reiches um sich vereinigte und zu einem einheitlichen Ganzen gestaltete. So stellte Bonifatius in jener wirren Zeit durch seine besonnene, ausdauernde Wirksamkeit eine Hierarchie her, deren Träger durch ihre priesterlichen Tugenden dem Volke Ehrfurcht einflößten, eine feste Amtsgewalt besaßen, durch den engen Verband untereinander in ihrem Bestande gesichert und durch die Autorität des Päpstlichen Stuhles gestützt waren. Dadurch machte er aus der katholischen Kirche einen festen, soliden Bau, dessen Fortbestand für Jahrhunderte gesichert war. Bald nach dem Tode des heiligen Bonifatius brach ein mehr als dreißigjähriger blutiger Kampf (772—803) zwischen den Franken und Sachsen aus. Die Sachsen, der mächtigste deutsche Volksstamm im nördlichen Deutschland, die Nachkommen der alten Cherusker, welche einst unter Armins Führung ihre Freiheit siegreich gegen die römischen Legionen verteidigt hatten, lebten nach alter republikanischer Weise ohne Könige und waren glühende Anhänger des Heidentums; fast alljährlich machten sie Raubzüge in die benachbarten christlichen Gegenden, zerstörten die christlichen Kirchen und wüteten gegen Priester und Ordensleute mit größter Grausamkeit. Die Franken standen unter Königen und waren eifrige Anhänger des Christentums. Es handelte sich also in diesem Kampfe darum, ob die heid-

nischen Sachsen oder die christlichen Franken die Oberhand in
Deutschland haben sollten; der Fortbestand des Christentums
mit all seinen Segnungen hing von dem Ausfalle des Kampfes
ab; denn siegten die Sachsen, so wurde das Christentum nach
menschlichem Ermessen für lange Zeit ganz ausgerottet. Zum
Glück hatte Bonifatius die verschiedenen deutschen Stämme des
weit ausgedehnten Frankenreiches so in der Kirche geeinigt und
befestigt, daß es Karl dem Großen möglich war, die Sachsen zu
besiegen und den christlichen Glaubensboten eine erfolgreiche Thätig=
keit bei ihnen zu ermöglichen. Nun wurde das Heidentum bei dem
letzten deutschen Stamme ausgerottet, und die katholische Kirche
konnte ihre segensreiche Wirksamkeit frei entfalten. Wie erhaben ist ihre Lehre gegenüber dem Heidentum! Sie lehrt den
Menschen den wahren Gott kennen, der ein unendlich voll=
kommener Geist, der höchste Herr Himmels und der Erde ist,
welcher alle Dinge erschaffen hat, erhält und regiert zu seiner
Ehre und zum Heile der Geschöpfe. Die Kirche hält den
Menschen an, Gott im Geiste und in der Wahrheit zu verehren
und nach seinen Geboten alle Leidenschaften des Herzens zu be=
kämpfen, ja, selbst den geringsten sündhaften Gedanken im Herzen
zu ersticken. Sie mahnt ihn zur Vollkommenheit mit den Worten
Jesu Christi: „Ihr sollt vollkommen sein, wie euer Vater im
Himmel vollkommen ist". An dem menschgewordenen Sohne
Gottes, an seiner makellosen jungfräulichen Mutter und so vielen
Heiligen bietet die Kirche dem Menschen herrliche Vorbilder des
tugendhaften Lebens, und stärkt ihn zum Streben nach der Tugend
mit ihren himmlischen Gnaden. Hat der Mensch gesündigt, so
mahnt sie, durch Buße und Reue die Sünde zu tilgen und mit
größerer Treue die Gebote Gottes zu halten; sie ermuntert den
Menschen, die Leiden und Schmerzen dieses Lebens und endlich
den bittern Tod in der Hoffnung auf ein anderes, ewiges Leben
geduldig auf sich zu nehmen, und begleitet ihn durch das ganze
Leben bis zu den Pforten der Ewigkeit mit ihren himmlischen
Gnaden. Sie lehrt, daß alle Menschen Kinder und Ebenbilder
Gottes sind, hebt den Unterschied von Sklaven und Freien auf
und richtet den Blick des Menschen zum Himmel empor, wo
alles Gute, alle Leiden ewig und überreich belohnt werden.
Wie veredelnd und tröstend mußten diese Lehren auf unsere
heidnischen Vorfahren wirken, als sie dieselben gläubig und
demütig annahmen! Wie groß ist die Zahl derjenigen, die in
der Kirche, dem Weinberge Gottes, sich den Zehner der ewigen
Glückseligkeit seit den Tagen des hl. Bonifatius verdient haben!

Durch die Ausbreitung und Befestigung der katholischen Kirche in Deutschland hat daher Bonifatius unsern Vorfahren, und somit auch uns, einen reichlich sprudelnden Quell des Trostes, der Sittigung und des ewigen Heils geöffnet. Und wenn die katholische Kirche trotz aller Stürme und Verfolgungen, welche von außen und innen über sie hereinbrachen, in Deutschland noch bis zur Gegenwart fortbesteht und vieler Herzen beglückt und veredelt, so ist es das Verdienst des hl. Bonifatius, welcher vor mehr als 1100 Jahren unter vielen Mühen und Gefahren sie gegründet und befestigt hat. Nächst Gott schulden wir daher die Segnungen der katholischen Kirche dem hl. Bonifatius und bleiben ihm dafür zu beständigem Danke verbunden.[1]

Die Ausbreitung und Befestigung der katholischen Kirche in Deutschland hatte für die politische Geschichte wichtige Folgen, obgleich Bonifatius bei all seiner Thätigkeit nur die Ehre Gottes und das Heil der Seelen im Auge hatte. Im mittlern Deutschland

---

[1] Für dieses große Verdienst des hl. Bonifatius haben die Protestanten meistens kein Verständnis, weil sie von der katholischen Kirche unrichtige Vorstellungen haben. Luther sah in der katholischen Kirche ein Werk des Teufels, und wußte nicht Worte genug zu fassen, um das Verderben in der katholischen Kirche zu schildern, obgleich er später bei dem Anblicke der durch seinen Abfall hervorgerufenen sittlichen Verwilderung selber gestand, im Papsttum sei es besser gewesen. Seit Luthers Zeiten verfolgt die protestantische Geschichtschreibung, wie selbst der protestantische Geistliche und Geschichtschreiber K. A. Menzel (Neuere Geschichte der Deutschen, V, 93) unumwunden zugiebt, eine ganz einseitige, ungeschichtliche Richtung, indem sie, anstatt die großen Gestalten der Vergangenheit dem Volke vorzuführen, nachzuweisen sucht, daß eine tiefe Finsternis die Völker bedeckte, bis in Luther das Licht aufging. So besonders die Magdeburger Centuriatoren, eine Vereinigung von protestantischen Geistlichen, die in ihrem Geschichtswerke (VIII, 29) das Verdienst des hl. Bonifatius, das Heidentum ausgerottet zu haben, als ein zweifelhaftes hinstellen, und ihn anklagen, er habe das Reich des Antichristen verbreitet. Ebrard (Geschichte der irischottischen Missionskirche, S. 453—55) wiederholt dieselben Urteile unter dem Scheine von Quellenstudien; nach ihm war Bonifatius „ein blindes Werkzeug der Finsternis" und sein Werk „ein Werk der menschlichen Sünde und Blindheit"; er trieb „durch ein Zwangsedikt Karl Martells Hessen und Thüringer in die römische Kirche und verwüstete das Reich Gottes". Solch gehässige, unwahre Urteile zeugen von leidenschaftlicher Verblendung. Thatsächlich hat doch allein die katholische Kirche das Christentum in der Welt durch alle Jahrhunderte bewahrt und gerettet, so auch die Bibel, welche die Protestanten nur der katholischen Kirche verdanken. Ferner hat die Kirche unleugbar die Völker gesittigt und veredelt, und viele fromme und gerechte Personen hervorgebracht; selbst der protestantische Geistliche und Dichter Herder schreibt an Falk: „Gab und giebt es nicht in der katholischen Kirche die frömmsten und edelsten Gemüter? O wie ich den niedrigen Parteigeist des Prote-

bekehrte er die Stämme der Hessen und Thüringer zur katholischen Kirche, im südlichen Deutschland bei den Allemannen,
Bayern und Franken befestigte er die Kirche durch Herstellung
der Hierarchie, und die Bekehrung der Sachsen im nördlichen
Deutschland bahnte er wenigstens dadurch an, daß er Klöster und
bischöfliche Stühle an der Grenze errichtete, da er selber bei der
beharrlichen Widerspenstigkeit der Sachsen keine Aussicht auf
Erfolg hatte. Für all diese Stämme auf dem rechten Rheinufer, teils neu bekehrt, teils im katholischen Glauben befestigt,
gründete Bonifatius in weiser Absicht nur das einzige Erzbistum
Mainz und ordnete ihm alle Bistümer des rechten Rheinufers
unter. Bonifatius kannte nämlich das Unheil der Zersplitterung
aus der Geschichte seines eigenen Vaterlandes, wo Britten und
Angelsachsen wie auch die verschiedenen angelsächsischen Stämme
sich einander feindselig gegenüberstanden und dadurch das kirch-

---

stantismus hasse und verachte! Über allen Ausdruck!" Daß das Christentum schon bald nach dem Tode der Apostel bis auf Luther ein Werk der
Bosheit, Dummheit, Lüge und Heuchelei wurde, läßt sich mit dem Glauben
an eine göttliche Vorsehung nicht vereinen, zumal Christus der Kirche seinen
Beistand für alle Tage bis an das Ende der Welt verheißen hat. Auch
giebt es in den protestantischen Kirchen unleugbar mehr sittliche Mängel
und Gebrechen als in der katholischen; der Protestantismus trug durch
die Leugnung jeglicher Autorität auf religiösem Gebiete zur Entstehung
und Verbreitung einer heidnischen Weltanschauung, einer unchristlichen
Wissenschaft und Kunst viel bei, und ein großer Teil der Protestanten verwirft jetzt Grundwahrheiten des Christentums und ist entchristlicht. Es
liegt daher der Schluß nahe: wenn die katholische Kirche wegen der in ihr
vorkommenden sittlichen Gebrechen nicht die wahre Kirche ist, so ist es
die protestantische Kirche doch sicher auch nicht. Erfahrungsmäßig führt
denn auch die Bekämpfung der katholischen Kirche und die Schilderung der
katholischen Vergangenheit seitens der Protestanten, als einer Zeit der
Finsternis und Sünde, zum vollständigen Abfalle vom Glauben, zur Ansicht, es sei alles Pfaffentrug. Wenn das Christentum während der
längsten Zeit seines Bestehens und in der größten christlichen Gemeinschaft nur der Schauplatz von Betrug, Bosheit und Lüge war, so drängt
sich doch der Gedanke auf, daß es kein Werk des allheiligen und allmächtigen Gottes war. Edle, nach Wahrheit gewissenhaft und aufrichtig
forschende Protestanten fühlten sich allerdings nicht selten von jenen ge-
hässigen, dunklen Schilderungen der katholischen Kirche seitens der Protestanten abgestoßen, und fanden sich veranlaßt, die katholische Kirche und
ihre Institutionen aus den Quellen zu studieren; da fiel es wie Schuppen
von ihren Augen, die katholische Kirche erschien ihnen anders als ihnen
vorgepredigt, und das Ende war — die Rückkehr zur Mutterkirche. Diese
lehrt weder Unvernünftiges noch Sündhaftes; um das zu behaupten,
muß man ihre Lehren erst entstellen oder verdrehen; sie lehrt, unbekümmert
um die wechselnden Anschauungen des Tages, nur die Wahrheiten, welche
Gott geoffenbart hat und Schrift und Überlieferung enthalten.

liche Leben sehr schädigten. Erst allmählich wurden die angel=
sächsischen Königreiche durch den Einfluß der Kirche zu einem
einzigen Reiche verbunden. In Deutschland sah Bonifatius das
Unheil der Zersplitterung mit eigenen Augen. Die deutschen
Stämme schwächten sich selber durch beständige Kämpfe unter=
einander und hinderten dadurch das friedliche Wirken der Kirche.
Auch hatten die einzelnen deutschen Stämme stets das Bestreben,
selbständige Herzogtümer zu bilden, was sehr befördert wäre,
wenn für jeden Stamm ein Erzbistum errichtet wäre. Um
daher die Gefahr der Zersplitterung und gegenseitigen Befehdung
und die Entwickelung von Sonderinteressen möglichst fern zu
halten, errichtete Bonifatius nur einen erzbischöflichen Stuhl in
Mainz und machte ihn zum einigenden Mittelpunkte für die
Stämme des rechten Rheinufers; sie hatten daher nicht bloß
denselben katholischen Glauben und denselben obersten Hirten
in Rom, sondern gehörten auch zu derselben Kirchenprovinz, und
waren im Schoße derselben Kirche aufs engste geeinigt. So
wurde die Kirche die Trägerin der Einheit unter den ger=
manischen Stämmen; sie verbreitete denselben Glauben, dasselbe
Sittengesetz, dieselben religiösen Satzungen unter den durch Sitte
und Gesetz geschiedenen Stämmen; sie weckte überall dieselben
wissenschaftlichen und künstlerischen Bestrebungen und bewirkte,
daß die deutschen Stämme ihre strenge Abgeschlossenheit und
feindselige Haltung gegeneinander ablegten und miteinander in
friedlichen, geistigen Verkehr traten; indem sie die deutschen
Stämme mit denselben geistigen Anschauungen erfüllte, glich sie
die bestehenden Gegensätze aus und einigte die Stämme durch
ein geistiges Band. Durch ihre Einigung in derselben Kirche
war daher der Weg zu ihrer politischen Einigung in demselben
Staatsverbande vorbereitet. Die Karolinger einigten die deutschen
Stämme durch Blut und Eisen, indem sie alle Stämme durch
siegreiche Kämpfe ihrer Herrschaft unterwarfen, aber diese äußere,
durch Waffengewalt erzwungene, Einigung wäre nicht von langer
Dauer gewesen, wenn nicht die Stämme auch innerlich durch
das Band der Religion geeinigt worden wären. Besonders war
es der größte der Karolinger, nach dem das Geschlecht seinen
Namen hat, Karl der Große, welcher die verschiedenen deutschen
Stämme von den Ufern der Elbe bis zum fernen Gestade des
Atlantischen Oceans unter seinem Scepter vereinigte. Mit staats=
männischem Blicke erkannte er die hohe Bedeutung der katho=
lischen Kirche als eines einigenden Bandes für sein weit aus=
gedehntes, vielsprachiges Reich, und baute auf dem Grunde

weiter, welchen Bonifatius gelegt hatte. Er beförderte die Ausbreitung der Kirche bei den Sachsen und verband den südlichen
Teil des Landes mit dem Erzbistum Mainz, welches vielfach
der Ausgangspunkt des Missionswesens war. Ähnliches geschah
später mit andern im Norden und Osten gegründeten Bistümern;
allerdings wurden im Laufe der Zeit auch neue Erzbistümer
gegründet, aber die von Bonifatius gegründete Mainzer Kirchenprovinz war der ursprüngliche Kern, an welchen sich andere zum
Christentum bekehrte Gebiete Deutschlands anlehnten. Wie
wichtig diese kirchliche Einigung der deutschen Stämme für ihre
politische Einigung war, sieht man aus dem Schicksale derjenigen deutschen Stämme, welche zur Zeit der Völkerwanderung
in dem Gebiete des absterbenden Römerreiches Wohnsitze suchten,
so die Westgoten in Spanien, die Burgunder im südöstlichen
Frankreich, die Ostgoten in Italien, die Vandalen im nördlichen Afrika. Diese Stämme waren auf eine noch nicht auf-
geklärte Weise zur Irrlehre des Arius bekehrt worden; haderten
mit den katholischen Ureinwohnern und konnten sich mit ihnen
nicht zu einem einheitlichen Staate verbinden; sie waren daher
zu schwach, um eindringenden Feinden zu widerstehen, und sind
zu Grunde gegangen. Hingegen die deutschen Stämme, durch
Bonifatius in der katholischen Kirche geeinigt und unter den
Karolingern in einem Staatsverbande verbunden, waren stark
genug, um sich gegen die von Spanien vordringenden Araber
zu verteidigen, welche die ganze Welt ihrem Reiche und der
Religion Muhameds unterwerfen wollten.

Als infolge der Wirren unter den letzten unfähigen Karolingern das weit ausgedehnte Reich Karls des Großen zerfiel,
thaten sich die zur Mainzer Kirchenprovinz gehörigen Stämme
im eigentlichen Deutschland zusammen, wählten sich auf einem
Reichstage zu Regensburg (888) den Herzog Arnulf von Kärnthen
zum Könige und bildeten ein einiges Reich. Die gesamte Geistlichkeit der Mainzer Kirchenprovinz, welche damals Chur, Konstanz,
Straßburg, Speyer, Worms, Köln, Utrecht, Tongern, Buraburg-
Fritzlar, Erfurt, Paderborn, Verden, Würzburg, Eichstätt, Augsburg umfaßte, versammelte sich auf einer Synode zu Mainz
(888) und trat sehr für die Bildung eines einigen deutschen
Reiches ein. Die Kirche war das gemeinsame, alle Stämme
verbindende Element, welches bei der Bildung des neuen Reiches
besonders thätig war. Daher nennt auch der gelehrte protestantische Geschichtschreiber Leo* diese Mainzer Nationalsynode
„gewissermaßen den innern geistigen und geistlichen Anfang einer

deutschen Nation".[1] Dieses neugebildete deutsche Reich erschien so mächtig, daß die andern Reiche, welche sich aus dem großen Frankenreiche bildeten, Arnulf als ihren Oberherrn anerkannten. Hatto, Erzbischof von Mainz und Primas des deutschen Reiches, stand Arnulf († 899) und den beiden folgenden Königen, Ludwig dem Kinde († 911) und Konrad dem Franken († 918), ratend und helfend zur Seite, und ist der eigentliche Urheber der Verfassung und Einrichtung, welche das auf den Trümmern des untergegangenen Reiches der Karolinger sich bildende neue, selbständige deutsche Reich bekam, und die der Verfassung und Einrichtung der katholischen Kirche in Deutschland ähnlich ist. An der Spitze der katholischen Kirche in Deutschland stand der Erzbischof von Mainz als Primas; es entstanden zwar bald noch andere Erzbistümer, so in Köln, Trier, Salzburg, und später noch in Hamburg, Magdeburg und Bamberg, aber diese waren mit den ihnen unterstehenden Bistümern dem Primas unter= geordnet. So stand auch an der Spitze des deutschen Reiches der König, und ihm waren untergeordnet die Herzöge, welche die Truppen der einzelnen Stämme anführten. Was Bonifatius durch stufenmäßige Unterordnung in derselben Kirchenprovinz geeinigt hatte, wurde in ähnlicher Weise auch in demselben deutschen Staatsverbande geeinigt. Die Geistlichen nahmen darin eine hervorragende Stellung ein; Erzbischöfe, Bischöfe und Äbte von Klöstern wurden von den Königen zu Reichsfürsten erhoben, bekamen bedeutende Lehnsgüter und waren die treuesten Stützen der königlichen Macht; während die weltlichen Fürsten oft eng= herzig auf das Wohl ihres Hauses bedacht waren, hatten die geistlichen Fürsten im allgemeinen mehr das Wohl des gesamten Reiches im Auge, und waren gegenüber den königsüberdrüssigen Vasallen ein sicheres Fundament der königlichen Macht und Herr= schaft. Als deutsche Fürsten unter Konrad I. (911—918) sich selbständig zu machen suchten, und das Reich zu zerfallen drohte, versammelten sich die deutschen Bischöfe im Jahre 916 zu Hohen= altheim in Schwaben, sprachen sehr entschieden die Pflicht des Ge= horsams gegen den erwählten König aus, und verboten jede Em= pörung gegen ihn als eine Auflehnung gegen die göttliche Ordnung bei Strafe des Kirchenbannes. Dieses Vorgehen der Bischöfe machte gewaltigen Eindruck und unterstützte die Bestrebungen des edlen Königs, der die deutschen Stämme zu einigen suchte. Ohne den Einfluß und das einigende Band der Kirche würden die

---

[1] Leo, Vorlesungen über deutsche Geschichte, 1854, I, 563.

deutschen Stämme bei ihrem Hange zum Kriege und zu voller Unabhängigkeit sich gegenseitig befehdet und aufgerieben haben oder
von ihren äußern Feinden vernichtet sein. Im Herzen Europas
wohnend, waren die Deutschen den Einfällen der vordringenden
Slaven, Ungarn, Mongolen und Türken besonders ausgesetzt
und hatten lange und gefährliche Kämpfe mit ihnen zu bestehen.
Als Glieder derselben Kirche und desselben Staatsverbandes
geeinigt, waren sie stark genug, um Existenz und Freiheit siegreich gegen alle Eindringlinge zu verteidigen. Unter dem Einflusse der Kirche entwickelte sich bei den deutschen Stämmen ein so
lebendiges Bewußtsein der Zusammengehörigkeit, daß sie die nach
dem Aussterben des königlichen Hauses entstehende Gefahr der
Trennung jedesmal glücklich überstanden und hauptsächlich auf
Betreiben der geistlichen Fürsten stets wieder einen König für das
gesamte Reich wählten. Nach dem Aussterben der Karolinger
zeigten grade die Sachsen und Franken, welche sich früher vor
der Bekehrung der Sachsen so heftig bekämpft hatten, am meisten
das Bewußtsein nationaler Zusammengehörigkeit, und verbanden
sich, um ein Reich zu bilden und einen gemeinsamen König zu
wählen. Die Kirche war es, welche das Reich zusammenhielt,
sooft es auseinander zu fallen drohte. Dieses große Verdienst,
welches Bonifatius durch die kirchliche Einigung der deutschen
Stämme um die Nation sich erworben hat, betont der schon
genannte protestantische Geschichtschreiber Leo mit den Worten:
„Die Kircheneinheit und das Kirchenband ist es, welches die im
engern Sinne deutschen Stämme verbunden, zu einem besondern
Reiche gebildet, zu einer besondern, einigen Nation umgeschaffen
hat; der schöpferische Geist aber, der diese Kirchenbildung und
in ihr die Gründung des deutschen Reiches anregte und leitete,
ist der Angelsachse Wynfred oder Bonifatius". „Das größte
und herrlichste Werk des hl. Bonifatius war die Grundlegung
der deutschen Nation durch Herstellung einer deutschen Kirche,
man kann sagen, die erste Schöpfung und Pflanzung der deutschen
Nation, der er, indem er ihr den christlichen Geist einhauchte,
erst Zusammenhang und ein tieferes Motiv geistiger Entwickelung
verlieh, die er teils aus der Zerfahrenheit eines abgelebten und
absterbenden Heidentums rettete, teils aus der Mattheit eines
bloß äußerlichen Christentums aufrichtete." [1]

---

[1] Leo, Vorlesungen über deutsche Geschichte, Halle, 1854, I, 448
und 487.

Bonifatius hat durch die Einigung der deutschen Stämme in der katholischen Kirche nicht bloß den Grund zur Bildung des deutschen Reiches gelegt, sondern auch dazu beigetragen, daß es eine hervorragende Stellung in der Weltgeschichte einnahm. Er ging nämlich von dem Gedanken aus, daß Staat und Kirche von Gott gewollte und auf ihrem Gebiete selbständige Körperschaften sind, die sich gegenseitig unterstützen sollen, damit beide ihre Bestimmung erfüllen und das Wohl der Menschheit befördern, der Staat das irdische Wohl und die Kirche das ewige Heil der Seelen. Daher suchte er nach Kräften in Frieden und Eintracht mit den weltlichen Obern zu leben und allen Streit zu vermeiden, obwohl er die volle Freiheit und Unabhängigkeit der Kirche vom Staate in kirchlichen Dingen in Anspruch nahm. In jenen Zeiten, wo wilde heidnische Stämme für das Christentum gewonnen werden sollten, und die Ordnung durch blutige Kriege vielfach unterbrochen und gestört wurde, war es doppelt nötig, daß Staat und Kirche sich einig waren und sich gegenseitig unterstützten. Bonifatius beförderte daher nach Kräften die Sache Karlmanns und Pippins, welche auf die Einigung der deutschen Stämme bedacht waren, nahm an den Reichsversammlungen thätigen Anteil, salbte Pippin zum Könige und gründete für die einzelnen Stämme auf dem rechten Rheinufer nicht eigene Erzbistümer, sondern verband sie alle mit Mainz. Daher schenkten ihm Karlmann und Pippin ihr ganzes Vertrauen und unterstützten ihn kräftig bei der Ausbreitung und Befestigung der Kirche wie auch bei der Durchführung der Kirchenzucht. So entstanden zwischen Bonifatius und den fränkischen Fürsten sehr freundschaftliche Beziehungen; Bonifatius nennt in einem seiner letzten Briefe[1]) Pippin seinen ruhmvollen Sohn, gewiß ein Zeichen eines aufrichtigen, engen Verhältnisses, welches zwischen ihm und dem mächtigen Frankenfürsten bestand. Bonifatius wirkte aber auch in enger Verbindung mit dem Römischen Stuhle; von ihm holte er sich die notwendigen Vollmachten, an ihn wandte er sich bei allen auftretenden Fragen und überließ ihm stets die höchste Entscheidung; auch drang er darauf, daß die Erzbischöfe sich vom Papste das Pallium, das Zeichen ihrer Würde, erbaten, und so in lebendige Gemeinschaft mit dem Papste traten. Indem Bonifatius bei allen Dingen die oberste Gewalt des Papstes betonte, veranlaßte er auch die fränkischen Fürsten, mit dem Papste in lebendige

---

[1]) Ep. 105.

Verbindung zu treten, und so entstand zwischen dem Papste und den fränkischen Fürsten ein freundschaftliches Verhältnis, welches sich im Laufe der Zeit immer inniger gestaltete. Als der Papst Stephan von den Langobarden bedrängt wurde, floh er (753) zu Pippin und fand bei ihm Schutz und ehrenvolle Aufnahme; daher salbte er ihn und seine Söhne mit heiligem Öle und ernannte sie zu römischen Patriziern und zu Beschützern der Kirche. Dankbar zog Pippin zweimal (754 und 755) über die Alpen, schlug die Langobarden und gab dem Papste nicht bloß die geraubten Gebietsteile zurück, sondern fügte auch noch neue hinzu. Papst und Pippin waren durch die Verhältnisse aufeinander angewiesen; der Papst bedurfte eines mächtigen Beschützers gegen den oströmischen Kaiser und die Langobarden, Pippin bedurfte der geistlichen Autorität des Papstes zur Sicherung seiner neugegründeten Herrschaft über die christlichen Völker seines Reiches. Unter Pippins Sohne, dem großen Karl, welcher bei dem Tode des hl. Bonifatius etwa 14 Jahre alt war und ohne Zweifel mannigfache geistige Einwirkung von ihm empfangen hatte, gestaltete sich das Verhältnis zwischen Papst und Kaiser noch inniger. Schon 774 zog er gegen die Langobarden siegreich zu Felde und bestätigte und erweiterte die Schenkungen seines Vaters. Mit dem edlen Papste Hadrian schloß er so enge Freundschaft, daß er bei dessem Tode trauerte wie wenn er einen teuern Bruder verloren hätte. Als Papst Leo III. im Jahre 799 von einer feindlichen Adelspartei brutal mißhandelt und verwundet war, floh er zu Kaiser Karl, welcher gerade einen Reichstag in Paderborn abhielt und dort den Papst unter großen Ehrenbezeugungen empfing. Dieser blieb längere Zeit bei Karl und kehrte dann unter dem Schutze fränkischer Krieger zur Freude des Volkes nach Rom zurück. Im folgenden Jahre (800) kam Karl selber dorthin und wurde am heiligen Weihnachtsfeste während der feierlichen Messe unter dem Jubel des Volkes vom Papste zum Kaiser gekrönt, ein glückliches, für die folgenden Jahrhunderte bedeutungsvolles Ereignis. Karl der Große und die folgenden deutschen Könige erhielten durch die Kaiserkrönung die höhere Weihe der Religion und wurden Gesalbte des Herrn und Schutzherrn der großen, alle Völker umfassenden katholischen Kirche. Papst und Kaiser gingen bei dieser hochwichtigen Handlung von der großen Idee aus, daß alle christlichen Völker wie in der Kirche unter einem geistlichen Oberhaupte, dem Papste, so auch unter einem weltlichen Oberhaupte, dem Kaiser, vereinigt sein und eine christliche Universalmonarchie bilden sollten, wobei aber die einzelnen Königreiche ihre politische Selbständigkeit behielten. Ein Papst an der Spitze der Kirche und ein Kaiser an der Spitze der christlichen Völker, das war die hohe Idee, welche Karl und Leo, und fortan das ganze Mittelalter beherrschte, die Völker untereinander durch ein geistiges Band vereinte und eine große, geschichtliche Strömung hervorbrachte. Mochten auch öfter unter Papst und Kaiser über ihre beiderseitigen Rechte Streitigkeiten entstehen, so lagen doch in jener Idee auch die Keime vieles Guten; eine engherzig abgeschlossene nationale Politik wurde dadurch verhindert, geistiges Leben, Wissenschaft, Kunst und Kultur wurden geweckt und gefördert, und Papst und Kaiser in ihrem Ansehen und in ihrer Wirksamkeit gekräftigt. Die Päpste, welche die Kaiserkrone als eine kirchliche Würde nach ihrem Ermessen verliehen, erschienen als die höchsten Hirten der Kirche, der vom Staate unabhängigen Heilsanstalt Gottes, welche alle Verhältnisse des menschlichen Lebens weiht und heiligt. Durch den Empfang der Kaiserkrone aus den Händen des Papstes erkannten die Kaiser die unab= hängige Autorität der Kirche auf geistlichem Gebiete an, ordneten sich ihrem Sittengesetze unter, stellten sich in ihren Dienst und brachten ihr Ansehen und ihre Rechte mit dem Schutze des weltlichen Armes zur Geltung, gewannen aber auch an Macht und Ansehen. Sie wurden durch die Kaiserkrönung Schirm= herrn der Kirche gegen ihre Bedränger bei allen Völkern des Erdkreises, auch in den Reichen anderer Könige und Fürsten, und waren berufen, Frieden und Ordnung in der ganzen Welt aufrecht zu erhalten, Witwen und Waisen, Verfolgte und Unter= drückte zu beschützen und die Ausbreitung des Evangeliums überall mit der weltlichen Macht zu befördern. Wie die Könige des Alten Bundes den Gottesstaat des jüdischen Volkes schützen sollten, so sollten auch die christlichen Kaiser im Neuen Bunde das alle Völker umfassende Reich Gottes auf Erden beschützen. Daher führte Karl der Große auch in Freundeskreisen be= deutungsvoll den Namen David, der ihm als leuchtendes Vor= bild in seinem Berufe als Schutzherr des Reiches Gottes vor= schwebte. Durch die Kaiserkrone empfingen die deutschen Könige eine hervorragende Stellung vor allen andern Fürsten und Königen; sie hatten das Recht, in den Fürstenstand zu erheben, und waren nur das weltliche Haupt der ganzen Christenheit, d. h. der durch den christlichen Glauben verbundenen Völker; sie galten als „Herrscher der Welt“, und erschienen daher auch am Tage der Krönung vor dem Volke mit einem großen goldenen Scepter und einer mit dem Kreuze geschmückten Weltkugel. Die Päpste, denen „es an weltumfassenden Anschauungen nie gefehlt hat",[1] durchschauten mit klarem Blicke die Lage der Welt und verliehen die Kaiserkrone regelmäßig nur den deutschen Königen; so bekam das deutsche Volk im Neuen Bunde eine welthistorische Stellung, ähnlich dem jüdischen im Alten Bunde. Das jüdische Volk war von Gott berufen, das Heil der Erlösung zuerst zu empfangen und dann allen Völkern zu vermitteln. Durch die Krönung seiner Könige zu Kaisern bekam das deutsche Volk von Gott den hohen Beruf, die christliche Weltordnung überall zu beschirmen und das Heil der Erlösung allen Völkern zu vermitteln und zu erhalten. Daher sagte man auch „das heilige römische Reich deutscher Nation". Durch diese Auszeichnung wurde das deutsche Volk unbestritten das herrlichste und mächtigste aller christlichen Völker, und stand an der Spitze Europas. Deutschland wurde das Herz der Christenheit und der Mittelpunkt aller großen Weltbegebenheiten. „Die Kaiserzeit", sagt ein gründlicher Kenner der deutschen Geschichte, „ist die Periode, in der unser Volk, durch Einheit stark, zu seiner höchsten Machtentfaltung gedieh, wo es nicht allein frei über sein Schicksal verfügte, sondern auch andern Völkern gebot, wo der deutsche Mann am meisten in der Welt galt und der deutsche Name den vollsten Klang hatte."[2] Ohne die Kaiserwürde hätte das deutsche Volk nie eine solche weltbeherrschende Stellung eingenommen. Die enge Verbindung, welche Bonifatius zwischen dem Papste und der deutschen Nation anbahnte, hat ihr daher nicht geschadet, ihr geistiges Leben nicht gelähmt und sie nicht in unwürdige Knechtschaft des Papstes gebracht, wie bisweilen protestantische Geschichtschreiber sagen, sondern hat ihre Macht und Herrlichkeit vermehrt. Lange Jahrhunderte hindurch hielt sich unser Volk auf dieser Höhe; kein Volk der ganzen Weltgeschichte hat so lange eine weltbeherrschende Stellung eingenommen wie das deutsche Volk. Diese Stellung verlor das deutsche Volk, als durch Luther und die Fürsten ein großer Teil des deutschen Volkes zum Abfalle von der Kirche getrieben wurde. Dadurch wurde die kaiserliche Macht sehr geschwächt, denn viele Kirchengüter, deren Inhaber, Bischöfe und Aebte, von den Kaisern belehnt wurden und treu zu ihnen hielten, wurden von den protestantischen Fürsten zur Vermehrung ihrer Hausmacht gegen alles Recht eingezogen. (Der gut

---

[1] Giesebrecht, Geschichte der deutschen Kaiserzeit, 1855, I, 100.
[2] Giesebrecht, Geschichte der deutschen Kaiserzeit, I, Vorrede.

lutherische Topograph Merian sagte zürnend „heimgeramscht",
und später erfand man das Wort „säkularisiert".) Zugleich
wurde von den protestantischen Fürsten in ihrem Gebiet mit
großer Strenge im Gegensatze zur universellen Verfassung der
katholischen Kirche und losgelöst von ihr ein besonderes Landes=
kirchentum eingeführt. Nach der Glaubensspaltung standen die
Kaiser an der Spitze eines teilweise von der Kirche abgefallenen
Reiches, konnten daher nicht mehr voll als Schutzherrn der
Kirche auftreten und übten dieses Amt auch thatsächlich nicht
mehr aus. Karl V., der letzte von einem Papste gekrönte
Kaiser, war auch der letzte Kaiser, welcher seinen Beruf als
christlicher Kaiser erfüllte und die Kirche in Deutschland zu er=
halten suchte. Durch die Glaubensspaltung wurde aber nicht
bloß der Glanz der Kaiserkrone, sondern auch die hervorragende
Stellung des deutschen Volkes vermindert; durch seinen teil=
weisen Abfall von der Kirche verlor es seinen hohen Beruf,
die christliche Weltordnung zu beschützen; seine weltbeherrschende
Stellung wurde erschüttert und von andern Nationen, besonders
von Frankreich, eingenommen. Allerdings wirkten außer der
Kirchenspaltung noch andere Umstände dazu mit, so die großen
Entdeckungen, besonders die Entdeckung Amerikas, die wichtigen
Erfindungen, die Verschiebung der Handelswege, aber sicherlich
hat auch die Kirchenspaltung Deutschlands Machtstellung ver=
mindert, weil sie den Keim des Zwiespalts in die deutsche Nation
legte und sie in Parteien zerriß, welche wie Todfeinde, schlimmer
als fremde Nationen, sich bekämpften und teilweise auch mit dem
feindlichen Auslande sich verbündeten. Protestantische Fürsten
zogen gegen den katholischen Kaiser zu Felde, und einer von
ihnen, Moritz von Sachsen, welcher vom Kaiser die Kurwürde
empfangen hatte, verriet treulos ein Reichsland, Lothringen, an
Frankreich. Daher sagt der große Protestant Leibnitz, daß wir
mit all unsern Thränen jene traurige Spaltung nicht genug be=
weinen könnten. [1]) Durch den dreißigjährigen Krieg, den ver=
derblichsten aller Kriege, und nur eine weitere Folge der religiösen
Spaltung, wurde Deutschland noch mehr zerrissen; am Ende
desselben wurden durch den westfälischen Frieden (1648) der
Kirche eine Anzahl Bistümer und Klöster entzogen, und deutsche
Gebietsteile teils an fremde Mächte abgetreten, teils für un=
abhängig vom Reiche erklärt. Nach dem westfälischen Frieden
zerfiel das Reich immer mehr; das gemeinsame Band der Ver=

---

[1]) Lettre IV de Leibnitz a Mme de Brinon.

faffung wurde immer locferer; das nationale Bewußtfein fchwand
immer mehr; durch innere Kriege wurde der Zwiefpalt immer
größer. Im Jahre 1795 fchloß Preußen, „welches in der Ver=
nichtung der geiftlichen Fürftentümer zugleich eine Niederlage des
Katholizismus und des Haufes Habsburg fah", und „mehr als
irgend ein Staat zur Zerftückelung des Reiches beigetragen hat",¹)
fogar mit Napoleon, mit dem der Kaifer und das Reich im
Kriege lagen, heimlich einen Vertrag zu Bafel ab, wonach das
linfe Rheinufer an Frankreich fallen und Preußen auf dem
rechten Rheinufer entfchädigt werden follte. Diefer Vertrag
Preußens mit Frankreich wird von Gefchichtfchreibern ein Stoß
in das Herz des fterbenden Reiches genannt. Durch den Frieden
von Luneville (1801) wurde das linfe Rheinufer wirflich an
Frankreich abgetreten, und bald nachher die Einziehung aller
Kirchengüter feftgefetzt, obwohl der Kaifer Franz eine Erflärung
erließ, daß die alte Reichsverfaffung und die geiftlichen Fürften=
tümer nicht vollftändig aufgehoben werden follten. Im Jahre 1802
einigte fich Preußen, nur auf eigenen Vorteil bedacht, mit
Napoleon über die von ihm einzuziehenden Kirchengüter, welche
230 Quadratmeilen ftatt der verlorenen 48 umfaßten, und be=
gann auch fofort eigenmächtig mit der Befitznahme derfelben.
Vom Reiche wurde eine Deputation gewählt, welche in Regens=
burg die Entfchädigung der durch den Frieden von Luneville
gefchädigten Fürften feftfetzen follte, aber der Plan wurde von
Napoleon nicht nach einem Rechtsgrundfatz, fondern nach Gunft
und Willfür entworfen, und deutfche Fürften bettelten bei ihm
mit entehrender Wegwerfung um Kirchengüter. Der fran=
zöfifche und ruffifche Gefandte übergaben der deutfchen Reichs=
deputation den Plan über die Verteilung der Kirchengüter mit
dem Befehle, fich demfelben anzufchließen, und fofort, ohne eine
Autorifation des Reiches oder des Kaifers, mit Verletzung aller
Gerechtigfeit und der Reichsverfaffung, fetzten fich die weltlichen
Fürften in den Befitz der Kirchengüter.²) So fanden die geift=
lichen Fürftentümer, befonders auch die geiftlichen Kurfürften=
tümer Mainz, Köln und Trier, nach faft taufendjährigem Be=
ftande ihr Ende, die Grundlage der Reichsverfaffung war ver=

---

¹) W. Menzel, Gefchichte der letzten 120 Jahre. II, 455 und III, 26.
²) Über den fegensreichen politifchen, fozialen und religiöfen Einfluß
der geiftlichen Fürften und über die Vor= und Nachteile ihrer Aufhebung
fchrieb v. Eichendorff, der diefe Zeit miterlebte, eine lehrreiche Abhandlung
(Litterarifcher Nachlaß, S. 189—203). Im Volksmunde war es Sprich=
wort: „Unterm Krummftab ift gut wohnen". Da das Volf wohl am

nichtet, die Kaiserwürde hatte ihre Bedeutung verloren und das
heilige römische Reich deutscher Nation war zerstört, aber es
bedurfte doch eines Napoleon, des größten Eroberers der neueren
Zeit, um in Verbindung mit ländergierigen deutschen Fürsten
das schon im Todeskampfe liegende Reich vollends zu zerstören.
Als ein großer Teil der deutschen Fürsten schwach genug war,
um unter Napoleons Schutze 1806 den Rheinbund zu schließen,
legte Franz II. in einer würdevollen Erklärung den Titel eines
römischen Kaisers deutscher Nation nieder, entband alle Unter=
thanen von dem Eide der Treue gegen das heilige römische
Reich und nannte sich nur noch Kaiser von Österreich. So fand
das heilige römische Reich deutscher Nation, welches Jahrhunderte
hindurch ein Hort der heiligsten und wichtigsten Interessen und
der Schwerpunkt der europäischen Politik gewesen war, im
August 1806 nach mehr als tausendjährigem, ruhmvollem Be=
stande ein Ende; trotz aller Mängel, die ja allem Irdischen an=
haften, ist es das herrlichste und mächtigste, zugleich auch das
erhabenste und idealste Reich, welches die Geschichte auf welt=
lichem Gebiete kennt. Aber nicht spurlos ist es verschwunden.
Die hohen Dome und stattlichen Rathäuser, welche die Mittel=
punkte des religiösen und politischen Lebens der Städte bildeten,
die mächtigen Burgen, welche die Gipfel der Berge krönen und
noch in ihren Trümmern unsere Bewunderung erregen, die vielen
Helden= und Minnelieder, welche aus alter Zeit in den uns
noch verständlichen Lauten zu uns herübertönen, die schönen
Sagen und Erzählungen, welche sich über die Kaiserzeit im
Munde des Volkes erhalten haben und vielfach das Verlangen
nach ihrer Rückkehr aussprechen, die alten Pergamente und Ge=
schichtswerke, in denen der Geist jener Zeit sich getreu wieder=
spiegelt, sie legen unwidersprechlich Zeugnis ab von der geistigen
Macht und Herrlichkeit unserer Nation in den vergangenen Jahr=
hunderten, wo die deutschen Kaiser die Geschicke des ganzen
Abendlandes entschieden. Ein Blick in die Geschichte unserer
Nation seit der Zeit des hl. Bonifatius zeigt uns, daß er es
war, welcher durch die kirchliche Einigung der deutschen Stämme
und ihre enge Verbindung mit dem Papste den Grund zu dieser
ihrer Macht und Größe legte, und daß mit der Zerstörung

besten selber weiß, wo es sich wohl fühlt, so gilt sein Urteil mehr als
gelehrte Raisonnements. Übrigens erkennen gründliche Forscher auf dem
Gebiete der Volkswirtschaft die Wahrheit dieses Sprichworts an, so Roscher
(System der Volkswirtschaft, § 105) und Arnold (Aufkommen des Hand=
werkerstandes, S. 16).

feines Werkes auch der Niedergang unferer Nation begann.
Das haben auch große proteſtantiſche Geſchichtsforſcher un=
ummwunden ausgeſprochen, ſo unter andern Böhmer, welcher
ſagt: „Von der Kirchenſpaltung datiert all unſer Unglück. Wie
beflagenswert, daß das Herzvolk Europas durch die Streitig=
keiten mit der Kirche vom poſitiven Berufe abgezogen, in ſeiner
Kraftentwickelung unterbrochen, von der Säure der Leidenſchaft
und der Negation im Innern zerſetzt, zu dem kränklichen Zu=
ſtande gekommen iſt, in dem es bald von Fieberhitze durch=
einander geworfen wird, bald in Mattigkeit verfault. Alles,
was bei uns im Innern gärt und ſich in revolutionären Aus=
brüchen bald entladen wird, unſere politiſche Machtloſigkeit und
Verſunkenheit (1846 geſchrieben!), ja, faſt all unſere Streitig=
keiten in den letzten Jahrhunderten, wie heute, haben ihren
eigentlichen Grund in der Kirchentrennung, die uns auseinander=
riß, und die man nicht überbrücken kann. Nur ein neuer
Bonifatius, der uns die kirchliche Einheit wiederbrächte, könnte
helfen; der kirchlichen Einheit würde bald die politiſche folgen."[1]
Als Bonifatius ſeine Miſſionsthätigkeit begann, waren die
Deutſchen im jetzigen Deutſchland noch größtenteils unciviliſiert;
wenn ſie auch nicht vollſtändig Wilde waren und gewiſſe geſetz=
liche Einrichtungen beſaßen, ſo führten ſie doch ein ungebundenes,
unſtätes Leben, liebten Krieg, Jagd und Raub und verabſcheuten
Arbeit und ſeßhaftes Leben. Mit einem ſolchen Zuſtande war
natürlich das Chriſtentum unvereinbar, welches zwar ſchon ge=
predigt war, aber vom Heidentume überwuchert wurde; das
Chriſtentum bedarf ja der Kultur und Civiliſation, und kann
bei einem rohen, unciviliſierten, umherſchweifenden Volke nicht
beſtehen. Daher war es von Anfang an das Beſtreben des
hl. Bonifatius, mit dem Chriſtentum zugleich Kultur und Civili=
ſation auszubreiten und dadurch ſeinen Beſtand zu ſichern. Er

---

[1] J. Janſen, J. F. Böhmers Leben und Anſchauungen, Freiburg
1869, S. 262—263. Seitdem obige Worte geſchrieben wurden, iſt aller=
dings eine Veränderung in Deutſchland vor ſich gegangen. König
Wilhelm I. von Preußen erklärte ſich nach ſeinem ſiegreichen Feldzuge
gegen die Franzoſen am 18. Januar 1871 in Verſailles zum deutſchen
Kaiſer, allein die jetzige Kaiſerwürde iſt ſehr verſchieden von der alten.
Dieſe war nämlich eine kirchliche, vom Papſte verliehene Würde, mit der
Verpflichtung zum Schutze der Kirche; die jetzige iſt eine weltliche und
ſelbſtangenommene. Auch iſt das „ganze Deutſchland" jetzt weder politiſch
noch religiös geeint, wie einſt in den Jahrhunderten der Blüte unter
den alten deutſchen Kaiſern, unter benen, abgeſehen von Öſterreich, die
Schweiz, Belgien und Holland Teile und Dänemark Lehen des deutſchen
Reiches waren.

predigte daher unſern Vorfahren den hohen Wert und die Not=
wendigkeit der von ihnen verachteten Arbeit, und ſuchte ſie an
ein arbeitſames, ſeßhaftes Leben zu gewöhnen. Manche An=
ordnungen, z. B. das Verbot des Fleiſches gewiſſer Tiere,
hatten den Zweck, unſere Vorfahren von dem Umherſchweifen
in den Wäldern abzuhalten, ſie an Ackerbau zu gewöhnen und
für Bildung und Geſittung zu erziehen. Unvernünftiger Aber=
glaube, heidniſche Gebräuche, Mord, Zank, Roheit, Unkeuſchheit,
Unmäßigkeit und andere Vergehen, welche im Volke vorkamen
und mit chriſtlicher Geſittung unvereinbar ſind, wurden durch
die Synoden und das Bußbuch des hl. Bonifatius mit Kirchen=
ſtrafen belegt, welche ein geeignetes Erziehungsmittel waren, da
ſie auf das Gemüt des noch rohen Volkes Eindruck machten,
vor ſolchen Vergehen zurückſchreckten und die großen Segnungen
des Chriſtentums ſchätzen lehrten. Das Eheleben, auf dem
das Wohl der Familie und des Staates beruht, ſuchte Boni=
fatius in ſeiner Reinheit, Heiligkeit und Unverletzlichkeit her=
zuſtellen, um ein geordnetes, ſittliches Familienleben und eine
gute Erziehung der Kinder zu bewirken. Auch gründete er zahl=
reiche Schulen und berief aus ſeiner Heimat England eine große
Schar frommer Männer und Frauen, welche unter ſeiner Lei=
tung in Schulen thätig waren, um durch Unterricht Bildung
und Geſittung zu verbreiten. Gute Schulen mit tüchtigen Lehr=
kräften waren dem hl. Bonifatius Herzensſache; ſo berief er
aus England zur Leitung der Schulen in Fritzlar und Ohrdruf
den ebenſo gelehrten als frommen Mönch Wigbert, und reiſte
ihm bei ſeiner Ankunft hoch erfreut eine Strecke Weges ent=
gegen. Überhaupt hielt er darauf, daß die deutſchen Klöſter
mit den Klöſtern anderer Länder regen Verkehr hatten, wodurch
der Geſichtskreis erweitert und wiſſenſchaftliche Beſtrebungen ge=
weckt und befördert wurden. Sturmi ſchickte er nach Italien,
um ſich dort weiter auszubilden; durch ihn wurde die Schule
von Fulda gegründet, welche auf die Bildung und Geſittung
Deutſchlands den größten Einfluß ausübte. Zur Abhaltung
des Gottesdienſtes und zur Beſorgung der Seelſorge baute
Bonifatius viele Kirchen; in einem Schreiben an den Papſt
Stephan ſpricht er von 30 Kirchen, welche die heidniſchen Sachſen
bei einem feindlichen Einfall ihm zerſtört hätten;[1] an dieſe
Kirchen ſchloſſen ſich naturgemäß Schulen zum Unterrichte und
zur Bildung des Volkes; mit den biſchöflichen Kirchen wurden

---

[1] Ep. 106.

höhere Schulen zur Ausbildung der Geistlichen verbunden. In der Nähe der Kirchen bauten sich gerne Ansiedler an, und die Feier der Feste und die Abhaltung des Gottesdienstes zogen viele Leute an; so wurden durch die neugebauten Kirchen Verkehr, Handel, Gewerbe und seßhaftes Leben befördert. Die Kirchen waren daher vielfach die Anfänge der Städte. Wenn Bonifatius auch seinen Hauptzweck darin setzte, unsern Vorfahren die Segnungen des Heils zu bringen, so suchte er doch auch Bildung und Gesittung im Volke zu verbreiten; sie sollten ihm als Mittel dienen, um das Reich Gottes zu stützen und zu befestigen. Als langjähriges, eifriges Mitglied des Benediktinerordens war Bonifatius ganz vom Geiste dieses Ordens erfüllt, und suchte mit dem Christentum zugleich Kultur und Civilisation zu verbreiten. Besonders weckte er den Sinn für Bildung und Wissenschaft auch bei den Fürsten und gewann sie für seine Bestrebungen. Pippin, „sein ruhmvoller Sohn", unterstützte als kluger Staatsmann sein verdienstliches Wirken nach Kräften aus Politik, wie auch als gläubiger Christ aus religiösen Beweggründen, und handelte ganz in seinem Geiste; er beförderte, soweit es in jenen kriegerischen Zeiten ging, Künste und Wissenschaften, zog gern Gelehrte an seinen Hof, bat den Papst Paul I. (757—767) um wissenschaftliche Bücher und ließ seinen Kindern eine gelehrte Erziehung geben. Pippins Sohn, der große Karl, stand in seiner Jugendzeit mit Bonifatius in geistigem Verkehre und hatte zum Lehrer dessen Schüler Wittan, den spätern Bischof von Buraburg. Karl nahm ganz die Anschauungen des hl. Bonifatius in sich auf, dessen segensreiche Wirksamkeit er mit eigenen Augen sah, und verfolgte getreu die von ihm vorgezeichnete und begonnene Bahn. Die katholische Kirche, welcher Karl mit ungeheuchelter Frömmigkeit anhing, und in der er einen Hort der Civilisation sah, suchte er nach Kräften auszubreiten und zu befestigen, aber zugleich auch Bildung und Wissenschaft, welche ihm nicht bloß persönlich bis in sein höchstes Alter eine ehrende Nebenbeschäftigung, sondern auch eine Lebensfrage für den Staat war. Daher rief er viele gelehrte Männer an seinen Hof, errichtete am Hofe zum Muster und Vorbild für das ganze Land die Hofschule und gründete viele Klöster und Bistümer mit Schulen, ähnlich unsern Gymnasien und Universitäten. Schon im Jahre 789 erließ er das Gesetz, daß an allen Kollegiat- und Kathedral-Kirchen gelehrte Schulen, auf dem Lande unter Aufsicht des Pfarrers Volksschulen und in den Klöstern Klosterschulen errichtet

werden follten. Schule, Kirche und Staat find in Karls Gesetz=
gebung aufs engste verbunden. Der Mönch Alkuin, welcher
dem Vaterlande des hl. Bonifatius entsprossen war und in der
Schule zu Tours im Glanze seiner Wissenschaft und Lehrgabe
leuchtete, stand ihm ratend und helfend zur Seite. So baute
Karl auf dem Fundamente weiter, welches Bonifatius gelegt
hatte. Die folgenden Kaiser, unter den Karolingern Ludwig
der Fromme († 840), Ludwig der Deutsche († 876), dann die
Kaiser aus dem sächsischen Hause, die Ottonen und die beiden
ersten Heinriche, traten in die Fußstapfen Karls des Großen;
er schwebte ihnen als leuchtendes Vorbild vor; daher waren
sie bestrebt, Christentum und Bildung vereint miteinander zu
verbreiten. Religion und Wissenschaft, Reich und Kirche, darauf
waren alle Gedanken dieser Kaiser gerichtet, deren Leben ein
ruhmreiches Blatt in der Geschichte unseres Volkes ist.

Diese gleichzeitige Ausbreitung von Kultur und Christen=
tum, wie Bonifatius sie begonnen und die Kaiser sie fortsetzten,
hatte die enge Verbindung von Staat und Kirche zur Folge,
und gab letzterer eine hervorragende Stellung im Staate. Da=
durch unterscheidet sich die Bekehrung der Germanen von der
Bekehrung der Griechen und Römer; bei diesen fand das
Christentum fertige politische Verhältnisse vor und bestand daher
neben dem Staate fort, der auf heidnischer Grundlage gegründet
war und auch nach Ausbreitung des Christentums noch Heid=
nisches beibehielt. Bei den Germanen hingegen fällt Ausbreitung
von Kultur und Christentum zusammen, und daher wurde die
Kirche ein Hauptfaktor der deutschen Geschichte und die Seele
des ganzen Staatswesens. Die Bischöfe wurden gleich den welt=
lichen Fürsten Reichsfürsten, nahmen an den Reichstagen Anteil
und bekamen große Lehnsgüter und eigene Gerichtsbarkeit, sei
es, weil früher zu den Zeiten des Christentums die edlen Ge=
schlechter auch zugleich das Priestertum ausübten und man die
christlichen Priester aus Achtung und Ehrfurcht vor ihrer Würde
den weltlichen Fürsten gleichstellen wollte, sei es, weil man wegen
ihrer Bildung und Rechtlichkeit ihnen besonderes Vertrauen
schenkte und sie zu Lehrern und Erziehern der Nation für be=
sonders befähigt erachtete; es sollte Geistliches und Weltliches
nicht getrennt, sondern vereint dem Wohle der Menschheit
dienstbar sein. Da der Gebrauch des Geldes damals nicht so
allgemein wie jetzt war, so war die Ausstattung der Kirche mit
liegenden Gütern das einzige Mittel, um ihren Dienern eine
sichere, unabhängige Stellung zu sichern, und da die Deutschen

noch zu ungebildet waren, um die geistigen Gnadenschätze der
Kirche zu schätzen, so diente die weltliche Machtstellung der
Bischöfe dazu, dem Volke die Würde und den Wert der Kirche
zum Bewußtsein zu bringen. Die geistlichen Fürsten verwandten
ihre weltliche Macht zum Wohle des Staates und der Kirche,
und standen an Einsicht und Eifer im Berufe den weltlichen
Fürsten gewiß nicht nach. Sie waren kräftige Vertreter der
Kirche und ihrer Interessen, beförderten christliches Leben im
Volke und suchten das Staatswesen nach christlichen Grundsätzen
aufzubauen, welche allein dem Staate eine sichere Grundlage
und größere Lebenskraft geben. Die geistlichen Fürsten waren
den Kaisern sehr ergeben, welche sich meistens gerade auf sie
stützten, und leiteten oft als Reichskanzler ihre Politik mit
sicherer Hand zum Segen für Staat und Kirche, so Bruno von
Köln unter Otto dem Großen, Willigis von Mainz unter
Otto III., Abt Wibald von Stablo unter Lothar, Konrad III.
und anfangs auch unter Friedrich Barbarossa, Engelbert von
Köln unter Friedrich II.; dieser Kirchenfürst, von Walther von
der Vogelweide als Stütze des Reiches so hoch gefeiert, wurde
von einem seiner nächsten Verwandten wegen seiner unparteiischen
Gerechtigkeit 1225 hinterlistig in einem Hohlwege bei Schwelm
getötet. Gute Bestrebungen der Kaiser unterstützten die geistlichen Fürsten nach Kräften; falls sie unheilvolle Wege ein-
schlugen, erhoben sie Widerspruch. Die Wohlfahrt ihrer Unterthanen lag ihnen sehr am Herzen, sind doch noch heute die
Städte der geistlichen Fürsten durch Werke der Kunst, Wissenschaft und christlicher Nächstenliebe ausgezeichnet und zählen mit
zu den bedeutenderen Städten unseres Vaterlandes. Es sei nur
an Köln, Trier, Mainz, Würzburg, Bamberg, Hildesheim,
Münster und Paderborn erinnert. Während die weltlichen
Fürsten mehr auf Selbständigkeit und die Vermehrung der
Hausmacht bedacht waren, erstrebten die geistlichen Fürsten mehr
das Wohl des Reiches, an dem sie selber wieder die festeste
Stütze fanden; daher waren es gerade auch die geistlichen Fürsten,
welche bei dem Aussterben der Dynastieen, wo das Reich zu
zerfallen drohte, die Wahl eines Kaisers betrieben; so nach dem
Aussterben der Karolinger, dann des sächsischen, darauf des
fränkischen Hauses. Die weltlichen Fürsten bemühten sich weniger
für die Wahl eines Kaisers, weil sie ihre Hausmacht auf Kosten
der kaiserlichen zu vermehren suchten. Zu den weltlichen, erblichen Fürstentümern bildeten die geistlichen, durch Wahl be-
setzten Fürstentümer eine passende Ergänzung, boten auch be-

fähigten Männern aus dem Volke Gelegenheit, in höhern Stellungen thätig zu sein, und trugen viel zur Entwickelung eines kräftigen Mittelstandes bei; die Erzbischöfe Willigis von Mainz, Hanno von Köln und viele andere waren armer Eltern Kinder, und schwangen sich durch persönliche Tüchtigkeit zu den für Staat und Kirche wichtigsten Ämtern empor.[1]) Auch erwarben sich die geistlichen Fürsten große Verdienste um die Entwickelung der deutschen Verfassung, indem sie — leider oft vergebens — durch gesetzliche Bestimmungen und vernünftige Reformen geordnete Zustände im Reiche zu schaffen suchten, so Heribert von Mainz im Anfang des 9. Jahrhunderts, Hanno von Köln unter Heinrich IV., Berthold von Mainz unter Friedrich III. und Max I. Daß die Ausrüstung der Kirche mit weltlicher Macht auch ihre Gefahren und Nachteile hatte, ist nicht zu leugnen, denn nichts ist vollkommen auf der Welt. Bonifatius ist daher auch schon getadelt worden, daß er zur Verweltlichung der Kirche beigetragen habe, weil er für die enge Verbindung des Weltlichen und Geistlichen und die Ausrüstung der Kirche mit weltlicher Macht thätig war. Indessen schon vor Bonifatius waren Bischöfe im fränkischen Reiche mit weltlichen Besitzungen ausgerüstet, und Bonifatius suchte durch strenge Anwendung der kirchlichen Gesetze der Verweltlichung der Geistlichen zu steuern. Ferner ist nicht zu verkennen, daß durch die enge Verbindung das Weltliche auch vielfach vergeistigt und dem Höhern dienstbar gemacht wurde. Die Ausstattung der Kirche mit weltlicher Macht ist aus den geschichtlichen Verhältnissen, aus dem Innersten unseres Volkes, aus seinem religiösen Sinne herausgewachsen, sicherte der Kirche eine freie, einflußreiche und ehrenvolle Stellung und trug zur gedeihlichen Entwickelung des religiösen, sozialen und geistigen Lebens unseres Volkes viel bei. Dafür hat freilich der kein Verständnis, welcher den starren Einheitsgedanken zu sehr hervorhebt oder in der Geschichte unseres Volkes nur eine Geschichte der Fürstengeschlechter sieht, oder überhaupt dem religiösen Einfluß abhold ist. Diese große irdische

---

[1]) In den letzten Jahrhunderten gelangten freilich nur Adelige auf die bischöflichen Stühle; unter ihnen waren zwar auch solche, die durch ihre Familienbeziehungen und persönlichen Tugenden Großes für Staat und Kirche, Kunst und Wissenschaft leisteten; auch wurde dadurch gegenüber dem höhern Adel der mittlere und niedere Adel in seiner Entwickelung gefördert, was für das Staatswesen vorteilhaft war. Aber immerhin war jene Sitte ganz unberechtigt und sehr verderblich, weil sie die Kirche verweltlichte und die Besetzung der Stellen nicht von der Würdigkeit, sondern vom Blute abhängig machte.

Machtstellung, welche Bonifatius der Kirche angebahnt und die Kaiser ihr verliehen haben, besaß die Kirche länger als ein Jahrtausend, bis im Jahre 1803 durch den Regensburger Reichsdeputations=Hauptschluß, der von Napoleon im Einverständnis mit Rußland und Preußen entworfen war, alle geistlichen Fürstentümer — im ganzen 46 — aufgehoben und von den weltlichen Fürsten ohne alles Recht an sich gerissen wurden.[1]) Zugleich ging auch das Erzbistum Mainz ein, dessen Besitzungen

---

[1]) Es ist leider in Deutschland, nicht im Auslande, Sitte geworden, die alte deutsche Reichsverfassung, welche die geistlichen und weltlichen Fürstentümer Deutschlands auf föderativer Grundlage zu einem großen Staatswesen unter einem einzigen Souverain einigte und im Laufe der Jahrhunderte geschaffen war, zu bemängeln und zu bespötteln; bei dem Gedanken an die Mängel der Armee und des Kammergerichts vergißt man, daß sie bis in die letzte Zeit das Recht oft kräftig schützte und auch ihre großen Vorzüge hatte, wie unabhängige Geschichtschreiber in Deutschland und Frankreich offen aussprechen, so Thiers, histoire du consulat et de l'empire, vol. IV, p. 55. Die vielen kleinen Staaten hatten für die Entwickelung des deutschen Volkes in seiner Mannigfaltigkeit wie auch für Kunst und Wissenschaft große Vorteile. Selbst Fürst Bismarck, „der Schöpfer der deutschen Einheit", sprach einmal den Gedanken aus, die vielen Staaten Thüringens seien für seine Entwickelung viel vorteilhafter gewesen, als wenn es von einem kaiserlichen Oberpräsidenten in Erfurt verwaltet worden wäre. Wenn die alte Reichsverfassung länger als irgend eine fortbestand und Deutschlands Größe auf Jahrhunderte begründete, muß sie wohl so schlecht nicht gewesen sein. Protestantische wie katholische Geschichtschreiber sprechen sich dahin aus, daß die Einziehung der geistlichen Fürstentümer nicht bloß dem Gebote Gottes (Du sollst nicht stehlen) widersprach, sondern auch durch keine Rechtsgründe gerechtfertigt werden kann, der Verfassung widersprach und für das deutsche Volk ungemein erniedrigend war, da es wie eine Ware nach reiner Willkür an die ländergierigen weltlichen Fürsten verhandelt wurde. Für die Kirche war die Aufhebung der geistlichen Fürstentümer ein großer Verlust, aber die Macht des Protestantismus wurde dadurch vermehrt, denn die Gebiete kamen größtenteils an protestantische Fürsten, und die Kirche, aller weltlichen Macht beraubt, wurde dem guten Willen der Regierungen anheimgegeben, deren protestantische Beamte meistens die Beziehungen zwischen Staat und Kirche regeln. Auch das Wohl des Volkes ist durch die Aufhebung in Wahrheit nicht befördert worden. Nach Aufhebung der geistlichen Staaten begannen sich die Großstaaten zu bilden, welche an Kriegsmacht sich gegenseitig zu übertreffen suchen, dadurch dem Volke schwere Lasten auflegen, Europa in ein Kriegslager verwandeln und in ihren großen Hauptstädten ungesunde Wasserköpfe der Civilisation, Herde sittlicher Korruption und bequeme Schauplätze von Pöbelrevolutionen erzeugen. Es hat eben alles Menschliche sein Unvollkommenes. Jedenfalls bietet aber ein Staatenbund auf föderativer Grundlage große Garantieen einer guten, friedlichen Regierung, und ist gegen alle innern und äußern Gefahren des Umsturzes und Krieges mehr gesichert als ein centralistischer Einheitsstaat, wie die Geschichte aller Zeiten nachweist.

an Hessen, Baden und andere Staaten kamen, und damit hörte auch der von Bonifatius geschaffene kirchliche Verband Deutsch=lands nach mehr denn tausendjährigem, segensreichem Bestande auf. Bei der Neuordnung der Dinge wurden die beiden einzigen, von Bonifatius gegründeten und bestehen gebliebenen Bistümer Würzburg und Eichstätt unter den Erzbischof von Bamberg gestellt; ähnlich wurden auch die andern, früher zu Mainz ge=hörigen Bistümer, meistens mit Rücksicht auf ihre staatliche Zu=gehörigkeit, andern Erzbischöfen unterstellt oder blieben exempt.

Als Bonifatius bei unsern heidnischen Vorfahren das Christentum ausbreitete und befestigte, waren sie noch ein rohes, ungebildetes Volk, aber ihre Herzen wurden bald mächtig vom Geiste des Christentums ergriffen. Während die Griechen und Römer erst zur Zeit ihres politischen und sittlichen Verfalls mit dem Christentum bekannt wurden, empfing das deutsche Volk die Segnungen des Christentums zur Zeit seiner Jugendfrische und nahm es bei seinem ernsten Charakter mit der größten Innig=keit eines jugendlichen Gemüts auf, gleich einem Kinde, welches sogleich bei dem Erwachen seines geistigen Lebens von frommen Eltern zur Frömmigkeit erzogen und mit tiefem religiösem Geiste erfüllt wird. Die christliche Religion übt aber immer einen günstigen Einfluß auf das menschliche Herz aus; sie giebt in den trüben Zeiten der Not und des Unglücks das tröstliche und zuversichtliche Vertrauen auf Gottes allwaltende Vorsehung, und weckt in den Zeiten des Glückes und der Gesundheit die edlen Gefühle der Liebe und Dankbarkeit gegen Gott; sie macht den Menschen zu einem sittlichen Wesen, welches gegen die gemeinen, entehrenden Leidenschaften ankämpft und nach Sittenreinheit strebt. Die christliche Religion ergreift den ganzen Menschen, lehrt ihn, sein irdisches Dasein verstehen und einem höhern Zwecke unterordnen; sie wirkt erleuchtend, veredelnd und an=regend auf allen Gebieten seiner Thätigkeit, weckt und befördert edle Bestrebungen bei ihm und lehrt ihn alle von Gott em=pfangenen Kräfte und Gaben auch in seinem Dienste verwenden. Als daher unsere Vorfahren nach Besiegung des ersten Wider=standes zum Christentume bekehrt, und ihre Herzen ganz mit dem Geiste desselben erfüllt wurden, nahm die Religion die erste Stelle in ihren Gedanken ein, übte einen anregenden und veredelnden Einfluß auf allen Gebieten ihrer Thätigkeit aus und durchdrang alle Verhältnisse, die häuslichen wie die öffentlichen. Von der leitenden Hand der Kirche geführt, hat unser Volk in Wissenschaft, Kunst und gewerblichem Leben

Großes geleistet. Die Kirche bedarf ja der Wissenschaft, um den Glauben ansprechend darzustellen, zum Verständnis der Gläubigen zu bringen und gegen Angriffe zu verteidigen. Als daher Bonifatius das Licht des Evangeliums in Deutschland verbreitete, weckte und pflegte er auch wissenschaftliches Leben, welches im Laufe der Zeit immer reicher sich gestaltete und die herrlichsten Früchte hervorbrachte. Unter dem Einflusse der Kirche entstanden in Städten und Klöstern höhere und niedere Schulen, an welchen die göttlichen und menschlichen Wissenschaften gelehrt und die tiefsinnigsten Fragen aufgeworfen wurden. Die meisten unserer jetzigen Universitäten sind schon vor der abendländischen Kirchenspaltung durch die Kirche ins Leben gerufen, zählten ihre Zuhörer nach Tausenden, und waren in ihrer Einrichtung und Verfassung — solange sie nicht gegen den Glauben verstießen — viel freier und selbständiger als jetzt. Daß die Kirche die naturgemäße Pflegerin der Wissenschaft sei, war so sehr in das Bewußtsein des Volkes übergegangen, daß erst dann eine Universität als recht gegründet angesehen wurde, wenn sie vom Papste bestätigt war. Reges, wissenschaftliches Leben herrschte in den Schulen auf allen Gebieten. Die sichtbare Natur, in welcher Gottes Macht, Weisheit und Güte sich offenbaren, suchte man immer tiefer zu erforschen; die Geschichte der Geschlechter und Völker dieser Erde, welche alle von der göttlichen Vorsehung mit Liebe überwacht und zu ihrem ewigen Ziele geleitet werden, suchte man teilnahmsvoll zu erkennen und darzustellen; den Glauben suchte man mit der Vernunft zu erfassen und zum Wissen zu erheben, soweit es menschlicher Kraft möglich ist. Die großen Geisteswerke der Griechen und Römer schätzte und benutzte die Kirche zur Bildung des Geistes; keine wahrhaft nützliche Leistung des menschlichen Geistes sollte verloren gehen. So hat die Kirche den Geist der Wissenschaft seit den Tagen des hl. Bonifatius in Deutschland geweckt und gepflegt und große Gelehrte hervorgebracht, deren Werke noch jetzt die Bewunderung derer erregen, die sie studieren. Einer der größten deutschen Gelehrten ist der Dominikanermönch Albert, welcher einem schwäbischen Geschlechte entstammte, wegen seines umfangreichen Wissens der Große genannt wird und 1280 in Köln starb; er kam wegen seiner großen Kenntnisse in den Naturwissenschaften in den Ruf eines Zauberers, und hatte zum Schüler Thomas von Aquin, den größten Theologen. Auch in den untern Schichten des Volkes verbreitete die Kirche Bildung. Die Kenntnisse des Schreibens, Rechnens und Lesens waren im

Mittelalter viel verbreiteter als wir gewöhnlich annehmen. Die uns auf Rathäusern erhaltenen Schriftstücke von Handwerkern des Mittelalters und die Blüte des Handwerks lassen schließen, daß die Volksbildung im Mittelalter nicht vernachlässigt wurde. Wenn wir von des Schreibens unkundigen Rittern lesen, so ist zu bedenken, daß der Ritter den Waffendienst als die dem Manne zukommende Beschäftigung ansah und die Feder als seiner unwürdig verachtete. Allerdings hat die Kirche das Volksschulwesen nicht in übertriebener Weise auf die Höhe der Gegenwart geschroben, sondern sich auf das Notwendige beschränkt; auch hat sie keinen Schulzwang eingeführt, sondern sich mehr an das Gewissen der Eltern gewandt, für die Ausbildung der Kinder zu sorgen, und hat ihnen diese Pflicht durch die Gründung zahlreicher Schulen ermöglicht und erleichtert. [1]

Wie die Wissenschaft, hat die Kirche auch die Künste gepflegt, so die Baukunst. Schon Bonifatius baute viele Kirchen, wozu er an den schönen, mit Werken der Malerei und der Skulptur geschmückten Kirchen seines Vaterlandes herrliche Vorbilder hatte. Auch die Reisen des hl. Bonifatius nach Italien und der beständige Verkehr mit diesem Lande weckte bei ihm und seinen Schülern den Kunstsinn. Unter Karl dem Großen war eine rege Bauthätigkeit, wovon uns unter andern das Aachener Münster erhalten ist, welches durch seine hohe Kuppel, die zahlreichen Säulen und seinen ernsten Charakter einen überwältigenden Eindruck macht. Bei der regen Bauthätigkeit entwickelte sich vorzugsweise in Deutschland durch die Verschmelzung der beiden bis dahin üblichen Stile, des Basiliken- und des byzantinischen Stiles, der sogenannte romanische Stil, in welchem eine Reihe herrlicher Dome gebaut sind, so zu Speyer, Bamberg, Mainz, Paderborn, Münster. Im gotischen Stile erreichte die Baukunst in Deutschland ihre höchste Blüte. Die großen gotischen Dome in ihrem hellen, lichten Aufbau, mit ihren leicht und kühn aufsteigenden Pfeilern, ihren himmelanstrebenden, allmählich sich verjüngenden Türmen und ihren vielen, betend und mahnend auf uns herniederschauenden Heiligenbildern drücken am meisten das Wesen des Christentums aus, welches unsere Gedanken zum

---

[1] Doch kommt auch schon Schulzwang vor. Im Jahre 1270 wurde durch eine Verordnung des Erzbischofs von Köln, zu dessen Sprengel ein Teil des Sauerlandes gehörte, das Schulwesen für die Pfarrei Bigge bei Brilon geordnet und allen Eltern unter Strafe von 10 Mark befohlen, ihre Kinder zur Schule zu schicken. (Seibertz, Westfälische Beiträge, II, S. 404.)

Himmel emporrichtet und uns zuruft: Sursum corda! Empor
die Herzen! Selbst in Dörfern und kleinern Städten wurden
herrliche Kirchen unter großen Opfern erbaut, die um so mehr
anzuerkennen sind, als die Menschen in der Nähe dieser herrlichen Gotteshäuser in elenden Hütten von Holz, Stroh und
Lehm wohnten. Man betrachtete es als Ehrensache, schöne
Kirchen zu haben. Die meisten unserer Kirchen rühren aus dem
Mittelalter her; hoch und hehr über den niedrigen Wohnungen
der Menschen emporragend, sind sie ein getreues Bild des kirchlichen Geistes wie auch des großen Kunstsinnes jener Zeit. Wie
schwer hält es in unserer, an Hilfsquellen viel reichern Zeit,
die Mittel zu Kirchenbauten aufzubringen! Und die frühern
Jahrhunderte haben ihrer so viele hervorgebracht, daß sie nicht
selten aus Gleichgiltigkeit dem Verfalle überlassen oder mit roher
Geringschätzung abgebrochen oder zu weltlichen Zwecken verwandt
wurden. Zugleich mit der Baukunst pflegte und förderte die
Kirche die Malerei, welche am meisten befähigt ist, das Geistig-
schöne und Himmlische seelenvoll darzustellen, das Gemüt zu erbauen und zum Himmlischen emporzuheben. Schon Karl der
Große verordnete durch Gesetz, daß die innern Flächen der
Kirche mit Malereien geziert und für deren Erhaltung gesorgt
werden solle. Die verschiedenen Arten der Malerei, Wand-,
Tafel-, Miniatur- und Glasmalerei wurden eifrig in Deutschland betrieben. Es bildeten sich verschiedene Malerschulen, welche
Vorzügliches leisteten. Wenn auch die deutschen Maler in Bezug
auf die Form hinter den Italienern zurückblieben, so übertrafen
sie doch alle Nationen durch die Zartheit, Innigkeit und Treue
der Darstellung. Bei der Betrachtung der Gemälde deutscher
Maler des Mittelalters, etwa der Kölner Schule, fühlen wir
uns unwillkürlich zu den Malern hingezogen, welche mit solcher
Glaubensinnigkeit und solch kindlicher Frömmigkeit das Leben
und Leiden des Welterlösers, seiner Mutter und Heiligen darstellen.[1]) Auch die andern Künste stellte die Kirche in den Dienst
der Religion. Die Bildnerei in Holz, Stein, Metall und Elfen-
bein, die Gold- und Silberschmiedekunst, die Gießkunst, erzeugten
viele Kunstwerke; selbst hohe Kirchenfürsten pflegten persönlich
die Künste, so Bernward von Hildesheim († 1022) die Gieß-

---

[1]) Der Protestant Böhmer (Leben und Anschauungen, von Janssen,
S. 243) sagt, das Studium der christlichen Kunst des Mittelalters habe
ihn wieder in eine christliche Strömung gebracht, und ein einziges alt-
deutsches Bild habe ihm einen bessern Begriff von der Größe des Heilandes gegeben als die protestantische Theologie.

kunst. Er und Willigis von Mainz verwerteten die Kunst=
anschauungen, die sie in Italien in sich aufgenommen hatten,
in Deutschland und gaben der deutschen Kunst vielfach Anstoß
und Richtung. Wenn die Figuren in Bezug auf die äußere
Form auch vielfach unvollkommen sind, so sind sie doch lebens=
voll und anmutig, und drücken den tiefen religiösen Geist jener
Zeit aus. Auch die Weberei und Stickerei wurden zur Her=
stellung kunstvoller Paramente und Teppiche verwandt, welche
noch jetzt als mustergiltig erscheinen und den kunstsinnigen Fleiß
des weiblichen Geschlechts bezeugen. So zog die Kirche all die
verschiedenen Künste in ihren Dienst, indem sie dem Geiste der
Künstler die herrlichsten Ideeen darbot, sie zu künstlerischem
Schaffen anregte und ihnen dabei die rechte Wärme und Be=
geisterung verlieh; denn der Künstler kann nur darstellen, was
er selber lebendig in seinem Geiste trägt. Im Bunde mit der
Kirche, von ihrem sorgsamen Mutterauge bewacht und gepflegt,
haben die deutschen Künstler des Mittelalters auf allen Gebieten
herrliche Kunstwerke geschaffen, welche die bewundernde Anerkennung
selbst derer finden, die ihre kirchlichen Anschauungen nicht teilen.
Mit dem 16. Jahrhundert hörte die Blüte der deutschen Kunst
auf, nicht bloß durch das Eindringen heidnischer Anschauungen,
sondern auch durch den Einfluß der Kirchenspaltung, weil nach
Luthers Lehre die Gottesverehrung sich einfach und nüchtern
gestaltete, die guten Werke, also auch die Unterstützung christ=
licher Kunst, überflüssig erschien und die Kunstwerke des Mittel=
alters als Erzeugnisse des Aberglaubens betrachtet wurden. Die
Folge davon war, daß Freunde und Anhänger Luthers den
Bildersturm ins Werk setzten und viele Kunstwerke mit frevel=
hafter Hand zerstörten. Überhaupt erfuhr die Kunst vom
Protestantismus keine belebende Einwirkung und verweltlichte
immer mehr. Wenn auch die Schöpfungen der mittelalterlichen
Künstler im Laufe der Zeit vielfach zu Grunde gegangen oder
durch Unverstand zerstört sind, so sind uns doch noch manche
Werke erhalten, welche teils noch ihrem ursprünglichen hei=
ligen Zwecke dienen, teils die Hauptsehenswürdigkeiten unserer
Museen bilden und Künstlern vielfache Anregung geben. Die
Musik, ein vortreffliches Mittel, um die religiösen Empfin=
dungen des Herzens auszudrücken und in andern zu wecken,
wurde ebenfalls von der Kirche zum Zwecke des Gottesdienstes
verwertet und gepflegt. Der Kirchengesang, schon in den dunklen
Gängen der Katakomben gepflegt und durch die religiöse Be=
geisterung immer mehr vervollkommnet, von Papst Gregor dem

Großen festgesetzt und nach ihm benannt, wurde durch die von ihm abgesandten Mönche nach England und von dort durch Bonifatius und seine Genossen nach Deutschland verbreitet, wo er an Karl dem Großen einen eifrigen Beförderer fand. An allen höhern Schulen wurden Lehrstühle der Musik errichtet, um im Spielen und Singen Kräfte zu bilden, welche geeignet waren, durch die Kunst der Töne das Gemüt zu ergreifen und zu himmlischen Dingen emporzuheben. Bei dem Hochamte und der feierlichen Vesper wurde in lateinischer, bei der stillen Messe und den Volksandachten in deutscher Sprache gesungen; eine ganze Reihe inniger Lieder sind uns noch aus dem Mittelalter erhalten und finden noch jetzt bei dem Gottesdienst Verwendung. So hat die Kirche seit den Tagen des hl. Bonifatius alle Kräfte, welche Gott in die menschliche Natur gelegt hat, bei dem deutschen Volke im Dienste der Religion verwendet und entwickelt, und dadurch auch veredelnd auf alle Künste eingewirkt; dieser heilsame Einfluß zeigte sich selbst auf weltlichem Gebiete, wie die herrlichen Rathäuser, die schmucken Wohnhäuser der Patrizier und andere weltliche Kunstwerke beweisen.

Während das Heidentum die Arbeit als des Mannes unwürdig verachtete, betrachtet das Christentum die Arbeit als die Bestimmung des Menschen für dieses Leben, und bietet dem Christen im Nährvater Joseph und im Sohne Gottes zur Zeit des verborgenen Lebens in Nazareth leuchtende Vorbilder der Arbeitsamkeit. Die Kirche beförderte und beschützte daher die gewerblichen Stände, welche sich zu Vereinen zusammenthaten und ihre Statuten ganz auf christlicher Grundlage verfaßten. Diese Vereine der Handwerker und Gewerbetreibenden standen mit der Kirche in engster Verbindung, wählten sich einen Schutzheiligen, feierten ihre eigenen kirchlichen Festlichkeiten, und verfolgten neben den wirtschaftlichen und gesellschaftlichen auch religiöse Zwecke, so die Unterstützung kranker Mitglieder und das Begräbnis der Verstorbenen. Auf ganz kirchlicher Grundlage schlossen Kaufleute in den verschiedensten deutschen Städten zur Ausübung und Sicherung des Handels den Hansabund, welcher bis in die entferntesten Städte des Nordens Handel betrieb und uns die strotzende Lebensfülle deutscher Städte zeigt. Die Hauptmärkte wurden auf die Zeiten hoher Feste verlegt, wo viel Volk zur Teilnahme am Gottesdienste zusammenströmte; daher ja auch das Wort Messe nicht bloß die Feier des Gottesdienstes, sondern auch die Abhaltung des Marktes bezeichnet. So erfuhren Handel und Gewerbe durch die Kirche mächtige

25*

Förderung. Auch das soziale Leben unserer Vorfahren wurde durch die Kirche veredelt und verbessert. Das Weib wurde im Heidentume nie frei, galt nicht als Mensch im vollen Sinne, und stand stets unter Vormundschaft des Vaters oder des nächsten Verwandten; die Ehe war ursprünglich ein Kauf, indem die Frau vom Manne ohne Rücksicht auf ihren Willen von derem Vater gekauft wurde; sie konnte vom Manne verkauft, ungestraft mißhandelt und getötet werden, und wurde — wenigstens bei einzelnen Stämmen — bei seinem Tode mit ihm verbrannt.[1] Im Lichte des christlichen Glaubens ist die Frau ebenso ein Ebenbild Gottes wie der Mann, und kann nur freiwillig die Ehe mit einem Manne eingehen, dem sie dann in unverbrüch= licher Treue und natürlicher Unterordnung in allen Lagen des Lebens Stütze und Trost sein soll. Vielweiberei, bei den Ger= manen ein Zeichen fürstlichen Standes, wurde unbedingt ver= boten. Die Kinder, welche im Heidentum von ihren Eltern ausgesetzt, verkauft und getötet wurden, sind christlichen Eltern kostbare, von Gott verliehene Unterpfänder gegenseitiger Liebe, welche sie für den Himmel erziehen sollen. So wurde das Familienleben, der Grundpfeiler alles staatlichen Lebens, durch die Kirche gesichert und geheiligt. Die Armen, Verlassenen und Notleidenden blieben im Heidentume ihrem traurigen Schicksale überlassen; kein Gesetzgeber traf Bestimmungen zu ihrer Unter= stützung; auch nach deutschem Rechte konnten Greise und Kranke getötet werden; man sah Armut und Elend als eine Schande an, wandte sich mit Ekel und Widerwillen vom Leidenden ab, und hielt die Unterstützung desselben für unklug, weil man seine Leiden verlängere. Im Christentume gilt die Pflege des Notleidenden als ein kostbares Werk der Barmherzigkeit, dem

---

[1] Nach Tacitus (Germania c. 18) war der für die Frau gezahlte Preis ein Symbol des ehelichen Lebens; allein die ganze Darstellung (parentes probant munera; in haec munera uxor accipitur atque in= vicem ipsa armorum aliquid viro affert) läßt den Charakter des Kaufes erkennen. Ferner sind, wie auch Grimm (Deutsche Rechtsaltertümer, S. 420) hervorhebt, die Gaben des Bräutigams, Ochsen, Pferd und Waffen keine Symbole des ehelichen Lebens; sodann werden symbolische Gaben nicht auf ihren Wert geprüft, sondern sind bei den Naturvölkern stets ohne hohen Wert; jene Gaben waren daher bei dem Mangel an Geld der Kaufpreis. Die Auffassung des Tacitus ist demnach ungenau, künstlich und unberechtigt. Nach den alten Rechtsbüchern und dem Heliand war „eine Frau kaufen" stehender Ausdruck und bezeichnete die Sachlage. — Die fränkische Synode von Macon (585) verurteilte die aufgestellte Ansicht: die Weiber könnten nicht Menschen im vollen Sinne genannt werden. (Hefele, Konzilien=Gesch. III, 41.)

der ewige Lohn im Himmel besonders verheißen ist, und die
Reichen sind nur Verwalter der irdischen Güter, wovon sie dem
darbenden Mitbruder mitteilen sollen. Daher wurden in Deutsch-
land nach Einführung des Christentums bei allen größern Kirchen
Hospitäler für verlassene Arme und Kranke errichtet. Manche
Seelen widmeten ihr Leben der Krankenpflege und pflegten in
heldenmütiger Todesverachtung selbst die mit ansteckenden Krankheiten Behafteten. Ja, auf dem Throne finden wir Milde
und Erbarmen mit der Not des Nächsten; Karl der Große,
Otto der Große, seine Mutter Mathilde und seine Gemahlin
Adelheid, Heinrich II. waren eifrige Wohlthäter der Armen.
Die Tröstung der Betrübten, die Aufrichtung der Gebeugten,
die Linderung jeglicher Leiden des Lebens ist zwar die un-
scheinbarste, aber die edelste und segensreichste Wirkung des
Christentums. Das Los der Sklaven, jener traurigen Klasse
der Menschheit, welche nach dem germanischen Gesetze dem Tiere
gleichgestellt und als solche behandelt werden konnte, milderte
die Kirche durch strenge Bestrafung jeder Mißhandlung und
durch die Lehre, daß alle Menschen vor Gott gleich sind, und
jeder im Mitmenschen das Ebenbild Gottes lieben und ehren
soll. Im Auftrage des Papstes mußte Bonifatius den Verkauf von Sklaven, die den Göttern geopfert werden sollten, als
schändliches Vergehen strenge untersagen und gleich dem Morde
bestrafen. Wenn ein Herr seine Sklavin mißbrauchte, so mußte
er sie freigeben und verfiel einer Kirchenbuße. Die Kirche erklärte die Sklaverei nicht plötzlich für aufgehoben und unberechtigt; dadurch würde sie unklug in die bestehenden Rechts-
verhältnisse eingegriffen und die größte Verwirrung hervorgerufen
haben, denn die Mehrzahl der Sklaven war für die Freiheit
und eine selbständige Existenz gar nicht reif.[1]) Die Kirche
hauchte vielmehr den Herren den christlichen Geist ein, die Sklaven

---

[1]) Die Weisheit der Kirche bei diesem Verfahren wurde in unserm
Jahrhunderte gerechtfertigt durch die Erfahrungen in den Vereinigten
Staaten Nordamerikas, wo die Abschaffung der Sklaverei lange eine
brennende Frage war, und einen vierjährigen, blutigen Krieg zwischen den
nördlichen und südlichen Staaten veranlaßte, welcher mit der gesetzlichen
Abschaffung der Sklaverei endete. Die Bischöfe erklärten sich gegen eine
plötzliche, allgemeine Abschaffung auf dem Wege der Gesetzgebung, weil
sie die nachteiligen Folgen voraussahen, daß viele Sklaven sich gar nicht
selbständig ernähren konnten und bald einem traurigen Schicksale anheim-
fielen. Trotz der gesetzlichen Abschaffung der Sklaverei werden übrigens
die Neger vielfach im sozialen Leben Nordamerikas als tief unter den
Weißen stehend verachtet und vom öffentlichen Leben ausgeschlossen, weil
eben der brüderliche Geist des Christentums fehlt.

als Brüder zu behandeln und für Freiheit und selbständige
Existenz zu erziehen; die Sklaven mahnte sie, brav und treu
zu sein und sich der Freiheit würdig zu machen. Aus christlicher Liebe schenkten viele Herren, besonders auf ihrem Sterbebette, durch die Priester gemahnt, den Sklaven die Freiheit,
und so verschwand allmählich die Sklaverei.[1]) Allerdings trat
teilweise an ihre Stelle eine mildere Form, die Leibeigenschaft,
aber der Zustand der Leibeigenen oder Hörigen war nicht so
schlimm, als es uns auf den ersten Blick scheint; ihr Los war
jedenfalls viel erträglicher als das Los so vieler Fabrikarbeiter
unserer Zeit, welche nur Werkzeuge zur Bereicherung selbst-
süchtiger Kapitalisten sind. Die Leibeigenen waren durch sittliche
Bande mit ihren Herren verknüpft, welche nicht bloß von ihnen
Dienste und Abgaben empfingen, sondern auch für sie zu sorgen
hatten. Auch wurden die Gegensätze der Stände durch den
Einfluß der Kirche sehr gemildert, welche die erhabene Würde
des Priestertums auch dem Leibeigenen verlieh, ihn dadurch
über seinen Herrn emporhob und diesen zwang, jenen zu achten
und zu ehren. Wie sehr die Kirche vermittelnd unter den
Ständen wirkte, sehen wir an folgendem, denkwürdigem Vorgang.
Friedrich Barbarossa, der mächtigste Fürst seiner Zeit, ein Mann
von stolzem Charakter und im höchsten Maße durchdrungen vom
Bewußtsein seiner kaiserlichen Würde, sodaß er alle andern
Könige Europas als seine Provinzial-Könige betrachtete, ein
Mann, der die gesamten Bewohner des aufrührerischen Mailand
barfuß und mit Stricken um den Hals an sich vorübergehen
ließ, und inmitten seiner bis zu Thränen gerührten Ritter mit
einem Antlitz kalt wie Marmor zusah, wie die angstvollen Mai-
länder sich in banger Todesfurcht vor ihm auf die Kniee nieder-
warfen und um des Gekreuzigten willen um Erbarmen flehten,
derselbe Mann fügte sich doch dem von den frühern Kaisern
bei dem Empfange des Papstes beobachteten Ceremoniell, indem
er diesem zum Zeichen seiner Hochachtung vor der päpstlichen
Würde bei dem Besteigen des Pferdes den Steigbügel hielt.
Und wer war dieser Papst? Es war Hadrian IV., der Sohn
eines armen Leibeignen in England, der durch Frömmigkeit und

---

[1]) Das große Verdienst der Kirche um die Aufhebung der Sklaverei
und den großen Anteil der Priester daran weist der kirchenfeindliche Jude
Eugenheim nach in seiner preisgekrönten Schrift: Geschichte der Aufhebung der Leibeigenschaft, 1861. Dagegen wirft die rohe, selbstsüchtige
Behandlung, welche unkultivierte Völker von „kultivierten" Europäern
bis in die neueste Zeit erfuhren, ein schlechtes Licht auf die vom Christentume mehr oder minder losgelösten Kulturbestrebungen.

Wissenschaft auf den Päpstlichen Stuhl gelangt war. Auch die ganze Rechtsordnung wurde vom Geiste des Christentums durchdrungen. Die beiden deutschen Gesetzbücher, der Sachsen- und Schwabenspiegel, welche die damals geltenden Rechtsgrundsätze enthalten, bestrafen auch rein kirchliche Vergehen, und bestimmen z. B. die Absetzung des Kaisers, falls er ein Jahr im Kirchenbanne verharrt. Man achtete den hohen Beruf des Fürsten als einen von Gott gegebenen und war ihm um Gottes willen gehorsam; Absetzung oder Ermordung des rechtmäßigen Landesherrn durch seine Unterthanen war im Mittelalter unbekannt. Aber man war sich auch bewußt, daß der Fürst für die Unterthanen da ist, und daß seine Macht am Gesetze Gottes eine Schranke hat; daher ging man frei und aufrecht einher. Das Volksleben schloß sich aufs engste an die Kirche an. Bei der Ausbreitung des Christentums wurden die Sitten und Gewohnheiten des Volkes nicht schonungslos ausgerottet, sondern nur, was unbedingt verwerflich war; manchen volkstümlichen Gebräuchen legte man eine christliche Bedeutung bei und ließ sie bestehen, z. B. das Osterfeuer, früher zu Ehren der wiederkehrenden Frühlingsgöttin Ostara angezündet, wurde nun zu Ehren des glorreich auferstandenen Erlösers angezündet. Die heidnischen, vom Volke hochgehaltenen Festtage wurden durch christliche ersetzt; an die Stelle des Erntefestes zu Ehren Wodans trat die Feier des Martinstages mit den noch jetzt in vielen Gegenden üblichen Gebräuchen. Überhaupt waren viele Festtage des Kirchenjahres durch volkstümliche Gebräuche ausgezeichnet, z. B. der Tag des hl. Nikolaus, das Geburtsfest Christi, Krautweihe und andere. Die arbeitsame, wohlhabende Bevölkerung der Städte war zwar voll Selbstbewußtsein und verteidigte selbst gegen die geistlichen Fürsten ihre Rechte mit größter Zähigkeit, war aber übrigens tiefgläubig und voll treuer Anhänglichkeit an die Kirche, was die vielen kirchlichen Stiftungen jener Zeit beweisen. Freiwillig und gern brachte die gläubige Menge um Gottes willen ihre Gaben zu allen edlen Zwecken dar. Auf dem Wege des Zwanges hätte man nie so viele Kirchen, Unterrichtsanstalten und Hospitäler bauen und ausrüsten können, sodaß die spätere Zeit sie vielfach nicht einmal erhalten konnte. Weil das ganze Leben von dem Geiste der Religion durchdrungen war, so wurde auch das ganze äußere Leben verfeinert und veredelt; denn wo eine edle Gesinnung das Herz erfüllt, da gestaltet sich auch das äußere Leben nach edlem Anstande, und ohne edle Herzensgesinnung ist alle äußere Höflichkeit doch nur Heuchelei. Fremde staunten über die Schönheit der Bauten, die Würde der Männer, die Anmut der Frauen, die Feinheit des Lebens, welche sie im Mittelalter in Deutschland wahrnahmen.

So hat Bonifatius durch die Christianisierung Deutschlands neues, geistiges Leben auf allen Gebieten hervorgerufen; die Menschenrechte wurden verwirklicht, die Sklaverei abgeschafft, die bürgerliche Freiheit geschaffen, das soziale Leben veredelt, auf den Gebieten aller Künste und Wissenschaften Großes geleistet, Handel und Handwerk gefördert und das ganze Leben verfeinert. Welch großer Gegensatz besteht bei dem deutschen Volke zwischen den heidnischen und christlichen Zeiten! Zur Zeit des Heidentums zerrissen und zerspalten, roh und ungebildet, wild und unbändig, Kampf und Streit liebend, zur Zeit des Christentums durch Bildung und Kultur, Kunst und Wissenschaft, Macht und Ansehen, durch herrliche Thaten und hohen Seelenschwung alle Völker des Erdkreises übertreffend. Die Zeiten des Heidentums verhalten sich zu den Zeiten des Christentums wie der kalte, frostige Winter zum wonnigen Frühling, wo die Natur zu neuem Leben erwacht und im herrlichsten Blütenschmucke sich zeigt. Mag man auch in unserer Zeit die Göttlichkeit des Christentums bestreiten und es zum Menschenwerk herabwürdigen, seinen beglückenden und veredelnden Einfluß auf unser Volk kann kein Verständiger bestreiten. Nur ein Unverständiger kann behaupten, die Kirche habe die Bildung des Volkes niedergehalten, um die Menschen mit Trug und Thorheit zu erfüllen, und es zeigt von leidenschaftlicher Verblendung, nach einzelnen Unvollkommenheiten und Mängeln die gesamten Verhältnisse zu beurteilen. Wir ernten jetzt noch, was Bonifatius gesäet hat, und stehen auf dem Boden, den die Kirche uns bereitet hat. Die Dotationen der Pfarren, Schulen und Wohlthätigkeitsanstalten rühren meistens aus den milden Gaben des frommen, gläubigen Mittelalters her; die meisten Kirchen Deutschlands sind durch die Opferwilligkeit der katholischen Vorfahren erbaut; viele dienen jetzt zwar dem protestantischen Gottesdienste, bewahren aber in ihren Bildern und andern Kunstwerken noch jetzt beredte Zeugen der katholischen Vergangenheit. Die christlichen Anschauungen sind uns in Fleisch und Blut übergegangen und beeinflussen selbst die Gegner der Kirche, die sie wie eine christliche Atmosphäre einatmen. Das sehen wir daran, daß jetzt auch die Gegner der Kirche die Sklaverei verurteilen, aber die Kirche hat zuerst die Gleichheit aller Menschen ausgesprochen und im Leben verwirklicht. Selbst die edelsten

Heiden sahen die Sklaverei als ein notwendiges und nützliches Institut an, und das deutsche Gesetz stellte den Sklaven auf gleiche Stufe mit dem Tiere. Hätte die Kirche nicht die Gleichheit der Menschen gelehrt und dadurch die Sklaverei abgeschafft, so würde sie noch fortbestehen, und der größere Teil der Menschen — vielleicht auch wir — würde in unwürdiger Sklaverei leben, ohne einen Schimmer von Hoffnung auf Befreiung. Die meisten Sehenswürdigkeiten unserer Städte und Museen sind Schöpfungen des gläubigen Mittelalters. Die gesamte Kultur und Bildung, Wissenschaft und Kunst, Handel und Gewerbe haben bis auf Luthers Kirchenspaltung sich ausschließlich unter dem sorgsamen Schutze der Kirche entwickelt und eine Blüte erreicht, welche sie später teilweise nie wieder erlangten, so besonders die Künste und Handwerke.[1] Wir finden das Wort des französischen Staatsmannes Montesquieu bestätigt: „Die christliche Religion scheint keine andere Aufgabe zu haben als das Glück im Jenseits, hat aber auch das Glück in diesem Leben begründet".[2] Die Kirche ist so recht die Mutter alles wahren Fortschritts. Zur Zeit der Völkerwanderung drangen die deutschen Stämme raubend, plündernd und verheerend in das römische Reich ein, in welchem im Laufe der Jahrhunderte durch das Blut tapferer Soldaten, den Heldenmut kühner Feldherrn und die Weisheit der Staatsmänner die blühendsten und fruchtbarsten Länder der Welt vereinigt waren. In dieser Zeit der allgemeinen Verwirrung und Auflösung suchte die Kirche die deutschen Stämme zum Christentum zu bekehren; wie der protestantische Geschichtschreiber Guizot sagt, war sie es allein, welche damals in der Welt einen sittlichen und sittigenden Einfluß ausübte.[3] Dem hl. Bonifatius gelang es, die Stämme im jetzigen Deutschland in der katholischen Kirche zu vereinigen. Dadurch wurden sie abgehalten, umherzuziehen und in fremde Länder einzufallen, wurden ein seßhaftes Volk, und fanden nicht aus sich, sondern unter der führenden und leitenden Hand der Kirche den Weg zu einer blühenden Kultur und Bildung, worin sie bald alle andern Völker Europas übertrafen. Ein protestantischer Geschichtsforscher unserer Zeit, der sich eingehend mit der ältesten

---

[1] Bezüglich der Handwerke sagt Arnold (Verfassungsgeschichte der deutschen Freistädte 2214): „Im allgemeinen trat die höchste Blüte der Gewerbe im 14. Jahrhundert ein, und eine solche Blüte ist zu keiner Zeit wieder erreicht, am wenigsten in der Gegenwart mit ihren Maschinen und Fabriken." [2] Esprit des lois. XXIV. 3. [3] Guizot, Histoire de la civilisation en Europe, II. Lec.

Geschichte unseres Volkes beschäftigt hat, spricht sich am Schluß seines Werkes über den veredelnden Einfluß des Christentums auf unser Volk und seine Geschichte also aus: „Es ist doch nur das Christentum gewesen, welches unserm Volke eine längere, fort und fort aufsteigende Entwickelung möglich gemacht, und selbst in den trübsten Zeiten sich als nie versiegende Quelle des Trostes, geistiger Erhebung und sittlicher Wiederaufrichtung erwiesen hat. Mit einem Worte, es ist von dem Augenblicke an, wo das Volk zu ihm übertrat, der Hauptfaktor unserer Geschichte geworden, und hat dieser ein neues geistiges Gepräge aufgedrückt, das bei aller Verwandtschaft doch ein anderes ist als das der Urzeit. Es ist in unser Fleisch und Blut übergegangen, und das Volk kann, ohne sich selbst zu verlieren, nicht wieder von ihm abfallen." [1]

---

[1] Arnold, Deutsche Urzeit, Gotha, Perthes. So erkennen selbst protestantische Geschichtschreiber unparteiisch das verdienstvolle Wirken des hl. Bonifatius und der katholischen Kirche lobend an; es fehlt jedoch auch nicht an solchen, welche tadeln. Arndt (Geschichtschreiber der deutschen Vorzeit, 8. Jahrh., 2. B., S. XI) erhebt den Vorwurf: „Bonifatius habe das Volksleben in Fesseln geschlagen, die erst nach Hunderten von Jahren der kühne Augustinermönch Martin Luther, der Mann aus dem Volke und der Held des befreienden, erlösenden Glaubens, brechen sollte". Freilich hat Luther dem Volke den von Bonifatius gebrachten Glauben genommen, aber ihm nicht die Freiheit gelassen, sich seinen Glauben selbst zu bilden, sondern ihm seinen eigenen Glauben aufgenötigt. Darum verfaßte sein Freund Melanchthon die Augsburgische Konfession, und er selber die Schmalkaldener Artikel und den Katechismus als Richtschnur für die lutherische Kirche. Ferner forderte Luther die Fürsten auf, die Lehre Calvins nicht zu dulden und mit Feuer und Schwert auszurotten, und machte sie zu Herren der Kirche, sodaß sie eine größere Macht bekamen als der Papst jemals hatte. Denn dieser hat nur die Aufgabe, den katholischen Glauben unverändert zu erhalten, die protestantischen Fürsten aber stellten ihr Gewissen als Richtschnur für die Unterthanen auf und sprachen den Grundsatz aus: cuius regio, eius religio (wem das Land gehört, dem gehört auch die Religion), um dem Volke statt des alten, angestammten katholischen Glaubens den neuen lutherischen aufzuzwingen, sodaß der lutherische Glaube noch jetzt da verbreitet ist, wo die Fürsten ihn mit Gewalt einführten. Auf dem Reichstage zu Speyer (1529) bekamen die Protestanten gerade davon den Namen, daß sie gegen den Beschluß protestierten, die Stände sollten ihren Unterthanen die Freiheit lassen, ihre alte Religion beizubehalten. Die Pfalz z. B. mußte nach dem Willen der Fürsten in kurzem Zeitraume viermal ihre Konfession (d. h. ihre Ansichten bezüglich des Abendmahles) wechseln, und die an die Pfalz verpfändete freie Reichsstadt Oppenheim bis zum Westfälischen Frieden sogar zehnmal. Wie selbst Protestanten offen eingestehen, hatte das Luthertum im Volke wenig oder gar keine Wurzeln und war das Werk der Fürsten, in Hessen das Werk Philipps, welchem Luther zwei Weiber gestattete, damit er bei seiner Lehre blieb, in Sachsen das Werk

Indem Bonifatius die deutschen Stämme auf dem rechten Rheinufer in derselben Mainzer Kirchenprovinz einigte, bewirkte er, daß diese Stämme eine enge Verbindung miteinander eingingen und sich miteinander verschmolzen. Als nun im Anfange des 10. Jahrhunderts das Reich Karls des Großen, welches alle germanischen Stämme umfaßte, sich auflöste, und auf den Trümmern mehrere Reiche sich bildeten, schlossen sich die Stämme auf dem rechten Rheinufer zu einem Reiche zusammen und bildeten ein Volk, welches das deutsche genannt wurde. Deutsch, diutisc, bezeichnet nämlich das, was dem Volke, dem Stamme, eigentümlich ist, und die Stämme auf dem rechten Rheinufer bildeten das eigentliche Volk im Gegensatze zu den andern germanischen Stämmen, welche sich in fremden Ländern niedergelassen und mit den dortigen Ureinwohnern verschmolzen hatten. Indem das deutsche Volk mit dem Christentume durchdrungen wurde, entwickelte sich bei ihm zur vollen Reife, was wir deutsches Wesen, deutschen Charakter nennen. Auch der protestantische Geschichtschreiber Dittmar hebt trotz seines scharfen konfessionellen Standpunktes hervor, daß Bonifatius, indem er

des verschwenderischen Heinrich, in Brandenburg das Werk Joachims II., welcher seinem sterbenden Vater treues Festhalten am katholischen Glauben versprochen hatte. Das Volk war im Herzen der katholischen Kirche so ergeben, daß selbst Luther im Jahre 1532 schrieb: „Er könnte mit zwei oder drei Predigten das ganze Volk wieder in das Papsttum zurückführen" (de Wette, Luthers Briefe, III, 550). Friedrich II. von Preußen führt in seinen „Denkwürdigkeiten des Hauses Brandenburg" die sogen. Reformation in Teutschland auf die Geldsucht der Fürsten zurück, welche durch die Einziehung der Kirchengüter große Reichtümer bekamen. Indem Luther den Fürsten die Kirchengewalt übertrug und sie zu Herren über die Gewissen der Unterthanen machte, „gab er die freigeborene Kirche weltlicher Gewalt als Magd hin", was der Protestant Böhmer ihm nie verzeihen konnte (Leben und Anschauungen, S. 271). Durch die Aufhebung einer freien Kirche und die Verbindung des Geistlichen mit dem Weltlichen (Cäsaropapismus, weltliches Papsttum) beförderte Luther, wie der Protestant Guizot (Histoire de la civilisation en Europe, XII. lec.) sagt, mehr die Knechtschaft als die Freiheit. Der Satz: wem das Land gehört, dem gehört die Religion, wurde zwar vom Reichstage zu Augsburg (1555) angenommen und auch von katholischen Fürsten gebraucht, um im Interesse der Selbsterhaltung und in Übereinstimmung mit der Reichsverfassung die katholische Kirche gegen heftige Neuerer zu schützen, ohne aber den Satz als recht anzuerkennen, da er unrichtig und unsittlich ist. Der Cäsaropapismus der protestantischen Fürsten erreichte bekanntlich in einzelnen Staaten einen solchen Grad, daß sie ihre Unterthanen gleich Tieren für Geld nach Tausenden in fremde Länder verkauften und die murrenden Eltern in Fesseln legten und einkerkerten. So verschwindet die „befreiende That" Luthers vor den nackten Thatsachen der Geschichte, während Boni-

getreu feinem, dem Papfte gefchworenen Eide die deutfchen
Stämme auf dem rechten Rheinufer in der feften Gemeinfchaft
der römifchen Kirche einigte, „den Grund für den künftigen
Unterfchied einer deutfchen und fränkifchen Nation legte", und
fagt: „Der Treue des Bonifatius verdankt die deutfche Nation
ihr eigentümliches Beftehen".[1]) Wohl hatte der Charakter der
heidnifchen Germanen fchöne Züge, Treue im Privatleben und
gegen die Waffengefährten, Gaftfreundfchaft, eine gewiffe Hoch=
achtung vor dem weiblichen Gefchlechte, ein tiefes Gefühl für
perfönliche Freiheit und Ehre, für Schönheit der Natur und
Erhabenheit der Religion, aber diefe fchönen Züge wurden durch
unedle Leidenfchaften verdunkelt, durch Treulofigkeit gegenüber
dem Feinde und im öffentlichen Leben, Trunkfucht, Verachtung
der Arbeit, Spielfucht, Luft zu Streit, Zank und Krieg, wilde
Rachfucht. Diefe unedlen Seiten des germanifchen Charakters
treten uns bei den größten Männern in der Zeit des Heiden=
tums fehr fcharf entgegen. Hermann, der vielbefungene Befreier
Deutfchlands, ftellte fich als Freund der Römer, begleitete be=
ftändig den römifchen Feldherrn Varus und fpeifte oft bei ihm,

fatius unfere heidnifchen Vorfahren aus der Finfternis des Aberglaubens
und den Feffeln der Sünde befreite und in die katholifche Kirche einführte.
Diefe bewirkte eine freie Entfaltung der geiftigen Kräfte unferer Nation,
veredelte und verfeinerte das Leben, fchuf die bürgerliche Freiheit und
rief auf allen Gebieten ein blühendes, geiftiges Leben hervor. — Rettberg
(Kirchengefchichte Deutfchlands I, 412) fieht in der Errichtung der kirchlichen Hierarchie (das ift der katholifchen Kirche) durch Bonifatius „eine
amtlich=polizeilich geordnete Aufficht, ein hierarchifch geordnetes Band,
welches die nationale Geftaltung erdrückte und eine Vereinigung des Volkstümlichen mit dem Chriftentum auf längere Zeit hinausfchob". Diefe
Anficht verkennt das Wefen der kirchlichen Verfaffung. Chriftus hat in
der Kirche ein Lehr=, Priefter= und Hirtenamt eingefetzt, und bei Strafe
der ewigen Seligkeit den Gehorfam gegen die Kirche in Dingen des
Glaubens und der Sitte angeordnet (Matth. 18, 17); befonders hat er
auch den Papft berufen, die gefamte Kirche zu leiten und zu regieren
(Joh. 21, 15—17). Wie es der Wille Gottes ift, daß man fich den
ftaatlichen Gefetzen im Intereffe der Ordnung unterwirft, fo gebietet er
auch, der Kirche in religiöfen Dingen gehorfam zu fein; fonft könnte diefe
überhaupt gar nicht beftehen. Auch hat die Kirche das breifache Amt
ftets ausgeübt und befonders gegen hartnäckige Sünder von jeher auch
Strafen angewandt, wie es Ordnung und Gerechtigkeit verlangen. Soweit Volkstümliches mit dem Chriftentum vereinbar war, hat es die Kirche
niemals unterdrückt, fondern ftets mit chriftlichem Geifte durchdrungen
und veredelt, fodaß die deutfchen Stämme fich ganz felbftändig entwickelten
und ihre befondern Eigentümlichkeiten bis in die neuefte Zeit beibehielten,
wie die Gefchichte bezeugt.
[1]) Dittmar, Gefchichte der Welt, Heidelberg, 66, III, 226, 227.

obgleich er im geheimen eine Verschwörung zum Sturze der Römer ins Werk setzte. Ein entfernteres Volk empörte sich nach einem verabredeten Plane gegen die Römer; Hermann über- redete den Varus, mit seinen Legionen gegen die Empörer zu Felde zu ziehen, und versprach ihm, mit den andern Fürsten die wehrhaften Männer zu sammeln und ihm zuzuführen. Statt dessen fielen sie dann über den sorglosen Varus in den Schluchten des Teutoburger Waldes unter Sturmwetter und Regengüssen her und machten die Römer hinterlistig nieder. Wenn die Römer auch ohne Recht in Deutschland eingedrungen und die Germanen zum Kampfe gegen sie berechtigt waren, so war doch nicht jedes Mittel zum Kampfe erlaubt, und ging Hermanns Verfahren über eine moralisch erlaubte Kriegslist weit hinaus; indessen seine Vaterlandsliebe, seine Tapferkeit und die Größe seiner That verdienen volle Anerkennung bei der Nachwelt. Der Ostgotenkönig Theodorich, in Liedern viel als Dietrich von Bern besungen, versprach Odoaker, dem besiegten Könige des weströmischen Reiches, eidlich Leben und Anteil an der Herr- schaft; bald nachher ladete er ihn zum Mahle ein und stieß ihn mit eigener Hand nieder unter dem unerwiesenen Vorwande, er habe ihm nach dem Leben getrachtet. Solche Helden, in Liedern vom Volke verherrlicht, wirkten höchst nachteilig auf die Aus- bildung des Volkscharakters und beförderten im Volke List und Tücke. Gift, Mord und Treubruch spielten in der Geschichte der alten Germanen eine große Rolle und kommen oft vor. Auch Hermann, ob seiner Befreiungsthat viel gefeiert, wurde von seinen nächsten Verwandten aus dem Wege geräumt, weil er im Verdachte stand, nach der Alleinherrschaft zu streben. Die Arbeit verachteten die alten Germanen als des Mannes un- würdig und überließen sie den Frauen, Kindern und Sklaven; sie selber gingen gern auf die Jagd oder lagen auf der Bären- haut, die Zeit mit Spiel und Trunk hinbringend. Sie waren die ärgsten Zecher der Welt, und dem Würfelspiel so ergeben, daß sie die eigene Freiheit auf den letzten Wurf setzten, wenn sie Frau und Kinder schon verspielt hatten. Kampf und Streit liebten sie über alles, sowohl mit den Genossen bei Spiel und Gelage im Hause, als auch in offener Schlacht auf dem Wahl- platze. Das Leben hatte bloß Wert, solange sie kämpfen und mit mächtigem Schwerthiebe den Mitmenschen niederschmettern konnten. Glücklich erschien allein der im Kampfe gefallene Held, weil nur er in Walhalla, den Ort der Glückseligkeit, einging. Überall hören wir daher bei den Germanen von Kampf und

Streit, von geschwungenen Schwertern und dröhnenden Schilden.
Die ältesten deutschen Namen weisen auf Waffen und Kampf
hin, z. B. Hermann auf Mann des Heeres. Selbst das Weib
teilte diesen kriegerischen Zug des Volkes, zog mit den Männern
in den Krieg, feuerte sie zum Kampfe an und wußte ebensogut
Wunden zu schlagen als zu heilen. Wilde Rachsucht entflammte
und verbitterte die Gemüter und trieb sie zu allen Freveltaten,
zu Mord und Totschlag an; die Pflicht zur Rache für erlittene
Kränkungen war so strenge, daß sie auf alle Verwandten überging und nicht aufgeschoben werden durfte. Diese dunkeln Seiten
des germanischen Charakters entwickelten sich noch mehr, als
das zwar rohe, aber noch unverdorbene Naturvolk bei seinem
Vordringen in das römische Gebiet mit der Sittenlosigkeit des
absterbenden Römertums bekannt wurde und auch die einzelnen
germanischen Stämme mehr miteinander in Berührung kamen.
Wenn sittliche Verderbnis einmal bei einem Naturvolke eindringt,
so richtet sie bekanntlich bei ihm gerade die größte Verwirrung
an. Daher bedurfte der deutsche Charakter einer sittlichen Erneuerung und Umschaffung, welche ihm durch das Christentum
zu teil wurde, aber nicht mit einem Male, sondern allmählich,
wie ja auch die Deutschen nicht mit einem Schlage andere
Menschen wurden. Wie fest jene unedlen Leidenschaften im
deutschen Charakter wurzelten, sehen wir an der Geschichte der
christlichen Franken. Chlodwig, der erste christliche Frankenkönig, zeigte nach seiner Bekehrung noch die alte List und Verschlagenheit, die alte Lust zu Kampf und Krieg. Auch seine
Nachkommen begingen Verbrechen aller Art, Mord und Untreue,
und nur mit Schauder lesen wir von dem bittern Hasse, womit
die Mitglieder des königlichen Hauses einander verfolgten. Vergebens erhob mutig und unerschrocken der hl. Kolumban seine
Stimme gegen die Sittenlosigkeit des Hofes; er wurde vertrieben.
Es ist daher begreiflich, daß Bonifatius mit aller Strenge gegen
die tiefgewurzelten Laster des Volkes vorging und in seinem
Bußbuche schwere Strafen festsetzte, um das Volk der Laster zu
entwöhnen. Auf den Synoden versammelte er die Priester um
sich, suchte sie mit dem echt priesterlichen Geiste der Sittenreinheit zu erfüllen und wandte ohne Ansehen der Person die
kirchlichen Strafgesetze gegen diejenigen an, welche sich durch die
Nationalfehler, durch Spiel, Trinkgelage, Jagd, Krieg oder
Blutrache versündigt hatten. Unabläßlich und eifrig waren die
Priester der Kirche bestrebt, dem Volke Arbeitsamkeit, Mäßigkeit, Keuschheit, Versöhnlichkeit und Feindesliebe als notwendige

und kostbare Tugenden zu predigen und auf das Beispiel Jesu Christi und seiner Heiligen hinzuweisen. Während die heidnische Religion die Leidenschaften des Volkes erlaubte und vielfach sogar verherrlichte, wurden im Christentume alle angewiesen, arbeitsam, mäßig und keusch zu sein, alle Gefühle der Rache zu bekämpfen, das Böse mit Gutem zu vergelten und Unrecht geduldig zu ertragen, um sich so den Himmel zu verdienen. Auch der weltliche Arm wurde zu Hilfe genommen. Jegliches Unrecht, Gewaltthat, Ausübung von Blutrache wurden durch Gesetze verboten, die Bestrafung von Verbrechen den Gerichten übergeben und die Verordnung getroffen, daß Bürger und Priester unbewaffnet einhergehen sollten. Die Kampflust war dem Germanen so in Fleisch und Blut übergegangen, daß es nur darauf ankam, sie zu mäßigen und ihr ein erlaubtes Ziel zu geben. Durch den Gottesfrieden wurde festgesetzt, daß alle Fehden in der geschlossenen Zeit vor Weihnachten und Ostern, an allen Fast= und Festtagen, in jeder Woche von Mittwoch bis Montag ruhen sollten. Wie man bei einem großen Brande das Feuer auf einen Ort zu beschränken sucht, so suchte auch die Kirche die wilde Kampflust der Germanen auf eine gewisse Zeit zu beschränken. Um sie erlaubterweise zu befriedigen, wurden die Ritterorden gestiftet. Germanischer Heldensinn und fromme Andacht, christliche Nächstenliebe und männliche Kraft, Schwert und Bußgürtel waren bei den Ordensrittern vereint, welche Armut, Keuschheit und Gehorsam gelobten, nur aus Eifer für die Ehre Gottes in den Kampf gegen die Ungläubigen zogen und das Schwert nur aus Nächstenliebe zum Schutze des bedrängten Mitmenschen führten. Schön und richtig heißt es daher in Schillers „Kampf mit dem Drachen" vom Ordensritter:

> Gesandt ist er der Welt zum Retter,
> Von jeder Not und jedem Harm
> Befreien muß sein starker Arm.

Auch der Ritterstand in der Welt wurde vom christlichen Geiste ganz durchdrungen. Wie bei den heidnischen Germanen der Jüngling feierlich unter die Zahl der wehrhaften Männer aufgenommen wurde, so wurde der Jüngling auch unter feierlichen, erhebenden Ceremonien in der Kirche in die Zahl der christlichen Ritter aufgenommen. Nachdem er durch Beten und Fasten für die Aufnahme sich vorbereitet hatte, brachte er die letzte Nacht in der Kirche zu, empfing die heiligen Sakramente und gelobte, alle ritterlichen Tugenden zu üben, die Armen zu beschützen, den Schwachen, besonders den Frauen, zu helfen, den

um Gnade bittenden Feind nicht zu töten, alle Orte zu meiden,
wo Verrat und Unrecht geübt würde, und täglich der heiligen
Messe beizuwohnen. Alsdann wurde ihm die gesegnete Waffen-
rüstung übergeben, Panzer, Schwert, Lanze und Sporen; der
Lehnsherr schlug den niederknieenden Jüngling dreimal im Namen
Gottes, des hl. Michael und des hl. Georg mit der flachen
Klinge; das war der Ritterschlag. Der religiöse Geist war
bei dem Ritterstande mit dem kriegerischen aufs engste verbunden.
Während bei den heidnischen Deutschen Ruhmsucht, Geschlechtsliebe, Rachsucht, Blutgier und Streitsucht die Triebfedern zum
Kampfe waren, zogen die christlichen Ritter zur Ehre Gottes
und zum Heile des Mitmenschen in den Kampf. Das Eindringen slavischer Völker in Deutschland und die Eroberung
des Heiligen Landes durch die Türken gaben den christlichen
Rittern vielfache Gelegenheit, ihre Kampfeslust in edler Gesinnung zu bethätigen. Die Hochachtung vor dem weiblichen
Geschlechte, welche den alten Deutschen eigentümlich war, wurde
durch das Christentum veredelt, welches der Erziehung des weiblichen Geschlechts die größte Sorgfalt zuwandte. Die jungen
Mädchen wurden meistens in den Frauenklöstern, fern von
den nachteiligen Einflüssen der Welt, von den Ordensfrauen in
aller Zucht und Ehrbarkeit erzogen, sodaß alle echt weiblichen
Tugenden sich ungestört in der Seele des heranwachsenden
Mädchens entfalten konnten. Das Christentum sicherte die
Würde und den Einfluß der Frau, indem es die Frau an
Würde dem Manne gleichstellte, die Einheit und Unauflöslichkeit der Ehe zum Gesetze erhob und den Ehebund zu einem
heiligen machte. Nun bethätigte auch das weibliche Geschlecht
die von Gott verliehenen Kräfte und übte die stillen Tugenden
seines Geschlechts in einer Weise, wie man es bis dahin nicht
kannte, nämlich Demut, Sanftmut, Bescheidenheit, Geduld, Seelenreinheit, Treue, opferwillige Liebe, Tugenden, durch welche die
deutschen Frauen weithin berühmt wurden. So hat die katholische Kirche durch die erhabenen christlichen Lehren den Charakter
des deutschen Volkes von sündhaften Leidenschaften gereinigt
und geläutert, und dessen edle Anlagen weiter entwickelt und gefördert. Innige Frömmigkeit, Biederkeit und Treue im Denken
und Handeln, ernstes Gefühl für Ehre, Recht und Sitte, werkthätige Nächstenliebe, besonnene Thatkraft wurden Grundzüge
des deutschen Charakters. Wohl äußern sich auch noch nach
Einführung des Christentums die niedern Leidenschaften im
Volke, denn der Mensch behält ja immer seine Freiheit, und

das Unkraut wird immer neben dem Weizen wachsen, aber im ganzen ist es doch eine Thatsache der Geschichte, daß das Christentum den Charakter des deutschen Volkes in hohem Grade umgestaltet und veredelt hat. Der protestantische Geschichtschreiber Dahlmann sagt: „Soviel darf ich mit voller Wahrheit von mir sagen, daß ich es von jeher für die wichtigste Aufgabe meiner geschichtlichen Studien gehalten habe, den Entwickelungen des Christentums nachzugehen, aber ich habe nicht gefunden, daß die germanischen Stämme durch Annahme dieser Lehre schwachherziger gegen innere und äußere Feinde wurden; sie führten edlere, heiligere Zwecke in ihr Leben ein, aber sie fuhren fort, in der innern Freiheit die Bedingungen der äußern zu sehen, und zählten den unerschrockenen Kampf für beide zu den Christenpflichten".[1]

Freilich darf man diese veredelnde Wirksamkeit des Christentums nicht zunächst bei den höchsten Schichten der Menschheit suchen. Nicht auf den windumbrausten Bergspitzen lockt die Sonne die schönsten Pflanzen hervor, sondern in den Thälern, und nicht selten an ganz verborgenen Orten. So haben auch die christlichen Lehren nicht in den Palästen der Hohen und Mächtigen, sondern bei der großen Masse des Volkes die herrlichsten und zahlreichsten Blüten der Frömmigkeit hervorgebracht. Aber an den großen Fürsten, welche in der nächsten Zeit nach der Ausbreitung der katholischen Kirche in Deutschland regierten und ganz von christlichem Geiste durchdrungen waren, nehmen wir dessen veredelnden Einfluß am deutlichsten wahr. Pippin wurde von seinen Zeitgenossen der Fromme genannt; er begab sich sogar des Nachts zum Gebete in die Kirche und übte gegen seine untreuen, empörerischen Verwandten wahrhaft großmütig Feindesliebe und Versöhnung, wovon das Heidentum keine Idee hatte. Sein Sohn, Karl der Große, war ein wahrhaft großartiger Charakter, ein tapferer Held, ein Gelehrter auf dem Throne, ein staatsmännischer Geist, ein eifriger Wohlthäter der Armen, ein frommer Christ.[2] Konrad I. (911—918),

---

[1] Jansen, Zeit- und Lebensbilder, S. 349.

[2] Gegen Karls Leben werden mehrfache Vorwürfe erhoben; so soll er Kinder aus unerlaubten Verbindungen gehabt haben, aber die Sache ist durchaus nicht so klar, um diesen Vorwurf mit Bestimmtheit erheben zu können. Karl der Große besaß trotz seiner vielen Kriege ein tieffühlendes Herz und liebte ein trautes Familienleben, sodaß er die Seinigen immer bei sich haben mußte; er heiratete, weil seine Frauen starben, rasch nacheinander mehrere edle Töchter des Landes; diese Heiraten waren kirchlich giltig, aber die Frauen waren ihm an Stand nicht ebenbürtig

Heinrich I. (918—936), Otto I. (936—973), Heinrich II.
(1002—1024) waren Muster des christlich-deutschen Charakters,
vor welchen die heidnischen Helden vollständig verbleichen, wie
einzelne Züge aus ihrem Leben deutlich zeigen. Konrad I.
dachte großmütig mehr an die Einheit des Reiches als an sein
Haus, und befahl auf dem Sterbebette seinem Bruder Eberhard,
Spaltungen zu meiden, die Reichsinsignien Heinrich von Sachsen
zu bringen und ihn zum deutschen Könige zu wählen, obgleich
beide mit diesem in heftiger Fehde gelebt hatten; gewiß ein
Zeichen von hochherziger Feindesliebe! Dadurch beförderte er
im Tode gar sehr die Einheit des Reiches, für die er im Leben
mit geringem Erfolge gerungen hatte. Die hl. Mathilde, Gemahlin Heinrichs I. und Enkelin des Sachsenherzogs Widukind,
der so lange gegen die Einführung des Christentums gekämpft
hatte, Editha und Adelheide, Gemahlinnen Ottos I., Kunigunde,
Gemahlin Heinrichs II., sind wahrhaft erhabene Frauenbilder,
wie wir sie im ganzen Heidentume nicht finden. Nie sprach
ein Heide auf seinem Sterbebette wie Heinrich I. zu seiner Gemahlin: „Keinem Manne ist je ein edleres und einsichtsvolleres
Weib zu teil geworden, als ich in dir gefunden habe; du hast
mir stets das Beste geraten; du hast mich besänftigt, wenn der
Zorn in mir aufloderte; du hast mich zur Gerechtigkeit ermahnt,
wenn ich der Stimme der Leidenschaft Gehör zu geben versucht
war; du hast mich in meinem rauhen Kriegerleben stets wie
ein Engel des Friedens umschwebt und mein Herz den Gefühlen
der Menschlichkeit und des Mitleidens geöffnet. Habe Dank,
du fromme und treue Gefährtin meines Lebens, für all das
Gute, das du mir erwiesen hast." Auch Mathilde dankte tief-

---

und werden daher wohl in alten Schriften als Konkubinen, d. h. als un-
ebenbürtige Gemahlinnen, bezeichnet. So heiratete er zuerst die fränkische
Jungfrau Himiltrude, ließ sich aber durch seine ehrgeizige Mutter bewegen, die Tochter des Langobardenkönigs aus politischen Gründen zur
Gemahlin zu nehmen. Auf Vorstellungen des Papstes Hadrian löste er
diese Verbindung als unrechtmäßige wieder auf und heiratete, weil Himiltrude inzwischen gestorben, die allamannische Jungfrau Hildegard. Selbst
wenn aber auch Karls Leben anfangs nicht ganz fleckenrein gewesen ist,
so hat er es später durch große Buße gesühnt. Er betete viel, selbst zur
Nachtzeit in der Kirche, trug einen Bußgürtel, fastete strenge, obwohl es ihm
sehr schwer wurde, übte sehr die Mäßigkeit, eine bei den Deutschen damals
seltene Tugend, und ertrug den frühen Tod hoffnungsvoller Söhne in
der Blüte ihrer Jahre geduldig zur Sühnung seiner Sünden. Übrigens
hat die römische Kirche Karl den Großen nie heilig gesprochen, sondern
ein von Friedrich Rotbart eingesetzter Gegenpapst, Paschalis, gestattet aber
seine Verehrung in einzelnen Diöcesen.

gerührt ihrem Gemahl für alle bewiesene Treue und Liebe, und
ging in die Burgkapelle, um für den Sterbenden zu beten. Als
sie an dem lauten Weinen ihrer Söhne den Tod ihres Gemahls
erkannte, suchte sie einen Priester, der noch nüchtern war, damit
er sogleich die heilige Messe für den teuern Verstorbenen läse,
und wohnte dieser andächtig bei. Alsdann trat sie in das
Sterbegemach; sie weinte bitterlich, war aber ergeben in Gottes
heiligen Willen und sprach gefaßt zu ihren weinenden Söhnen:
„Meine teuern Söhne, schreibt euch in das Herz, was ihr hier
sehet, ehret Gott und fürchtet ihn, der Macht hat, solches zu
thun". Weil König Heinrich an einem Samstag (am 2. Juli
936) starb, so pflegte Mathilde an diesem Wochentage besonders
viele Werke christlicher Nächstenliebe zu vollbringen. An dem
stillen Wirken Mathildens sehen wir, welch veredelnden Einfluß
das im Heidentum zurückgedrängte Weib ausübte, seitdem das
Christentum ihm eine freie Entfaltung seiner Kräfte gestattete.
„Ihr Beispiel und ihre unermüdliche Thätigkeit", sagt der
Protestant Giesebrecht,[1]) „hat für die Gesittung und christliche
Erweckung des Sachsenvolkes mehr gethan, als man sagen kann.
Mit ehrfurchtsvoller Bewunderung sah die Welt auf sie, die
Gemahlin König Heinrichs, die Mutter des großen Kaisers
Otto; mit Freude und Stolz muß der Deutsche noch jetzt ihren
Namen nennen, denn mit demselben innigst verknüpft sind die
schönsten und rühmlichsten Erinnerungen unserer Geschichte."
Aehnlich wie Mathilde strahlen im Glanze weiblicher Tugenden
Ottos Gemahlinnen Editha und Adelheide, wie auch Heinrichs II.
Gemahlin Kunigunde, welche alle als Heilige verehrt werden.
Allerdings äußerte sich in Ottos Familie auch der Geist der
alten Zwietracht; seine Brüder, sein Sohn erster Ehe, sein
Schwiegersohn zogen gegen ihn das Schwert, aber die Zwie=
tracht endete — entgegen den Anschauungen des Heidentums —
in aufrichtiger Versöhnung und treuester Liebe, wovon uns viele
rührende Beweise erzählt werden. Ueberhaupt tritt uns bei den
Gliedern des sächsischen Fürstenhauses der veredelte christlich-
deutsche Charakter im hellsten Glanze entgegen, wie ja auch
der sächsische Stamm das Christentum am innigsten aufnahm,
nachdem sein langer Widerstand endlich gebrochen war. Die
Kaiser aus diesem Hause waren es aber auch, welche durch ihre
Klugheit und Thatkraft die Stämme des jetzigen Deutschlands
in einem Reiche einigten und nach dem leuchtenden Vorbilde

---

[1]) Giesebrecht, Geschichte der deutschen Kaiserzeit, I, 531 und 532.

Karls des Großen mit dem Geiste des Christentums zu durch-
bringen suchten. Besonders wird Heinrich I. als der Gründer
des deutschen Reiches betrachtet. Er zwang die deutschen Herzöge
durch siegreiche Kämpfe zur Anerkennung seiner Oberherrschaft,
und machte die Deutschen stark, um über die Ungarn zu siegen;
dadurch rettete er Deutschland vor dem Untergange. Mit Recht
begrüßten ihn daher die siegesfreudigen Soldaten nach einer
ruhmreichen Schlacht gegen die Ungarn an der Unstrut (933)
als den Vater des Vaterlandes. Unter seiner Regierung wurde
Deutschland ein kirchlich und politisch in sich abgeschlossenes
Reich; das Bewußtsein nationaler Zusammengehörigkeit wurde
lebendig; die deutschen Stämme fühlten sich als ein Volk, sodaß
wir seitdem von einem deutschen Volke reden und in Heinrich I.
den Gründer unsers politischen Daseins sehen können.[1]) Sein

---

[1]) Giesebrecht schreibt die Gründung des deutschen Reiches nicht
dem Krummstabe, sondern dem Schwerte des deutschen Kaisers zu, und
bemerkt: „Nicht die Bischöfe sind es gewesen, die den ersten Grundstein
zum Baue des deutschen Reiches legten, sondern der Mann, der die Krone
aus Priesters Hand zu nehmen sich weigerte" (I, 199). Wenn Heinrich
nach seiner Wahl auf dem Reichstage zu Fritzlar (919) die Salbung
durch den Erzbischof von Mainz ablehnte, so geschah das nicht aus
Geringschätzung der Kirche und ihrer Diener, sondern aus wahrer Demut.
Heinrich hatte von der erhabenen Würde der deutschen Krone eine hohe
Vorstellung, und drückte in dem Augenblicke, wo er wider Erwarten auf
Betreiben seines früheren Gegners Eberhard durch das Vertrauen der
deutschen Fürsten einstimmig gewählt wurde, unverholen die Gefühle seines
Herzens mit den Worten aus: „Salbung und Krönung sei einem Bessern
vorbehalten; ich bin so großer Ehre nicht würdig". Diese Ablehnung
aus Demut machte auf die Fürsten den angenehmsten Eindruck. Andere
Motive wären sicher übel aufgenommen, und stehen mit den Worten
Heinrichs, seinem ganzen Charakter und den thatsächlichen Verhältnissen
in Widerspruch. Heinrich wies die Salbung nicht etwa zurück, um nicht
als Fürst der Geistlichen zu erscheinen, oder um die weltlichen Fürsten
nicht gegen sich einzunehmen, denn er war ja auch von den weltlichen
Fürsten gewählt, und die Salbung sicherte seine Herrschaft gegenüber den
Angriffen weltlicher Fürsten. Ebensowenig lehnte er die Salbung ab,
weil er Sachse bleiben wollte und nach der allgemeinen Meinung nur ein
Franke gekrönt werden konnte, denn wenn das allgemeine Meinung war,
wie konnte man ihn dann wählen und ihm die Krönung antragen?
Heinrich war ein treuer Katholik, wie sein ganzes Leben beweist, so auch
die Gründung der Abtei Quedlinburg mit der dem hl. Petrus geweihten
Kirche, vor derem Altare er seine letzte Ruhestätte fand. Der Tod ver-
eitelte seinen Plan, nach Rom zu ziehen und aus den Händen des Papstes
die Kaiserkrone zu empfangen. Wenn Giesebrecht diesen Zweck dahin-
gestellt sein läßt und meint, er habe auch möglicherweise zum Zweck einer
einfachen Pilgerfahrt nach Rom ziehen wollen, so paßt das wenig zur
sieg- und ruhmreichen Laufbahn Heinrichs und zur hohen Politik seines
Sohnes Otto, dessen Wahl zum deutschen Könige er gerade wegen seines

Sohn Otto I., dem die Geschichte den ehrenden Beinamen des Großen beigelegt hat, war besonders darauf bedacht, alle christlichen Völker unter dem deutschen Kaiser als dem gemeinsamen Oberhaupte zu einigen. Durch eine Reihe glänzender Siege und eine kluge, umsichtige Politik machte er die Deutschen zu Trägern der Weltgeschichte und zum ersten Volke der Christenheit. Bei seiner ruhm= und segensreichen Regierung stand ihm ratend und helfend zur Seite sein Bruder Bruno, anfangs Leiter der Hofschule und der kaiserlichen Kanzlei, später Erzbischof von Köln, ein Mann, welcher die Tugenden des Heiligen mit staatsmännischem Geiste und großer Gelehrsamkeit vereinte. Unter seinem Einflusse wurde eine ganze Reihe Männer herangebildet, welche als Bischöfe den Pflichten ihres Standes gewissenhaft oblagen, aber zugleich auch als Fürsten das Wohl ihres Volkes auf allen Gebieten umsichtig förderten und dem Kaiser treu er-

hochstrebenden Sinnes noch zu Lebzeiten betrieb. Auch sah Heinrich von seinem streng katholischen Standpunkte aus im Priester den Stellvertreter Gottes, der im Namen Gottes bindet und löset, den Segen Gottes erteilt und vorenthält; fern lag ihm Giesebrechts protestantischer Standpunkt, wonach die Fürsten sich wohl „von Gottes Gnaden" nennen, aber mit Verwerfung des vermittelnden Priestertums sich selber die Krone aufsetzen. Daß das Schwert des deutschen Fürsten allein das deutsche Reich gegründet habe, ist ebenso unrichtig wie daß es die Kirche allein gegründet habe, was auch schon von großen Geschichtsforschern (Gfrörer) gesagt ist; beide waren dabei thätig. Es war unmöglich, bloß durch die Macht des Schwertes die noch nicht ganz kultivierten, uneinigen, kriegerischen, nach voller Selbständigkeit lüsternen Stämme auf die Dauer in einem Staatsverbande zu einigen; noch nie ist durch äußere Gewalt aus uneinigen Elementen ein einheitliches Staatswesen dauernd gegründet. Indem Bonifatius die deutschen Stämme in dem Schoße derselben Kirche einigte, welche allen dieselben Lehren verkündete und dieselben Heilsmittel spendete, bezähmte er ihren wilden Sinn und bewirkte, daß sie sich als Glieder derselben Kirche fühlten. Dadurch wurden sie auch für die Einigung in demselben Staatsverbande empfänglich gemacht. Besonders schlossen die Sachsen und Franken, welche sich fast ein Jahrhundert mit größter Erbitterung bekriegt hatten, nach Bekehrung der Sachsen enge aneinander an und waren auf Einigung der Stämme bedacht; die Geistlichen, welche unter der Zersplitterung und den Kriegen am meisten zu leiden hatten, erstrebten bei allen Stämmen eifrig die Einigung in einem geordneten Staatenbunde, unterstützten die Stärkung der kaiserlichen Gewalt und predigten den Gehorsam gegen sie als Pflicht. Ohne die einigende Wirksamkeit der Kirche wäre daher die Einigung der deutschen Stämme den Kaisern unmöglich gewesen. Auch Giesebrecht selber erkennt an anderen Stellen seines herrlichen Werkes mit Wärme den großen Einfluß an, welchen die Kirche durch ihre Lehren, ihren Kultus und ihre Sprache auf die Einigung der deutschen Stämme ausgeübt hat. Krummstab und Schwert waren daher beide zur Bildung und Einigung des deutschen Volkes thätig.

geben waren. Es sei nur der hl. Ulrich von Augsburg genannt, welcher mit dem Gottvertrauen eines Heiligen und echt deutschem Heldensinn Augsburg gegen die räuberischen Scharen der Ungarn verteidigte, bis Otto sein Heer sammelte, welches er durch seinen Segen und ermunternde Worte zum siegreichen Kampfe gegen die Ungarn begeisterte. Gerade unter den Kaisern des sächsischen Hauses bekam die Kirche eine hervorragende Stellung im Reiche; die Bischöfe, die sich als die treuesten Stützen des Thrones erwiesen, wurden einflußreiche Fürsten; das ganze Reichsregiment bekam einen kirchlichen Charakter; die Richtung der Zeit wurde eine sehr religiöse; treuer, kirchlicher Sinn wurde ein Grundzug des deutschen Volkes und die Quelle vieler herrlichen Tugenden. Die besten und edelsten Charaktere jener Jahrhunderte, welche wahrhaft segensreich für Staat und Kirche wirkten, sind von der Kirche gebildet und waren von ihrem Geiste erfüllt. Im Jahre 996 bestieg auch der erste Deutsche, ein Urenkel Ottos des Großen, den Päpstlichen Stuhl unter dem Namen Gregor V.; ihm folgten in der höchsten Würde der Christenheit bald noch sechs andere Deutsche, welche mit Strenge gegen die sittlichen Schäden der damaligen Zeit ankämpften und eine bessere Zeit anbahnten. So strahlen uns auch unter der päpstlichen Tiara die hohen Tugenden entgegen, zu welchen die Kirche das deutsche Volk erzogen hat.

Der Charakter eines Volkes spiegelt sich am getreuesten in seiner Litteratur, besonders in seinen Dichtungen, wieder. Ein Blick in die deutsche Litteraturgeschichte läßt uns daher den großen Unterschied zwischen den heidnischen und christlichen Zeiten und den umgestaltenden Einfluß des Christentums erkennen. Die Dichtungen aus der heidnischen Zeit sind uns bis auf wenige Stücke verloren gegangen, obwohl Karl der Große die alten Heldenlieder sammeln ließ. Der römische Geschichtschreiber Tacitus erzählt, die alten Deutschen besängen bei ihren Gelagen in Liedern ihre Götter und Helden und zögen singend in den Kampf, um durch Schlachtengesänge Mut und Streitlust anzuregen. Ihre Poesie atmete also vorzugsweise den kriegerischen Geist, der das ganze Volk erfüllte. Aus dem 8. Jahrhundert ist uns in Bruchstücken das Hildebrandslied erhalten, welches von zwei Mönchen im Kloster Fulda — ohne Zweifel alten Kriegern — in ihren Mußestunden aufgezeichnet wurde; es schildert einen Zweikampf zwischen Vater und Sohn; als der Vater nach dem unentschiedenen Kampfe die Hand zur Versöhnung ausstreckte, zog der tückische Sohn sein Schwert, um sie ihm abzuhauen. Manche heidnische Stoffe wurden in späterer Zeit, namentlich in den Klöstern, dichterisch behandelt, wobei das Heidnische durch christliche Anschauungen vielfach gemildert wurde. Das Nibelungenlied, das größte deutsche Nationalepos, wurde im Anfange des 13. Jahrhunderts aufgezeichnet und ist ganz besonders ein Spiegel alten deutschen Geistes. Die erste Hälfte schildert uns die Werbung des tapfern Siegfried um die Königstochter Kriemhilde und dessen treulose Ermordung durch den tückischen Ritter Hagen, der ihn hinterlistig mit Zustimmung von Kriemhildens Bruder Gunther das Schwert in den Rücken stieß, als er sich niederbeugte, um aus einer Quelle seinen Durst zu stillen. In der zweiten Hälfte wird Kriemhildens Rache geschildert; nachdem sie lange vergebens auf Rache gesonnen hatte, heiratete sie den Hunnenkönig Etzel in der Hoffnung, als Königin der Hunnen das heiße Verlangen nach Rache erfüllen zu können. Nach 13 Jahren ladete sie ihre Verwandten zu einem Hoffeste ein, wobei die heftigsten Kämpfe zwischen Hunnen und Burgundern entbrannten, und Gunther mit seinem Ritter Hagen gefangen genommen wurde. Nun ließ Kriemhilde ihren Bruder Gunther enthaupten, trat mit dessem Haupt vor Hagen hin und schlug ihm eigenhändig das Haupt ab. Zuletzt wurde auch sie vom Schwerte des alten Hildebrand getroffen und sank tot nieder. Das Nibelungenlied schildert getreu die Sitten der alten, heidnischen Zeit; seine Charaktere sind genau nach dem Leben des Volkes gezeichnet, und zeigen uns die guten wie die schlechten Eigenschaften des deutschen Volkes, Gastfreundschaft, Treue im Privatleben unter Mann und Frau, Herrn und Diener, aber auch unersättliche Rachgier, wilde Kampflust, frechen Trotz, schändliche List, entsetzliche Verschlagenheit, tückische Heuchelei. Ähnliche grausige Charakterschilderungen entwerfen die andern altgermanischen Heldengedichte, z. B. Gudrun, die Rabenschlacht u. a. [1]

---

[1] Es ist erklärlich, daß die Kirche die heidnischen Dichtungen aus dem Munde des Volkes verdrängte, um die heidnischen Anschauungen mit der Wurzel auszurotten und die Gefahr des Rückfalls in das Heidentum zu verhindern. Auch konnte man den christlichen Glaubensboten nicht zumuten, bei ihren Mühen und Arbeiten auf die Aufzeichnung der heidnischen Dichtungen bedacht zu sein. Als aber vom Heidentum keine Gefahren mehr für das Christentum zu besorgen waren, wurden in den Klöstern viele heidnische Dichtungen aufgezeichnet oder neu bearbeitet. Übrigens ließ schon Karl der Große, obwohl er die Ausübung des Heidentums bei Todesstrafe verbot, doch durch gelehrte Männer die alten Heldenlieder aufzeichnen. Diese Sammlung ist uns vollständig verloren gegangen; nur einzelne Bruchstücke von Dichtungen sind in Klöstern wieder auf-

Als das Christentum das Heidentum verdrängte und die jugendfrischen Herzen unseres Volkes mit seinen milden, friedlichen Lehren erfüllte, vertiefte und erweiterte es die Lebensanschauungen des Volkes und rief eine ganz neue Litteratur hervor. Zunächst war das Christentum schon von großer Bedeutung für die Bildung der deutschen Sprache. Bereits Bonifatius bestimmte, daß die Fragen bei der heiligen Taufe in deutscher Sprache zu stellen seien, damit die Leute verstanden, was sie thaten, und verfaßte für die Ablegung der Beichte eine bestimmte Formel. Die öftern Versammlungen, auf welchen die Geistlichen und Weltlichen der verschiedenen Stämme vertreten waren, Predigt und Unterricht, Gebetsformeln, der rege Verkehr, welcher zwischen den verschiedenen Kirchen und Klöstern stattfand, die religiösen Lieder, welche in der Muttersprache verfaßt und bei dem Gottesdienst gesungen wurden, wirkten dazu mit, daß sich für die deutschen Stämme eine gemeinsame Sprache bildete. Karl der Große, dessen Herz bei aller Liebe zur lateinischen und griechischen Litteratur doch deutsch blieb, beförderte sehr die deutsche Sprache; er gab den Winden und Monaten deutsche Namen und verfaßte die erste deutsche Grammatik; keine Nation kann sich eines solchen Grammatikers rühmen. Der Abt Rhabanus Maurus, † 856, wegen seiner großen Thätigkeit auf dem Gebiete der Schule der erste Lehrer Deutschlands genannt, pflegte sehr die Liebe zur deutschen Sprache und stellte schon Regeln für die Rechtschreibung auf. So bekamen die germanischen Stämme in Deutschland unter dem Einflusse der Kirche wie einen eigenen Volkscharakter, so auch eine eigene Sprache, während die nordgermanischen Stämme, d. i. Dänen, Schweden und Norweger, ihren besondern Entwickelungsgang machten, sodaß ihre Sprache uns nicht verständlich ist. Das Christentum bot durch seine erhabenen Wahrheiten der Dicht-

---

gefunden. Die Klosterbibliotheken, in denen manche Schätze aus der heidnischen Zeit verborgen waren, sind in den letzten Jahrhunderten vielfach aus Unverstand und Geringschätzung vernichtet worden, so in den Greueln des dreißigjährigen Krieges und bei der Aufhebung der Klöster im Anfange unsers Jahrhunderts, wo viele Bücher mutwillig verschleudert wurden. Die Handschriften-Sammlung des Klosters Fulda, die umfangreichste und bedeutendste in ganz Deutschland, ist zur Zeit des dreißigjährigen Krieges vernichtet worden. Da man sich so an den uns aus den frühern Zeiten so reichlich überkommenen Schätzen von Kunst und Wissenschaft versündigte, sollte man sich hüten, den christlichen Glaubensboten vorzuwerfen, sie hätten mit rauher Hand die heidnische Litteratur vernichtet.

kunst eine Fülle herrlichen Stoffs dar und regte den Geist zu
dichterischem Schaffen an, wobei für die christlichen Begriffe
vielfach erst neue deutsche Wörter gebildet wurden. Mit dem
Eintritte in die Kirche begann daher eine ganz neue Litteratur.
Aus Wessobrunn, einem von dem Bayernherzoge unter dem
Einflusse des hl. Bonifatius gestifteten Kloster, in dem alsbald
reges wissenschaftliches Leben begann, stammt das Wessobrunner
Gebet, welches im 8. Jahrhundert verfaßt wurde; in demselben
wird Gott zunächst als der Allmächtige und Ewige geschildert,
und dann um Kraft zum Glauben und Lieben angefleht. Das
Gedicht Muspilli, d. i. Weltbrand, im 9. Jahrhundert verfaßt
und in dem Kloster St. Emmeran in Bayern aufgefunden, stellt
in erhabenen Zügen das jüngste Gericht dar. Zu den ältesten
Sprachdenkmälern zählen auch die Übersetzungen kirchlicher Gebete, die nach den Bestimmungen des hl. Bonifatius die Gläubigen
auswendig wissen sollten. Bald nach der Bekehrung der Sachsen
dichtete ein sächsischer Bauer den Heliand (Heiland), „das treff-
lichste, vollendetste und erhabenste Gedicht, welches die christliche
Poesie aller Völker und aller Zeiten hervorgebracht hat, ja,
abgesehen von dem christlichen Inhalte, eines der herrlichsten
Gedichte überhaupt von allen, welche der dichtende Menschengeist
geschaffen hat, und welches sich in einzelnen Teilen, Schilderungen
und Zügen mit den homerischen Gesängen vollständig messen
kann".[1] In diesem Gedichte werden in tiefsinniger, anmutiger
Weise Leben und Lehre Jesu dargestellt, der als der mächtigste
König — eine echt germanische Vorstellung — die Menschen in
seinen Dienst nimmt und reichlich belohnt. Dieses Gedicht zeigt
uns ganz besonders, wie warm und tief das deutsche Volk das
Christentum aufnahm, und wie sehr sein ganzes Wesen dadurch
veredelt wurde. Der Mönch Ottfried, der erste uns mit Namen
bekannte Dichter, verfaßte gegen 870, um die anstößigen Volkslieder zu verdrängen, den Krist, ein Gedicht, in welchem das
Leben Jesu unter belehrenden Betrachtungen dargestellt und
zuerst der Reim gebraucht wird. Um die wollüstigen Schauspiele des heidnischen Dichters Terenz zu verdrängen, schrieb
Roswitha, eine Nonne in Gandersheim aus vornehmem Geschlechte, in lateinischer Sprache, aber ganz in deutschem Geiste
und mit großer Kunst eine Reihe von Schauspielen, welche die
Tugenden der christlichen Frau, Demut, Keuschheit, Sittsamkeit
und ihren großen veredelnden Einfluß auf den Mann darstellen

---

[1] Villmar, Deutsche Litteraturgeschichte, 6. Aufl., S. 36.

und vor Kaiser Otto und seinem Hofe im Kloster aufgeführt wurden. Wie sehr das Christentum die Begriffe von Liebe und Ehre veredelte und das ganze Leben idealisierte, sieht man besonders an den Heldengedichten, welche mit einem Gebete beginnen und die Tugenden der christlichen Ritter schildern, die ihre Kraft Gott und dem Mitmenschen weihen und das Schwert nur für den Glauben und zum Schutze des Nächsten tragen. Das Rolandslied, welches von Konrad, einem Geistlichen am Hofe Heinrichs des Löwen, verfaßt wurde und den Charakter eines christlichen Heldengedichts am meisten an sich trägt, erzählt uns die Kämpfe Rolands, der mit Karl dem Großen nach Spanien gegen die heidnischen Sarazenen zog, in den Schluchten der Pyrenäen bei einem plötzlichen Überfalle mit ungebrochenem Mute kämpfte und als christlicher Held starb, seine Sünde aufrichtig beichtend und bereuend und mit ausgestreckten Armen laut betend. Überhaupt dichteten die Geistlichen in jener Zeit viele erzählende Dichtungen, um die heidnischen Gedichte aus dem Volke wirksamer zu verdrängen und durch christliche zu ersetzen. Der Ritter Wolfram von Eschenbach, durch die tiefsinnige Auffassung seines Stoffes der größte Dichter des Mittelalters, stellt in seinem Parzivall, dem bedeutendsten deutschen Kunstepos, das Leben eines Ritters dar, welcher aus trotzigem Hochmut sich von Gott abwendet, aber durch Welt- und Selbstverleugnung wieder zu Gott zurückkehrt. Wolfram fand viele Nachahmer im Ritterstande, welcher mit Lust und Liebe die Dichtkunst pflegte und in kunstgerechter Durchbildung das christliche Heldentum feierte. Während die heidnischen Heldengedichte hauptsächlich blutige Schlachten schildern und an ihren Helden kecken Trotz, verschlagene List, übermütige Kraft und wilde Rachsucht preisen, verherrlichen die christlichen Dichter an ihren Helden Entsagung, Selbstverleugnung und himmlische Liebe. Als eine ganz neue Blüte der mittelalterlichen Poesie entwickelte sich der Minnesang. Minne bedeutet Andenken, Erinnerung, Liebe. Der Minnesang war daher eine reine, innerliche Herzenspoesie, welche die hingebende Treue im Dienste Gottes, des Herrn und der Frauen besang und der poetische Ausdruck des damaligen Lebens war. Sofern der Minnesang sich auf die Frauen bezog, ging er aus der christlichen Hochachtung vor der Würde, Unschuld, Reinheit und Schönheit des Weibes hervor, welches auf die stürmischen Leidenschaften des Mannes einen besänftigenden und veredelnden Einfluß ausübt. Diese Art des Minnesanges pries daher nicht so sehr einzelne Frauen, als vielmehr die Tugenden des weiblichen Geschlechts, und ganz besonders die Mutter Gottes, deren makellose Reinheit und hohe Würde verklärend auf das ganze Frauengeschlecht herniederstrahlten und ihm Muster und Vorbild waren. Der Minnesang hatte seinen Mittelpunkt am Hofe der Landgrafen von Thüringen, wo damals die heilige Elisabeth lebte, durch ihr reines, heiliges Leben einer der hellsten Sterne am Himmel der Heiligen. Viele religiöse Lieder wurden in jener Zeit gedichtet; manche von ihnen wurden Kirchenlieder und Gemeingut des ganzen Volkes; besonders dichteten die deutschen Mystiker zarte, innige, leicht singbare Kirchenlieder. [1] Nicht bloß bei den Vornehmen und Gebildeten, sondern auch im Volke war dichterische Kraft thätig und erzeugte einen großen Schatz herrlicher Volkslieder, die in unserm Jahrhundert mehr= fach gesammelt wurden. [2] Wie bei allen Völkern, so entwickelte sich auch bei dem deutschen die dramatische Kunst im Anschlusse an die Religion. An den hohen Festtagen, zu Weihnachten, Ostern, Christi Himmelfahrt, Pfingsten, führten die Geistlichen, anfangs allein, später in Verbindung mit Laien, dramatische Spiele auf, in welchen die Geheimnisse des Festes dem Volke vorgeführt und durch Reden erklärt wurden. Die Pflege der Dichtkunst wirkte natürlich auch auf die Prosa ein und verlieh ihr eine entsprechende Gewandtheit. Allerdings wurden die wissenschaftlichen Werke in der lateinischen Sprache geschrieben,

---

[1] Es ist eine schon oft widerlegte Behauptung, Luther sei der Schöpfer des deutschen Kirchenliedes. Luthers Freund Melanchthon sagt: „Dieser Gebrauch (der deutschen Kirchenlieder) ist allezeit für löblich ge= halten worden in der Kirche. Denn wiewohl an etlichen Orten mehr, an etlichen Orten weniger deutsche Gesänge gesungen wurden, so hat doch in allen Kirchen je etwas das Volk deutsch gesungen, darum ist's so neu nicht.“ Von Anfang an wurden in der Kirche auch deutsche Lieder ge= sungen. Aus dem Jahrhundert des hl. Bonifatius ist uns noch eine leicht singbare Übersetzung des Te Deum erhalten, aus dem folgenden ein Lied auf den hl. Petrus. Durch den erhebenden Kirchengesang in Stiftern und Klöstern wurde auch das Volk zum Singen angetrieben. Viele deutsche Kirchenlieder wurden nach Melodie und Text lateinischer Hymnen um= gedichtet; vielfach wurde die Übersetzung mit dem Original Vers für Vers verbunden. Die Lieder: „Christus ist erstanden“ und „O Christ hie merk“ werden noch jetzt so gesungen wie im 12. Jahrhundert. Im ganzen sind gegen 100 Kirchenlieder vor der „Reformation“ nachweisbar, welche durch Form und Melodie den Kern des jetzigen Kirchengesanges bilden. Luther schaffte allerdings den lateinischen Kirchengesang ganz ab und ließ nur deutsche Lieder singen, aber verfaßte sie bis auf sehr wenige wie sein Eigentum nach Psalmen und Hymnen mit Veränderungen zum Ausdrucke seiner Lehren.

[2] So besonders von Brentano in seinem „Des Knaben Wunderhorn“ und von Görres in seinen Volksbüchern.

aber für die andern Bedürfnisse des Lebens bediente man sich
der deutschen. Die großen Volksprediger der Franziskaner und
Dominikaner durchzogen predigend ganz Deutschland, so Berthold
von Regensburg, der so volkstümlich und meisterhaft redete,
daß er seine Kanzel im Freien aufschlagen mußte. Die deutschen
Mystiker, Eckhardt und seine Schüler Tauler und Suso, sich
mit den Flügeln der Liebe zu Gott emporschwingend, stellten
die tiefsten Geheimnisse des christlichen Glaubens in einer das
Gemüt ansprechenden Weise dar, und stiegen in die Tiefen des
Sprachschatzes hinab, um ihre Gedanken anschaulich darzustellen.
Durch den Einfluß dieser Prediger und Mystiker bekam die
deutsche Sprache anmutige Einfachheit und großen Reichtum
im Ausdrucke.

So hat das Christentum den deutschen Geist zu vielseitigem
Schaffen in deutscher Sprache angeregt und, ganz abgesehen von
dem großen Reichtum der in lateinischer Sprache geschriebenen
Werke, im Mittelalter eine Blüte der Litteratur erzeugt, wie sie
Deutschland nie wieder erreicht hat. So reich und mannigfaltig,
so glänzend und allseitig, so rein und edel ist in Deutschland
nie wieder gedichtet worden. Im prunkvollen Schlosse kunst-
liebender Fürsten, in den hohen Burgen sangesfroher Ritter,
in dem stillen Gemache des gelehrten Priesters und des einfachen
Ordensmannes, in den wohlhabenden Häusern sangeslustiger
Bürger und Handwerker, bei der Kirche wie bei dem Volke, fand
die Dichtkunst Schutz und Pflege. Die ganze blühende Litteratur
ist aus dem Volke durch den Einfluß des Christentums hervorgebracht und ganz von christlichem Geiste erfüllt. Wie die Erde
in Thälern und auf Höhen prachtvollen Blütenschmuck hervorbringt, wenn sie nach dem kalten Winter von den Strahlen
der Frühlingssonne beleuchtet und erwärmt wird, so brachte auch
das ganze deutsche Volk die herrlichsten Geistesblüten hervor,
als das Christentum mit seinem Lichte im deutschen Lande zu
leuchten und seine belebenden und erquickenden Gnaden aus-
zugießen begann. Die ganze geistige Entwickelung unseres Volkes,
seine Reinigung und Läuterung von wilden, heidnischen Leidenschaften, seine Sittigung und Veredelung durch die christlichen
Lehren, sein frommer, treuer, biederer Charakter spiegeln sich
in den sprachlichen Erzeugnissen seines Geistes wieder und bezeugen uns den bildenden Einfluß des Christentums.[1]) Das

---

[1]) Als der Protestantismus im 16. Jahrhundert durch den Abfall
von der Kirche mit der ganzen religiösen Vergangenheit unseres Volkes
brach, wurde die glänzende Zeit des Mittelalters vergessen und dem Volke

rege, geistige Leben unseres Volkes im Mittelalter erzeugte in Verbindung mit seiner großen, politischen Macht und seiner weltbeherrschenden Stellung ein großes Selbstbewußtsein und innige Liebe zum Vaterlande, dessen Vorzüge in den Liedern jener Zeit viel gepriesen werden, so von Walther von der Vogel= weide, dem größten Minnesänger. Diese Liebe zum Vaterlande wurde von der Kirche nicht unterdrückt, sondern befestigt und verklärt. Daher war der Patriotismus auch in den Zeiten am lebendigsten, wo der kirchliche Sinn die Herzen am meisten durchdrang. Die andern Völker beklagten sich oft über den Nationalstolz der Deutschen, der ihnen unerträglich und an= maßend vorkam. Der deutsche Charakter bewahrte im wesent= lichen seine Vorzüge bis zum 16. Jahrhunderte, wo Luthers Auftreten Deutschland in Parteien spaltete, welche sich viel er= bitterter bekämpften als feindliche Völker. Der Unterschied zwischen Katholiken und Protestanten, und bei diesen wieder zwischen Lutherischen und Reformierten spitzte sich mehr zu, als der nationale Unterschied zwischen feindlichen Völkern. Diese Leidenschaft, womit sich die religiösen Parteien bekämpften, wirkte zersetzend auf den ganzen deutschen Charakter. Auch das Sinken der politischen Größe und Bedeutung Deutschlands und das wüste Leben an den Höfen wirkten nachteilig auf den deutschen Charakter. Das Bewußtsein nationaler Zusammengehörigkeit erlosch immer mehr, die sittliche, nationale Kraft wurde immer schwächer, die alte deutsche Treue, Biederkeit und Eintracht schwanden immer mehr, das Ausland wurde mit Vorliebe nach= geäfft, sodaß in den höhern Kreisen vielfach nur die französische Sprache im Umgange gebraucht wurde. Schmerzlich bewegt ruft daher der vaterlandsliebende Gfrörer aus: „Seit dem dreißig=

selber zur Schmach und Schande als Finsternis und Barbarei verschrieen. So gerieten auch die herrlichen Dichtungen des Mittelalters in Vergessen= heit, bis sich in unserm Jahrhunderte die Schule der Romantiker bildete, welche wieder eine gemütvolle Poesie auf christlicher Grundlage wie ehe= dem im Mittelalter zum Mittelpunkte des Lebens machen wollten. Darum richteten sie ihre Blicke auf das romantische Mittelalter, verherrlichten es in ihren Liedern, machten seine Dichtungen bekannt und nahmen sie sich selber zum Vorbild. Der Begründer dieser Schule war Novalis, zwar Protestant, aber in katholischem Geiste dichtend. Weil die katholische Kirche durch ihre unfehlbare Lehrautorität und allseitig reiche Lebens= gestaltung vorzugsweise die Trägerin des Christentums ist und durch ihren herrlichen Kultus namentlich dichterische Naturen sehr für sich einnimmt, so machten einzelne der Romantiker mit ihren Bestrebungen vollen Ernst und kehrten zur katholischen Kirche zurück, so Fr. v. Schlegel, Z. Werner; andere standen ihr nahe.

jährigen Kriege sind die Deutschen ein Volk von Bedienten geworden", und im Gegensatze zu dem stolzen Bewußtsein der mittelalterlichen Dichter ruft der edle Logau († 1655) klagend aus:

> Deutschland bei der alten Zeit
> War ein Stand der Redlichkeit,
> Ist jetzt worden ein Gemach,
> Drinnen Laster, Schand und Schmach.

Um das Christentum in Deutschland auszubreiten und zu befestigen, bediente sich Bonifatius in Deutschland der Klöster. Da er früher selber Mönch nach der Regel des hl. Benediktus gewesen war, so kannte er den großen Nutzen der Klöster aus eigener Anschauung, und war auch mit dem klösterlichen Leben vertraut genug, um blühende Klöster zu gründen. In Hessen gründete er schon frühzeitig die Klöster Fritzlar und Amöneburg, in Thüringen Ohrdruf; sein Schüler Sturmi gründete unter seiner Leitung Fulda, den Mittelpunkt des gesamten Ordenslebens für das mittlere Deutschland; seine Schüler Willibald und Wunnibald gründeten Klöster im Altmühlthale, in Eichstätt und Heidenheim, ebenso Sola in Solnhofen; Sebaldus in Nürnberg; Gregor wurde Abt von Utrecht. Auch Frauenklöster rief Bonifatius durch seine Schülerinnen ins Leben, so am Main in Kitzingen und Ochsenfurt durch Thekla, durch Lioba in Tauberbischofsheim, durch Chunihilt, Berathgit und Chunitrud in Thüringen, durch Walpurgis in Heidenheim. Der Klosterzucht widmete Bonifatius seine besondere Aufmerksamkeit. Die Klöster Fritzlar und Ohrdruf leitete er anfangs selber; später berief er zu ihrer Leitung den hl. Wigbert. Seinen Schüler Sturmi sandte er nach Italien, um dort die Klosterzucht noch genauer zu erlernen. Auf allen Synoden brachte Bonifatius das Klosterleben zur Sprache, und drang sehr auf strenge Erfüllung der klösterlichen Regeln. Auch die damaligen Fürsten wußte Bonifatius für die Klöster zu begeistern. Die herzogliche Familie in Bayern gründete eine große Anzahl von Klöstern; ebenso die Karolinger; Pippin gründete Lorsch in Hessen, Karl der Große 24 Klöster in Sachsen, Ludwig der Fromme Corvey an der Weser. Die Kaiser des sächsischen Hauses, besonders Otto der Große und seine Mutter Mathilde, gründeten zahlreiche Klöster im nördlichen Deutschland. Die Klöster zählten viele Mitglieder; bei dem Ernste, mit welchem man damals die Glaubenswahrheiten auffaßte, wählten viele den Ordensberuf. Das Kloster Fulda zählte schon bei Lebzeiten des hl. Sturmi an 400 Mönche, obgleich das aufblühende Hersfeld ganz in der Nähe war. Die bevölkerten Klöster wurden wieder Ausgangspunkte anderer Klöster, und so wurde Deutschland im Laufe der Zeit mit einem Netze von Klöstern bedeckt, welche für Religion, Kultur und Wissenschaft von größter Wichtigkeit wurden. Die Mönche predigten in der Umgebung ihres Klosters mit Nachdruck und Ausdauer die Lehren des Christentums, übten eine ausgebreitete Seelsorge aus und trugen so zur Ausbreitung und Befestigung des Christentums viel bei. Sie lehrten unsere Vorfahren dem Götzendienst und den heidnischen Gebräuchen entsagen, Mord, Raub und Gewaltthätigkeit meiden und ein christliches Leben führen. Durch ihre strenge Abtötung und Entsagung machen die Mönche stets auf jedes gläubige, vorurteilsfreie Gemüt einen großen Eindruck, wofür der ernste, deutsche Charakter besonders empfänglich ist. Noch jetzt eilt das gläubige Volk mit besonderer Vorliebe zu den Klosterkirchen und bringt den Ordensleuten eine besondere Verehrung entgegen. Die Pracht des Gottesdienstes, die würdige Feier der Feste, der große Schmuck und die vielen Heiligenbilder in den Klosterkirchen weckten und belebten bei unsern Vorfahren das religiöse Leben. Weil die Ordensleute sich ausschließlich dem Dienste Gottes und ihrem Seelenheile widmen und sich nicht bloß des Unerlaubten enthalten, sondern auch im Erlaubten abtöten, um desto sicherer den Willen Gottes zu erfüllen, so erinnerten sie unsere Vorfahren recht eindringlich an den Wert und die Notwendigkeit der Religion, und zeigten ihnen, daß die christlichen Lehren der Demut, Entsagung, der ungeteilten Hingabe an Gott und des brüderlichen, friedfertigen Zusammenlebens sich in schönster Weise verwirklichen lassen. Besonders waren die Mönche geeignet, den Germanen gerade in der Bekämpfung ihrer Hauptleidenschaften ein herrliches Vorbild zu geben. Die Mönche bringen nämlich ihren Leib Gott zum Opfer, indem sie in Keuschheit und Entsagung leben, alle sündhaften Gelüste des Fleisches bezähmen und in Speise und Trank sich abtöten. Dadurch lehrten sie unsere Vorfahren ein keusches, mäßiges und nüchternes Leben führen, das Laster der Unmäßigkeit ablegen und alle sittlichen Vergehen meiden. Die Ordensleute bringen ihre Seele Gott zum Opfer, indem sie aus Liebe zu Gott in allen erlaubten Dingen dem Obern gehorchen. Dadurch waren sie unsern Vorfahren ein leuchtendes Muster, den kecken Geist der übermütigen Freiheit und Unabhängigkeit zu bekämpfen, sich an Gehorsam und Unterwerfung zu gewöhnen und sich einer gesellschaftlichen

Ordnung einzufügen. Die Mönche entsagen aus Liebe zu Gott allen irdischen Gütern, leben für ihre Person in Armut und Verborgenheit, und suchen ihren Ruhm nur in der Tugend. Dadurch gaben sie unsern Vorfahren ein Beispiel, alle eitle Ruhmgier zu bekämpfen und nur auf die Übung der Tugend bedacht zu sein, welche allein wahren Wert hat. Das christliche Leben kann dem Menschen nicht durch Worte angepredigt, son=dern nur durch das Beispiel von ihm erlernt werden, welches eine größere Kraft hat als belehrende Worte. Das blühende Ordensleben, welches Bonifatius in Deutschland ins Leben rief, trug daher im hohen Maße zur Erweckung und Belebung des religiösen Sinnes bei; die Ordensleute waren es vorzugsweise, welche unsere Vorfahren im christlichen Glauben unterrichteten und durch ihr Beispiel zum sittlichen Leben anleiteten; sie schafften den Gebrauch der Menschenopfer ab, lehrten unsere Vorfahren mit stammelnder Zunge das erste Vaterunser beten, ihre Kniee vor dem wahren Gotte beugen und zum Gebete die Hände falten, die sonst nur das Schwert zu führen gewohnt waren. Die innige Frömmigkeit, welche das deutsche Volk im Mittelalter auszeichnete, ist sicherlich zum guten Teile die Frucht von der wohlthätigen Einwirkung, welche die zahlreichen Klöster auf die Herzen ausübten.

Zugleich mit der Ausbreitung des Christentums verbanden die Mönche auch Wohlthaten irdischer Art. Sie betrachteten die Arbeit als etwas zur Natur des Menschen Gehöriges, als eine Strafe, welche Gott schon im Paradiese der sündigen Menschheit aufgelegt hat, und vereinigten mit dem Gebete an=gestrengte Arbeit, getreu dem Grundsatze: Ora et labora (Bete und arbeite). Fern von der Welt, im Urwalde oder sonst in einer entlegenen, einsamen Gegend unsers Vaterlandes ließen sie sich nieder. Während sie unsern Vorfahren das Licht des Evangeliums brachten und ihre Seelen von Sünde und Aber=glauben reinigten, lichteten sie zugleich den Urwald, bauten Kirchen und Klöster und legten wohlgepflegte Gärten, fruchtbare Felder und grünende Wiesen an. Der Ackerbau wurde von den Klöstern sehr gepflegt, sodaß mit jedem Kloster eine Meierei verbunden war. Wie die Mönche den Samen des göttlichen Wortes in die Herzen unserer Vorfahren ausstreuten, so zogen sie auch die ersten Furchen in den Erdboden und streuten die ersten Saatkörner aus. In den Gärten zogen sie die ver=schiedensten Obst= und Gemüsesorten, indem sie teils die wilden veredelten, teils durch ihren regen Verkehr mit den Klöstern der südlichen Gegenden sich bessere Sorten verschafften. Um für das heilige Meßopfer und die Pflege der Kranken den nötigen Wein zu haben, betrieben sie auch Weinbau, selbst an Orten, wo jetzt kein Wein mehr gezogen wird. Auch der umliegende Wald blieb sich nicht mehr selbst überlassen, sondern erfuhr die ordnende Hand des Ordensmannes, um zum Bauen und Brennen geeignetes Holz zu erhalten. Von Gärten, Feldern, Wiesen und Wäldern umgeben, erfreuten sich die Klöster einer gesunden und schönen Lage und lassen noch jetzt, obwohl ihrer ursprünglichen Bestimmung entzogen, vielfache Spuren von den fleißigen Händen der Mönche erkennen. Auch die verschiedenen Handwerke wurden im Kloster aus christlichem Berufseifer betrieben, damit die Mönche das Kloster nicht zu verlassen brauchten. Sämtliche Lebensbedürfnisse wurden im Kloster selber befriedigt; was zum Leben an Wohnung und Kleidung, Speise und Trank nötig war, wurde im Kloster hergestellt; jedes Kloster hatte seine Werkstätten, Brauerei und Bäckerei. Wer sich nicht den Studien widmete, mußte den Acker bestellen, pflügen und säen, oder ein Handwerk betreiben: z. B. Schneiderei, Gerberei, u. s. w. Selbst die mit Studien beschäftigten Mönche wurden auch mit körperlichen Arbeiten beschäftigt, damit der Geist sich von den geistigen Anstrengungen erholte und seine Frische wiedergewann. So wurden nach den Verwüstungen der Völkerwanderung durch die aufopfernde Thätigkeit der selbstlosen Ordensleute wilde, unfruchtbare, unbewohnte Gegenden in fruchtbare Felder und Wiesen verwandelt, Sümpfe ausgetrocknet, Flüsse reguliert, Fischteiche hergestellt, der Urwald gelichtet und freundliche Wohnsitze hergestellt. Zu all diesen Werken wurden im Kloster selber Maurer, Zimmerleute, Steinmetzen und Schmiede ausgebildet. Bald siedelten sich in der Nähe der Klöster auch andere Menschen an, angelockt durch den feierlichen Gottesdienst und die aufrichtige Nächstenliebe der Mönche. Diese beteten über die Kranken, gaben ihnen Arzneien und waren für alle Leidenden und Bedrängten eine Zuflucht. Die ganze Umgegend erlernte von den Mönchen häusliches Leben, Ackerbau und Handwerk, und empfing von ihnen den zur Bestellung nötigen Samen, denn bereitwillig teilten sie mit, was sie wußten und hatten. So ging aller rationelle Ackerbau und die Pflege des Handwerks von den Klöstern aus, welche landwirtschaftliche und industrielle Musterschulen waren. Selbst die Viehzucht beförderten die Klöster, die eigene Gestüte einrichteten und große Herden besaßen. Die halbwilden, meistens von Krieg, Jagd und Raub

lebenden Germanen wurden durch die Ordensleute an die fried=
lichen Beschäftigungen des Ackerbaues und Handwerkes gewöhnt,
sobaß sie Schild und Speer mit Hacke und Pflug vertauschten.
Christentum und Kultur sind einander nicht feindlich, sondern
stützen sich gegenseitig; das Christentum war mit dem wilden,
unsteten Leben der alten Deutschen unvereinbar, und konnte keinen
Bestand haben, wenn sie nicht vollständig kultiviert wurden.
Die Mönche beschränkten sich daher nicht darauf, unsern Vor=
fahren die Lehren des Heils zu verkündigen und sie zu taufen,
sondern lehrten sie auch Ackerbau und Handwerk und machten
sie zu seßhaften Bürgern, damit das Christentum bei ihnen
Bestand hatte. Diese Kulturthätigkeit der Mönche bezeugt uns
noch jetzt die deutsche Sprache, welche bei dem ungebildeten
Zustande unserer Vorfahren mancher Wörter zur Bezeichnung
der ihnen neuen Begriffe ermangelte und daher aus dem
Mönchslatein entnahm. Mit christlicher Bildung und Gesittung
ging eine ganze Menge lateinischer Wörter in die deutsche
Sprache über, z. B. Propst (praepositus), Küster (custos),
predigen (praedicare), Kreuz (crux), Schule (schola), schreiben
(scribere), Tinte (tincta), Brief (breve), Markt (mercatus)
u. s. w. Auch aus der Geschichte ersehen wir, wie die Mönche
für die Ausbreitung der Kultur thätig waren. Wenn wir die
Geschichte einer einzelnen Gegend bis in die ersten Anfänge ver=
folgen, so finden wir meistens, daß sich Mönche dort nieder=
ließen und zuerst den Boden urbar machten. Viele Städte —
fast ein Drittel — verdanken ihren Ursprung den Klöstern, und
erinnern noch oft durch ihren Namen an die Kulturthätigkeit
der Mönche.[1] Wenn wir jetzt mit der Kraft des Dampfes
in schnellem Fluge große Strecken unsers deutschen Vaterlandes
durchreisen und ein Bild der Vergangenheit an uns vorüber=
ziehen lassen, so tritt an vielen Orten vor unsern Geist der
arbeitsame Mönch, der die Gegend urbar gemacht und das

---

[1] Die deutschen Ortsnamen sind Zusammensetzungen, allerdings oft
schwer zu erkennende; die Endung feld weist auf Bebauung des ursprüng=
lich wilden Bodens hin, reute, reuthe auf Ansiedlung im Walde, loh,
lohe, loch, lach, loo, auf Waldbrand, dann auf ausgebrannte Wald=
plätze; rode, rod, roth, auf Lichtung im Walde, ried, reud, auf Reinigung
von Busch und Wald; zell auf die erste Wohnstätte des Mönchs. So
gilt auch von Deutschland das Wort des protestantischen Staatsmannes
und Gelehrten Guizot: „Les moines bénédictins ont été les défricheurs
de l'Europe". Die Benediktiner haben Europa urbar gemacht. Die
Völkerwanderung hatte nämlich überall die größten Verwüstungen an=
gerichtet und im römischen Reiche fast alle Kultur vernichtet.

Christentum ausgebreitet hat. Mag man daher in unserer klosterfeindlichen Zeit noch so sehr über „die faulen Mönche" schimpfen, und mögen einzelne Klöster auch zeitweilig ihrer erhabenen Aufgabe nicht gerecht geworden sein, für die Geschichte steht unumstößlich die Thatsache fest: die Mönche haben im Schweiße ihres Angesichts Deutschland urbar gemacht, die ersten Saaten bestellt, den ersten Obstbaum, den ersten Weinstock gezogen und unsere Vorfahren Ackerbau und Handwerk gelehrt; die ersten Webereien z. B. wurden nachweisbar von Klöstern errichtet. Ferner pflegten die Klöster sehr den Unterricht des Volkes und verwirklichten so die Idee der Volksschule, welche im Heidentume ganz unbekannt war. Die Gelehrten des Heidentums unterrichteten wohl die Söhne besserer Familien, vernachlässigten aber die Kinder des Volkes. Die Klöster hingegen errichteten Schulen, worin die gesamten Kinder der Umgegend unterrichtet wurden, nicht für Geld, sondern aus christlicher Liebe, um Gottes willen. Religion und die wichtigsten Kenntnisse für das menschliche Leben, Lesen, Schreiben und Rechnen waren der Gegenstand ihres Unterrichts. Von der Erziehung der Jugend hängt das Wohl der Kirche, der Familie und der ganzen menschlichen Gesellschaft ab. Die Jugend christlich zu erziehen, war daher mit ein Hauptzweck, wozu die Klöster gestiftet und vom Volke mit Liebesgaben unterstützt wurden. In jener Zeit, wo das Christentum erst in Deutschland ausgebreitet wurde, die häusliche Erziehung noch sehr daniederlag und viel Roheit und Wildheit im Volke herrschte, war die Erziehung der Jugend nur dadurch zu erreichen, daß sie in den Klöstern durch Wort und Beispiel der Mönche zum sittlichen Leben angeleitet wurde; für diese gewiß ein schwieriges, verdrießliches Werk! Die braven Ordensleute widmeten sich aber diesem Werke aus Liebe zu Gott mit Eifer und Ausdauer, stärkten sich durch das Gebet, wozu sie täglich der Schall der Glocke im Chore versammelte, und flehten im Gebet des Himmels Segen auf ihre Schüler herab. Auch die höhern Studien wurden in den Klöstern gepflegt, Unterricht und Wissenschaft wurden ja den Mönchen durch ihre Regeln strenge zur Pflicht gemacht. Jedes Kloster hatte ein Internat, in welchem die jungen Mönche erzogen wurden, und ein Externat für solche Knaben, welche sich eine höhere Bildung aneignen wollten. In diesen Schulen, ähnlich unsern Gymnasien und Akademieen, wurden die sogenannten sieben freien Künste gelehrt, Grammatik, Dialektik, Rhetorik (Trivium), Musik, Arithmetik, Geometrie und Astronomie

(Quadrivium). Damals wurden die Köpfe der Knaben nicht
mit so vielem Wissen überladen, wie jetzt, wodurch im Grunde
nur die Oberflächlichkeit befördert wird, sondern weniges mit
mehr Gründlichkeit gelehrt. Auch trat die erziehende Thätigkeit
der Schule mehr in den Vordergrund. Die Mönche betrachteten
die Seele des Kindes als ein Heiligtum, als einen Tempel
Gottes, worin nur die Tugenden eine Stätte finden sollen;
daher hielten sie die heranwachsende Jugend vom Verkehre mit
der Welt möglichst lange fern und waren auf die Veredelung
des Charakters bedacht; sie suchten den Geist selbständig zu
machen und für alles Schöne und Edle zu begeistern; besonders
schärften sie der Jugend auch das Gefühl der Pflicht ein und
leiteten sie an, alle niedrigen Leidenschaften zu fliehen und die
Tugend zu üben. Bei dem Unterrichte der Jugend bedienten
sich die Mönche auch der heidnischen Klassiker, welche von ihnen
abgeschrieben und uns so erhalten wurden. Was wir von
den klassischen Schätzen der alten Griechen und Römer haben,
verdanken wir den Klöstern. Die uns erhaltenen Kataloge der
Bibliotheken von Klöstern, z. B. Fuldas, Corveys, enthalten
alle Dichter und Geschichtschreiber des Altertums. Bücher ab-
zuschreiben wurde durch die Regel des hl. Benedikt als gutes
Werk sehr empfohlen. Werke von Tacitus, Cicero, Plautus und
andern sind in den Klöstern teilweise wieder aufgefunden worden.
In den Klosterschulen las und erklärte man eifrig diese heidnischen Klassiker, um den jugendlichen Geist zu bilden und das
Gefühl für schöne sprachliche Darstellung zu wecken; aber man
vermied auch zugleich ängstlich die Gefahren, welche durch die
heidnischen Anschauungen unschuldigen Seelen drohten. Selbst
Nonnen waren mit den Werken des klassischen Altertums vertraut; die Nonne Hroswitha verrät in ihren Dramen eine
genaue Kenntnis von Plautus, Virgil und Homer. Jedes Kloster
suchte eine möglichst große Bibliothek zu haben, um die Hilfsmittel zum Studium der verschiedenen Wissenschaften zu bieten.
Ein Kloster ohne Bibliothek erschien als eine Burg ohne Waffen.
Wertvolle Bücher wurden mit Sorgfalt abgeschrieben und mit
kostbaren Initialen verziert, sodaß noch jetzt die kostbarsten
Manuskripte unserer Bibliotheken von den fleißigen Händen der
Mönche herrühren. Auch die Naturwissenschaften wurden gepflegt und naturwissenschaftliche Kabinette angelegt. Wichtige
Erfindungen verdanken wir den Mönchen. Berthold Schwarz,
einem Franziskaner in Freiburg, wird die Erfindung des Pulvers
zugeschrieben. Gerbert, anfangs Benediktiner, später Erzbischof

von Rheims, dann als Papst Silvester II. genannt, Freund und Lehrer Ottos III., ein Mann von staunenswerter Gelehrsamkeit, stellte durch Anwendung des Pendels die ersten Uhren her. Über die tiefen, naturwissenschaftlichen Kenntnisse des Mittelalters sagt Liebig: „Die Theorieen der großen Naturforscher des 13. Jahrhunderts, Roger Bakos (Franziskaner in England) und Alberts von Bollstädt (Albertus Magnus, Dominikaner in Köln) können an Ideeenreichtum und umfassender Naturanschauung nur mit denen der neuern, naturphilosophischen Schulen verglichen werden".[1] Roger Bako benutzte schon Vergrößerungsglas und Fernrohr; Albert, † 1280 in Köln, gab Aufschlüsse über Naturerscheinungen, die man für Resultate der neuern Wissenschaft hielt, z. B. die verschiedene Wärme der Erdoberfläche durch den verschiedenen Einfallswinkel der Sonnenstrahlen. Was die Sprachwissenschaften angeht, so wurden Lateinisch, Griechisch und Hebräisch gelehrt. Wenn auch die wissenschaftlichen Werke in lateinischer Sprache geschrieben wurden, so wurde die Muttersprache doch nicht vernachlässigt. Die Bibel und gelehrte Werke des Altertums wurden schon im 9. Jahrhundert, besonders in Fulda und St. Gallen, in die deutsche Sprache übersetzt, gewiß für die fleißigen Mönche eine schwere Aufgabe, rein wissenschaftliche Dinge in der damals noch rohen Sprache der Heimat auszudrücken! Die deutsche Sprache wurde von den Welt- und Klostergeistlichen so gepflegt, daß die großen epischen Werke des 12. Jahrhunderts meistens von ihnen verfaßt sind. Die Liebe zur Heimat drängte zur Geschichtschreibung. In den Klöstern wurden die wichtigsten Begebenheiten jährlich wahr und aufrichtig verzeichnet und das Leben großer Männer beschrieben; ohne die Annalen der Klöster würden wir von der ältesten Geschichte unseres Vaterlandes wenig wissen.[2] Mit Vorliebe wurden in den Klöstern philosophische und theologische Studien betrieben, um den Glauben möglichst tief zu erfassen und dar-

---

[1] Liebig, Chemische Briefe, Nr. 3, S. 30. Ähnlich Alex. von Humbold in seinem Kosmos II, 284 und in seiner Geschichte der geographischen Kenntnisse, S. 67. Die Werke des Aristoteles, des scharfsinnigsten und gelehrtesten aller griechischen Philosophen und Naturforscher, wurden sicher im Mittelalter mehr studiert als jetzt. — Alberts Gebeine wurden in der Dominikanerkirche beigesetzt, deren Chor er gebaut hatte; nach Aufhebung der Klöster (1803) wurde die Kirche zerstört, und seine Gebeine in der Andreaskirche beigesetzt.

[2] Alle diese Geschichtswerke sind gesammelt in dem umfangreichen Werke: Monumenta Germaniae historica von Pertz.

zustellen, und ein Reichtum von Werken verfaßt, welche durch
Inhalt und Form eine hervorragende Stellung einnehmen und
leider zu wenig gekannt sind. So waren die Klöster Stätten,
wo alle Wissenschaften, die höhern wie die niedern, gelehrt und
gepflegt wurden, und manche Mönche genossen solchen Ruf der Ge=
lehrsamkeit, daß aus ganz Deutschland wissensdurstige Jünglinge
zu ihnen eilten, um von ihren Lippen die Lehren der Weisheit
zu vernehmen. Aus den Klosterschulen gingen Männer hervor,
welche in der Welt auf den verschiedensten Gebieten eine segens=
reiche Wirksamkeit ausübten, große Gelehrte, eifrige Glaubens=
boten, würdige Bischöfe und Priester, gewissenhafte Staats=
beamte. Wie die Wissenschaften, so wurden auch die ver=
schiedenen Künste in den Klöstern mit Eifer und Verständnis
gepflegt. Kunstsinnige Mönche verschmolzen den Basilikenstil mit
dem byzantinischen, und schufen so den romanischen Stil, welcher
im 11. und 12. Jahrhunderte blühte. Die Abteikirchen in
Maria=Laach und Maulbronn (Württemberg), die jetzige Schloß=
kirche in Wechselburg (Königreich Sachsen), die Trümmer so
mancher Kirchen, welche seit der Glaubensspaltung oder dem
Regensburger Reichsdeputationshauptschluß veröbeten, z. B. die
moosbedeckten Pfeiler und Bögen von Paulinzelle in der stillen
Waldeinsamkeit des Thüringer Waldes und das mit schlanken
Säulenreihen gezierte Chor der Abteikirche Heisterbach im Sieben=
gebirge, lassen deutlich erkennen, welch schöpferischen Geist die
Mönche in der Baukunst bethätigten. Nachdem im nördlichen
Frankenreiche der sogenannte gotische Baustil zuerst angewendet
war, verbreiteten ihn vorzugsweise die Mönche nach Deutschland,
wo er im 14. Jahrhunderte seine vollkommenste und schönste
Entwickelung fand. Während die Bauhütten unsere herrlichen
Dome, die vollendetsten kirchlichen Bauwerke, in diesem Stile
errichteten, erbauten die Mönche ihre kleinern Klosterkirchen mit
den prachtvollen Kreuzgängen; Bebenhausen in Württemberg,
jetzt königliches Jagdschloß, die Prachtruinen von Chorin auf
dem märkischen Sande und die Reste vieler anderer Kloster=
kirchen bezeugen durch ihre edlen Formen noch jetzt den Kunst=
sinn der Mönche.[1] Die einheitliche, aufwärtsstrebende Gestaltung

---

[1] Es zeigt von großer, konfessioneller Befangenheit und wenig Ein=
sicht, wenn der bekannte Kunsthistoriker Lübke die Blüte des gotischen
Stiles in Deutschland „auf Befreiung des Individuums aus hierarchischen
Fesseln" und „aus der einseitigen, klösterlichen Pflege" zurückführt. Was
Lübke unter Befreiung aus hierarchischen Fesseln versteht, lag dem gläu=
bigen Mittelalter jedenfalls sehr fern. Auch hatten die Mönche nicht

des gotischen Baues bis in seine kleinsten Teile ist ein sprechendes Sinnbild des Mönchtums, welches von demselben Geiste durchdrungen war und einer höhern Idee sich dienstbar machte. Auch wandten die Mönche bei ihren Bauten eine tiefsinnige, von uns vielfach nicht sicher erkannte Symbolik an, indem sie das menschliche Leben und die Tier- und Pflanzenwelt zur Darstellung religiöser Ideeen, besonders auch des Ordenslebens, benutzten. Mit der Baukunst wurden auch die andern Künste gepflegt, welche zur Ausschmückung des Gotteshauses dienten, die Malerei und Bildnerei. Die Glasmalerei finden wir zuerst in den Klöstern Hirschau an der Nagold in Württemberg und Tegernsee, wo sich bald förmliche Schulen von Glasmalern bildeten. Der Gesang, welcher zur Verherrlichung Gottes und zur Weckung der Andacht so sehr dienlich ist, wurde als ein wesentlicher Bestandteil des klösterlichen Lebens in hohem Maße gepflegt; in den Klöstern wurden die Noten erfunden und herrliche Kirchenlieder verfaßt. Auch die Kunst, Glocken zu gießen und Orgeln zu bauen, wurde in den Klöstern geübt und vervollkommnet, sodaß die Klosterkirchen durch ihre herrlichen Orgeln und Geläute berühmt waren. So fanden die verschiedenen Künste in den Klöstern eifrige Pflege. Viele Erzeugnisse der klösterlichen Kunst sind zwar durch den nagenden Zahn der Zeit, die zerstörende Gewalt der Elemente, das Vorgehen der modernen Staaten oder die rohe Hand von Unverständigen zu Grunde gegangen, aber das wenige, was erhalten ist, legt beredtes Zeugnis für den unermüdlich thätigen Kunstsinn der Mönche ab. Sehr richtig sagt daher der gelehrte, kunstverständige Herder: „Die meisten Institute unserer Wissenschaften und Künste nähren sich von den Brosamen dessen, was einst die Mönche mühsam erwarben, andächtig stifteten, heilig bewahrten und der Nachkommenschaft fromm vermachten. Ohne die Männer und Frauen der Klöster bettelten jetzt vielleicht alle

ben Beruf, in den reichen, aufblühenden Städten Kathedralen zu bauen. Wohl aber gingen die Bauhütten, welche sich zum Bau der Kathedralen bildeten, aus den Klöstern hervor. Die Mönche bildeten nämlich zur Verbreitung der Baukunst auch Laien aus und verfaßten für diese Vereine bestimmte Regeln, so besonders der heilige Abt Wilhelm von Hirschau, dessen Regeln fast von allen Bauhütten Deutschlands angenommen wurden. Die Bauhütten waren religiöse Bruderschaften mit streng kirchlichem Charakter, vollbrachten ihr Tagewerk unter Gebet und Gesang, und bewahrten lange eine enge Verbindung mit den Klöstern. Übrigens hat bekanntlich auch ein Mönch, Albertus Magnus, an der Entwerfung des Planes zum Kölner Dome geholfen, dem größten deutschen Bauwerke.

Musen in Europa, oder vielmehr, es wäre ohne sie an Musen gar nicht zu denken." Mag man daher in unserer Zeit der „Aufklärung" vor urteilslosen Zuhörern auf Kathedern und am Biertische noch so sehr über dumme Mönche schimpfen, die vielen hohen und niedern Schulen, welche sie ins Leben gerufen, die umfassenden Bibliotheken, welche sie angelegt, die vielen Bau-werke, welche sie geschaffen haben, und so viele andere Werke ihrer Kunstthätigkeit beweisen unzweideutig, daß sie Unterricht, Wissenschaft und Kunst gepflegt und geistiges Leben auf allen Gebieten in Deutschland geweckt haben, sodaß Deutschland seine Bildung größtenteils den Klöstern verdankt und seine Geschichte mit der Geschichte der Klöster unzertrennlich verbunden ist.

Die Klöster stifteten auch großen sozialen Segen. Jedem, auch dem Unbemitteltsten und Ärmsten, stand der Eintritt in das Kloster frei, um dort sein Seelenheil zu wirken und Kunst und Wissenschaft zu pflegen oder sonst einer Beschäftigung sich zu widmen. Mancher unbemittelte Knabe machte in der Kloster-schule seine Studien, wo er unentgeltlich Kost und Unterricht bekam. Jedes Kloster besaß ein Krankenhaus, um verlassene Kranke aufzunehmen und zu verpflegen. Die verlassensten und elendesten Kranken fanden oft in den Klöstern allein Stütze und Unterkommen, namentlich auch die Geisteskranken, deren elender Zustand in der Welt oft nicht erkannt wurde. In ihren Gärten zogen die Mönche die wichtigsten Heilkräuter und leisteten willig und bereitwillig in der Heilkunde, was sie vermochten. Mancher Klosterbruder war in der Heilkunde sehr erfahren, und wußte geschickt heilende Arzneien und Salben zu bereiten. Die Heil-kunde wurde in den Schulen der Klöster gelehrt und umfaßte die Kenntnis und Heilung der Krankheiten und die Pflege der Wunden. Manche Mönche waren als Ärzte weithin berühmt, verfaßten im Dienste der Nächstenliebe medizinische Schriften und trugen durch ihre Beobachtungen zur weitern Entwickelung der Wissenschaft bei.[1] Pilger und Wanderer fanden in den Klöstern Unterstützung und Unterkommen; nicht selten wurden Klöster auf hohen Bergstraßen zum Schutze der Wanderer und an gefährlichen Gestaden des Meeres zur Rettung Schiffbrüchiger gegründet. Die Ordensleute mußten auch die rechten Worte

---

[1] Die den Klöstern entstammenden Liqueure, z. B. Benediktiner, Chartreux u. a. zeigen, wie sehr man die Heilkräuter zur Herstellung heilkräftiger Getränke zu benutzen verstand. Im 12. und 13. Jahr-hunderte fing die Kirche an, den Mönchen und Priestern den Betrieb der Heilkunde strenge zu verbieten, weil sich manche Mißbräuche einstellten.

zu finden, um geistiges Elend zu lindern und Verirrte zu be=
kehren. Bedrängte fanden in allen Nöten des Leibes und der
Seele Trost und Hilfe in den Klöstern, deren Pforten jedem
Bedrängten offenstanden; jedes Kloster hatte seinen eigenen
Almosenpfleger, dem die Sorge für die Armen oblag. Diese
vielfache, segensreiche Wirksamkeit der Klöster erkannte auch das
Volk bereitwillig an und brachte ihnen freudig seine Gaben dar,
sobaß sie vielfach reich wurden. Besonders gelangten manche
Klöster durch Urbarmachung des Bodens und durch Schenkungen
in den Besitz großer Ländereien und Waldungen. Dieser Reich=
tum, welcher bei weitem noch nicht das Vermögen einzelner
Bankiers der Jetztzeit erreichte, kam dem ganzen Volke zu gut,
und war Nationalvermögen im besten Sinne des Wortes. Die
Klöster gewährten nicht bloß den Armen und Notleidenden reich=
liche Unterstützung, sondern übergaben auch Teile ihrer Ländereien
ärmern Leuten, sogenannten Hörigen, zur Bebauung gegen eine
bestimmte jährliche Abgabe an das Kloster; diese war sehr
gering, da die Klöster nicht auf Bereicherung bedacht waren.
Ja, viele Bauersleute übergaben in unruhigen Zeiten freiwillig
ihr Besitztum einem nahen Kloster, um unter seinem Schutze
ruhiger zu leben. Der große Grundbesitz der Klöster war in
jener Zeit die notwendige Bedingung ihrer einflußreichen Stellung,
ein Mittel zur Verbreitung von Kultur und Bildung, eine reich=
liche Quelle von Wohlthaten für die Mitmenschen. Durch die
Gunst des Volkes und der Fürsten wurden die Klöster im
Mittelalter ungemein zahlreich; in allen Städten und Gegenden
gab es Klöster. Wohl über 40 Klöster bekamen Fürstenrang;
ihre Vorsteher hatten im Reichstage Sitz und Stimme, und
waren ihren Unterthanen milde, wohlwollende Herren, unter
derem Scepter sie „gut wohnten". Auch die Zahl der Ordens=
leute war im ganzen eine sehr große, da der Beruf zum Kloster=
stande in jener klosterreichen Zeit sehr geweckt wurde, und viele
ein geordnetes, thätiges Leben im Kloster einem müßigen, un=
sichern Leben in der Welt vorzogen. Durch den Geist der
Religion und der Nächstenliebe, der in den zahlreichen Klöstern
lebendig war, wurde der irdische, aufrührerische Sinn im Volke
niedergehalten, und der Unterschied zwischen Reichen und Armen
ausgeglichen. Damals kannte man in Deutschland noch keine
Menschenklasse, welche auf den Umsturz aller Verhältnisse und
die Vernichtung der Besitzenden bedacht war.

So waren die vielen Klöster, deren Gründung Bonifatius
teils begonnen, teils angebahnt hatte, Jahrhunderte hindurch

die Träger eines reichen geistigen Lebens, und vermittelten unserm Vaterlande auf den verschiedensten Gebieten unermeßlichen Segen. [1] Im 16. Jahrhundert erklärte Luther die Klöster für aufgehoben, und wo seine Lehre angenommen wurde, fielen Fürsten, Adel und Städte beutegierig über die Klöster her und rissen sie an sich. Im Anfange unsers Jahrhunderts verständigten sich Rußland, Preußen und Frankreich ohne Wissen des deutschen Kaisers über die Aufhebung der Klöster, und deutsche Fürsten, welche mit Napoleon ihre Landeskinder zum Kampfe gegen den deutschen Kaiser führten, bettelten ohne alles Ehrgefühl habsüchtig bei Napoleon um Kirchengüter. Im Widerspruch mit der deutschen Reichsverfassung, welche alle Fürsten des Reiches schützte, mit Verleugnung aller göttlichen und menschlichen Gerechtigkeit wurden durch den Regensburger Reichsdeputations-Hauptschluß im Jahre 1803 alle Klöster in Deutschland aufgehoben, unter die Fürsten verteilt, und die Mönche, vielfach mit empörender Härte, aus ihrem rechtmäßigen Besitztum vertrieben. Viele Klosterkirchen, wo so lange das Lob Gottes gesungen und die Wahrheiten des Heils verkündet wurden, verödeten oder wurden zerstört oder zu weltlichen Zwecken verwendet. Die Gebäude und Güter der Klöster, welche die Arbeitsamkeit und Maßhaltung der Mönche geschaffen, wurden Eigentum der Fürsten oder des Adels oder für Spottpreise an Leute verkauft, welche davon keinen so edelmütigen Gebrauch machten wie die Mönche; Egoismus und Habsucht herrschen nicht selten dort, wo früher Eifer im Dienste Gottes und wohlthätige Nächstenliebe herrschten. Die Bibliotheken, zu welchen Jahrhunderte hindurch gesammelt war, und welche vielfach unersetzliche Bücher besaßen, wurden in unwürdiger Weise verschleudert, als altes Papier nach Pfunden an Krämer verkauft oder zum Anheizen des Feuers gebraucht; verhältnismäßig weniges wurde in Bibliotheken geborgen. Die Stätten, wo eine lernbegierige Jugend von den Mönchen in göttlichen und menschlichen Dingen mit Liebe und Sorgfalt unterrichtet und zum Wohle des Vaterlandes erzogen war, wurden geschlossen und Soldaten, Gefangenen und Fabrikarbeitern geöffnet; nur wenige blieben edlen Zwecken der öffentlichen Wohlfahrt, des Unterrichts und der Religion erhalten. Das Volk, welches Jahrhunderte hindurch mit frommem Eifer den Klöstern seine Gaben dargebracht hatte, ging bei der Aufhebung der Klöster leer aus;

---

[1] Der große Segen der Klöster wird von allen vorurteilsfreien Männern zugestanden; eine ausführliche, quellenmäßige Darstellung giebt Montalembert in seinem Werke: Geschichte des Mönchtums, 6 Bde.

nichts wurde zur Herstellung eines wohlhabenden Mittelstandes oder zur Aufbesserung des Gemeindevermögens verwandt. Die Kirche verlor an Macht und Freiheit und war in protestantischen Staaten auf den guten Willen der Regierung und ihrer meistens protestantischen Beamten angewiesen. Bedeutende katholische Gebietsteile kamen an protestantische Herrscher; Preußen bekam 230 Quadratmeilen Kirchengut; Württemberg und Baden, mit Rußland verwandt, bekamen viele reiche Stifter. Die Armen und Notleidenden fielen seit der Aufhebung der Klöster den Gemeinden und dem Staate anheim und erfordern jährlich immer größere Summen. Die Zahl der Unzufriedenen wächst überall, die Staatsschulden vermehren sich trotz Einziehung der Klostergüter ins Ungeheuerliche; die Geldmänner, welche bei der Aufhebung der Klöster gute Geschäfte machten, entwickeln sich zu wahren Börsenkönigen, und mit Angst und Schrecken sehen die Besitzenden den Gefahren der Sozialisten und Kommunisten entgegen, welche ihre Hände nach fremdem Gute ausstrecken und das Privateigentum nicht achten, wie ehedem die Fürsten bezüglich der Klostergüter. Den unheilvollen Mißgriff der Aufhebung aller Klöster sah man auch bald ein; der Kurfürst von Bayern, der spätere König Max I., dessen Minister Monjelas mit rücksichtsloser Härte die Klöster aufhob, sprach enttäuscht: „Was sind wir Thoren gewesen, sämtliche Klöster aufzuheben; ich möchte mir meine grauen Haare ausreißen, wenn ich daran denke". Die sozialen Verhältnisse veranlaßten daher in einzelnen Ländern wieder die Zulassung der Orden; das bestätigt uns den vielfachen Nutzen, welchen die Klöster der Welt gewähren, abgesehen davon, daß sie durch ihr Gebet und tugendhaftes Leben den Segen des Himmels auf die Welt herabziehen. [1])

Wenn wir zum Schluß die dargelegten Verhältnisse nochmals kurz überblicken, so treten uns um so klarer die herrlichen Früchte der langen, ausgebreiteten Wirksamkeit des hl. Bonifatius vor Augen. Nachdem er in den Klöstern seiner Heimat

---

[1]) Der bekannte Naturforscher Oken, der die Aufhebung der Klöster mit erlebte, schreibt in seinen neuen Beiträgen: „Es war ein großer Fehler, die Klöster aufzuheben. Das mußte sich rächen. Wo sind ihre Reichtümer, ihre Bibliotheken, ihre Naturalien-Sammlungen, ihre physikalischen Apparate? Die Klöster waren Schutz- und Unterrichtskammern für das Land, und die es nicht waren, konnte man dazu machen. Aber konnte man die Klöster nicht bestehen lassen aus Achtung für ihre ehemalige Bestimmung? Waren nicht sie es, welche zuerst den Boden bebauten, das Volk unterrichteten, unwissende Fürsten leiteten, eine milde

durch Gebet, Studium und Unterricht sich zum christlichen
Glaubensboten befähigt hatte, stellte er sich voll heißen Ver-
langens, das Reich Gottes auszubreiten, dem Papste Gregor II.
zur Verfügung, und eilte mit dessem Schutz und Segen in die
dunklen Wälder Deutschlands, um unsern Vorfahren, welche in
der Finsternis der Sünde und des Unglaubens lebten, das Licht
des Evangeliums zu bringen. Von da ab war er unter großen
Gefahren, Verfolgungen und Anstrengungen fast 40 Jahre bis
zu seinem Martyrertode in Friesland im Dienste des Evangeliums unermüdlich thätig. Mit festem Gottvertrauen und
heiligem Eifer wehrte er den Götzenopfern, legte die Axt an
die heiligen Göttereichen, zertrümmerte die Götzenbilder und
predigte den Gekreuzigten als den allein wahren Gott. Mancher
Glaubensbote hatte für solch kühne That den Tod erlitten. Die
sittliche Hoheit und Würde des hl. Bonifatius machte auf die
wilden Gemüter unserer Vorfahren großen Eindruck. Auch der
wildeste Barbar beugt sich unwillkürlich vor der Hoheit und
Würde, wenn sie ihm im verklärten Glanze einer heiligen Person
entgegentritt. Selbst Attila, der wilde, grausame Hunnenkönig,
beugte sich vor der erhabenen Erscheinung Leos I., änderte seine
Gesinnung und ließ von seinen zerstörenden Plänen ab. So
beugten sich auch unsere Vorfahren vor der sittlichen Größe, dem
selbstlosen Eifer und der ganzen überirdischen Persönlichkeit des
hl. Bonifatius, und nahmen auf ihren trotzigen Nacken das süße
Joch des Christentums. Daher wird Bonifatius mit Recht der
Apostel der Deutschen genannt. Wohl hat er nicht zuerst den
Samen des Christentums ausgestreut; er war schon vor ihm
ausgesäet, hatte aber nicht das Heidentum verdrängt, sondern
wurde von diesem überwuchert und am Wachsen gehindert. Bonifatius griff das Werk der Bekehrung mit größerer Energie und
planmäßigerer Umsicht an als seine Vorgänger. Schritt für Schritt
ging er vor; vom einfachen Missionspriester schwang er sich durch
persönliche Tüchtigkeit zum Erzbischofe und Legaten des Papstes, zum
Freunde des Frankenfürsten und zum Haupte der fränkischen Kirche
empor; seine erfolgreiche Wirksamkeit ist ein geistiger Triumphzug.

Religion und mit ihr Bildung und Wissenschaft brachten? Ohne sie
wären wir halbwilde Germanen. Hat denn unsere Jetztwelt gar kein
Gefühl mehr für Dank und ehrwürdiges Alter? O! wir denken noch
die Zeit zu erleben, wo die Regierungen, der zerstörenden Aufklärung
entnüchtert, froh sein werden, wenn in die verfallenen Klosterräume wieder
Mönche einziehen und ihren Chor zum Lobe Gottes und zur Erbauung
des Volkes anstimmen werden." Die jetzigen Zeitverhältnisse bestätigen
Otens Worte.

Nachdem er in der ersten Hälfte seiner Wirksamkeit (718—738) bei den Friesen, Hessen und Thüringern für die Ausbreitung der Kirche thätig gewesen war, richtete er in der zweiten Hälfte (738—755) sein Bestreben darauf, ihre beständige Fortdauer zu sichern. Er reinigte die Kirche von den irrgläubigen, sitten= losen, unbotmäßigen Elementen, gründete Unterrichtsanstalten zur Erziehung junger Geistlichen und errichtete für die einzelnen Gebiete Bistümer. Auch stiftete er in den verschiedenen Ge= bieten seiner Wirksamkeit Klöster und drang bei allen Klöstern auf strenge Befolgung der Ordensregeln, damit sie, ihrem hohen Berufe entsprechend, den Mitgliedern Gelegenheit gäben, eine höhere Stufe der Vollkommenheit zu erreichen; zugleich sollten sie dazu dienen, die Kirche immer mehr auszubreiten und zu befestigen, den religiösen Sinn des Volkes zu beleben, Kultur und Gesittung im Volke zu verbreiten und körperliches und geistiges Elend zu lindern. Die westfränkische Kirche (im heutigen Frankreich) ordnete er nach kirchlichen Grundsätzen und hob sie aus dem sittlichen Verfalle empor, sonst hätte sie die ostfränkische Kirche (im heutigen Deutschland) geschädigt und mit in den sittlichen Verfall gezogen. Auch stellte Bonifatius die kirchliche Verbindung unter den Bischöfen her und einigte die Stämme auf dem rechten Rheinufer zu einer Kirchenprovinz unter dem erzbischöflichen Stuhle von Mainz. Zur Regelung der kirch= lichen Verhältnisse hielt Bonifatius viele Synoden ab, sowohl für die einzelnen Teile, als auch für das gesamte Frankenreich; im Jahre 742 fand die erste deutsche Nationalsynode statt; so kamen durch Bonifatius die für das kirchliche Leben so unendlich wichtigen Synoden wieder in Übung. Bonifatius wußte aus der Geschichte sehr wohl, daß jede Missionsthätigkeit nur von dauerndem Erfolge ist, wenn sie in lebendiger Verbindung mit der Kirche bleibt, besonders in treuem Anschlusse an Rom, das Centrum kirchlicher Einheit. Der Rebzweig kann keine Frucht bringen, wenn er nicht am Weinstocke bleibt; so kann auch der einzelne Missionar auf die Dauer keine Früchte erzielen ohne die lebendige Gemeinschaft mit dem Apostolischen Stuhle. Daher verband Bonifatius die Bischöfe nicht bloß untereinander, sondern auch mit dem Päpstlichen Stuhle, und hielt strenge darauf, daß die Erzbischöfe zur Erlangung ihrer kirchlichen Rechte sich das Pallium von Rom erbaten. Um sein erhabenes Ziel, die Ausbreitung und Befestigung der Kirche zu erreichen, sammelte Bonifatius einen Kreis von Schülern und Schülerinnen um sich, teils aus England, teils aus Deutschland, begeisterte sie für sein erhabenes Ziel. und hauchte ihnen seinen lebendigen Glauben und feurigen Seeleneifer ein. Die bedeutendsten Bischöfe dieser Zeit sind von Bonifatius gebildet und wirkten in seinem Geiste, so Lullus in Mainz, Burchard in Würzburg, Willibald in Eichstätt, Witta in Buraburg; andere Schüler waren als Äbte von Klöstern für das Christentum thätig, so Gregor in Utrecht, Sturmi in Fulda, Wunnibald in Heidenheim; die frommen Klosterfrauen, welche die Erziehung der weiblichen Jugend in Hessen, Thüringen und Franken leiteten, waren auf seinen Ruf aus England gekommen und von ihm zu ihrer Wirksamkeit begeistert und angeleitet. Indem Bonifatius einen Kreis solch ausgezeichneter Schüler und Schülerinnen um sich versammelte, die im treuen Anschluß an ihn wirkten und sein Werk fortsetzten, gelang es ihm, die katholische Kirche in Deutsch= land auszubreiten und zu befestigen, sodaß ihr Bestand in unserm Vaterlande nächst Gott sein Verdienst ist. Durch Bonifatius wurden Kirche und deutsches Volk aufs engste für Jahrhunderte miteinander verbunden; bei aller Roheit und Wildheit des deutschen Volkes entsprach doch die Kirche seinem Wesen, es hatte nämlich viel Sinn für Freiheit und Selbständigkeit und achtete die persönliche Würde des einzelnen Menschen hoch, daher auch die freien Männer alle wichtigen Angelegenheiten in den Volksversammlungen entschieden, während bei andern heidnischen Völkern die Fürsten mehr mit despotischer Gewalt regierten, und der einzelne im Staate aufging. Es ist aber eine Grund= lehre des Christentums, daß jeder Mensch als Ebenbild Gottes eine hohe sittliche Würde besitzt und zur Freiheit eines Gottes= kindes berufen ist. Das Christentum trägt ferner eine große bildende und erziehende Kraft in sich, befiehlt den Gehorsam gegen die weltlichen Obern und befördert daher ein geordnetes Staatsleben. Mit der Annahme des Christentums wurde daher das deutsche Volk auch ein gesittetes und kultiviertes Volk und für die Bildung eines geordneten Staatswesens befähigt. Nach= dem Bonifatius die Kirche in dem weit ausgedehnten Franken= reiche geordnet und befestigt hatte, war es Karl dem Großen möglich, die deutschen Stämme in demselben Staatsverbande zu einigen und auch den letzten noch heidnischen Stamm der Sachsen nach einem langen, erbitterten Kampfe zu christianisieren, dem fränkischen Staatsverbande einzufügen und dem Christentume dauernd den Sieg über das Heidentum zu erringen. Als dann unter den schwachen Karolingern das große Frankenreich zerfiel und auf seinen Trümmern sich neue Staaten bildeten, da schlossen

die auf dem rechten Rheinufer wohnenden Stämme, welche Boni=
fatius in der Mainzer Kirchenprovinz geeinigt hatte, sich einander
an und bildeten das deutsche Reich. Besonders waren es die
beiden Stämme, welche sich früher aufs heftigste bekämpft hatten,
die Franken und Sachsen, welche im Bunde mit den Bischöfen
und Äbten auf Einigung des Reiches drangen. Die Kirche
wirkte dem Hader der Stämme entgegen und erzeugte in ihnen
das Bewußtsein der Zusammengehörigkeit und ein gemeinsames
Nationalgefühl. Nachdem die deutschen Stämme unter dem=
selben Krummstab geeinigt und Söhne derselben Kirche geworden
waren, unterwarfen sie sich auch demselben Scepter und erkannten
denselben König über sich an, obgleich jeder Stamm seine Eigen=
tümlichkeiten beibehielt. So hat Bonifatius durch die Ausbreitung
und Befestigung der katholischen Kirche in Deutschland unserm
Volke nicht bloß die Quellen des ewigen Heils geöffnet, sondern
auch die Bildung und den Bestand des deutschen Reiches er=
möglicht. Die Idee, welche Bonifatius verfolgte, daß Staat
und Kirche vereint zum Wohle des Volkes thätig sein sollen,
beseelte auch Karl den Großen, der seine Jugendzeit unter dem
Einflusse des hl. Bonifatius verlebte, und Karl der Große
schwebte wieder als leuchtendes Vorbild den folgenden Kaisern
vor, besonders den Kaisern aus dem sächsischen Hause. Das
Wirken des hl. Bonifatius wurde daher sehr bedeutungsvoll für
die Gestaltung der deutschen Verhältnisse. Kirche und Staat
verwuchsen aufs engste miteinander und stützten und beförderten
einander trotz aller Streitigkeiten zwischen Papst und Kaiser.
Die Bischöfe und Äbte, die zugleich Reichsfürsten waren, etwa
40 an der Zahl, waren im Reiche das zusammenhaltende und
einigende Element, und stützten besonders den Kaiser, welcher
seinerseits wieder die Kirche beförderte. Diese bekam daher eine
sehr einflußreiche Stellung im Reiche und erfüllte das deutsche
Volk mit jenem tiefen Geiste der Frömmigkeit, welcher sich in
Wissenschaft, Kunst und werkthätiger Nächstenliebe so mannigfach
bethätigte. Unter dem Einflusse der Kirche wurde das deutsche
Volk einig und stark, um die von Osten und Westen ein=
bringenden Völker zurückzuwerfen und seine Existenz zu behaupten.
Als dann infolge der engen Verbindung, welche Bonifatius
zwischen dem Papste und den deutschen Königen angebahnt hatte,
diese ausschließlich zu römischen Kaisern und Beschützern der
Kirche vom Papste gekrönt wurden, bekam das deutsche Volk
einen Vorrang vor allen andern Völkern der Welt und wurde
das erste aller christlichen Völker. Bei ihrer engen Verbindung

mit dem Staate beherrschte die Kirche das ganze Leben des Volkes, gab ihm auf allen Gebieten einen großen, geistigen Aufschwung, und rief in Wissenschaft und Kunst, Handwerk und Handel eine solche Blüte hervor, daß Deutschland an der Spitze Europas stand. Die Kirche veredelte den Charakter des Volkes, welcher ein durch und durch christlicher wurde. Was der Deutsche ist, das will er ganz sein; Halbheit widerspricht dem deutschen Wesen; daher wurde der Geist des Volkes ganz und gar von dem Geiste des Christentums durchdrungen. So hat Bonifatius durch die Ausbreitung und Befestigung der katholischen Kirche in Deutschland den Boden bereitet, auf welcher die deutsche Nation sich zur herrlichsten und mächtigsten aller christlichen Nationen entfalten konnte. Doch nicht bloß für Deutschland, sondern für ganz Europa wurde die Wirksamkeit des hl. Bonifatius von Bedeutung. Deutschland liegt in der Mitte Europas; die andern Völker wurden vielfach durch Deutschland beeinflußt, welches eine weltbeherrschende Stellung im Mittelalter innehatte. Besonders lehnten sich die Polen, Ungarn, Slaven und Dänen an das deutsche Reich an, empfingen staatliches und kirchliches Leben von ihm, und bildeten sich unter seinem Einflusse zu Staaten aus. Nachdem Deutschland durch Bonifatius zum Christentum bekehrt war, wurde es der Ausgangspunkt des Christentums für den ganzen Norden und Osten. Aus Deutschland gingen die Glaubensboten hervor, welche das Licht des Evangeliums in die nördlichen und östlichen Gegenden verbreiteten. So wurde die Thätigkeit des hl. Bonifatius von segensreichen Folgen für das Christentum in ganz Europa.

Wenn wir die auf Bonifatius folgenden Zeiten mit den vorhergehenden vergleichen, so leuchtet ein, daß Bonifatius durch seine Wirksamkeit die Geschichte unsers Vaterlandes in eine ganz neue Bahn gelenkt, eine ganz neue geistige Richtung hervorgerufen und eine neue Epoche, die Epoche des christlich-deutschen Volkes, angebahnt hat, aber nicht durch blutige Schlachten und Kämpfe, sondern durch getreue Verkündigung der Lehren des Heils, durch Siege über die Finsternis der Sünde und des Irrtums. Vor Bonifatius war die Kirche in Deutschland uneins und kraftlos; die deutschen Stämme standen einander feindselig gegenüber. Das fränkische Reich krankte unter der Herrschaft ohnmächtiger Könige an innerm Zwiespalte. Ohne Bonifatius würde die Kirche in unserm Vaterlande nach menschlichem Ermessen durch das überwuchernde Heidentum, durch innern Zwiespalt und durch die allgemeine sittliche Verwilderung und Roheit wieder vernichtet, der fränkische Staat würde zerfallen und die einzelnen deutschen Stämme von andern eindringenden Völkern aufgerieben sein. Die Wirksamkeit des hl. Bonifatius aber bewirkte eine Wendung; er machte die Kirche einig und stark, um alle unheiligen Elemente auszuscheiden und das Heidentum zu überwinden; er bereitete durch die Einigung der deutschen Stämme in der Kirche auch ihre Einigung in demselben Staatsverbande vor und bahnte durch seine engen Beziehungen zu den fränkischen Fürsten ein einträchtiges Zusammenwirken von Staat und Kirche an, beiden zum Heile; die kirchlichen Einrichtungen wurden durch die staatliche Gesetzgebung unter Pippin und Karl in ihrer Dauer befestigt, und ebenso wurde die staatliche Ordnung durch die Kirche gesichert. Die enge Verbindung, welche Bonifatius mit Rom anknüpfte, brachte der deutschen Kirche eine größere Dauer und Lebenskraft und den deutschen Fürsten die Kaiserwürde, wodurch sie vor allen Fürsten der Welt den Vorrang bekamen. So begründete Bonifatius die Einheit und Macht unseres Volkes und rief eine allseitige, höhere geistige Entwickelung hervor. Die Ausbreitung und Befestigung des Christentums in Deutschland durch Bonifatius ist daher das wichtigste und segensreichste Ereignis, welches jemals in unsern vaterländischen Gauen stattfand. Unsere Vorfahren, und somit auch wir, bekamen mit dem Christentum die Mittel des ewigen Heils und zugleich die Keime alles Guten und Edlen; das Christentum ist ja so recht die Religion des wahren Fortschritts, welche den Geist von Lüge und Irrtum befreit und seine Kräfte auf allen Gebieten des menschlichen Schaffens zur Entfaltung bringt. Wer immer daher sein Heil im Kreuze sieht und die Befreiung aus rohen, barbarischen Zuständen durch Ausbreitung christlicher Kultur zu schätzen weiß, der muß auch dankbar das große Verdienst des hl. Bonifatius um unser Vaterland anerkennen. Wohl sind manche Stiftungen des hl. Bonifatius im Laufe der Zeiten zu Grunde gegangen; von den Bischofssitzen bestehen nur noch Würzburg und Eichstätt; der kirchliche Verband, wie ihn Bonifatius ordnete, ist nach mehr als tausendjährigem Bestande aufgehoben und nach den Grenzen der bestehenden Staaten geordnet; der erzbischöfliche Stuhl des hl. Bonifatius ist seiner Vorrechte beraubt, aber die katholische Kirche, welche Bonifatius vor mehr als 1100 Jahren in Deutschland ausgebreitet und befestigt hat, besteht trotz aller Stürme und Verfolgungen der Jahrhunderte noch fort, und spendet ihre beglückenden Gnaden und Segnungen aus. Wir

ernten daher noch jetzt die Früchte von der Wirksamkeit des
hl. Bonifatius und stehen auf dem Boden, den er uns bereitet
hat. Alles aber, was unsere Nation im Mittelalter Großes
und Herrliches geleistet hat, ist aus dem Geiste herausgewachsen,
welchen Bonifatius ihr einhauchte. Er hat daher in Deutschland das Recht auf ewige Dankbarkeit. Im Gefühle der Dankbarkeit fand man deshalb auch schön und wahr im Namen des
hl. Bonifatius ausgedrückt, was er unserer Nation geworden
ist, sei es, daß man ihn von bonum facere herleitet und mit
Wohlthäter übersetzt, sei es, daß man ihn von bonum fatum
herleitet und in ihm einen Gesandten des Heils sieht. Bei der
Mehrheit des protestantischen Volkes ist Bonifatius allerdings
vergessen; es verwirft die Verehrung der Heiligen und hat für
die großen Männer der katholischen Zeit, besonders für die
Glaubensboten, welche zuerst unter vielen Mühen und Gefahren
das Kreuz in unsern heimatlichen Gauen aufrichteten, kein Verständnis; seine geschichtlichen Kenntnisse beginnen erst mit der
Glaubensspaltung durch Luther; die Zeiten vorher, in welcher
die katholische Kirche das Christentum in der Welt erhielt und
den Menschen seine Segnungen spendete, füllen die meisten Protestanten mit den Gestalten ihrer Einbildung aus, und sehen darin
nur Finsternis, Aberglauben und Betrug. Freilich giebt es auch
Protestanten, welche von jenen Anschauungen sich frei gemacht
haben und die großen Verdienste des hl. Bonifatius trotz ihres
konfessionellen Standpunktes anerkennen. In den protestantischen
Gegenden, wo Bonifatius früher gewirkt, hat das Andenken an
ihn sich noch in etwa fortgepflanzt, und es giebt auch dort
Christen, welche sich freuen, wenn man die ehrwürdigen Er-
innerungsstätten an den hl. Bonifatius aufsucht. Die Katholiken
Deutschlands aber ehren dankbar die großen Verdienste des
hl. Bonifatius und sehen in ihm den größten Wohlthäter des
Vaterlandes, dem er den kostbarsten Schatz, den katholischen
Glauben, gebracht hat. Doch auch bloß von rein geschicht-
lichem Standpunkte aus beurteilt, ist Bonifatius eine der bedeutendsten Persönlichkeiten der deutschen Geschichte. Mit vollem
Rechte sagt der protestantische Geschichtschreiber Leo, es hätten
wenige Menschen so Großes vollbracht wie Bonifatius, und alles,
was später in politischer, kirchlicher und geistiger Beziehung in
Deutschland erwachsen, stehe auf dem Fundamente, welches Bonifatius gelegt hat.[1]) Er verdient daher nach den Worten Leos

---

[1]) Leo, Vorlesungen über deutsche Geschichte, 1854, I, 487, 488;
Universalgeschichte Bd. II; ebenso Dittmar, Weltgeschichte III, 226.

„mit Recht als der größte Wohlthäter des deutschen Volkes angesehen zu werden, und überragt alle die Geister und Helden, welche die deutsche Nation groß gemacht haben"; „er hat uns und unsern Enkeln mehr gebracht, als uns irgend einer unserer großen Kaiser und Könige nachher zu bringen vermocht hat". Bonifatius ist in Wahrheit der Besieger des germanischen Heidentums, der christliche Eroberer Deutschlands, der geistige Vater der deutschen Nation, deren Bestehen und Blühen er ermöglichte, und der er für Jahrhunderte seinen Geist ein= hauchte. Wer immer daher in Fulda am Grabe des hl. Boni= fatius steht und ernstlich bedenkt, was dieser heilige Mann unserm Volke gethan hat, der wird ihm die Gefühle der größten Verehrung, Bewunderung und Dankbarkeit entgegenbringen und aus seiner Brust ein heißes Dankgebet zu Gott emporsenden, daß er einen solchen Mann zur rechten Zeit erweckt und unserm Volke gesandt hat.

Zehntes Kapitel.

Charakter des hl. Bonifatius; Bonifatius und Luther; Paulus und Bonifatius.

Wenn wir ein Charakterbild vom hl. Bonifatius entwerfen wollen, so sind seine Briefe, Schriften und Thaten allein maß= gebend. Seine Thaten lassen uns erkennen, was er im Innersten erstrebte und dachte, und geben uns sichere Anhaltspunkte zur Beurteilung seines Charakters. Besonders sind aber seine ver= traulich gehaltenen Briefe ein getreuer Spiegel seiner Seele, und offenbaren uns am klarsten die Gesinnungen seines Herzens. Fassen wir nun zunächst den hl. Bonifatius als Glaubensboten und Apostolischen Legaten ins Auge, so ist seine hervorstechendste Eigenschaft die hingebende, treue Anhänglichkeit an den Papst, welche ihn bei seiner Wirksamkeit in Deutschland auf Schritt und Tritt leitete. Wenn nach der Ansicht mancher Gottes= gelehrten die treue Anhänglichkeit an das Oberhaupt der Kirche, den Papst in Rom, das Kennzeichen des guten Christen ist, wie ja auch die treue Anhänglichkeit an den Fürsten das Zeichen des guten Unterthanen ist, so ist bei Bonifatius dieses Merkmal sehr scharf ausgeprägt. Bonifatius, in der heiligen Schrift wohl bewandert, war überzeugt, daß er nur von dem obersten

Hirten der Kirche zur Verkündigung des göttlichen Wortes aus=
gesandt werden konnte, „denn wie können sie predigen, wenn sie
nicht gesandt werden?" (Röm. X, 15.) Die kirchliche Sendung
war ihm der rechte Weg zu den Schafen (Joh. X). Ferner
wußte Bonifatius aus der Geschichte, daß jede Missionsthätig=
keit nur Aussicht auf dauernden Erfolg hat, wenn sie in leben=
diger Verbindung mit dem Papste bleibt, welchen Christus zum
Fundamente, zum obersten Lehrer und Hirten seiner Kirche ge=
macht hat. Als daher die erste Wirksamkeit in Friesland (716)
keinen Erfolg hatte, schrieb es Bonifatius dem Mangel der päpst=
lichen Sendung zu, begab sich 718 nach Rom und erbat sich
vom Papste Segen und Vollmacht zu seiner Thätigkeit in Deutsch=
land. Noch zweimal (722 und 737) machte er die weite, be=
schwerliche und auch vielfach gefährliche Reise über die hohen
Alpen nach Rom, um an den Gräbern der Apostelfürsten von
Gott das Gedeihen seines Werkes zu erflehen und mit dem
Papste über das Missionswesen in Deutschland sich zu beraten.
Nicht aus Wanderlust unternahm Bonifatius die Mühen und
Gefahren einer so weiten Reise und entzog sich so lange seinem
Wirkungsfelde, sondern um sich die Gewißheit der vollen Über=
einstimmung mit dem obersten Hirten zu verschaffen und im
Umgange mit ihm neuen Mut und Begeisterung für sein er=
habenes Werk zu schöpfen. Auch unterhielt Bonifatius einen
für die damalige Zeit sehr regen Briefwechsel mit dem Papste
und sandte wiederholt seine vertrauten Schüler zu ihm, um
stets auch im einzelnen über die Wünsche und Ansichten des
Papstes unterrichtet zu sein, obgleich er im allgemeinen von ihm
die erforderlichen Vollmachten empfangen hatte. Mögen uns
seine Anfragen jetzt bisweilen kleinlich vorkommen, damals hatten
sie eine erhöhte Wichtigkeit, da ein ungebildetes Volk sehr an
Äußerlichkeiten hängt und zur erfolgreichen Missionsthätigkeit
in allem eine vollständige Übereinstimmung nötig war, die aber
nur durch Entscheidungen des obersten Richters herbeigeführt
werden konnte. Dem Urteile des Papstes unterstellte Boni=
fatius demütig all sein Wirken, und erklärte sich bereit, zu
ändern, wie es dem Papste gefalle. Der Wille des Papstes
war ihm stets maßgebend; als sein bejahrter Freund Willibrord
ihn zum Nachfolger für Friesland wünschte, lehnte er ab, weil
der Papst ihn zu den Stämmen im östlichen Deutschland gesandt
hatte. Nie wankte Bonifatius einen Augenblick in der treuen
Hingabe an den Apostolischen Stuhl, und unterwarf sich freudig
und bereitwillig seinen Entscheidungen auch dann, wenn sie seinen

Wünschen und Erwartungen nicht entsprachen.[1] Den Eid der
Treue, welchen er bei seiner Bischofsweihe in Rom dem Papste
schwur und schriftlich auf dem Grabe des hl. Petrus nieder=
legte, hielt er sein Leben lang mit größter Gewissenhaftigkeit.
Die Würden, welche ihm vom Papste zur Belohnung für seine
treuen Dienste zu teil wurden, die Bischofsweihe, die Ernennung
zum Erzbischofe und zum Päpstlichen Legaten für das ganze
Frankenreich, waren Bonifatius nicht so sehr Ehren als vielmehr
eine Bürde, welche das Gefühl einer größern Verantwortung
in ihm hervorrief und seinen Eifer im Dienste der römischen
Kirche nur noch vermehrte. Diese demütige, hingebende Unter=
würfigkeit unter die römische Kirche war bei Bonifatius keine
sklavische, unvernünftige oder des Menschen unwürdige, sondern
ging bei ihm aus der festen Überzeugung von der göttlichen
Einsetzung des Papstes hervor, welcher nach den klaren Worten
Jesu Christi (Matth. 16, 18; Luk. 22, 32; Joh. 21, 15—17)
der Nachfolger des Apostels Petrus, das Fundament der Kirche
und ihr oberster Lehrer und Hirt ist. Weil Bonifatius dem
Papste so treu ergeben war, wurde er von Protestanten oft
getadelt und der erste Ultramontane genannt, welcher zwar feste
Ordnung in die deutsche Kirche brachte, aber sie zugleich
mit den stärksten Banden an Rom fesselte.[2] Doch Bonifatius war keineswegs der erste, der sich Segen und Vollmacht
vom Papste holte und in fester Verbindung mit ihm wirkte.
Fast alle Länder empfingen das Christentum in den nach=
apostolischen Zeiten durch Männer, welche teils direkt vom
Papste gesandt waren, so Patrizius (432) von Cölestin I. nach
Irland, Augustin von Gregor I. (597) nach England, teils in
kirchlicher Gemeinschaft mit ihm wirkten. Allerdings fehlen uns
sichere Nachrichten, wie einzelne Glaubensboten ihre kirchliche
Gemeinschaft mit Rom bethätigten, so z. B. Fridolin und
Gallus, die Glaubensboten der heutigen Schweiz, aber ihre
Herkunft aus dem gut päpstlich gesinnten Irland und die kirch-
liche Haltung ihrer klösterlichen Stiftungen lassen mit Sicherheit

---

[1] Ep. 42, 58, 66, 79, 106, 107.
[2] Ultramontan (ultramontanus) bezeichnet einen solchen, welcher
jenseits der Berge (Alpen) sein kirchliches Oberhaupt hat, und bedeutet
dasselbe, was Papist und Römling bedeutet. Abgesehen von andern
Protestanten, sagt selbst Rettberg (I, 308), der sonst noch wohl einen
unbefangenen Standpunkt einzunehmen sucht: „Bonifatius hat die nationale
Selbständigkeit unterbrochen und die Kirche unter die Gewalt des Papstes
gestellt, wovon sie bis dahin nichts wußte".

auf ihre Gemeinschaft mit der römischen Kirche schließen.[1]
Andere Glaubensboten gaben davon unzweideutige Beweise.
Columban, einer der bedeutendsten irischen Glaubensboten, † 615,
schrieb einen Brief an Papst Gregor I. und zwei Briefe an
Bonifaz IV., in welchen er den Papst den Inhaber des Stuhles
Petri und den Vorsteher der Gläubigen, die römische Kirche den
Hauptsitz des orthodoxen Glaubens und das Haupt der Kirchen
des Erdkreises nennt, womit auch sie (die Irländer) verbunden
seien.[2] Kilian, ein Irländer und Apostel der Maingegend, † 690,
erbat sich persönlich in Rom vom Papste Conon die Sendung
für Deutschland. Vigilius, ein Priester aus Irland und später
Bischof von Salzburg, und sein Genosse Sidonius unterwarfen
ihre Streitigkeiten mit Bonifatius über die Giltigkeit der Taufe
und das Dasein der Gegenfüßler der Entscheidung des Papstes.
Die Apostel des Bayernlandes waren treue Anhänger des
Apostolischen Stuhles; Ruprecht († 612) gründete mit Vorliebe Kirchen zu Ehren des hl. Petrus, so in Salzburg, um
dadurch seine Verehrung für den hl. Petrus und seine Anhänglichkeit an dessen Nachfolger zu bethätigen; Emmeran wurde
in den finstern Waldungen an der Mangfall, einem linken
Nebenfluß des Inn, getötet (652), als er im Begriff war,
nach Rom zu reisen; Corbinian begab sich zweimal nach Rom,
und war aus Gehorsam gegen den Papst in der Gegend von
Freising für das Christentum thätig. Pirminius gründete (724)
auf einer wilden, unbebauten Insel im Bodensee das Kloster
Reichenau und holte persönlich in Rom die Bestätigung dieser
Stiftung ein, welche die größte und bedeutendste seiner Stiftungen
wurde. Amandus († 680), welcher in den Niederlanden für
das Christentum wirkte und Bischof von Mastricht wurde,
pilgerte zweimal nach Rom zum Papste. Willibrord, ein älterer
Freund des hl. Bonifatius und Apostel der Friesen, war zweimal
in Rom; 692 empfing er vom Papste Sergius I. die Bischofsweihe und die Ermächtigung zum Missionswesen in Friesland;
696 wurde er zum Erzbischofe von Utrecht ernannt. Der einzige
Bischof, welchen Bonifatius in Bayern (739) traf, Vivilus von
Passau, war vom Papste Gregor III. geweiht und zur Verkündigung des Evangeliums ausgesandt. Auch die weltlichen

---

[1] Das Christentum war in Irland teils direkt von Rom, teils von
Gallien aus verbreitet, welches nach dem Zeugniß des hl. Irenäus von
Lyon († 202) mit der römischen Kirche „wegen ihres Vorzugs überein-
stimmte".

[2] Migne, Patr. lat. t. 80, p. 262.

Fürsten erkannten das oberste Hirtenamt des Papstes an. Der fränkische Hausmeier Pippin von Heristall veranlaßte Willibrord, nach Rom zu reisen und sich vom Papste zum Erzbischofe der Friesen ernennen zu lassen. Herzog Theodo II. von Bayern wallfahrtete 716 nach Rom, um persönlich mit dem Papste die kirchlichen Verhältnisse seines Landes zu ordnen. Obwohl der Frankenherzog Karl Martell oft willkürlich in kirchliche Verhältnisse eingriff, erkannte er doch den Papst als Oberhaupt der Kirche an und unterstützte Bonifatius in seiner Wirksamkeit, als er ihm das Empfehlungsschreiben des Papstes überbrachte.[1] Es ist daher unwahr, daß man in Deutschland vor Bonifatius von dem Papste als dem Oberhaupte der Kirche nichts wußte, und daß die katholische Kirche in Deutschland vor Bonifatius „romfrei" war. Auch zur Zeit des hl. Bonifatius erkannten Priester und Laien unumwunden die Herrschaft des Papstes an, wandten sich in allen kirchlichen Dingen gleichmäßig an ihn als an den obersten Richter, und betrachteten ihn als denjenigen, der Macht hat, zu binden und zu lösen, Segnungen mitzuteilen und zu verweigern. Selbst die Gegner des hl. Bonifatius, denen seine Sittenstrenge nicht behagte, beriefen sich lügnerisch auf Entscheidungen des Papstes oder drohten mit Appellationen an den Papst; niemand bestritt die Autorität des Papstes oder seines Legaten, der die kirchlichen Verhältnisse in seinem Auftrage ordnete. Unbeanstandet und wie sich von selbst verstehend übte der Papst sein oberstes Hirtenamt aus; kraft dessen erließ er seine Schreiben an die Franken, Hessen, Thüringer und Sachsen, und ermahnte sie, dem Bonifatius wie seinem Stellvertreter zu gehorchen.[2] Es war also der Papst in Rom für die katholische Kirche in Deutschland schon damals das Centrum ihrer Einheit, ihr oberster Lehrer und Hirt. Bonifatius aber, welcher die kirchlichen Grundsätze schärfer und klarer auffaßte und entschiedener und feuriger verwirklichte als die andern Glaubensboten, hat die hervorragende Stellung des Papstes in Deutschland mehr zur Geltung gebracht und die katholische Kirche Deutschlands in noch engere Verbindung mit dem Papste gebracht. Er unterwarf nämlich alle Angelegenheiten der Entscheidung des Papstes und flößte auch seinen Schülern den Geist treuer Anhänglichkeit an ihn ein, indem er sie auf seinen Romreisen mitnahm und durch sie seinen Briefwechsel mit dem Papste führte. Stets drang er strenge auf Gehorsam gegen

---

[1] Ep. 21, 24. [2] Ep. 18, 19, 20, 22.

den Papst und unterstellte die Bischöfe einem Metropoliten oder
Erzbischofe, welcher durch den Empfang des Palliums seine
Bestätigung von Rom erhielt. Auf den Synoden hauchte Bonifatius den versammelten Bischöfen und Priestern den Geist des
Gehorsams und der Unterwerfung unter den Papst ein, und
bewog sie, ihre volle Gemeinschaft mit dem Päpstlichen Stuhle
feierlich zu erklären und ihn um Bestätigung der Beschlüsse zu
bitten. Um diese Gesinnung der treuen Anhänglichkeit an das
Oberhaupt der Kirche lebendiger und fester zu machen, richtete
Bonifatius an alle Bischöfe und Priester eine Denkschrift über
die Einheit der Kirche, die uns verloren gegangen ist, aber
ohne Zweifel die Unterordnung unter das gemeinsame Oberhaupt als die unerläßliche Bedingung der kirchlichen Einheit
überzeugend darthat. [1])

Der Vorwurf seitens Protestanten, Bonifatius habe durch
die enge Verbindung der deutschen Kirche mit dem Papste ihre
Entwickelung geschädigt, da eine „romfreie Kirche" sich besser
entwickelt habe, zeugt von geringer Kenntnis der damaligen
Verhältnisse. Die katholische Kirche im fränkischen Reiche war
vor Bonifatius ohne festen Halt und Zusammenhang. Sittenlose, irrgläubige und schismatische Priester hatten großen verderblichen Einfluß auf das Volk ausgeübt. Die fränkischen
Bischöfe waren ganz vom Staate abhängig und vielfach in
irdischen Interessen versunken, daher gar nicht imstande, das
Christentum bei den deutschen Stämmen auf dem rechten Rheinufer auszubreiten und zu befestigen. Überdies erschienen die
fränkischen Geistlichen den deutschen Stämmen auf dem rechten
Rheinufer als Sendboten einer fremden Macht, die sie ihrer
politischen Freiheit berauben wollten, und fanden daher bei
ihnen große Abneigung und Mißtrauen. Ferner lagen die
deutschen Stämme beständig miteinander im Kriege und zeigten
bei ihrem Streben nach voller Unabhängigkeit und bei ihrem
stark ausgeprägten Absonderungstriebe keine staatenbildende Anlage, brachte es doch auch thatsächlich kein deutscher Stamm
außerhalb der katholischen Kirche zur Bildung eines dauernden
Staatswesens. Wo germanische Stämme in der Geschichte zuerst
erscheinen, treten sie als Halbwilde zerstörend auf, und bedrohten
in gleicher Weise Kultur und Christentum. Wohl waren christliche Glaubensboten aus Franken und Irland auf dem rechten
Rheinufer vor Bonifatius für das Christentum thätig gewesen,

---

[1]) Ep. 66, 67, 68, 70.

aber vereinzelt ohne einheitlichen Plan und dauernden Erfolg,
sodaß das Christentum seine durchdringende Kraft nicht aus=
üben konnte und das Heidentum mächtig fortbestand, zumal die
heidnischen Sachsen in wildem Fanatismus durch ihre öftern
Raubzüge in die christlichen Gebiete die Christianisierung sehr
erschwerten. Es bedurfte daher eines Mannes von höherer
Autorität, um die Kirche in Deutschland zu ordnen, zu befestigen
und zu einigen. Ein einfacher Bischof war gar nicht imstande,
die andern Bischöfe zu Synoden zu versammeln und ihnen Vor=
schriften über kirchliche Dinge zu machen, da sie ihm nicht zum
Gehorsam verpflichtet waren. Nur als Päpstlicher Legat war
Bonifatius berechtigt, die andern Bischöfe öfter zu versammeln
und auf den Synoden die kirchlichen Verhältnisse zu ordnen.
Dadurch, daß Bonifatius die Stiftung seiner Bistümer und
Klöster vom Papste bestätigen ließ, sicherte er ihnen eine be=
ständige Fortdauer, da sie durch den Schutz des Papstes gegen
boshafte Angriffe gesichert waren. Weil Bonifatius in so enger
Verbindung mit dem Papste wirkte, so beförderte dieser dessen
Wirken nach Kräften, wandte ihm seine steigende Gunst zu,
ermahnte als oberster Hirt die deutschen Stämme zum Gehorsam
gegen ihn, und empfahl ihn den deutschen Fürsten, sodaß diese
das Christentum auch mit dem weltlichen Arme schützten. Die
hohe Bedeutung des festen Anschlusses an Rom für die Einigung
und Befestigung der Kirche erkannte Bonifatius mit klarem
Blicke, und war unablässig bemüht, die gesamte Kirche in dem
weit ausgedehnten Frankenreiche, auf dem rechten wie auf dem
linken Rheinufer, mit dem Papste, dem kräftigenden und be=
lebenden Mittelpunkte des Reiches Jesu Christi, in feste Ver=
bindung zu bringen, um sie dadurch aus dem Zustande sitt=
licher Erschlaffung und unwürdiger Abhängigkeit von weltlicher
Macht zu befreien und lebenskräftig und selbständig zu machen.
Indem Bonifatius die deutsche Kirche eng mit dem Papste
verband, erwies er diesem einen großen Dienst, weil er die ihm
von Gott verliehenen Rechte zur Regierung der Kirche auch bei
den deutschen Stämmen zur vollen Geltung brachte, aber nicht
minder nützte er dadurch auch der deutschen Nation selber, welche
durch ihre Einigung in der römischen Kirche auch politisch einig
und stark wurde, vor der Zersplitterung bewahrt blieb und die
herrlichste und mächtigste aller Nationen wurde, als die Päpste,
mit weltumfassenden Anschauungen die Kirche leitend, ausschließ=
lich die deutschen Fürsten zu römischen Kaisern, das ist zu Be=
schützern der ganzen Christenheit, krönten. So berührten sich

die Interessen der Päpste und der deutschen Nation, und im
Bunde miteinander erstarkten beide trotz aller Streitigkeiten, die
unter ihnen ausbrachen. Das, was seitens der Protestanten
dem hl. Bonifatius vorgeworfen wird, seine treue Anhänglichkeit
an den Papst, war gerade die feste Wurzel seiner Kraft und
der Grund seiner erfolgreichen Wirksamkeit, und sicherte der
katholischen Kirche in Deutschland wie auch der deutschen Nation
Bestand und Blüte.[1])

Bonifatius lag seinem Berufe als Glaubensbote der katho=
lischen Kirche mit unermüdlichem Eifer und größter Unerschrocken=
heit ob. Obwohl er in den Klosterschulen seines Vaterlandes
als Lehrer eine segensreiche Wirksamkeit entfaltete und eine
große Schar wissensdurstiger Jünglinge um sich versammelte,

---

[1]) Protestantische Geschichtschreiber stellen die Sache so dar, als ob
schon vor Bonifatius durch Glaubensboten aus Irland, sogenannte Kuldeer
(Kele Dei, Diener Gottes) ein papstfreies Christentum in Deutschland hin=
länglich befestigt und einer großen Blüte entgegengegangen wäre, wenn
nicht Bonifatius, „der Mörder der deutschen Kirchenfreiheit“, diese Blüte
geknickt und Deutschland dem Papste unterworfen hätte, von dem man
bis dahin nichts gewußt habe. Diese Anschauungen vertreten in neuerer
Zeit Heber (Die vorkarolingischen Glaubensboten), Ebrard (Die iro=
schottische Missionskirche), Werner (Bonifatius) und in älterer Zeit die
Magdeburger Centuriatoren, eine Anzahl Protestanten, welche in ihrer
Kirchengeschichte mit größter Willkür und Leidenschaftlichkeit die Jahr=
hunderte vor Luther möglichst schwarz darstellen, um dann Luther als
den großen „Reformator“ hinzustellen. Die traurigen, kirchlichen Zustände
vor Bonifatius und der unleugbare Nutzen eines festen Anschlusses an Rom
lassen diese Anschauungen über Bonifatius als unhaltbar erscheinen, welche
nicht auf geschichtlichen Studien, sondern auf konfessioneller Befangenheit
beruhen, und selbst von großen protestantischen Geschichtschreibern, z. B.
Wattenbach (Deutschl. Geschichtsquellen I, 103) und andern schon genannten,
verurteilt werden. Ferner haben protestantische Gelehrte, z. B. Loofs (De
antiqua Britonum Scotorumque ecclesia, Lips. 1889) wie auch katholische
z. B. Funk (Jahrbücher der Görresgesellschaft, 1883, IV) nachgewiesen,
daß die Kuldeer ganz auf dem Boden der katholischen Kirche standen, auch
Papsttum und Cölibat der Geistlichen annahmen und nur in liturgischen
Punkten von der katholischen Kirche abwichen. Einheit der Kirche und
fester Anschluß an Rom ist aber jenen Protestanten ein Greuel, päpstliche
Tyrannei und Aberglauben; was gegen kirchliche Einheit und den Papst
sich auflehnt, erscheint ihnen als wahrhaft evangelisch; in diesem Sinne
stellen sie die Geschichte dar. Indessen dürfte doch wohl die protestantische
Kirche, innerlich zerrissen und über die wichtigsten Lehren uneins, mit
vielen ungläubigen Elementen vermischt, ohne belebenden und einigenden
Mittelpunkt, für einen Glaubensboten des 8. Jahrhunderts kein ein=
ladendes Vorbild sein. Wer möchte im Ernste behaupten, daß Glaubens=
boten einer solchen Kirche das Christentum bei unsern Vorfahren aus=
gebreitet und das Heidentum ausgerottet hätten? Wo haben überhaupt
die Protestanten jemals ein ganzes Volk vom Heidentum zum Christen=

so fühlte er doch ein heißes Verlangen in sich, den Heiden das Evangelium zu verkünden. Gerade den Ärmsten und Verlassensten, welche in der Finsternis des Heidentums schmachteten, den wahren Gott nicht kannten und am meisten der Gefahr des ewigen Verderbens ausgesetzt waren, ihnen wollte er sein Leben weihen. Seitdem er daher den deutschen Boden betrat, war er unablässig bestrebt, unsern heidnischen Vorfahren die Segnungen des Heils zu bringen. Nicht die Unbequemlichkeiten, Beschwerden und Gefahren in den dichten, unwegsamen Wäldern Deutschlands, nicht die Halsstarrigkeit und Verblendung seiner heidnischen Bewohner, nicht ihr harter, roher, irdischer Sinn, nicht ihr leidenschaftlicher Hang zu Krieg und Streit, Jagd und Spiel, nicht ihre Sünden und Verbrechen, nicht der gewaltsame Tod so vieler Glaubensboten, nichts schreckte den hl. Boni-

tums bekehrt? Nach dem Grundsatze, es giebt in Glaubenssachen keine Autorität, und jeder kann sich seinen Glauben durch Lesen in der Bibel bilden, ist das überhaupt unmöglich, da ein heidnisches Volk die Bibel ohne ein Lehramt gar nicht lesen und verstehen kann. Überdies ist es doch eine unleugbare Thatsache, daß die Protestanten sich bis in unser Jahrhundert darauf beschränkt haben, Katholiken ihrem Glauben abwendig zu machen, und daß ihre Missionare von den katholischen in den Heidenmissionen überflügelt werden. Die Protestanten haben daher wahrlich keine Ursache, dem hl. Bonifatius seinen römisch-katholischen Standpunkt vorzuwerfen und seinen Charakter herabzusetzen. Nach Heber und Ebrard war Bonifatius ein Spion, welcher Willibrord in Friesland über seine Gesinnung auskundschafte und ihm eine päpstliche Richtung beibrachte, und führte bei den Germanen statt des römischen Namens Bonifatius den angelsächsischen Namen Winfrid, um sie durch diese „jesuitische Finte" zu täuschen und unter das römische Joch zu bringen. Nach Ebrard (Die iroschottische Missionskirche, Gütersloh, 73, S. 453 und 454) war „Bonifatius ein blindes Werkzeug der Finsternis, ein beschränkter Fanatiker, welcher nur eine Moral kannte, Rom über alles, und darum kannte er keine Moral". Eine solche Charakterisierung des hl. Bonifatius steht mit seinen Schriften und Thaten in Widerspruch und ist nur das Phantasiegebilde leidenschaftlicher Verblendung. Wenn auch ein Protestant den katholischen Standpunkt des hl. Bonifatius nicht teilt, so hat er doch die Pflicht, ihn gerecht zu beurteilen und seine Ehre vor der Welt nicht herabzusetzen. Nach dem durch die Erfahrung bestätigten Ausspruche Göthes: jeder beurteile einen andern nach sich selber, fallen solche unbegründete Urteile auf diejenigen zurück, welche sie aufstellen. Und wenn protestantische Geistliche in dem Bestreben des Papstes, durch Bonifatius die katholische Kirche auszubreiten, nur ein Werk persönlicher Herrschsucht sehen, so wird man an das Wort Leos erinnert, der wohl auf Grund seiner Erfahrungen als Professor in Göttingen schrieb: „Das unaustilgbare Vorurteil der Annahme persönlicher Anmaßung in Geistlichen, der eine großartige Thätigkeit für die Kirche entwickelte, ist wie eine Art Standeskrankheit protestantischer Theologen zu betrachten". (Vorlesungen über deutsche Geschichte, I, 475.)

fatius von seiner apostolischen Thätigkeit ab. Mit unbesiegbarer
Geduld, steter Heiterkeit und rastloser Liebe war er bestrebt,
sich in die Denk- und Anschauungsweise unserer heidnischen
Vorfahren zu versetzen und ihnen die hohen christlichen Lehren
in ansprechender Weise zu verkündigen; er ließ sich, von seiner
vortrefflichen Lehrgabe unterstützt, ganz zur Schwachheit und
Unbeholfenheit unserer Vorfahren herab, um sie von der Thorheit des Heidentums zu überzeugen und für den Glauben an
Christus zu gewinnen. Mit Eifer und Geschick war Bonifatius
als Lehrer thätig in den Schulen seiner Heimat wie als Missionar in Deutschland; sein Leben war „ein Lehrerleben im bedeutendsten Sinne des Wortes." [1]) Mißerfolg, Verwüstung und
Zerstörung seines Missionsgebietes schmetterten ihn nicht nieder.
Wenn auch durch die Kriegs- und Raubzüge der Sachsen die
eben gebauten Kirchen zerstört, und der kaum keimende Samen
des göttlichen Wortes vernichtet war, so fing Bonifatius mit
ungebeugtem Mute das Werk der Bekehrung von neuem an.
Mutig und unerschrocken, auf Gottes mächtigen Schutz vertrauend, setzte er sich den vielen großen Gefahren aus, welche
in dem rauhen, unwirtlichen Lande und mitten unter fanatischen
Heiden ihn beständig bedrohten. Wie viele Glaubensboten waren
schon in jener Zeit von den Heiden im blinden Eifer für ihre
Götter erschlagen worden! Doch Bonifatius ließ sich dadurch
nicht zurückschrecken. Mutig und entschlossen trat er vor die
Heiden hin, hielt ihnen die Nichtigkeit ihrer Götter vor, gebot
ihren Opfern Einhalt, zerstörte vor ihren Augen ihre Heiligtümer und predigte ihnen Christum den Gekreuzigten als den
allein wahren Gott. Die Geschichte hat uns einzelne Proben
seines unerschrockenen Mutes aufbewahrt. Furchtlos trat er
vor den Friesenkönig Radbod, den grausamen, hartnäckigen Ver-
folger der Christen, und mahnte ihn mit ernsten Worten, von
seinem frevelhaften Leben abzulassen. Unerschrocken trat er
unter die Schar von Heiden im Haine der Donarseiche von
Geismar und schwang die Axt zu mächtigen Hieben gegen den
vergötterten Baum. Im heiligen Eifer für die Ausbreitung
des Evangeliums kannte Bonifatius keine Menschenfurcht, und
war stets bereit, die christliche Lehre mit seinem Tode zu be-
siegeln. Den Martyrertod für Christus hielt er für ein großes
Glück und verlangte danach. „Laß uns sterben", schreibt er
an den Erzbischof Cudberg, „für die heiligen Gesetze unserer

---

[1]) Oelsner, Jahrbücher des fränkischen Reiches, Lpg. 71, S. 171.

Väter, damit wir mit ihnen das ewige Erbe zu erlangen ver=
dienen."[1] Die Bekehrung der Heiden war ihm Herzenssache
im rüstigen Mannesalter wie im höchsten Greisenalter. Als er
Päpstlicher Legat geworden und mit der Ordnung der kirchlichen
Verhältnisse im fränkischen Reiche betraut war, trug er sich
immer mit dem Gedanken, dieses Amt niederzulegen und an der
Bekehrung der Heiden thätig zu sein. Sobald die Verhältnisse
es ihm gestatteten, weihte er seinen fähigsten Schüler und Lieb=
ling Lullus zum Nachfolger für den erzbischöflichen Stuhl von
Mainz und nahm, dem Zuge seines Herzens folgend, die Be=
kehrung der inzwischen abgefallenen Friesen wieder auf. Ob=
wohl ein Greis von mehr denn 70 Jahren und von der Last
der Jahre gebeugt, wirkte er wie ehedem als rüstiger Mann
mit glühendem Eifer an der Bekehrung der Friesen und gab
freudig sein Leben in Ausübung seines Berufes dahin. Als
eine Schar fanatischer Heiden, erbittert über die Ausbreitung
des Christentums in Friesland, mit geschwungenen Schwertern
auf das Zelt des hl. Bonifatius und seiner Genossen mord=
und beutegierig losstürmte, wollten seine Begleiter sich zur
Wehr setzen und ihr Leben mit bewaffneter Hand verteidigen,
denn es ist ja erlaubt, den ungerechten Angreifer zur Rettung
des eigenen Lebens zu töten. Aber Bonifatius hielt sie davon
ab und ermahnte sie, das Böse nicht mit Bösem, sondern mit
Gutem zu vergelten, und durch bereitwillig übernommenen Tod
für Christus sich die Krone des ewigen Lebens zu verdienen.
Bonifatius wählte das Vollkommnere; er wollte zur Verteidigung
seines Lebens nicht die verblendeten Heiden töten und plötzlich
dem Richterstuhle Gottes überantworten, sondern er gab sein
eigenes Leben dahin, um ihnen Zeit zur Bekehrung und die
Gnade Gottes zu erlangen, denn das Blut der Martyrer ist,
wie der Kirchenschriftsteller Tertullian sagt, der Same der
Christen. So starb Bonifatius in Friesland heldenmütig des
Martyrertodes, als er der Bekehrung der Heiden oblag, die er
von den Tagen des kräftigen Mannesalters bis zum letzten Atem=
zuge seines Lebens als seine höchste und erste Aufgabe beharr=
lich erstrebt und in heißem Gebete von Gott erfleht hatte.
Bonifatius suchte in Ausübung seines Berufes nichts für
sich, sondern brachte sein ganzes Leben von den Tagen der
Kindheit bis zum höchsten Greisenalter Gott zum Opfer. Schon
als Knabe entsagte er den Reichtümern und Ehren, die ihm

---

[1] Ep. 70.

als dem ältesten Sohne einer reichen, vornehmen Familie bevorstanden, und widmete sich dem Dienste Gottes im Kloster. Hier
zeichnete er sich schon als Knabe durch sein Streben nach Wissenschaft und Frömmigkeit aus, und legte so den festen Grund zu
seiner spätern Heiligkeit und Gelehrsamkeit. Durch seine vortreffliche Lehrgabe wurde er bald weithin berühmt, und durch
die Klugheit und Erfahrenheit, die er auf den Konzilien bewies,
erwarb er sich das Vertrauen der Bischöfe und Fürsten. Da
er so herrliche Eigenschaften des Geistes mit hoher Geburt
vereinte, so standen ihm hohe Ehrenstellen im Vaterlande bevor;
aber er entsagte allem Irdischen heldenmütig und verließ sein
Vaterland, um in dem rauhen, unwirtlichen Deutschland unter
Mühen, Gefahren und Entbehrungen an der Bekehrung seiner
heidnischen Bewohner zu arbeiten. Er führte ein Leben voll
Abtötung und Entsagung, und mied die Freuden und Genüsse,
die Ehren und Auszeichnungen des königlichen Hofes, den er
nur besuchte, um ihn für sein Werk zu gewinnen und seine
Unterstützung sich zu sichern. Selbstlos suchte Bonifatius bei
all seinem Wirken nur die Ehre Gottes und das Heil der
Seelen, und wollte nur der Diener aller sein, um sie für Christus
und das ewige Leben zu gewinnen. Wenn es ihm darauf angekommen wäre, sich ein ruhiges und bequemes Bistum zu verschaffen, Papst und König würden nicht verfehlt haben, ihm
in Anbetracht seiner großen Verdienste ein solches zu geben.
Es wäre ja auch nicht unbescheiden und unbillig gewesen, wenn
Bonifatius nach seinen langjährigen Mühen sich einen Bischofssitz erwählt hätte, um den Rest seines Lebens in ruhiger Thätigkeit Gott zu widmen. Aber daran dachte er nicht in seinem
selbstlosen, unermüdlichen Streben für die Bekehrung der Heiden.
Zeitweilig trug er sich mit dem Gedanken, das Bistum Köln
zu übernehmen, aber bloß deshalb, weil es ihm für seine Missionen in Friesland und dem mittlern Deutschland gelegen war.
Da aber die Übernahme dieses Bistums auf Widerspruch stieß,
und angesehene Männer, Priester und Laien, darauf drängten,
daß er einen bestimmten bischöflichen Sitz übernähme, verzichtete
er auf seine persönlichen Wünsche und übernahm das Erzbistum
Mainz, obwohl es von den Heidenmissionen entfernter war als
Köln. Der Papst Zacharias bestätigte Bonifatius mit Freuden
auf dem erzbischöflichen Stuhle von Mainz, dieser bat aber
bald um die Erlaubnis, sich einen Gehilfen mit dem Rechte
der Nachfolge weihen zu dürfen, und übertrug seinem erprobten
Schüler Lullus die Verwaltung des Erzbistums Mainz, für sich

selber wählte er die gefahr- und mühevollere Thätigkeit eines Glaubensboten bei den Friesen, die teilweise wieder vom Glauben abgefallen waren und ihm große Sorge machten. Denn wenn die heidnischen Friesen mit den Sachsen sich verbanden, so entstanden für den Fortbestand der christlichen Kirchen Deutschlands die größten Gefahren, zumal der ganze Norden noch heidnisch war. Besorgt für seine Pflanzungen, legte daher Bonifatius die geordnete Verwaltung der Erzdiöcese Mainz in Lullus Hände, eilte als hochbetagter Greis in der sichern Vorahnung seines Todes nach Friesland, und war mit hingebender Selbstverleugnung an der Bekehrung der Friesen thätig, bis er sein Leben zur Rettung seiner verblendeten Mörder dahingab. So war Bonifatius ein ganz selbstloser Charakter, welcher sich selbst und der Welt abgestorben, nur die Ausbreitung des Reiches Christi erstrebte. „Was er that, geschah in der lautersten Absicht; keine Makel haftet an ihm; Herrschsucht war ihm fremd, denn er selbst ordnete sich frei als Glied der hierarchischen Kette unter." [1]

Das Verfahren des hl. Bonifatius gegen sittenlose, unbotmäßige und irrgläubige Geistliche ist ihm von Protestanten als Verfolgungswut und Unduldsamkeit ausgelegt worden, ging aber aus seinem Eifer für Wahrheit, Sittenreinheit und Einheit der Kirche hervor. Er war in der heiligen Schrift sehr bewandert und nahm sich ihre Worte und Lehren zur unverbrüchlichen Richtschnur seines Handelns. Die Kirche erschien ihm daher als das Reich Gottes, worin Einigkeit des Geistes, ein Glaube, eine Taufe sein soll, wie ja auch alle Menschen nur einen Gott und eine Bestimmung haben. Die Apostel ermahnten in ihren Briefen oft und dringend zur Einheit, warnten vor Spaltungen in der Lehre, und verboten mit aller Strenge den Umgang mit solchen, welche von der Lehre abwichen oder ein sittenloses Leben führten. In der Duldung von irrgläubigen und schlechten Christen kannten die Apostel so wenig Schonung, daß sie sogar verboten, mit ihnen zu essen oder sie zu grüßen. Die Abweichung vom Glauben erschien Paulus als ein so schweres Vergehen, daß er schrieb: „Wenn aber wir oder ein Engel vom Himmel euch ein anderes Evangelium verkündigte, als wir euch verkündigt haben, dem sei der Fluch". [2] Überdies hatte Bonifatius bei seiner Bischofsweihe dem Papste geschworen, die

---

[1] Hahn, Jahrbücher des fränkischen Reiches, 1863, S. 25.
[2] Gal. 1, 8. 2 Joh. 9, 10. 1 Kor. 1, 10; 5, 11. 2 Thess. 2, 11. Tit. 3, 10. Ephes. 4, 3—6.

Einheit des Glaubens mit dem Apostolischen Stuhle streng zu bewahren, den Umgang mit solchen zu meiden, welche von der Einheit abwichen, und sie dem Apostolischen Stuhle anzuzeigen. Bonifatius hielt diesen Eid wie die Vorschriften der Apostel mit der größten Treue. Daher suchte er während seiner ganzen Missionsthätigkeit dem Volke den Besitz des wahren Glaubens ungeschmälert zu erhalten, eiferte gegen jede Abweichung vom Glauben, und hinderte nach Kräften die Irrlehrer, dem Volke zu predigen. Einheit war für den Bestand der jungen Kirche Deutschlands durchaus nötig. Wenn jeder sich hätte seinen eigenen Glauben bilden und dem Volke predigen können, so wäre die Kirche nie eins geworden und hätte keinen Bestand gewonnen, denn „jedes Reich, welches in sich selbst uneins ist, wird zu Grunde gehen". (Luk. 11, 17.) Daher suchte Bonifatius auch die weltlichen Obern für sich zu gewinnen und zum entschiedenen Vorgehen gegen die Irrlehrer zu bewegen, die durch lügenhaftes, gewinnsüchtiges Auftreten auch die staatliche Ordnung störten. „Wenn seine Gegner auch seine Thaten verurteilten, so bediente er sich doch niemals schlechter Mittel, sondern handelte immer in der Überzeugung, auf dem Boden des Rechten und Erlaubten zu stehen. Freunde und Feinde müssen ihm das Lob erteilen, daß er Recht und Gerechtigkeit ernstlich gewollt habe."[1] Für die Verbesserung der Sitten war Bonifatius rastlos thätig, da es der Beruf der Kirche ist, ihre Glieder zu heiligen. Nie erlahmte Bonifatius im Kampfe gegen die Sittenlosigkeit und Zuchtlosigkeit, welche sich damals in der Kirche zeigte. Als eine ideale Natur beurteilte er die Menschen nach der Richtschnur des Evangeliums und suchte danach ihre Sitten zu verbessern, nicht aber das Evangelium den Anschauungen der Welt anzubequemen. Daher drang er ohne Ansehen der Person auf strenge Anwendung der kirchlichen Bestimmungen und verurteilte scharf die Fehler der Geistlichen und Ordenspersonen. Als Gewielieb von Mainz mit dem doppelten Verbrechen der Blutrache und des Meuchelmordes sich befleckt hatte und alle dazu stillschwiegen, trat Bonifatius offen gegen diesen am Hofe hochangesehenen Mann auf und forderte entsprechend den kirchlichen Bestimmungen seine Absetzung. Da die sittenlosen, unkirchlichen Elemente am Hofe und bei dem Volke durch ihr heuchlerisches Wesen großen Anhang fanden, so bereitete ihre Bekämpfung dem hl. Bonifatius viele Mühen und Beschwerden,

---

[1] Fischer, Bonifatius, S. 219.

Anfeindungen und Verfolgungen. Hätte Bonifatius die Gunst des Volkes oder des Hofes gesucht, so würde er gegen jene Menschen nicht aufgetreten sein. Aber in seinem reinen heiligen Eifer für die Wahrheit, Einigkeit und Heiligkeit der Kirche bekämpfte er rastlos und unerschrocken alle Elemente, welche nicht den Geist der Kirche hatten, und ruhte nicht, bis er sie unschädlich gemacht hatte. Nicht niedrige Verfolgungswut, gehässige Unduldsamkeit oder gemeine Selbstsucht trieben ihn zum Kampfe gegen die unkirchlichen Elemente, sondern der lebendige Glaube an die eine, heilige, katholische und apostolische Kirche; sie in Deutschland auszubreiten, war das Ziel seines Lebens, welches er mit der größten Beharrlichkeit, Unerschrockenheit und Uneigennützigkeit anstrebte. Nie verzagte er und wurde mutlos, wenn sich große Schwierigkeiten erhoben; im Gegenteil, seine Kraft und Energie stählten sich bei Schwierigkeiten und Verfolgungen, und mit ruhiger Besonnenheit und unerschütterlichem Mute wählte er die zum Ziele führenden Mittel. Um der gerechten Sache willen verfolgt und bekämpft zu werden, ja selbst den Tod für Christus zu erleiden, war ihm der Weg zur Herrlichkeit des Himmels. Sehr richtig bemerkt daher selbst Fischer: „Bonifatius war ein strenger Kirchenmann, aller Unordnung und Zuchtlosigkeit in der Kirche abhold, für die Hoheit und Reinheit derselben wie für ihre Ausbreitung aus reinem und innerstem Herzen ohne Nebenabsichten strebend". Und Oelsner sagt: „So steht er hoch über der Menge in der Reihe jener Auserlesenen, welche ihr Leben einem Ideale zu weihen und zu opfern verstanden haben".[1]

---

[1] Fischer (Bonifatius, S. 58). Oelsner (Fränkische Jahrbücher, S. 165). Es kennzeichnet den Parteigeist protestantischer Geschichtschreiber, wenn sie den hl. Bonifatius als einen unduldsamen Fanatiker voll Gift und Tücke hinstellen, wie z. B. Ebrard (Iroschottische Missionskirche, S. 453—454), während sie die „Reformatoren" als Vorkämpfer der Freiheit und Duldsamkeit feiern. Diese bekämpften zwar unter dem Deckmantel der freien Forschung und Überzeugung die katholische Kirche als ein Werk der Glaubenstyrannei, waren aber gegen Andersdenkende sehr unduldsam. Luther bekämpfte „die Papisten" bis an das Ende seines Lebens in einer Weise, welche die Grenzen des Anstandes und der Mäßigung weit überschritten, wies unter den heftigsten Ausdrücken und Schmähungen mit Verletzung der Wahrheit und Gerechtigkeit jede Gemeinschaft mit den Reformierten zurück, forderte die Fürsten auf, der Reformierten Lehre nicht zu dulden, wollte gegen Andersdenkende den Kirchenbann einführen und vertrieb seinen alten Freund Karlstadt aus dem Gebiete seines Kurfürsten, weil er anders lehrte als er. Der „milde und sanfte Melanchthon" verlangte, daß die weltlichen Obern gegen Irr-

Um sein apostolisches Amt mit Erfolg auszuüben, die Heiden zu bekehren und die Kirche zu befestigen, bediente sich Bonifatius nicht irdischer Mittel, sondern der Predigt und des Gebets. Er bedachte das Wort der heiligen Schrift: „Wenn der Herr das Haus nicht baut, so bauen die Bauleute vergebens" (Pf. 126), und suchte durch Gebet den Segen Gottes auf seine Thätigkeit herabzuflehen. Bei dem Durchlesen seiner Briefe finden wir, daß er nie um Geld oder sonstige materielle Unterstützung bittet, sondern immer um das Gebet. Seinen Freunden und den ihm befreundeten Ordensfrauen erzählt er von den Mühen, Schwierigkeiten und Verfolgungen in seinem apostolischen Berufe und bittet sie mit den eindringlichsten Worten um ihr Gebet, damit sein Wirken von Gott mit Erfolg gekrönt werde, die Heiden sich zum wahren Glauben bekehren und er selber nicht als unnützer Knecht, nicht als Mietling, sondern als eifriger, guter Hirt befunden werde, der die katholische Kirche und ihre Kinder gegen die Irrlehrer, Schismatiker und Heuchler kräftig verteidige und sich die Krone des ewigen Lebens verdiene. Fast all seinen Briefen fügt Bonifatius die Bitte um das Gebet bei; die ihm näherstehenden Seelen beschwört er förmlich, für ihn eifrig zu beten. Bei manchen Briefen hat er augenscheinlich den einzigen Zweck, das Almosen des Gebets für sich zu erflehen.[1] Wie rührend ist nicht sein Sendschreiben an die Angelsachsen in der Heimat! Alle Christen vom Bischof bis zum einfachen Gläubigen bittet er eindringlich um ihr Gebet, damit Gott die Herzen der stammverwandten Sachsen zur Annahme

---

lehrer mit Strafen und selbst mit Hinrichtung vorgingen. (Belege bei Döllinger, die Reformation, I, 398.) Kalvin ließ den Spanier Servede, der die Trinität leugnete, auf die grausamste Weise verbrennen, obwohl er nur, als Flüchtling verkleidet, Genf auf seiner Durchreise betreten hatte. Überhaupt verfolgten die einzelnen protestantischen Sekten nicht bloß die Katholiken, sondern auch sich einander selbst mit größter Erbitterung. So wurde der große Astronom Kepler von seinen eigenen Glaubensgenossen in Würtemberg verfolgt, während die Jesuiten sich seiner annahmen, und Kaiser Rudolf ihm die Stellung eines kaiserlichen Mathematikers gab. Der Graf Zinzendorf, Stifter der Herrnhuter, sagt daher auf Grund seiner Erfahrungen, daß die Protestanten „die Freiheit im Munde und auf dem Schilde führten, in Praxis aber wahre Gewissenshenker wären". Ein solches Verfahren der Protestanten ist um so ungerechtfertigter, als sie immer die Freiheit der religiösen Überzeugung betonen, während Bonifatius auf dem Standpunkte der Unterwerfung unter die kirchliche Autorität stand und nicht seine persönliche Ansicht, sondern die Lehre der Kirche vertrat, die nach 1 Tim. 3, 15 eine Säule und Grundfeste der Wahrheit ist, und der jeder nach Matth. 18, 17 hören soll.

[1] Ep. 72, 87, 89, 90, 91.

des katholischen Glaubens bekehre.[1]) Die Gebetsbruderschaften, deren Mitglieder durch Gebete und gute Werke, besonders die Darbringung der heiligen Messe, sich einander unterstützten, schätzte Bonifatius sehr hoch und erbat sich vom Papste die Aufnahme in die römische, vom Abte zu Monte Casino die Aufnahme in die dortige Bruderschaft.[2]) Überzeugt, daß das Gedeihen eines Werkes allein von Gott kommt, und daß das Gebet des Gerechten viel vermag, nahm Bonifatius seine Zuflucht zum Gebete und bat auch viele andere Christen um ihre Fürbitte, damit Gott ihn in seinen Mühen, Gefahren und Verfolgungen beschütze und sein Werk segne. Wie belehrend ist dies Verfahren des hl. Bonifatius für die Gegenwart! Man ist so sehr auf die Sammlung irdischer Mittel bedacht, um das Reich Gottes auszubreiten, Kirchen und Schulen zu gründen und Stätten christlicher Nächstenliebe zu bauen, aber nicht minder wichtig ist doch das Gebet um Gottes Segen, an dem alles gelegen ist. Bonifatius besaß wenig irdische Mittel, entfaltete aber eine großartige Wirksamkeit, welche Jahrhunderte hindurch ein Quell des Segens wurde, und vor welcher manche berühmte Thaten der Jetztzeit verschwinden. Mit dem eifrigen Gebete um Gottes Schutz und Segen läßt es sich jedoch wohl vereinigen, daß Bonifatius sich die Gewogenheit der weltlichen Fürsten zu erhalten suchte. Diese konnten ihm hindernd in den Weg treten, konnten aber auch sein Wirken fördern, indem sie ihn durch ihr Ansehen bei dem Volke unterstützten und in jenen aufgeregten, kriegerischen Zeiten Ruhe und Ordnung aufrecht hielten, ohne welche eine gedeihliche Ausbreitung der Kirche unmöglich war. Da ferner auch die weltlichen Obern von Gott zum Heile der Menschen angeordnet sind, so war es ein Akt der Klugheit, daß Bonifatius auch gute Beziehungen zu ihnen unterhielt. Ohne ihre Mitwirkung wäre die dauernde Ordnung der kirchlichen Verhältnisse nicht möglich gewesen, aber diese Mitwirkung war im ganzen doch nur eine untergeordnete und beschränkte; die Missionspriester lebten in großer Armut, und Bonifatius bekam vielfache Unterstützung aus England von opferwilligen Landsleuten, die ihm in Liebe ergeben waren und sein Werk eifrig förderten. Die fränkischen Großen kamen nicht immer den Bestrebungen des hl. Bonifatius entgegen; so konnte er die Errichtung der erzbischöflichen Stühle und die Entfernung des unkirchlichen Milo trotz aller Bemühungen nicht erreichen.

---

[1]) Ep. 39. [2]) Ep. 104, 106.

Bei seinen Bestrebungen war Bonifatius daher hauptsächlich auf sich selber und die Hilfe Gottes angewiesen, hielt immer an der Selbständigkeit und Unabhängigkeit der Kirche fest und setzte sein höchstes Vertrauen auf Gott nach den Worten der heiligen Schrift: „Besser ist es, auf den Herrn zu vertrauen als auf die Fürsten". (Pf. 117, 10.)

Wenn wir Bonifatius als Priester ins Auge fassen, so erscheint er uns im schönsten Schmucke priesterlicher Tugenden, die sich in seinen Briefen und priesterlichem Leben wiederspiegeln. In ungezwungenen, vertraulichen Briefen offenbaren sich am reinsten die Gesinnungen des Herzens; in den Briefen des hl. Bonifatius aber kommt keine einzige Stelle vor, welche auf sittliche Gebrechen schließen läßt und ihm zur Schande gereicht. Wie manche Größe verbleicht vor uns, wenn wir ihre vertraulichen Briefe durchlesen und alle ihre Menschlichkeiten, Unvollkommenheiten und Fehler wahrnehmen! Personen, welche durch Rang, Stellung und Wirksamkeit in den Augen der Welt groß dastehen, verlieren nicht selten ihren Nimbus, wenn wir die offengelegten Gesinnungen ihres Herzens nach dem allgemein gültigen Maßstabe der unabänderlichen Sittengesetze des Christentums beurteilen und das große Mißverhältnis zwischen äußerer Größe und innerm sittlichen Werte entdecken. Wie ganz anders ist es bei dem hl. Bonifatius! Seine Briefe sind der getreue Spiegel dieses wahrhaft priesterlichen Mannes; echt kirchlicher Sinn, wahrer Gebetsgeist, beharrliches Streben nach Selbstvervollkommnung, Pflege der Wissenschaft, festes Vertrauen auf Gott, ungeheuchelte Demut, hingebende Treue in seinem geistlichen Berufe, uneigennütziger Eifer für die Ehre Gottes und das Heil der Seelen, Geringschätzung aller irdischen Ehren, ernstliches Trachten nach dem Himmel, unbesiegbare Geduld, sittliche Reinheit des Herzens schmücken seine Seele. Stets war Bonifatius bestrebt, gewissenhaft nach den kirchlichen Bestimmungen zu verfahren, und scheute in zweifelhaften Fällen keine Mühe, um bei seinen Bekannten Erkundigungen einzuziehen und sich Gewißheit zu verschaffen. Um z. B. über das Ehehindernis der geistlichen Verwandtschaft zwischen dem Taufpaten und dem Täufling sich zu vergewissern, wandte er sich schriftlich an drei Freunde in der Heimat, an Bischof Pehthelm von Hwiterne (Withorn in Schottland), Erzbischof Nothelm von Kanterbury und den Abt Duddo.[1]) Die kirchlichen Funktionen nahm Boni-

---

[1]) Ep. 29, 30, 31.

fatius genau nach den römischen Vorschriften vor und bestrebte
sich, im kirchlichen Leben volle Einheit mit der römischen Kirche
herzustellen. Daher fragte er bei dem Papste an, wie die Cere=
monien der Karwoche in Rom vorgenommen, und an welchen
Stellen der heiligen Messe das Kreuz gemacht würde.[1] Die
Vorschriften über den Umgang mit schlechten, irrgläubigen und
schismatischen Priestern beobachtete Bonifatius genau und suchte
sein Benehmen so einzurichten, daß er einerseits keine Gemein=
schaft mit ihnen hatte, andererseits aber auch durch zu schroffes
Vorgehen seinen Einfluß am Hofe nicht verlor.[2] Bonifatius
hatte ein sehr lebendiges, zartes Pflichtbewußtsein, und war fest
überzeugt, daß von der treuen Erfüllung all seiner Pflichten
für ihn die ewige Seligkeit abhing. Daher stand Bonifatius
voll und ganz auf dem Boden des Gehorsams gegen die kirch=
lichen Obern, und wirkte nicht nach Willkür und subjektivem
Gutdünken, sondern im Geiste der Kirche, indem er ihre Vor=
schriften für sein ganzes Verhalten sich zur Regel und Richt=
schnur nahm. Diese zarte Gewissenhaftigkeit selbst in scheinbar
geringfügigen Dingen verdient Lob und Anerkennung, und war
jedenfalls besser als eine leichtfertige, laxe Richtung. Auf seine
eigene Heiligung und Vervollkommnung war Bonifatius stets
bedacht. Als Ordensmann nahm er die durch die Regeln vor=
geschriebenen Übungen der Abtötung, des Gebets, der geistlichen
Lesung und Betrachtung zur Erbauung seiner Ordensbrüder eifrig
vor und setzte sie später zur Zeit seines apostolischen Amtes
fort, soweit die Umstände es gestatteten. Das Gebet pflegte er
sehr und betete viel, um mit Gottes Hilfe heilig zu leben und
den Verpflichtungen seines Amtes getreu nachzukommen. Auf
die Notwendigkeit und den Nutzen des Gebetes weist Bonifatius
in seinen Briefen mit den Worten der heiligen Schrift sehr
oft hin, und ermahnte nicht bloß zum fleißigen Gebete, sondern
war darin auch selber ein leuchtendes Vorbild. Daher die
liebliche Legende, daß der Ort Horas bei Fulda seinen Namen
bekommen habe, weil Bonifatius dort im Walde ein Kreuz er=
richtet und vor demselben das kirchliche Stundengebet (Horae)
verrichtet habe. Obschon er bei Tage mit Predigt, Spendung
der heiligen Sakramente und andern Arbeiten der Seelsorge
in Anspruch genommen war, so durchwachte er doch öfters die
Nächte im Gebete. So brachte er die letzte Nacht vor seinem
Tode im Gebete zu. Auch zog er sich alljährlich einige Zeit

[1] Ep. 80. [2] Ep. 55, 79.

in die Einsamkeit zurück, um nach den mühevollen Arbeiten seines apostolischen Berufes dort in strenger Zurückgezogenheit sich ungestört dem Gebete und der geistlichen Betrachtung hinzugeben, sich dadurch wieder geistig zu erfrischen und zu neuem Wirken zu stärken. Oft brachte er diese Zeit der geistlichen Sammlung in der Nähe Fuldas in Laubhütten auf einem Berge zu, welcher daher damals auch Bischofsberg genannt wurde, später aber wegen einer dort erbauten Kirche Unserer Lieben Frau den Namen Frauenberg bekam. Mit Eifer las Bonifatius in der heiligen Schrift, erwog sinnend ihre Worte nach ihrem buchstäblichen wie auch nach ihrem verschiedenen geistigen Sinne, und prägte sie seinem Gedächtnisse ein. An der betrachtenden Lesung der heiligen Schrift nährte er sein geistiges Leben und schöpfte aus diesem unerschöpflichen Born des göttlichen Wortes viel Belehrung und Ermunterung. Weil Bonifatius die Bibel so hoch schätzte, schrieb er sich selber die vier Evangelien in ein Buch, welches noch heute in der Landesbibliothek zu Fulda aufbewahrt wird. Ein Exemplar des Neuen Testaments wurde ihm vom Papste Zacharias geschenkt, welches ebenfalls noch in Fulda aufbewahrt wird; es ist das der berühmte Codex Fuldensis, welcher in der Gelehrtenwelt für den Nachweis der Unverfälschtheit der Bibel und die Herstellung des Textes von Wichtigkeit ist. Dieses Exemplar hatte Bonifatius beständig in Gebrauch; der Jakobusbrief, aus dem er vielfach Stellen in seinen Briefen anführt, ist von ihm mit vielen Randbemerkungen versehen, welche sein eingehendes Bibelstudium bezeugen. Andere Bücher der heiligen Schrift wurden ihm von Ordenspersonen geschenkt, welche damals mit bewunderungswürdiger Schönheit und Sorgfalt die heilige Schrift abschrieben. Von der Aebtissin Eadburg von Thanet, welche ihm überhaupt viele Bücher übersandte, ließ er sich die Briefe des heiligen Apostels Petrus mit goldenen Buchstaben abschreiben, und zeigte sie bei der Predigt dem Volke, um auf sein noch rohes Gemüt größern Eindruck zu machen und es mit Achtung und Ehrfurcht vor der heiligen Schrift zu erfüllen.[1] Vom Bischof Daniel von Winchester erbat sich Bonifatius das Buch, welches sein verehrter Lehrer, Abt Winbert von Nhutscelle, mit großen und deutlichen Buchstaben geschrieben hatte, und welches sechs Propheten enthielt.[2] Um in das Verständnis der heiligen Schriften tiefer einzudringen, bediente sich Bonifatius der Erklärungen gelehrter

---

[1] Ep. 32, 73. [2] Ep. 55.

Schriftausleger. Abt Dubbo, seinen frühern Schüler, bat er um die ihm fehlenden Abhandlungen über die Briefe Pauli, da er bloß die Abhandlungen über die Briefe an die Römer und Korinthier habe, wie um alle Bücher, die ihm nützlich sein könnten. [1]) Den Erzbischof Egbert von York, der eine große Bibliothek hatte, bat er um Bedas Abhandlungen über die ein= zelnen Bücher der Bibel, besonders über die Bücher Salomons, und die sonntäglichen Episteln, da sie ihm bei seinen Predigten sehr nützen könnten. In einem andern Briefe dankte er hoch= erfreut dem Erzbischofe für empfangene Bücher und bat um neue Zusendung von Büchern. [2]) Als eine praktische Natur hatte Bonifatius bei dem Studium der Bibel den Zweck, sich selbst im sittlichen Leben zu vervollkommnen und zugleich zur Predigt geschickt zu machen. So wurde er mit der Bibel sehr vertraut und knüpfte bei der Darstellung seiner Gedanken mit Vorliebe an sie an, sodaß seine Briefe und Predigten mit vielen Stellen der Bibel durchflochten und in salbungsvollem, erbaulichem Tone geschrieben sind. Neben der Bibel las Bonifatius eifrig die Werke der Kirchenväter, besonders des hl. Papstes Gregor 1. (590—604), des größten Mannes seiner Zeit, welcher sein hohes Amt von der erhabensten Seite auffaßte, in seinem Buche von der Hirtensorge und in seinen 14 Bücher umfassenden Briefen die herrlichsten Vorschriften über die Verwaltung des Hirtenamtes giebt, und dadurch ein Lehrer für die gesamte Nachwelt geworden ist. Überhaupt schwebte wohl dieser gott= erleuchtete Papst, der stets auf die Ausbreitung der Kirche be= dacht war, in einer rohen, entarteten Zeit über Zucht und Lehre strenge wachte und in bedrängter Lage umsichtig mit den ver= schiedenen weltlichen Fürsten freundliche Beziehungen unterhielt, dem hl. Bonifatius als leuchtendes Vorbild vor. Gregors Briefe bekam er von dem römischen Diakon Gemmulus und verbreitete davon Abschriften nach England. [3]) Außerdem studierte Bonifatius die Werke seines etwas ältern Landsmannes Beda († 735), der nicht bloß in religiösen, sondern auch in weltlichen Dingen für seine Zeit staunenswerte Kenntnisse besaß, und fast über alle Teile der Bibel mit Scharfsinn und Belesenheit Kommentare verfaßte. [4]) Dem Studium der heiligen Schrift und der Kirchen= väter gab Bonifatius sich mit solchem Eifer hin, daß er auf seinen Missionsreisen beständig Bücher mit sich führte, und die wenigen freien Augenblicke, die ihm von angestrengter Berufs=

---

1) Ep. 31. 2) Ep. 61, 100. 3) Ep. 54, 61. 4) Ep. 61, 62.

arbeit übrig blieben, zum Studium benützte. Auch als er seine letzte Reise nach Friesland antrat, trug er Sorge, daß eine Anzahl Bücher eingepackt und mitgenommen wurde. Dieser Eifer im Studium ist um so bewunderungswürdiger, da das Amt des hl. Bonifatius voll Mühen und Beschwerden, voll Entbehrungen und Gefahren aller Art, und die damaligen Verkehrsverhältnisse ungemein mangelhaft waren, sodaß Bücher nur schwer zu beschaffen waren. Weil Bonifatius auf seinen Reisen und bei seinen Missionsarbeiten unter den Heiden von vielen Lebensgefahren umgeben war, so faßte er das Leben sehr ernst auf, dachte an das Lebensende so mancher Glaubensboten und machte sich mit dem Tode vertraut. Daher nahm er auch sein Leichenhemd mit nach Friesland, und unter seinen Büchern befand sich auch die Abhandlung des hl. Ambrosius über das Gute des Todes (de bono mortis), in welcher der wirkliche und der mystische Tod, d. i. das Absterben der Welt und das Leben in Christus, behandelt werden. Auch las Bonifatius gern in den Leidensgeschichten der heiligen Martyrer, die er sich schon bei dem Beginne seines apostolischen Amtes von der Äbtissin Bugga erbat. Der freudige Tod der heiligen Martyrer war ihm inmitten der vielen Todesgefahren ein leuchtendes Vorbild, freudig für den christlichen Glauben zu sterben. Der Tod war ihm daher nur der Durchgang zum Himmel, dem Orte der ewigen Vergeltung, was er angesichts des Todes auch seinen Leidensgefährten ermutigend vorstellte. So waren Gebet, Studium und Betrachtung für den hl. Bonifatius die Mittel, um sich selber zu heiligen und auch zur Ausübung seines Berufs geschickt zu machen. Er lebte aus dem Glauben und ahmte das Beispiel Christi und seiner Heiligen getreu nach. Als Diener Jesu Christi suchte er in seinem priesterlichen Amte nicht Menschenlob oder irdische Ehren und Güter, sondern allein die Ehre Gottes und das Heil der Seelen; daher nahm er freudig und geduldig alle Mühen, Entsagungen und Gefahren seines priesterlichen Amtes auf sich und tröstete sich mit der Vergeltung im andern Leben. Frei von aller ungeordneten Welt= und Selbstliebe, lebte er nur seinem priesterlichen Berufe, liebte Gott mit hingebender, unverbrüchlicher Treue, und diente ihm, von allen irdischen Banden losgelöst, in steter Keuschheit und Reinheit des Herzens. Der hohen Verpflichtungen seines priesterlichen Amtes war Bonifatius sich wohl bewußt, und arbeitete beharrlich, wie an seiner eigenen Vervollkommnung, so auch an der sittlichen Besserung seiner Mitmenschen.. In dem

Schreiben an den Erzbischof Cudbert leitet er aus der erz=
bischöflichen Würde für sie beiden auch die größere Pflicht her,
für das Volk zu sorgen und das christliche Leben zu überwachen. ¹)
Bei all seinem Wirken vertraute Bonifatius auf Gottes mächtigen
Beistand und schrieb allen Erfolg seiner Bemühungen nicht sich,
sondern Gott zu. Obgleich der Papst und die weltlichen Fürsten
ihn ehrten und auszeichneten, so blieb er doch demütig, betrachtete
Leiden und Drangsale als eine Strafe seiner Sünden und nannte
sich einen unwürdigen und geringen Verkündiger des Evangeliums,
ja den letzten und schlechtesten Glaubensboten, welchen die römische
Kirche entsandt habe, nicht wert, ein Hirt des Volkes genannt
zu werden. Solche Äußerungen sind bei Bonifatius der un=
geheuchelte Ausdruck einer großen Demut, welche sich nach dem
Maßstabe der vielen empfangenen Gnaden und der göttlichen
Heiligkeit bemißt, und nicht auf die erworbenen Tugenden und
das vollbrachte Gute sieht, sondern auf die noch bestehenden
Unvollkommenheiten und Mängel. ²) Als Priester Jesu Christi
wohl bedenkend, daß Christus aus Liebe zum Seelenheile der
Menschen am Kreuze starb, trug Bonifatius zu all seinen Mit=
menschen eine reine, aufrichtige Hirtenliebe, und war bis zum
letzten Atemzuge seines Lebens nur auf ihr Seelenheil bedacht.
Sein priesterliches Leben vollendete und krönte Bonifatius mit
einem wahrhaft priesterlichen Tode, indem er freudig sein Leben
dahingab, um durch seinen Tod den verblendeten Mördern die
Bekehrung zu ermöglichen und zu erflehen; denn der gute Hirt
giebt sein Leben für seine Schafe.

Umgang und Verkehr des hl. Bonifatius mit seinen Mit=
menschen entsprachen genau den christlichen Grundsätzen, und
lassen uns zugleich die vortrefflichen Eigenschaften seines Geistes

---

¹) Ep. 70.
²) Ep. 61, 88, 91. In leidenschaftlicher Verblendung wollen prote=
stantische Geschichtschreiber (z. B. Cent. Magd. 8, c. 10) in den ver=
bemütigenden Worten des hl. Bonifatius eine Bestätigung ihres abfälligen
Urteils finden, als ob er wirklich der schlechteste Glaubensbote gewesen
wäre und sich selber mit jenen Worten sein Urteil gesprochen hätte. Dem
ist aber nicht so. Bonifatius, von Ruhmsucht und pharisäischer Selbst=
überhebung weit entfernt, übte wahre Demut, welche Christus durch Wort
und Beispiel seinen Jüngern sehr empfahl. „Wer groß unter euch sein
will, der werde euer Diener; wer der erste sein will, der werde euer
Knecht.“ (Matth. 20, 26. Luk. 22, 26.) „Wenn ihr alles gethan habt,
so sprecht: „Wir sind unnütze Knechte“. (Luk. 17, 10.) Im Widerspruch
mit jenen verbemütigenden Worten wird Bonifatius aber auch andererseits
wieder als „ein herrschsüchtiger, gewaltsamer Pfaffe“ dargestellt, um so das
Zerrbild nach allen Seiten hin zu vollenden.

und Herzens erkennen. In den Heiden sah Bonifatius seine
Brüder, welche durch dasselbe Blut Christi erlöst sind, dasselbe
Ebenbild Gottes in sich tragen und zu derselben Herrlichkeit des
Himmels berufen sind. Daher liebte er sie mit wahrhaft christ=
licher Nächstenliebe und war auf ihre Rettung bedacht. Die
Liebe ließ ihn bei der Bekehrung der Heiden die rechte Art
und Weise finden und alle Schwierigkeiten überwinden. Freund=
lich und wohlwollend kam er den Heiden entgegen, belehrte sie
voll Milde und Geduld über die Verwerflichkeit und Thorheit
des Heidentums, gewann durch sein liebevolles Wesen ihre
Herzen und machte sie für die Annahme des Christentums
empfänglich.[1]) Seine großen Erfolge bei der Bekehrung der
Heiden sind gewiß nächst der Gnade Gottes seinem sanftmütigen,
liebevollen Wesen im Umgange zuzuschreiben, wobei er aller=
dings die christlichen Grundsätze voll und ganz aufrecht erhielt,
jede Vermengung des Heidnischen und Christlichen entschieden
bekämpfte, und alle unerlaubte Nachgiebigkeit an das Heidentum
vermied. Obgleich Bonifatius überhaupt in seinen Grundsätzen
sehr klar und entschieden war, so war er doch im Umgange
mit seinen Mitmenschen sehr freundlich, wohlwollend und liebe=
voll. Dieser Charakterzug tritt schon bei ihm hervor, da er
noch Mönch und Lehrer in den Klöstern seines Vaterlandes
war und sich die Liebe und Verehrung seiner Schüler und Mit=
brüder in seltenem Grade erwarb. Diese Liebe und Verehrung
war bei vielen so groß, daß sie später ihr Vaterland auf den
Ruf des hl. Bonifatius verließen und über das Meer nach
Deutschland eilten, um dort unter seiner Leitung der so mühe=
und gefahrvollen Bekehrung der Heiden obzuliegen und ihm bei
der Gründung von Kirchen, Klöstern und Schulen beizustehen.
Sein Briefwechsel und die Schilderung seines liebevollen Um=
ganges mit „seinem Eremiten Sturmi" lassen erkennen, mit
welch aufrichtiger Liebe und herzlichem Wohlwollen Bonifatius
allen Mitmenschen entgegenkam, und wie sehr er sich ihr Wohl
in jeder Hinsicht angelegen sein ließ. Seinem Schüler Duddo
schrieb er: „Mag ich auch im Lehren minder geschickt gewesen
sein, so war ich doch am meisten auf dein Wohl bedacht".[2])
Weit entfernt von allem mürrischen und finstern Wesen, hatte
Bonifatius namentlich im Umgange mit der Jugend eine gewinnende
Freundlichkeit und geistige Frische, sodaß er leicht und geschickt in
ihren Ideenkreis einging und eine hinreißende Wirksamkeit auf sie

---

[1]) Ep. 15. [2]) Vita St. Sturmi auctore Eigile. Ep. 31.

ausübte. Das sehen wir an der Art und Weise, wie er seine be=
deutendsten Schüler gewann. Als der junge Gregor bei der Mahl=
zeit aus der Bibel vorlas und nachher den Inhalt des Gelesenen
nicht anzugeben verstand, setzte es ihm der hl. Bonifatius so freund=
lich und ansprechend auseinander, daß er sich unwiderstehlich
zu ihm hingezogen fühlte und sich ihm für zeitlebens anschloß.
Später wurde er Abt des Klosters Utrecht und erwarb sich
große Verdienste um die Verbreitung des Christentums bei den
Friesen und Sachsen. Als Bonifatius in Bayern thätig war,
wurden zwei vornehme Eltern so von ihm eingenommen, daß
sie ihm ihren Sohn zur Erziehung für den Dienst des Herrn
übergaben. Es war der hl. Sturmi, welcher ihn von da be=
gleitete, sein eifriger Schüler wurde und später das für Deutsch=
land so hochwichtige Kloster Fulda gründete. Ähnlich war es
sicher in vielen andern Fällen, die uns die Geschichte nicht auf=
bewahrt hat. Bei aller Freundlichkeit und Liebenswürdigkeit
im Umgange kannte Bonifatius aber keine Schonung und Milde,
sobald es sich um sittliche Verstöße handelte; gegen diese trat
er mit größter Entschiedenheit und Strenge auf, und hatte für
alle Vorkommnisse in der Welt ein offenes Auge. Weil die
Wallfahrten angelsächsischer Frauen nach Rom Veranlassung zu
Unordnungen gaben, forderte er entschieden den Erzbischof Cudbert
auf, den Frauen die Wallfahrten nach Rom ganz zu verbieten.
Unnachsichtig ahndete er sittliche Vergehen, selbst an hochstehenden
Personen, z. B. Gewilieb von Mainz, und suchte durch strenge
Vorschriften und Strafen seine Mitmenschen zu einem sittlichen
Leben anzuleiten, welches ihn selbst der Trieb seines Herzens
und die Stimme des Gewissens lehrten.

Auch der Verkehr des hl. Bonifatius mit den Ordensfrauen
trägt ganz das Gepräge seines Charakters an sich. Die hohe
Würde des Weibes, seine Kraft zur Übung jeglicher Tugend
und seine große Bedeutung für die Ausbreitung des Christen=
tums wußte er wohl zu schätzen. Daher unterhielt er regen
Briefwechsel mit den ihm bekannten Frauenklöstern Englands,
und bewog durch liebevolle, begeisternde Worte eine große Schar
Jungfrauen, nach Deutschland zu kommen und die christliche
Erziehung der weiblichen Jugend bei dem wilden, kriegerischen
Volke zu übernehmen. Gewiß eine schöne, aber sehr schwierige
Aufgabe, bei welcher sie des Rates, des Trostes und der Stärke
in hohem Grade bedurften! Bonifatius stand ihnen tröstend,
helfend und stärkend zur Seite; durch ermunternden Zuspruch
und durch Hinweis auf die ewige Belohnung im Jenseits wußte

er sie zu begeistern, daß sie in der Fremde bei ihrem schwierigen Berufe beharrten. Der uns erhaltene Briefwechsel zwischen Bonifatius und diesen Ordensfrauen atmet eine reine, keusche Gesinnung; die Ordensfrauen, die damals die lateinische Sprache vollständig erlernten, bedienen sich zwar der damals üblichen, schwülstigen, geschraubten Redensarten, aber der ganze Brief=wechsel bewegt sich nur um die Ausbreitung des Reiches Gottes, welches die Ordensfrauen durch Gebet, Abschreiben von Büchern, Verfertigung kirchlicher Gewänder und Erziehung der weiblichen Jugend förderten. So suchte Bonifatius, von übertriebenen, rigoristischen Anschauungen, wie auch von laxen Grundsätzen der Sinnlichkeit gleich weit entfernt, das weibliche Geschlecht der Ehre Gottes und dem Heile der Mitmenschen dienstbar zu machen.

Auf den großen Kreis seiner Schüler und Schülerinnen, die teils vom meerumgürteten England in alter Liebe zu ihrem Lehrer nach Deutschland kamen, teils in Deutschland von ihm gewonnen wurden, übte Bonifatius einen großen, heiligenden und sittigenden Einfluß aus. Die Kirchengeschichte dürfte wenige Männer aufzählen, welche eine solche Anzahl heiliger Männer und Frauen sich heranbildeten und zu gleichartigem Wirken be=geisterten wie Bonifatius. Lullus, Burchard, Willibald, Gregor, Sturmi, Wunnibald und viele andere waren Zierden der Kirche, und entfalteten teils auf bischöflichen Stühlen, teils in Klöstern eine große, segensreiche Wirksamkeit. Die Ordensfrauen Lioba, Walburgis, Thekla, Chunihild, Berathgit, Chunitrud u. a. strahlten im hellen Glanze weiblicher Tugenden und erregten die Bewunderung und Anerkennung unserer heidnischen Vor=fahren, sodaß sie ihnen gerne ihre Kinder zur Erziehung über=gaben. Die bedeutendste von ihnen ist Lioba, die mit Bonifatius verwandt und in ihrer geistigen Richtung ihm vielfach ähnlich war. Diese Schüler und Schülerinnen bildete Bonifatius nicht durch äußere Vorschriften heran, sondern er zog sie durch sein liebevolles Wesen zu sich empor, war ihnen Lehrer und Führer zu allem Guten durch Wort und That, hauchte ihnen seinen Geist ein, begeisterte sie durch sein Wort und Beispiel für sein hohes Ziel, und entflammte sie zu gleichem Glaubensmute, gleicher Sittenreinheit und gleichem Seeleneifer. Ein enges Band heiliger Freundschaft verband Bonifatius mit seinen Schülern; er war ihnen stets ein väterlicher Freund und Ratgeber, und diese hingen an ihm voll inniger Liebe und Verehrung, fragten ihn in allen wichtigen Angelegenheiten um Rat, sprachen ihm ihre Sorgen und Leiden aus und fanden bei ihm Trost, Belehrung und Anregung zum Guten. Wenn Bonifatius nicht ein Mann von ganz hervorragenden Eigenschaften gewesen wäre, so würde er nicht einen solchen ausgezeichneten Kreis Schüler und Schülerinnen um sich versammelt haben, in denen sein Geist lebendig war. Da nach den Worten der heiligen Schrift ein weiser Sohn der Ruhm des Vaters ist, so gereichen die vielen geistlichen Söhne und Töchter dem hl. Bonifatius zum Ruhme, bezeugen beredter als alle Worte die Reinheit und Hoheit seines Charakters, und lassen uns seine vortrefflichen Eigenschaften des Geistes und des Herzens erkennen, die in ihnen wiederstrahlen.

Gegen seine Mitarbeiter im Weinberge des Herrn war Bonifatius voll Liebe und Güte. Als Abt Wigbert aus Eng=land nach Deutschland kam, ging ihm Bonifatius eine Strecke Weges entgegen und begrüßte ihn aufs freundlichste. In Rom angekommen, benachrichtigt er alsbald die Freunde in Deutsch=land über seine Ankunft und den freundlichen Empfang bei dem Papste, und teilt ihnen mit, daß er zurückkehren werde, sobald es ihm möglich sei.[1]) Als er seine letzte Reise nach Friesland unternahm, bat er, in der sichern Vorahnung seines Todes, den König Pippin, doch nach seinem Tode für seine Freunde und Mitarbeiter zu sorgen, welche an den äußersten Grenzen des Reiches schon lange mit ihm gearbeitet hätten, teilweise hoch=betagt und fast alle Ausländer wären, und ohne Unterstützung das zum Leben Nötige nicht hätten. Den Hofkaplan Fulrad ersuchte er brieflich, bei dem Könige seine Bitte zu unterstützen. Für sich selbst bat Bonifatius um nichts; nur das Wohl seiner Freunde lag ihm am Herzen; gewiß ein Zeichen aufrichtiger, selbstloser Gesinnung! Wahr und schön sagt Hahn: „Bonifatius ist dankbar und liebevoll gegen seine Untergebenen und Genossen. Für sie bittet er bei Fulrad mit einer solchen edlen Wärme, daß ihn dieses allein schon über den Kreis der Menschen gewöhn=lichen Schlages hinwegheben würde. Krankheit und Schwäche quälten ihn in den letzten Jahren, er fühlte sich dem Tode nahe und konnte nicht sterben, ohne über das Schicksal seiner Getreuen sich zu vergewissern."[2])

Mit den Landsleuten in der Heimat pflegte Bonifatius treue Freundschaft, so mit seinem alten Bischofe Daniel von Winchester; er schrieb ihm öfter, tröstete ihn über den Verlust des Augenlichtes, erzählte ihm von seinen Mühen und Kämpfen

---

in Deutschland, suchte für seinen geängstigten Geist bei ihm
Trost und fragte ihn in schwierigen Fällen um Rat. So bat
er ihn, ihm doch seine Ansicht mitzuteilen, wie er wohl den
Heiden am besten die Thorheit ihrer religiösen Vorstellungen
und die Wahrheit des Christentums nachweise, und wie er sich
gegen unwürdige Priester zu verhalten habe.[1]) Weit entfernt,
alles allein oder am besten wissen zu wollen, tauschte er bei
schwierigen Fragen seine Gedanken mit seinen Freunden aus.
Zum Zeichen seiner aufrichtigen Freundschaft übersandte er nach
damaliger Sitte seinen Freunden gerne kleine Gaben, so dem
bejahrten Bischof Daniel eine haarige Fußdecke, dem Erzbischof
Cudbert Bettdecken, dem König Ethelbald Jagdfalken, die in
England nicht vorkamen. Die Liebe zu Gott unterdrückte bei
Bonifatius nicht die Liebe zu den Mitmenschen, sondern veredelte und verklärte sie, besonders auch die Liebe zu denjenigen,
mit denen er durch die Bande des Blutes verbunden war.
Seine Nichte Lioba berief er aus England nach Deutschland,
damit sie an der Erziehung der weiblichen Jugend arbeite und
die Frauenklöster leite. Als er seine letzte Reise nach Friesland
unternahm, ermahnte er sie eindringlich, doch ja in Deutschland
in ihrem Berufe zu beharren und ihre mühevolle Arbeit in der
Hoffnung ewiger Belohnung freudig auf sich zu nehmen. Weil
sie ihm im Leben lieb und wert war und mit ihm treu für
Christus gearbeitet hatte, so sollte sie auch nach seinem bestimmt
ausgesprochenen Willen neben ihm begraben werden, damit sie
zugleich mit ihm am jüngsten Tage auferstehe. Da die Gottes-
liebe bei Bonifatius die natürliche Liebe des Blutes verklärte,
so dachte er auch stets ganz besonders an die Bekehrung der
Altsachsen, die von „gleichem Fleisch und Blute" waren, und
als sich ihm unüberwindbare Schwierigkeiten entgegenstellten,
suchte er ihre Bekehrung wenigstens durch Gebete und Stiftung
von Klöstern herbeizuführen. Sein Herz schlug stets warm für
das Vaterland, obwohl er es seit 718 nicht wiedersah und die
Bekehrung der deutschen Stämme mit allen Kräften anstrebte.
Bei all seinen Sorgen und Mühen in Deutschland stand er
mit seinen Landsleuten in der Heimat bis zu seinem Tode in
Briefwechsel, und suchte seinem Vaterlande besonders dadurch
zu nützen, daß er das wahre Wohl desselben erstrebte. Als
König Ethelbald, dessen Charakter ein Gemisch von Tugenden
und Lastern war, durch seine zügellosen Ausschweifungen seinen

---

[1]) Ep. 15, 55, 56.

Unterthanen zum Verderben wurde, verband sich Bonifatius
mit den angelsächsischen Bischöfen Deutschlands und richtete freimütig an den König ein zwar ernstes, aber doch freundschaftlich
gehaltenes Schreiben, worin er nachdrücklich auf die Strafgerichte
Gottes hinwies und zur Buße und Umkehr ermahnte. Das
Schreiben zeugt von seinem großen Seeleneifer und seiner tiefen
Menschenkenntnis, wie auch von seiner aufrichtigen Vaterlandsliebe. Zugleich schrieb Bonifatius an den Erzbischof Egbert
von York und den Priester Herefrith, doch bei dem König
eindringlich auf eine Aenderung seines Lebens hinzuwirken,
damit das Ärgernis entfernt würde.[1] Ungefähr um dieselbe
Zeit übersandte Bonifatius dem Erzbischof Cudbert von Canterbury, dem Primas der englischen Kirche, die Beschlüsse einer
von ihm gehaltenen Synode, machte ihn mit höflichen, aber
mit klaren Worten auf grobe Mißstände in der englischen
Kirche aufmerksam, und mahnte ihn eindringlich, doch eine Synode
nach dem Muster der fränkischen abzuhalten und, wie es seine
Pflicht als Erzbischof sei, entschieden gegen die groben Mißbräuche vorzugehen, welche eine Schande für die englische Kirche
seien.[2] So wirkte Bonifatius, von wahrer Vaterlandsliebe
beseelt, auch aus der Ferne für das Wohl und die Ehre seines
Volkes. Denn wenn die katholische Kirche auch alle Völker
umfaßt, so unterdrückt sie doch nicht alle nationalen Gefühle,
sondern regelt und verklärt sie, und spornt dadurch zu guten
Thaten an. Vom christlichen Geiste ganz durchdrungen, vertrat
Bonifatius nach allen Seiten ohne menschliche Rücksichten, un-
wandelbar und treu, die christlichen Grundsätze. In seinem
strengen Sinne für Recht und Sittlichkeit und frei von aller
Menschenfurcht scheute er sich nicht, auch hohen Personen die
Wahrheit zu sagen und sie an ihre sittlichen Verpflichtungen zu
erinnern. Auch den Langobardenkönig Luitprand, mit welchem
er bekannt, und bei dem er auf seinen Romreisen eingekehrt war,
mahnte er, von seinem ungerechten Kampfe gegen den Papst
abzustehen. So war sein Wesen durchaus wahr und aufrichtig;
Denken, Reden und Handeln stimmte bei ihm überein; was er als
recht und wahr erkannte, vertrat er auch furchtlos gegen mächtige
und angesehene Personen, ohne Rücksicht auf Freundschaft und
Verwandtschaft; offen und ehrlich sprach er, wie er dachte.
Im Verkehre mit den fränkischen Fürsten benahm sich
Bonifatius sehr klug und vorsichtig. Die Hofluft ist bekanntlich

---

[1] Ep. 59, 60, 61, 74. [2] Ep. 70.

zu allen Zeiten für die Diener der Kirche gefährlich gewesen und hat schon gute Priester auf Abwege gebracht. Bonifatius betrachtete die weltliche Obrigkeit als von Gott angeordnet, und hatte, wie bei allen Dingen, so auch bei seinem Verkehre mit dem Hofe die Ehre Gottes und das Heil der Seelen im Auge. Während der ersten Zeit seiner Wirksamkeit regierte Karl Martell (714—741), ein tapferer, kriegerischer Fürst, welcher das Reich gegen äußere Feinde mit mächtiger Hand schützte, aber die Geistlichen als Dienstmannen des Staates geradeso wie alle weltlichen Fürsten betrachtete und gegen alles Recht die geistlichen Stellen ohne Rücksicht auf priesterliche Tugenden vergab. An seinem Hofe befanden sich verdorbene Höflinge und Priester, welche ein den kirchlichen Satzungen widersprechendes Leben führten und bei dem Mangel an persönlicher Würdigkeit durch des Fürsten Gunst sich Stellen zu erwerben suchten. Bonifatius durfte den Hof wegen dieser traurigen Zustände nicht ganz meiden, denn dann würde er ohne Einfluß am Hofe geblieben sein, den unkirchlichen Elementen freie Entfaltung ihres unheilvollen Einflusses verschafft und sich selber des fürstlichen Schutzes beraubt haben, der ihm doch in jenen wirren Zeiten so nützlich war. Nahen und intimen Umgang durfte Bonifatius am Hofe aber auch nicht haben, weil er auch den Schein meiden mußte, als billige er das Kirchenregiment Karls, und weil er dem Papste versprochen hatte, den Umgang mit unwürdigen Priestern zu meiden. Es machte daher dem hl. Bonifatius viele Sorge, bei seinem Verhalten gegenüber dem Hofe das Richtige zu treffen. Ohne sich zur Rolle eines schmeichlerischen Höflings herabzuwürdigen oder den kirchlichen Grundsätzen etwas zu vergeben, suchte Bonifatius von Zeit zu Zeit den Hof auf und mußte durch sein würdevolles, korrektes Benehmen Einfluß und Ansehen am Hofe zu gewinnen. Als nach Karls Tode († 741) seine beiden Söhne, Pippin und Karlmann, dem hl. Bonifatius geneigteres Ohr liehen und zur Herstellung der Kirchenzucht die Hand boten, trat Bonifatius zu ihnen in ein freundschaftliches Verhältnis, und beförderte, von der Notwendigkeit und dem Nutzen einer starken, weltlichen Macht in jenen kriegerischen Zeiten überzeugt, nach Kräften ihre Bestrebungen um Einigung der deutschen Stämme. Daher errichtete er auch für Bayern kein eigenes Erzbistum, wodurch er dort nur eine Art Landeskirchentum angebahnt und das Streben der bayerischen Herzöge nach Unabhängigkeit von der fränkischen Herrschaft befördert hätte. Als es zwischen Franken und Bayern (743) zum Kriege kam, begünstigte der Päpstliche Legat Sergius die Bayern und mahnte die Frankenherzöge, vom Kriege gegen einen Bruder-stamm abzulassen; Bonifatius aber hielt sich von der bayerischen Partei fern, obgleich er sich dadurch die Bayern entfremdete und von da ab bei ihnen auf Schwierigkeiten stieß. Nach Karl-manns Rücktritt gestaltete sich sein Verhältnis zu Pippin immer enger; er nannte ihn seinen ruhmvollen Sohn und suchte in Frieden und Freundschaft mit ihm zum Wohle von Kirche und Staat zu wirken.[1]) Pippin erkannte den großen Nutzen von der Wirksamkeit des hl. Bonifatius für die staatliche Ordnung, und war ihm wegen seiner vortrefflichen Eigenschaften sehr zu-gethan. Bei seinen freundschaftlichen Beziehungen zu den welt-lichen Fürsten vergab Bonifatius jedoch kein Haar breit die Rechte der Kirche, ordnete alles nach streng kirchlichen Vorschriften, wofür er die weltlichen Obern zu gewinnen verstand, und drang besonders in allen kirchlichen Dingen auf strenge Unterordnung unter den Papst. Aber andererseits mischte sich Bonifatius nicht in rein politische Dinge und wollte keine politische Rolle spielen, wodurch er sein Ansehen auf kirchlichem Gebiete nur noch befestigte und erhöhte. So wußte Bonifatius hingebende Treue gegen die Kirche und ihren obersten Hirten mit dem pflichtmäßigen Verhalten gegen die weltlichen Obern zu vereinen, der Kirche wie dem Staate zum Heile und Frieden; indem er dem Altare diente, stützte er auch den Thron.

Wenn wir so den hl. Bonifatius in seiner langen, aus-gebreiteten Wirksamkeit uns vorführen, so erscheint er uns als ein treuer, eifriger Glaubensbote der katholischen Kirche, als ein Priester, geschmückt mit allen Tugenden seines hohen Standes, als ein Mann, der in seiner mannigfachen Berufsthätigkeit und seinem oft sehr schwierigen Verkehre mit Hohen und Niedrigen, Freunden und Feinden stets hohe, edle Gesinnung und fleckenlose Reinheit des Charakters bewährte. Die hohen Tugenden des hl. Bonifatius strahlen uns in so hellerm Lichte, wenn wir die vielen verheerenden Kriegszüge, die geistige Verwilderung, die große Zuchtlosigkeit und die weit ausgebreitete Sittenlosigkeit seiner Zeit bedenken, die ihm viele Kämpfe und Schwierigkeiten bereiteten. Nur durch seine hervorragenden Tugenden konnte Bonifatius eine fruchtbare, nachhaltige Wirksamkeit entfalten und sich die Anerkennung der Mitwelt erringen. Die treue Anhänglichkeit und aufrichtige Verehrung, welche ihm von allen

---

[1]) Ep. 105.

Seiten entgegengebracht wurde, die große Teilnahme, welche sein
Martyrertod hervorrief, und die feierliche Übertragung und Bei=
setzung seiner Gebeine in Fulda beweisen, welche Liebe und
Verehrung er sich bei Geistlichen und Weltlichen, Hohen und
Niedrigen erworben hatte. Die Heiligkeit seines Lebens und
sein heldenmütiger Tod waren die Ursache, daß das christliche
Volk ihn sogleich als Heiligen verehrte und anrief. Die Kirche
hat diese Verehrung anerkannt, und erweist ihm dadurch die
größte Ehre, welche einem Menschen zu teil werden kann. Durch
alle Jahrhunderte hindurch wird Bonifatius in der katholischen
Kirche ob seiner ausgezeichneten Tugenden als Heiliger verehrt,
und findet ob seiner Wirksamkeit als Apostel Deutschlands
dankbare Anerkennung. Da Bonifatius seinem ganzen Denken
und Handeln nach strenge auf dem Boden der katholischen
Kirche stand, und bei der Beurteilung solcher Männer der
religiöse Standpunkt von Einfluß ist, so findet Bonifatius bei
den Protestanten eine sehr verschiedene Beurteilung. Es fehlt
nicht an solchen, welche der Wahrheit die Ehre geben und die
vortrefflichen Eigenschaften des hl. Bonifatius und seine wohl=
thätige Wirksamkeit anerkennen. So sagt z. B. Oelsner: „Man
mag über die Ziele des Bonifatius urteilen wie man will, wer
für vergangene Zeiten sich ein unbefangenes Verständnis bewahrt
hat, wird dem Leben und Sterben dieses Mannes seine Be=
wunderung nicht versagen können".[1] Es giebt aber auch solche,
welche, von Parteileidenschaft geblendet, mehr von ihren sub=
jektiven, religiösen Ansichten, als von geschichtlichen Thatsachen
bei Beurteilung des hl. Bonifatius sich leiten lassen, seinen
Charakter herabsetzen und seine Wirksamkeit als eine verfehlte
und schädliche verurteilen, da er die deutsche Kirche von Rom
abhängig gemacht und das Christentum durch römische Lehren
verfälscht habe. Daher wird dem hl. Bonifatius gern Luther
gegenübergestellt, der das wieder gutgemacht habe, was jener
verdorben habe.[2] Wenn wir wirklich diese beiden Männer
miteinander vergleichen wollen, so dürfte sich bei ruhiger Be=
urteilung, fern von aller konfessionellen Befangenheit, auf Grund
geschichtlicher Thatsachen folgendes sagen lassen.

---

[1] Oelsner, Jahrbücher des fränkischen Reiches, Leipzig 1871,
S. 165. Ähnlich urteilen Leo, Böhmer, Dittmar, Hahn und andere, die
schon genannt sind.
[2] So besonders die Magdeburger Centuriatoren und in neuerer
Zeit Ebrard, Heber, Werner, die an Bonifatius nichts Gutes lassen;
andere urteilen zwar günstiger über ihn, können sich aber bei ihrem prote=

Bonifatius hat die deutschen Stämme in der katholischen Kirche geeinigt und dadurch den Grund zur politischen Einheit, Macht und Größe unsers Vaterlandes gelegt, sodaß Deutschland im Mittelalter die weltbeherrschende Nation wurde. Luther hat durch seine Lehre die Einheit des Glaubens zerstört und religiöse Spaltungen in Deutschland hervorgerufen und in einer Weise zugespitzt, daß das gemeinsame Stammesbewußtsein schwand, und sich die religiösen Parteien schlimmer wie feindliche Nationen gegenüberstanden. Er bekämpfte nicht bloß die Katholiken in der heftigsten Weise, sondern auch die Reformierten, und forderte die Fürsten auf, Kalvins Lehre nicht zu dulden und mit Feuer und Schwert auszurotten. Die religiöse Zerrissenheit beförderte auch die politische, sodaß das uneinige Deutschland bald seine mächtige Stellung verlor, fremde Nationen in seinen Gauen Kriege führten, ihm den Frieden diktierten und Stücke von ihm losrissen. Freilich wirkten auch andere Ursachen zum politischen Niedergange Deutschlands mit, so die Entdeckung Amerikas und neuer Handelswege, wichtige Erfindungen, das Erstarken anderer Nationen, der Hader und die Selbstsucht der Fürsten, das sittenlose Leben an den Höfen, aber sicherlich wirkte auch die Glaubensspaltung nachteilig auf das politische Leben der Nation ein. Bonifatius rottete unter vielen Mühen das Heidentum aus, eiferte beharrlich gegen jede Verletzung der christlichen Vorschriften und richtete christliche Zucht und Sitte auf. Daß Luther aber durch seine Lehre, der Glaube allein mache selig, und jeder könne sich seinen Glauben nach Gutdünken bilden, Zucht und Ordnung in Deutschland auflöste, gefährliche Gärungen im Volke veranlaßte, vielfache Leidenschaften im Volke aufweckte, in Kirche, Staat und Schule große Unordnungen hervorrief, sodaß die Sittenlosigkeit im Volke schlimmer wie im Papsttume war, das ergiebt sich klar und deutlich aus den eigenen Worten Luthers und seiner Anhänger.[1] Bonifatius eiferte entsprechend den Geboten Gottes für die Beherrschung der Fleischeslust,

tantischen Standpunkte zu einer vollen Anerkennung seiner Persönlichkeit nicht erheben. So sagt z. B. Fischer: „Wir dürfen den Bonifatius mit Luther nicht zu vergleichen wagen; er war kein reformatorischer Geist, kein reformatorisches Genie, wie dieser, gesandt, der Kirche neue Bahnen auf Jahrhunderte anzuweisen, aber in seiner Ergebenheit gegen die Schrift und in seiner fleißigen Anwendung derselben ist er dem deutschen Reformator doch ähnlich." (Bonifatius, S. 220.)

[1] Döllinger. Die Reformation, 2. Aufl., I, 294—362. Janssen, Geschichte des ben. gen Volkes, II. Bd., 2. Bch. VI und IX.; III. Bd., 1. Bch., IV und V; 3. Bch., VII.

für die Einheit und Unauflöslichkeit der Ehe, für den hohen Vorzug des jungfräulichen Lebens. Luther verwarf die jung= fräuliche Keuschheit als etwas Unnatürliches, bekämpfte die Ehe= losigkeit der Geistlichen als etwas sittlich Verwerfliches, erklärte die Befriedigung des Geschlechtstriebes für eine erlaubte Natur= notwendigkeit wie Essen und Trinken, hielt außereheliche Ver= bindungen und den Ehebruch für erlaubt, falls die Eheleute keine Kinder hatten, betrachtete die Ehe als ein weltliches Geschäft, erklärte in seinen Tischreden die Vielweiberei an und für sich für erlaubt, und gestattete dem Landgrafen Philipp von Hessen, neben der ersten Frau, mit der er nach sechzehnjähriger Ehe bereits acht Kinder hatte, noch eine zweite zu nehmen. Aus Furcht, der Landgraf könnte von seiner Lehre abfallen, gab er die ewigen Grundsätze der christlichen Sittenlehre wegen der fleischlichen, tierischen Begier eines schwachen Fürsten preis und zerstörte einen Grundpfeiler der menschlichen Gesellschaft, nämlich ein christliches Eheleben. Als Luthers Lehren und Thaten gegenüber der strengen katholischen Sittenlehre mit Hilfe der neuerfundenen Buchdruckerkunst durch zahlreiche Schriften ver= breitet wurden, mußte naturgemäß eine große Zuchtlosigkeit und Verwilderung des Volkes in geschlechtlicher Beziehung entstehen, wie auch von den Anhängern der neuen Lehre selber berichtet wird.[1] Bonifatius betrachtete die Kirche bei aller wohlwollenden Gesinnung gegen die weltlichen Obern doch als eine selbständige, unabhängige Gemeinschaft, ordnete die kirchlichen Verhältnisse nach den allgemeinen kirchlichen Vorschriften, und drang auf strenge Unterordnung aller Glieder der Kirche unter den Papst, als das von Gott gesetzte Oberhaupt. So stellte er die Einheit der Kirche her und verband die einzelnen Teile zu einem wohl= geordneten Ganzen. Luther erklärte die kirchliche Hierarchie, Papst und Bischöfe, für aufgehoben, und als das kirchliche Leben naturgemäß sehr zerfiel, forderte er die weltlichen Fürsten auf, sich der kirchlichen Verhältnisse anzunehmen, und unterwarf so die Kirche der Gewalt weltlicher Fürsten. Die Annahme von Luthers Lehre brachte daher den Fürsten großen Zuwachs an Kirchengütern wie an Regierungsgewalt, und war für sie sehr verlockend. Sie richteten nach ihrem Gutdünken den Gottes= dienst ein, setzten eine äußere Kirchenordnung fest und machten die kirchlichen Dinge zu einem Zweige der weltlichen Verwaltung. So entstand in Deutschland eine Menge von Landeskirchen, in

---

[1] Döllinger, Die Reformation, II, 427—452.

denen die weltlichen Fürsten mit schrankenloser, die päpstliche Macht weit überragenden Gewalt herrschten und die kirchlichen Verhältnisse nach rein persönlichen Anschauungen oder politischen Beziehungen des Hofes ordneten. Daher war auch die so= genannte Reformation keine deutsche, keine allgemeine, sondern nahm in den einzelnen deutschen Ländern und Städten durch den Willen des Regierenden ein kleinliches Gepräge an, und trug dadurch zur Zersplitterung des deutschen Volkes bei. Boni= fatius und Luther waren beide in der ersten Zeit ihres Lebens Ordensleute der katholischen Kirche, aber welch ein Gegensatz in der spätern Zeit ihres Lebens! Bonifatius bewahrte sein Leben lang den Ordensgeist, blieb ein treues, eifriges Glied der katholischen Kirche, und wirkte später als Bischof und Aposto= lischer Legat für die Kirche und ihre Orden mit hingebender Liebe bis zum letzten Atemzuge seines Lebens. Luther brach seine Ordensgelübde, nahm eine Nonne zum Weibe, sah in der katholischen Kirche und den Orden ein Werk des Teufels, eiferte gegen sie in der heftigsten Weise und rottete sie mit Hilfe der Fürsten in einem großen Teile Deutschlands aus. Bonifatius sah im Papste den Stellvertreter Jesu Christi und Nachfolger des hl. Petrus, war ihm sein Leben lang gehorsam und unter= würfig, wirkte mit hingebender Treue für die Anerkennung seines obersten Hirtenamtes und brachte die deutsche Kirche in eine feste Verbindung mit ihm. Gehorsam gegen das Oberhaupt der Kirche beseelte ihn sein ganzes Leben lang und leitete ihn bei all seinem Wirken. Diese Gesinnung pflanzte er auch der deutschen Nation ein, welche dem Papste von da ab sehr er= geben war. Luther war seit seinem Abfalle von der Kirche voll Haß gegen den Papst bis an das Ende seines Lebens, forderte in seinen Schriften offen zur Ermordung des Papstes und zur Vernichtung der römischen Kirche auf, verabschiedete die Prediger in Schmalkaden mit dem Wunsche: Gott möge sie mit Haß gegen den Papst erfüllen, konnte nicht beten: Ge= heiligt werde dein Name, ohne hinzuzufügen: „Verflucht, ver= dammt, geschändet werde der Papisten Name", wollte es sich zum Ruhme gerechnet haben, daß er „bis in seine Grube voll böser Worte, Scheltens und Fluchens über die Papisten gewesen sei", wünschte seine heftigen Steinschmerzen dem Papste und den Kardinälen, und schrieb noch am vorletzten Abende seines Lebens mit Kreide an die Wand: „Im Leben, o Papst, war ich deine Pest, im Tode werde ich dein Tod sein". Sein Plan, noch weiter Schmähschriften gegen den Papst zu schreiben, wurde durch den Tod (1546) vereitelt. Luthers Gesinnung gegen den Papst ging auf einen Teil der deutschen Nation über. Bonifatius war sehr demütig; vor den Worten der heiligen Schrift, den Überlieferungen der Kirche, den Entscheidungen der Päpste, dem Ansehen der Kirchenväter beugte er sich demütig, an den Papst wie auch an Gleichgestellte und Untergebene schrieb er demütig und bescheiden, nannte sich einen geringen und unwürdigen Apostel der Kirche, und bat sie flehentlich um ihr Gebet, daß Gott seiner Schwachheit zu Hilfe komme. Luther war sehr stolz und hochmütig, nannte sich schon 1520 bei feierlicher Verbrennung der päpstlichen Bulle und der Schriften seiner Gegner einen Heiligen des Herrn, hielt sich für einen Gottgesandten, gab seinen Schriften seit 1520 sein Bildnis mit dem Heiligenscheine und der Taube über dem Ohre bei, brach mit den Anschauungen der Kirche und der Überlieferung, verwarf, verfälschte und erklärte die Bibel, wie es ihm gefiel, stellte sich selbst als unfehlbare Autorität hin und gab seine Lehre für das reine und lautere Evangelium aus, obgleich er seine Ansichten mehrfach änderte. Als er die Bibel, das heiligste und ehrwürdigste Buch der Menschheit, welches gewiß mit unverletzlicher Treue zu übersetzen ist, durch die Hinzufügung des Wortes „allein" (Röm. 3, 28) verfälschte, und man ihm darüber Vorstellungen machte, gab er die ihn charakterisierende Antwort: „Doktor Martin Luther will's also haben und spricht: Papist und Esel sei ein Ding; sic volo, sic jubeo, sic sit pro ratione voluntas (so will ich es, so befehl ich es, so sei mein Wille statt des Grundes)."[1] Luther bestand trotzig auf seiner Meinung und schlug die ganze Verfassung der Kirche in Trümmer, weil sie nicht lehrte wie er. Bonifatius achtete in allen seinen Mitmenschen das Ebenbild Gottes, belegte Mißhandlung und Verkauf von Sklaven mit schweren Kirchenstrafen, besserte das Los der Sklaven, bahnte die Aufhebung der Sklaverei an, schärfte auch den Fürsten freimütig ihre Pflichten ein, mahnte zu Frieden und Versöhnlichkeit, und war stets so sehr auf das Heil der Mitmenschen bedacht, daß er sich von verblendeten Heiden töten ließ und auf das Recht der Notwehr verzichtete, um ihnen das Leben zu erhalten und die Bekehrung zu erflehen. Luthers Schriften sind vielfach wahre Mord- und Brandschriften, welche zu den gröbsten Gewaltthätigkeiten gegen Mitmenschen auffordern. So verfaßte er (1525) zur Zeit des Bauernaufstandes seine Schrift „gegen

---

[1] Döllinger, Reformation, III, 139—173; 356—363.

die räuberischen und mörderischen Bauern", in der er alle auf=
forderte, sie wie tolle Hunde tot zu schlagen, denn jetzt könne man
sich durch Blutvergießen den Himmel verdienen; dadurch gab er
dem furchtbaren Wüten der Fürsten gegen die Bauern die reli=
giöse Rechtfertigung, deren Beschwerden er früher teilweise für
recht und billig gefunden hatte. Ein solches Benehmen ist tief
unter der Würde des Menschen, noch tiefer unter der Würde
eines christlichen Priesters, der vorzugsweise berufen ist, Er=
barmen und Nächstenliebe zu üben und Verirrte zu belehren.
Nachdem der Aufstand mit dem Blute von Tausenden von
Bauern beendet war, wurde der Mittelstand für Jahrhunderte
niedergedrückt und für das politische Leben mundtot gemacht.
Luther trug dazu viel bei; er sprach sich für die Leibeigenschaft,
die Frondienste und den unbedingten Gehorsam gegen die welt=
lichen Obern aus, und erstickte dadurch ein gesundes Freiheits=
gefühl im gemeinen Manne.[1] Das Volk trat von da ab zurück;
ein deutsch=nationales Streben, wie es im Mittelalter sich so
herrlich entfaltete, verschwand; Leiden und Dulden war das Los
des gemeinen Mannes bis zum Anfange unsers Jahrhunderts.
Die Fürsten, in deren Hände Luther auch die kirchliche Gewalt
gelegt hatte, steigerten ihre Macht zum absoluten Cäsaropapismus,
und herrschten in Staat und Kirche, über Leib und Seele ihrer
Unterthanen mit unumschränkter Gewalt. Bonifatius erscheint
uns in seinen Schriften wie in seiner ganzen Wirksamkeit als
ein edler, reiner, sittenstrenger Mann, welcher hoch über dem
gewöhnlichen Leben steht, mit dem Feuereifer des Elias gegen
alles Unheilige eifert und die Welt nach dem Worte Gottes als
nach einer unveränderlichen Richtschnur in Wahrheit reformierte,
d. h. christlich machte. Luther ließ sich von seinen Leiden=
schaften fortreißen. Den Papisten zum Trotz leugnete er die
Wesensverwandlung bei dem Altarsakramente und führte das
Abendmahl unter zwei Gestalten ein. Seine letzte Schrift:
„Das Papsttum, vom Teufel gestiftet", ist der Ausdruck einer
maßlos leidenschaftlichen Erregung; der Maler Lukas Kranach
versah nach Luthers Anweisung diese Schrift mit Holzstichen,
und Luther machte dazu Überschriften und Verse. Darstellungen
und Verse sind so roh, gemein und unflätig, daß sie sich gar
nicht wiedergeben lassen. Überhaupt steigt Luther in seinen
Schriften zur Sprache der untersten Volksschichten hinab und
bedient sich Redensarten, welche tief unter der Würde eines

---

[1] Janssen, Geschichte des deutschen Volkes, II. Bd., 3. Bch. V.

gebildeten Mannes stehen; noch tiefer unter der Würde eines Mannes, der sich als Kirchenverbesserer aufwirft. Man kann diese Schreibweise nicht mit der Roheit der Zeit entschuldigen, denn ein Mann, wie Luther sein wollte, darf den niedern Leiden= schaften nicht huldigen, sondern muß sich über sie erheben. Auch rief Luthers Ausdrucksweise bei den Zeitgenossen große Miß= billigung hervor, verletzte viele und entfremdete ihm manche An= hänger, so Erasmus, Pirkheimer u. a. Die gesamte neuere europäische Litteratur dürfte im Fache der Schmäh= und Läster= schriften schwerlich etwas aufzuweisen haben, was Luthers Schriften in Ton und Haltung gleich käme. Luthers Zeit= genosse Bullinger, einer der angesehensten „Reformatoren" in Zürich, sagt, daß „niemand je wüster, gröber und unziemlicher wider christliche Zucht und Bescheidenheit geschrieben habe", und nennt Luthers Beredsamkeit „eine hündische und schmutzig= lüsterne".[1] Mit Recht sagt ein protestantischer Geistlicher und Geschichtschreiber unsers Jahrhunderts: „Luther gefiel sich in Schmähworten, für welche es eigentlich keine Feder, viel weniger eine Druckerpresse geben sollte".[2] Luthers Schriften tragen das Gepräge seines Charakters und seiner Grundsätze an sich. Über zarte Verhältnisse des menschlichen Lebens äußert er sich in einer Weise, welche sittenstrengen Personen die Schamröte ins Gesicht treibt, über das eheliche Leben stellt er Grundsätze auf, welche wohl in heidnischen, aber noch nie in christlichen Zeiten ausgesprochen wurden, und den Wert des sittlichen Lebens vernichtete er durch seine Lehre, der bloße Glaube mache selig, ein Leben in guten Werken sei das Thor zur Hölle, auch die schlimmsten Sünden, z. B. Unkeuschheit und Mord, schadeten den Gläubigen nicht, ja, „die rechten Heiligen Christi müßten gute, starke Sünder sein"; daher forderte er auch zum Sündigen auf mit den Worten: pecca fortiter, sed fortius fide (Sündige tapfer, aber glaube noch tapferer). Da solche Anschauungen schon nach der gesunden Vernunft mit der göttlichen Heiligkeit und Gerechtigkeit in Widerspruch stehen, und ihm wie seinen Freunden oft Bedenken an deren Richtigkeit kamen, so schrieb er das dem Teufel zu und riet, durch Trinken, Spielen oder lüsterne Gedanken solche Bedenken aus der Seele zu entfernen. Daß Luther sich dem Weingenusse in unmäßiger Weise hingab und ein unerbauliches Leben führte, wird durch gleichzeitige An=

---

[1] Döllinger, Die Reformation, III, S. 263.
[2] K. A. Menzel, Neuere Geschichte der Deutschen, Breslau 1854, II, S. 401.

hänger von ihm bezeugt. [1]) Bonifatius bewahrte die Rührigkeit und Freudigkeit des Geistes in seinem Wirken bis zum hohen Alter von ungefähr 80 Jahren bei, und bildete sich einen Kreis von Schülern und Schülerinnen, welche in ihm ihr Muster und Vorbild sahen, in seinem Sinne wirkten und mit großer Liebe an ihm hingen. Er stand an der Spitze von 13 Diöcesen, war Primas von Deutschland und hochangesehen im ganzen Abendlande. Könige und Päpste, Priester und Laien, Hohe und Niedrige brachten ihm die höchste Verehrung dar. Er verbreitete, befestigte und reinigte die katholische Kirche im weit ausgedehnten Frankenreiche, und übte auf das Abendland einen nachhaltigen, sittigenden Einfluß aus. Luther rief den Geist der Auflehnung und des Widerspruchs gegen die Kirche in der Welt wach, sodaß viele von der Kirche abfielen, aber er hatte nur wenige gleichgesinnte Anhänger, welche schmiegsam genug waren, sich ihm vollständig bezüglich aller Lehren unterzuordnen; er duldete keinen Widerspruch gegen seine Ansichten und ver= feindete sich mit allen durch sein schroffes Wesen und maßloses Auftreten. Es war ihm zur zweiten Natur geworden, bei seinen Gegnern Bosheit, Heuchelei, Besessenheit vom Teufel und alle möglichen Schandthaten anzunehmen, selbst bei alten Freunden und Verstorbenen; daher bekämpfte er sie in einer Weise, welche Gerechtigkeit, Wahrheit und Anstand weit überschritten. [2]) Den Fürsten, welche seine Lehre annahmen, schmeichelte er in der unterwürfigsten Weise; diese waren ihm daher sehr gewogen, so besonders der Kurfürst Johann Friedrich von Sachsen, welcher in Luthers Meinungen Gottes Wort sah, obgleich er dessen Geist doch auch sonderlich fand. Luthers Popularität aber hörte mit dem Jahre 1525 auf; seine Verbindung mit dem deutschen Volke war von da ab zerschnitten; er stand vereinsamt da; seinen kranken Vater konnte er 1530 nicht besuchen, weil er sich vor den Herren und Bauern seines Lebens nicht sicher glaubte; der Aufenthalt in Wittenberg war ihm so unerträglich, daß er nach Eisleben wanderte, wo er 1546 starb. Nach seinem Tode lebte seine Frau mit ihren Kindern in großer Bedrängnis, ob= wohl er durch die Aufhebung der Kirchengüter den Fürsten Millionen in die Taschen gespielt hatte. In den letzten Jahren seines Lebens war er mit der Welt zerfallen; „ich habe die Welt satt und die Welt meiner", sagte er, und wünschte, im

---

[1]) Döllinger, Die Reformation III, 39, 126, 128, 130, 135, 241.
[2]) Döllinger, Die Reformation, III, 264 fgd.

Kindesalter gestorben zu sein; Beängstigungen über die Richtigkeit seiner Lehre, die ihn unaufhörlich quälten, und die er dem
bösen Geiste zuschrieb, die Verwilderung und Sittenlosigkeit im
Volke, die große Gewinnsucht und die geringe, reine Begeisterung,
die sich bei Aufrichtung des neuen Kirchenwesens geltend machten,
die getäuschten Hoffnungen auf den Untergang der katholischen
Kirche und die allgemeine Annahme seiner Lehre, die Anhänglichkeit des Volkes an die Institutionen der alten Kirche, die
Mißachtung seiner Person und körperliche Leiden verbitterten
ihm das Leben und raubten ihm alle Freudigkeit des Wirkens.
Er starb, körperlich und geistig gebrochen, im Alter von
62 Jahren.[1] So stehen Bonifatius und Luther wie in ihrem
Charakter, so auch in ihrer ganzen Wirksamkeit in einem schnei-
denden, unversöhnlichen Gegensatze. Beide Männer waren auf
das geistige Leben unserer Nation von großem Einflusse und
bezeichnen Wendepunkte in unserer Geschichte; Luther riß die
Kirche nieder, welche Bonifatius ausgebreitet und befestigt hatte,
und weckte den Geist der Empörung gegen die kirchliche Autorität,
welcher Bonifatius mit unwandelbarer Treue ergeben war. Als
die Regierenden nach Luthers Ermahnung unter Einziehung der
Kirchengüter und mit Aneignung der kirchlichen Gewalt ein
neues Kirchenwesen, das sogenannte Landeskirchentum, aufrichteten,
wurde naturgemäß Luther als der Urheber jener geistigen Bewegung gegen die Kirche verherrlicht, und der Jugend und dem
Volke in den staatlichen Schulen und Kirchen ein Bild von
ihm beigebracht, welches mit der Wirklichkeit in Widerspruch
steht. Dieses neue heranwachsende Geschlecht hielt die An-

---

[1] Griesgrämisches, mißmutiges Wesen in letzten Lebensjahren
schreiben protestantische Geschichtschreiber auch dem hl. Bonifatius zu,
z. B. Rettberg (I, 811), Fischer (S. 211), aber mit Unrecht. Die Reise
nach Friesland, die umfassenden Vorbereitungen zu dieser Reise, der
freudige Martyrertod, die letzten Briefe (Ep. 84, 105, 106, 107) lassen
eine große Schaffensfreudigkeit bei dem hochbetagten Manne erkennen, der
nach einer überstandenen Krankheit sich verjüngt und stark genug fühlte,
um dem schwierigen und gefährlichen Missionswesen in Friesland sich zu
widmen. Diejenigen Briefe (Ep. 42, 51, 55), in denen Bonifatius Kummer
und Sorgen ausspricht, stammen aus früherer Zeit, als er die kirchlichen
Verhältnisse unter Mühen und Entbehrungen, Kämpfen und Gefahren,
Verfolgungen und Anfeindungen ordnete, die auch den kräftigsten Mann
ergreifen mußten. In solcher Lage Freunden seine Gefühle aussprechen,
bei ihnen Trost suchen und sie um ihr Gebet bitten, ist menschlich und
that auch der Apostel Paulus, z. B. in dem Briefe an die Römer (15, 30),
an die Korinther (II, 1, 1—14, 11, 23—33), an die Philipper (1, 12), an
die Kolosser (1, 24) u. a.

schauungen, in denen es über Luther und sein Werk erzogen wurde, für Wahrheit, und so bekam Luther bei den Protestanten einen Heiligenschein, vor welchem Bonifatius zurücktreten mußte. Für die Beurteilung dieser beiden Männer ist zwar der kon= fessionelle Standpunkt von großer Bedeutung; Katholiken und Protestanten werden über sie stets verschieden urteilen; aber nicht bloß dem Katholiken, sondern auch demjenigen, der sich nur durch geschichtliche Thatsachen in seinem Urteile leiten läßt, wird es nicht zweifelhaft sein, wer an Charakter edler und sittenreiner war, und nachhaltiger zum Wohle Deutschlands wirkte.

Luther stützte seine Lehre einseitig auf die Briefe des hl. Paulus, besonders auf den Römer= und Galaterbrief, die er in seinem Sinne mißdeutete und das Mark der Bibel nannte. Er fühlte sich mit Paulus so eins, daß er neben dessen Namen den seinigen setzte. Daher vergleichen ihn seine Anhänger gern mit Paulus und nennen Luthers Kirche die paulinische, während sie die römische die petrinische nennen. Allein Luther und Paulus stehen ebenso in einem unversöhnlichen Gegensatze wie Luther und Bonifatius. Dahingegen haben Paulus und Boni= fatius große Ähnlichkeit miteinander. Wie wir aus den Briefen des hl. Bonifatius sehen, studierte er trotz seiner anstrengenden Missionsthätigkeit mit besonderem Eifer die Briefe Pauli und verschaffte sich dazu Kommentare aus England. Stellen aus den Briefen des hl. Paulus finden sich daher ungemein häufig in seinen Briefen und beweisen, daß er dessen Geist besonders in sich aufgenommen hatte. Paulus, das Muster jedes wahren Glaubensboten, schwebte sichtlich auch Bonifatius vor, sodaß wir manche Charakterzüge des großen Apostels bei ihm aus= geprägt finden. Paulus war nach seiner Bekehrung so vom Geiste des Christentums durchdrungen und für dasselbe begeistert, daß er die Welt vom Morgenlande bis nach Spanien durcheilte, um allen die frohe Botschaft des Evangeliums zu bringen; den weitern Aufbau der von ihm gegründeten Kirchen übergab er seinen Schülern. So fühlte auch Bonifatius, in Christus allein das Heil der Welt sehend, bis zum höchsten Alter den mächtigen Drang in sich, bei unsern heidnischen Vorfahren die Lehre des Heils auszubreiten, und durchwanderte daher Deutschland von den schneebedeckten Alpen bis zum Strande der Nordsee; das Werk der Bekehrung in den einzelnen Gegenden fortzusetzen und zu vollenden, damit beauftragte er seine Schüler auf den bischöf= lichen Stühlen und in den Klöstern. Paulus, den hohen Vor= rang des Apostels Petrus anerkennend, begab sich vor Beginn seiner Missionsthätigkeit nach Jerusalem und verweilte 15 Tage bei Petrus, um sich mit ihm zu besprechen (Gal. I, 18); gleichwohl machte er ihm freimütig Vorstellungen, als er sich von den Heidenchristen absonderte und sich zu den Judenchristen hielt, ein Benehmen, welches der Idee der christlichen Gemeinschaft widersprach (Gal. II, 11). So erkannte auch Bonifatius das Oberhirtenamt des Papstes an, begab sich dreimal nach Rom und verweilte dort längere Zeit, um sich mit dem Papste zu beraten; er war ihm während seiner langen apostolischen Thätigkeit sehr ergeben und unterwürfig, machte ihm aber freimütig ernstliche Vorstellungen, als ihm irrtümlich berichtet war, der Papst habe die Pallien für Geld verkauft und dulde in Rom noch heidnische Gebräuche. Paulus trat unerschrocken vor die Mächtigen dieser Erde, predigte ihnen freimütig die Wahrheiten des Heils und mahnte zur Bekehrung. Auch Bonifatius richtete seine Worte unerschrocken an Fürsten, erinnerte sie an die ernste Verpflichtung der christlichen Sittengesetze und mahnte zur Buße. Paulus eiferte mit glühender Begeisterung für die Reinheit des Glaubens und die Beobachtung der sittlichen Vorschriften, bekämpfte jede Vermischung des Christentums mit heidnischen und jüdischen Anschauungen, trat entschieden gegen Irrlehren, Spaltungen und Verletzungen des Sittengesetzes auf und suchte alle Völker in der Einheit des christlichen Glaubens zu einigen. Bonifatius wandelte ganz in seinen Fußstapfen; er suchte das Christentum in ungetrübter Reinheit unsern Vorfahren zu bringen, bekämpfte alle Überreste heidnischer Vorstellungen, alle Spaltungen und Irrlehren, eiferte bei Priestern und Laien für ein sittenreines Leben und war auf die Herstellung der kirchlichen Einheit unter den Deutschen bedacht. Paulus führt ein sehr abgetötetes Leben, war beständig auf seine Heiligung bedacht, lebte in jungfräulicher Reinheit, deren hohe Vorzüge er im ersten Brief an die Korinther (Kap. 7) begeistert rühmt, suchte nichts für sich, sondern nur die Ehre Gottes und das Heil der Seelen; im Dienste des Evangeliums nahm er freudig Kerker, Geißelungen, Verfolgungen, Mühen, Entbehrungen und endlich den Tod auf sich. Dieselbe Gesinnung beseelte den hl. Bonifatius, der beständig durch Gebet und Betrachtung sich heiligte, in steter Keuschheit frei von allen irdischen Banden lebte, den Freuden und Ehren der Welt entsagte, mit glühendem Eifer dem Missionswesen bis zum höchsten Alter oblag und sein Blut im Dienste des Evangeliums vergoß. Paulus war sich bei all seiner Thätigkeit bewußt, daß der Erfolg von Gott kommt; daher empfahl er sich der Fürbitte der Gläubigen; ja, die Römer beschwor er sogar um ihr Gebet für sich (Röm. 15, 30). Überhaupt suchte er das Gefühl der Einheit und Zusammengehörigkeit bei den Christen zu wecken, indem er gegenseitiges Gebet füreinander und gegenseitige Unterstützung durch milde Gaben anordnete. Ebenso empfahl sich Bonifatius inständig der Fürbitte seiner Mitchristen, ging Gebetsverbrüde= rungen mit den Kirchen Englands und Italiens ein und pflegte die Verbindung unter den Gliedern der Kirche durch Gebete füreinander und durch gegenseitige Unterstützungen. Paulus blieb bei seinem erfolgreichen Wirken stets demütig und nannte sich (1 Kor. 15, 8, 9) eine Spätgeburt, den geringsten unter den Aposteln, unwürdig, ein Apostel genannt zu werden, obgleich er als ein auserwähltes Rüstzeug Gottes für die Verbreitung des Evangeliums mehr gethan hatte als irgend ein anderer. So blieb auch Bonifatius trotz seiner großen Erfolge und trotz aller ihm erwiesenen Ehren immer demütig, und nannte sich den letzten und geringsten Glaubensboten, den die Kirche hervor= gebracht habe. Paulus tröstete sich und seine Mitchristen in allen Leiden und Verfolgungen mit den ewigen, unaussprechlich großen Freuden des Himmels, vor welchen alle Leiden dieser Welt verschwinden. So richtete auch Bonifatius seine Augen und die Augen seiner Mitarbeiter, die fern vom irdischen Vater= lande unter einem heidnischen Volke unter Mühen und Gefahren thätig waren, zum himmlischen Vaterlande empor, wo alle Leiden und Mühen ewig belohnt werden. Paulus und Bonifatius haben also in ihrem Leben und Wirken große Ähnlichkeit mit= einander; beide waren von demselben Geiste durchdrungen und mit unermüdlicher Ausdauer, glühendem Eifer und voller Hin= gabe ihrer Person für dasselbe Ziel thätig, für die Verbreitung und Befestigung der katholischen Kirche, um dadurch die Ehre Gottes und das Heil der Seelen zu befördern. Wer daher in der Sakristei des Fuldaer Domes vor dem mit einer Mitra geschmückten Schädel oder in der Krypta vor den Gebeinen des hl. Bonifatius steht und dann das Bild dieses Mannes sich lebendig vor die Seele führt, der wird sich gestehen müssen, daß Bonifatius die edelste Blüte des angelsächsischen Stammes war, einer der größten Glaubensboten der katholischen Kirche, ein wahrer, gottbegeisterter Priester, einer der besten und hoch= herzigsten Männer, die je in Deutschlands Gauen wandelten. Die Zeitgenossen, besonders seine zahlreichen Schüler und Schülerinnen, welche ihn im Schmucke seiner Tugenden schauten

und Zeuge seines eifrigen Wirkens waren, trugen die innigste
Liebe und Verehrung zu ihm, und blickten auf ihn als auf ihr
leuchtendes Vorbild hin. Die Männer, welche bald nach dem
Tode des hl. Bonifatius Nachrichten über sein Leben auf=
gezeichnet haben, der Priester Willibald von Mainz, Abt Eigil
von Fulda, der hl. Ludger, erster Bischof von Münster, der
ungenannte Priester von Utrecht, schrieben unter dem großen
Eindruck, welchen sein Leben und Wirken auf die Mitwelt ge=
macht hatte; sie sind voll seines Lobes und lassen in ihrer Dar=
stellung die Liebe erkennen, welche die Zeitgenossen dem Heiligen
entgegenbrachten. Das Bild seiner erhabenen Persönlichkeit,
seines Wirkens und Schaffens blieb bei den Deutschen lange
lebendig und war von mächtigem Einflusse auf ihr Denken und
Handeln. Alkuin, Freund und Berater Karls des Großen und
einer der einflußreichsten Männer seiner Zeit, verehrte den
hl. Bonifatius hoch und vertraute so sehr auf die Macht
seiner Fürbitte, daß er an dessem Grabe als Mönch zu leben
wünschte. Pippin und Karl der Große, jene beiden mächtigen
Frankenfürsten, die auf die deutsche Geschichte von so großem
Einflusse waren, standen mit ihm in geistigem Verkehre, nahmen
seine Anschauungen an und verwirklichten sie bei ihrer Regierung.
So drückte Bonifatius der deutschen Nation ihr Gepräge auf,
indem er ihr seinen Geist mitteilte. Wenn Pippin und Karl
so treue Anhänger des Päpstlichen Stuhles waren, den Kirchen=
staat gegen seine Feinde verteidigten, durch Schenkungen er=
weiterten und eine dauernde enge Verbindung mit dem Papste ein=
gingen, so ist das eben die Folge von der geistigen Einwirkung
des hl. Bonifatius. Seit seiner Zeit zeichnet sich die deutsche
Nation durch ihre große Anhänglichkeit an den Papst aus, wie
die vielen Petrikirchen in Deutschland und die vielen Wall=
fahrten nach Rom beweisen. Überhaupt hing das deutsche Volk
seit Bonifatius mit inniger Liebe an der katholischen Kirche;
die herrlichen Kirchen, die zahlreichen Klöster, die vielen Bis=
tümer, welche in Deutschland gestiftet und so reichlich aus=
gestattet waren, die Kreuzzüge zur Befreiung des Heiligen Grabes,
die religiöse Wärme, welche im ganzen Leben des Volkes und
in seinen bedeutendsten Schriften vom Heliand bis zu den
Mystikern des 15. Jahrhunderts sich ausprägt, bezeugen, wie
sehr das Volk an der Kirche hing, die Bonifatius ausgebreitet
und befestigt hatte. Diesen lebendigen, kirchlichen Sinn, diese
treue Hingabe an den Papst teilte das deutsche Volk, da es
an der Spitze Europas stand, auch den benachbarten Völkern

mit. Wie das Herz das Blut in den ganzen Körper treibt, so hat auch das deutsche Volk, das Herz Europas, seine kirchliche Gesinnung den andern Völkern mitgeteilt und am meisten dazu mitgewirkt, die religiöse Einheit in Europa herzustellen, sodaß die Völker durch das Band desselben Glaubens verbunden und demselben kirchlichen Oberhaupte unterwürfig waren. Diese religiöse Einheit, welche auf die harmonische Entwicklung der menschlichen Kräfte in Wissenschaft und Kunst, in Handel und Gewerbe den wohlthätigsten Einfluß ausübte und Deutschland an die Spitze Europas stellte, dauerte Jahrhunderte hindurch fort, bis Luther im 16. Jahrhunderte durch die Leugnung der kirchlichen Autorität die religiöse Einheit zerstörte und den Geist des Abfalls von der Kirche wachrief. Statt des einen, allgemein anerkannten Glaubens der katholischen Kirche bildeten sich in den einzelnen Ländern unter der Herrschaft der Fürsten eigene Landeskirchen; die religiöse Spaltung beförderte und erweiterte auch die politischen und nationalen Gegensätze, und statt der frühern Einheit der Völker unter Papst und Kaiser bildete sich bald das System des politischen Gleichgewichts, indem die eine Nation der andern mit Aufbietung aller Kräfte eine gleich große Militärmacht gegenüberzustellen bestrebt ist, sodaß Europa in Wahrheit stets einem Kriegslager gleicht. Infolge der Trennung von der katholischen Kirche wurde bei einem großen Teile der deutschen Nation, für welche Bonifatius sein Leben lang bis zum letzten Atemzuge gewirkt hatte, sein Wirken von einem andern Gesichtspunkte aus aufgefaßt und sein Bild verdunkelt; er, der ein treues Glied der katholischen Kirche war und den Gehorsam gegen den Papst zum Fundamente seiner Wirksamkeit gemacht hatte, erscheint den Protestanten als der Sendbote einer fremden Macht, als der Verkündiger eines falschen Glaubens. Indessen wenn jemand auch den religiösen Standpunkt des hl. Bonifatius nicht teilt, so bleibt doch die Pflicht, gegen ihn gerecht zu sein, seine Ehre bei der Nachwelt nicht anzutasten und seinem Charakter die gebührende Anerkennung nicht zu versagen. Auch der Protestant muß bei ruhiger Überlegung anerkennen, daß Bonifatius ein wahrhaft frommer, seeleneifriger Mann war, daß er die Segnungen des Christentums unsern Vorfahren vermittelte und bessere Zeiten in unserm Vaterlande anbahnte. Bei den Katholiken dauert natürlich die Verehrung des hl. Bonifatius unverändert fort von Geschlecht zu Geschlecht. Seine Grabstätte wurde durch alle Jahrhunderte hoch in Ehren gehalten, und bis zur Stunde wandern die Katholiken zahlreich

nach Fulda, um dem großen Wohlthäter Deutschlands die ge=
bührende Verehrung und Dankbarkeit darzubringen und an seinem
leuchtenden Vorbilde sich zu erbauen. In neuester Zeit ist die
in Kreuzform angelegte Bonifatiusgruft unter dem Fuldaer
Dome prachtvoll restauriert und mit passenden Statuen und
Gemälden geschmückt. Möge aber auch der christliche Geist,
welcher den hl. Bonifatius beseelte und zu seinem segensreichen
Wirken antrieb, in Deutschland lebendig fortbestehen! Möge
besonders die treue Hingabe an die Kirche und der Eifer für
ihren Fortbestand die Katholiken Deutschlands beseelen wie ehedem
den hl. Bonifatius! Es wird in unserer Zeit vielfach nicht ge=
würdigt, welche große Wohlthat Bonifatius unserm Vaterlande
durch die Ausbreitung und Befestigung der katholischen Kirche
erwies, und welch großen Einfluß er durch sein Leben und
Wirken auf die Bildung und Veredelung des deutschen Geistes
ausgeübt hat. Es fehlt nicht an solchen, welche die großen
Segnungen der Kirche nicht zu schätzen wissen und ihr gleich=
gültig gegenüberstehen. Ja, es giebt in Deutschland solche,
welche die Kirche für überflüssig oder gar für schädlich halten
und das Christentum durch Kunst und Wissenschaft, Handel und
Industrie ersetzen wollen. Mit dem Schwinden des christlichen
Geistes nehmen aber immer die niedern Leidenschaften der Genuß=
sucht, der Sinnlichkeit, der Selbstsucht, der Auflehnung und
Empörung in erschreckender Weise zu und rufen die gröbsten
Verletzungen des Sittengesetzes und der staatlichen Ordnung
hervor. Ohne ernste religiöse Grundsätze fällt der einzelne den
niedern Leidenschaften und der Staat der Auflösung anheim,
wie die Geschichte aller Zeiten beweist, und so manche beklagens=
werten Erscheinungen der Gegenwart deutlich zeigen. Die Kirche
hat sich in unserm Vaterlande seit den Tagen des hl. Boni=
fatius als eine Säule der Zucht und Ordnung für den einzelnen
wie für den Staat bewiesen, hat die größten Charaktere unserer
Geschichte gebildet und unser deutsches Vaterland Jahrhunderte
hindurch einig, groß und stark gemacht. Die Kirche ist die
Trägerin der wahren Kultur und Bildung, des wirklichen Fort=
schritts, der christlichen Wahrheiten und sittlichen Grundsätze,
welche den Menschen sittigen und veredeln. Freilich wird die
Kirche niemals weder alle Leidenschaften, noch alle Übel aus der
Welt entfernen, denn als ein mit Freiheit begabtes Wesen kann
der Mensch die sittlichen Grundsätze der Kirche mehr oder
weniger in sich aufnehmen oder auch ganz von sich abweisen;
daher giebt's in der Kirchengeschichte Perioden des sittlichen Auf=

schwunges und des Niederganges, und wächst stets neben dem Weizen das Unkraut. Wer aber die christlichen Lehren gläubig in sich aufnimmt und befolgt, der wird auch ihren beglückenden und sittigenden Einfluß an sich erfahren, denn die Kirche trägt stets für alle eine unerschöpfliche Lebenskraft in sich, wie die Geschichte unsers Vaterlandes klar beweist. Möge daher das herrliche Vorbild des hl. Bonifatius den Katholiken Deutschlands allezeit vorschweben und bei ihnen christliche Gesinnung, treue Hingabe an die Kirche und selbstlosen Eifer für die Ehre Gottes und das Heil des Mitmenschen wecken, erhalten und vermehren! Mögen die Katholiken Deutschlands, in den Fuß= stapfen des hl. Bonifatius wandelnd, das von ihm überkommene Gut des katholischen Glaubens stets hochachten und bewahren und die christlichen Grundsätze auf allen Gebieten des mensch= lichen Lebens verteidigen und bethätigen! Das ist es, was den einzelnen für Zeit und Ewigkeit beglückt und zugleich das Wohl unsers Vaterlandes befördert.

Elftes Kapitel.

Schriften des hl. Bonifatius.

Bonifatius war hauptsächlich Glaubensbote und entfaltete als solcher fast 40 Jahre lang eine ebenso fruchtbare als aus= gedehnte Thätigkeit. Obgleich er vorzugsweise praktisch thätig war, besaß er doch auch eine große Gelehrsamkeit, und zählt jedenfalls zu den gelehrtesten Männern seiner Zeit. Er war anfangs ein eifriges Mitglied des Benediktinerordens gewesen, dessen Zweck auch besonders die Pflege christlicher Bildung und Wissenschaft ist, und hatte seine geistige Ausbildung in den Klöstern seines Vaterlandes empfangen, wo die Wissenschaften damals blühten. Ferner war Bonifatius dort lange in den Schulen seines Ordens als Lehrer der weltlichen und religiösen Wissenschaften thätig gewesen, und hatte durch seine vortreffliche Lehrgabe wie durch sein reiches Wissen sich großen Ruf erworben, sodaß viele in seine Vorträge eilten oder sich Abschriften davon zu verschaffen suchten.[1] Es ist daher unrichtig, ihn als un= gelehrt hinzustellen; er besaß jedenfalls ein so umfassendes Wissen,

---

[1] Willibaldi vita St. Bonifatii. Jaffé p. 435, 436.

wie es die damaligen Zeitverhältnisse nur gestatteten. Freilich
kann man von einem Glaubensboten, welcher sein Leben in den
dunklen Wäldern Deutschlands mit der Bekehrung eines halbwilden Volkes zubringt, nicht verlangen, daß er große, seiner
Beschäftigung fern liegende Studien betreibt, aber auch selbst bei
seiner angestrengten Thätigkeit als Missionar bewahrte sich Bonifatius wissenschaftliches Streben und lag besonders dem gelehrten
Studium der heiligen Schrift mit bewunderungswertem Eifer
ob. Von dem wissenschaftlichen Streben des hl. Bonifatius und
seiner Gelehrsamkeit legen seine Schriften Zeugnis ab, deren
Zahl uns jedoch unbekannt ist; manche von ihnen waren verloren gegangen und sind erst später wieder aufgefunden worden;
es ist daher sehr zweifelhaft, ob alle seine Schriften auf uns
gekommen sind; bei den erhaltenen ist überdies infolge des Ab-
schreibens der Text vielfach unsicher. Um die gesamten Schriften
des hl. Bonifatius in ihrem richtigen Texte festzustellen, wäre
es notwendig, alle bedeutenden Bibliotheken Englands, Deutschlands, Frankreichs und Italiens zu durchforschen, eine Aufgabe,
die wohl nur durch eine vereinte Thätigkeit gelehrter Männer
erfüllt werden kann.

Zu den ältesten Werken des hl. Bonifatius gehören sicher
seine lateinische Grammatik und Metrik. Die Grammatik wurde
in unserm Jahrhunderte von dem gelehrten, handschriftenkundigen
Kardinal Angelo Mai in einem, dem 10. Jahrhundert angehörigen Kodex der vatikanischen Bibliothek aufgefunden und
herausgegeben.[1]) Bonifatius verfaßte diese Grammatik wohl

---

[1]) Classici autores, VII, 475—548. Mai, † 1854 als päpstlicher
Bibliothekar, fand die Grammatik in einem Kodex unter denjenigen Büchern,
welche aus Heidelberg, ursprünglich wohl aus Fulda, stammten, und die
Kurfürst Max von Bayern dem Papste schenkte, nachdem sein Feldherr
Tilly Heidelberg (1622) erobert und den Grafen Friedrich von Baden besiegt hatte, einen jener fürstlichen Bandenführer, welche im dreißigjährigen
Kriege besonders die Gebiete der geistlichen Fürsten raubend und mordend
durchzogen. Sämtliche altdeutsche Handschriften (847) gab der Papst später
der Bibliothek wieder. Kardinal Mai machte seine wunderbaren Funde in
den zweimal beschriebenen Manuskripten, den sogenannten Palimpsesten; in
früherer Zeit nämlich, wo die Bücher auf teueres Pergament geschrieben
wurden, nahmen die Abschreiber oft Bücher, die ihnen nicht besonders
wertvoll zu sein schienen oder die doppelt vorhanden waren, schabten die
Schrift auf den Blättern ab und beschrieben sie von neuem; Mai entdeckte
mit großem Scharfsinne solche zweimal beschriebene Bücher, brachte durch
chemische Mittel die ursprüngliche Schrift wieder zum Vorscheine und
stellte durch seine große Geduld und Gelehrsamkeit den vollen Text vieler
wichtiger Bücher theologischen und profanen Inhalts her, die uns verloren
gegangen waren und schmerzlich vermißt wurden, z. B. Ciceros de re

auf Bitten seiner Schüler in der Zeit, als er in den Kloster=
schulen seines Vaterlandes am Unterrichte der Jugend thätig
war; sie ist nicht für solche geschrieben, denen die lateinische
Sprache ganz unbekannt ist, sondern soll denen, die mit der
lateinischen Sprache schon in etwa bekannt sind, die Sprach=
gesetze zum Bewußtsein bringen und sie den rechten Gebrauch der
Sprache lehren. Bonifatius behandelt den grammatischen Stoff
unter andern Namen und Gruppierungen, und zeigt durch sein
Verfahren, daß er den Unterricht in der lateinischen Sprache
mit Umsicht erteilte und in ihren Geist eingedrungen war.
Natürlich las Bonifatius in den Klosterschulen auch lateinische
und griechische Schriftsteller und war mit ihnen wohl bekannt,
denn in seinen Briefen kommen griechische Wörter und mytholo=
gische Redeweisen vor; einen Jüngling, Namens Nithart, er=
mahnte er mit eindringlichen Worten wie zur Weltverachtung
und Übung der Tugend, so auch zu klassischen Studien, und die
Schilderung der Bestrafung des Ehebruchs bei den Sachsen er=
innert an die Schilderung bei Tacitus. [1]) Auch versuchte sich
Bonifatius in der lateinischen Dichtkunst und verfaßte sogar
Abhandlungen über Silbenmaß und Versbau, um dadurch
seine Schüler in die Dichtkunst einzuführen. [2]) Die Dicht=
kunst wurde von jeher in der Kirche geschätzt und gepflegt,
selbst heilige Päpste und Kirchenlehrer waren dichterisch thätig,
so Papst Damasus, Gregor von Nazianz und Ambrosius von
Mailand. Es giebt ja zu allen Zeiten dichterische Naturen,
welche sich angetrieben fühlen, das, was das Herz erfüllt und
bewegt, dichterisch darzustellen; solche Naturen finden mächtige
Anregung im christlichen Glauben, welcher eine Fülle von

publica, Teile aus der Geschichte des Dionysius von Halikarnas, Bruch=
stücke aus der Bibelübersetzung des Ulfilas und viele andere. — Bonifatius
schloß sich bei der Abfassung seiner Grammatik hauptsächlich an Donatus
an, einen Grammatiker des 4. Jahrhunderts, und behandelt den Stoff
unter acht Redeteilen; diese sind: nomen, pronomen, verbum, adverbium,
participium, coniunctivus, praepositio, interjectio; der letzte Teil im
Kodex war ganz ausgelöscht.
  [1]) Ep. 9, 59, p. 172. Tacitus, Germania c. 19.
  [2]) Karbinal Mai gab in seinem specilegium Bd. V eine Anzahl
Bücherverzeichnisse deutscher Klosterbibliotheken nach Handschriften der
vatikanischen Bibliothek heraus, welche die metrischen Abhandlungen des
hl. Bonifatius enthielten; A. Willmanns sah in derselben Bibliothek eine
Handschrift genauer durch, die aus dem Kloster Lorsch stammte, im
10. Jahrhunderte geschrieben war und zwei Abhandlungen des hl. Boni=
fatius enthielt: Metrorum medullatae facundiae modulatio und Metricae
subtilitatis auditio; Willmanns teilt Abschnitte daraus mit im Museum

erhabenen Ideeen darbietet, das Seelenleben verklärt und die sichtbare Natur und das menschliche Leben in ganz neuem Lichte zeigt. Heidnische Dichter wurden zwar stets auch in den christlichen Schulen gelesen, um den jugendlichen Geist an formvollendeten Darstellungen zu bilden und den Sinn für Schönheit des sprachlichen Ausdrucks zu wecken, aber die den heidnischen Dichtungen zu Grunde liegende unwahre und teilweise schmutzige Ideeenwelt, besonders die Götterlehre, kann ein christliches Herz nicht befriedigen und in jugendlichen Seelen leicht lüsterne, vorwitzige Gedanken hervorrufen, welche erfahrungsmäßig nicht selten eine lange, Leib und Seele verpestende Leidenschaft anfachen. Daher lag es nahe, daß man von Anfang an auf eine christliche Poesie bedacht war, und auch diese Kunst zur Ehre Gottes und zum Heile des Nächsten verwandte. Von der Liebe des hl. Bonifatius zur Dichtkunst finden sich Beweise in seinen Briefen, denen er mehrfach kleinere Gedichte beifügt, so dem Briefe an den schon genannten Nithart; die Anfangsbuchstaben der letzten Verse des Gedichtes, von oben nach unten gelesen, geben den Namen Nithardus. Das Schreiben, in welchem Bonifatius den Papst Zacharias zu seiner Thronbesteigung beglückwünschte, begleitete er mit einigen Versen.[1] In neuerer Zeit wurde in einem, dem 10. Jahrhundert angehörenden Kodex der Würzburger Universität ein Gedicht des hl. Bonifatius an einen Schüler in England, den Abt Duddo, aufgefunden. Bonifatius schildert in 38 Versen die siegreiche Macht Jesu Christi und den freudigen Anteil der Seinigen, bittet um die Gnade, sein Lob verkünden und mit der heiligen Schrift Trost spenden zu dürfen, und schließt mit Dank gegen Gott, daß er der Thätigkeit als Lehrer der Grammatik und

---

für Rheinische Philologie, Bd. 23, S. 403 fgb.; die Abhandlungen wurden auch in einem Kodex der herzoglichen Bibliothek zu Wolfenbüttel gefunden, welche die Bücher der altberühmten Klöster Gandersheim und Helmstädt umfaßt. Im Anschlusse an die Originum etymologiarum lib. XX des hl. Isidor, † 636, jenes gelehrten Bischofs von Sevilla, der in den fünf ersten Büchern seines Werkes die weltlichen Wissenschaften darstellt, behandelt Bonifatius den Bau der Verse und will auch in der heiligen Schrift, z. B. im Buche Job und in den Psalmen, Verse entdecken. Diese metrischen Abhandlungen beweisen, mit welchem Eifer Bonifatius die klassischen Wissenschaften betrieb. Das Bücherverzeichnis des Klosters Lorsch an der Bergstraße, welches schon von Pippin 764 gestiftet und eine Pflanzstätte von Kunst und Wissenschaft wurde, enthält außer den theologischen Werken „eine Reihe von praktischen Handbüchern, besonders grammatischen und Rechenbüchern, daneben eine hübsche Reihe von Dichtern".

[1] Ep. 42.

dem langgewohnten Umgange mit Knaben enthoben sei. Der Schluß zeigt, mit welcher Begeisterung Bonifatius sich der Heiden= bekehrung hingab.[1] Die Liebe zur Dichtkunst pflanzte Bonifatius auch seinen Schülern ein, die in ihm ihren vortrefflichen Lehrer verehrten und ihm ob seiner Kenntnisse auf dem Gebiete der Dichtkunst ihre dichterischen Versuche übersandten.[2] Der Ruf des hl. Bonifatius als Kenner der Dichtkunst war so groß, daß sogar die Jungfrau Lioba aus dem Kloster Winburn in Eng= land, wo sie in der Dichtkunst von der Nonne Eadburg unter= richtet wurde, ihm eine kleine Probe ihrer dichterischen Versuche übersandte und ihn bat, etwaige Fehler zu verbessern.[3] Zur Zeit des hl. Bonifatius liebte und pflegte man in den Klöstern besonders die Rätseldichtung, indem man eine Sache ver= schleiert darstellte, um dem Leser das Auffinden des Namens zu überlassen und so den Scharfsinn besonders jugendlicher Leser zu üben. In England war in dieser Dichtungsart besonders Aldhelm thätig, ein Vetter des weisen und frommen Königs Ina von Wessex, anfangs Abt des Klosters Malmesbury, seit 705 Bischof von Scherburn, ein Mann von hervorragender Begabung, der nicht bloß auf kirchlichem Gebiete zur Durch= führung der vollständigen Einheit der angelsächsisch=britischen Kirche mit der römischen eine einflußreiche Wirksamkeit entfaltete, sondern auch als Schriftsteller und Dichter weit über die Grenzen seines Vaterlandes berühmt war.[4] Er war aus der Schule

---

[1] Das Gedicht, von Laubmann aufgefunden und in den Sitzungs= berichten der Münchener Akademie 1878, I, veröffentlicht, ist ein Akro=, Telo= und doppeltes Mesostichon; die Anfangsbuchstaben der 38 Verse geben den Hexameter: Uynfreth priscorum Duddo congesserat artem, die End= buchstaben: Viribus ille iugis iuvavit in arte magistrum; im Mittel= punkte des Gedichtes, Vers 18, kommt groß geschrieben der Name Jesus Christus vor; in der Mitte der Verse 14—25 ist je ein Buchstabe groß geschrieben; diese Buchstaben bilden auch, von oben nach unten gelesen, den Namen Jesus Christus und zugleich den Längsbalken des Kreuzes; um dieses Kreuz bilden wieder die Buchstaben jener beiden Verse in sämt= lichen Versen ein verschobenes Quadrat. Diese künstliche Ordnung der Worte und Gedanken verursacht naturgemäß Schwerfälligkeit und Un= verständlichkeit.

[2] Ep. 95, 99. [3] Ep. 23.

[4] Hahn, die angelsächsischen Korrespondenten des Bonifatius und Lullus, Leipzig 1883, S. 1—50. Von Aldhelm rühren Ep. 1, 2, 3 her, Ep. 4 und 5 sind an ihn gerichtet. Montalembert, Mönche des Abend= landes, V, S. 28 fgb. Aldhelms Werke, welche Gilles (Oxford 1847) herausgab und Migne (Pat. lat. 89) nachdruckte, sind teils prosaische, teils poetische, und erstrecken sich über die verschiedensten Gegenstände der Theologie, Philosophie und Philologie.

von Canterbury hervorgegangen, wo besonders die klassischen Studien blühten, war des Hebräischen, Griechischen und Latei= nischen mächtig, und wählte sich in seinen Rätseln besonders Dinge der sichtbaren Natur zum Gegenstande. Bonifatius ahmte ihn in der ersten Zeit seiner Thätigkeit in der Darstellungsweise nach, bewegte sich aber mehr auf dem sittlichen Gebiete, und suchte den Leser dahin zu führen, über das Wesen der Tugenden und Laster nachzudenken. Zwanzig solcher Gedichte des hl. Boni= fatius sind uns bekannt, in denen er zehn Tugenden und zehn Laster schildert, ohne ihre Namen zu nennen; er will den Leser zwingen, durch eigenes Nachdenken aus der Schilderung die Tugenden und Laster zu erraten, erleichtert ihm aber diese Auf= gabe dadurch, daß die Anfangsbuchstaben, von oben nach unten gelesen, der Tugenden und Laster Namen angeben.[1] In diesen Rätselgedichten läßt Bonifatius die Tugenden und Laster als persönliche Wesen redend auftreten, wozu er durch ein Ereignis jener Zeit veranlaßt wurde. Ein schwerkranker Mönch in Wenlock, einem Kloster nicht weit von Schrewsbury, glaubte zu sehen, wie seine Seele unter furchtbaren Schmerzen sich vom Körper trennte, ein dichter Schleier von seinen Augen fiel, Himmel und Erde, alle guten und bösen Geister und die Seelen aller Verstorbenen ihm in größter Klarheit sichtbar wurden und alle seine guten und bösen Werke, Tugenden und Laster, ihn in Gestalt von wirklichen Personen umringten und anredeten. Dieses Gesicht, welches Bonifatius aus dem Munde des Mönches selber erfuhr und der Äbtissin Eadburg ausführlich erzählte, machte auf Bonifatius großen Eindruck, und er benutzte diese Idee zur Abfassung jener Gedichte.[2] Während man sonst meistens von sieben Haupttugenden und sieben Hauptsünden spricht, zählt Bonifatius nach dem Vorgange des Mönches Cassian und des Papstes Gregor I. zehn Haupttugenden und

---

[1] In ältern Verzeichnissen haben die Gedichte den Titel: liber unus de virtatibus et vitiis carmine scriptus; teilweise wurden sie von Wright in einer Handschrift des britischen Museums zu London, voll= ständig von Mai in der vatikanischen Bibliothek entdeckt; Professor Bock in Freiburg veröffentlichte sie im Freiburger Diöcesan=Archiv 1868, III, S. 221—273, und wies Bonifatius als den Verfasser nach. Wegen ihres Inhalts werden die Gedichte aenigmata (Rätsel), wegen ihrer Form Acrosticha (Namengedichte) genannt. Einzelne sprachliche Bemerkungen zu dem Gedichte finden sich im Rheinischen Museum für Philologie, 1867, S. 151.
[2] Ep. 10. Die Vision erinnert an Visionen, wie sie in der heiligen Schrift und im Leben der Heiligen erzählt werden und bei Sterbens= kranken wohl vorkommen.

ebenso viele Hauptlaster auf. Die Tugenden sind: caritas (Liebe), fides catholica (katholischer Glaube), spes (Hoffnung), iustitia (Gerechtigkeit), veritas (Wahrheit), misericordia (Barmherzigkeit), patientia (Geduld), pax vere christiana (wahrhaft christlicher Friede), humilitas christiana (christliche Demut), virginitas (Jungfräulichkeit); die Laster: cupiditas (Begierlichkeit), superbia (Hochmut), crapula gulae (Lecker= haftigkeit), ebrietas (Trunksucht), luxuria (Unkeuschheit), invidia (Neid), ignorantia (Unwissenheit), vana gloria (Ruhmsucht), neglegentia (Nachlässigkeit), iracundia (Zorn). Die Zustände in seinem Wirkungskreise veranlaßten Bonifatius wohl zur An= nahme von zehn Tugenden und zehn Lastern, und seine vielfachen Beobachtungen boten ihm jedenfalls reichlichen Stoff zur Schilde= rung. Durch eine lebendige Darstellung jener Tugenden und Laster wollte Bonifatius für ein tugendhaftes Leben begeistern und von der Sünde zurückschrecken, und die Verschweigung des Namens sollte bei dem Leser dazu dienen, tiefer in das Wesen der Sünden und Tugenden einzudringen und ernster über sie nach= zudenken. Bonifatius hatte also bei diesen Gedichten einen be= lehrenden und erbaulichen Zweck, und benutzte auch dieses Mittel, um veredelnd und bessernd auf die Mitmenschen einzuwirken.

Sprache und Inhalt der Gedichte passen genau zu dem hl. Bonifatius, wie wir ihn sonst aus seinen Briefen und Schriften kennen. Aus einzelnen Ausdrücken, die sich auf die deutschen Zustände beziehen, besonders aus der Art und Weise, wie er die verfolgte Wahrheit und die Geduld schildert, läßt sich schließen, daß er diese Gedichte in den Jahren 742—748 verfaßte, in denen er von seinen Gegnern viel verfolgt und be= kämpft wurde. Die Gedichte sind an eine Schwester (soror) gerichtet. Da nirgendwo in den Schriften von einer leiblichen Schwester des hl. Bonifatius die Rede ist, so ist unter Schwester wohl eine Ordensfrau zu verstehen, und zwar entweder Lioba oder Eadburga, Vorsteherin des Klosters der hl. Mildreda auf der Insel Thanet, eine hochgebildete Ordensfrau, mit der Boni= fatius in Briefwechsel stand. Die meisten Gründe sprechen aber für Lioba; sie stand schon als Verwandte dem hl. Bonifatius besonders nahe, nannte ihn in ihren Briefen ihren liebwerten Bruder, war von ihm zur Leitung der Frauenklöster nach Deutsch= land berufen und hatte in ihrer geistigen Richtung viele Ähn= lichkeit mit ihm; sie war voll Eifer für die Wissenschaften, voll Liebenswürdigkeit im Umgang mit den Mitmenschen, daher auch statt des ursprünglichen Namens Truthgeba Lioba oder

Leobgytha, b. i. die Liebgute, genannt, und mied den Hof wie
einen Becher Gift, sodaß sie sich nicht zu einem längern Auf=
enthalte am Hofe entschließen konnte, obschon Karls Gemahlin
Hildegard sie gern stets bei sich haben wollte. Wie sehr Boni=
fatius die Lioba schätzte, geht besonders daraus hervor, daß sie
nach seinem letzten Wunsche neben ihm begraben werden sollte.
Ferner wird die Liebe, diese hervorragende Tugend der hl. Lioba,
in dem Gedichte ganz besonders gefeiert, indem auf jeden Buch=
staben des Wortes zwei Verse mit dem betreffenden Anfangs=
buchstaben kommen. Daher ist wohl die Annahme gestattet, das
Gedicht sei an Lioba gerichtet, und zu dem Zwecke verfaßt, sie
und die ihr unterstellten Ordensfrauen vor Fehlern zu warnen
und zum Streben nach sittlicher Vollkommenheit zu ermuntern.
Über den Ort der Abfassung der Gedichte ist uns nichts Be=
stimmtes überliefert. Auf seinen Missionsreisen, welche mit vielen
Mühen und Gefahren verbunden waren, dürfte sie Bonifatius
schwerlich verfaßt haben. Näher liegt es, an das Kloster Fulda
oder den nahen Bischofsberg zu denken, wohin er sich alljährlich
zum Zwecke der geistigen Sammlung und Erfrischung eine kurze
Zeit zu begeben pflegte. Was den Wert des Gedichtes angeht,
so läßt sich nicht verkennen, daß das Versmaß und die erforder=
lichen Anfangsbuchstaben die Lebendigkeit des Gedankens und
die Freiheit des Ausdruckes hindern; solche Gedichte haben daher
naturgemäß etwas Geschraubtes und Gekünsteltes an sich, und
sind nicht nach jedermanns Geschmacke; aber andererseits wird
durch die dichterische Form die Darstellung anziehender und an=
schaulicher. Der Inhalt der Gedichte läßt uns den hohen sitt=
lichen Ernst des hl. Bonifatius und sein nur auf das Gute
und Wahre gerichtetes Gemüt erkennen. Wie überhaupt bei
allen Dingen, so hatte Bonifatius auch bei diesen Gedichten nur
die Ehre Gottes und das Heil der Seelen im Auge. Ohne
Zweifel haben diese Gedichte auch manches Gute gestiftet und
viele Seelen ermuntert, das schimpfliche Laster zu fliehen und
die beglückende Tugend zu üben.

Die ganze Sammlung der Gedichte umfaßt 385 Verse.
In der Einleitung, dem Prologe, sagt Bonifatius, er sende der
Schwester zehn goldene Äpfel, aus hehren Blüten am Baume
des Lebens gewachsen, an welchem Christus, der Ursprung des
Lebens, gehangen habe; der Genuß dieser Äpfel erquicke die
Jungfrau und erwürbe ihr die ewigen Freuden des Himmels;
es gäbe aber auch noch zehn bittere Äpfel, vergiftet durch den
Drachen, gewachsen am Holze des Todes, welche die Jungfrau

weder berühren noch essen dürfe, weil dadurch die ewige Be=
lohnung verloren und der Bund mit Christus gebrochen würde.
Es war von jeher eine beliebte, vielfach auch in die kirchlichen
Gesänge übergegangene Idee, Christus als den Baum des Lebens
und den Teufel als den Baum des Todes aufzufassen. Auf
den Prolog folgen dann die Gedichte über zehn Tugenden und
ebensoviele Laster. Um von den Gedichten eine Vorstellung zu
ermöglichen, seien die Gedichte über die Wahrheit und über die
Nachlässigkeit mitgeteilt; bei der Übersetzung ist auf das Vers=
maß verzichtet, um, was bei der verschiedenen Zahl der Buch=
staben der lateinischen und deutschen Wörter meistens unmöglich
ist, die erforderliche Zahl der Verse mit dem notwendigen An=
fangsbuchstaben beginnen zu lassen.

Veritas ait:

Vincere me nulli possunt, sed perdere multi,
Est tamen et mirum, Christi quod sedibus adsto
Regnans et gaudens superis cum civibus una
Incola, sed querens germanum rura peragro,
Terram, quam plures fantur liquisse nefandam
Amplius in sceptris mundi iam degere nolo,
Sanctam merendo tristis non nancta sororem.
Antiquus vates cecinit quod carmine David,
In terris vanos homines me virgine dempta
Trans, ubi semper eram, fugiens nunc sydera scandam.

Wahrheit sagt:

Wohl kann mich keiner besiegen, aber mancher mich verlieren,
Auch ist es doch wunderbar, daß ich am Throne Christi stehe,
Himmelsbewohnern zugesellt, mit ihnen mich freuend und
Regierend, aber klagend das deutsche Land durchwandere,
Haben es doch schon mehrere verlassen, das schreckliche Land;
Einem Scepter auf der Welt will ich nicht mehr dienen,
Trauernd, da ich keine heilige Schwester gefunden habe.
Sagt es ja auch der alte Sänger David in seinem Gedichte,
Gehen will ich, Jungfrau, von der Erde, fliehend
Thörichte Menschen, zu den Sternen, wo ich immer war.

Neglegentia ait:

Non est in terris me virgo stultior ulla,
Existens cunctis neglectu audacior una,
Grates dedignor Domino persolvere dignas,
Limpida quoque modo perlustret lumina Titan,
Et celi speciem depingent sidera pulchram;
Gentis humane aut dominus quis conditor esset

Ex qua re varias voluisset fingere formas,
Non ignara mali, recti sum nescia vivens.
Tot hominum leges et iussa altissima Christi,
Infringens semper spernendo querere nolo
Aut quid praeciperet mortalibus arbiter orbis.
Ardua non cupio, vereor non ima profundi,
In terra mortem timeo, non vivere curo .
Talibus exuberans dicor: „Stultissima virgo“.

Saumseligkeit spricht:
So thöricht wie ich ist keine Jungfrau auf Erden,
Aber kühner als alle bin ich durch Saumseligkeit,
Um dem Herrn würdiges Lob zu singen, bin ich nicht besorgt;
Mag auch die Sonne den Himmelsraum hell durchleuchten,
So sehr auch die Gestirne des Himmels Herrlichkeit verkünden,
Erschaffer und Herr des menschlichen Geschlechtes mag sein
                wer immer,
Lieblich mag er die mannigfaltigsten Gestalten gebildet haben,
Ich bin stets des Bösen kundig, des Rechten unkundig.
Gesetze der Menschen, so viele auch immer, und Christi er-
                habene Gebote
Kennen zu lernen verschmähe ich und übertrete sie stets,
Eitel ist es für mich, was immer der Richter der Welt den
                Sterblichen vorschreibt.
Spähe auch nicht nach dem Hohen, vor dem Niedrigsten scheue
                ich nicht zurück,
Richte meine Sorge nicht auf das Leben, ohne auch den Tod
                zu fürchten,
Thörichtste Jungfrau werde ich genannt, in solchen Dingen
                mich hervorthuend.

    Die Gedichte des hl. Bonifatius, seine Metrik und Gram=
matik beweisen, daß er nicht bloß persönlich die weltlichen Wissen=
schaften schätzte und pflegte, sondern auch seinen Mitmenschen
dazu Liebe einflößte und in Deutschland wissenschaftliches Streben
weckte und förderte, welches dann unter dem Schutze Karls des
Großen die herrlichsten Blüten hervorbrachte. So wurde Boni=
fatius durch die zahlreichen Klosterschulen, die er ins Leben
rief, wie durch seine eigene wissenschaftliche Thätigkeit auf die
eifrige Pflege der klassischen Studien und die ganze Bildung
unserer Nation von großem Einflusse.[1] Entsprechend seinem

---

[1] Die großen Verdienste des hl. Bonifatius um die weltlichen
Wissenschaften bespricht ausführlich Ebert, Geschichte der Lit. des M. A.
I, 611 fgb.

Berufe als Glaubensbote war Bonifatius auch auf reli=
giösem Gebiete mit der Feder thätig. Während seiner langen
Missionsthätigkeit hielt er ohne Zweifel viele Predigten, die er
bei seinem großen Pflichtbewußtsein gewiß durch Gebet und
Betrachtung vorbereitete und auch teilweise aufzeichnete. Von
seinen Predigten sind uns fünfzehn erhalten, welche teils an das
Volk, teils an die Priester gerichtet sind; sie entbehren großen
rednerischen Schmuckes, sind einfach und leicht verständlich, aber
gedankenreich und anregend, und verbreiten sich über die gesamte
christliche Glaubens= und Sittenlehre. Die erste Predigt handelt
über den wahren, das ist den katholischen Glauben, der durch=
aus notwendig ist, um ein christliches Leben zu führen und die
ewige Seligkeit zu erlangen; deshalb ist auch für Priester und
Volk die Kenntnis der einzelnen Glaubenswahrheiten nötig, die
daher kurz aufgezählt werden. In der zweiten Predigt von
dem Ursprunge des jetzigen Zustandes des Menschengeschlechts
wird die Lehre von der Erschaffung, dem Sündenfalle und der
Menschwerdung Jesu Christi dargestellt; letztere wird im Anschluß
an die heilige Schrift ansprechend erzählt. In der dritten
Predigt über die doppelte Wirkung der Rechtfertigung wird
gezeigt, wie der Gerechtfertigte das Böse meiden und das Gute
thun soll. Ganz den Lebensverhältnissen der Zuhörer ent=
sprechend wird ihnen ausführlich dargestellt, welche Sünden sie
meiden und welche Tugenden sie üben sollen. Die vierte Predigt
enthält eine Erklärung der acht Seligkeiten; bei der sechsten
wird besonders die Notwendigkeit eines vollständigen, reumütigen
Sündenbekenntnisses betont, um ein reines Herz zu haben. Die
fünfte Predigt über den Glauben und die Werke der Liebe legt
die einzelnen Pflichten dar, welche der katholische Christ gegen
Gott, die Kirche, die weltlichen Obern, sich selbst und die Mit=
menschen hat und im Hinblicke auf das jüngste Gericht eifrig
erfüllen soll. In der sechsten Predigt über die Hauptsünden
und die vornehmsten göttlichen Gebote wird vor dem Götzen=
dienste, der Beobachtung heidnischer Gebräuche, dem Totschlage,
der Unzucht und andern im Volke vorkommenden Lastern ernst=
lich gewarnt und an die strenge Bestrafung solcher Laster in
der Hölle erinnert, sodann werden treues Festhalten am wahren
Glauben, überaus große Liebe zu Gott und werkthätige christliche
Nächstenliebe eingeschärft. In der siebenten Predigt über den
Glauben und die Liebe wird als die höchste Weisheit hingestellt,
Gott im rechten Glauben zu erkennen, aus Liebe zu ihm seine
Gebote zu halten und jeden Menschen als seinen Nächsten zu

lieben. In der achten Predigt wird gezeigt, wie wir durch
Erfüllung der göttlichen Gebote uns das ewige Leben verdienen
sollen. In der neunten Predigt wird erklärt, was die ver=
schiedenen Stände, Geschlechter und Altersstufen mit Eifer meiden
und was thun sollen. In der zehnten Predigt wird die Güte
und Liebe Jesu Christi geschildert, der für uns Mensch wurde
und am Kreuze litt und starb. In der elften Predigt von dem
zweifachen Reiche Gottes mahnt Bonifatius, unbekümmert um
das Beispiel schlechter Christen, im gegenwärtigen Leben auf
das ewige bedacht zu sein und sich dessen Freuden durch Ab=
legung alles Sündhaften und durch Übung der Tugend zu er=
werben. Die zwölfte und dreizehnte Predigt sind Fastenpredigten;
in der zwölften wird das Fasten als Übung des Gehorsams,
als Werk der Abtötung sehr empfohlen und zugleich als der
Zehnte hingestellt, welchen wir Gott von der Zeit darbringen.
Damals begannen nämlich in Deutschland die Fasten mit dem
Sonntage nach Aschermittwoch, sodaß sie 36 Tage, also den
zehnten Teil des Jahres dauerten; die vier vorhergehenden Tage
galten mehr als Vorfasten und nicht als strenge Fasttage. Mit
dem Fasten soll jeder Christ zugleich Abtötung der sündhaften
Lust und Übung guter Werke verbinden, Christus im Herzen
tragen und oft und andächtig das Zeichen des Kreuzes auf die
Stirn machen zum Schutze gegen den bösen Feind. In der
dreizehnten Predigt wird die vierzigtägige Fastenzeit als eine
heilige Übung hingestellt, weil sie uns durch das Beispiel Jesu
Christi gelehrt ist; sodann wird gezeigt, wie jeder Christ in
seinem Stande die Sünde fliehen und die Tugend üben soll,
um sich dadurch die ewigen Freuden zu verdienen. Die vier=
zehnte Predigt handelt von der Auferstehung Jesu Christi, der
die Sünden getilgt, den Tod besiegt und durch seine Auferstehung
uns das Unterpfand einer glorreichen Auferstehung gegeben hat;
um aber dieser und der darauffolgenden ewigen Freuden teil=
haftig zu werden, müssen wir hienieden ein sittenreines Leben
führen. In der fünfzehnten Predigt über die Erneuerung des
Taufbundes wird ermahnt, den Taufbund wohl zu bedenken
und zu halten, dem Teufel und seinen Werken, das ist der
Sünde, zu entsagen, an Gott zu glauben und das Gebot der
Liebe Gottes und des Nächsten zu erfüllen; daran schließen sich
noch Ermahnungen verschiedenen Inhalts, z. B. den Sonntag
zu feiern, in der Kirche das Schwätzen zu meiden und andächtig
zu beten, den Armen Gutes zu thun, das Gebet des Herrn und
das Glaubensbekenntnis auswendig zu lernen, das Altarssakra=

ment zu empfangen, alle Unkeuschheit zu meiden, auch in der
Ehe keusch zu leben, friedfertig zu sein und anderes.

Die Predigten des hl. Bonifatius sind in deutscher Sprache
gehalten, aber von ihm oder seinen Schülern in lateinischer
Sprache aufgeschrieben worden, wie das vielfach Sitte war;
manche lateinische Redewendungen erinnern an die entsprechenden
deutschen. Auch der Gedankenkreis der Predigten ist vielfach
ein deutscher; Christus wird als der große König und Herr
hingestellt, welchem wir treu dienen sollen, um im Himmel belohnt zu werden, ein Gedanke, welcher bald nach dem hl. Bonifatius im Heliand, dem größten deutschen religiösen Epos, in
anmutiger Weise durchgeführt wird. Die Predigten knüpfen
viel an Stellen und Erzählungen der heiligen Schrift an, sind
zwar kurz, aber salbungsvoll, und machten, mit apostolischer
Wärme vorgetragen, jedenfalls großen Eindruck. Sicher hat
Bonifatius dadurch viele unserer Vorfahren im christlichen
Glauben gestärkt und seine Gehilfen im apostolischen Amte zur
eifrigen Erfüllung ihrer heiligen Pflichten angetrieben. Die
Predigten zeigen uns, wie Bonifatius das Wort Gottes verkündigte, und sind noch jetzt durch die Fingerzeige schätzbar, die
sie den Priestern für die Verkündigung des göttlichen Wortes
geben können. Auch Protestanten erkennen die großen Vorzüge
der Predigten an und heben ihre hohe Bedeutung für die Entwickelung der Predigtlitteratur hervor. So sagt Kruel am
Schluß einer Schilderung des hl. Bonifatius: „Somit hätten
wir ein unzweifelhaftes Recht, den hl. Bonifatius nicht nur als
Begründer der deutschen Kirche, sondern auch der homiletischen
Litteratur dieser Kirche anzusehen". [1]

Während seiner langen Wirksamkeit hatte Bonifatius einen
regen Briefwechsel mit einer großen Anzahl hoher und niedriger
Personen geistlichen und weltlichen Standes, so besonders mit
dem Papste in Rom und mit Landsleuten in England. Diese
Briefe wurden schon bald nach dem Tode des hl. Bonifatius
als kostbare Erinnerungen an ihn an verschiedenen Orten ge-

---

[1] Kruel, Geschichte der deutschen Predigt im Mittelalter, Detmold
1879, S. 13. — Mabillon, jener gelehrte und fromme Benediktiner von
St. Denis, † 1707, der viele Reisen zur Durchforschung von Bibliotheken
machte und eine ganz neue Wissenschaft, die Diplomatik, d. i. das Lesen
und Bestimmen alter Urkunden, begründete, fand zehn Predigten zu Rom
in der Bibliothek der Königin Christine, der Tochter Gustav Adolfs von
Schweden, wohin zur Zeit des dreißigjährigen Krieges manche litterarische
Schätze aus Deutschland gebracht waren; Mabillons Ordensgenossen Martene
und Durand fanden später die fünf andern in Frankreich.

sammelt, so auch in Fulba, wo bereits im 10. Jahrhunderte eine Sammlung seiner Briefe bestand. Der Fuldaer Abt Egbert, der alle auf den hl. Bonifatius bezügliche Nachrichten und Urkunden eifrig sammelte, sandte einen kundigen Mönch nach Rom, um Papst Leo IX. (1049—1054), der von Geburt ein Deutscher und auf die sittliche Erneuerung der deutschen Kirche sehr bedacht war, die in Fulba befindlichen Briefe des hl. Bonifatius zu überbringen und ihn zu bitten, mit gleichzeitiger Benutzung der Briefe des päpstlichen Archives eine Lebensbeschreibung des hl. Bonifatius zu veranstalten. Jener Mönch starb aber in Rom; so wurde das Unternehmen vereitelt, und auch die mitgenommenen Briefe kamen nicht nach Fulda zurück. Ohne Zweifel sind uns viele Briefe des hl. Bonifatius verloren gegangen, was bei der hohen Wichtigkeit derselben sehr zu bedauern ist.[1] Diese Wichtigkeit besteht zunächst darin, daß sie von dem Apostel der Deutschen herrühren und ein getreuer Spiegel seines heiligen Lebens und seines reinen Charakters sind, sodann darin, daß sie uns ein klares Bild geben von den traurigen Zuständen Deutschlands zur Zeit des hl. Bonifatius, von seinen Kämpfen, Mühen und Verfolgungen bei Ausbreitung

---

[1] Zahl, Text und Daten der Briefe sind sehr unsicher. Alte, den Klöstern entstammende Manuskripte der Briefe sind in Karlsruhe (aus Hirschau), München (eins aus Ingolstadt und eins aus Mainz), Wien (aus dem 10. Jahrhundert und noch Spuren angelsächsischer Schrift enthaltend), Rom und Paris. Der Oratorianer Baronius, der gegen die Magdeburger Centuriatoren die Kirchengeschichte nach den Quellen bearbeitete, benutzte viele Briefe, die uns nicht mehr zugebote stehen, ohne daß wir über ihr Verbleiben Kunde haben. Sicher sind daher noch Briefe in Bibliotheken verborgen. Die Texte der uns erhaltenen Briefe stimmen vielfach nicht überein; die Daten sind mehrfach unrichtig und teilweise vielleicht erst später hinzugefügt. Der Jesuit Serarius gab 1605 nach dem Wiener und Ingolstädter Kodex die Briefe heraus; diese Ausgabe gilt bis in die neueste Zeit als die beste. Würdtwein veranstaltete 1789 nach dem Mainzer Kodex eine inkorrekte Ausgabe, welche fast unverändert in die Gesamtausgabe der Werke des hl. Bonifatius von Gilles (London 1844) und in die Patrol. lat. von Migne, t. 89, (Paris 1850) überging und von Dr. Wiß ins Deutsche übersetzt wurde (Des hl. Bonifatius Briefe, Fulba 1842). Jaffé gab in seiner Bibliotheca rerum Germanicarum Berolini 1866 t. 3 auch die Briefe des hl. Bonifatius heraus und fand große Anerkennung. An Jaffé schließt sich Pfahler an in seiner Abhandlung: Die Bonifatianische Briefsammlung. Heilbronn 1882. Mit einzelnen Briefen beschäftigt sich Loofs, Chronologie der auf die fränkischen Synoden des hl. Bonifatius bezüglichen Briefe. Leipzig 1881. Ebenso Hahn, Forschungen zur deutschen Geschichte, XV und XXI; und Bonifatius und Lullus. Ihre angelsächsischen Korrespondenten, Leipzig 1883.

und Befestigung der Kirche. Weil die Zustände in den Briefen als sehr traurige geschildert werden, so hat man wohl die volle Glaubwürdigkeit der Briefe bestritten und Bonifatius schon den Vorwurf gemacht, er übertreibe in heiligem Eifer die Gebrechen seiner Zeit, aber dem ist nicht so. Bonifatius war eine wahre und aufrichtige Natur, und „macht in allen seinen Briefen den Eindruck eines einfachen, wahrhaften und nüchternen Bericht= erstatters, der völlig abwich von dem überschwenglichen Stile seiner Zeit".[1] Auch stimmen seine Briefe mit andern uns er= haltenen Nachrichten aus jener Zeit überein. Bonifatius sprach sich über jene Zustände bei seinen Bekannten offen aus, um bei ihnen Trost und Rat zu finden, und bei dem Papste, um ihm über den wahren Zustand der Kirche zu berichten. Denn die Wunden der Kirche konnten nur geheilt werden, wenn sie erkannt und bloßgelegt wurden. Solche traurige Zustände widersprechen aber keineswegs der Heiligkeit oder Göttlichkeit der Kirche, denn sie gleicht stets einem Netze mit guten und schlechten Fischen, und Gott, welcher solche Zeiten über die Kirche kommen läßt, erweckt auch wieder die rechten Männer, um die kirchlichen Zustände nach den ewigen Sittengesetzen zu bessern und zu zeigen, daß nicht menschliche Kraft, sondern seine allmächtige Vorsehung die Kirche erhält und beschützt. Die Briefe des hl. Bonifatius sind daher nicht bloß für eine gründ= liche Kenntnis seiner Zeit wichtig, sondern auch zugleich sehr belehrend und erbauend. Ein gründlicher Kenner jener Zeit, der um die Erforschung der ältern deutschen Geschichte hoch= verdiente Archivar Will, sagt am Schluß einer Abhandlung über das Todesjahr des hl. Bonifatius: „Hier sei es mir gestattet, eine litterarische Herzensangelegenheit zur Sprache zu bringen. Aus Veranlassung der Bearbeitung der Mainzer Regesten habe ich mich nämlich vielfach mit den Briefen des hl. Bonifatius beschäftigt, und glaube die Überzeugung aussprechen zu dürfen, daß nur die Lektüre derselben ein vollkommenes Verständnis des großen Missionswerkes auf deutschem Boden zu gewähren im= stande ist. Schon Johannes von Müller sagt in seinen Werken V, 358 von den Briefen des hl. Bonifatius: „Es ist nicht möglich, mit wärmerer Zärtlichkeit Freunden und Freundinnen zu schreiben. Aus dieser Korrespondenz sieht man, was com= munio sanctorum (Gemeinschaft der Heiligen) ist. Dabei die

---

[1] Hahn, Jahrbücher des fränkischen Reiches, S. 69. Ebenso Oelsner, Fränkische Jahrbücher, S. 171.

innige Gottesfurcht und einfältige Religion." Der Briefwechsel des ehrwürdigen Glaubensboten führt uns mitten hinein in den Gang der weltgeschichtlichen Bewegung, auf welcher die gesamte Civilisation des Abendlandes aufgebaut wurde. Der Übergang aus der heidnischen Welt in die an erhabenen, religiösen, politischen und sittlichen Momenten so reiche christliche Epoche tritt in jenen Briefen lichtvoll hervor, und durch den Einblick in dieselben wird die Erkenntnis von dem Boden, in welchem die gesamten Jahrhunderte des Mittelalters und der Neuzeit ihre geistige Triebkraft fanden, wesentlich gefördert. In den Briefen des hl. Bonifatius spricht sich der ganze Ernst und die Kraft aus, mit welcher er sich seiner Aufgabe widmete; zugleich aber gewähren sie auch einen erhebenden Einblick in das kindlich fromme Gemüt, das in der Brust des Glaubenshelden wohnte. Und wenn wir fragen, wie viele aus den tausend und abermals tausend dankbaren Söhnen der christlichen Kirche Deutschlands haben die Briefe des Apostels gelesen, in dessen Fußtapfen sie treten, so wird die Zahl, welche sich herausstellt, ganz erstaunlich unbedeutend sein. Und woraus läßt sich diese jedenfalls nicht gerade erfreuliche, vielleicht eher beschämende Thatsache wenigstens teilweise erklären? Ohne Zweifel aus dem Umstande, daß bis jetzt die Briefe des hl. Bonifatius nur in größern Sammelwerken — das zugänglichste wären die Monumenta Moguntina von Jaffé, welche Band III von dessen Bibliotheca rer. Germ. bilden — gedruckt wurden. Es wäre also wünschenswert, daß endlich einmal durch eine kleine, leicht zu handhabende und billige Ausgabe die Briefe unsers Glaubensboten, welche eigentlich als eine hoher Verehrung würdige Reliquie wenigstens von allen, die auf deutschem Boden das Evangelium predigen, geschätzt werden sollten, im Originaltext zugänglich gemacht würden. Es ist dies jedenfalls nicht so schwer, zumal es ja nicht an den dazu erforderlichen Fähigkeiten unter den Gelehrten Deutschlands gebricht, und die meisten unserer wohlsituierten Buchhändler ja so gern „Opfer bringen".[1])

---

[1]) „Theol. Quartal-Schrift", Tübingen 1873, S. 532. Gar sehr weicht von dem Urteile des gründlichen Geschichtsforschers Will und des berühmten protestantischen Geschichtschreibers Joh. von Müller das Urteil des protestantischen Konsistorialrats Ebrard ab, welcher schreibt: „Von Geistesgröße zeigt sich von Bonifatius so wenig eine Spur wie von Seelengröße. Geistloseres als seine Briefe kann man nicht lesen; nirgends eine tiefere, christliche Idee; mit den armseligsten Fragen strohener Gesetzlichkeit quält er sich ab und laut eine einzige solche Frage oft in drei bis vier Briefen seitenlang wieder; sein Gemüt ist von Natur sichtlich

Das Bußbuch (Pänitentiale), die Kapitel, die Statuten und
die von Bonifatius auf Synoden erlaffenen Beftimmungen, welche
allerdings einzelne Zufätze aus fpäterer Zeit enthalten, wurden
ihrem wefentlichen Inhalte nach bei der Darftellung feiner Wirk=
famkeit mitgeteilt. Die ziemlich ausführliche Lebensbefchreibung
des hl. Livinus, Apoftels von Flandern, wird dem hl. Boni=
fatius teils zu=,[1]) teils abgefprochen,[2]) allein die Gründe gegen
deren Abfaffung durch Bonifatius fcheinen doch überwiegend zu
fein. Livinus ftarb hochbetagt im Jahre 660, und feine Schüler,
die fich ihm frühzeitig angefchloffen hatten und nicht viel jünger
waren als er felber, veranlaßten den Verfaffer zu feinem Werke.
Da aber Bonifatius erft um 675 geboren wurde und 716 zum
erften Male nach dem Niederrhein kam, fo kann er fchwerlich
noch Schüler des hl. Livinus getroffen haben. Auch ift die
Form der Lebensbefchreibung fo fchwülftig, und ihr Inhalt fo
legendenartig, daß fie nicht zum Charakter und zu den Schriften
des hl. Bonifatius paßt, der ein befonnener, umfichtiger Mann
war und klar, einfach und nüchtern fchrieb. Ältere Gefchicht=
fchreiber, fo namentlich Wion im 16. Jahrhunderte, führen
mehrere Werke des hl. Bonifatius an, die uns entweder ver=
loren gegangen find oder zu feinen Briefen gehören und unter
einem befondern Titel aufgezählt wurden, wie z. B. liber ad
Aethilbaldum ift Ep. 59. Falls die Schrift über feine Wirk=
famkeit in Deutfchland (De suis in Germania laboribus) nicht
eine eigene, uns verloren gegangene Schrift ift, dürfte der Brief
an den Bifchof Daniel (Ep. 55) oder an den Papft Zacharias

---

zu Gift, Haß und Heimtücke wie zur Kriecherei und Schmeichelei difponiert.
Das einzige, was an ihm menfchlicherweife zu loben ift, ift feine zähe
Konfequenz und feine freilich an abgefeimte Pfiffigkeit grenzende, praktifche
Lebensklugheit." (Irofchottifche Miffionskirche, Güterêloh 1873, S. 453,
454.) Solche und ähnliche Urteile charakterifieren nicht die Briefe und
den Charakter des hl. Bonifatius, fondern vielmehr die Schreibweife
und den Charakter Ebrards. Was verfteht überhaupt Ebrard unter
Geift? Sollen etwa feine trivialen Ausdrücke geiftvoll fein? Und was
verfteht er unter chriftlichen Ideeen? Die That des Gewilieb, welcher
den Mörder feines Vaters hinterliftig zu einer Unterredung einladete und
dabei meuchlings ermordete, ift ihm „ein Zweikampf", und „zwar kein
befonderer Zug von Chriftlichkeit, aber auch noch lange nicht unchriftlich".
(Ir. M.=Gefch., S. 438.) Solche verfchrobene Ideeen über Chriftentum
machen Ebrards Urteil über den hl. Bonifatius erklärlich, und wäre ein
Lob von ihm für Bonifatius fehr zweifelhafter Natur. Übrigens werden
Inhalt und Ton der Werke Ebrards felbft von feinen Glaubensgenoffen
mißbilligt, z. B. von Fifcher.
[1]) Von Seiters, Bonifacius, S. 565, und dem proteftantifchen
Kirchenhiftoriker Neander (III, S. 83). [2]) Von den Bolandiften.

(Ep. 42) oder eine Sammlung solcher uns teilweise nicht er-
haltener Briefe darunter verstanden sein. Die Schrift contra
haereticos ist entweder eine Sammlung der auf die Häretiker
bezüglichen Briefe oder eine uns verloren gegangene Widerlegung
der damaligen Irrlehrer; der rastlose Eifer des hl. Bonifatius
in der Bekämpfung der Irrlehren und deren weite Verbreitung
lassen wohl annehmen, daß er sich auf die Predigt nicht beschränkte und eine eigene Schrift gegen die Irrlehren verfaßte.
Unter der Schutzschrift für die Angelegenheiten der Kirche (pro
rebus ecclesiae) könnte der Brief an Erzbischof Cudbert (ep. 70)
verstanden sein. Die Schrift über die Einheit der Kirche
(volumen de unitate fidei catholicae), welche Bonifatius dem
Papste im Jahre 748 übersandte und von diesem sehr gelobt
wurde, war wohl ein Hirtenschreiben an die Bischöfe, Priester
und Ordensleute, um ihnen die Einheit als eine notwendige
Eigenschaft der Kirche ans Herz zu legen. Auf einer Synode
der Bischöfe verfaßte Bonifatius ein Glaubensbekenntnis (charta
verae atque orthodoxae professionis et catholicae unitatis),
welches alle unterschrieben und dem Papste übersandten, der es
mit heiliger Freude und Dank gegen Gott annahm.[1] Ob die
Schrift über seinen Glauben, seine Lehre und seine Religion
(de sua fide, doctrina et religione) mit diesem Glaubensbekenntnisse ein und dieselbe, oder eine ausführliche Darlegung
und Verteidigung seines kirchlichen Standpunktes gegen die Irrgläubigen und andere Gegner ist, läßt sich nicht mehr ausmachen.
In einem Briefe an die Äbtissin Bugga verspricht Bonifatius
ihr eine Sammlung von Sprüchen, die er auf ihre Bitten zu
verfassen gedachte, aber wegen dringender Berufsarbeiten und
Reisen nicht hatte vollenden können; ob das Werk später wirklich
vollendet wurde, darüber fehlen uns nähere Nachrichten.[2] Es
ist daher sehr zweifelhaft, ob überhaupt alle Schriften des
hl. Bonifatius erhalten und auf uns gekommen sind. Da er
als Lehrer der weltlichen Wissenschaften in den Schulen seines
Ordens eine lateinische Grammatik und Metrik schrieb, so hat
er sicher später auch als Missionar, worin er seinen eigentlichen
Lebensberuf sah, zur Ausbreitung und Verteidigung der Kirche
die Feder gebraucht. Zudem schwebte ihm als leuchtendes Vorbild der heilige Apostel Paulus vor, der nicht bloß durch die
Predigt, sondern auch mit der Feder für das Evangelium thätig
war und eine Reihe herrlicher Sendschreiben zur Belehrung und

---

[1] Ep. 66. [2] Ep. 88.

Kräftigung der Gläubigen schrieb. Ohne Zweifel hat daher der hl. Bonifatius bei seiner hohen geistigen Befähigung eine fruchtbare schriftstellerische Thätigkeit im Dienste des Evan= geliums entfaltet. Da mehrere Schriften des hl. Bonifatius erst in der letzten Zeit wiedergefunden sind, so ist zu vermuten, daß noch andere seiner Schriften in Bibliotheken verborgen sind. Alle seine Schriften sind als Erzeugnisse seines Geistes höchst schätzenswert und für eine genaue Kenntnis seiner Zeit wichtig. Bei der großen litterarischen Thätigkeit unserer Zeit ist es für die Katholiken Deutschlands ebensosehr ein Bedürfnis wie eine Ehrensache, eine korrekte vollständige Ausgabe der Werke ihres Apostels zu veranstalten. Das wäre ein schönes Denkmal für den hl. Bonifatius, und der katholischen Sache sehr dienlich. [1]

Die Schriften des hl. Bonifatius entbehren großen rheto= rischen Schwunges und sind einfach, klar und verständlich ge= schrieben, aber salbungsvoll und erbaulich und mit vielen Stellen der heiligen Schrift durchwoben, die seinen Worten Kraft und Weihe geben. Die Sprache ist das Spätlateinische, das Latein der Bibel und der Kirchenväter, welches im ganzen den Regeln der Grammatik entspricht, aber von dem klassischen Latein vielfach abweicht. Daß die Schriften des hl. Bonifatius an Erhaben= heit und Tiefe der Gedanken wie an glänzender Form den Werken der großen Kirchenlehrer nachstehen und, vom jetzigen Standpunkte aus beurteilt, in Bezug auf Inhalt und Form manche Unvollkommenheiten haben, ist begreiflich, wenn wir be= denken, daß sie im 8. Jahrhunderte und größtenteils unter den beschwerlichen Mühen und Reisen einer anstrengenden Missions= thätigkeit entstanden sind. Die Wichtigkeit der Werke des hl. Bonifatius beruht daher hauptsächlich auf ihrem Inhalte; sie sind für die katholische Glaubens= und Sittenlehre, für das Kirchenrecht und die Welt= und Kirchengeschichte sehr wichtig. Besonders ergiebt sich aus ihnen klar und deutlich, daß die

---

[1] Der Engländer Gilles veranstaltete eine mangelhafte Ausgabe der Werke des hl. Bonifatius (St. Bonifatii archiepiscopi et martyris opera, Londini 1844), welche der französische Geistliche Migne in seiner patrologia Latina (Paris 1850, t. 89) unverändert abdruckte. Eine gute deutsche Übersetzung gab Kulb (Sämtliche Schriften des hl. Bonifatius, Regensburg 1859). Um zunächst die Zahl der Werke des hl. Bonifatius und sodann den richtigen Text festzustellen, müßten alle bedeutenden alten Bibliotheken in Italien, Deutschland, Frankreich, England, und wohl auch in Skandinavien, durchforscht und die aufgefundenen Handschriften mit= einander verglichen werden, zwar eine mühevolle, aber sehr lohnende und ehrenvolle Aufgabe!

katholische Kirche in ihren Lehren, Geboten und Heiligungs=
mitteln stets unveränderlich dieselbe ist, wenn sie auch in der
Anwendung derselben auf die verschiedenen Zeitverhältnisse weise
Rücksicht nimmt, und daß Bonifatius ganz auf katholischem
Standpunkte stand.[1]) Diejenigen Lehren des Christentums, welche
von der katholischen Kirche als die Grundlehren des Christen=
tums stets verteidigt und im Apostolischen Glaubensbekenntnisse
ausgesprochen sind, die Dreifaltigkeit, die Erschaffung und Re=
gierung der Welt, die Menschwerdung Jesu Christi, sein Leiden
und Sterben, seine Auferstehung, Himmelfahrt und Wiederkunft
zum Gerichte, die ewige Belohnung und Bestrafung im andern
Leben werden in den Schriften des hl. Bonifatius oft berührt,
den Gläubigen eingeschärft und bildeten für ihn selber eine Quelle
des Trostes und der Erhebung. Die Stiftung und Einrichtung
der Kirche Jesu Christi, ihr Lehr=, Priester= und Hirten=Amt,

---

[1]) Im allgemeinen geben das alle Protestanten zu, auch Fischer,
meint aber (S. 220), Bonifatius habe die Heiligenverehrung nur in sehr
beschränktem Maße geübt, und der Name der Jungfrau Maria werde
nicht in seinem Munde gefunden. Allein die Schriften des hl. Bonifatius
sind unvollständig auf uns gekommen, und Bonifatius hatte keine Ver=
anlassung, sich über die Verehrung der Mutter Gottes auszusprechen;
daraus, daß in den Schriften der Mutter Gottes nicht gedacht wird, kann
daher keineswegs gefolgert werden, er habe ihre Verehrung nicht geübt.
Die Verehrung der Mutter Gottes war damals wie in der ganzen Kirche,
so auch in England und Deutschland sehr in Übung. Der Papst Zacharias
bat Gott, daß er „auf die Fürbitte seiner heiligen und allezeit jungfräulichen
Mutter Maria, unserer Herrin, Bonifatius gesund erhalten möge". (Ep. 66,
p. 192.) Lullus spricht in einem Schreiben an eine Äbtissin (Ep. 126)
„von der Mutter Gottes, der seligen, allezeit jungfräulichen Maria, deren
Dienerinnen Ordensfrauen sein sollen". Altötting war schon lange vor
Bonifatius ein besuchter Wallfahrtsort in Bayern; die Kapelle im Altmühl=
thale, in welcher Bonifatius im Juli 740 Willibald zum Priester weihte,
die Kapelle auf dem Marienberge bei Würzburg, die älteste des Franken=
landes, die Kapelle in Amorbach im Odenwalde, von Birmin und Amor,
den Genossen des hl. Bonifatius, gegründet, waren Marienkapellen. In
Altomünster (Jaffé p. 457) und in Benediktbeuern (Böhmer=Will, Mainzer
Regesten, S. 5) weihte Bonifatius Kirchen Gott zu Ehren Mariens ein,
ebenso in Erfurt, denn da an der Stelle der zuerst von Bonifatius er=
bauten Kapelle der jetzige Liebfrauen=Dom steht und man bei Neubauten
den ursprünglichen Patron immer beibehielt, so war auch sicher diese erste
Kapelle zur Ehre der Gottesmutter erbaut, und in num. 28 der capitala
werden drei Mutter=Gottes=Festtage angeordnet, nämlich Mariä Reinigung,
Mariä Himmelfahrt und Mariä Geburt, ein Beweis, daß Bonifatius die
Marienverehrung übte, die übrigens aus dem lebendigen Glauben an die
Gottheit Jesu Christi und der schuldigen Verehrung der Heiligen so natur=
gemäß hervorgeht, daß Bonifatius bei seinem lebendigen katholischen
Glauben in der Verehrung der Mutter Gottes sicherlich keinem Zeit=
genossen nachstand.

die Unterordnung der Gläubigen unter die Priester, der Priester unter die Bischöfe, der Bischöfe unter die Erzbischöfe, der Erzbischöfe unter den Papst, die Merkmale der wahren Kirche, ihre Einheit, Heiligkeit, Allgemeinheit und apostolischer Ursprung werden in seinen Schriften bestimmt ausgesprochen; diese Verfassung der Kirche und ihre Satzungen suchte er strenge im fränkischen Reiche durchzuführen. Der Papst war Bonifatius der von Gott gegebene oberste Lehrer, Priester und Hirt der ganzen Kirche, von dem er sich die kirchliche Sendung holte, und dem er all sein Wirken und Schaffen rückhaltlos unterwarf.[1] In ihrer Unterordnung unter dem Papste war die Kirche

---

[1] Protestantische Geschichtschreiber äußern wohl die Ansicht, Bonifatius habe über die Stellung des Papstes in der Kirche anders gedacht wie die frühern oder spätern Zeiten, so sagt z. B. Rettberg (I, 411): „Der Papst gilt bei Bonifatius nur als Vikar Petri, nicht etwa Christi". Nach katholischer Lehre ist Christus das unsichtbare Oberhaupt der Kirche, bleibt stets bei ihr bis an das Ende der Welt, und beschützt und leitet sie bei Ausübung des Lehr-, Priester- und Hirten-Amtes; der Papst ist sein sichtbarer Stellvertreter, welcher die Kirche als eine sichtbare Körperschaft nach den Satzungen Jesu Christi leitet und regiert und von diesen nicht abweichen darf; weil Christus den Apostel Petrus zum ersten Papste gemacht hat und dessen Amt von den folgenden Päpsten weitergeführt wird, so kann der Papst ebensowohl als vicarius Christi (Stellvertreter oder Statthalter Christi), des unsichtbaren Oberhauptes der Kirche, wie auch als vicarius Petri, des ersten sichtbaren Oberhauptes, aufgefaßt werden; die Stellung des Papstes als Oberhaupt der Kirche ist nach beiden Auffassungen dieselbe. — Wenn Bonifatius auf strenger Unterordnung unter den Papst bestand, so ist diese Anschauung nicht erst von Cyprian, Leo und Gregor I. ausgebildet, wie Rettberg (I, 409) angiebt, sondern von Anfang an dagewesen, wie Thatsachen und Zeugnisse der ältesten Zeit beweisen. Schon Papst Klemens I., Schüler der Apostel Petrus und Paulus, vergleicht in seinem Briefe an die Korinther (n. 37 und 57) die Kirche mit einem Kriegsheere, in dem strenge stufenweise Unterordnung unter den obersten Feldherrn stattfindet. — Nach Fischer (239) wäre der Papst für Bonifatius im Sinne der spätern Gallikaner nur das caput ministeriale der Kirche gewesen, nämlich nur dazu bestimmt, „die Kirche zu repräsentieren, der Hüter der kirchlichen Überlieferungen zu sein, und hatte nur bei Streitigkeiten zu sprechen, wenn er angerufen wurde." Allein diese Auffassung ist unrichtig, weil nach den Worten der heiligen Schrift (Matth. 16, 19; Joh. 21, 15—18) der Papst die volle Binde- und Löse-Gewalt und die höchste Regierungsgewalt bekommen hat, die Worte der heiligen Schrift waren aber für Bonifatius durchaus maßgebend. Und in den Briefen an die Päpste Zacharias (Ep. 42, 79) und Stephan III. (Ep. 106), wie in den Antworten der Päpste erscheinen diese als die obersten Richter, die kraft ihrer eigenen höchsten Vollmacht alles entscheiden und anordnen. Wenn Fischer (S. 241) sich darauf beruft, Bonifatius habe die Genehmigung für Lullus als seinen Nachfolger in Mainz nur bei Pippin, nicht aber bei dem Papste nachgesucht, so ist das eine unrichtige Auffassung der Thatsachen.

nach der Ansicht des hl. Bonifatius eine allgemeine, welche alle
Völker umfassen, alle durch das Band desselben Glaubens, der=
selben Gebote, derselben Heilsmittel verbinden, und gegenüber
den weltlichen Obern zwar selbständig sein, aber doch auch in
Frieden und Gemeinschaft mit ihnen ihre heilige Bestimmung
erfüllen soll. [1]) Die gläubige Annahme und getreue Befolgung

---

Bonifatius hatte bereits vom Papste (Ep. 66) die Erlaubnis zur Be=
stellung eines Nachfolgers bekommen, und Lullus war in Rom bei dem
Papste durch die mit ihm geführten Verhandlungen so bekannt, daß es
gar nicht nötig war, noch ausdrücklich die Genehmigung für die Person
des Lullus einzuholen; wahrscheinlich hat es aber Bonifatius bei seiner
großen Vorsicht dennoch gethan, ohne daß eine darauf bezügliche Nachricht
auf uns gekommen ist. Ferner wird Lullus in dem Briefe an Pippin
Chorbischof genannt, er war also bereits Bischof, und es war ein Akt
der Klugheit, wenn Bonifatius Pippin bat, Lullus anzuerkennen und zu
unterstützen, da er das Missionswesen im Osten des Reiches leiten sollte,
und die Missionare bei ihrer großen Dürftigkeit des weltlichen Schutzes
sehr bedurften. — Die Behauptung Fischers (S. 224): „Bonifatius sei
in der Periode seiner organisatorischen Thätigkeit von Rom wesentlich
unabhängig gewesen", ist ganz unrichtig. Von Gregor III. (Ep. 28, 36,
37) wie von Zacharias (Ep. 49) war Bonifatius bevollmächtigt, die kirch=
lichen Verhältnisse Deutschlands zu ordnen, bischöfliche Stühle zu errichten
und Synoden zu halten. Die Päpste ihrerseits ermahnten wiederholt
bringend die deutschen Bischöfe, Priester und Laien, dem Bonifatius als
ihrem Legaten und Stellvertreter zu gehorchen (Ep. 19, 20, 26, 35, 36,
37, 52, 67), sogar bei Strafe des Kirchenbannes (Ep. 18). Gleichwohl
holte Bonifatius für die einzelnen Fälle noch oft die Zustimmung des
Papstes ein, so zur Annahme eines bestimmten Sitzes (Ep. 51, 66),
zur Errichtung von Bistümern im mittlern Deutschland (Ep. 42). Dem=
nach wirkte Bonifatius in beständiger Unterwürfigkeit unter den Papst und
unterwarf all sein Wirken dessem Urteile (Ep. 106); ihm war daher der
Papst in derselben Weise das Oberhaupt der Kirche wie den jetzigen
Katholiken.

[1]) Nach Fischer (240—246) hatte Bonifatius das Bild einer Landes=
kirche in sich aufgenommen und stiftete eine solche, wobei „Rom eine ganz
nebensächliche Rolle spielte". Das ist eine vollständige Verdrehung der
Sachlage. Eine Landes= oder Staatskirche ist doch eine solche, die aus
der Gemeinschaft mit dem Papste und der allgemeinen Kirche heraus=
gerissen und in ihrem Bestehen und Wirken auf den Landesfürsten an=
gewiesen ist. Bonifatius hielt zu sehr an den Worten der Bibel fest,
als daß er eine solche Auffassung von der Kirche haben konnte, die nach
Matth. 28, 18—20 von Gott selber, unabhängig von den weltlichen Fürsten,
für alle Völker und alle Zeiten gestiftet ist. Die Idee einer allgemeinen
Kirche schwebte Bonifatius bei all seinem Wirken lebendig vor Augen,
daher suchte er die Kirchen Deutschlands mit den Kirchen Italiens und
Englands durch Gebetsbruderschaften zu verbinden, daher ermahnte er
den Erzbischof Cudbert (Ep. 70), nach dem Muster der fränkischen Synode
eine englische abzuhalten, auf die getreue Beobachtung der kirchlichen
Satzungen zu bringen und alle Eingriffe der weltlichen Obern auf das
kirchliche Gebiet zurückzuweisen, daher mahnte er mit ernsten Worten den

alles dessen, was die Bibel enthält, ist nach Bonifatius zur Seligkeit notwendig, aber auch die Überlieferungen der Väter, die Beschlüsse der Konzilien, die Entscheidungen des Apostolischen Stuhles sind getreu zu beobachten; Willkür im Glauben und Handeln ist nicht gestattet. Die heiligen Sakramente, die Ehehindernisse, der Cölibat der Priester, die Ceremonien der Kirche in der Karwoche, die Feier der Sonn- und Festtage durch

König Äthilbald, sich den allgemeinen Sittengesetzen der Kirche zu unterwerfen und sich jedes Eingriffs in die kirchlichen Rechte zu enthalten (Ep. 59). Mit dem Papste stand Bonifatius stets in reger Verbindung, wirkte in treuem Anschlusse an ihn, und suchte auch die einzelnen Kirchen im fränkischen Reiche in enge Verbindung mit ihm zu bringen, indem er ihre Hirten auf Befehl des Papstes auf Synoden versammelte und darauf drang, daß alle ihren festen Anschluß an den Papst erklärten und sich einem von ihm ernannten Erzbischofe unterordneten (Ep. 42, 48, 66, 70). Bonifatius suchte zwar einträchtig mit den weltlichen Fürsten die kirchlichen Verhältnisse zu regeln, betrachtete aber auch die Kirche als eine vom Staate unabhängige Gemeinschaft. An den Papst schrieb er (Ep. 42), Karlmann habe ihn gebeten, eine Synode abzuhalten; das war ihm also Sache der Kirche. Nach dem ganzen Tone seiner Briefe (Ep. 61, 66, 70) hielt er auf Befehl des Papstes und auf Bitten der Frankenfürsten die Synoden ab und betrachtete den Papst als Herrn der Kirche, nicht die Fürsten. Wie aus den Antworten des Papstes (Ep. 37, 48, 49, 51, 52, 63) hervorgeht, faßte Bonifatius die Thätigkeit der weltlichen Fürsten auf kirchlichem Gebiete als eine zustimmende, als eine unterstützende auf, nicht als eine selbständige oder befehlende. Wie nachteilig die Herrschaft der Fürsten auf dem kirchlichen Gebiete werden kann, hatte Bonifatius unter Karl Martell und an angelsächsischen Fürsten gesehen. Eine Kirche, die den weltlichen Fürsten untersteht, den wechselnden Einflüssen und Interessen des Hofes unterliegt und an der Grenze des Landes endet, schwebte Bonifatius bei seiner Wirksamkeit sicher nicht als Ideal vor, sondern eine allgemeine, alle Völker umfassende und verbindende, dem Apostolischen Stuhle streng untergeordnete Kirche, wie das auch aus dem Eide hervorgeht, den er bei Empfang der Bischofsweihe dem Papste geschworen hat (Ep. 17). Dabei bleibt aber bestehen, daß Bonifatius auf die weltlichen Fürsten eine gewisse Rücksicht nahm, sich ihr Wohlwollen sicherte und ihre Macht zur Durchführung der kirchlichen Zucht und Ordnung benutzte; so z. B. sah er von der sofortigen, vollständigen Rückgabe aller Kirchengüter bei der bedrängten Lage des Staates ab, und verzichtete auf die Wahl eines Mannes zu seinem Nachfolger, als dessen Bruder den Onkel des Frankenherzogs ermordete und dadurch am Hofe eine Mißstimmung gegen die ganze Familie hervorrief. Ähnlich handelten auch später die Päpste, indem sie z. B. Fürsten zugestanden, in ihrem Lande Priester zu höhern Stellen vorzuschlagen, vorausgesetzt natürlich, daß diese die erforderlichen kirchlichen Eigenschaften haben. So präsentiert die Regierung in Österreich und Bayern dem Papste die zu ernennenden Bischöfe, ohne daß deshalb dort die Kirche eine Nationalkirche würde, so nachteilig der staatliche Einfluß auch in einzelnen Fällen für eine geeignete Besetzung der Stellen werden kann.

Enthaltung von knechtlichen Arbeiten und durch Beiwohnung der heiligen Messe, die Fastenzeit, die Quatertempertage, die Verehrung der Heiligen und ihrer Reliquien, die Darbringung der heiligen Messe für Lebende und Abgestorbene, fromme Bruderschaften, das Kreuzzeichen und so manches andere, was dem katholischen Christen in der Gegenwart lieb und wert ist, findet sich in den Schriften des hl. Bonifatius mehr oder minder oft erwähnt, ein deutlicher Beweis, daß Bonifatius nicht seine persönlichen Ansichten, sondern getreu die Lehren der Kirche verkündete, welche gegenüber den wechselnden Anschauungen menschlicher Wissenschaft durch alle Jahrhunderte hindurch unveränderlich dieselben sind, und sich dadurch als Worte des ewigen, wahrhaftigen Gottes bewähren. Mit Recht trägt daher auch das Standbild, welches die Stadt Fulda dem Apostel der Deutschen setzte, in der hoch erhobenen Rechten das Kreuz und in der Linken die Bibel, während am Sockel des Bildes die Worte stehen:

Verbum Dei manet in aeternum.

Das Wort des Herrn bleibt in Ewigkeit.

(1 Petr. 1, 25.)